Kirche und Gemeinschaft in Migration

Soziale Unterstützung in christlichen Migrationsgemeinden

EDITION spi

Mit grosszügiger Unterstützung des Katholischen Konfessionsteils des Kantons St. Gallen und der Römisch-katholischen Zentralkonferenz.

sg.
kath.
ch

katholischer
konfessionsteil
des kantons
st.gallen

rkz

Römisch-Katholische Zentralkonferenz der Schweiz
Conférence centrale catholique romaine de Suisse
Conferenza centrale cattolica romana della Svizzera
Conferenza centrala catolica romana da la Svizra

Simon Foppa

Kirche und Gemeinschaft in Migration

Soziale Unterstützung in christlichen Migrationsgemeinden

Doktortitel im Jahr 2019 vergeben von der Kultur- und Sozialwissenschaftlichen Fakultät der Universität Luzern. Erstgutachter: Prof. Dr. Martin Baumann (Universität Luzern); Zweitgutachter: Prof. Dr. Sebastian Murken (Universität Marburg).

Die Studie wurde vom Schweizerischen Nationalfonds gefördert.

Bibliografische Informationen der Deutschen Nationalbibliothek:

Die Deutsche Nationalbibliothek verzeichnet diese Publikation in der Deutschen Nationalbibliografie; detaillierte bibliografische Daten sind im Internet über http://dnb.d-nb.de abrufbar.

ISBN: 978-3-906018-17-1

Simon Foppa
Kirche und Gemeinschaft in Migration.
Soziale Unterstützung in christlichen Migrantionsgemeinden

Umschlagkonzept: Cavelti AG, Gossau, www.cavelti.ch
Titelbild: Belinda Fewings, unsplash.com
Lektorat und Satz: Christine Berberich, Wernberg-Köblitz, www.text-form-rat.de

Druck und Bindung: BoD – Books on Demand GmbH. In de Tarpen 42, 22848 Norderstedt, www.bod.ch

EDITION spi

Danksagung

Diese Doktorarbeit ist im Grunde das Ergebnis einer Teamarbeit. Denn wie fast jeder Doktorand war auch ich während meines Promotionsstudiums auf die wertvolle soziale Unterstützung vieler verschiedener Menschen angewiesen, ohne deren Hilfe meine Studie nie zustande gekommen wäre. Manche von ihnen haben mir ihre Zeit für Interviews zur Verfügung gestellt, andere haben mich inhaltlich beraten und wiederum andere haben mir den Rücken freigehalten und mir damit ermöglicht, mich über drei Jahre hinweg intensiv mit meinem Forschungsthema auseinanderzusetzen. An dieser Stelle möchte ich ihnen allen noch einmal ganz herzlich dafür danken.

Ein besonderer Dank gilt meinem Doktorvater, Prof. Dr. Martin Baumann. Ihm danke ich für die gute und angenehme wissenschaftliche Begleitung, für seine Ratschläge, für seine schnellen Antworten auf meine E-Mails und für die anregenden Diskussionen. Auch bei meinem Zweitgutachter Prof. Dr. Sebastian Murken möchte ich mich ganz herzlich für seine hilfreichen Inputs im Rahmen der Vorlesung zur Religionspsychologie bedanken.

Weiter möchte ich all denjenigen Personen danken, die mich im Forschungsfeld mit offenen Armen empfangen haben. Hier gilt mein Dank insbesondere Pater Anthony O. Igbokwe, Pastor Hugo Quiroz, seiner Frau Pastora Patricia sowie all ihren Mitarbeitenden und Gemeindemitgliedern, die mir zu meinen vielen Fragen stets hilfsbereit Rede und Antwort standen. Daneben möchte ich mich bei all meinen Interviewpartnerinnen und -partnern bedanken, die mir ihre Zeit und ihr Vertrauen schenkten und mir intime Einblicke in ihr Leben gewährten. Ohne ihre Hilfe wäre diese Studie nicht zustande gekommen. Ein besonderer Dank gilt ausserdem den Expertinnen und Experten, die mir mit ihrem Wissen zur Seite standen, wie Ricardo Serrano, Fany Flores, Salvatore Di Concilio und Pater Miguel Blanco. Die Gespräche mit ihnen halfen mir dabei, einen Überblick über das Untersuchungsfeld zu erhalten und meine Ergebnisse besser einzuordnen.

Des Weiteren möchte ich mich beim Forschungsteam des religionswissenschaftlichen Seminars der Universität Luzern und bei meiner Analysegruppe für das kritische Mitdenken und die vielen hilfreichen Rückmeldungen im Rahmen unserer Kolloquien und gemeinsamen Sitzungen bedanken. Ein grosser Dank geht auch an meine Mitarbeiterinnen und Mitarbeiter am Schweizerischen Pastoralsoziologischen Institut, insbesondere an meine Projektleiterin

Dr. Eva Baumann-Neuhaus und an unseren Institutsleiter Tit.Prof. Dr. Arnd Bünker. Ihnen danke ich für ihre konstruktiven Rückmeldungen im Rahmen des gesamten Forschungsprozesses sowie für die positive und kollegiale Zusammenarbeit in den vergangenen sechs Jahren. Ausserdem danke ich Sylvia Hodek, Giulia Marzari, Rena Schellenberg und Justine Quiroz für ihre Hilfe bei den Interviewtranskriptionen. Ein weiterer Dank gilt Christine Berberich und Ana Luisa Torres Gutiérrez für die Unterstützung beim Korrektorat sowie für ihre Rückmeldungen zu meinen Ergebnissen.

Nicht zuletzt möchte ich mich auch bei den Scalabrinianerinnen des IBZ Scalabrini dafür bedanken, dass sie mich auf das Forschungsthema der christlichen Migration aufmerksam gemacht haben. Ein weiterer grosser Dank gilt meinen Eltern, meiner Familie und all meinen Freunden, die mir seit eh und je den Rücken freihalten und mir während des gesamten Forschungsprozesses mit Rat und Tat zur Seite gestanden sind.

Inhaltsverzeichnis

Abbildungsverzeichnis

Tabellenverzeichnis

1 Einleitung

Studien im Themenbereich von Migration und Religion erfreuen sich zurzeit einer grossen Beliebtheit.[1] Dabei wird eine Zuwanderergruppe jedoch häufig übersehen: Christen.[2] Für manche Personen mag sich eine Studie zu christlichen Migranten und ihren Gemeinschaften wie die Beschäftigung mit einem Nischenthema anhören. Doch das Gegenteil ist der Fall. In der Schweiz gehörten im Jahr 2016 rund 52% der Personen mit Migrationshintergrund einer christlichen Kirche an (BFS 2018e). Damit sind Christen unter der Migrationsbevölkerung mit Abstand die grösste Religionsgemeinschaft (vgl. Abbildung 1). Ein Teil von ihnen besucht regelmässig eine christliche Migrationsgemeinde[3], die sie unter anderem bei der Etablierung und Orientierung in der Schweiz unterstützt.

Christliche Migrationsgemeinden haben in der Schweiz eine lange Geschichte. Manche davon existieren bereits seit der Zuwanderung protestantischer Glaubensflüchtlinge im 16. Jahrhundert. Andere wurden im Zuge der Gastarbeitermigration aus Südeuropa gegründet. Wiederum andere sind deutlich jünger und spiegeln die zunehmende Diversifizierung der globalen Migrationsströme wider (vgl. Albisser 2016: 29–33). Trotz ihrer langen Geschichte und ihrer Vielfalt gibt es bisher nur wenige Studien, die sich mit der Frage auseinandersetzen, welche Funktion diese Gemeinden für ihre Gläubigen im Migrationskontext einnehmen. Die vorliegende Studie möchte nun einen Beitrag dazu leisten, diese Forschungslücke zu füllen.

---

1 Vgl. bspw. die Studien von Baumann (2000), Mahnig (2000), Kaweh (2006), EKM (2010a), Schneuwly Purdie (2011), Hitz (2012), Endres et al. (2013), Baumann/Tunger-Zanetti (2014), Suder (2015), Wettich (2015), Wolf (2015) und Marla-Küsters (2015).

2 Um die Lesbarkeit des Textes zu erleichtern, verwende ich in dieser Studie für personenbezogene Bezeichnungen generell das generische Maskulinum. Die Bezeichnungen sind jedoch geschlechtsneutral zu verstehen, sofern sie nicht ausdrücklich spezifiziert werden.

3 In der vorliegenden Studie verwende ich für den Zusammenschluss von Christen mit Migrationshintergrund die Begriffe «Migrationsgemeinde» bzw. «Migrantengemeinde», die sich auf beide untersuchten Konfessionen anwenden lassen. Für eine ausführlichere Diskussion zum Gemeindebegriff s. Albisser (2016: 16) und Währisch-Oblau (2005: 19–20).

Abbildung 1: Ständige Schweizer Wohnbevölkerung mit Migrationshintergrund ab 15 Jahren nach Religionszugehörigkeit (2016)[4]

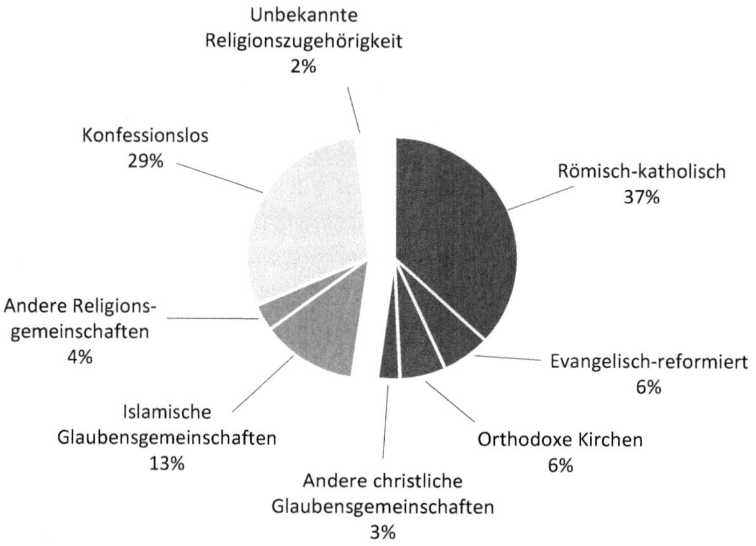

Eig. Darstellung mit Daten aus BFS (2018e).

Thematische Einführung

Im europäischen Vergleich ist die Schweiz eines der Länder mit dem höchsten Anteil von Menschen mit Migrationshintergrund. Gemäss den Zahlen der Vereinten Nationen sind rund 30% der in der Schweiz lebenden Personen im Ausland geboren (UN 2017).[5] Wie in vielen europäischen Staaten ist der zunehmende Anteil der Migrationsbevölkerung auch hier mit einem vielschichtig

[4] Gemäss dem Bundesamt für Statistik (BFS) gehören zu den Personen mit Migrationshintergrund: «Personen ausländischer Staatsangehörigkeit und eingebürgerte Schweizerinnen und Schweizer – mit Ausnahme der in der Schweiz Geborenen mit Eltern, die beide in der Schweiz geboren wurden – sowie die gebürtigen Schweizerinnen und Schweizer mit Eltern, die beide im Ausland geboren wurden.» (BFS o. J.). Die Statistiken des BFS beziehen sich seit der grundlegenden Änderung der Volkszählung im Jahr 2010 ausschliesslich auf über 15-Jährige.

[5] Dieser Anteil wird nur von Kleinstaaten wie Liechtenstein (65%), Monaco (55%) und Luxemburg (45%) übertroffen. Alle anderen europäischen Länder wie Österreich

und teilweise auch kontrovers geführten medialen, politischen und wissenschaftlichen Migrations- und Integrationsdiskurs verknüpft. Dabei ist in den vergangenen zwei Jahrzehnten auch der Faktor Religion zunehmend in den Fokus des Interesses gerückt, nachdem er lange Zeit über vernachlässigt wurde.

Im wissenschaftlichen Migrationsdiskurs standen zunächst vor allem die Angehörigen «zugewanderter» Minderheitsreligionen und deren Gemeinschaften im Zentrum des Interesses. Dieser Trend zeigte sich beispielsweise in dem 2007 lancierten Forschungsprogramm des Schweizerischen Nationalfonds «Religionsgemeinschaften, Staat und Gesellschaft» (NFP 58), das zur Erforschung des religiösen Wandels in einer zunehmend multikulturellen und multireligiösen Schweiz ins Leben gerufen wurde (SNF 2007, SNF o. J.). Viele der im Rahmen dieses Forschungsprogramms unterstützten Studien beschäftigten sich mit den Migranten(-gemeinden) religiöser Minderheiten, wie den tamilischen Hindus, vietnamesischen und tibetischen Buddhisten, den orthodoxen Christen und den Muslimen. Dem Islam wurde sogar ein eigenes Modul gewidmet (vgl. SNF 2007).

Die anfängliche Fokussierung auf religiöse Minderheiten ist nachvollziehbar, da es in diesem Bereich zunächst zahlreiche Wissenslücken zu schliessen galt. Allerdings wurde dadurch sowohl im öffentlichen Diskurs wie auch in der Wissenschaft lange übersehen, dass der grösste Teil der Schweizer Migrationsbevölkerung konfessionell der katholischen[6] oder einer protestantischen Kirche angehört. Dieser «blinde Fleck» ist unter anderem darauf zurückzuführen, dass sich die Forschung zunächst stark mit Fragen der Integration und der Segregation beschäftigte und daher wenig Anlass sah, sich auch mit den Zuwanderern der – im essentialistischen Sinne – «eigenen Religion» zu beschäftigen. Dabei repräsentieren auch die katholischen und protestantischen Migranten sehr unterschiedliche Christentümer und Frömmigkeitstraditionen. Und ein grosser Teil von ihnen integriert sich nicht in die bestehenden kirchlichen Strukturen, sondern zieht den Besuch von eigenen sprach- oder herkunftsspezifischen Migrationsgemeinden vor, die denjenigen zugewanderter Religionsgemeinschaften ähneln.

(19%), Schweden (18%), Deutschland (15%), das Vereinigte Königreich (13%) oder Frankreich (12%) haben deutlich geringere Bevölkerungsanteile, die im Ausland geboren sind (UN 2017).

6 Im Rahmen dieser Studie ist mit «katholisch» immer «römisch-katholisch» gemeint.

Die empirische sozial- und religionswissenschaftliche Forschung zu den protestantischen und katholischen Migrationsgemeinden steht – zumindest im deutschsprachigen Raum – bis heute noch am Anfang. Zu den wenigen Studien, die sich bisher mit dieser Thematik auseinandergesetzt haben, gehören diejenigen von Simon (2003), Jaggi (2005) und Karagiannis (2006) zu afrikanischen Migrationskirchen, diejenigen von Lüdde (2011, 2013) und Weiss (2017) zu asiatischen Migrationskirchen, die Studie von Albisser (2016) sowie die Untersuchungen von Winterhagen (2013) und Foppa (2015) zu katholischen Migrationsgemeinden.

Die spanischsprachigen Migrationsgemeinden von Spaniern und Lateinamerikanern sind trotz ihrer langen Geschichte, ihrer relativ grossen Zahl und ihrer hohen internen Dynamik noch weitgehend unerforscht.

Ziel, Forschungsfragen und Forschungsdesign

Die vorliegende Studie möchte sich den soeben aufgezeigten Forschungslücken widmen und dazu beitragen, sie zu verringern. Ihr Hauptziel besteht darin, eine empirisch begründete Theorie zu der Frage zu entwickeln, welche Funktionen die sozialen Netzwerke innerhalb der christlichen Migrationsgemeinden für ihre Besucher im Migrationskontext einnehmen. Dabei ist es möglich, dass die Antworten auf diese Frage auch Rückschlüsse darauf zulassen, wieso sich ein Teil der christlichen Migrationsbevölkerung lieber in sprach- bzw. herkunftsspezifische Migrationsgemeinden anstatt in andere kirchliche und säkulare Netzwerke der Aufnahmegesellschaft integriert.

Da ich mit meiner Forschungsfrage ein noch weitgehend unerforschtes Terrain betrat, habe ich dafür ein qualitatives Forschungsdesign zusammengestellt, das aus einer Triangulation[7] dreier Datenerhebungsmethoden besteht. Hierzu gehören biographisch-narrative Interviews, teilnehmende Beobachtungen und Experteninterviews. Mithilfe der *biographisch-narrativen Interviews* sollte die Perspektive der Migranten erfasst werden. Die unstrukturierte Interviewform gab ihnen die Möglichkeit, ihre Sicht auf die Migrationserfahrung, den Migrationskontext und das soziale Zusammenleben in den christlichen Gemeinden zu schildern. Als zweites ermöglichte mir die *teilnehmende Beobachtung*, als Forscher einen eigenen Blick in die Migrationsgemeinden zu werfen. Auf

[7] Vgl. Flick (2013: 315–316).

diese Weise konnten Befunde aus den Interviews besser eingeschätzt, ergänzt und validiert werden. Die *Experteninterviews* dienten als drittes Modul schliesslich dazu, Unklarheiten zu beseitigen und zusätzliche Informationen über das Forschungsfeld zu sammeln, die aufgrund der mangelnden wissenschaftlichen Aufbereitung nicht über andere Quellen erschlossen werden konnten. Als methodologischen Rahmen zur Steuerung der Datenerhebung und -analyse habe ich auf die Grounded Theory Methodologie nach Strauss/Corbin (1996) zurückgegriffen. Sie erlaubte mir, die erhobenen Daten im Zuge des Forschungsprozesses zu einer empirisch begründeten «Theorie mittlerer Reichweite» zusammenzuführen (vgl. Glaser/Strauss 1998: 42).

Als Untersuchungsgruppe wurden katholische und protestantische Christen aus Spanien und Hispanoamerika herangezogen. Zwei entscheidende Vorteile sprachen für die Wahl dieser Zuwanderungsgruppe. Erstens ermöglichten mir ihre Grösse und ihre Diversität kontrastive Vergleiche über verschiedene soziokulturelle und konfessionelle Grenzen hinweg, was sich positiv auf die Reichweite der Ergebnisse auswirkte. Zweitens spiegeln die spanischsprachigen Zuwanderer zwei bedeutende Trends des aktuellen globalen religiösen Wandels wider. Damit sind auf der einen Seite die zunehmende Säkularisierung und Deinstitutionalisierung in Europa gemeint, auf der anderen Seite der zunehmende Einfluss der Pfingstbewegung auf das Christentum ausserhalb Europas.

Wie in qualitativen Studien üblich, habe ich zu Beginn des Forschungsprozesses eine sehr offene Forschungsfrage formuliert, die lediglich den thematischen Fokus der Studie definierte, ohne die theoretische Perspektive zu stark vorwegzunehmen. Die ursprüngliche Forschungsfrage lautete: «Welche Bedeutung haben soziale Beziehungen in spanischsprachigen christlichen Migrationsgemeinden für ihre Besucher?» Im Rahmen der «geplanten Flexibilität» (Alheit 1999: 7) des qualitativen Forschungsprozesses wurde die Forschungsfrage im Verlauf der Datenauswertung konkretisiert und neu formuliert.

Als sich zeigte, dass die sozialen Netzwerke in den Migrationsgemeinden eine wichtige Funktion bei der Bewältigung von Herausforderungen im Migrationskontext einnahmen, standen neu folgende Fragen im Vordergrund:

- Welche Unterstützung leisten soziale Beziehungsnetzwerke in spanischsprachigen christlichen Migrationsgemeinden zur Bewältigung der Herausforderungen im Migrationskontext?

- Wie werden diese Unterstützungsleistungen vermittelt?
- Welche negativen Aspekte hängen damit allenfalls zusammen?

Forschungsperspektive und Limitationen

In einer früheren Studie zu englischsprachigen katholischen Migrationsgemeinden stellte ich fest, dass christliche Gemeinschaften nicht nur Unterstützung im *soziologischen* Sinn leisten (w. z. B. durch die Vermittlung von Sozialkapital), sondern sich auch in hohem Masse auf die *psychische* Befindlichkeit ihrer Besucher auswirken können.[8] Aufgrund dieser Feststellung habe ich im Verlauf der vorliegenden Studie nach «sensibilisierenden Konzepten» (Blumer 1954: 7) Ausschau gehalten, mit deren Hilfe auch psychische und psychosoziale Aspekte des Gemeindelebens erfasst werden konnten sowie auch die individuellen Unterschiede in Bezug auf deren Wahrnehmung.

Hierfür stellten sich im Verlauf des Forschungsprozesses zwei Konzepte als besonders hilfreich heraus, die bisher vorwiegend in der quantitativen Sozialforschung Anwendung fanden. Dabei handelte es sich um das *transaktionale Stress-Coping-Modell* (Lazarus 1990, Lazarus/Launier 1981, Lazarus/Folkman 1984) sowie um das Konzept der *sozialen Unterstützung* nach Schwarzer/Leppin (1989). Beide halfen mir dabei, die induktiv aus der Datenanalyse gewonnenen Erkenntnisse zu einer gegenstandsbezogenen Theorie zusammenzuführen, ohne sie zu stark durch theoretische Vorannahmen zu beeinflussen.

Aufgrund des gewählten theoretischen Rahmens und meines Fokus auf individuelle Wahrnehmungen, Einschätzungen, Emotionen und Kognitionen ist die vorliegende Studie in der Schnittmenge von empirischer Religionswissenschaft und Psychologie anzusiedeln, also im Bereich der Religionspsychologie.

In Bezug auf religiöse Phänomene nehme ich die in der sozialwissenschaftlichen Religionsforschung häufig angewendete wertneutrale Perspektive des «methodischen Agnostizismus» ein. Das bedeutet, dass ich die von den Untersuchungspersonen beschriebenen religiösen Ansichten, Praktiken und Erlebnisse als Teil ihrer subjektiven Wirklichkeit ernst nehme, ohne jedoch Aussagen darüber zu machen, ob sie richtig oder falsch sind oder inwiefern sie einem transzendenten Ursprung zugeschrieben werden müssen (vgl. Hamilton 2006: 23, Murken 2009: 15–18, 128).

---

[8] Vgl. hierzu Foppa (2015: 103, 106).

Trotz dieser wertneutralen Ausgangslage muss es in einer wissenschaftlichen Studie möglich sein, dass sich der Forscher sowohl mit positiven wie auch mit negativen Aspekten seines Untersuchungsfeldes auseinandersetzt und diese auch als solche benennt. Im vorliegenden Fall geschieht dies wie von Murken (2009: 17–18) vorgeschlagen in Form einer Kosten-Nutzen-Analyse, wobei ich stets darauf achte, dass ich die «Kosten» und «Nutzen» religiöser und sozialer Aspekte mithilfe empirischer Daten und Querverweise auf andere Studien transparent und nachvollziehbar begründe. Auf diese Weise können differenzierte Aussagen über die Funktionalität von beobachteten Phänomenen gemacht werden, «*ohne die eigene subjektive Werthaltung zum Massstab zu machen oder religiöse Inhalte an sich zu bewerten*» (Murken 2009: 17).

Eine bedeutende Stärke des verwendeten Forschungsdesigns besteht darin, dass es eine möglichst unvoreingenommene und explorative Herangehensweise an die Forschungsfrage ermöglicht. Dies begünstigt die Entdeckung neuer Phänomene und Zugänge zum Thema, die bisher noch nicht bedacht wurden (vgl. Lamnek 2005: 21). Dafür besteht jedoch eine Limitation der angewandten Methoden darin, dass sie es nicht erlauben, die Auswirkungen der beobachteten Phänomene auf das psychische Wohlbefinden der Befragten präzise zu messen und zu quantifizieren. Die Analyse der psychischen «Kosten» und «Nutzen» des Migrationsprozesses und der sozialen Beziehungen in den Migrationsgemeinden beruht lediglich auf der subjektiven Einschätzung der Befragten. Da die subjektive Einschätzung jedoch von der tatsächlichen Wirkung abweichen kann, wird in diesem Bereich also auch nach dieser Studie noch ein gewisser Forschungsbedarf bestehen bleiben.

Aufbau der Studie

Die Studie besteht im Wesentlichen aus drei grösseren inhaltlichen Blöcken und einem abschliessenden Synthesekapitel. Der erste Block von Kapitel 2 bis 4 beinhaltet *Kontextinformationen* zum Forschungsgegenstand. Das 2. Kapitel bietet zunächst einen Überblick über die historischen und aktuellen makrosoziologischen religiösen Entwicklungen in Spanien und Lateinamerika. Darauf folgt in Kapitel 3 ein Überblick über die Migrationsgeschichte spanischsprachiger Zuwanderungsgruppen sowie über ihre soziodemographische Zusammensetzung und geographische Verteilung in der Schweiz. Das 4. Kapitel beschäftigt sich daraufhin mit der Geschichte, den Organisationsformen und den aktuellen Herausforderungen christlicher Migrationsgemeinden.

Nach diesem ersten Block folgt mit Kapitel 5 und 6 ein zweiter Abschnitt zu den *methodischen* und *theoretischen Grundlagen* dieser Studie. Dabei werden das oben kurz skizzierte Forschungsdesign und die theoretischen Rahmenkonzepte noch einmal im Detail ausgeführt.

Im dritten Block von Kapitel 7 bis 11 werden die *empirischen Ergebnisse* dieser Studie vorgestellt. In Kapitel 7 zeige ich zunächst die von den Befragten beschriebenen Herausforderungen der Migration auf, die es für sie in der Schweiz zu bewältigen gilt. Darauf folgt mit Kapitel 8 und 9 das eigentliche Herzstück dieser Studie, in dem ich mich mit den institutionalisierten und informellen Unterstützungsleistungen der christlichen Migrationsgemeinden auseinandersetze. Danach gehe ich in Kapitel 10 noch etwas genauer auf die Prozesse der sozialen Integration in den christlichen Gemeinden ein. Diese Prozesse wirken sich wesentlich darauf aus, ob und inwiefern es einer Person gelingt, in ihrer Migrationsgemeinde interpersonale Kontakte zu knüpfen, die die Grundlage für soziale Unterstützungsleistungen darstellen. Im 11. Kapitel folgt schliesslich ein Überblick über die negativen Aspekte, die mit der Integration in christliche Migrationsgemeinden einhergehen können. Sie stellen sozusagen die «Kosten» dar, die mit den in Kapitel 8 und 9 beschriebenen «Nutzen» der Migrationsgemeinde verbunden sein können.

Zuletzt werden in Kapitel 12 die wichtigsten Inhalte und Ergebnisse dieser Studie noch einmal im Hinblick auf die Forschungsfragen als empirisch begründete *Grounded Theory*[9] synthetisiert und in den wissenschaftlichen Diskurs eingeordnet.

Eilige Leser finden in Kapitel 12.1 eine umfassende Darstellung der wichtigsten Ergebnisse dieser Studie. Weitere Kurzzusammenfassungen finden sich am Ende der meisten Kapitel.

---

9 Vgl. hierzu auch Glaser/Strauss (1998: 12–16).

2 Christentum in Spanien und Lateinamerika

In diesem ersten Kontextkapitel wird der religiöse Hintergrund der spanischsprachigen Zuwanderer genauer beleuchtet, die im Fokus dieser Studie stehen. Spanien und Lateinamerika werden von aussen in religiöser Hinsicht oft als homogene katholische Regionen wahrgenommen. Tatsächlich sind aber beide Regionen spätestens seit der zweiten Hälfte des 20. Jahrhunderts von einem starken religiösen Wandel geprägt. Das folgende Kapitel bietet daher einen kurzen Überblick über die bedeutendsten historischen und gegenwärtigen religiösen Entwicklungen in Spanien und in Lateinamerika. Dadurch wird ein Einblick in die Vielfalt der Religionskulturen ermöglicht, die in der Schweiz in spanischsprachigen katholischen und protestantischen Migrationsgemeinden zusammentreffen.

2.1 Christentum in Spanien

2.1.1 Geschichte

Christianisierung in der Antike

Legenden zufolge missionierten bereits die Apostel Paulus und Jakobus der Ältere auf dem Gebiet des heutigen Spaniens. Hierfür fehlen allerdings historische Belege. Als historisch gesichert gilt aber, dass die iberische Halbinsel als Teil des Römischen Reiches bereits früh in Kontakt mit dem Christentum gekommen ist. Obwohl die frühen Christen auf der Halbinsel verfolgt wurden, breitete sich das Christentum bis zum Ende des 3. Jahrhunderts über weite Teile Iberiens aus. Ab dem Jahr 313 n. Chr. genossen Christen aufgrund des Toleranzedikts von Kaiser Konstantin Religionsfreiheit und unter dem Kaiser Theodosius I wurde das Christentum im Jahr 380 n. Chr. im römischen Reich zur offiziellen Staatsreligion, was die Ausbreitung weiter begünstigte (Bernecker 1995: 12–13). Damit begann auf dem Gebiet des heutigen Spaniens die christliche Konfessionalität des Staates, die erst im 20. Jahrhundert ihr Ende finden sollte (vgl. Bernecker 1995: 13–16).

Muslimische Eroberung und Reconquista

Zu Beginn des 8. Jahrhunderts setzten muslimische Truppen aus Nordafrika auf die iberische Halbinsel über und eroberten innerhalb weniger Jahre fast die gesamte Halbinsel. Ab dem Jahr 756 gehörte nahezu das gesamte Gebiet südlich der Pyrenäen zum Emirat al-Andalus. Nur im nördlichen Bergland leisteten christliche Truppen Widerstand. Hier bildete sich später eine Reihe von christlichen Königreichen, die in den folgenden 800 Jahren die muslimische Herrschaft auf der Halbinsel in einem komplexen und teilweise widersprüchlichen Prozess wieder zurückdrängten. Dieser Prozess, der heute oft unter dem Begriff der *Reconquista* zusammengefasst wird, wurde zu Beginn wohl nicht als christlicher Kreuzzug verstanden. Während mancher Kriege wurden auch Bündnisse zwischen islamischen und christlichen Königen über die Religionsgrenzen hinweg gegen Herrscher der jeweils eigenen Religion geschlossen (Bernecker 1995: 22–23). Obwohl die Herrschaftsgebiete von unterschiedlichen Religionsgemeinschaften dominiert wurden, war das spanische Mittelalter zunächst auf beiden Seiten von einer hohen religiösen Toleranz geprägt. Grössere religiöse Spannungen traten erst im 11. Jahrhundert mit der Ankunft der Almoraviden auf, die eine «puritanischere» islamische Glaubensauffassung vertraten als die bisherigen Heerführer und Kleinfürsten von al-Andalus. Auch auf der christlichen Seite fand eine gewisse religiöse Radikalisierung statt, die schliesslich dazu führte, dass die kriegerischen Auseinandersetzungen von den christlichen Herrschern zunehmend als Kreuzzug verstanden wurden (Bernecker 1995: 35–36).[10]

Nach der Jahrtausendwende gewannen die bis dahin unterlegenen christlichen Herrscher zunehmend die Oberhand auf der Halbinsel. Mit ihnen lebte auch die politisch-religiöse Idee wieder auf, Spanien unter einer Krone und einem Glauben zu vereinen, wobei die Könige das Christentum nicht zuletzt auch zur Stärkung ihrer eigenen Macht nutzten (Bernecker 1995: 36). Im Jahr 1492 – im selben Jahr als Christoph Kolumbus in kastilischem Dienst den amerikanischen Kontinent erschloss – zogen die katholischen Könige schliesslich sieg-

[10] Bernecker argumentiert, dass die religiöse Toleranz auf der Halbinsel vor allem aufgrund des Einflusses auswärtiger Akteure aufgegeben wurde. Seiner Meinung nach waren auf der muslimischen Seite die Berber-Dynastien der Almohaden und Almoraviden wesentliche Auslöser für die religiöse Radikalisierung. Auf christlicher Seite verortet er diesen Einfluss bei den aus Frankreich stammenden Orden der Cluniazenser und Zisterzienser (Bernecker 1995: 38).

reich in Granada ein. Damit fiel die letzte Bastion muslimischer Herrschaft auf der Halbinsel, und die Reconquista kam zu ihrem Ende (Bernecker 1995: 49).

Religiöser Konformismus und Spanische Inquisition

Nach dem Ende der Reconquista wurde der staatliche Schutz, der den religiösen Minderheiten der Juden und Muslime zuvor gewährt worden war, schrittweise aufgehoben. Bereits im Jahr 1492 wurden die Juden von der Halbinsel ausgewiesen und im Jahr 1502 wurde auch die Religionsfreiheit für Muslime aufgehoben. Ab diesem Zeitpunkt führte Spanien den Kampf um die Glaubenseinheit auf neue Art fort: in Übersee in Form der kolonialen Missionierung und im eigenen Land mit der Einführung der Inquisition (Bernecker 1995: 50–51, 55).

Die Spanische Inquisition wurde Ende des 15. Jahrhunderts als eine Art staatlicher Sicherheitsdienst geschaffen, der die Reinheit der katholischen Lehre überwachen sollte. Er sollte insbesondere die jüdischen und muslimischen Konvertiten im Auge behalten, die im Verdacht der Häresie standen. Personen, die von der Inquisition als Häretiker verurteilt wurden, drohte die Hinrichtung auf dem Scheiterhaufen (Bernecker 1995: 48). Ab dem 16. Jahrhundert diente die Inquisition auch zur Bekämpfung des Einflusses reformatorischer Strömungen. Während europaweit Glaubenskriege ausbrachen, war die spanische Monarchie darum bemüht, die nationale und religiöse Einheit zu festigen, um ihre politische Macht zu erhalten (Bernecker 1995: 55, 62). Gleichzeitig gab es aber auch innerhalb der katholischen Kirche Bewegungen, die auf interne Missstände hinwiesen und um deren Beseitigung bemüht waren. Hierunter fallen zum einen die Gegenreformation und zum anderen das Aufkommen mystischer Strömungen (Bernecker 1995: 57–61).[11]

[11] Die Gegenreformation zielte unter anderem darauf ab, dem sittlichen Verfall und dem Bildungsmangel des niederen Klerus entgegenzuwirken. Eine bedeutende Vorreiterrolle nahmen dabei der Baske Ignatius von Loyola (1491–1556) sowie der von ihm gegründete Orden der Gesellschaft Jesu (Jesuiten) ein. Mystiker wie Theresa von Ávila (1515–1582) und Johannes vom Kreuz (1542–1591) belebten auf der anderen Seite eine neue geistliche Strömung, die weniger Wert auf äusserliche religiöse Riten und Förmlichkeiten legte und stattdessen den Wert des innerlichen Gebets, der mystischen Innenschau und der persönlichen Gottesbeziehung betonte (Bernecker 1995: 57–61).

Vom Anti-Klerikalismus zum Franquismus

Aufgrund der engen Beziehung zum Staat und mithilfe der Inquisition konnte die katholische Kirche über die nächsten Jahrhunderte ihr religiöses Monopol verteidigen. Ab dem 19. Jahrhundert gewannen jedoch zunehmend säkulare und anti-klerikale Kräfte an Gewicht, die das enge Verhältnis von Kirche und Staat kritisierten. Damit spaltete sich die spanische Gesellschaft allmählich in zwei politische Lager, für die das Verhältnis von Kirche und Staat einen bedeutenden Streitpunkt darstellte. Auf der einen Seite standen die liberal-antiklerikalen Kräfte und auf der anderen Seite die traditionalistisch-klerikalen. Mit der zunehmenden gesellschaftlichen Spaltung begann eine längere Phase des Kampfes um die politische Macht, während der manchmal das eine und manchmal das andere politische Lager die Oberhand hatte (Bernecker 1995: 67–68).

Schliesslich brach in der schwierigen nationalen und internationalen Gemengelage kurz vor dem Beginn des Zweiten Weltkrieges der spanische Bürgerkrieg aus, in dem sich auf der einen Seite die katholisch-nationalistischen Kräfte und auf der anderen Seite die laizistischen liberal-republikanischen und sozialistischen Kräfte gegenüberstanden. Während ein Teil der Arbeiterschaft den Bürgerkrieg als Klassenkrieg verstand, interpretierte ihn die katholische Rechte als einen Religionskrieg gegen atheistische Kräfte. Da die katholische Kirche unter dem republikanischen Lager unter starker Verfolgung litt, ergriff sie einseitig Partei für die nationalistischen Kräfte, die unter der Führung des Generals und Putschisten Francisco Franco standen (Bernecker 1995: 92).

Nach dem Bürgerkrieg erhielt die katholische Kirche unter dem faschistischen Franco-Regime ihre Privilegien zurück, die sie während der Zweiten Republik zu Beginn der 1930er Jahre verloren hatte. Die Religionsfreiheit wurde abgeschafft und der Katholizismus wurde wieder zur Staatsreligion erhoben (Bernecker 1995: 101). Damit kam die Kirche erneut zu einer Machtposition, die sie dazu nutzte, die spanische Gesellschaft zu re-sakralisieren. Zudem übernahm die Kirche die Aufgabe, in der spanischen Gesellschaft den «guten Anstand» und die «gesellschaftliche Moral» zu überwachen. Dies äusserte sich zum Beispiel in der Herausgabe von Kleiderordnungen, Sexualvorschriften und anderen Formen des Kampfes gegen den «Modernismus» (Bernecker 1995: 104, 110–113).[12]

[12] Nicht alle Kräfte innerhalb der katholischen Kirche Spaniens standen hinter dieser engen Verflechtung zwischen der Kirche und dem faschistischen Regime Francos. Im Baskenland und in Katalonien vertrat der Klerus teilweise andere theologische Positionen und

Die scheinbaren Erfolge der religiösen Rechten scheinen jedoch nur oberflächlicher Natur gewesen zu sein. Berichte aus den 1940er und 1950er Jahren lassen darauf schliessen, dass bereits zu dieser Zeit eine grosse Kluft zwischen der Staatskirche und vor allem den ärmeren Bevölkerungsschichten bestand. Ein grosser Teil Letzterer scheint abgesehen von einer gewissen religiösen Grundhaltung in religiöser Hinsicht weitgehend unwissend oder indifferent gewesen zu sein (Bernecker 1995: 115).

2.1.2 Säkularisierung und Situation heute

Nach Francos Tod 1975 wurde die Demokratisierung Spaniens eingeläutet und das Verhältnis von Kirche und Staat neu geregelt. Die neue Verfassung sah eine weitgehende Trennung von Kirche und Staat vor, wobei der katholischen Kirche, der nach wie vor ein Grossteil der Spanier angehörte, gewisse Privilegien eingeräumt wurden (Bernecker 1995: 130). Nach dem Wegfall des politischen und sozialen Drucks kam es allerdings zu einer allmählichen Entkirchlichung der Bevölkerung und die Zahl der praktizierenden und nicht praktizierenden Katholiken sank bald ab (Bernecker 1995: 136). Anders als die von antiklerikalen Motiven geprägte Säkularisierungswelle im 19. Jahrhundert zeichnete sich die Säkularisierungswelle, die mit dem Ende des Franco-Regimes begann, weniger durch eine konfrontative Ablehnung der Kirche aus, sondern vielmehr durch einen langsamen Prozess, in dessen Verlauf grosse Teile der Bevölkerung ihr Interesse an kirchlicher Lehre und Praxis allmählich verloren und sich nach und nach davon distanzierten (Pérez-Agote 2010: 225–226).

Wie ein Blick auf Abbildung 2 zeigt, hält der Prozess der schleichenden Säkularisierung bis heute an. Gemäss den Angaben des Centro de Investigaciones Sociológicas (CIS) bezeichneten sich im Jahr 1974 noch 96% der spanischen Bevölkerung als katholisch. Um die Jahrtausendwende waren es 85% und 2018 waren es noch 67%. Die Verluste der katholischen Bevölkerungsanteile gingen fast vollständig zugunsten der konfessionell Ungebundenen. Ihr Anteil stieg im selben Zeitraum von 1% auf 28% (CIS 1974, 2000, 2018b). Gemäss einer aktuellen Studie des Pew Research Centers (PRC) liegt der An-

---

sympathisierte mit den Unabhängigkeitsbewegungen in ihren jeweiligen Regionen. Nach dem Zweiten Vatikanischen Konzil distanzierte sich auch der Vatikan sehr deutlich von der Theologie der spanischen Bischöfe und bekannte sich zu Menschenrechten, Religionsfreiheit sowie zur Trennung von Staat und Kirche (Bernecker 1995: 123–125).

teil der Konfessionslosen in Spanien heute sogar bei 30%. Damit läge er heute höher als in Ländern wie Deutschland (24%), Österreich (16%) oder der Schweiz (24%) (PRC 2018: 39, BFS 2018c).

Abbildung 2: Religionszugehörigkeiten in Spanien von 1974 bis 2018 (in Prozent)

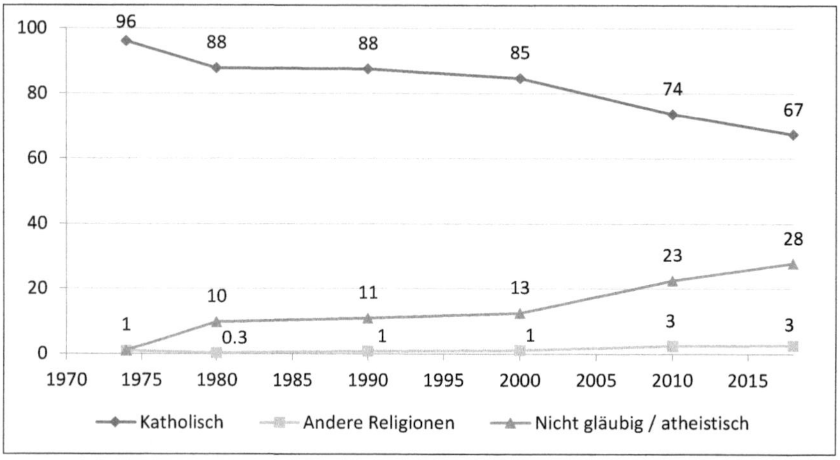

Bemerkungen: In CIS 1974, CIS 1980 und CIS 1990 wurde die katholische Religionszugehörigkeit in weitere Kategorien unterteilt wie «praktizierender Katholik», «täglich kommunizierender Katholik», «nicht praktizierender Katholik» etc. Da diese Unterscheidung in den jüngeren Studien aufgegeben bzw. in zwei verschiedenen Fragen abgefragt wurde, wurden diese Kategorien in obenstehender Grafik unter dem Begriff «Katholisch» zusammengefasst. 1974 (N=2'430), 1980 (N=1'198), 1990 (N=2'483), 2000 (N=2'484), 2010 (N=2'480), 2018 (N=2'466). Quellen: Eig. Darstellung mit Daten aus: CIS 1974, CIS 1980, CIS 1990, CIS 2000, CIS 2010, CIS 2018b.

Von den Personen, die sich heute als konfessionell ungebunden bezeichnen, wurde die überwiegende Mehrheit noch getauft (91%) und hat eine christliche Erziehung erhalten (86%) (PRC 2018: 85–86). Das bedeutet, dass die meisten von ihnen ihre christliche Identität im Verlauf ihres eigenen Lebens abgelegt haben. Die wichtigsten Gründe für das Ablegen der christlichen Identität sind gemäss der Studie des PRC: «*Skandale der Kirche*» (74%), «*nicht einverstanden sein mit der Haltung der Kirche bezüglich sozialer Themen wie Homosexualität und Abtreibung*» (69%) sowie «*graduelle Distanzierung*» (65%) (PRC 2018: 87).

Weiterhin moderat katholische Prägung des Landes

Die Zahlen in Abbildung 2 zeigen neben dem Trend zur Säkularisierung aber auch, dass die katholische Kirche in Spanien bis heute kaum Konkurrenz von Seiten anderer institutionalisierter Religionsgemeinschaften erhält. Dies liegt unter anderem daran, dass sich die Regierungen lange gegen eine Einführung der Religionsfreiheit und damit gegen die religiöse Pluralisierung des Landes stellten. Aber auch nach der Demokratisierung ist der religiöse Pluralismus auf einem niedrigen Niveau geblieben.[13] Dies gilt selbst dann, wenn man berücksichtigt, dass die Zuwanderer, die oft eine andere Religionszugehörigkeit aufweisen, in den Stichproben des CIS mit hoher Wahrscheinlichkeit unterrepräsentiert sind (vgl. Pérez-Agote 2010: 229–231, Casanova 2009: 4). Während das CIS angibt, dass heute rund 3% Personen anderer Religionszugehörigkeit in Spanien leben, gehen andere Quellen von rund 5 bis 6% Personen anderer Religionszugehörigkeit aus, wovon ungefähr die Hälfte einer protestantischen Denomination angehören soll (vgl. CIS 2018b, Pérez-Agote 2010: 229, Díez de Velasco 2010: 250).

Die wachsende Zahl von Protestanten ist zu einem grossen Teil auf die Zuwanderung von Lateinamerikanern zurückzuführen, die aufgrund der kolonialen Vergangenheit von vereinfachten Zuwanderungsbestimmungen profitierten (vgl. Gratius/SWB 2005: 20–22). Seit den 1990er Jahren, als die Migration aus Lateinamerika stark zunahm, hat sich die Zahl der protestantischen Kirchen in Spanien rund verdreifacht (von 1'435 im Jahr 1993 auf 4'045 im Jahr 2017, vgl. PD 2018, OPRE 2018: 3).

Trotz der starken Säkularisierung und der leicht zunehmenden Pluralisierung bleibt Spanien vorerst aber ein katholisch geprägtes Land. Im Vergleich mit anderen Ländern Westeuropas hat es weiterhin einen der grössten Anteile an praktizierenden Katholiken (vgl. PRC 2018: 95) und es gibt Hinweise darauf, dass sich die religiöse Praxis auf einem niedrigeren Niveau wieder stabilisieren könnte. Dies zeigt sich zum Beispiel, wenn man die Frequenz der Kirchenbesuche verschiedener Altersgruppen miteinander vergleicht (vgl. Abbildung 3).[14] Während sich von der Kohorte der über 65-Jährigen zu den 55- bis 64-Jährigen ein deutlicher Rückgang der Kirchbesuche zeigt, lässt sich bei den jüngsten drei Altersgruppen kein solch starker Rückgang mehr feststellen.

---

13 Siehe auch Casanova (2009: 1–2).

14 Siehe hierzu auch Casanova (2009: 10).

Abbildung 3: Kirchenbesuche in Spanien nach Altersgruppen (2018, in Prozent)

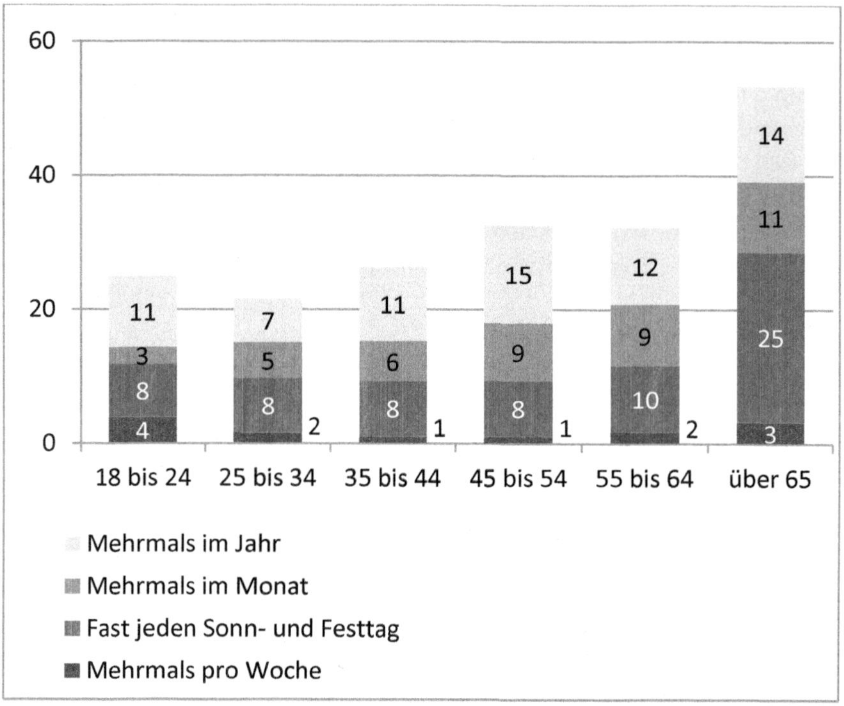

Bemerkungen: Die Fragestellung lautete: «Wie oft besuchen Sie die Messe oder andere religiöse Veranstaltungen, ohne verwandte Anlässe mit sozialen Zeremonien zu zählen, wie zum Beispiel: Hochzeiten, Erstkommunion oder Beerdigungen?». (N=1'797). Quelle: Eig. Darstellung mit Daten aus CIS 2018a.

Ausserdem ist die Polarisierung zwischen Katholiken und Konfessionslosen heute nicht mehr so stark ausgeprägt wie noch zu Beginn des 20. Jahrhunderts. Die beiden Lager scheinen sich eher ähnlicher geworden zu sein. Auf der einen Seite geben heute selbst 26% der konfessionslosen Eltern an, ihre Kinder christlich zu erziehen. Dies ist einer der höchsten Werte in Westeuropa (PRC 2018: 94). Und auf der anderen Seite zeichnet sich ein grosser Teil derjenigen, die sich mit der katholischen Kirche identifizieren, durch eine eher moderate Form der Kirchenbindung und -praxis aus, die man auch als Kulturkatholizismus bezeichnen könnte. Dies äussert sich zum Beispiel darin, dass die meisten spanischen Katholiken einen relativ geringen missionarischen Eifer und ein geringes Interesse an religiösen Themen an den Tag legen. Ausserdem haben ihre religiösen Überzeugungen kaum Einfluss auf andere Lebensbereiche wie Sexualität, Politik, Partnerschaft, Beruf oder Freizeitverhalten (vgl. Casanova 2009: 21, 27–30). Der Katholizismus scheint in Spanien also von der Säkularisierungsbewegung der vergangenen 200 Jahre mitgeprägt worden zu sein. Dies steht in einem starken Kontrast zum Katholizismus in Lateinamerika, der in den vergangenen Dekaden eher von der protestantisch-pfingstkirchlichen Konkurrenz geprägt wurde.

2.2 Christentum in Lateinamerika

2.2.1 Geschichte

Kolonisierung und Entstehung der kolonialen Kirche

Als Christoph Kolumbus 1492 von Spanien in Richtung Westen aufbrach, war auf der iberischen Halbinsel gerade die mehrere Jahrhunderte andauernde Reconquista zu Ende gegangen. Aufgrund des Erfolgs der Reconquista entstand in Spanien der Mythos, dass das Land dazu auserkoren sei, das Christentum zu erhalten und über seine geographischen Grenzen hinaus zu expandieren (Cruz 2014: 17). Dementsprechend brachten die spanischen Kolonisatoren einen starken missionarischen Eifer mit in die Neue Welt. Die Aufgabe der Evangelisierung oblag dabei vorwiegend den Mitgliedern religiöser Gemeinschaften wie den Dominikanern, den Franziskanern oder den Jesuiten.[15] Manche von ihnen verstanden die Entdeckung der Neuen Welt als ein Vorzeichen für die bevorstehende apokalyptische Endzeit und wollten daher schnellstmöglich so viele der neuentdeckten Völker als möglich dem «Reich Gottes» zuführen. Deswegen tendierten sie dazu, die Menschen zuerst zu taufen und ihnen erst in einem zweiten Schritt Religionsunterricht zu erteilen (Cruz 2014: 22).

---

[15] Die unterschiedlichen Orden verfolgten zu unterschiedlichen Zeiten unterschiedliche pädagogische Strategien zur Evangelisierung der amerikanischen Bevölkerungsgruppen. In der ersten Zeit der *conquista* wurde auch Gewalt angewendet und es wurden viele indigene Tempel und Götterbilder zerstört. Es gab jedoch auch Personen und Orden, die sich für die Rechte der Indigenen einsetzten. Beispiele hierfür sind die beiden Dominikaner Pedro de Córdoba (1460–1525) und Bartolomé de las Casas (1484–1566) (vgl. Cruz 2014: 20–21).

Im Zuge der Eroberung durch die Europäer verringerte sich die Zahl der indigenen Bevölkerung auf dem amerikanischen Kontinent aufgrund von eingeschleppten Krankheiten, der Gewalt und der Ausbeutung durch die Kolonialherren zusehends. Als Folge dieses Rückgangs und der darauf folgenden rechtlichen Schutzmassnahmen für Indigene führten die Europäer ab dem 16. Jahrhundert in Südamerika und der Karibik Sklaven aus Afrika für die Arbeit auf den Plantagen ein (Cruz 2014: 20, 25). Auf diese Weise kam die dritte grosse Bevölkerungsgruppe in die Kolonien, die Lateinamerika in kultureller und religiöser Hinsicht prägen sollte. Ein grosser Teil der afrikanischen Sklaven stammte aus Westafrika (vgl. Meissner et al. 2008: 47). Das Erbe ihrer religiösen, kosmologischen und kultischen Vorstellungen ist teilweise bis heute in den afroamerikanischen Religionen wie dem Candomblé, der Umbanda oder der Santería erhalten geblieben (vgl. Cruz 2014: 24–25).[16]

Als sich die katholische Kirche ab dem 16. Jahrhundert in Lateinamerika etablierte, wurde auch sie von den kulturellen Einflüssen der verschiedenen Bevölkerungsgruppen geprägt. Mit den Europäern kamen Einflüsse des europäischen Barocks nach Lateinamerika. Es wurden opulent geschmückte Kirchen gebaut und elaborierte Liturgien gefeiert, die die verschiedenen Sinne ansprechen sollten. Zudem wurde aus Spanien und Portugal die Tradition der Bruderschaften (*hermandades*) eingeführt. Dies sind Gemeinschaften, die unter dem Patronat eines Heiligen stehen und neben ihren religiösen Aufgaben auch als soziale Netzwerke, als Fürsorgeeinrichtungen und der Vorsorge dienen (Cruz 2014: 23).[17]

Gleichzeitig entwickelten sich aber auch neue Formen der Volksfrömmigkeit, die neben den europäisch-christlichen Einflüssen auch von indigenen und afrikanischen Vorstellungen geprägt waren. Beispiele hierfür sind neben den oben erwähnten afroamerikanischen Religionen auch die Verehrung schwar-

---

[16] Besonders gut erhalten haben sich die religiösen Vorstellungen der Yoruba, einer westafrikanischen Volksgruppe, die heute vor allem auf dem Gebiet der heutigen Staaten Nigeria und Benin beheimatet ist. Dazu gehört die Vorstellung einer übergeordneten Schöpfergottheit (*Olodumaré*) sowie der Glaube an eine das Dies- und das Jenseits durchdringende Lebensenergie (*Ashé*) und an eine Reihe von untergeordneten Göttern bzw. Geistern (*Orishas*), die ihren Wünschen in Ritualen und in körperlichen Manifestationen Ausdruck verleihen können (Cruz 2014: 18). In den sogenannten «synkretistischen» Religionen wie der Santería oder dem Candomblé werden die Orishas mit katholischen Heiligen gleichgesetzt.

[17] Auch die afrikanischen Sklaven und Freigelassenen bildeten schon bald eigene Bruderschaften zur gegenseitigen Unterstützung (Cruz 2014: 25).

zer Christusfiguren oder die Gleichsetzung von Maria mit der indigenen Göttin und Erdmutter «Pachamama» in den andinen Regionen. Diese neuen Formen der Volksfrömmigkeit blühten unter anderem deswegen auf, weil es in der Neuen Welt im Verhältnis zur grossen Zahl der nominalen Christen nur wenige Geistliche gab, die ihre religiösen Vorstellungen mithilfe intensiver religiöser Bildung durchsetzen konnten. Zudem wandte sich ein grosser Teil der vorhandenen Geistlichen eher der europäischen Bevölkerung zu und vernachlässigte die religiöse Bildung der indigenen und afrikanischen Bevölkerungsgruppen (Cruz 2014: 24–25).[18]

Die Katholische Kirche und die modernen Nationalstaaten

Als die Kolonialmacht Spanien aufgrund der Invasion durch Napoleon zu Beginn des 19. Jahrhunderts geschwächt war, begannen sich beinahe alle spanischsprachigen Kolonien in Lateinamerika gegen die europäische Herrschaft aufzulehnen. Bis Mitte der 1820er Jahre erreichten die meisten durch Kriege ihre Unabhängigkeit.[19] Die katholische Kirche konnte über diesen Übergang hinweg zunächst ihre privilegierte Stellung und ihr religiöses Monopol in den neu entstandenen Nationalstaaten sichern. Dies sollte sich erst später vor allem unter dem Einfluss liberaler Regierungen ändern, die sich – ähnlich wie in Spanien – für Religionsfreiheit, säkulare Bildung und für die Trennung von Kirche und Staat einsetzten. Die antiklerikale Tendenz liberaler Regierungen war mitunter ein Grund dafür, dass lateinamerikanische Bischöfe bis ins 20. Jahrhundert hinein eher zu den konservativen politischen Kräften hielten (vgl. Cruz 2014: 27–29).

Anders als die in religiöser Hinsicht von Anfang an pluralistischen englischen Kolonien Amerikas war die Bevölkerung in den spanischsprachigen Kolonien zu Beginn – zumindest nominell – beinahe vollständig katholisch. Die ersten grösseren Gruppen von Protestanten kamen erst nach der Unabhängigkeit von der Kolonialmacht nach Spanisch-Lateinamerika. Ein Teil dieser protestantischen Zuwanderer waren europäische Siedler wie deutsche oder russische Mennoniten und italienische Waldenser, die über staatliche Programme in ländlichen Regionen angesiedelt wurden, um die Wirtschaft in diesen Regi-

[18] Es gab aber auch Ausnahmen. Ein Beispiel dafür sind die Jesuiten. Sie bauten bspw. ab dem 17. Jahrhundert im südlichen Teil Südamerikas für indigene Bevölkerungsgruppen Siedlungen, sogenannte Jesuitenreduktionen (vgl. Cruz 2014: 22).

[19] Ausnahmen hiervon bildeten Kuba und Puerto Rico (vgl. Cruz 2014: 27).

onen anzukurbeln. Ein anderer Teil davon waren Bibelgruppen und Missionare, die zuerst vor allem in der sozialen Unterschicht und später in der anwachsenden Mittelschicht im Auftrag verschiedener protestantischer Denominationen missionierten (Cruz 2014: 29–30). Ihre Missionsbestrebungen wirkten sich im 19. Jahrhundert jedoch noch nicht signifikant auf die religiöse Zusammensetzung des Subkontinents aus. Dies sollte sich erst in der zweiten Hälfte des 20. Jahrhunderts mit dem Erscheinen des pentekostalen Christentums ändern.

Gegen Ende des 19. und zu Beginn des 20. Jahrhunderts wurde in der katholischen Kirche eine neue Ära eingeleitet. Angesichts der Herausforderungen der Moderne, wie der auseinanderklaffenden Schere von Arm und Reich, und inspiriert von der kirchlichen Soziallehre gewannen neue Bewegungen an Aufwind, die sich für die ärmeren Bevölkerungsschichten einsetzten. Zudem förderten Bewegungen wie die Katholische Aktion, Opus Dei oder die Fokolar- und Schönstattbewegung das Engagement von Laien innerhalb der katholischen Kirche (vgl. Cruz 2014: 31–32, Cleary 2011: 13).

In der zweiten Hälfte des 20. Jahrhunderts geriet Lateinamerika in den Sog des Kalten Krieges. Als Folge davon wurde beinahe der gesamte Subkontinent zum Spielfeld von Stellvertreterkriegen zwischen der Sowjetunion und den USA. Während die Sowjetunion und das inzwischen kommunistische Kuba in verschiedenen Ländern linksgerichtete Milizen unterstützten, unterstützten die USA rechtsgerichtete und teilweise diktatorische Regimes. Die Leidtragenden dieser Machtkämpfe waren grosse Teile der lateinamerikanischen Zivilbevölkerung, die sich weder von der einen noch von der anderen Partei wirklich vertreten fühlten (Cruz 2014: 36).

In diesem Umfeld brach die katholische Kirche in den meisten Ländern mit ihrer jahrhundertealten Tradition, die «gottgegebenen» Regierungen zu unterstützen, und begann sich aktiv gegen die in den Konflikten angewandte Gewalt auszusprechen und sich auf die Seite der Armen zu schlagen.[20] Diese neue gesellschaftliche Positionierung zeigte sich sowohl in neuen Kirchenstrukturen, den Basisgemeinden, wie auch in einer neuen Theologie, der Befreiungstheologie. Die Basisgemeinden sind kleine Gemeinschaften, die sich regelmässig treffen, um sich über religiöse und gesellschaftliche Themen auszutauschen

---

20 Auch von dieser Regel gab es Ausnahmen. In Argentinien und Guatemala hielten die Bischöfe teilweise zu den Militärregierungen (vgl. Cruz 2014: 37).

(Cruz 2014: 34–35). Dies ist für die katholische Kirche in Lateinamerika eine neue Form der Vergemeinschaftung, die später eine wichtige Ressource für das pastorale Leben wurde und zudem das Engagement von Laien förderte.

Die Befreiungstheologie auf der anderen Seite war inspiriert von den europäischen Sozialwissenschaften und bediente sich zur theologischen Reflexion der gesellschaftlichen Situation unter anderem der marxistischen Klassentheorie. Dadurch entwickelte die katholische Kirche in Lateinamerika ein starkes politisches Bewusstsein, das in Zeiten des Kalten Krieges sowohl westlichen Regierungen wie auch europäischen Kirchenvertretern Kopfzerbrechen bereitete. Angesichts der kubanischen Revolution und der darauf folgenden Unterdrückung der katholischen Kirche in Kuba versuchten eher konservative Religionsführer wie der Papst Johannes Paul II. linksgerichtete Bischöfe schrittweise durch konservativere zu ersetzen, um so den Einfluss der Befreiungstheologie einzuschränken (Cruz 2014: 35, 37). Dennoch sind in der lateinamerikanischen Kirche bis heute beide kirchenpolitischen Kräfte erhalten geblieben.

2.2.2 Religiöser Wandel und Situation heute

Im Verlauf des 20. Jahrhunderts machte die lateinamerikanische Religionslandschaft einen ausgeprägten Wandel durch. Schätzungen zufolge gehörten 1910 rund 94% der Lateinamerikaner konfessionell der katholischen Kirche an. Ab den 1970er Jahren nahm der Anteil der Katholiken jedoch stark ab. Diese Verluste sind vor allem auf die Zunahme der Anteile verschiedener protestantischer Denominationen zurückzuführen sowie auf eine zunehmende Zahl konfessionell Ungebundener (vgl. Abbildung 4). Für das Jahr 2014 ergab eine Erhebung des Pew Research Centers (PRC), dass sich nur noch rund 69% der Lateinamerikaner der katholischen Kirche zugehörig fühlten. Fast ein Fünftel (19%) der Befragten gab an, zu einer protestantischen Denomination zu gehören, weitere 8% verstanden sich als konfessionell ungebunden und 4% gehörten anderen Religionsgemeinschaften an (PRC 2014: 26).[21]

[21] Dazu gehören u. a. Zeugen Jehowas, Mormonen, Muslime und Juden sowie Anhänger von indigenen und afro-amerikanischen Religionen.

Abbildung 4: Religionszugehörigkeiten in Lateinamerika von 1910 bis 2014 (in Prozent)

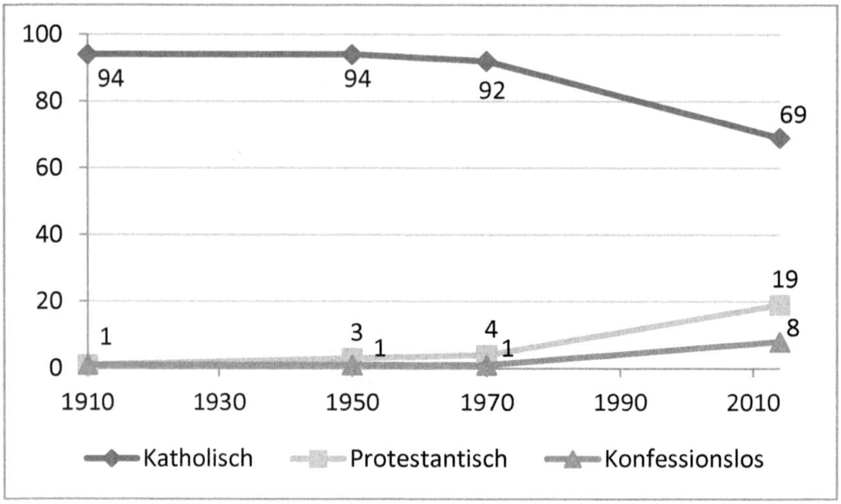

Bemerkung: In dieser Abbildung wurden Daten aus folgenden 18 Ländern berücksichtigt: Peru, Brasilien, Venezuela, Kolumbien, Bolivien, Mexico, Ecuador, El Salvador, Uruguay, Guatemala, Panama, Paraguay, Chile, Costa Rica, Honduras, Nicaragua, Argentinien, Dominikanische Republik sowie Daten aus dem US-Territorium Puerto Rico. Als einziges mehrheitlich spanischsprachiges Land wurde Kuba nicht berücksichtigt (PRC 2014: 11, 13). Quelle: Eig. Darstellung mit Daten aus PRC (2014: 26).

Obwohl der religiöse Wandel in ganz Lateinamerika präsent ist, wirkt er sich nicht überall auf die gleiche Weise und nicht überall mit der gleichen Intensität aus (vgl. Abbildung 5, Abbildung 6 und Abbildung 7). So ist in manchen Ländern der Anteil der Katholiken bis heute relativ stabil geblieben. Hierzu gehören zum Beispiel Paraguay (86%), Mexico (79%) und Ecuador (79%). Auf der anderen Seite gibt es vor allem im zentralamerikanischen Raum Staaten mit einem hohen Anteil an Protestanten: so zum Beispiel in Guatemala (44%), Honduras (43%) und in Nicaragua (38%). In Uruguay und Chile wiederum sind mit einem Anteil von 48% bzw. 36% die Konfessionslosen am stärksten gewachsen, während der Anteil der protestantischen Denominationen dagegen eher bescheiden geblieben ist (LB 2015a).[22]

[22] Die Gründe für die unterschiedlichen konfessionellen Ausprägungen sind u. a. in den unterschiedlichen religionsgeschichtlichen Entwicklungen der einzelnen Länder zu suchen. Es würde an dieser Stelle jedoch zu weit führen, auf alle lateinamerikanischen Länder einzeln einzugehen. Für detailliertere Informationen zu einzelnen Staaten siehe Cruz (2014).

Abbildung 5: Religionszugehörigkeiten in Ländern Spanisch-Lateinamerikas (2015, in Prozent)[23]

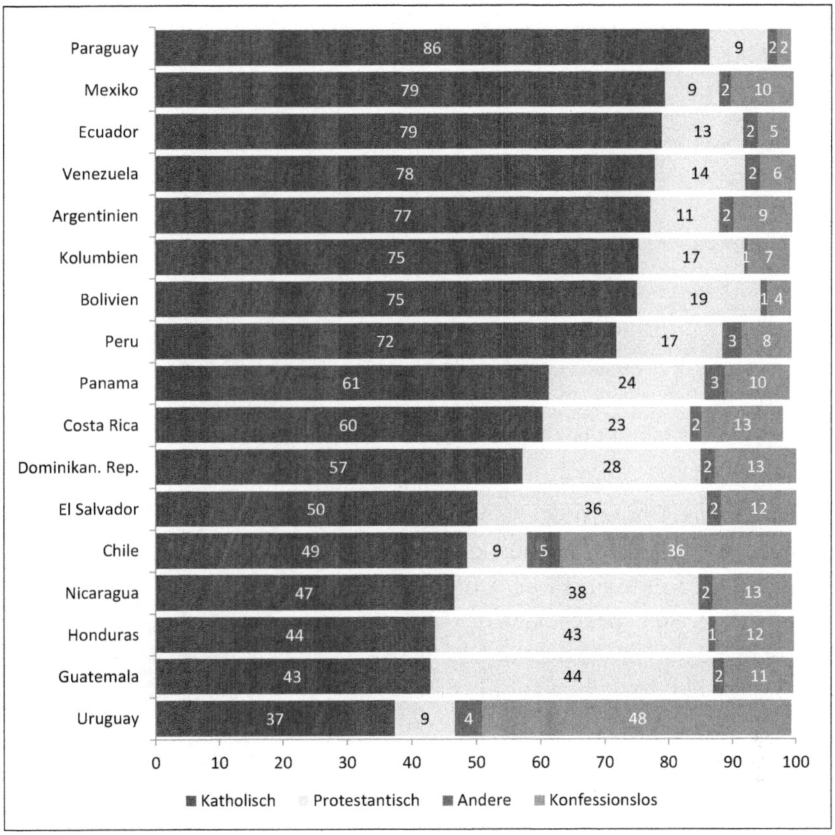

Bemerkung: In der Kategorie «konfessionslos» wurden die folgenden Antwortoptionen zusammengefasst: «gläubig, ohne Religionszugehörigkeit», «agnostisch», «atheistisch» und «keine». Ein Teil der Personen, die sich für diese Antwortkategorien entschieden haben, könnte formell weiterhin Mitglied einer Religionsgemeinschaft sein. Kuba wurde in dieser Darstellung nicht berücksichtigt, da hier keine verlässlichen Statistiken zur Religionszugehörigkeit existieren. Für Costa Rica, Dom. Republik, El Salvador, Guatemala, Honduras, Nicaragua und Panama N=1'000, für alle anderen Länder N=1'200. Quelle: Eig. Darstellung mit Daten aus LB (2015a).

[23] Die hier dargestellten Zahlen müssen mit einer gewissen Vorsicht interpretiert werden. Die Angaben verschiedener Forschungsinstitute und aus unterschiedlichen Jahren weichen teilweise voneinander ab. Die Zahlen sollten daher lediglich als Näherungswerte betrachtet werden (vgl. bspw. PRC 2014).

Abbildung 6: Katholische Bevölkerungsanteile in den Ländern Spanisch-Lateinamerikas (2015)

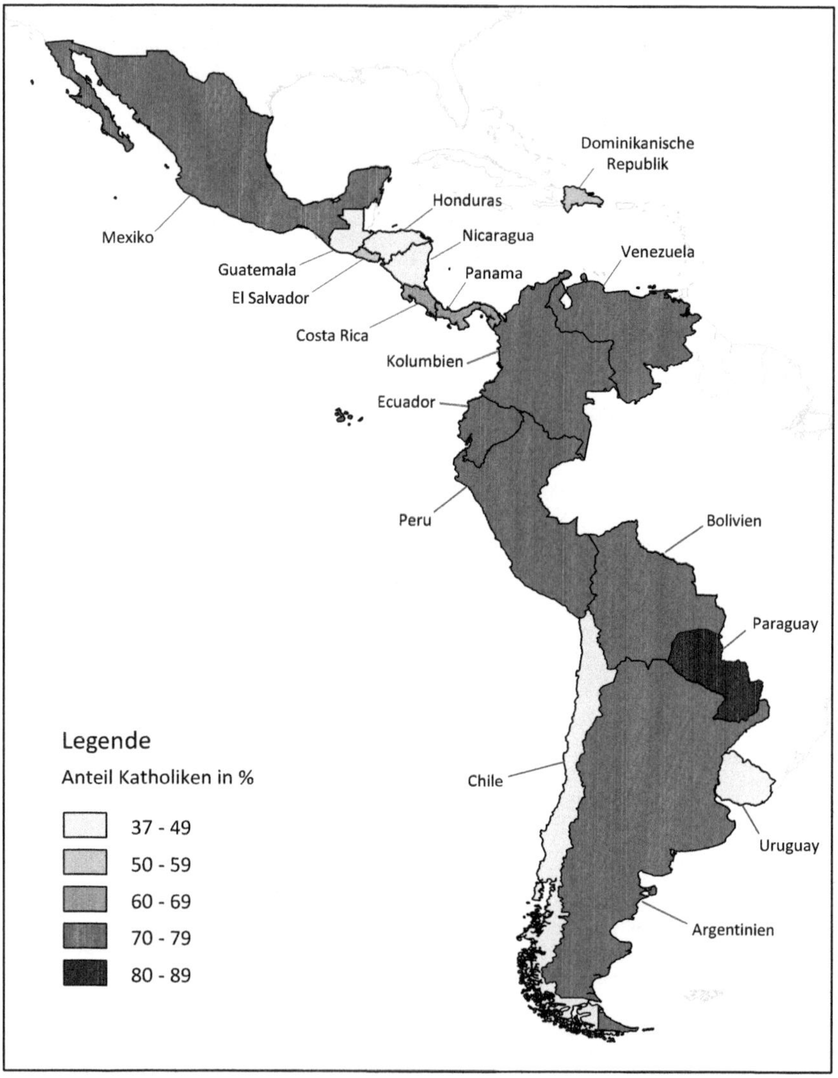

Bemerkung: Kuba wurde in dieser Darstellung nicht berücksichtigt, da hier keine verlässlichen Statistiken zur Religionszugehörigkeit existieren. Quelle: Eig. Darstellung mit Daten aus LB (2015a), Georeferenzdaten: Porto Tapiquén/OSG (2015).

Abbildung 7: Protestantische Bevölkerungsanteile in den Ländern Spanisch-Lateinamerikas (2015)

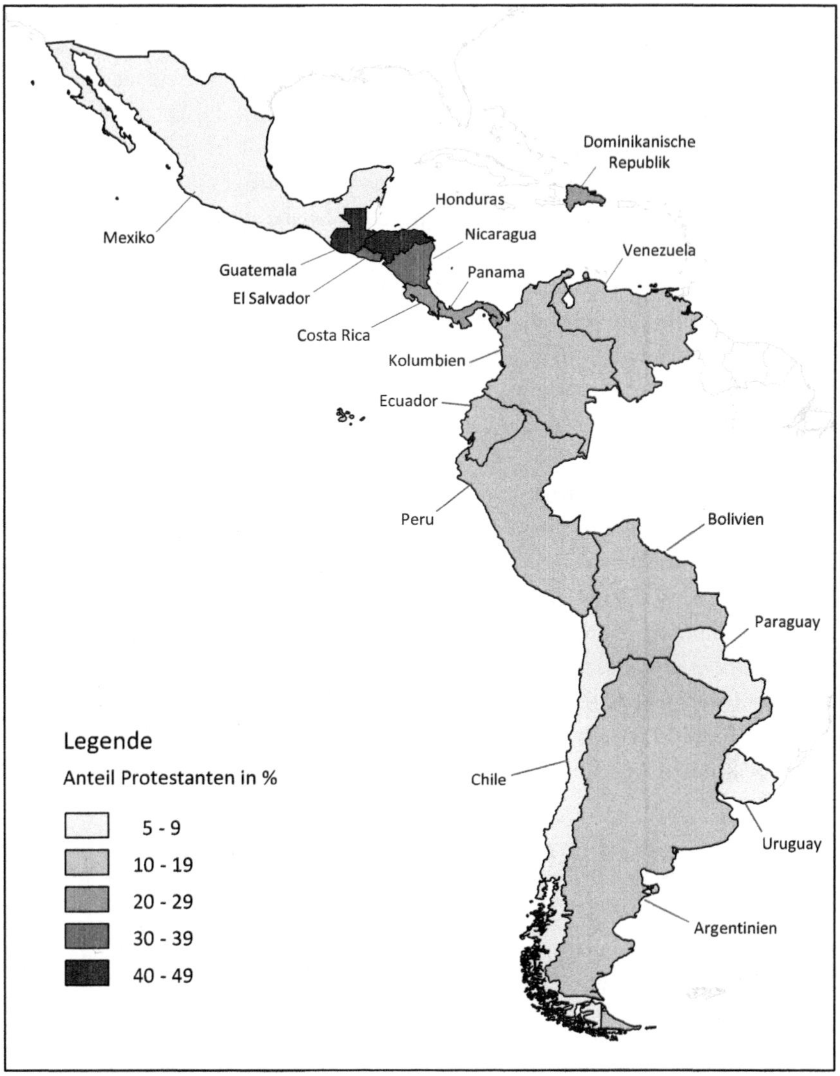

Bemerkung: Kuba wurde in dieser Darstellung nicht berücksichtigt, da hier keine verlässlichen Statistiken zur Religionszugehörigkeit existieren. Quelle: Eig. Darstellung mit Daten aus LB (2015a), Georeferenzdaten: Porto Tapiquén/OSG (2015).

Der religiöse Wandel Lateinamerikas schlägt sich nicht nur in der konfessionellen Zusammensetzung der Bevölkerung nieder, sondern auch in der Art und Weise wie Religion, insbesondere das Christentum, heute verstanden und gelebt wird. So sind die Grenzen zwischen den Religionsgemeinschaften in den vergangenen Jahrzehnten durchlässiger geworden und es ist eine bisher in diesem Ausmass in Lateinamerika noch unbekannte Form des religiösen «*shiftings*» zu beobachten (vgl. Eckholt 2013a: 5–6). Damit ist gemeint, dass Lateinamerikaner heute im Verlauf ihres Lebens viel häufiger ihre religiöse Identität wechseln als früher. Auf ihrer religiösen Suche durchwandern sie nicht selten Gemeinden unterschiedlichster Denominationen. Zudem erlebt das Religiöse heute eine Art Wiederbelebung und neue Dynamik in Öffentlichkeit, Popkultur, Politik und Gesellschaft.[24] Beide Entwicklungen hängen stark mit dem zunehmenden Einfluss der Pfingstbewegung auf den lateinamerikanischen Subkontinent zusammen, deren Frömmigkeitsstil und Missionierungseifer nicht nur die protestantischen Denominationen, sondern auch die katholische Kirche in Bewegung versetzt haben.

Die oben erwähnte Erhebung des PRC hat ergeben, dass heute ein grosser Teil der lateinamerikanischen Protestanten entweder eine Kirche pentekostaler Denomination besucht oder sich selbst als pentekostal versteht (Median[25] von 65%). Daneben versteht sich auch ein grosser Teil der befragten Katholiken als «charismatisch»[26] (Median von 40%; PRC 2014: 15). Damit ist die Pfingstbewegung heute im gesellschaftlichen Mainstream angekommen und ihr Einfluss wird aller Voraussicht nach noch weiter anwachsen. Manche Autoren bezeichnen diesen Prozess auch als «Pentekostalisierung» oder «Charismatisierung» des (lateinamerikanischen) Christentums.[27]

---

24 Dies bestätigen auch die Daten des Latinobarómetro zur Religionsausübung. Die Länder mit dem höchsten Anteil an Protestanten wie Guatemala, Dominikanische Republik, Honduras, El Salvador und Nicaragua sind gleichzeitig diejenigen Länder mit dem höchsten Anteil an stark praktizierenden Gläubigen (vgl. LB 2015b).

25 In der Studie des PRC wurde bei länderübergreifenden Vergleichen in der Regel der Median aller Länder aufgelistet. Das bedeutet, dass die eine Hälfte der untersuchten Staaten einen Wert über und die andere Hälfte einen Wert unter dem angegebenen Wert haben (vgl. PRC 2014: 5). Da die Länder unterschiedlich grosse Bevölkerungszahlen haben, ist der Median nicht mit dem Durchschnitt der gesamten lateinamerikanischen Bevölkerung gleichzusetzen.

26 Unter «charismatischen» Katholiken versteht man Pfingstler, die sich der katholischen Kirche zugehörig fühlen. Siehe hierzu Kapitel 2.2.5.

27 Vgl. hierzu bspw. Anderson (2006), Eckholt (2013a), Eckholt (2013b) und Kobyliński (2015).

Aufgrund der zunehmenden Bedeutung der Pfingstbewegung in Lateinamerika gehe ich im nachfolgenden Kapitel noch etwas ausführlicher auf sie ein.

2.2.3 Pfingstbewegung in Lateinamerika

Wie die Begriffe «Pentekostalismus» oder «Pfingstbewegung» bereits erahnen lassen, gehört zu den zentralen Antriebskräften der Pfingstbewegung die Vorstellung, dass die in der Apostelgeschichte beschriebene «Ausgiessung des Heiligen Geistes»[28] auch heute noch erfahren werden kann. Damit können, so die Idee, auch gewöhnliche Menschen von den sogenannten «Gaben des Heiligen Geistes»[29] profitieren und Wunder wirken oder destruktive Verhaltensmuster wie Drogensucht, Kriminalität und Untreue überwinden (Allen 2010: 417, Bartoş 2015: 20).

Als Startpunkt für die Pfingstbewegung wird in der Regel die Erweckungsbewegung genannt, die im Jahre 1906 in der Azusa Street in Los Angeles ihren Anfang nahm. Von dort aus soll sie sich danach über den gesamten Globus verbreitet haben (vgl. Bergunder 2006: 156–157). Wer sich jedoch allein auf das Azusa Street Revival fokussiert, der übersieht allzu leicht, dass es bereits vor dieser Erweckungsbewegung in verschiedenen Regionen Asiens, Afrikas und Lateinamerikas ähnliche religiöse Aufbrüche gab,[30] die zum Teil aus der Symbiose von christlichen und je nach Region unterschiedlichen indigenen Einflüssen entstanden sind. Aus diesem Grund wäre es historisch wohl angemessener, von einer parallelen Entwicklung verschiedener Strömungen auszugehen, die erst später unter dem Begriff «Pfingstbewegung» zusammengefasst wurden (vgl. Gerloff 2010: 65–67).[31]

In der Regel werden in der wissenschaftlichen Literatur drei verschiedene «Wellen» der Pfingstbewegung unterschieden. Die zu Beginn des 20. Jahrhunderts vor allem von den USA ausgehende Pfingstbewegung wird oft *klassische Pfingstbewegung* oder *erste Welle* genannt. Ab den 1960er Jahren erreichte die

---

28 Vgl. Apg 2,1–4.

29 Auch das Konzept der «Gaben des Heiligen Geistes» ist auf das Neue Testament zurückzuführen. Dazu gehören u. a. Zungenrede, Prophetie, Heilungen sowie die Mitteilung von Weisheit (vgl. 1 Kor 12,4–14).

30 Beispiele hierfür sind das Jamaica Revival (1860–61), die koreanische Erweckungsbewegung (1907) oder die afrikanischen indigenen Kirchen zu Beginn des 20. Jahrhunderts (vgl. Gerloff 2010: 65).

31 Zu den verschiedenen Einflüssen, die die Pfingstbewegung seit ihrer Entstehung geprägt haben, siehe auch Hollenweger (1997).

Pfingstbewegung mit der *zweiten Welle* auch die grossen protestantischen Volkskirchen sowie die katholische Kirche. Diese zweite Welle wird auch als *neopentekostale Bewegung* oder als *charismatische Erneuerung* bezeichnet. Ungefähr ab den 1980er Jahren erlebte die Pfingstbewegung eine *dritte Welle* in den evangelikalen Kirchen, die auch als *neocharismatische Bewegung* bezeichnet wird. Diese drei Teilbewegungen oder Wellen überschneiden sich teilweise, sind jedoch nicht vollständig miteinander deckungsgleich (vgl. Knoblauch 2009: 87–90, Bartoş 2015).

Weil es von Anfang an jedem, der es wollte, möglich war, Teil dieser Erweckungsbewegungen zu werden, und da keine formalen, theologischen oder institutionellen Bedingungen an eine Mitgliedschaft geknüpft waren, war die Pfingstbewegung bereits früh von inneren Zerreissproben und theologischen Spannungen geprägt (Bergunder 2006: 156–157). Aus diesem Grund ist die Bewegung bis heute keine klar umrissene Institution, sondern vielmehr ein loses und heterogenes Netzwerk von Kirchen, Organisationen und Personen, die sich selbst als Teil der Pfingstbewegung verstehen. Trotz dieser Heterogenität lassen sich einige Wesensmerkmale festhalten, die für einen grossen Teil der Pfingstbewegung typisch sind.

Hierzu gehören:

- die Betonung einer persönlichen Bekehrung bzw. der Annahme Jesu Christi als Erlöser,
- der Glaube an die Taufe durch den Heiligen Geist und an die sogenannten Gaben des Heiligen Geistes (wie Zungenrede, Prophetie, Heilungen),
- ein wortgetreues Verständnis der Bibel,
- der Glaube an Wunder, Engel, Dämonen, Exorzismen und an das Handeln Gottes im Diesseits sowie an direkte persönliche Offenbarungen durch den Heiligen Geist,
- der Glaube daran, dass die Endzeit nahe ist,
- ein starker missionarischer Eifer,
- ein eher konservativer und strenger Moralkodex
- sowie eine überdurchschnittlich hohe Beteiligung an Gottesdiensten.[32]

Der globale Erfolg der Pfingstbewegung lässt sich nur schwer in Zahlen messen, da zuverlässige Statistiken insbesondere in den Ländern des Südens fehlen, wo die Erneuerungsbewegung zurzeit am stärksten wächst. Schätzungen

[32] Vgl. Lugo et al. (2006: 15–31) und Allen (2010: 417–418, 420, 442).

gehen heute von 200 bis 300 Millionen (Neu-)Pfingstlern aus. Dazu kommen je nach Schätzung noch 250 bis 500 Millionen Charismatiker[33] (Knoblauch 2009: 90). Unabhängig von den genauen Zahlen gilt die Pfingstbewegung heute global gesehen als eine der bedeutendsten christlichen Bewegungen der jüngeren Zeit, auch wenn sie im europäischen Raum bisher nur wenig präsent ist (vgl. Bartoş 2015: 20).

Nach Lateinamerika ist die Pfingstbewegung über verschiedene Wege gelangt. Zunächst wurde sie vor allem durch europäische und US-amerikanische Missionare eingeführt. Unter den US-Amerikanern befanden sich schon bald auch lateinamerikanische Auswanderer, die inspiriert von der Erneuerungsbewegung in den USA als Missionare in ihre Herkunftsländer zurückkehrten. Dort stiessen die Pfingstler zunächst selbst bei den älteren protestantischen Kirchen auf viel Kritik und Ablehnung. Zu ausgefallen waren die lebhaften Gottesdienste, die Glossolalie und die physischen Manifestationen spiritueller Ekstase der neuen Erweckungsbewegung. In dieser frühen Phase konnten die Pfingstler vorwiegend bei der ländlichen, armen und marginalisierten Bevölkerung missionarische Erfolge erzielen (Eckholt 2013a: 5, Cruz 2014: 33).

In den ersten Jahrzehnten blieben die lateinamerikanischen Pfingstkirchen mehrheitlich in der Hand von ausländischen Denominationen und wurden dementsprechend auch aus dem Ausland kontrolliert und gesteuert. Erst ab den 1930er Jahren übernahm eine neue Generation von lokalen Pastoren die Führung, unter denen sich die lateinamerikanischen Kirchen allmählich vom ausländischen Einfluss zu emanzipieren begannen. Damit war der Weg frei für die Entwicklung eines eigenständigen lateinamerikanischen Protestantismus (Cruz 2014: 33–34). Erst unter lokaler Führung und der entsprechenden kulturellen Prägung begann der Aufstieg der protestantischen Kirchen zu einer bedeutenden gesellschaftlichen Kraft in Lateinamerika.[34]

---

33 Zu den Charismatikern werden hier Personen gezählt, die vom Frömmigkeitsstil her zwar zur pfingstlichen Erneuerungsbewegung gehören, konfessionell jedoch zu einer der historischen protestantischen Denominationen oder der katholischen Kirche gehören (vgl. Lugo et al. 2006: 3).

34 Diese Beobachtung trifft nicht nur auf Lateinamerika zu. Wie bereits der Theologe und Missionswissenschaftler Jehu Hanciles festgestellt hat, ist es beachtenswert, dass die nicht-westlichen Christentümer erst nach der Blütezeit des Kolonialismus und der westlichen Missionsbestrebungen ihr kräftigstes Wachstum erfuhren (vgl. Hanciles 2011: 227).

2.2.4 Gründe für den Erfolg der protestantischen Kirchen

Der Erfolg der Pfingstbewegung und anderer protestantischer Kirchen in Lateinamerika wirft die Frage auf, welche Gründe diesem Erfolg zugrunde liegen. In der Literatur finden sich verschiedene Antworten auf diese Frage, die auf unterschiedlichen theoretischen Ebenen anzusiedeln sind. Autoren mit einem geopolitischen Fokus verweisen beispielsweise darauf, dass verschiedene Akteure in den USA seit dem Beginn des Kalten Krieges ein Interesse daran hatten, durch die Förderung protestantischer Bewegungen in Lateinamerika politischen Einfluss auf den Subkontinent zu gewinnen, zumal die marxistisch orientierte katholische Befreiungsbewegung als geopolitische Bedrohung angesehen wurde. Es ist jedoch umstritten, wie gross der US-amerikanische Einfluss auf die protestantischen Kirchen in Lateinamerika tatsächlich ist (vgl. Bergunder 2000: 19–20, Allen 2010: 425–426, Cleary 2011: 8).

Andere Stimmen verweisen auf die Versäumnisse der katholischen Kirche, die aufgrund des Priestermangels insbesondere in peripheren Regionen des Kontinents lange Zeit zu wenig präsent war[35] und keine angemessene Seelsorge gewährleisten konnte (vgl. Eckholt 2013a: 5, Allen 2010: 425–426).[36] Weitere Autoren verweisen auf die Fähigkeit der Pfingstbewegung, auf der einen Seite global zu sein, aber gleichzeitig auch mit den lokalen Kulturen und Frömmigkeitsstilen an verschiedenen Orten der Welt zu korrespondieren bzw. Teile davon zu akkulturieren. Diese Fähigkeit ermöglicht es ihr vielleicht besser als der zentral gesteuerten katholischen Kirche, auf den Pluralismus der postmodernen, globalisierten und hochmobilen Gesellschaften Lateinamerikas einzugehen (vgl. Bergunder 2006: 158–160, Eckholt 2013a: 3–5, Pollak-Eltz 1997: 122).[37]

---

35 Bereits 1992 ergab eine Untersuchung in peripheren Quartieren Rio de Janeiros ein Verhältnis von protestantischen – meist pfingstlichen – Gottesdienstorten zu katholischen Kirchen von beinahe 7 zu 1 (vgl. PRC 2006). Die heutigen Zahlen dürften deutlich darüber liegen.

36 Nicht nur externe Akteure weisen darauf hin, dass die katholische Kirche in Lateinamerika aufgrund ihres jahrhundertelangen religiösen Monopols zu viel an Dynamik eingebüsst hat. Auch die Bischöfe Lateinamerikas und der Karibik kamen bei ihrer fünften Generalkonferenz im Jahr 2007 zu einem ähnlichen Schluss (vgl. CELAM 2007: 24–28).

37 Der Religionswissenschaftler Andrew Chesnut argumentiert sogar, dass die Pfingstbewegung in wenigen Jahrzehnten besser von der lateinamerikanischen Kultur absorbiert worden sei als der römische Katholizismus in vier Jahrhunderten. Dies zeige sich unter anderem daran, dass die Lieder, die in pfingstlichen Gottesdiensten gespielt werden, auch ausserhalb der Kirchen im Alltagsleben sehr präsent sind (Masci 2014).

Neben diesen makrotheoretischen Erklärungsansätzen sind für die vorliegende Studie aber auch die mikrosoziologischen gemeinschaftlichen Aspekte relevant, welche die oft sehr kleinen protestantischen Kirchen von den grossen Volkskirchen unterscheiden. Verschiedene Autoren weisen darauf hin, dass in protestantischen Gemeinden oft ein sehr aktives Sozialleben herrscht. Die Bindung der Gläubigen an die Gemeinschaft ist in der Regel stark, weil sie über soziale Beziehungen geschaffen wird, die einen hohen emotionalen Gehalt aufweisen. Viele dieser Gemeinden sind nicht nur Religionsgemeinschaften, die sich zu sonntäglichen Gottesdiensten treffen, sondern auch soziale Netzwerke und Solidaritätsstrukturen (vgl. Eckholt 2013a: 5–6, Bergunder 2000: 9–10, Allen 2010: 44). Solche Netzwerke sind in einer Weltregion von grosser Bedeutung, wo zurzeit durch Binnenmigration vom Land in die Städte und durch internationale Migrationsbewegungen in ökonomisch stärkere Länder traditionelle Familienbeziehungen und Solidaritätsnetzwerke auseinandergerissen werden.

Daher ist es wohl auch kein Zufall, dass manche Studien in Lateinamerika einen positiven statistischen Zusammenhang zwischen geographischer Mobilität und der Zugehörigkeit zu einer protestantischen Gemeinde finden (PRC 2014: 7, 36). Für viele, die in Lateinamerika in eine neue Gegend ziehen und dabei ihre Familien und Freunde zurücklassen, sind lokale protestantische Kirchen eine von wenigen institutionellen Möglichkeiten, um sozialen Anschluss und ein Art von Gemeinschaftsgefühl zu erfahren. Der soziale Anschluss fällt in protestantischen Kirchen zudem sehr leicht, da diese aufgrund ihres ausgeprägten missionarischen Eifers von sich aus aktiv auf Menschen ausserhalb der Gemeinde zugehen.[38]

In der wissenschaftlichen Literatur werden noch weitere Thesen für den Erfolg der Protestanten in Lateinamerika diskutiert, die an dieser Stelle jedoch nicht alle ausgeführt werden können.[39] Die verschiedenen Erklärungsmodelle

---

[38] Diese These wird auch durch eine Studie des PRC bestätigt. Sie hat ergeben, dass für einen Median von 58% der ehemaligen Katholiken die Kontaktaufnahme (*outreach*) durch eine protestantische Gemeinde ein wichtiger Grund für die Konversion zum Protestantismus war (PRC 2014: 5).

[39] Weitere Erklärungsmodelle verweisen zum Beispiel darauf, dass die Gemeindeleiter der jüngeren protestantischen Kirchen aus dem gleichen ethnischen und kulturellen Milieu stammen wie die Gläubigen (vgl. Masci 2014) oder dass in den protestantischen Gemeinden die Rolle der Frauen gestärkt werde (vgl. Brusco 1995). Auch theologische Argumente werden angeführt. So scheint das in Pfingstgemeinden weit verbreitete Wohlstandsevangelium insbesondere für ärmere Bevölkerungsschichten sehr attraktiv zu

schliessen sich gegenseitig nicht aus. Vielmehr erscheint es plausibel, dass oft mehrere dieser Faktoren gleichzeitig dafür verantwortlich sind, dass die protestantischen Gemeinden hohe Wachstumsraten aufweisen und somit zur religiösen Dynamik beitragen, die sich in den oben ausgeführten Statistiken widerspiegelt.

2.2.5 Katholische Charismatiker

Die Pfingstbewegung verlieh in Lateinamerika nicht nur den protestantischen Kirchen eine neue Dynamik, sondern führte auch zu einer Erneuerungsbewegung innerhalb der katholischen Kirche, und zwar in der Form der katholisch-charismatischen Erneuerung. Die katholischen Charismatiker sind im Grunde genommen Pfingstler, die sich der katholischen Kirche zugehörig fühlen. Daher stehen sie in ihrem Frömmigkeitsstil trotz der konfessionellen und theologischen Unterschiede den protestantischen Pfingstlern sehr nahe (vgl. Cleary 2011: 5). Auch sie glauben an die Taufe im Heiligen Geist, an Prophetie, an Heilungen und praktizieren Glossolalie. In ihren Gemeinden sind sie oft sehr engagiert. Sie legen viel Wert auf Gemeinschaft und bilden in den Pfarreien eigene Bibel- und Gebetsgruppen. Wie die protestantischen Pfingstler haben auch die Charismatiker einen starken missionarischen Impetus und betonen die Notwendigkeit einer innerlichen Bekehrung und eines moralischen Lebenswandels, der diese Bekehrung auch in äusseren Handlungen widerspiegelt (vgl. Cleary 2011: 11, 23, 26).

Wie bei der protestantischen Pfingstbewegung scheint es auch bei der katholischen charismatischen Bewegung mehrere Ursprungsimpulse gegeben zu haben. In der Regel wird in geschichtlichen Zusammenfassungen als Ausgangspunkt ein Event angegeben, der 1967 an der Duquesne University in Pittsburgh (USA) stattgefunden hat. Beinahe zur gleichen Zeit hat allerdings auch in der kolumbianischen Hauptstadt Bogotá ein ähnlicher Anlass stattgefunden. Bei beiden Events gaben Teilnehmer an, dass sie eine «Taufe im Heiligen Geist» erfahren und in Zungen gesprochen hätten. Später haben Missionare die daraus entstehende charismatische Bewegung in verschiedene Regionen der Welt getragen (Cleary 2011: 10–11).

---

sein, da es den Gläubigen bereits im Diesseits ein besseres Leben verspricht, wenn sie sich bekehren und der Gemeinde anschliessen (vgl. Masci 2014, Allen 2010: 419–420).

Bereits wenige Jahre nach ihrer Entstehung akzeptierte die katholische Kirche die pfingstliche Bewegung in ihren eigenen Reihen und räumte ihr Raum zur Entfaltung ein. Ein wichtiger Grund für die schnelle Akzeptanz lag darin, dass sich schon früh Theologen fanden, die mit sorgfältig begründeten Apologien eine Brücke zwischen der Grassroots-Bewegung und den höheren Kirchenautoritäten schlugen (Cleary 2011: 12). Ein weiterer Grund lag wohl darin, dass der Vatikan der tendenziell marxistisch orientierten Befreiungstheologie und den ihr nahestehenden Basisgemeinden zu dieser Zeit eher kritisch gegenüberstand und daher bevorzugt Bewegungen förderte, die sich mehr auf Gemeinschaft und Spiritualität fokussierten und weniger politisch ausgerichtet waren (vgl. Cleary 2011: 8–9, 15).

Da die charismatische Erneuerungsbewegung keine formale Mitgliedschaft kennt und die Grenzen zwischen den charismatischen und nicht-charismatischen Katholiken fliessend sind, ist es schwierig, genaue Zahlen zu ihrer Mitgliederstärke zu nennen. Schätzungen aus dem Jahr 2000 gingen von weltweit ca. 120 Millionen charismatischen Katholiken aus, wovon ungefähr 73 Millionen in Lateinamerika zu finden sind (vgl. Cleary 2011: 1, ICCRS o. J.).[40] Wie die Zahlen zur Pfingstbewegung müssen auch die Zahlen zur katholisch-charismatischen Erneuerung mit einer gewissen Vorsicht interpretiert werden. Denn zum einen stammen sie von Akteuren der Bewegung selbst und zum anderen ist die Grenze zwischen Charismatikern und Nicht-Charismatikern fliessend, was eine genaue Zuordnung erschwert. Unabhängig von den genauen Zahlen kann jedoch festgehalten werden, dass die charismatische Erneuerung auch ausserhalb der eigentlichen Bewegung eine starke Wirkung auf die katholische Kirche entfaltet hat und sie vermutlich auch in Zukunft noch weiter prägen wird.

Laut dem Politologen Edward L. Cleary war die katholische Kirche zu Beginn des 20. Jahrhunderts in einigen lateinamerikanischen Ländern eine sehr schwache Institution. Dies zeigte sich beispielsweise in manchen Ländern darin, dass bis Mitte des 20. Jahrhunderts ein gravierender Priestermangel herrschte. So sahen die Gläubigen beispielsweise in manchen ländlichen Regionen der Dominikanischen Republik nur alle paar Jahre einen Priester, wenn

[40] Ältere Zahlen gehen davon aus, dass in Lateinamerika Brasilien mit ca. 33 Millionen das Land mit der grössten Zahl von charismatischen Katholiken ist, gefolgt von Kolumbien (11.3 Millionen), Mexico (9.2 Millionen) und Argentinien (4.7 Millionen) (Barrett/Johnson 2000: 119–122).

gerade einer zu Besuch kam. Zudem gelang es der katholischen Kirche kaum, Geistliche aus der lokalen Bevölkerung heraus zu rekrutieren (vgl. Cleary 2011: 78–79). Im Jahr 1960 gab es in der Dominikanischen Republik lediglich 310 Priester, die für rund 3 Millionen katholische Gläubige zuständig waren. Davon waren lediglich 70 Einheimische und der Rest stammte aus dem Ausland, insbesondere aus westlichen Staaten wie Kanada.

In den Jahren von 1960 bis 2004 stieg die Zahl der einheimischen Priester aber um mehr als 1'200% an und erreichte schliesslich einen Wert von 890. Cleary schreibt diesen Anstieg vor allem dem Mobilisierungspotenzial der charismatischen Erneuerung zu (Cleary 2011: 87–88). Denn er zeigt auf, dass sich auch in anderen lateinamerikanischen Staaten, in denen die charismatische Bewegung stark präsent ist, ein ähnlicher Anstieg in den einheimischen Priesterzahlen findet.[41] Die von Cleary angeführten Beispiele zeigen, dass durch die Pfingstbewegung und durch die neue religiöse Konkurrenz auch die katholische Kirche in Lateinamerika an neuer Dynamik gewonnen hat (vgl. Allen 2010: 423, Eckholt 2013a: 12).

Wie weiter unten im empirischen Teil dieser Studie noch gezeigt wird, wirkt sich diese Dynamik bis in die spanischsprachigen Migrationsgemeinden in der Schweiz aus.

2.3 Schlussfolgerungen

Spanien und Lateinamerika sind zwei Regionen, deren Geschichte stark von der katholischen Kirche geprägt ist. Spätestens seit der zweiten Hälfte des 20. Jahrhunderts sind aber beide Regionen von einem starken religiösen Wandel gekennzeichnet. In Spanien zeigt sich dieser Wandel in einem Trend zur Säkularisierung, der – ähnlich wie in der Schweiz – auch die katholische Bevölkerung zu einem gewissen Grad mitprägt. Viele Spanier identifizieren sich zwar noch immer mit der katholischen Kirche, weisen jedoch eine eher moderate Form der Kirchenbindung auf und legen im Vergleich zu den Lateinamerikanern ein eher geringes Interesse an religiösen Themen und wenig missionarischen Eifer an den Tag. Protestantische Kirchen sind in Spanien bis heute

41 Für eine ausführliche Beschreibung der Auswirkungen der charismatischen Bewegung in verschiedenen Ländern Lateinamerikas siehe Cleary (2011).

kaum präsent. Eine bedeutende Ausnahme bilden Migrationskirchen, die in den vergangenen Jahren unter anderem von zugezogenen Lateinamerikanern etabliert wurden.

In Lateinamerika besteht der religiöse Wandel dagegen in einem neuen religiösen Pluralismus, der zum einen auf die Zunahme protestantischer Bevölkerungsanteile und zum anderen auf das Erscheinen neuer Frömmigkeitsstile wie der konfessionsübergreifenden Pfingstbewegung zurückzuführen ist. Mit diesen Entwicklungen geht auch ein Wandel im religiösen Sozialleben einher. Sowohl die protestantischen Kirchen wie auch die katholischen Basisgemeinden und charismatischen Gruppierungen treffen sich nicht nur zum sonntäglichen Gottesdienst, sondern bilden auch darüber hinaus Solidaritätsnetzwerke, die von einem regen Sozialleben geprägt sind.

Neben diesen unterschiedlichen Grosstrends in Spanien und Lateinamerika existieren noch viele weitere nationale, regionale und denominationelle Unterschiede in Frömmigkeitsstilen, Religionspraxis und dem kirchlichen Sozialleben, auf die ich in diesem Kapitel nicht detailliert eingehen konnte. Aber auch diese Vielfalt ist für die vorliegende Studie von Bedeutung, denn sie weist darauf hin, dass die spanischsprachigen Zuwanderer, die in der Schweiz in christlichen Migrationsgemeinden zusammentreffen, keine homogene Einheit bilden. Aufgrund unterschiedlicher (religions-)geschichtlicher Entwicklungen in ihren Herkunftsregionen sind sie vielmehr sehr unterschiedliche Kirchenkulturen und Frömmigkeitsstile gewohnt. In den Migrationsgemeinden in der Schweiz stehen sie daher vor der Herausforderung, einen konstruktiven Umgang mit dieser Vielfalt zu finden.

3 Spanischsprachige Zuwanderer in der Schweiz

Dieses zweite Kontextkapitel bietet einen Überblick über die Zuwanderung von spanischsprachigen Personen in die Schweiz. Anhand der historischen Entwicklung der Migration aus Spanien und Lateinamerika wird aufgezeigt, wie sich die Gruppe der spanischsprachigen Migranten im Verlauf der Zeit immer mehr diversifizierte. Diese Vielfalt zeigt sich heute einerseits in einem breiten Spektrum von Herkunftsstaaten und andererseits auch in grossen Unterschieden in Bezug auf die Ressourcen, die den Migranten in der Schweiz zur Verfügung stehen.

3.1 Historische Entwicklung

3.1.1 Spanische Gastarbeiter

Die Geschichte der Zuwanderung grösserer spanischsprachiger Gruppen beginnt in der Schweiz Ende der 1950er Jahre, kurz nach der wirtschaftlichen Öffnung Spaniens. Davor schränkte die Autarkiepolitik des Franco-Regimes die Auswanderung zu stark ein, als dass sie ein grösseres Volumen hätte erreichen können (vgl. Thränhardt 2007: 992–993). Die darauf folgende spanische Arbeitsmigration war Teil einer grösseren Migrationsbewegung aus Ländern des Mittelmeerraumes wie Italien, Portugal, dem damaligen Jugoslawien und der Türkei in nordeuropäische Länder wie die Schweiz, Deutschland, Österreich, Frankreich, Grossbritannien, Belgien oder die Niederlande (vgl. Babiano/Farré 2002: 81). Für Spanien löste die Auswanderung in europäische Industrieländer nach dem Zweiten Weltkrieg die Auswanderung nach Lateinamerika ab, die über Jahrhunderte hinweg dominierend war (Thränhardt 2005: 94).

Die Schweiz auf der anderen Seite erlebte zu dieser Zeit mit ihren intakten Produktionsanlagen inmitten des vom Krieg gebeutelten Europas eine längere Phase des ökonomischen Aufschwungs, die mit Ausnahme kleinerer konjunktureller Einbrüche bis zur Ölpreiskrise in den 1970er Jahren anhielt. Der Wirtschaftsboom löste eine starke Nachfrage nach Arbeitskräften aus (Vuilleumier 2007: 200). Um den wachsenden Bedarf an günstigen Arbeitskräften zu decken, schloss die Schweizer Regierung 1948 ein bilaterales Abkommen mit Italien ab, das es der Schweizer Wirtschaft ermöglichte, italienische Arbeiter für einen temporären Arbeitseinsatz zu rekrutieren (vgl. Piguet 2006: 15–16).[42] Dieses Abkommen markierte den Beginn der sogenannten Gastarbeitermigration.

Als wenige Jahre später auch die italienischen Arbeitskräfte auf dem Arbeitsmarkt rarer wurden, hatte die Schweiz ein Interesse daran, die Herkunftsländer der Gastarbeiter zu diversifizieren, damit sie auf dem Arbeitsmarkt unter einem höheren Konkurrenzdruck standen und somit weniger Forderungen nach besseren Arbeits- und Aufenthaltsbedingungen stellen konnten. Aus dieser Überlegung heraus schloss die Regierung 1961 mit Spanien ein ähnliches Rekrutierungsabkommen ab wie zuvor mit Italien (Piguet 2006: 22). Kurz darauf wurde die Schweiz zu einem der wichtigsten Auswanderungsländer für Spanier.[43] Der grösste Teil von ihnen fand in niedrigqualifizierten Positionen in der Industrie, im Gastgewerbe und in Bauberufen eine Anstellung (Schmitt 2008: 173).

Ihren Höhepunkt erreichte die spanische Zuwanderung in den Jahren 1971 bis 1974 (vgl. Thränhardt 2005: 95). Im Jahr 1973 wurde die Schweiz von der internationalen Ölkrise erschüttert. Während der darauf folgenden Rezessionsjahre zwischen 1974 und 1977 wurden im Industriesektor über 15% der Arbeitsplätze abgebaut. Da die Industrie einen grossen Teil der Gastarbeiter beschäftigte, waren unter den Entlassenen auch viele spanische Staatsbürger (vgl. Piguet 2006: 43–44, BFS 2008: 3). Auf das darauf folgende Ende der Gastarbeiteranwerbung reagierten die Spanier stärker als andere Migrantengruppen mit Rückwanderung in ihr Herkunftsland. Viele von ihnen waren von Zukunftshoffnungen getragen, die durch die Demokratisierung Spaniens genährt wurden (Thränhardt 2005: 93).

---

[42] Da sich die Regierung vor einem konjunkturellen Abschwung fürchtete, sollte die Zuwanderung einen «reversiblen Charakter» beibehalten und die ausländischen Arbeitskräfte sollten keinen dauerhaften Aufenthalt in der Schweiz anstreben. Aus diesem Grund legte die Politik zu dieser Zeit noch keinen Wert auf die soziale oder gesellschaftliche Integration der Zuwanderer, sondern verfolgte vielmehr ein sogenanntes «Rotationsprinzip». Die ausländischen Arbeitskräfte sollten nach einem zeitlich beschränkten Aufenthalt als «Gastarbeiter» wieder in ihre Herkunftsländer zurückkehren (vgl. Piguet 2006: 20–22).

[43] Zu Beginn der 1970er Jahre wurden von spanischen Behörden in kein anderes Land so viele Arbeitskräfte vermittelt wie in die Schweiz (vgl. Thränhardt 2005: 95).

3.1.2 Veränderungen im spanischen Migrationsregime

Im Jahr 1986 trat Spanien der Europäischen Gemeinschaft bei. Darauf folgte ein starker ökonomischer Aufschwung, der – wie wenige Jahrzehnte zuvor in der Schweiz – zu einem Arbeitskräftemangel führte. Als Folge des Wirtschaftsbooms hatten die Spanier nun bessere Chancen, auf dem heimischen Arbeitsmarkt eine Anstellung zu finden, so dass sich weniger Menschen dazu gezwungen sahen, ins europäische Ausland auszuwandern. Diese Entwicklung führte in der Schweiz zu einem Rückgang der spanischen Migrationsbevölkerung (vgl. Abbildung 8). Eine zweite Folge des spanischen Wirtschaftsbooms bestand darin, dass nun auch Spanien auf ausländische Arbeitskräfte angewiesen war, um den wirtschaftlichen Bedarf zu decken. Damit wandelte sich Spanien allmählich von einem Auswanderungs- zu einem Zuwanderungsland (vgl. Aparicio Gómez 2007: 1031, Pietschmann 2007: 239). Seither haben sich in Spanien viele Lateinamerikaner niedergelassen, da sie im Vergleich zu anderen Migrantengruppen von Sonderrechten bezüglich der Aufenthaltsbestimmungen und Einbürgerungsverfahren profitierten (vgl. Gratius/SWB 2005: 20–22, Aparicio Gómez 2007: 1033). Zu etwa derselben Zeit begann auch die Zuwanderung von Lateinamerikanern in die Schweiz.

3.1.3 Lateinamerikanische Zuwanderer

Nachdem lateinamerikanische Länder über Jahrhunderte hinweg europäische Auswanderer aufgenommen hatten, kehrte sich in der zweiten Hälfte des 20. Jahrhunderts die Migrationsrichtung allmählich um und es kamen vermehrt Lateinamerikaner auf der Suche nach einem besseren Leben nach Europa (vgl. Gratius/SWP 2005: 20). Diese neue Form der transatlantischen Migration lässt sich grob in drei Phasen unterteilen. Die erste Phase dauerte ungefähr von den 1960er bis zu den 1980er Jahren an und war mehrheitlich geprägt von der erzwungenen Auswanderung von Flüchtlingen, die vor Bürgerkriegen und Militärdiktaturen flohen (Jaciuk 2016: 111, Gratius 2005: 165–166).[44] Die Zahl der Migranten, die in dieser Zeit in die Schweiz kamen, war jedoch verhältnismäs-

[44] Zu den Fluchtgründen gehörten in dieser Zeit beispielsweise die kubanische Revolution (1959), der Militärputsch in Chile (1973) und in den 1980er Jahren die Bürgerkriege in mehreren zentralamerikanischen Staaten wie El Salvador, Nicaragua und Guatemala (vgl. Gratius 2005: 165, Bolzman 2007: 436).

sig klein. So nahm die Schweiz in den 1970er Jahren beispielsweise ein grösseres Kontingent chilenischer Flüchtlinge auf. Doch selbst dieses Kontingent blieb mit ca. 4'500 Personen eher bescheiden im Vergleich zur Gastarbeitermigration aus Spanien (vgl. Bolzman 2007: 436). Dementsprechend blieb die Zahl der lateinamerikanischen Bevölkerung lange auf einem niedrigen Niveau. So lebten im Jahr 1990 in der gesamten Schweiz nur rund 12'300 Personen aus Spanisch-Lateinamerika (vgl. Kammerer et al. 2013, BFS 2017a).

Abbildung 8: Ständige ausländische Wohnbevölkerung aus Spanien, Lateinamerika und Spanisch-Lateinamerika in der Schweiz (1941–2016)

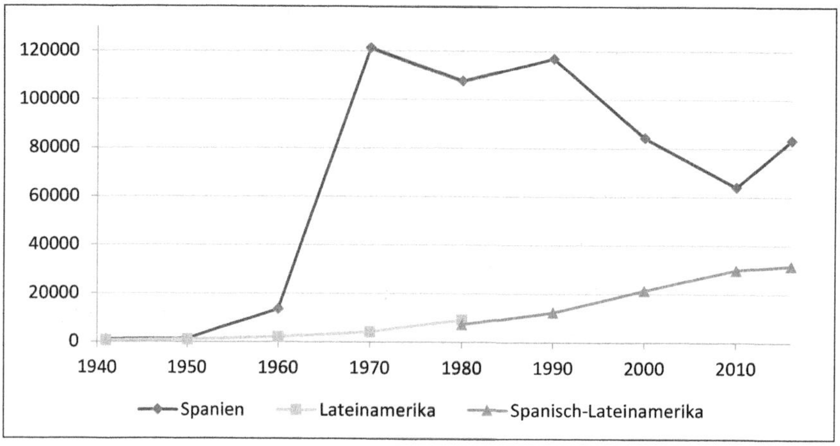

Bemerkungen: Zu Spanisch-Lateinamerika zählen in dieser Grafik folgende 18 Staaten: Kuba, Dom. Republik, Mexiko, Guatemala, El Salvador, Honduras, Nicaragua, Costa Rica, Panama, Venezuela, Kolumbien, Ecuador, Peru, Bolivien, Chile, Argentinien, Paraguay und Uruguay. Für die Zeitperiode von 1941 bis 1970 existieren nur Daten für ganz Lateinamerika (inkl. Brasilien u. a.). Ab 2010 fand beim BFS ein Wechsel des Produktionsverfahrens statt, was sich in geringem Mass auch auf die vorliegenden Zahlen auswirkt. Quellen: Eig. Darstellung mit Daten aus Kammerer et al. (2013) und BFS (2017a). Für Spanien habe ich für den Zeitraum von 1941–1980 die Daten von Kammerer et al. (2013) verwendet, ab 1990 die Daten von BFS (2017a). Für Lateinamerika wurden die Daten von Kammerer et al. (2013) verwendet und für Spanisch-Lateinamerika die Daten von BFS (2017a).

Die zweite Phase der lateinamerikanischen Zuwanderung begann in den 1980er Jahren, als mehrere lateinamerikanische Staaten von einer Wirtschaftskrise[45] erfasst wurden. Die Krise führte zu einer Verschlechterung des Lebensstandards insbesondere des Mittelstandes, was dazu führte, dass viele Lateinamerikaner auf der Suche nach ökonomischer Stabilität in andere Weltregionen auswanderten. Ein grosser Teil von ihnen blieb auf dem amerikanischen Kontinent und zog in die USA oder nach Kanada. Ein kleinerer Teil wanderte aber auch nach Europa aus (Jaciuk 2016: 112).

Gegen Ende der 1990er Jahre erhielt die lateinamerikanische Migration nach Europa eine neue Qualität, so dass ab diesem Zeitpunkt von einer dritten Phase gesprochen werden kann. Diese dritte Phase, die bis heute andauert, ist zum einen geprägt von einem grösseren Migrationsvolumen und zum anderen von einer Diversifizierung der Migrationsgründe. Ökonomische Gründe wie Armut, Arbeitslosigkeit und niedrige Lohnniveaus spielen zwar weiterhin eine wichtige Rolle, dazu kommen aber je nach Herkunftsland auch noch andere *Push*-Faktoren wie Unsicherheiten hinsichtlich der politischen Stabilität, hohe Kriminalitätsraten, Rechtsunsicherheit sowie politisch motivierte Gewalt (vgl. Jaciuk 2016: 112, Gratius 2005: 167).

Gleichzeitig begünstigen in jüngster Zeit verschiedene Entwicklungen die Auswanderung in europäische Länder. Hierzu gehören *Pull*-Faktoren wie der bereits angesprochene Arbeitskräftemangel, globalisierte Arbeitsmärkte, niedrige Geburtenraten, überalterte Gesellschaften und Finanzierungslücken in den sozialen Sicherungssystemen (Gratius 2005: 167). Aber auch der technologische Fortschritt erleichterte die Auswanderung nach Europa. So fielen beispielsweise die Preise im transatlantischen Flugverkehr stark ab, was die Reise für grössere Bevölkerungsgruppen erschwinglich machte. Zudem erlauben es neue Medien heute, soziale Beziehungen über grosse Entfernungen hinweg zu pflegen, was die Distanz zum Herkunftsland zumindest in emotionaler Hinsicht etwas geringer erscheinen lässt (vgl. Jaciuk 2016: 112). Ein weiterer bedeutender Faktor, der die Migration nach Europa nach der Jahrtausendwende begünstigte, bestand darin, dass die USA – eine der bedeutendsten Auswanderungsdestinationen für Lateinamerikaner – als Folge der 9/11-Terroranschläge eine restriktivere Einreise- und Zuwanderungspolitik einführten (Jaciuk 2016: 112–113, Gratius/SWP 2005: 20).

---

45 Diese Wirtschaftskrise wird auch «lateinamerikanische Schuldenkrise» genannt. Sie entstand als eine Nachwirkung des Ölpreis-Schocks der 1970er Jahre (vgl. Sims/Romero 2013).

Die Summe all dieser Entwicklungen führte schliesslich dazu, dass auch in der Schweiz die Zuwanderung von Lateinamerikanern zunahm (vgl. Abbildung 8). Sie sollte jedoch nie das gleiche Ausmass erreichen wie diejenige der spanischen Gastarbeiter in den 1970er Jahren. Dies ist unter anderem auf einen Wandel in der Schweizer Migrationspolitik zurückzuführen.

3.1.4 Wandel in der Schweizer Migrationspolitik

Spätestens ab den 1990er Jahren änderte sich in der Schweiz das Migrationsregime. Aufgrund der Globalisierung und der zunehmenden globalen Mobilität wanderten neue Migrantengruppen ein. Sie kamen nun nicht mehr nur aus den Nachbarstaaten und aus Südeuropa, sondern aus der ganzen Welt. Und ihre Zuwanderung war nicht mehr mithilfe von Rekrutierungsabkommen von der Politik gesteuert, sondern viele beschlossen aus eigener Initiative in die Schweiz zu ziehen. Damit entkoppelte sich die Migration allmählich von den Bedürfnissen der Wirtschaft, die über lange Zeit die Hauptantriebskraft für die Migration dargestellt hatten. Gleichzeitig verkleinerte sich aufgrund der wachsenden Bedeutung des internationalen Rechts und multilateraler Abkommen der Handlungsspielraum, der der Schweizer Politik zur Verfügung stand, um die neuen Migrationsströme zu steuern (vgl. Piguet 2006: 58, 61–62).

Diese Entwicklungen führten schliesslich dazu, dass in Teilen der Schweizer Bevölkerung die Angst überhandnahm, die Kontrolle über die Migration zu verlieren. In diesem Klima gewannen rechtskonservative Strömungen an Aufwind, die sich für eine Reduktion der Zuwanderung einsetzten. Ihr Unmut richtete sich vor allem gegen Bevölkerungsgruppen, denen eine grosse «kulturelle Distanz»[46] und Integrationsschwierigkeiten vorgeworfen wurden (vgl. Piguet 2006: 62–67). Die Schweizer Politik reagierte auf diese Forderung mit der Entwicklung eines dualen Migrationssystems, das die Zulassungsvoraussetzungen an die Staatsangehörigkeit koppelte (vgl. Piguet 2006: 76–78, 145). Seither unterscheidet die Migrationspolitik zwischen Personen aus EU-/EFTA-Staaten auf der einen Seite und Personen aus der übrigen Welt, den sogenannten Drittstaaten, auf der anderen Seite. Für Personen aus EU-/EFTA-

[46] Der Begriff der «kulturellen Distanz» wurde 1996 von der Eidgenössischen Kommission gegen Rassismus (EKR) als Unterscheidungsmerkmal für Zulassungsbedingungen als diskriminierend kritisiert (vgl. EKR 1996: 3). Seither taucht der Begriff in offiziellen Dokumenten nicht mehr auf, dennoch bleibt die «kulturelle Nähe» implizit ein wichtiger Faktor in Fragen der Migrationspolitik.

Staaten gilt seit dem Jahr 2002 die Personenfreizügigkeit[47], aus Drittstaaten hingegen ist mit wenigen Ausnahmen nur die Zuwanderung von besonders hochqualifizierten Arbeitskräften vorgesehen (vgl. Piguet 2006: 78).[48]

Dieses duale System entspricht einem Kompromiss zwischen dem Anliegen der Bevölkerung, die Zuwanderung zu beschränken, und dem weiterhin bestehenden Bedarf verschiedener Wirtschaftsbranchen an hoch- bzw. niedrigqualifizierten Arbeitskräften. Innerhalb des EU-/EFTA-Raumes, der als «kulturell nahe» angesehen wird, können Unternehmen beinahe uneingeschränkt Arbeitskräfte rekrutieren. Darüber hinaus besteht für hochspezialisierte Branchen die Möglichkeit, weltweit nach gut qualifizierten Arbeitskräften zu suchen (Piguet 2006: 79–86). Die Verlierer dieses Systems sind Personen aus Drittstaaten mit einem mittleren oder niedrigen Qualifikationsniveau. Für sie gibt es heute kaum Möglichkeiten, auf legale Weise in die Schweiz einzuwandern.

Für die spanischsprachigen Zuwanderer, die im Fokus der vorliegenden Studie stehen, bedeutet dies, dass sie abhängig von ihrer Staatsangehörigkeit und ihren Qualifikationen in der Schweiz auf sehr unterschiedliche Migrationsbedingungen treffen können. Spanier sowie lateinamerikanische Doppelbürger, die über einen europäischen Pass verfügen, kommen in den Genuss der Personenfreizügigkeit und erhalten vergleichsweise leicht eine Arbeits- und Niederlassungsbewilligung.[49] Wer jedoch nur über einen aussereuropäischen

---

47 Wenige Jahre später formierte sich in der Bevölkerung auch Widerstand gegen die Personenfreizügigkeit und die damit verbundene Zuwanderung aus dem EU-/EFTA-Raum. Als Folge davon wurde im Jahr 2014 die sogenannte «Masseneinwanderungsinitiative» angenommen, die darauf abzielte, die Personenfreizügigkeit aufzuheben und die Zuwanderung über Kontingente zu regeln. Damit sollte die Schweizer Migrationspolitik wieder autonomer werden (vgl. ÜKGM 2013). Die Umsetzung der Initiative stellte sich jedoch als schwieriges Unterfangen heraus, da sie nicht mit den bilateralen Abkommen zwischen der Schweiz und der EU zu vereinbaren war. Aus diesem Grund wurde trotz der Annahme der Initiative vorerst auf eine grundsätzliche Änderung der Migrationspolitik verzichtet und das duale System bleibt bis heute in Kraft (vgl. SEM 2017: 9).

48 Zu den Ausnahmen gehört zum Beispiel die Migration aufgrund von Heirat oder als anerkannter Flüchtling.

49 Nicht wenige der in der Schweiz lebenden Lateinamerikaner besitzen einen europäischen Pass. Zum einen liegt dies daran, dass Lateinamerika über lange Zeit eine beliebte Auswanderungsdestination für Schweizer und andere Europäer war. Einige dieser Auswanderer haben ihre alte europäische Nationalität an ihre Kinder und Enkel weitergegeben. Zum anderen haben nicht wenige Lateinamerikaner schon vor ihrem Zuzug in die Schweiz in anderen europäischen Ländern gelebt (z. B. in Spanien) und liessen sich dort einbürgern (vgl. Kapitel 3.1.2).

Pass verfügt, für den gestaltet sich die Zuwanderung deutlich schwieriger, denn alle lateinamerikanischen Staaten gelten als Drittstaaten. Aus ihnen darf nur einreisen, wer über Qualifikationen verfügt, die auf dem Schweizer Arbeitsmarkt besonders gesucht sind, und wer zudem alle persönlichen Voraussetzungen erfüllt, die «*eine nachhaltige Integration in den schweizerischen Arbeitsmarkt und das gesellschaftliche Umfeld erwarten lassen.*» (Art. 23 AuG).[50] Wer diesen Anforderungen nicht gerecht wird, aber dennoch in die Schweiz migriert, muss sich illegal als Sans-Papier[51] durchschlagen.

3.1.5 Lateinamerikanische Sans-Papiers

Obwohl die Zuwanderung aus aussereuropäischen Ländern durch das duale Migrationssystem stark eingeschränkt wird, gibt es bis heute Personen, die sich für die Migration in die Schweiz entscheiden, obwohl sie die rechtlichen Voraussetzungen dafür nicht erfüllen. Die Mehrheit von ihnen reist mithilfe eines Touristenvisums ein und bleibt nach Ablauf der zulässigen Aufenthaltsdauer ohne gültige Aufenthaltsbewilligung als sogenannter Sans-Papier (vgl. Morlok et al. 2015: 36–37). Schätzungen zufolge leben heute rund 76'000 solcher Sans-Papiers aus Drittstaaten in der Schweiz (Morlok et al. 2015: 1).[52]

Rund 43% aller Sans-Papiers sind Lateinamerikaner. Damit stellen sie die grösste Gruppe der «illegalen» Migranten dar (Morlok et al. 2015: 39–40). Ein grosser Teil davon sind Frauen im Alter zwischen 20 und 40 Jahren. Meist arbeiten sie in Privathaushalten von Landsleuten, wo sie sich um Kinder, Haushalt oder Betagte kümmern. Die Arbeitsstellen werden ihnen in der Regel über informelle soziale Netzwerke vermittelt. Manchmal werden sie auch direkt in ihren Herkunftsländern von ihren zukünftigen Arbeitgebern rekrutiert, teilweise unter falschen Versprechungen. Denn die Arbeitsbedingungen in den Privathaushalten sind oft prekär und die Löhne niedrig. Nicht selten wird die

---

[50] Hierzu gehören bspw. Sprachkenntnisse und die «*berufliche und soziale Anpassungsfähigkeit*» (Art. 23 AuG).

[51] In der Schweiz hat sich für Migranten ohne geregelten Aufenthaltsstatus der Begriff «Sans-Papier» etabliert.

[52] Die Berechnungen und Schätzungen der Studie von Morlok et al. reichen je nach Methode von 58'000 bis 105'000 (Morlok et al. 2015: 34). Die grosse Unsicherheitsspanne ist darauf zurückzuführen, dass sich Sans-Papiers statistisch nur schwer erfassen lassen. Frühere Studien gingen tendenziell von höheren Zahlen aus, bewegten sich jedoch ungefähr in derselben Grössenordnung, vgl. hierzu bspw. Longchamp et al. (2005) oder Piguet/Losa (2002).

Schutzlosigkeit der Sans-Papiers von den Arbeitgebern auf verschiedene Weise ausgenutzt (vgl. Exp. Int. G; vgl. EKM 2010b: 28, Morlok et al. 2015: 39–40).

Personen, die sich ohne Aufenthaltserlaubnis in der Schweiz aufhalten, machen sich strafbar (Morlok et al. 2015: 14). Daher leben viele Sans-Papiers in ständiger Angst vor der Polizei. Zwar gelten auch für illegale Aufenthalter gewisse Rechte (vgl. EKM 2010b: 8), allerdings können oder trauen sich viele von ihnen nicht, diese einzufordern, da sie sich vor möglichen Gefängnisstrafen und der Ausschaffung fürchten. Damit sind Sans-Papiers der Ausnutzung und Ausbeutung durch andere Personen beinahe schutzlos ausgeliefert. Dementsprechend unterscheiden sich ihre Migrationserfahrungen stark von denjenigen legaler Migranten. Ihre Situation wird zusätzlich noch dadurch erschwert, dass sie aufgrund ihres ungeregelten Aufenthaltsstatus nur einen stark eingeschränkten Zugang zu Bildung, Arbeitsmarkt und Gesundheitssystem haben.[53]

3.2 Aktuelle Situation

Die globale Finanzkrise im Jahr 2007 führte in Spanien zum Platzen einer Immobilienblase und damit zu einer grösseren Wirtschaftskrise. Kurz darauf war in der Schweiz der Beginn einer neuen Zuwanderungswelle aus Spanien zu beobachten (vgl. Abbildung 8).[54] Die neuen spanischen Zuwanderer unterscheiden sich allerdings von den früheren Gastarbeitern. Zum einen finden sich unter ihnen viele hochqualifizierte Spezialisten wie zum Beispiel Architekten und Ingenieure. Denn für sie war es nach dem Einbruch des Immobilienmarktes schwierig, auf dem spanischen Arbeitsmarkt eine Anstellung zu finden, während in der Schweiz gerade in diesen Bereichen seit Jahren ein Fachkräftemangel herrscht. Zum anderen befinden sich unter den Personen, die seither mit einem spanischen Pass einwandern, auch viele Lateinamerikaner. Ein Grossteil von ihnen ist während des Wirtschaftsbooms nach Spanien gezogen und hat dort inzwischen die spanische Staatsbürgerschaft erworben (vgl. Gratius/SWB 2005: 22, Aparicio Gómez 2007: 1033). Als die Wirtschaft schwächelte, sind sie in die Schweiz und andere europäische Länder weitergezogen.[55]

---

53 Vgl. Exp. Int. G.

54 Vgl. Exp. Int. Z und M. Die Zuwanderung aus Spanien scheint sich inzwischen bereits wieder abzuschwächen, da sich die spanische Wirtschaft allmählich wieder erholt (vgl. BFS 2017a).

55 Vgl. Exp. Int. Z und M.

Statistische Angaben und geographische Verteilung

Im Jahr 2016 lebten laut dem Bundesamt für Statistik BFS insgesamt über 114'896 Personen aus spanischsprachigen Ländern in der Schweiz.[56] Davon besassen 83'337 eine spanische Staatsbürgerschaft und 31'559 stammten aus Ländern Spanisch-Lateinamerikas. Von den Lateinamerikanern kamen die zahlenmässig grössten Gruppen aus der Dominikanischen Republik (5'913), Kolumbien (4'544), und Chile (3'386) (vgl. Abbildung 9; BFS 2017a).

Abbildung 9: Ständige ausländische Wohnbevölkerung ab 15 Jahren aus Spanisch-Lateinamerika nach Herkunftsländern (2016)

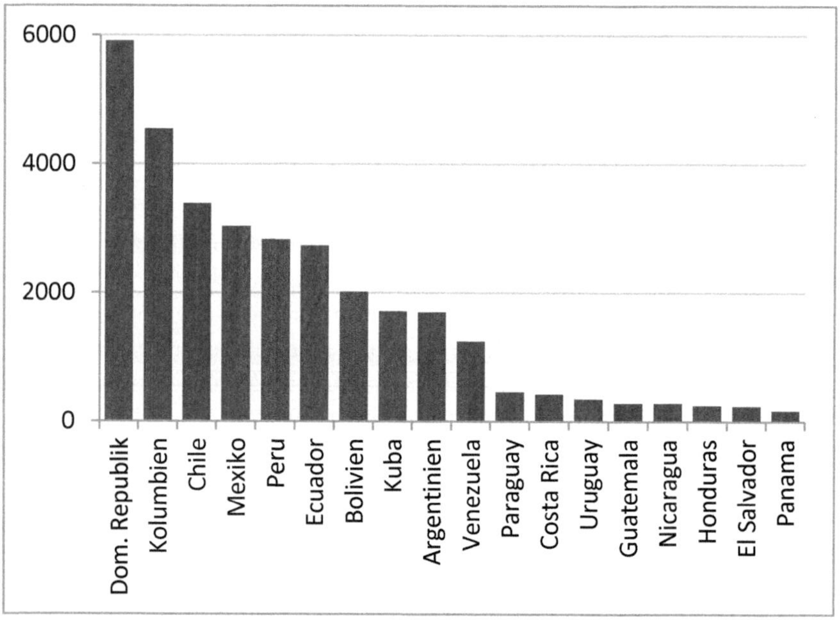

Quelle: Eig. Darstellung mit Daten von BFS (2017a).

[56] Die hier angeführten Zahlen beziehen sich lediglich auf die legale Migration. Sans-Papiers sind darin nicht vertreten, da sie statistisch schwer zu erfassen sind. Gemäss Morlok et al. (2015:39–40) müssten sich zusätzlich rund 32'000 lateinamerikanische Sans-Papiers in der Schweiz befinden (inkl. Brasilianer).

Bereits die Auflistung der Herkunftsstaaten zeigt, dass die spanischsprachigen Migranten sehr divers sind. Sie unterscheiden sich aber nicht nur in Bezug auf ihre Nationalität, sondern auch in Bezug auf die kulturellen, ökonomischen und sozialen Ressourcen, die ihnen in der Schweiz zur Verfügung stehen. Während ein Teil von ihnen über einen tertiären Bildungsabschluss verfügt, der ihnen in der Schweiz gute Chancen auf dem Arbeitsmarkt eröffnet, verfügen andere lediglich über einen obligatorischen Schulabschluss.[57] Während ein Teil in gut bezahlten Positionen in internationalen Unternehmen arbeitet, arbeiten andere im Mittel- oder Niedriglohnsektor oder sogar illegal als Schwarzarbeiter. Und während ein kleiner Teil bereits vor ihrer Ankunft in der Schweiz über ein gutes soziales Netzwerk verfügt, zum Beispiel weil sie durch die Arbeit oder über die Heirat mit einer hier ansässigen Person gut vernetzt sind, müssen sich andere ein solches Netzwerk erst von Grund auf neu aufbauen.

Weitgehend unabhängig von ihren persönlichen Ressourcen lassen sich die meisten Migranten im Einzugsgebiet grösserer Städte nieder, da diese aufgrund ihrer hohen wirtschaftlichen Dynamik eine starke Anziehungskraft auf nationale und internationale Zuwanderer ausüben. Folglich leben auch die meisten spanischsprachigen Personen im näheren Umkreis von Städten wie Zürich, Basel, Genf, Lausanne, Bern und Lugano (vgl. Abbildung 10). Spitzenreiter ist der Kanton Genf, allein hier leben über 27'300 spanischsprachige Personen (vgl. BFS 2017b). Dies liegt vermutlich daran, dass Genf bereits zur Zeit der Gastarbeitermigration für spanische Migranten eine wichtige Bedeutung als «Zugangstor» zur Schweiz einnahm.[58]

[57] Unter den in der Schweiz wohnhaften Personen aus spanischsprachigen Ländern sind sowohl Personen mit tertiärem Bildungsabschluss sehr gut vertreten (28% der Spanier und 31% der Hispanoamerikaner) wie auch solche, die lediglich über einen obligatorischen Schulabschluss verfügen (42% der Spanier und 43% der Hispanoamerikaner, vgl. BFS 2018a).

[58] Vgl. Exp. Int. Z.

Abbildung 10: Ständige ausländische Wohnbevölkerung ab 15 Jahren mit Spanisch als Hauptsprache nach Bezirken (2011–2015 kumuliert)

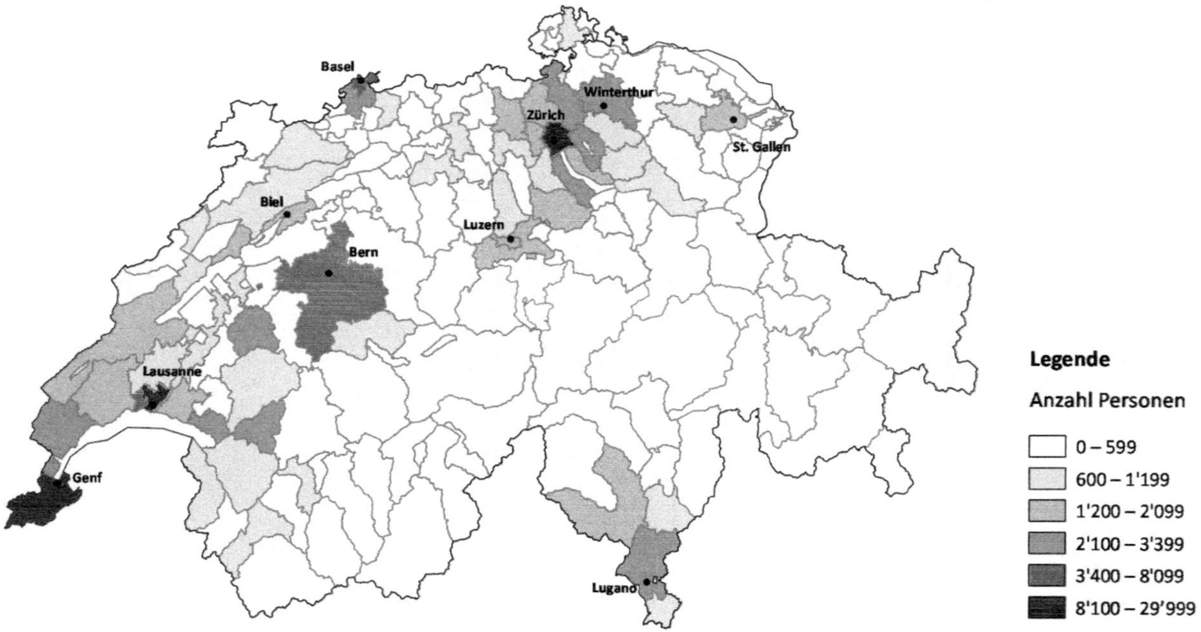

Bemerkung: Da in den jährlichen Stichproben des BFS in manchen Bezirken nur sehr wenige Spanischsprachige erfasst werden, wurden für diese Karte die Erhebungen der Jahre 2011-2015 kumuliert.
Quelle: Eig. Darstellung mit Daten aus BFS (2017b), Georeferenzdaten: SWISSTOPO (2017).

Bezüglich ihrer religiösen Zusammensetzung spiegeln die Zuwanderer aus spanischsprachigen Ländern mehr oder weniger die konfessionellen Verhältnisse ihrer Herkunftsregionen wider (vgl. Abbildung 11). Rund 63% der in der Schweiz wohnhaften über 15-Jährigen aus spanischsprachigen Ländern bezeichnen sich als katholisch, beinahe ein Drittel ist konfessionslos und rund 5% gehören einer anderen christlichen Glaubensgemeinschaft an, wovon der grösste Teil wohl dem protestantischen Spektrum zugeordnet werden dürfte. Andere Religionsgemeinschaften sind mit 1% unter den spanischsprachigen Zuwanderern kaum vertreten (vgl. BFS 2018b).

Abbildung 11: Ständige Wohnbevölkerung (ab 15 Jahren) aus spanischsprachigen Ländern nach Religionszugehörigkeit (2011–2015 kumuliert)

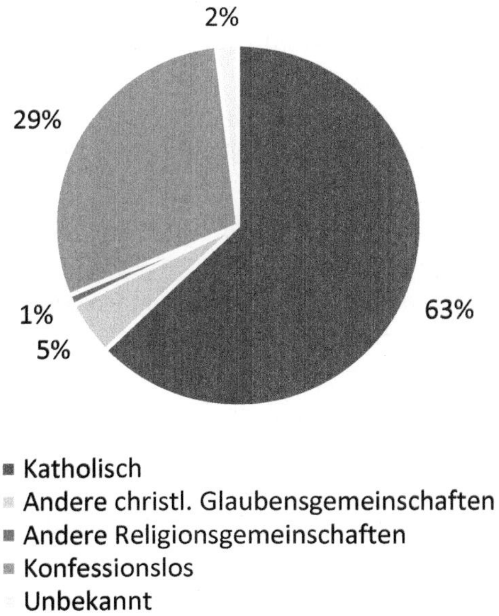

Quelle: Eig. Darstellung mit Daten von BFS (2018b).

3.3 Schlussfolgerungen

Die Zuwanderung spanischsprachiger Bevölkerungsgruppen kann grob in drei grössere Wellen unterteilt werden. Die erste Welle stellt die Gastarbeitermigration dar, die von den 1950er bis zu den 1970er Jahren stattfand. Hierbei kamen vorwiegend spanische Staatsbürger in die Schweiz, die meist als niedrig qualifizierte Arbeitskräfte im Industrie- und Baugewerbe sowie in der Gastronomie eine Anstellung fanden. Seit den 1980er Jahren ist eine zweite Zuwanderungswelle aus Lateinamerika zu beobachten. Sie ist deutlich kleiner als die der spanischen Gastarbeiter, zeichnet sich aber durch eine hohe Diversität aus. Die Migranten aus Lateinamerika stammen nicht nur aus sehr verschiedenen Regionen des Subkontinents, sondern unterscheiden sich auch in Bezug auf ihren soziokulturellen und bildungsmässigen Hintergrund. Unter ihnen befinden sich beispielsweise hochqualifizierte Expats[59] wie auch mittelständische Heiratsmigranten oder gering qualifizierte Personen, die als Sans-Papiers in den Haushalten von Privatfamilien arbeiten.

Seit der globalen Finanzkrise im Jahr 2007 ist mit etwas Verzögerung eine dritte Zuwanderungswelle zu beobachten, die wiederum aus spanischen Staatsbürgern besteht. Auch sie ist sehr heterogen. So finden sich unter den neuen Zuwanderern aus Spanien heute neben niedrigqualifizierten Arbeitskräften auch viele Hochqualifizierte, die nach der Wirtschaftskrise Schwierigkeiten hatten, auf dem heimischen Arbeitsmarkt eine Anstellung zu finden, sowie eingebürgerte Lateinamerikaner, die zur Zeit des Wirtschaftsbooms nach Spanien ausgewandert waren.

Die spanischsprachigen Zuwanderer sind also nicht nur in religiöser Hinsicht sehr verschieden, wie dies im vorhergehenden Kapitel ausgeführt wurde, sondern sie unterscheiden sich auch in Bezug auf ihre Migrationsgeschichte, ihren Bildungsstatus und die Ressourcen, die ihnen in der Schweiz zur Verfügung stehen. Für die christlichen Migrationsgemeinden bedeutet dies, dass sie seelsorgerliche und sozialfürsorgerische Angebote für eine Klientel schaffen müssen, deren soziokulturelle Hintergründe und sozioökonomische Lebenssituationen äusserst vielfältig sind.

---

[59] Der Begriff «Expats» (oder auch «Expatriates») steht für hochqualifizierte Arbeitskräfte, die in international tätigen Unternehmen arbeiten und für einen befristeten Arbeitseinsatz in einer Niederlassung in einem anderen Land arbeiten (s. a. ECOS 2011: 23–25).

4 Christliche Migrationsgemeinden in der Schweiz

Das folgende Kapitel bietet einen Überblick über die rechtlichen und organisatorischen Grundlagen, die für christliche Migrationsgemeinden relevant sind, sowie über die wichtigsten historischen Eckdaten. Da die Migrationsgemeinden verschiedener Denominationen in der Schweiz unterschiedlich organisiert sind, beschäftigt sich der erste Teil des Kapitels mit den Unterschieden zwischen staatskirchenrechtlich und privatrechtlich organisierten Kirchen. Anschliessend werden die Geschichte, die Selbstverständnisse und die Organisationsstrukturen der katholischen und protestantischen Migrationsgemeinden vorgestellt.[60]

4.1 Beziehung(en) von Staat und Religionsgemeinschaften in der Schweiz

Die Kompetenzen zur Regelung des Verhältnisses zwischen Staat und Religion sind in der Schweiz auf zwei verschiedene Ebenen aufgeteilt. Das Menschenrecht der individuellen Religionsfreiheit ist in der Bundesverfassung verankert und somit national geregelt. Die institutionelle Beziehung zwischen Staat und spezifischen Religionsgemeinschaften ist kantonal geregelt und wird in den verschiedenen Kantonen sehr unterschiedlich gehandhabt (vgl. Brosi 2009: 3–5, Husistein 2013: 40). Daher kennt die Schweiz bis heute kein einheitliches System, sondern 26 kantonale Ordnungen, die teilweise sehr unterschiedlich voneinander sind (Brosi 2009: 12).[61]

[60] Da bisher kaum wissenschaftliche Literatur zu spanischsprachigen Migrationsgemeinden in der Schweiz existiert, befasst sich dieses Kapitel in weiten Teilen allgemein mit protestantischen und katholischen Migrantengemeinden.

[61] Da die verschiedenen Ordnungen jedoch von den ursprünglichen konfessionellen Mehrheitsverhältnissen geprägt sind, lassen sich die Kantone grob in vier verschiedene Typen einteilen: Kantone mit evangelisch-reformierter, römisch-katholischer oder konfessionell paritätischer Prägung, sowie die beiden laizistischen Kantone Genf und Neuenburg, die eine weitgehende Trennung von Staat und Religion kennen (Weibel 2009: 313).

4.1.1 Staatskirchenrechtlich organisierte Landeskirchen

In den meisten Kantonen wird das institutionelle Verhältnis zwischen Religionsgemeinschaften und Staat durch das Staatskirchenrecht geregelt.[62] Dieses gilt für alle öffentlich-rechtlich anerkannten Religionsgemeinschaften (vgl. Brosi 2009: 5–7). Hierzu zählen in den meisten Kantonen die evangelisch-reformierte und die römisch-katholische Kirche.[63] Alle anderen Religionsgemeinschaften unterstehen dem Privatrecht und müssen sich dementsprechend nach dem Zivilgesetzbuch zum Beispiel als Verein organisieren (vgl. Brosi 2009: 17). Hierzu gehören auch die protestantischen Frei- und Migrationskirchen (vgl. Kapitel 4.1.2).

Die öffentlich-rechtliche Anerkennung von Religionsgemeinschaften

Damit eine Religionsgemeinschaft vom Staat bzw. von einem Kanton öffentlich-rechtlich anerkannt wird, müssen mehrere Kriterien erfüllt sein. Hierzu gehören eine gewisse gesellschaftliche Bedeutung (Mitgliederstärke, Rückhalt in der Bevölkerung etc.), ein ausreichender Organisationsgrad (klare Mitgliederzugehörigkeit; Bildung von Organen, die mit dem Staat in Verhandlung treten können) sowie das Akzeptieren der verfassungsmässigen Grundrechte (w. z. B. Religionsfreiheit) (Brosi 2009: 18–19).

Mit der öffentlich-rechtlichen Anerkennung kommen gewisse Religionsgemeinschaften zu dem Privileg eines besonderen Nahverhältnisses zum Staat, mit dem bestimmte Rechte und Pflichten einhergehen (vgl. Brosi 2009: 10). Welche Wirkungen mit diesem besonderen Rechtsstatus genau verbunden sind, hängt von der jeweiligen kantonalen Gesetzgebung ab (vgl. Brosi 2009: 10, 19).

Zu den bedeutendsten Auswirkungen der öffentlich-rechtlichen Anerkennung gehört die Verleihung des Besteuerungsrechts. Damit wird den Religionsgemeinschaften das Recht verliehen, auf der Grundlage der staatlichen Steuerveranlagung von ihren Gläubigen Steuern zu erheben.[64] In manchen

---

62 Die Kantone Genf, Neuenburg, Wallis und Tessin weichen von diesem System ab (Brosi 2009: 23).

63 In neun Kantonen wird zusätzlich die christkatholische Kirche und in vier Kantonen auch die jüdische Gemeinde öffentlich-rechtlich anerkannt. In den Trennungskantonen Genf und Neuenburg werden keine Religionsgemeinschaften öffentlich-rechtlich anerkannt.

64 Die Kantone Genf, Neuenburg, Wallis, Tessin und Waadt kennen keine Kirchensteuer (Brosi 2009: 19).

Kantonen sind nicht nur natürliche Personen, sondern auch juristische Personen wie Firmen und Unternehmen kirchensteuerpflichtig. Ihre Beiträge werden proportional zum Konfessionsanteil der Bevölkerung des jeweiligen Kantons an die öffentlich-rechtlich anerkannten Religionsgemeinschaften ausbezahlt (Brosi 2009: 19–20).[65] Die Kirchensteuern juristischer Personen machen in den meisten Kantonen zwischen 8% und 25% der jährlichen Steuereinnahmen aus (Kosch 2018). Damit haben öffentlich-rechtlich anerkannte Religionsgemeinschaften gegenüber den privatrechtlich organisierten einen ökonomischen Vorteil, der nicht allein auf ihre Mitgliederstärke sondern auch auf ihre öffentlich-rechtliche Anerkennung zurückzuführen ist.

Eine weitere Konsequenz der öffentlich-rechtlichen Anerkennung stellt vielerorts die Pflicht zur Errichtung einer besonderen Organisationsstruktur dar. In den meisten Kantonen sind öffentlich-rechtlich anerkannte Religionsgemeinschaften dazu verpflichtet, Körperschaften auszubilden, die analog zu den staatlichen Strukturen über demokratisch gewählte Exekutiv- und Legislativorgane verfügen. Für die evangelisch-reformierte Kirche stellen solche Körperschaften die eigentliche Kirchenstruktur dar. Die vom Staat vorgegebene Gliederung in Kirchgemeinden und Landeskirchen stellt für sie also auch die Organisationsform dar, in der sich die Gläubigen organisieren. Hier verfügen die Kirchgemeinden über eine grosse Autonomie. Die Landes- bzw. Kantonalkirchen sind vor allem in organisatorischen Belangen von Bedeutung. Auf nationaler Ebene gibt es mit dem Schweizerischen Evangelischen Kirchenbund (SEK) noch eine Dachorganisation, die die Interessen der Landeskirchen auf gesamtschweizerischer Ebene vertritt (Brosi 2009: 21) (vgl. Abbildung 12).

Auswirkungen des staatskirchenrechtlichen Systems auf die katholische Kirche

Für die katholische Kirche hat die staatskirchenrechtliche Organisationsstruktur eine andere Bedeutung als für die evangelisch-reformierte. Die katholische

65 Heute ist diese Form der Kirchensteuer politisch umstritten, zumal juristische Personen keine Möglichkeit haben, sich durch einen Kirchenaustritt davon zu befreien (Brosi 2009: 20). Dennoch scheint dieses System zurzeit noch dem Willen der Schweizer Stimmbevölkerung zu entsprechen. 2014 wurde gleich in zwei Kantonen über eine Abschaffung der Kirchensteuer für juristische Personen abgestimmt. Doch sowohl im Kanton Zürich wie auch im Kanton Graubünden wurden die Volksinitiativen mit einer deutlichen Mehrheit von über 70% abgelehnt (vgl. RKZ 2014).

Kirchenstruktur wird weltweit durch das sogenannte kanonische Recht geregelt, das die Gesamtkirche unter anderem in Diözesen und Pfarreien gliedert. Während die Gesamtkirche der Leitung von Papst und Bischofskollegium unterstellt ist, stehen die Diözesen unter der Leitung der Bischöfe und die Pfarreien unter der Leitung eines Pfarrers.[66] Die Amtseinsetzung verläuft in der Regel von oben nach unten, demokratische Wahlen oder Sachentscheide sind in der Regel nicht vorgesehen (Brosi 2009: 23).

Da die Führungsstruktur der kanonischen Organe nicht demokratisch ist, können diese nicht zu Körperschaften des öffentlichen Rechts werden. Dementsprechend musste die katholische Kirche in der Schweiz analog zur evangelisch-reformierten Kirche demokratisch organisierte Organe schaffen, die neben den kanonischen Körperschaften eine Zweitstruktur bilden (vgl. Brosi 2009: 24, Weibel 2009: 314) (vgl. Abbildung 12). Es sind also nicht die kirchlichen Organe (Pfarreien und Diözesen), die von den Kantonen öffentlichrechtlich anerkannt werden und denen das Besteuerungsrecht verliehen wird, sondern die staatskirchenrechtlichen Körperschaften (Kirchgemeinden und Landeskirchen), die unter der Pflicht stehen, ihre Beschlüsse demokratisch zu fällen und ihre Rechnungen offenzulegen (vgl. Brosi 2009: 21–23). Dadurch kommt es in der Schweiz zu einer innerhalb der katholischen Kirche einmaligen Aufgabenteilung. Während die Organe des kirchlichen Rechts für Fragen der Kirchenleitung, der Pastoral und der Sakramente zuständig sind, kümmern sich die Organe des staatlichen Rechts um Aspekte wie Verwaltungsangelegenheiten, Liegenschaften und die Finanzverwaltung (vgl. Husistein 2013: 39, Weibel 2009: 315–316).

Diese Doppelstruktur hat auch Auswirkungen auf die katholischen Migrantengemeinden. Wenn ein Bischof oder ein Pfarrer aufgrund seelsorgerlicher Überlegungen eine Migrantengemeinde aufbauen möchte, muss er zuerst bei demokratisch organisierten Gremien Überzeugungsarbeit dafür leisten, um an die finanziellen Mittel für den Gemeindeaufbau zu gelangen. Da die staatskirchenrechtlichen und kanonischen Organe territorial nicht immer aufeinander abgestimmt sind, ist es möglich, dass sogar mehrere Gremien in diesen Entscheidungsprozess involviert werden müssen.

[66] Dazu kommen noch diverse Zwischenebenen wie Dekanate, Bistumsregionen oder Generalvikariate.

Abbildung 12: Staatskirchenrechtliche, kanonische und privatrechtliche Kirchenstrukturen im Vergleich

Quelle: Eig. Darstellung in Anlehnung an Brosi (2009: 22).

4.1.2 Privatrechtlich organisierte Freikirchen

Wie oben bereits angesprochen wurde, sind die allermeisten spanischsprachigen protestantischen Migrationsgemeinden nicht wie ihre katholischen Pendants staatskirchenrechtlich in landeskirchlichen Strukturen organisiert, sondern privatrechtlich in Form sogenannter Freikirchen.[67] Der Begriff «Freikirche» ist verhältnismässig jung. Bis weit ins 19. Jahrhundert hinein galt die Bezeichnung «Kirche» nur für die etablierten territorial organisierten Staatskirchen. Alle von den Staatskirchen abgespaltenen Gruppierungen galten als «Sektierer» oder «Sekten», später hat sich für diese Gemeinden der wertneutralere Begriff der «Freikirchen» durchgesetzt. Vielerorts war es diesen Kirchen lange untersagt, sich zu organisieren, oder sie wurden sogar von den Grosskirchen verfolgt.

Auf der anderen Seite hatten auch viele Freikirchen selbst kein Interesse daran, staatskirchenähnliche Strukturen auszubilden. Die «Verkirchlichung» galt ihnen als Zeichen des Verfalls. Noch heute stehen viele Freikirchen volkskirchlichen Strukturen kritisch gegenüber. Kirchen sollten ihrer Ansicht nach völlig unabhängig von staatlicher Einflussnahme sein. Zudem wehren sie sich gegen die mit solchen Strukturen einhergehende «(Zwangs-)Uniformität» und klerikale Machtansprüche (vgl. Waldenfels 1987: 183, Rüegg 2002: 25). Ihnen gilt die Bibel, allem voran das Neue Testament, als höchste Autorität für den Gemeindeaufbau. Die grundsätzliche Unterscheidung von Laien und Priestern wird abgelehnt, stattdessen gilt das Prinzip des gemeinsamen Priestertums der Gläubigen (Brot 2002: 34–35).

Auch die Mitgliedschaft wird in diesen Kirchen oft anders geregelt als in den grossen Landeskirchen. In vielen Freikirchen wird von den Gläubigen verlangt, dass sie im religionsmündigen Alter eine persönliche Entscheidung für Christus und für die Mitgliedschaft in der Kirche treffen, bevor sie getauft und in die Gemeinde aufgenommen werden (vgl. VFG 2016). Kinder- oder Säuglingstaufen werden von vielen abgelehnt. Da sie nur Überzeugte taufen und weniger darauf ausgerichtet sind, grosse Teile der Bevölkerung in ihre Gemeinde einzubinden, bleiben Freikirchen in der Schweiz Minderheitskirchen.[68]

---

[67] Es gibt allerdings auch einzelne Gemeinden, die Teil der evangelisch-reformierten Landeskirchen sind. Ein Beispiel hierfür ist die Iglesia Evangélica Hispana in Winterthur.

[68] Gemäss BFS gehörten 2014–2016 gerade einmal knapp 3% der Schweizer Wohnbevölkerung über 15 Jahren einer Freikirche an. Zum gleichen Zeitpunkt gehörten 25% der

Dennoch haben viele von ihnen den missionarischen Anspruch, möglichst viele Menschen zu überzeugten Gläubigen zu machen, und legen auch ein entsprechendes missionarisches Sendungsbewusstsein an den Tag (vgl. Brot 2002: 32–35).

Manche privatrechtlich organisierte Kirchen sind in nationalen oder internationalen denominationalen Organisationsstrukturen und Netzwerken organisiert.[69] Andere bilden relativ autonome lokale Kirchen. Auf nationaler Ebene gibt es verschiedene interdenominationale Dachverbände, denen sich Freikirchen anschliessen können. Hierzu gehört in der Deutschschweiz der Verband Evangelischer Freikirchen (VFG) und die Schweizerische Evangelische Allianz (SEA). In der französischen Schweiz existiert unter dem Namen Réseau Evangélique Suisse (RES) ein französischsprachiges Pendant zur SEA. Zusammen bilden die beiden Organisationen den nationalen Dachverband SEA.RES (Albisser 2016: 82, SEA 2017).

Rechtsformen privatrechtlich organisierter Gemeinschaften

Während die öffentlich-rechtliche Anerkennung nur gewissen Gemeinschaften zugänglich ist, kann jede religiöse Gemeinschaft eine juristische Person des Privatrechts gründen (Rüegg 2002: 31). Als Faustregel gilt: Je grösser eine Religionsgemeinschaft ist, je länger sie existiert und je verbreiteter sie ist, desto ausgeprägter ist ihr Organisationsgrad und desto eher konstituiert sie sich als juristische Person (Rüegg 2002: 38–39). Die Schweiz kennt jedoch keinen Zwang zur Ausbildung juristischer Personen für Religionsgemeinschaften, das bedeutet, dass sie sich auch als sogenannte *formlose Vereinigung* organisieren können (vgl. Rüegg 2002: 32).[70] Dies vereinfacht es protestantischen Migranten, eigenständige Gemeinden zu gründen. Sie müssen sich weder mit einer lokalen Kirche absprechen, noch müssen sie von staatlicher Seite her bestimmte Auflagen erfüllen, um religiöse Treffen abhalten zu können.

Religiöse Gemeinschaften, die sich privatrechtlich organisieren wollen, können ihre Rechtsform selbständig bestimmen, sofern sie die zwingenden

---

evangelisch-reformierten und 37% der römisch-katholischen Landeskirche an (vgl. BFS 2018c).

[69] Ein Beispiel hierfür ist die evangelisch-methodistische Kirche.

[70] Es gibt auch Freikirchen, die aufgrund ihres theologischen Selbstverständnisses die Gründung von juristischen Personen ablehnen.

Bestimmungen dafür einhalten (Rüegg 2002: 350–351). Viele Religionsgemeinschaften, die in der Schweiz über eine juristische Person verfügen, sind entweder als Vereine oder als Stiftungen organisiert (vgl. Rüegg 2002: 369). Bei Stiftungen handelt es sich um zweckgebundene Vermögen, die mit einer eigenen Rechtspersönlichkeit versehen sind (Rüegg 2002: 356). Die meisten Religionsgemeinschaften verstehen sich jedoch als Gemeinschaften von Gleichgesinnten und nicht als Verwalter oder Destinatäre[71] eines Vermögens. Daher ziehen viele von ihnen den Verein als Rechtsform vor (vgl. Rüegg 2002: 363).

Vereine stellen im Gegensatz zu den Stiftungen personenbezogene Körperschaften dar, denen es freisteht, einen ideellen Zweck oder religiöse Ziele zu verfolgen (Rüegg 2002: 380–383). In der Schweiz ist die Gründung von Vereinen verhältnismässig einfach und es bedarf dabei keiner grösseren Beteiligung staatlicher Organe (Rüegg 2002: 384).[72] Vereine sind als Rechtsform ausgesprochen flexibel und gewähren eine grosse organisatorische Freiheit. Dies erlaubt es Religionsgemeinschaften, sich gemäss ihrem religiösen Selbstverständnis zu organisieren und sogar das religiöse Recht zu einem Bestandteil der Statuten zu machen. Zudem kennen Vereine keine Pflicht zur Offenlegung interner Angelegenheiten, keinen Eintrag ins Handelsregister und es bedarf bei ihrer Gründung keines Grundkapitals (Rüegg 2002: 386–387). Alle diese Aspekte machen den Verein zu einer idealen Rechtsform für viele protestantische Migrationsgemeinden.

4.2 Katholische Migrationsgemeinden

Viele der Zuwanderer, die seit dem Zweiten Weltkrieg in die Schweiz migriert sind, stammen aus Ländern mit grossen katholischen Bevölkerungsanteilen. Dementsprechend hoch ist der Anteil der Katholiken an der Schweizer Migrationsbevölkerung.[73] Ein Teil dieser Menschen besucht anstelle der regulären

---

[71] Als Destinatäre gelten im Stiftungsrecht diejenigen Personen, die potenziell von einer Stiftung begünstigt werden können.

[72] So herrscht in der Schweiz im Gegensatz zu Deutschland beispielsweise kein Konzessionssystem, das eine staatliche Mitwirkung und die Eintragung von Vereinen in ein nationales Register vorsieht (vgl. Rüegg 2002: 384).

[73] Gemäss der jährlichen Strukturerhebung des Bundesamtes für Statistik gehörten im Jahr 2016 37% der in der Schweiz lebenden Personen mit Migrationshintergrund (über 15 Jahren) der katholischen Kirche an und über 38% der Katholiken hatten einen Migrationshintergrund (BFS 2018d).

Pfarreien sogenannte Missionen oder andere Formen von katholischen Migrationsgemeinden, in denen die Seelsorge in ihrer Muttersprache oder in einer für sie verständlichen Lingua Franca gewährleistet wird. Nachfolgend werden diese katholischen Migrationsgemeinden genauer vorgestellt.

4.2.1 Katholische Migrationsgemeinden in der Schweiz

Geschichte

Die Geschichte der katholischen Migrantengemeinden beginnt in der Schweiz mit der ersten grossen Einwanderungswelle aus Italien, die von den 1860er Jahren bis zum Ersten Weltkrieg andauerte (Jäggi 2003: 94). Die mehrheitlich jungen Männer, die für den Schienen-, Strassen- und Tunnelbau rekrutiert wurden, blieben meist nur temporär von Frühling bis Herbst in der Schweiz. Viele von ihnen wohnten in provisorischen Barackendörfern, die ausserhalb von Siedlungen oder nahe von Baustellen erbaut wurden. Diese Umstände erschwerten ihre gesellschaftliche Integration und das Erlernen der lokalen Sprachen (vgl. Jäggi 2003: 94). Ausserdem fehlte zu dieser Zeit auf staatlicher Seite der politische Wille, Strukturen zu schaffen, die den Arbeitern bei der Integration behilflich hätten sein können. Schliesslich war ihr Aufenthalt in der Schweiz nicht auf Dauer ausgerichtet. Die Folge davon war, dass die italienischen Arbeiter von der Schweizer Bevölkerung isoliert und marginalisiert lebten.

Die katholische Kirche wurde in der Schweiz unvorbereitet mit diesen Problemen der italienischen Arbeiter konfrontiert, zumal sie zu dieser Zeit noch intensiv mit den Schwierigkeiten der eigenen Diaspora im Ausland beschäftigt war (Jäggi 2003: 94). Die Schweizer Bischofskonferenz bemühte sich zwar um die italienischen Arbeiter, musste jedoch bald einsehen, dass die einheimischen Priester bei den Italienern nicht gut ankamen. Aus diesem Grund unterstützten die Bischöfe ab 1898 in verschiedenen Städten die Etablierung von italienischen Missionen, um eine eigenständige Seelsorge für die Italiener aufzubauen (Jäggi 2003: 95).

Zu Beginn lag der Fokus der italienischen Priester vorwiegend auf den klassischen Seelsorgebereichen wie dem Spenden der Sakramente und Gottesdiensten, doch bald zeigten sich weitere migrationsspezifische Herausforderungen. Hierzu gehörten unter anderem: «*Schwere soziale Probleme; Religiöser Kulturschock; Überforderte und unvorbereitete einheimische Pfarrer und Pfarreien; Mangel an geeigneter Seelsorge und materiellen Mitteln*» (Jäggi

2003: 97). Hinzu kamen Bekehrungsbestrebungen von Gruppen, die die katholische Weltanschauung in Frage stellten, wie Anarchisten, Sozialisten und protestantische Prediger (Jäggi 2003: 97–98). Insbesondere die Anarchisten und Sozialisten fanden in der sozial und wirtschaftlich marginalisierten italienischen Arbeitnehmerschaft einen fruchtbaren Boden für ihre Ideen. Daher versuchte die katholische Kirche sich durch Hilfseinrichtungen im Leben der Arbeiter zu verankern und setzte sich – ähnlich wie die politischen Agitatoren – für eine Verbesserung der Lebensumstände und Rechte der italienischen Arbeitnehmer ein. Mit der Etablierung von Kultur-, Bildungs- und Freizeitaktivitäten sowie einer umfassenden Sozialhilfe festigten die Missionen ihre Stellung innerhalb der italienischen Diaspora (vgl. Jäggi 2003: 100–101, 106).[74]

Damit war der Grundstein für die Anderssprachigenseelsorge gelegt, deren Modell später auch auf andere katholische Migrantengruppen angewendet werden sollte. Nach dem zweiten Weltkrieg wurden mit der Blüte der Gastarbeitermigration aus südeuropäischen Ländern stetig weitere Missionen für neue Zuwanderergruppen gegründet, zunächst weitere Missionen für Italiener, später auch solche für Spanier, Polen, Ungarn, Kroaten, Franzosen, Portugiesen usw. (vgl. Foppa 2016a) (vgl. Abbildung 13).

[74] Eine wichtige Rolle hierbei spielten die von Bischof Giovanni Scalabrini gegründeten «Scalabrini-Missionare» und die von Bischof Geremia Bonomelli ins Leben gerufene *Opera d'assistenza degli emigranti* sowie die Ordensgemeinschaft der Salesianer, die bereits auf dem amerikanischen Kontinent Erfahrungen bei der Betreuung von Auswanderern gemacht hatte (Jäggi 2003: 98–99, 102).

Abbildung 13: Anzahl der von Albisser (2015) erfassten katholischen Migrationsgemeinden nach Gründungsjahren

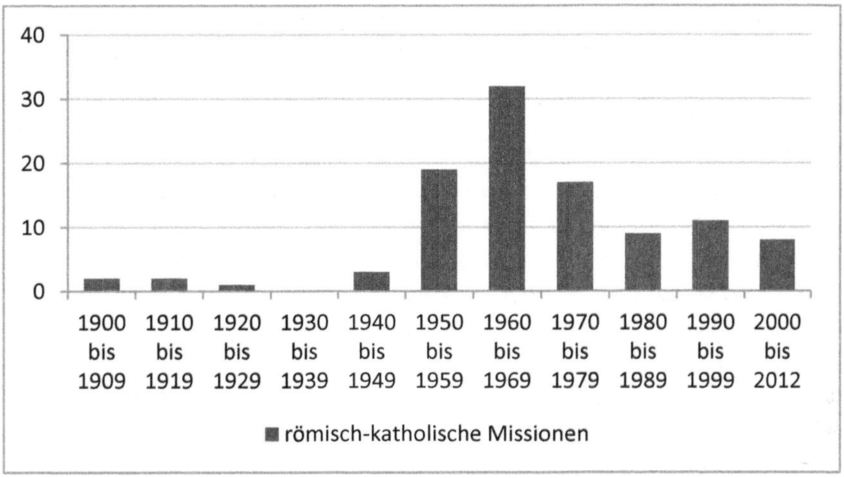

Quelle: Eig. Darstellung auf der Grundlage der Daten von Albisser (2015).

Die katholischen Missionen waren zunächst nur als temporäre Strukturen gedacht (vgl. Kaptijn 2011: 702). Wie die Politik und viele Zuwanderer selbst ging auch die katholische Kirche zu Beginn nicht davon aus, dass sich die «Gastarbeiter» auf Dauer in der Schweiz ansiedeln würden. Doch aufgrund der anhaltend guten Wirtschaftslage konnten selbst temporäre Verträge über Jahre hinweg verlängert werden. Die einst als Gastarbeiter in die Schweiz gereisten Arbeitnehmer gründeten hier Familien oder liessen ihre Familien nach der Einführung des Familiennachzugs ab den 1960er Jahren aus ihren Herkunftsländern in die Schweiz nachreisen. Mit dem Wandel der Migrationssituation veränderten sich auch die Bedürfnisse vieler Migranten. Neue Themen wie die Erziehung der Kinder und die kulturelle und soziale Integration in die Aufnahmegesellschaft gewannen an Bedeutung. Selbst wenn sich manche für einen längeren oder permanenten Aufenthalt in der Schweiz entschieden, bewahrten viele Migranten das Bedürfnis, ihre Sprache, ihre kulturelle Identität, religiösen Praktiken und Weltanschauungen zu bewahren und an ihre Nachkommen weiterzugeben (vgl. Jäggi 2003: 96). Den Missionen kam in dieser Hinsicht eine wichtige Funktion zu.

In der katholischen Kirche wurde dieser Bedürfniswandel wahrgenommen, und er spiegelt sich in den gesamtkirchlichen Dokumenten wider, die sich mit den Migranten, ihrer Seelsorge und ihrer innerkirchlichen Integration auseinandersetzen. In der Apostolischen Konstitution *Exsul Familia* von 1952 wurde das Mandat der Missionare zunächst noch auf zwei Generationen beschränkt. Hinter dieser Einschränkung verbarg sich die Idee, dass die Missionen innerhalb von zwei Generationen ihre Daseinsberechtigung verlieren würden, da die Migranten in diesem Zeitraum entweder in ihre Herkunftsländer zurückkehren oder sich vollständig in die Territorialpfarreien der Aufnahmeländer integrieren würden (vgl. Kaptijn 2011: 702). Diese zeitliche Beschränkung wurde aber bereits 1969 in der Instruktion *Nemo est* wieder aufgehoben. Im Jahr 2004 kam die Kirche in der Instruktion *Erga migrantes caritas Christi* schliesslich zu dem Schluss, dass die Migration einen strukturellen Bestandteil der modernen Gesellschaft darstellt und die Migranten ein Anrecht darauf haben, dass ihre ethnische, kulturelle, sprachliche, rituelle und spirituelle Identität geschützt wird (vgl. Kaptijn 2011: 702, Kessler 2011: 9–10). Daher bestehe die Aufgabe der Anderssprachigenseelsorge darin, den katholischen Migranten zu helfen, sich derart in die Aufnahmegesellschaften zu integrieren, dass sie weder ihre eigene Identität durch Assimilation aufgeben müssen noch «kulturelle Gettos» entstehen (vgl. PPSMu 2004).

Situation heute

Im Jahr 2018 existierten in der Schweiz über 110 katholische Missionen für über 15 verschiedene Sprachgruppen (Migratio 2018).[75] Dazu kommen noch weitere Formen von katholischen Migrantengemeinden, die kirchenrechtlich keine eigentlichen Missionen darstellen, sondern an eine Territorialpfarrei angegliedert sind (vgl. Kapitel 4.2.3). Ihre Zahl lässt sich jedoch nur schwer abschätzen, da sie nicht von einer zentralen Stelle erfasst werden.

Obwohl die Zuwanderung von Katholiken aus verschiedenen Regionen der Welt bis heute anhält, hat die Zahl der Missionen ihren Zenit wohl bereits überschritten. Zwischen den 1970er und 1990er Jahren existierten schweizweit

[75] Die Zahl der Missionen ist etwas irreführend, da sie oftmals Netzwerke aus mehreren Gemeinden bilden, die von einem Hauptsitz aus betreut und administriert werden und deren geographische Ausdehnung und Einzugsgebiete stark variieren können. Die Misión Católica de Lengua Española in Zürich deckt heute beispielsweise den ganzen Kanton Zürich ab, inklusive der beiden Gemeinden in Kloten und in Winterthur. Zudem existieren auch katholische Migrationsgemeinden, die kirchenrechtlich keine Missionen sind.

noch über 150 Missionen. Seit 1995 sind die Zahlen wieder rückläufig. Diese Entwicklung hängt zum einen mit dem Abbau der Italienermissionen zusammen, die bis heute beinahe die Hälfte aller Missionen ausmachen. Zum anderen sind die katholischen Zuwanderer seit den 1990er Jahren durch die Globalisierung und die veränderten Migrationsströme vielfältiger geworden, was die Etablierung von eigenständigen Strukturen für jede einzelne dieser Zuwanderungsgruppen erschwert (Husistein 2013: 40, Gässlein 2010: 8). Dennoch sind die katholischen Zuwanderer privilegiert. Anders als die Angehörigen vieler anderer Religionsgemeinschaften, die ihre Gemeinden in der Schweiz von Grund auf selbst aufbauen müssen,[76] können sie auf bestehende Netzwerke, Ressourcen und eine gut ausgebaute Infrastruktur zurückgreifen.

4.2.2 Selbstverständnis

Alle katholischen Migrationsgemeinden verstehen sich als Teil der römisch-katholischen Weltkirche. Trotz dieser konfessionellen Einheit gibt es – wie bereits in Kapitel 2 ausgeführt wurde – bei genauerer Betrachtung dennoch herkunftsspezifische Unterschiede in Bezug auf Glaubensvorstellungen und -praxis der Gläubigen, die auf unterschiedliche religionsgeschichtliche Entwicklungen zurückzuführen sind. Diese unterschiedlichen Herkunftskontexte haben unter anderem Auswirkungen darauf, wie Migranten aus verschiedenen Weltregionen die katholische Kirche in der Schweiz wahrnehmen und welches Selbstverständnis sie aus dieser Wahrnehmung heraus entwickeln.

Im Allgemeinen scheinen katholische Migranten den religiösen Entwicklungen in der Schweiz eher kritisch gegenüberzustehen. Eine Erhebung des Schweizerischen Pastoralsoziologischen Instituts (SPI) hat ergeben, dass 85.5% der katholischen Migrantengemeinden den christlichen Glauben in der Schweiz in der Krise sehen und 82.8% der Meinung sind, dass die Schweiz neu evangelisiert werden müsse. Lediglich 23.4% sehen die Schweizer Kirchen als Vorbild für ihre eigene Gemeinde (Albisser 2016: 86–89). Trotz dieser eher kritischen Einstellung gegenüber der lokalen Kirche legt der grösste Teil der katholischen Migrantengemeinden aber nicht denselben missionarischen Impetus an den Tag wie ihre protestantischen Pendants. Sie beschränken sich in der Regel auf ihre eigene Sprachgruppe. Der Einbezug oder die Evan-

[76] Hierzu zählt auch die Mehrheit der protestantischen Migrationsgemeinden, auf die in Kapitel 4.3 genauer eingegangen wird.

gelisierung anderer Sprachgruppen gehört normalerweise nicht zu ihrem pastoralen Auftrag. Dies wirkt sich auch auf ihr Selbstverständnis aus.

Gemäss Bünker (2016: 116–117) lassen sich christliche Migrantengemeinden in Bezug auf ihr Selbstverständnis drei verschiedenen Grundtypen zuordnen: dem Abgrenzungstyp, dem Missionstyp und dem Betreuungstyp.[77] Gemeinden des *Abgrenzungstyps* betonen ihre Exklusivität und grenzen sich nach aussen hin ab. Dies legitimieren sie nicht selten mithilfe von religiösen Wahrheitsansprüchen, die in manchen Fällen auch mit einer abwertenden Sicht auf hiesige Kirchen einhergehen. Auch Migrationsgemeinden des *Missionstyps* stehen der Entwicklung der Schweizer Kirchen eher kritisch gegenüber. Sie sehen dies allerdings als Anlass, um selbst zur Neuevangelisierung der Schweiz beizutragen (vgl. Bünker 2016: 121–125).

Gemeinden des Abgrenzungstyps und des Missionstyps sind auch unter den katholischen Migrationsgemeinden zu finden. Der grösste Teil der spanischsprachigen Missionen, die im Fokus der vorliegenden Studie stehen, lassen sich allerdings eher dem dritten Typus, dem *Betreuungstyp,* zuordnen.[78] Migrationsgemeinden des Betreuungstyps verstehen sich weniger als Akteure zur Evangelisierung der Schweiz, sondern mehr als Orte und Dienstleister, die ihrem Zielpublikum eine schrittweise Annäherung an die lokale Kirche und Integration in die Gesellschaft des Residenzlandes ermöglichen (vgl. Bünker 2016: 119–120). Dieses Selbstverständnis zeigt sich unter anderem darin, dass solche Gemeinden neben religiösen und spirituellen Aktivitäten auch viel Wert auf kulturelle, soziale und karitative Angebote legen. Hingegen besteht kein primäres Ziel darin, die Gemeinde als Selbstzweck zu erhalten oder über die Grenzen der eigenen Sprachgruppe hinaus auszudehnen.[79]

4.2.3 Organisation

Während die protestantische Religionslandschaft in der Schweiz sehr heterogen ist, könnten sich die katholischen Migranten in konfessioneller Hinsicht

---

[77] Die verschiedenen Typen sind weder strikt voneinander getrennt, noch lassen sich Gemeinden aufgrund ihres nationalen oder regionalen Hintergrundes automatisch einem gewissen Typus zuordnen (Bünker 2016: 116–117). Auch andere Faktoren spielen eine bedeutende Rolle, wie zum Beispiel das soziale Umfeld der Gemeinde in der Schweiz sowie individuelle Präferenzen der Gemeindeleiter und -mitglieder.

[78] Vgl. Exp. Int. Z.

[79] Vgl. Exp. Int. Z und K.

problemlos in die normalen Pfarreien integrieren. Dennoch sieht auch die katholische Kirche aufgrund ihrer historischen Erfahrungen einen Bedarf für eigenständige Strukturen, in denen besser auf die spezifischen Bedürfnisse von Migranten eingegangen werden kann. Damit soll auch der Tatsache Rechnung getragen werden, dass Religion und religiöse Ausdrucksformen immer von einem bestimmten kulturellen Kontext geprägt sind (vgl. Fernández Molina 2005: 80, 92–93).

In der katholischen Kirche ist normalerweise der ortszuständige Bischof für die Seelsorge der Migranten in seiner Diözese verantwortlich. Er kann diese Aufgabe jedoch an Seelsorger übertragen, die mit der Situation bestimmter Zuwanderungsgruppen besonders gut vertraut sind, und entsprechende Strukturen dafür schaffen (vgl. Migratio 2007). In der Regel werden hierfür Priester aus den Herkunftsländern der Zuwanderer hinzugezogen, die für ihre Tätigkeit als Migrantenseelsorger dem lokalen Ortsbischof unterstellt werden.

Das Arbeitsfeld dieser Migrantenseelsorger reicht oft über das der «normalen» Seelsorger hinaus. Zu ihren primären Aufgaben gehören neben den klassischen Pfarreiaufgaben wie Verkündigung, dem Spenden der Sakramente und den Eucharistiefeiern auch migrationsspezifische diakonische und fürsorgerische Dienste wie die Förderung der gesellschaftlichen Integration sowie das Leisten von Hilfestellungen zur Verbesserung der Lebensbedingungen. Zudem sollen sie eine Brücke zwischen den Kulturen und Mentalitäten der Herkunftsgesellschaft und der Aufnahmegesellschaft bilden (vgl. Fernández Molina 2005: 87, SBK 1996, Migratio 2006). Unterstützt werden die Seelsorger in der Regel von sogenannten Pastoralräten. Das sind konsultative Gremien bestehend aus Laien, die die Gemeindemitglieder vertreten, ihre Anregungen und Wünsche zur Sprache bringen und die Seelsorger bei der Entscheidungsfindung unterstützen (Migratio 2011a).

Rechtsformen

Katholische Migrationsgemeinden können im Gegensatz zu ihren protestantischen Pendants nicht als eigenständige Kirchen bezeichnet werden (vgl. Röthlisberger/Wüthrich 2009: 12), sie gelten vielmehr als Teile der Gesamtkirche und sind strukturell, rechtlich und organisatorisch völlig in diese eingebettet. Im kanonischen Recht gibt es verschiedene Formen, wie die Migrantenseelsorge institutionalisiert werden kann.[80] Wo es eine zahlenmässig grosse Mig-

[80] Für eine vollständige Übersicht s. Migratio (2007) und Fernández Molina (2008: 102–104).

rationsgemeinde gibt, die sich auf Dauer niedergelassen hat oder aufgrund steter Zuwanderung konstant bleibt, kann eine *Personalpfarrei* errichtet werden (vgl. Fernández Molina 2005: 103, Migratio 2007). Die Errichtung von Personalpfarreien für Migranten ist jedoch relativ selten. In der Schweiz gibt es bisher nur drei davon, allesamt sind italienischer Sprache (vgl. Kaptijn 2011: 699–700).

Die meisten katholischen Migrantengemeinden werden von Priestern betreut, denen eine *missio cum cura animarum* erteilt wurde. Sie werden umgangssprachlich oft «Missionen» genannt. Ihnen kommt im Kirchenrecht eine ähnliche Stellung zu wie den Pfarreien. Sie bilden jedoch nur vorübergehende Strukturen, mit deren Hilfe in einem bestimmten geographischen Gebiet die Seelsorge für eine bestimmte Menschengruppe gewährleistet wird (vgl. Odermatt 2003: 30, Kaptijn 2011: 699, Migratio 2007).

Weiter gibt es die Möglichkeit zur Erteilung einer *missio cum cura animarum annexa* – hier ist der zuständige Missionar an eine Territorialpfarrei angegliedert – oder zur Errichtung einer *Kaplanei* (vgl. Fernández Molina 2005: 103). Zudem steht es jedem Pfarrer frei, in seiner Pfarrei seelsorgerliche Angebote für bestimmte Migrantengruppen zu etablieren. Da aufgrund des Priestermangels zunehmend ausländische Priester für Schweizer Territorialpfarreien rekrutiert werden, bietet sich diese Form der Migrantenseelsorge heute vielerorts geradezu an. So kann beispielsweise ein spanischer Priester, der eine Schweizer Pfarrei leitet, in seiner Funktion als Pfarrer auch Gottesdienste und Seelsorgeangebote auf Spanisch anbieten.

4.2.4 Herausforderungen

Die Strukturen der katholischen Anderssprachigenseelsorge waren gut auf die Gastarbeitermigration zugeschnitten, als die Zuwanderer noch aus wenigen verschiedenen Staaten kamen, geographisch nahe beisammen wohnten und in sprachlich-kultureller Hinsicht verhältnismässig homogen waren. Seit der Globalisierung der Migrationsströme gegen Ende des 20. Jahrhunderts stösst dieses System auf eine Reihe von Herausforderungen.

Allen oben genannten Institutionalisierungsformen für katholische Migrantengemeinden ist gemein, dass sie Teil der kanonischen Kirchenstruktur sind und es keine Möglichkeit für sie gibt, eine öffentlich-rechtliche Anerkennung zu erhalten (vgl. Kaptijn 2011: 699). Das bedeutet, dass katholische Migrantengemeinden nicht selbst über ihre wichtigste Einnahmequelle, die Kirchensteuer, verfügen können, sondern vom Wohlwollen der staatskirchenrechtlichen Gremien in den Kirchgemeinden und Kantonalkirchen abhängig sind. Obwohl auch Ausländer Kirchensteuern zahlen, war es ihnen lange Zeit gar nicht möglich, die Finanzflüsse in diesen Gremien mitzusteuern, weil die Stimmberechtigung bis vor kurzem an die Schweizer Staatsbürgerschaft gekoppelt war. Inzwischen wurde zwar in fast allen Kantonen das Ausländerstimmrecht auf Ebene der Kirchgemeinden eingeführt, dennoch bleibt die Situation für katholische Migrantengemeinden oft unbefriedigend, da ihre Existenzberechtigung von den staatskirchenrechtlichen Gremien, in denen Schweizer auch heute noch meist in der Mehrheit sind, regelmässig in Frage gestellt wird (Kaptijn 2011: 700–701).

In Bezug auf die finanziellen Ressourcen stehen die katholischen Migrantengemeinden in einem direkten Konkurrenzverhältnis zu den Schweizer Pfarreien. Allerdings haben viele Kirchgemeinden in Zeiten zunehmender Kirchenaustritte und tendenziell abnehmender Ressourcen wenig Interesse daran, die ihnen zur Verfügung stehenden Mittel in den Ausbau von Strukturen für Migranten zu investieren. Sie sähen es lieber, wenn sich die Zuwanderer, die in der Regel eine junge demographische Struktur, eine hohe Kirchenbindung und ausdrucksstarke Frömmigkeitsstile aufweisen, in die bereits bestehenden Strukturen integrieren würden. Davon erhofft man sich einen neuen Antrieb für die lokalen Pfarreien, die oft unter Überalterung und Mitgliederschwund leiden. Das Beharren auf eigenen Strukturen wird hingegen als fehlende Solidarität gegenüber den Problemen der lokalen Pfarreien empfunden (vgl. Kessler 2011: 7–8, Kosch 2010: 9).

Aufgrund dieses Abhängigkeitsverhältnisses fühlen sich die katholischen Migrationsgemeinden wie Dauerprovisorien an, die ihre Existenz stets legitimieren müssen, wenn sie nicht aufgelöst werden wollen. Dies ruft unter den Betroffenen Ängste und Unsicherheiten hervor (vgl. Kessler 2011: 14). Zudem vermischt sich die Diskussion um die Integration der katholischen Migranten in den örtlichen Kirchenstrukturen mit der politischen Integrationsdebatte, die bekanntermassen sehr hitzig geführt werden kann.

Eine weitere Herausforderung für die katholische Anderssprachigenseelsorge besteht heute im Priestermangel. Die mangelnden personellen Ressourcen machen es immer schwieriger, für alle neuen Zuwanderungsgruppen eigene Strukturen zu schaffen. Dies führt dazu, dass eine zunehmende Zahl katholischer Migranten keine eigene Mission hat, weil ihre Sprachgruppe zu klein ist oder geographisch zu zerstreut lebt, als dass sich die Etablierung eigenständiger Strukturen für sie lohnen würde (vgl. Varandas 2009: 59). Aber auch die grossen und etablierten katholischen Migrantengruppen wie die Spanisch- und Italienischsprachigen müssen mit immer weniger personellen Ressourcen auskommen und werden zu immer grösseren Einheiten fusioniert. Der Priestermangel in ihren Herkunftsländern führt dazu, dass weniger Priester für sie in die Schweiz geholt werden können, und der Priestermangel in der Schweiz hat zur Folge, dass von den Migrantenseelsorgern zunehmend erwartet wird, dass sie auch in den Territorialpfarreien Dienste übernehmen (vgl. Fernández Molina 2005: 506: Odermatt 2003: 38, Kosch 2010: 7), während die Arbeitsbelastung in den Missionen weiterhin hoch bleibt.

Das Nebeneinander von anderssprachigen und territorialen Strukturen wird also zunehmend schwieriger und es rüttelt am Selbstverständnis einer Kirche, die für sich selbst den Anspruch hat, alle ethnischen, kulturellen und Standesunterschiede zu transzendieren (vgl. Kessler 2011: 1).[81] Es mehren sich daher Stimmen, die sagen, dass die derzeitige Form der Migrantenseelsorge nicht mehr zeitgemäss ist und sich stattdessen beide Seiten auf die eine oder andere Weise aufeinander zubewegen sollten.[82]

Dennoch bleibt es weiterhin schwierig, die Missionen einfach in die Territorialpfarreien zu integrieren. Durch die anhaltende Migration wird die erste Migrationsgeneration auch in den etablierten Gemeinden nicht einfach durch eine zweite und dritte Generation ersetzt, sondern stets erneuert. Ausserdem ist es aufgrund der erhöhten transnationalen Mobilität heutiger Migranten wieder unklarer geworden, ob sich diese auf Dauer in der Schweiz ansiedeln werden oder ob sie nach einem temporären Aufenthalt in ihre Herkunftsländer zurückkehren oder in ein anderes Land weiterziehen.

---

81 Vgl. hierzu folgendes Zitat aus dem Galaterbrief, das oft als anstrebenswertes Ideal für eine vereinte sprach- und kulturübergreifende Gemeinde herangezogen wird: «*[Ihr] alle nämlich, die ihr auf Christus getauft wurdet, habt Christus angezogen. Da gilt nicht mehr Jude und Hellene, nicht Sklave und Freier, nicht Mann und Frau; denn alle seid ihr eins in Christus Jesus.*» (Gal 3,26–28)

82 Vgl. hierzu bspw. das Interview mit dem bischöflichen Beauftragten für die Migrantenseelsorge im Kanton Zürich Msgr. Luis Capilla (Forum 2011), den Artikel des Generalsekretärs der Römisch-Katholischen Zentralkonferenz der Schweiz Daniel Kosch (Kosch 2010) oder den Artikel des ehemaligen Direktors des Studien- und Bildungszentrums für Migrationsfragen (CSERPE) und Scalabrini-Missionar P. Giovanni Tassello (Tassello 2010).

Zudem gibt es neben Sprache, Kultur und Frömmigkeitsformen eine Reihe weiterer Faktoren, die eine spezielle Seelsorge und eigene Strukturen für Migranten rechtfertigen. Hierzu gehören beispielsweise die Besonderheiten der Migrationssituation; die unterschiedliche Altersstruktur von Migranten und einheimischen Katholiken; die Verschiedenheit der Themen, die die Menschen beschäftigen; unterschiedliche Priesterverständnisse und Vieles mehr (vgl. Kessler 2011: 5). Ausserdem ziehen unterschiedliche Formen der religiösen Sozialisation auch unterschiedliche kirchenpolitische Vorstellungen und manchmal sogar unterschiedliche Glaubensinhalte nach sich, was ein gewisses Konfliktpotenzial mit sich bringt (vgl. Foppa 2016b: 37).

Es gibt also eine Reihe von Argumenten, die für das Beibehalten spezifischer Seelsorgestrukturen für Migranten in der katholischen Kirche sprechen. Die gegenwärtigen Herausforderungen werfen jedoch die Frage auf, wie genau eine solche Seelsorge in Zukunft aussehen müsste, um allen beteiligten Parteien gerecht zu werden. Auch in Dokumenten der Schweizer Bischofskonferenz wird seit Jahren darauf hingewiesen, dass heute *«[n]eue Wege der Zusammenarbeit zwischen Pfarreien und Missionen»* gesucht werden (SBK 1996). Vorerst bleibt jedoch unklar, wie genau eine solche Zusammenarbeit zukünftig aussehen wird und ob es überhaupt Sinn hat, ein einheitliches Modell zu schaffen, das für alle Migrantengruppen gleichermassen gültig ist.

4.2.5 Spanischsprachige katholische Gemeinden in der Schweiz

Alle mir bekannten spanischsprachigen katholischen Migrantengemeinden sind kirchenrechtlich in der Form von Missionen institutionalisiert.[83] Die meisten davon wurden im Zuge der Gastarbeitermigration zwischen 1957 und 1975 ursprünglich für Spanier errichtet (vgl. CNMLHS o. J.). In vielen kam es allerdings ab den 1980er Jahren zu einer Diversifizierung der Klientel, da mit der Globalisierung der Migrationsströme immer mehr Personen aus lateinamerikanischen Ländern hinzustiessen (vgl. Kapitel 3).

Obwohl die Zahl der Spanischsprachigen in der Schweiz seit der Finanzkrise 2008 wieder ansteigt, ist die Zahl der Missionen rückläufig. Im Jahr 2011

[83] Im Kanton Glarus wird die spanischsprachige Gemeinde vom Priester der italienischen Mission betreut. Er hält einmal im Monat einen Gottesdienst auf Spanisch, zudem bietet er auf Wunsch Taufen, Hochzeiten und Beerdigungen in spanischer Sprache an (Lamera 2017).

existierten schweizweit noch 17 spanischsprachige Missionen. Durch Fusionen wurden sie bis 2016 auf 14 reduziert (Migratio 2011b, 2016). Ein wichtiger Grund für diese Reduktion besteht darin, dass heute auch in Spanien und Lateinamerika[84] ein Mangel an Priestern herrscht und es daher zusehends schwieriger wird, Gemeindeleiter für die Missionen zu finden. Dies ist auch der Grund, weshalb inzwischen manche Missionen auch von Priestern aus nicht spanischsprachigen Ländern wie Italien, Nigeria, Haiti oder Polen geleitet werden (CNMLHS o. J.).

Die Etablierung von Missionen wird *top down* von Entscheidungsträgern der katholischen Kirche geregelt, daher sind ihre Verantwortungsbereiche territorial klar voneinander abgegrenzt. Der Standort der einzelnen Mission wird in der Regel mit dem Standort des Missionssekretariats gleichgesetzt. Innerhalb ihrer territorialen Verantwortungsbereiche halten die Missionare aber oft Gottesdienste in mehreren Kirchen und Kapellen ab. Diese Gottesdienststandorte bilden die eigentlichen Zentren der Migrantengemeinden. Auch wo mehrere Gemeinden derselben Mission angehören, agieren sie normalerweise unabhängig voneinander und es finden kaum gemeindeübergreifende Aktivitäten statt.

In Abbildung 14 sind die 14 aktiven Missionssekretariate sowie die 43 Standorte eingezeichnet, wo im Jahr 2017 Gottesdienste auf Spanisch angeboten wurden. Darin wird ersichtlich, dass sich die Sekretariate fast alle in grösseren Städten oder deren Agglomerationen befinden. Gottesdienststandorte finden sich dagegen auch in einigen Kleinstädten wie Grenchen, Morges, Vevey, Flawil oder Heerbrugg. Vergleicht man die Karte mit Abbildung 10 in Kapitel 3.2 (S. 48), zeigt sich, dass die meisten der Gottesdienststandorte in Bezirken mit einem erhöhten Anteil spanischsprachiger Personen liegen. In den Kantonen Tessin, Neuenburg, Wallis, Schaffhausen, Thurgau und Graubünden, wo ebenfalls grosse Gruppen von Spanischsprachigen leben, gab es früher ebenfalls Missionen. Sie wurden inzwischen jedoch geschlossen, wodurch hier Versorgungslücken entstanden sind.[85]

---

[84] Bei lateinamerikanischen Priestern besteht aufgrund des restriktiven Migrationssystems der Schweiz eine zusätzliche Schwierigkeit darin, für sie eine Aufenthaltserlaubnis zu erlangen (vgl. Exp. Int. Z).

[85] Vgl. Exp. Int. Z.

Abbildung 14: Gottesdienststandorte und Sekretariate der spanischsprachigen Missionen (2017)

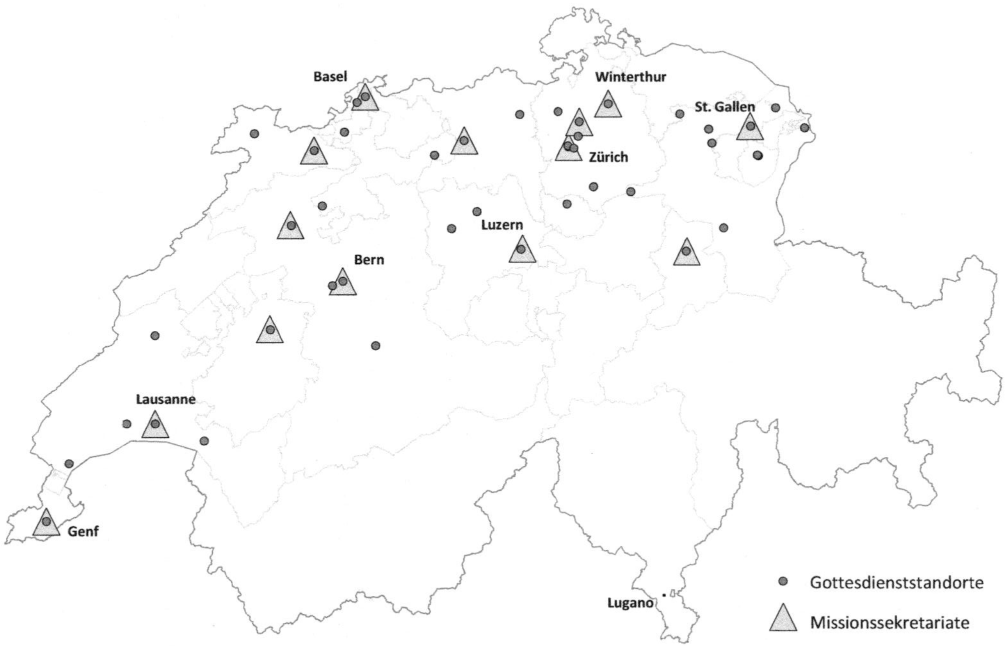

Quellen: MCLECZ (2017), MSRKK (o. J.), MCEB (o. J.), KathBern (o. J.); CathBerne (o. J.), MCLEJM (o. J.), ECCF (o. J.), PCLEG (o. J.), ECCV (2017), MCLECV (2017), MCL (o. J.), MCLESG (o. J.), Georeferenzdaten: SWISSTOPO (2017).

4.3 Protestantische Migrationsgemeinden

Anders als bei den in verschiedener Hinsicht relativ einheitlichen katholischen Migrantengemeinden ist es schwierig, Aussagen zu machen, die für alle protestantischen Migrationsgemeinden gültig sind. Dafür ist die protestantische Religionslandschaft zu vielfältig. Die Vielfalt zeigt sich nicht nur in der geographischen Herkunft der Gemeindegründer, sondern auch in der denominationalen Zugehörigkeit der Gemeinden, deren Selbstverständnis, Organisationsformen sowie nationalen und internationalen Vernetzung. Das folgende Kapitel kann daher lediglich als grobe Übersicht über ein komplexes Feld dienen, das noch einen grossen Forschungsbedarf aufweist.

4.3.1 Protestantische Migrationsgemeinden in der Schweiz

Geschichte

Die Geschichte der protestantischen Migrationsgemeinden in der Schweiz reicht etwas weiter zurück als diejenige der katholischen Missionen. Die ersten protestantischen Migrationskirchen wurden bereits im Zuge der Reformation im 16. Jahrhundert von Glaubensflüchtlingen wie den italienischen Waldensern und den französischen Hugenotten gegründet. Manche dieser Kirchen existieren bis heute (Albisser 2016: 17, Foppa 2016a: 133). Seither kam es mit dem Wandel der Migrationsflüsse immer wieder zur Gründung weiterer Migrationskirchen unterschiedlichster Konfessionen und Herkunftsländer. So wurden zum Beispiel Gemeinden von englischen Anglikanern, deutschen Lutheranern oder ungarischen Reformierten gegründet. Allerdings blieb die Zahl der Neugründungen bis weit in die zweite Hälfte des 20. Jahrhunderts auf verhältnismässig niedrigem Niveau. Dies änderte sich erst ab den 1980er Jahren.

Während die Migration südeuropäischer Gastarbeiter Mitte des 20. Jahrhunderts zu einem Gründungsboom katholischer Missionen führte, begann mit der zunehmenden Globalisierung der Migrationsströme ab den 1980er Jahren ein Boom protestantischer Gemeindegründungen (vgl. Abbildung 15). Die meisten Migrationskirchen, die in dieser Zeit entstanden, gehören einer jüngeren protestantischen Denomination[86] an und wurden von lateinamerikanischen, afrikanischen und asiatischen Zuwanderern gegründet (vgl. Albisser 2016: 31).

Viele dieser Gemeinden sind international ausgerichtet und setzen sich aus Personen verschiedenster Nationalitäten zusammen. Besonders gut vertreten sind darin Gläubige aus der Demokratischen Republik Kongo, Brasilien, Angola, Nigeria und den Philippinen. Aber auch viele spanischsprachige Lateinamerikaner finden sich darunter (Albisser 2016: 32, Foppa 2016a: 138–139). Spanier hingegen sind in protestantischen Migrationskirchen kaum vertreten, was wohl darauf zurückzuführen ist, dass aufgrund der religionsgeschichtlichen Entwicklung bis heute nur wenige protestantische Kirchen in Spanien existieren (vgl. Kapitel 2.1).

Situation heute

Es ist schwierig, die aktuelle Zahl der protestantischen Migrationskirchen in der Schweiz abzuschätzen, da keine systematische Erfassung der Gemeindegründungen erfolgt und das religiöse Feld sehr dynamisch ist. Seit den 1990er Jahren werden jedes Jahr zahlreiche Migrationskirchen gegründet, manche davon existieren allerdings nur für wenige Jahre oder Monate. Darüber hinaus verfügen viele Gemeinden über keine formalen und festen Strukturen (vgl. Röthlisberger/Wüthrich 2009: 6), was die Festsetzung eines klaren Gründungsdatums erschwert. Nicht selten wachsen sie in einem kontinuierlichen Prozess aus einer kleinen Gruppe heraus, die sich zunächst nur informell zum Bibelstudium trifft.

---

86 Albisser unterscheidet in ihrer Erhebung zu christlichen Migrantengemeinden die Kirchen von jüngeren und älteren protestantischen Denominationen (evangelisch-historische Kirchen und neuere evangelische Kirchen) (vgl. Albisser 2016: 26). Zu den älteren Denominationen zählt sie solche, die vor dem 19./20. Jahrhundert entstanden sind (wie lutherische, evangelisch-reformierte oder methodistische Kirchen). Zu den jüngeren Denominationen, zählt sie solche, die erst im 19. oder 20. Jahrhundert entstanden sind und meist evangelikaler oder pfingstlicher Prägung sind (z.B. Kirchen der Asambleas de Dios).

Abbildung 15: Anzahl der von Albisser (2015) erfassten protestantischen Migrationsgemeinden nach Gründungsjahren und Denominationen

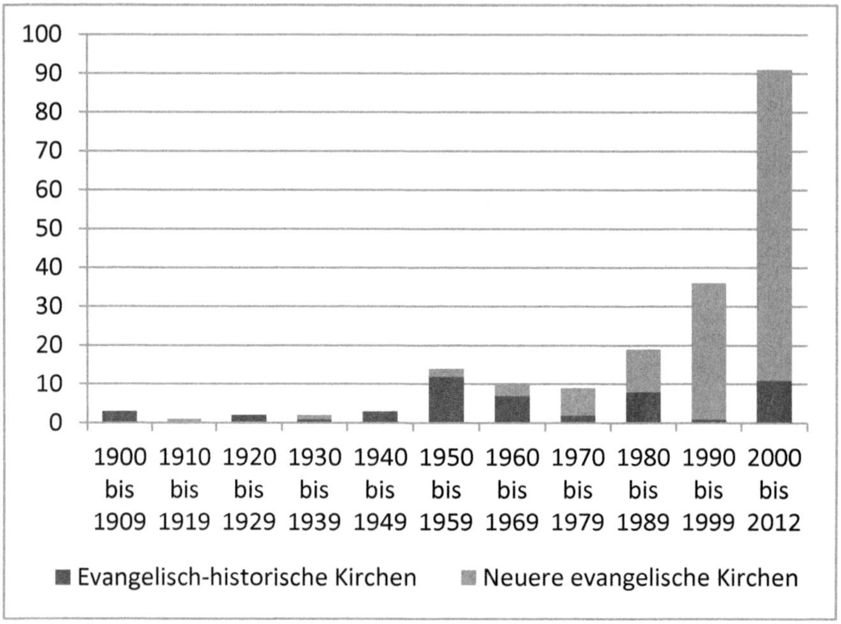

Quelle: Eig. Darstellung auf der Grundlage der Daten von Albisser (2015).

Im Rahmen der Studie von Albisser (2016) wurden im Erhebungszeitraum von 2012–2013 insgesamt 436 protestantische Migrationskirchen angeschrieben. Davon haben 218 den Fragebogen ausgefüllt retourniert. Somit kann für das Jahr 2013 von einer Untergrenze von 218 aktiven protestantischen Migrationskirchen in der Schweiz ausgegangen werden. Da bei diesem Verfahren jedoch von einer hohen Dunkelziffer ausgegangen werden muss und die Zahl der Gemeindegründungen in den vergangenen Jahren stark anstieg, liegt die tatsächliche Zahl wohl weitaus höher.

Laut der Erhebung von Albisser sind die meisten protestantischen Migrationskirchen im Vergleich zu den katholischen Migrationsgemeinden eher klein und zählen in der Regel weniger als 100 Mitglieder. Dafür war aber ein grosser Teil davon zur Zeit der Erhebung im Wachstum begriffen. Unter den historischen protestantischen Denominationen gab über ein Drittel und bei den neueren Denominationen fast die Hälfte der Gemeinden an, sich gemessen an den Gottesdienstbesucherzahlen im Wachstum zu befinden (vgl. Albisser 2016: 35, 50).

Das Einzugsgebiet der Migrationskirchen ist oft sehr weitläufig, da sie nicht territorial organisiert sind, sondern die Gläubigen sich ihre Kirche vielmehr aufgrund von sprachlichen, ethnischen, sozialen oder theologisch-spirituellen Gesichtspunkten auswählen (vgl. Röthlisberger/Wüthrich 2009: 36).

4.3.2 Selbstverständnis

In Bezug auf ihre theologische Ausrichtung sind die protestantischen Migrationskirchen äusserst vielfältig.[87] Die meisten sehen sich aber als Erben und Nachfolger der Reformatoren (vgl. Chiquete 2015: 78–80). In theologischer Hinsicht stehen sie allerdings oft näher bei den evangelikalen und pfingstlerischen Freikirchen als bei der evangelisch-reformierten Landeskirche. Daher besteht in vielen Fällen auch ein intensiverer Austausch mit den Freikirchen, während der Kontakt zu den evangelisch-reformierten Landeskirchen und deren Institutionen weniger stark ausgeprägt ist (Röthlisberger/Wüthrich 2009: 44–46).[88]

Migrationskirchen sind oft gar nicht daran interessiert, sich strukturell vollständig in das hiesige Kirchensystem zu integrieren. Stattdessen streben sie eher eine gewisse Autonomie an, die es ihnen erlaubt, sich nach ihrem eigenen

---

87 Daiber (2006: 227–229) unterscheidet in seiner Typologie aufgrund der denominationellen Ausrichtung vier Typen von protestantischen Migrationskirchen: 1.) Migrationskirchen, die zu einer alteuropäischen Konfession gehören (z. B. nordeuropäische Lutheraner), 2.) Migrationskirchen, die konfessionell einer alteuropäischen Kirche entsprechen, jedoch kirchenstrukturell einem nordamerikanischen Denominationsschema folgen (z. B. koreanische Presbyterianer), 3.) Migrationskirchen, die in der Tradition der klassischen Freikirchen stehen (z. B. Methodisten, Baptisten) sowie 4.) Migrationskirchen, die bewusst bestehende denominationelle Kategorien überwinden wollen (z. B. Pfingstkirchen).

88 Ein weiterer Grund für die Inkompatibilität der Landeskirchen und vieler Migrationskirchen liegt in einem unterschiedlichen ekklesiologischen Modell. Die evangelisch-reformierten Landeskirchen sind wie die katholische Kirche territorial organisiert. Das bedeutet, dass jede Person evangelisch-reformierter Konfession aufgrund ihres Wohnortes zu einer bestimmten Kirchgemeinde zugeordnet wird. Die meisten Migrationskirchen hingegen verfolgen ein freikirchliches Modell mit personalgemeindlicher Form (Parmentier 2011: 8). Hierbei muss sich jeder Gläubige bewusst für eine Gemeinde entscheiden, um deren Mitglied zu werden. Mit dieser bewussten Entscheidung gehen oft auch ein höheres Engagement und ein markanter Frömmigkeitsstil einher.

Interesse und Selbstverständnis zu entfalten (vgl. Daiber 2006: 230–231). Dies liegt unter anderem daran, dass viele von ihnen eine kritische Sicht auf die christlichen Kirchen in Europa haben. Bei der bereits oben erwähnten Erhebung des SPI stimmten 78.1% der Migrationsgemeinden jüngerer protestantischer Denominationen der Aussage zu, dass sich die Schweizer Kirchen zu stark der Gesellschaft anpassen, 82.1% sahen den christlichen Glauben in der Schweiz in einer Krise und 92.8% waren der Meinung, dass die Schweiz neu evangelisiert werden müsse (Albisser 2016: 86–90).

Mit der evangelikalen bzw. pfingstlichen Theologie und der kritischen Sicht auf die hiesige Religionslandschaft geht in vielen Fällen auch ein ausgeprägtes Missionsverständnis einher. Bei der gleichen Befragung gaben 84.4% der Migrationsgemeinden jüngerer und immerhin 46.1% der Gemeinden älterer protestantischer Denominationen an, dass ihre Gemeinde zur Evangelisierung der Schweiz diene (Albisser 2016: 93). Dieses missionarische Selbstverständnis wird in der wissenschaftlichen Literatur auch unter dem Begriff «*reverse mission*» diskutiert.[89] Mit diesem Begriff ist die Vorstellung verbunden, dass sich die Richtung globaler christlicher Missionsbestrebungen zurzeit umkehre (Haustein 2011: 265). Brachen bis vor wenigen Jahrzehnten noch die meisten christlichen Missionare aus Europa auf, um in Afrika, Asien und Lateinamerika zu missionieren, haben heute viele Christen in eben diesen Regionen das Gefühl, dass das zunehmend säkularisierte Europa nun ihrer Missionare bedürfe. Die Gemeinden, die im Rahmen dieser Studie mit dem Begriff «Migrationsgemeinden» bezeichnet werden, verstehen sich aus ihrer emischen Perspektive oft eher als Missionsstationen, die der Evangelisierung Europas dienen (vgl. Währisch-Oblau 2003: 368–369, Währisch-Oblau 2009).[90]

Dieses ausgeprägte Sendungsbewusstsein birgt für die Migranten, die diesen Kirchen angehören, sowohl ein gewisses Potenzial wie auch gewisse Herausforderungen. Zu den Herausforderungen gehört, dass sich manche dieser Kirchen stark von der Mehrheitsgesellschaft abgrenzen, da sie deren Werte und Normen in Frage stellen oder gar ablehnen. Die Starke Abgrenzung der *ingroup* der Gemeinde von der *outgroup* der «Welt» bzw. der Mehrheitsgesellschaft kann in manchen Fällen die soziale und strukturelle Integration der

[89] Vgl. bspw. Haustein (2011) und Uzuh (2015).

[90] Aus diesem Grund ist auch der Begriff «Migrationskirchen» irreführend und in der Wissenschaft umstritten. Viele Gemeinden haben auch den Anspruch, Kirchen für Schweizer zu sein.

Mitglieder in die Schweizer Gesellschaft behindern. Auf der anderen Seite pflegen gerade diese Kirchen oft eine ausgeprägte Unterstützungskultur für ihre Mitglieder. Sie bieten Hilfeleistungen im Bereich der Gesundheitsversorgung, bei der Wohnungs- und Arbeitssuche sowie bei Kontakten mit Behörden, was wiederum die gesellschaftliche Integration fördern kann (vgl. Röthlisberger 2016: 206, Bünker 2016: 121–123, Uzuh 2015: 58). Beide Aspekte werden im empirischen Teil der vorliegenden Studie noch einmal ausführlich reflektiert.

4.3.3 Organisation

In der Gründungsphase von Migrantengemeinden finden meist Personen aus der gleichen Herkunfts- oder Sprachregion zusammen, die sich selbständig organisieren (vgl. Röthlisberger/Wüthrich 2009: 34). Da die meisten protestantischen Migranten konfessionell nicht zu einer der Landeskirchen gehören, organisieren sie sich wie Schweizer Freikirchen in privatrechtlichen Organisationsformen. Manche gründen Vereine, andere organisieren sich als Stiftung und wiederum andere bilden lediglich formlose Vereinigungen, ohne eine juristische Person ins Leben zu rufen (Albisser 2016: 103–104).[91]

Voraussetzung für die Mitgliedschaft ist in den meisten Gemeinden keine Kindertaufe, sondern es wird eine bewusste eigene Entscheidung im Jugend- oder Erwachsenenalter erwartet, auf die in der Regel eine Taufe folgt (vgl. Röthlisberger/Wüthrich 2009: 13). In Gemeinden, die als Vereine organisiert sind, ist die Zugehörigkeit zudem mit einer Vereinsmitgliedschaft verbunden. Dennoch gibt es in vielen Gemeinden auch Gottesdienstbesucher, die nicht formelle Vereinsmitglieder sind.[92]

An der Spitze der Gemeinde steht normalerweise ein Pastor oder eine Pastorin als Gemeindeleiter bzw. Gemeindeleiterin. In manchen Fällen organisiert sich eine Gemeinde zunächst auch ohne Pastor zum Beispiel als Hauskreis oder Bibelgruppe. Sobald die Gemeinde jedoch eine gewisse Grösse und einen

---

[91] Gemäss der Studie von Albisser organisieren sich 73% der protestantischen Migrationsgemeinden in der Schweiz als Vereine und 6% als Stiftungen (Albisser 2016: 103–104). Die genaue Zahl der formlosen Vereinigungen lässt sich kaum abschätzen, da diese nur schwer zu erfassen sind.

[92] Die Gründe hierfür sind vielfältig: Manche Personen besuchen mehrere Gemeinden gleichzeitig; andere ziehen eine lose Verbindung zur Gemeinde vor, um sich nicht zu binden. Andere wiederum möchten oder können sich den Vereinsbeitrag nicht leisten.

gewissen Professionalisierungsgrad erreicht, hält sie in der Regel nach einem geeigneten Pastor Ausschau. Die Pastoren werden in ihren Tätigkeiten oft von einem Kreis engagierter Freiwilliger unterstützt. Je nach Gemeinde und Denomination werden dafür auch offizielle Ämter mit einem klar definierten Aufgabenbereich etabliert (z. B. Gruppenleiter, Diakone, Älteste etc.).[93]

Typologie

In Anlehnung an Simon (2003: 68–85) und unter Berücksichtigung der Kritik von Währisch-Oblau (2006: 14) lassen sich die protestantischen Migrationsgemeinden anhand ihrer Gründungsgeschichte (Ekklesiogenese) einem der folgenden vier Typen zuordnen:

1. Missionarische Gemeinden (autochthone Ekklesiogenese)
2. Diasporische Gemeinden (diasporale Ekklesiogenese)
3. Untergruppen in Schweizer Kirchen (allochthone Ekklesiogenese)
4. Durch Abspaltung entstandene Gemeinden (sekundäre bzw. divisive Ekklesiogenese)

Diese vier ekklesiogenetischen Typen unterscheiden sich in Bezug auf ihre innere Dynamik sowie auf die Ressourcen und Netzwerke, die ihnen in der Schweiz und international zur Verfügung stehen. *Missionarische Gemeinden* werden explizit zum Zweck der Glaubensverbreitung von Missionaren gegründet, die von ihrer Mutterkirche im Ausland – zum Beispiel in Lateinamerika – in die Schweiz gesandt werden.[94] Oft werden diese Gemeinden in der Anfangsphase noch von der Mutterkirche finanziert, müssen jedoch nach einer gewissen Zeit finanziell selbständig werden, insbesondere da die Lebensunterhalts- und Mietkosten in der Schweiz im internationalen Vergleich sehr hoch sind.[95]

Für lateinamerikanische Kirchen gibt es dennoch mindestens zwei Beweggründe, um hierzulande missionarische Gemeinden zu gründen. Zum einen wird die Schweiz – bzw. ganz Europa – von vielen lateinamerikanischen Christen als zunehmend unchristlich wahrgenommen. Daher wollen sie mit der Entsendung von Missionaren einen Beitrag zur Rechristianisierung des Kontinents leisten. Zum anderen ist mit der Gemeindegründung in anderen Ländern auch ein Prestigegewinn für die Mutterkirche verbunden, der sie bei ihren ei-

93 Vgl. Int. 5 und Exp. Int. Y.
94 In manchen Fällen geht die Initiative auch vom Missionar selbst aus (vgl. Exp. Int. T).
95 Vgl. Exp. Int. T.

genen Gläubigen attraktiver erscheinen lässt. Schliesslich kann sich eine Kirche mit Ablegern im Ausland eine «internationale Kirche» nennen, die sich von der lokalen Konkurrenz abhebt. Zudem gilt das Wachstum der Kirche über die Grenzen des eigenen Landes hinweg manchen Gläubigen als Zeichen dafür, dass ihre Kirche tatsächlich einer «göttlichen Berufung» folgt.[96]

Während missionarische Gemeinden auf Initiative von Akteuren im Herkunftsland ins Leben gerufen werden, entstehen *diasporische Gemeinden* auf Initiative von Personen, die bereits in der Schweiz leben und die erst hier das Bedürfnis nach einer eigenen Gemeinde entwickeln. Der Anstoss zur Gründung einer diasporischen Gemeinde kann entweder *bottom-up* durch Gläubige erfolgen oder *top-down* auf die Initiative eines Pastors hin. Oft beginnen solche Gemeinden als Hauskreise oder als kleine Bibelgruppen, die nach und nach zu einer grösseren Gemeinde heranwachsen und ihre Strukturen zunehmend professionalisieren.[97]

Nicht alle protestantischen Migrationsgemeinden entstehen auf die Initiative von Migranten hin. Heute besteht auch eine zunehmende Zahl von Schweizer Kirchen aus einem ethnisch, kulturell und sprachlich durchmischten Publikum. Dies gilt insbesondere für Kirchen in städtischen Ballungszentren und Agglomerationen, wo der Ausländeranteil überdurchschnittlich hoch ist. Oft bieten diese Kirchen während der Gottesdienste für Migranten Übersetzungen in verschiedenen Sprachen an. Sobald eine Sprachgruppe jedoch eine gewisse Grösse erreicht, kann für sie auch eine eigene *Untergruppe* innerhalb der Kirche etabliert werden, die über eigene Angebote, Programme und Aktivitäten verfügt (z. B. Gottesdienste auf Spanisch oder Englisch, Latino-Abende etc.).[98]

Alle drei der eben genannten Gemeindetypen können durch *Abspaltung* neue, unabhängige Gemeinden gründen. Die Ursachen für solche Abspaltungen können sehr unterschiedlicher Natur sein. In manchen Fällen trennen sich die Gemeinden im gegenseitigen Einverständnis und in anderen Fällen aufgrund von Zerwürfnissen.[99] Nicht selten entstehen Abspaltungen aufgrund von internen Differenzen bezüglich der theologischen oder strukturellen Ausrich-

---

96 Vgl. Exp. Int. T.

97 Vgl. Interview 5.

98 Vgl. Beobachtungsprotokoll vom 5.12.2015.

99 Von der Kirchenleitung ungewollte Abspaltungen sind gerade bei Migrationskirchen sehr häufig zu beobachten. Siehe hierzu auch Währisch-Oblau (2003: 371–372) sowie Röthlisberger/Wüthrich (2009: 37).

tung der Kirche. Andere Gemeinden wiederum spalten sich aus einer missionarischen Strategie heraus oder einfach, weil einer ihrer Pastoren in eine andere Ortschaft zieht.[100]

Wie bei den meisten Klassifikationen gilt auch hier die Einschränkung, dass es sich bei den ekklesiogenetischen Typen um eine theoretische Einteilung handelt, die der Komplexität der Realität nicht immer ganz gerecht wird. So wurde im Rahmen der vorliegenden Studie beobachtet, dass manchmal auch mehrere Gründungsimpulse von verschiedenen Akteuren zur Entstehung einer Kirche führen können. Wenn zum Beispiel sowohl eine Diasporagemeinschaft wie auch ein ausländischer Missionar oder eine Schweizer Kirche in die Gründung involviert sind, ist eine klare Klassifikation auf der Grundlage der Ekklesiogenese unmöglich. Zudem hängt die Zuordnung in manchen Fällen auch von der Perspektive ab, aus der eine Gemeinde betrachtet wird. Gerade wenn mehrere Kirchen in die Gründung einer Gemeinde involviert sind und es im Zuge der Neugründung zu Zerwürfnissen kommt, ist es möglich, dass die neue Gemeinde von der einen Kirche als missionarische Tochtergemeinde angesehen wird und von einer anderen als illegitime Abspaltung.[101]

Kirchliche Netzwerke

Oft bauen protestantische Migrantengemeinden in der Schweiz informelle bilaterale Kontakte zu einzelnen Frei- und Landeskirchen auf (vgl. Albisser 2016: 78–79). Solche Kontakte können unter anderem bei der Suche nach Räumlichkeiten von grossem Nutzen sein. Daneben existieren aber auch verschiedene institutionalisierte kirchliche Netzwerke, Organisationen und Dachverbände, denen sie sich anschliessen können und von denen sie in verschiedener Hinsicht profitieren können.

Ein Teil der protestantischen Migrantengemeinden gehört der *Schweizerischen Evangelischen Allianz* (SEA) an oder ihrem Welschschweizer Pendant, dem *Réseau Evangélique Suisse* (RES) (vgl. Albisser 2016: 82). Die beiden Verbände betreiben mit der *Arbeitsgemeinschaft interkulturell* ein Kompetenzzentrum für Integrations- und Migrationsfragen, das sich unter anderem der Vernetzung von Migrantengemeinden widmet.[102] Ein zweites Kompetenz-

[100] Vgl. Exp. Int. T und L sowie Interview 8.
[101] Vgl. Exp. Int. L.
[102] Vgl. Interculturel (2018).

zentrum, das sich im freikirchlichen Umfeld mit dem Thema Migration auseinandersetzt, ist *MEOS*. MEOS unterstützt sowohl Schweizer Kirchen wie auch Migrantengemeinden mit Know-how zu migrationsrelevanten Fragen, im Aufbau interkultureller Gemeinden und bei der Etablierung von Deutschkursen.[103] Auch manche landeskirchlichen Institutionen der evangelisch-reformierten Kirche bieten Materialien und Veranstaltungen für und zu Migrationsgemeinden an. Hierzu gehört zum Beispiel der *Schweizerische Evangelische Kirchenbund* (SEK) sowie lokale OeMe-Fachstellen.[104]

Neben den Schweizer Organisationen gibt es auch einzelne Netzwerke, die von Migrantengruppen selbst ins Leben gerufen wurden. Ein Beispiel hierfür ist die *Conférence des Eglises Evangéliques Africaines en Suisse* (CEAS). Die CEAS ist eine Dachorganisation afrikanischer Gemeinden, die als Ansprechpartner für die Landeskirchen dient und sich zudem darum bemüht, gewisse gemeindeübergreifende Standards für die afrikanischen Kirchen in der Schweiz zu etablieren (Röthlisberger/Wüthrich 2009: 38).

Für spanischsprachige Migrationsgemeinden hat sich bis heute noch kein Dachverband etabliert. Zurzeit gibt es jedoch auf verschiedenen Ebenen Bestrebungen, regionale und nationale Netzwerke aufzubauen. So existieren zum Beispiel im Raum Zürich und im Raum Genf kleinere Zusammenschlüsse von spanisch- und portugiesischsprachigen Pastoren, die sich seit mehreren Jahren regelmässig treffen. Diese sogenannten «Allianzen» sind bisher allerdings noch klein und lediglich informell organisiert.[105] Neben diesen eher lokalen Initiativen existiert auf nationaler Ebene mit *Mundo Gospel* das wohl grösste Netzwerk für spanischsprachige Gemeinden, dem auch viele portugiesischsprachige Gemeinden angehören.

Mundo Gospel war ursprünglich ein zwischen 2009 und 2014 jährlich erscheinendes Magazin mit dazugehörendem Webportal, das sich an spanisch- und portugiesischsprachige Christen protestantischer Denominationen in der Schweiz richtete.[106] Seit 2015 wird Mundo Gospel nur noch als Webportal geführt. Auf dem Portal finden sich neben kurzen Texten mit religiösem Bezug auch ein christlicher Eventkalender sowie die Kontaktadressen von über 60

103 Vgl. MEOS (o. J.).

104 Vgl. Röthlisberger/Wüthrich (2009). OeMe steht als Akronym für «Oekumene, Mission, Entwicklungszusammenarbeit».

105 Vgl. Exp. Int. T.

106 Für das Webportal s. www.mundogospel.ch (26.4.2017).

spanisch- und portugiesischsprachigen Migrationsgemeinden, die Teil des Netzwerkes sind und das Portal mit einem Unkostenbeitrag unterstützen.[107]

Mundo Gospel ist auf die Initiative des derzeitigen Leiters, Ricardo Serrano, zurückzuführen. Als Privatperson hat er 2008 aufgrund einer Vision zunächst aus eigenen Mitteln damit begonnen, lateinamerikanische Kirchen in der Schweiz zu kontaktieren und sie mithilfe der Zeitschrift und der Webplattform zu vernetzen. Sein ursprüngliches Ziel bestand darin, Lateinamerikanern die Suche nach einer Migrationsgemeinde in ihrer Nähe zu vereinfachen und sie über christliche Events zu informieren.[108] Seit 2016 ist Mundo Gospel ein Arbeitszweig von MEOS und dient als nationales Netzwerk und Informationsplattform für spanisch- und portugiesischsprachige Protestanten.

Das Netzwerk ist auch bei der Vernetzung mit Schweizer Organisationen behilflich, die sich auf Tätigkeiten spezialisiert haben, von denen Migrantengemeinden profitieren können. Hierzu gehören zum Beispiel Kirchen und Organisationen, die Projekte für Drogenabhängige oder Ausstiegsprogramme aus der Prostitution anbieten.[109] Da nicht jede Migrationsgemeinde für alle möglichen Anliegen eigene Projekte ins Leben rufen kann, haben sie über das Netzwerk von Mundo Gospel die Möglichkeit, von den Projekten anderer kirchlicher Akteure zu profitieren.[110]

4.3.4 Herausforderungen

Finanzierung und Konkurrenzsituation

Anders als die katholischen Migrationsgemeinden profitieren die meisten protestantischen Migrationskirchen nicht von der Kirchensteuer (vgl. Kapitel 4.1). Auch von Seiten anderer kirchlicher oder staatlicher Institutionen erhalten sie in der Regel keine oder nur sehr wenig Unterstützung, so dass die Gläubigen

---

107 Vgl. Mundo Gospel (2014) und Exp. Int. T.

108 Vgl. Exp. Int. T und Beobachtungsprotokoll vom 25.6.2016.

109 Beispiele hierfür sind die aus Spanien stammende Organisation REMAR, die in der Schweiz ein Drogenrehabilitationszentrum führt, sowie das Projekt Resgate. Letzteres ist aus der brasilianischen Igreja Batista de Zürich hervorgegangen und unterstützt Opfer von Menschenhandel beim Ausstieg aus der Prostitution sowie beim sozialen und beruflichen Wiedereinstieg in ein anderes Berufsfeld in ihrem Herkunftsland (vgl. REMAR o. J., Projekt Resgate o. J., Igreja Batista de Zürich o. J.).

110 Vgl. Exp. Int. T.

ihre Gemeinden selbständig finanzieren müssen.[111] Die meisten finanzieren sich über den sogenannten Zehnten[112], einen fixen Anteil des Erwerbseinkommens, sowie über Mitglieder-Beiträge und freiwillige Spenden. Dementsprechend hängen die finanziellen Mittel, die einer Gemeinde zur Verfügung stehen, direkt von der Zahl und der Finanzkraft ihrer Mitglieder ab. Dies bedeutet, dass kleinere Gemeinden oft Mühe damit haben, aus eigenen ökonomischen Mitteln professionelle Strukturen aufzubauen und eigene Räumlichkeiten für Gottesdienste und andere kirchliche Aktivitäten zu mieten.

Gerade die Finanzierung von angemessenen Räumlichkeiten gehört zu den grössten Herausforderungen (Röthlisberger/Wüthrich 2009: 41). Zu Beginn treffen sich viele Gemeinschaften im privaten Kreis, zum Beispiel in der Wohnung eines ihrer Mitglieder. Wenn sie jedoch eine gewisse Grösse erreichen, halten sie normalerweise nach externen Räumlichkeiten Ausschau. Dieser Schritt ist essentiell für die Bildung und Fortentwicklung einer eigenständigen Kirche mit einem vielfältigen Angebotsspektrum. Sobald sich eine Gemeinde aber in andere Lokalitäten einmietet, erhöhen sich dadurch die Fixkosten und sie ist auf konstante Einnahmen angewiesen. Zudem steigt mit den höheren Ausgaben der Druck, die Buchhaltung zu professionalisieren. Dieser finanzielle und administrative Aufwand wird von vielen Gemeinden unterschätzt, was zur Folge hat, dass nicht wenige sich bereits wenige Monate nach der Gründung einer eigenen Kirche wieder auflösen.[113]

Da die ökonomische Situation über das Bestehen oder Verschwinden einer Gemeinde mitentscheidet, sind die protestantischen Migrationsgemeinden stärker als die katholischen dem Gesetz von Angebot und Nachfrage auf dem religiösen Markt ausgesetzt. Das bedeutet, dass protestantische Migrantengemeinden im selben Einzugsgebiet in Bezug auf Gläubige und Ressourcen in einem direkten Konkurrenzverhältnis zueinander stehen. Diese Konkurrenzsituation wird teilweise noch durch theologische Differenzen verschärft.

---

111 Ausnahmen hiervon bilden zum Beispiel missionarische Gemeinden, die von ihrer Mutterkirche finanzielle Unterstützung erhalten, sowie Gemeinden, die einer Schweizer Kirche angegliedert sind.

112 Der Zehnt muss nicht zwangsläufig 10% des Erwerbseinkommens umfassen.

113 Vgl. Exp. Int. T.

Gemeindeleitung

Die Leitung einer Gemeinde nimmt viel Zeit und Energie in Anspruch. Oft sind deshalb gerade die Pastoren sehr gefordert, da sie einerseits für organisatorische und administrative Aufgaben zuständig sind, von den Gläubigen aber auch als Seelsorger, geistliche Begleiter und als Ansprechpartner für migrationsrelevante Probleme in Anspruch genommen werden. Dies kann für sie zu einer hohen Belastung werden, zumal die wenigsten Pastoren von ihrer kirchlichen Tätigkeit leben können und viele hauptberuflich noch einer anderen Arbeit nachgehen (vgl. Röthlisberger/Wüthrich 2009: 39). Zur erfolgreichen Leitung der Gemeinde sind sie daher oft auf einen Pool von Freiwilligen angewiesen, die sie in den unterschiedlichen Belangen unterstützen.

Eine weitere Herausforderung für Pastoren besteht darin, dass sie aufgrund der oben beschriebenen Konkurrenzsituation zwischen den protestantischen Migrationsgemeinden unter einem hohen Leistungs- und Erfolgsdruck stehen. Oft bestimmen ihre Kompetenzen, ihr Führungsstil und ihr Charisma wesentlich darüber, ob es ihnen gelingt, Gläubige langfristig an ihre Gemeinde zu binden. Dieser Leistungsdruck wird noch dadurch verschärft, dass der Erfolg bzw. Misserfolg ihrer Gemeinde von ihrem religiösen Umfeld nicht selten als Indikator dafür gesehen wird, ob sie «in der Gunst Gottes» stehen oder nicht.[114] Kommen die Gläubigen aufgrund einer negativen Dynamik in der Gemeinde zu dem Schluss, dass ihr Pastor nicht «im Willen Gottes handelt», suchen sie sich vielleicht eine andere Gemeinde.

Damit führt die Konkurrenzsituation unter den protestantischen Migrantengemeinden auch zu einem gewissen Selektionseffekt der Gemeindeleiter: Pastoren, denen es nicht gelingt, eine Gemeinde erfolgreich zu führen, verlieren ihre Gläubigen, während gleichzeitig diejenigen Pastoren Gläubige hinzugewinnen, die entweder selbst über die notwendigen Fähigkeiten und Kompetenzen verfügen, um eine Gemeinde zusammenzuhalten, oder von ihren Freiwilligen gut dabei unterstützt werden.

114 Vgl. Exp. Int. T.

4.3.5 Spanischsprachige protestantische Gemeinden in der Schweiz

Die Geschichte der spanischsprachigen protestantischen Migrationsgemeinden lässt sich nur schwer rekonstruieren, da die Kirchen und Denominationen unabhängig voneinander agieren und es – anders als bei den Katholiken – keine zentralen Koordinationsstellen gibt, die einen Überblick über die Gründungen, Schliessungen und Bewegungen der Gemeinden haben. Die älteste in der Erhebung von Albisser erfasste spanischsprachige protestantische Migrationsgemeinde entstand bereits in den 1960er Jahren (Albisser 2015). Die meisten wurden aber erst ab den 1980er Jahren gegründet, als die erste grössere Migrationsbewegung aus lateinamerikanischen Ländern begann. Bis heute wird der Grossteil der spanischsprachigen protestantischen Migrationsgemeinden eher von Lateinamerikanern als von Spaniern gegründet und besucht.[115] Viele dieser Gemeinden sind multikulturell oder mehrsprachig. Dies ist zum einen darauf zurückzuführen, dass die Grenzen zwischen spanischsprachigen und portugiesischsprachigen lateinamerikanischen Gemeinden oft fliessend sind, so dass in vielen Gemeinden beide Sprachgruppen anzutreffen sind. Zum anderen ist die kulturelle Durchmischung aber auch auf Missionserfolge unter anderen Bevölkerungsgruppen zurückzuführen (z. B. Schweizer, Italiener, Türken etc.).

Die Gründung von neuen Gemeinden geschieht anders als bei den Katholiken nicht nur *top down* auf die Initiative von Leitungspersonen hin, sondern teilweise auch *bottom up* auf die Initiative von Laien, die sich selbständig organisieren. Die weitere Entwicklung der Gemeinden hängt unter anderem davon ab, ob sie mit ihrem Angebot und den ihnen zur Verfügung stehenden Mitteln auf dem religiösen Markt bestehen können. Zwar gibt es Denominationen, die intern gut organisiert sind und die Gründung von neuen Gemeinden strategisch planen. Da jedoch keine übergeordnete Instanz existiert, welche die verschie-

115 In der Zeitschrift Mundo Gospel (2014) waren u. a. Gemeinden von Pastoren aus Peru, Chile, Argentinien, der Dominikanischen Republik, Spanien, Mexico, Kuba und Ecuador vertreten, wobei keines der spanischsprachigen Herkunftsländer die Religionslandschaft dominiert. Vielmehr scheint gerade die Heterogenität ein prägendes Kennzeichen der spanischsprachigen Migrationskirchen zu sein. Anders sieht es aus, wenn man auch die portugiesischsprachigen Gemeinden in Betracht zieht. Hier dominieren bei weitem die brasilianischen Pastoren mit über 30 Gemeinden. Vgl. Exp. Int. T.

denen protestantischen Denominationen und Kirchen koordiniert, sind die einzelnen Gemeinden stark dem Gesetz von Angebot und Nachfrage ausgesetzt.

Dies zeigt sich auch mit Blick auf die Karte in Abbildung 16. Die meisten protestantischen Gemeinden befinden sich in städtischen Regionen und deren Agglomerationen, wo viele Spanischsprachige wohnen und dementsprechend eine höhere Nachfrage besteht (vgl. Abbildung 10, S. 48). Dadurch kommt es allerdings zu einer starken geographischen Konzentration in und rund um grössere Städte wie Genf (8), Zürich (7), Basel (4) und Lausanne (4).

Trotz dieser geographischen Konzentration und der daraus entstehenden Konkurrenzsituation existieren heute schweizweit ungefähr 51 Gemeinden, die entweder Gottesdienste auf Spanisch oder spanische Übersetzungen anbieten (Mundo Gospel 2018, SPI 2015).[116] Dies sind mehr Gottesdienststandorte als die katholischen Missionen anbieten und die Tendenz ist weiterhin steigend. Angesichts der im Verhältnis zu den Katholiken eher kleinen Zahl protestantischer Spanischsprachiger in der Schweiz ist dies ein sehr grosses Angebot (vgl. Kapitel 3.2).

[116] Diese Zahl muss aus zwei Gründen mit Vorsicht interpretiert werden. Erstens umfasst sie nicht nur spanischsprachige Migrantengemeinden. Ein Teil dieser Kirchen hält die Hauptgottesdienste in anderer Sprache ab (z. B. in einer der Landessprachen oder Portugiesisch) und bietet daneben – in regelmässigen oder unregelmässigen Abständen – noch Gottesdienste auf Spanisch an. Ein weiterer Teil bietet gar keine spanischen Gottesdienste an, sondern übersetzt Gottesdienste anderer Sprache für einen Teil ihres Publikums auf Spanisch. Leider konnten diese unterschiedlichen Typen von Migrationsgemeinden aufgrund der unklaren Datenlage nicht eindeutig voneinander getrennt werden. Zweitens gibt es aufgrund der hohen Dynamik in diesem religiösen Feld keine Garantie für Aktualität und Vollständigkeit der Daten. Es ist möglich, dass die Erhebungen von Mundo Gospel (2018) und SPI (2015) nicht alle existierenden Gemeinden erfasst haben, dass seit den Erhebungen wieder neue Kirchen gegründet wurden oder dass manche der Gemeinden bereits kurz nach der Erhebung nicht mehr existierten oder an einen anderen Ort gezogen sind.

Abbildung 16: Standorte protestantischer Kirchen, die Gottesdienste auf Spanisch oder mit spanischer Übersetzung anbieten (2015, 2018)

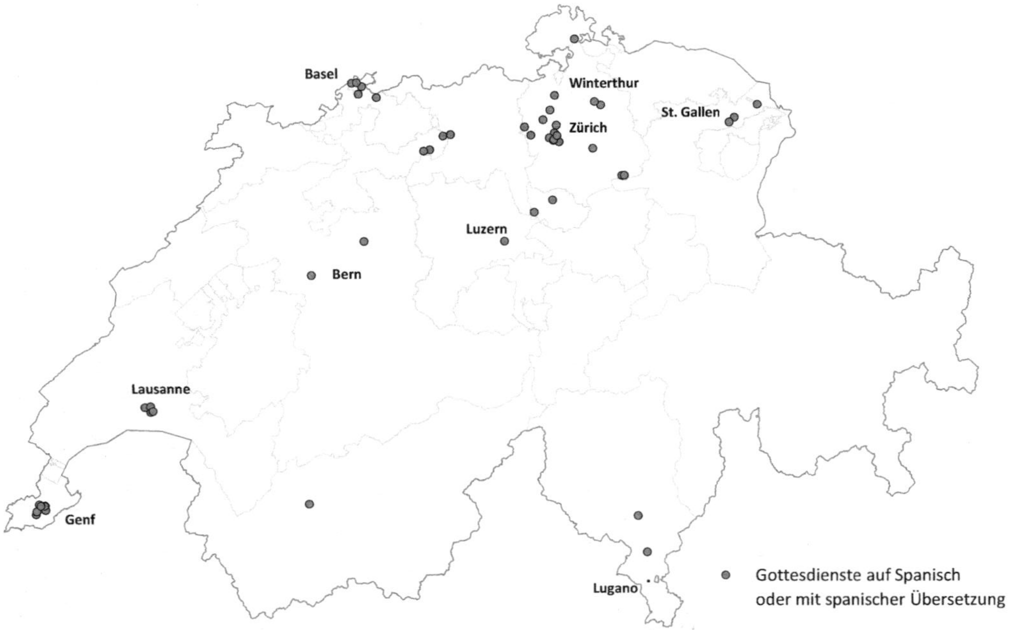

Bemerkung: Die hier dargestellten Daten wurden zu unterschiedlichen Zeitpunkten erhoben. Zudem besteht aufgrund der hohen Dynamik in diesem religiösen Feld, keine Garantie für Aktualität und Vollständigkeit der Daten.
Quellen: Mundo Gospel (2018), SPI (2015), Georeferenzdaten: Swisstopo (2017).

4.4 Schlussfolgerungen

In der Schweiz existieren unterschiedliche Modelle, wie christliche Kirchen organisiert sein können. Zum einen gibt es in der Gesetzgebung verschiedener Kantone unterschiedliche Vorgaben, was das Verhältnis von Religionsgemeinschaften und Staat betrifft. Zum anderen existieren auch konfessionsspezifische Unterschiede. In den meisten Kantonen sind die römisch-katholische und die evangelisch-reformierte Kirche öffentlich-rechtlich anerkannt. Damit kommen sie zu dem Privileg eines besonderen Nahverhältnisses zum Staat und können von ihren Gläubigen Kirchensteuern erheben.[117] Dies verschafft ihnen einen ökonomischen Vorteil gegenüber privatrechtlich organisierten Kirchen, die von der Spendenbereitschaft ihrer Mitglieder abhängig sind.

Auch die Migrationsgemeinden sind je nach Konfession unterschiedlich organisiert. Die katholischen Migrationsgemeinden sind Teil der katholischen Kirche der Schweiz. Sie werden in der Regel *top down* durch Entscheidungsträger der Schweizer Kirche institutionalisiert und können von der Infrastruktur der bestehenden Territorialpfarreien profitieren. Die Einzugsgebiete der Gemeinden einer Sprachgruppe sind normalerweise territorial klar voneinander abgegrenzt, so dass unter ihnen keine Konkurrenzsituation entsteht und die knappen personellen Ressourcen optimal eingesetzt werden können.

Gemäss ihrem Selbstverständnis sehen sich die meisten katholischen Migrationsgemeinden als Brücken, die ihrem Zielpublikum eine schrittweise Integration in den neuen Migrationskontext ermöglichen. Dieses Selbstverständnis zeigt sich unter anderem darin, dass sie neben religiösen und spirituellen Aktivitäten auch viel Wert auf kulturelle, soziale und karitative Angebote legen. Gleichzeitig besteht für sie in der Regel kein primäres Ziel darin, ihre Gemeinde über die Grenzen der eigenen Sprachgruppe hinaus auszudehnen oder als Selbstzweck längerfristig zu erhalten. Diese zeitlich begrenzte Ausrichtung stellt gleichzeitig aber auch eine der grössten Herausforderungen dar. Denn finanziell sind die katholischen Migrantengemeinden von demokratisch organisierten Gremien der staatskirchenrechtlichen Struktur abhängig, die ihre Existenzberechtigung immer wieder in Frage stellen und die Migranten lieber in die lokalen Kirchenstrukturen integrieren würden.

117 Es gibt auch Kantone, die keine öffentlich-rechtliche Anerkennung von Religionsgemeinschaften und keine Kirchensteuer kennen (z. B. Genf und Neuenburg).

Die protestantischen Migrationsgemeinden auf der anderen Seite sind bis auf wenige Ausnahmen nicht an eine Schweizer Landeskirche angeschlossen, sondern bilden unabhängige Migrationskirchen, die entweder privatrechtlich als Verein oder als Stiftung organisiert sind oder über keine juristische Person verfügen. Sie entstehen sowohl *top down* auf die Initiative von Pastoren hin wie auch *bottom up* durch Gemeinschaften von Gläubigen, die sich mit der Zeit als eigenständige Kirche etablieren oder von anderen Kirchen abspalten. Wenn sie keiner Landeskirche angeschlossen sind, müssen protestantische Migrationskirchen für ihre Infrastruktur selbst aufkommen. In manchen Fällen werden sie dabei von freikirchlichen Dachorganisationen unterstützt oder können von günstigen Mietkonditionen in evangelisch-reformierten Kirchen profitieren.

Anders als die katholischen Missionen beschränken sich protestantische Migrationskirchen oft nicht auf eine einzige Sprach- oder Herkunftsgruppe als Zielpublikum. Viele verstehen sich selbst eher als internationale Kirchen oder als Missionsstationen, die dazu beitragen wollen, das zunehmend säkularisierte Europa neu zu evangelisieren. Da sie nicht von der Kirchensteuer profitieren, sind die Migrationskirchen direkt auf die finanziellen Mittel ihrer Gläubigen angewiesen. Damit stehen Migrationskirchen mit einem sich überschneidenden Einzugsgebiet und einem ähnlichen Zielpublikum in Bezug auf Gläubige und deren Mittel in einem direkten Konkurrenzverhältnis zueinander. Dies hat zur Folge, dass die Gemeindeleiter unter einem hohen Erfolgsdruck stehen und sie zudem auf eine hohe Kirchenbindung und einen starken internen sozialen Zusammenhalt ihrer Gläubigen angewiesen sind, um ihre Kirche mittel- und langfristig erfolgreich zu führen.

5 Methodisches Vorgehen

Das Ziel dieser Studie besteht darin, besser zu verstehen, welche Bedeutung soziale Beziehungen in christlichen Migrationsgemeinden für spanischsprachige Migranten haben. Wie in den Kapiteln 2 und 3 ausgeführt wurde, stellen die Zuwanderer aus Spanien und Lateinamerika keine homogene Einheit dar. Vielmehr unterscheiden sie sich in Bezug auf ihren kulturellen, religiösen und sozialen Hintergrund, auf ihre individuellen Lebensverläufe, ihre Weltanschauungen sowie auf die Ressourcen, die ihnen in der Schweiz zur Verfügung stehen. Angesichts dieser Vielfalt und der bis dato eher dürftigen Datenlage zu christlichen Migrationsgemeinden in der Schweiz war für die vorliegende Untersuchung ein Forschungsdesign notwendig, das einerseits flexibel an die im Forschungsfeld vorgefundenen Situationen angepasst werden konnte und andererseits dabei half, die Wissens- und Forschungslücken in tangentialen Themenbereichen (w. z. B. der Organisation der Migrantengemeinden) hinreichend zu füllen.

5.1 Forschungsdesign

Um der Heterogenität des Feldes und dem niedrigen Forschungsstand Rechnung zu tragen, bot sich für die vorliegende Studie ein qualitatives Forschungsdesign an, mit dem ich mich als Forschender offen und weitgehend induktiv an die unterschiedlichen Lebensrealitäten annähern konnte. Damit sollte die Entdeckung von neuen Phänomenen und Zugängen zum Forschungsgegenstand ermöglicht werden. In Rücksprache mit der Projektleiterin, Frau Dr. Baumann-Neuhaus, wurde ein Konzept zusammengestellt, das aus drei qualitativen Erhebungsmethoden bestand. Mithilfe der Triangulation (vgl. Flick 2013: 315–316) von biographisch-narrativen Interviews, Experteninterviews und teilnehmender Beobachtung sollten unterschiedliche Perspektiven auf den Forschungsgegenstand erfasst werden. Die *biographisch-narrativen Interviews* ermöglichten die Erfassung der Erfahrungen, Wahrnehmungen und Deutungsmuster der Migranten selbst. Die *Experteninterviews* halfen dabei, Unklarheiten sowie Fragen zu tangentialen Themenbereichen zu klären. Und die *teilnehmenden Beobachtungen* ermöglichten einen direkten Einblick in das Untersuchungsfeld.

Durch die Kombination dieser drei Perspektiven konnten die Daten aus den einzelnen Erhebungsmodulen besser eingeordnet, validiert und ergänzt werden. So war es beispielsweise möglich, Aspekte, die in biographischen Interviews thematisiert wurden, mithilfe der teilnehmenden Beobachtung vor Ort genauer zu untersuchen oder Unklarheiten, die im Rahmen der Beobachtungen entstanden waren, zum besseren Verständnis mit den Experten zu diskutieren.

Abbildung 17: Schematische Darstellung des verwendeten Forschungsdesigns

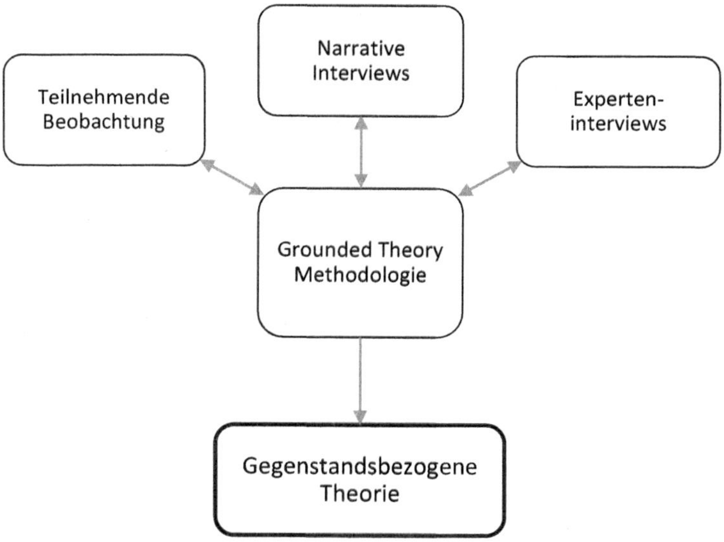

Als methodologischer Rahmen und zur Datenanalyse wurde auf die Grounded Theory Methodologie (GTM) zurückgegriffen (vgl. Abbildung 17). Mit ihrer Hilfe wurden die qualitativen Daten aus den verschiedenen Erhebungsmodulen zu einer gegenstandsbezogenen Theorie verarbeitet, die Auskunft über die Forschungsfrage gibt. In den nachfolgenden Kapiteln werden die verwendeten Analyse- und Erhebungsmethoden noch einmal im Detail vorgestellt.

5.2 Grounded Theory Methodologie

Das Hauptziel des Forschungsdesigns bestand darin, eine Theorie zu entwickeln, die auf der Grundlage empirischer Belege Antworten auf die Forschungsfragen gibt. Dafür eignete sich als methodologischer Rahmen die Grounded Theory Methodologie (GTM). Mithilfe der GTM wurde zum einen der gesamte Forschungsprozess gesteuert und wurden zum anderen die erhobenen Daten analysiert und sukzessive zu einer gegenstandsverankerten Theorie («*grounded theory*») mittlerer Reichweite ausgearbeitet (vgl. Glaser/ Strauss 1998: 42).[118]

Charakteristisch für das Analyseverfahren der GTM sind das Nebeneinander und die Wechselbeziehung von Datenerhebung, Datenanalyse und Theorieentwicklung (vgl. Strauss/Corbin 1996: 8). Die Daten werden hier, anders als in vielen anderen Methodologien, nicht in einer ersten Projektphase erhoben und später ausgewertet, sondern es wird in einem fortschreitenden Analyseprozess darüber entschieden, welche Daten jeweils als nächstes erhoben und ausgewertet werden (vgl. Abbildung 18). Auf diese Weise können gezielt kontrastierende Vergleiche gesucht, Arbeitshypothesen überprüft und Wissenslücken geschlossen werden.

[118] Laut Glaser und Strauss lassen sich Theorien mittlerer Reichweite zwischen den Alltagshypothesen des Alltags und den umfassenden Grosstheorien einordnen (vgl. Glaser/ Strauss 1998: 42).

Abbildung 18: Schematische Darstellung des GTM-Forschungsprozesses

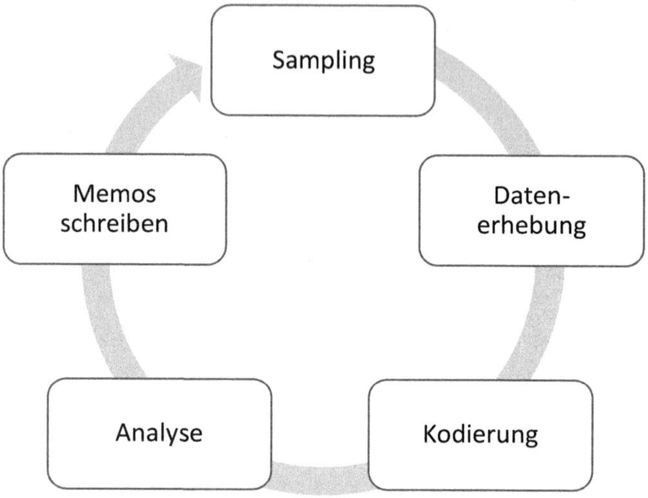

5.2.1 Kodierverfahren

Bei der GTM werden alle erhobenen qualitativen Daten gemäss dem von Glaser geprägten Diktum «*all is data*» (Glaser 1998: 8) zusammen analysiert. In der vorliegenden Studie kam dafür das Analyseverfahren zur Anwendung, wie es von Strauss und Corbin (1996) vorgeschlagen wurde.[119] Die Datenanalyse besteht demnach aus drei verschiedenen Formen des Kodierens: dem offenen, dem axialen und dem selektiven Kodieren. Diese drei Kodierweisen werden nicht in separaten Teilschritten strikt voneinander getrennt angewendet, sondern es wird in einem iterativen Prozess zwischen ihnen hin und her gewechselt. So können in einer einzigen Analysesitzung alle drei Kodierweisen zur

[119] Die GTM wurde zunächst in den 1960er Jahren von den beiden Soziologen Barney Glaser und Anselm Strauss ausgearbeitet (vgl. Glaser/Strauss 1967). Seither haben die beiden Autoren ihre jeweiligen Vorstellungen der Methodologie und der Verfahrensweisen unabhängig voneinander weiterentwickelt (vgl. Mey/Mruck 2009: 101). Die vorliegende Forschungsarbeit stützt sich hauptsächlich auf den Ansatz, der von Strauss und Corbin (1996) vorgeschlagen wurde.

Anwendung kommen (vgl. Mey/Mruck 2009: 118, Strauss/Corbin 1996: 40). Allerdings verlagert sich im Verlauf des Forschungsprozesses der Schwerpunkt allmählich vom offenen Kodieren hin zum axialen und später zum selektiven Kodieren.

Auf diese Weise ging auch ich vor. Zu Beginn des Forschungsprozesses, als meine Offenheit gegenüber dem Forschungsgegenstand noch am grössten war, habe ich eher *offen kodiert*. Beim offenen Kodieren werden die Codes weitgehend induktiv aus dem Datenmaterial herausgearbeitet und in übergeordnete Kategorien zusammengefasst (vgl. Strauss/Corbin 1996: 43–55). Mit dem Fortschreiten des Forschungsprozesses kristallisierten sich zunehmend theoretische Leitlinien und Arbeitshypothesen heraus, die es anhand des Datenmaterials zu überprüfen und weiter auszuarbeiten galt. Dementsprechend gewannen mit der Zeit das axiale und später auch das selektive Kodieren an Gewicht. Beim *axialen Kodieren* habe ich die beim offenen Kodieren entstandenen Codes und Kategorien zueinander in Beziehung gesetzt, miteinander verglichen und erste Arbeitshypothesen daraus gebildet (vgl. Strauss/Corbin 1996: 75–93). Damit entstanden erste theoretische Bausteine, die zunächst anhand weiterer Daten überprüft und später zu einer Theorie zusammengefasst werden sollten.

Nach mehreren Monaten des Wechselspiels zwischen offenem und axialem Kodieren, als sich bereits erste theoretische Stossrichtungen herauskristallisierten, bezog ich auch das *selektive Kodieren* in die Datenanalyse mit ein. Beim selektiven Kodieren wurden die erarbeiteten theoretischen Bausteine anhand einer sogenannten *Kernkategorie* nach und nach zu einer gegenstandsbezogenen Theorie zusammengeführt (vgl. Strauss/Corbin 1996: 94–117).

5.2.2 Sampling

Wie im Rahmen der GTM üblich, wurde auch im vorliegenden Fall die Datenerhebung mithilfe der Methode des *theoretischen Samplings* gesteuert. Beim theoretischen Sampling wechseln sich Phasen der Datenerhebung und der Analyse ab, damit die Fallauswahl sukzessive und gemäss dem aktuellen Erkenntnisinteresse gesteuert werden kann. Die Daten werden also nicht zu Beginn der Studie erhoben und in einer späteren Projektphase ausgewertet. Bei der GTM handelt es sich vielmehr um einen «rollenden» Forschungsprozess, bei dem Erkenntnisse aus der Datenanalyse wiederholt in die Datenerhebung einfliessen und umgekehrt (Mey/Mruck 2009: 110–111). In der vorliegenden Studie habe ich auf der Grundlage der fortschreitenden Analyse darüber entschieden, welche Personen interviewt und in welchen Gemeinden zu welchen Anlässen teilnehmende Beobachtungen durchgeführt werden sollten.

Beim theoretischen Sampling wird die Generalisierbarkeit nicht mithilfe einer statistischen Repräsentativität angestrebt, sondern aufgrund einer theoretischen Plausibilität (Brüsemeister 2008: 153). Daher orientiert sich die Fallauswahl nicht in erster Linie an soziodemographischen Indikatoren, sondern vielmehr an Aspekten, die für die Theoriebildung relevant sind (vgl. Strauss/Corbin 1996: 149, 161). Dementsprechend wurden auch in der vorliegenden Studie Interviewpartner und Beobachtungssituationen nicht aufgrund von vorgefassten Kriterien ausgesucht. Vielmehr wurde darauf geachtet, dass die zu erhebenden Daten möglichst viel zum besseren Verständnis des Forschungsgegenstandes beitrugen und für die Theoriebildung relevant waren (vgl. Flick 2012: 159).

Analog zur Entwicklung im Kodierverfahren war auch beim theoretischen Sampling die Offenheit zu Beginn am grössten und nahm mit der Zeit ab. Folglich wurden die Interviewpartner und Beobachtungssituationen zu Beginn noch sehr frei ausgewählt. Dabei kamen auch forschungspragmatische Überlegungen zum Tragen, wie zum Beispiel die Zugänglichkeit der Interviewpartner. Im Verlauf des Forschungsprozesses wurde das Sampling mit dem Fortschreiten der Theoriebildung zunehmend von theoretisch relevanten Fragestellungen geleitet. Demgemäss fokussierte ich mich zunehmend darauf, bestehende Arbeitshypothesen anhand neuer Daten zu überprüfen und weiterzuentwickeln. Dafür musste ich bei der Datenerhebung selektiver vorgehen und nach *minimalen* und *maximalen Kontrasten*[120] Ausschau halten.

Konkret bedeutete dies, dass ich eine Arbeitshypothese, die ich beispielsweise auf der Grundlage der Aussagen einer Katholikin ausgearbeitet hatte, die gut in ihre Gemeinde integriert war, mithilfe von Interviews und der teilnehmenden Beobachtung auch an Personen überprüfte, die schlecht in ihre Gemeinde integriert waren oder eine protestantische Gemeinde besuchten. Durch solche kontrastierenden Vergleiche konnte ermittelt werden, ob die Arbeitshy-

---

120 Unter *minimaler* und *maximaler Kontrastierung* versteht man beim theoretischen Sampling die Suche nach ähnlich gelagerten und abweichenden Vergleichsfällen. Sie dienen dazu, die bestehenden Arbeitshypothesen auf ihre Reichweite hin zu überprüfen und weiter auszudifferenzieren (vgl. Mey/Mruck 2009: 112, Alheit 1999: 12–13).

pothese nur auf den Einzelfall zutraf oder auch für gut integrierte Personen in Migrationsgemeinden anderer Konfessionen Gültigkeit besass, oder sogar darüber hinaus.

Der wechselseitige Prozess von Sampling, Datenerhebung, Kodierung, Memos schreiben und Literaturrecherchen wurde so lange fortgesetzt, bis sich eine *theoretische Sättigung* einstellte und sich im Feld in Bezug auf die Forschungsfrage keine relevanten Erkenntnisse mehr fanden, die nicht durch die entstehende gegenstandsbezogene Theorie erklärt werden konnten (vgl. Glaser/Strauss 1998: 69, Alheit 1999: 13).

5.2.3 Memos

Der gesamte Forschungsprozess wurde mithilfe von schriftlichen und graphischen Memos festgehalten, geplant und gesteuert (vgl. Strauss/Corbin 1996: 169–192). Die Verwendung von Memos hatte den Vorteil, dass während der zwangsläufigen Pausen, die sich während des Kodier- und Analyseprozesses ergaben, keine Erkenntnisse verlorengingen und zu einem späteren Zeitpunkt einfacher wieder am erarbeiteten Wissensstand angeknüpft werden konnte. In Memos festgehalten wurden unter anderem: *theoretische Überlegungen* (z. B. Arbeitshypothesen, Entwicklung theoretischer Bausteine), *methodische Überlegungen* (z. B. Erwägungen zum theoretischen Sampling, Rolle des Forschers im Feld), *Brainstorming* (z. B. ungeordnete Gedanken und Erkenntnisse), *to-do-Listen* (z. B. Literaturrecherchen zu bestimmten Themenbereichen) sowie *Skizzen* und *Diagramme* zur Visualisierung theoretischer Überlegungen. Letztere flossen zum Teil in bereinigter Form auch in diese Studie mit ein.

5.2.4 Einbezug von Fachliteratur

Da die GTM darauf ausgelegt ist, neue Phänomene und Zugänge zum Forschungsgegenstand zu entdecken, arbeitet sie weitgehend induktiv und der Forscher sollte sich bei der Datenerhebung und -analyse nicht zu stark von bereits bestehenden Theorien leiten lassen. Dennoch kann gemäss Strauss und Corbin Fachliteratur in den Analyseprozess miteinbezogen werden (vgl. Strauss/Corbin 1996: 33–37). In Anlehnung an diese beiden Autoren wurde auch im Rahmen dieser Studie Fachliteratur hinzugezogen,

- um im Feld nach Phänomenen Ausschau zu halten, die bereits von anderen Autoren beschrieben wurden,
- um die Datengrundlage mit Sekundärliteratur zu erweitern,
- um die theoretische Sensibilität im Analyseprozess zu erhöhen
- und um eigene Ergebnisse zu validieren, zu hinterfragen und in den wissenschaftlichen Diskurs einzuordnen.

Weitere Ausführungen zur Verbindung von Theorie und Empirie in der GTM finden sich auch in Kapitel 6.1.

5.3 Biographisch-narrative Interviews

Um zu erfassen, wie die Befragten ihre Umwelt im Migrationskontext wahrnahmen, welche Formen sozialer Unterstützung sie in den Migrationsgemeinden erfuhren und wie sie diese bewerteten, wurde in dieser Studie auf biographisch-narrative Interviews zurückgegriffen. Biographisch-narrative Interviews stellen eine sehr unstrukturierte Form der Gesprächsführung dar, bei der sich der Befragende weitgehend zurückhält und den Interviewten die Gelegenheit gibt, frei aus ihrem Leben zu erzählen. Auf diese Weise kann bei der Analyse rekonstruiert werden, «*welche Erlebnisse für die Befragten selbst biographisch relevant sind, wie sie diese Erlebnisse damals und heute deuten und wie sie versuchen, ihr Leben in einen Sinnzusammenhang einzubetten*» (Rosenthal 2002: 138).

Da autobiographische Erzählungen jedoch keinen direkten Zugang zu vergangenen Geschehnissen oder den ursprünglichen Kognitionen und Empfindungen eröffnen (vgl. Vonderach 1997), musste bei der Analyse berücksichtigt werden, dass sich die im Interview vorgetragene Darstellung grundlegend vom eigentlichen Geschehen oder früheren Deutungen unterscheiden konnte.[121] Des Weiteren konnten die Befragten aufgrund des *Kondensierungszwangs* in der limitierten Zeit des Interviews nur besonders relevante Ereignisse aus ihrer Lebensgeschichte aufgreifen (Kallmeyer/Schütze 1977: 162). Alltägliche Rou-

[121] Diese Kritik lässt sich beinahe auf alle Datenerhebungsmethoden der qualitativen und quantitativen Sozialforschung anwenden, die versuchen zu einem bestimmten Zeitpunkt B undokumentierte Geschehnisse aus einem früheren Zeitpunkt A zu rekonstruieren. Selbst bei halbstandardisierten Leitfadeninterviews oder vollstandardisierten Fragebögen ist man auf die Erinnerungsleistung und die subjektive Einschätzung der Befragten angewiesen. Beides kann sich im Verlauf der Zeit ändern.

tinen und subtile Gegebenheiten, die unterhalb der Aufmerksamkeitsschwelle liegen, wurden darin kaum je expliziert (vgl. Schütze 1987: 243). Diese beiden methodischen Schwächen sind ein wichtiger Grund dafür, dass das Forschungsdesign auch teilnehmende Beobachtungen in den Gemeinden enthält. Dadurch konnten die Aussagen aus den Interviews teilweise verifiziert, besser eingeordnet und durch eigene Beobachtungen ergänzt werden.

5.3.1 Sample

Die Interviewpartner wurden auf der Grundlage des oben ausgeführten theoretischen Samplings ausgewählt. Zu Beginn der Studie, als die Offenheit bei der Datenerhebung noch am grössten war, wurden die Interviewpartner über die Gemeindeleiter der Migrationsgemeinden rekrutiert. Später, als vermehrt nach minimalen und maximalen Kontrasten Ausschau gehalten wurde, wurden im Feld gezielt Personen angesprochen, die über theoretisch relevante Eigenschaften verfügten, die noch nicht erschöpfend erfasst wurden. Hierzu gehörten in den späteren Projektphasen beispielsweise Sans-Papiers, Personen mit einem bestimmten Frömmigkeitsstil und soziale Aussenseiter.

Insgesamt wurden im Rahmen dieser Studie mit 23 Personen biographisch-narrative Interviews durchgeführt, 16 davon waren Frauen und 7 Männer (vgl. Abbildung 19). Damit wurde unter anderem dem Umstand Rechnung getragen, dass die spanischsprachigen Migrationsgemeinden zu einem grossen Teil von Frauen besucht und getragen werden. Sie haben in allen besuchten Gemeinden nicht nur den grössten Teil der Gläubigen ausgemacht, sondern auch den grössten Teil der aktiven Freiwilligen.

Zum Zeitpunkt der Befragung gehörten elf Personen einer katholischen und zwölf Personen einer protestantischen Gemeinde in verschiedenen Regionen der Deutschschweiz an (vgl. Abbildung 21).[122] Die Katholiken wurden aus zwei verschiedenen Missionen rekrutiert, die Protestanten aus sechs verschiedenen Migrationskirchen. Mindestens drei der Katholiken können der charismatischen Bewegung zugeordnet werden. Allerdings sind die Grenzen zwischen Charismatikern und Nicht-Charismatikern in der katholischen Kirche

[122] Der Grund für die leicht höhere Zahl protestantischer Interviewpartner liegt darin, dass eines dieser Interviews sehr kurz ausfiel und daher nicht als narratives Interview bezeichnet werden kann. Trotz der Kürze wurde das Interview aufgrund einiger interessanter Aspekte dennoch im Sample beibehalten.

fliessend, was die genaue Zuordnung erschwert. Von den protestantischen Befragten besuchten zum Zeitpunkt des Interviews sieben eine pfingstliche, vier eine evangelikale und eine Person eine evangelisch-reformierte Migrationsgemeinde.[123] Mindestens neun der zwölf Protestanten waren früher katholisch und sind im religionsmündigen Alter zum Protestantismus konvertiert.

Alle Interviewten hatten entweder einen lateinamerikanischen oder europäischen Migrationshintergrund (vgl. Abbildung 20). Mit Ausnahme einer einzigen Person waren alle entweder im Ausland geboren oder zu einem grossen Teil dort sozialisiert worden. Dass so viele Personen der ersten Migrationsgeneration befragt wurden, ist darauf zurückzuführen, dass auch im Untersuchungsfeld die grosse Mehrheit der angetroffenen Personen der ersten Migrationsgeneration angehörte.

Die befragten Lateinamerikaner kamen aus Peru, Ecuador, Argentinien, Chile, Bolivien, Venezuela, Guatemala, Kolumbien, Honduras und der Dominikanischen Republik. Unter den Europäern befanden sich Personen aus verschiedenen Regionen Spaniens sowie als Kontrastfall eine Person aus Italien, die zur Zeit der Untersuchung regelmässig eine spanischsprachige Migrationsgemeinde besuchte. Letztere wurde interviewt, um auch die Perspektive einer Person zu erfassen, die nicht zum primären Zielpublikum ihrer Gemeinde gehörte.

Die Befragten sind hinsichtlich ihres Alters (vgl. Abbildung 22), ihres Bildungshintergrundes (vgl. Abbildung 23) und ihres Aufenthaltsstatus (vgl. Abbildung 24) sehr heterogen, da beim Sampling darauf geachtet wurde, einen möglichst grossen Teil der in den Migrationsgemeinden angetroffenen Vielfalt an Lebensentwürfen in das Sample miteinzubeziehen. Nur eine einzige Person befand sich zum Zeitpunkt des Interviews ohne legale Aufenthaltserlaubnis in der Schweiz. Dafür hatten zwei weitere Befragte zu einem früheren Zeitpunkt ihrer Migrationsbiographie als Sans-Papiers gelebt. Mit ihrer Hilfe konnte auch diese besondere Perspektive auf die Migration hinreichend erfasst und in die Analyse miteinbezogen werden.

---

[123] Die hier verwendeten denominationalen Begriffe entsprechen der Selbstzuschreibung der Migrationsgemeinden.

Abbildung 19:
Interviewte nach Geschlecht

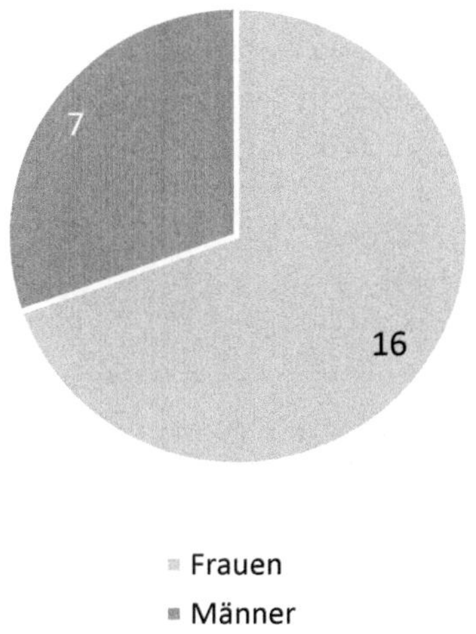

Abbildung 20:
Interviewte nach Herkunftskontinent

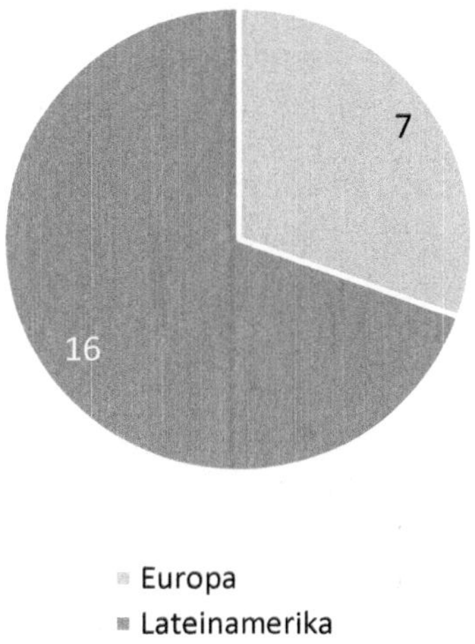

Abbildung 21:
Interviewte nach religiöser Prägung

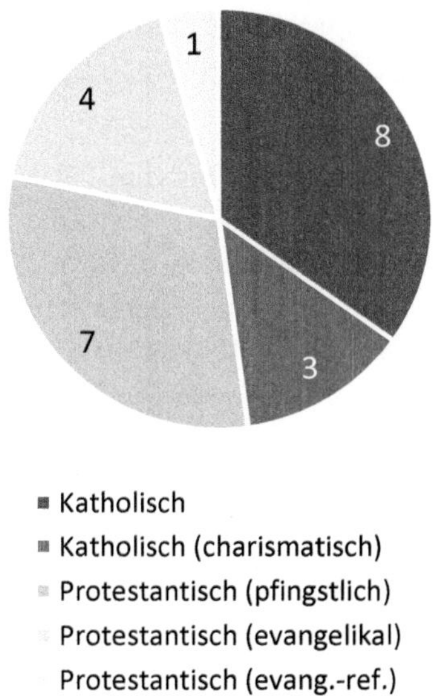

Abbildung 22:
Interviewte nach Alterskategorien

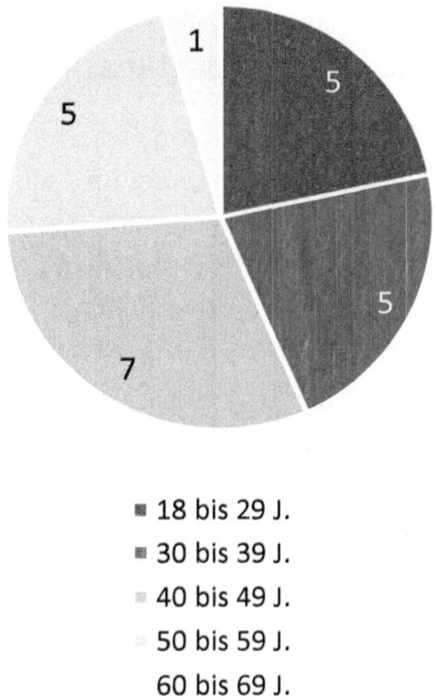

Abbildung 23:
Interviewte nach höchster abgeschlossener Ausbildung

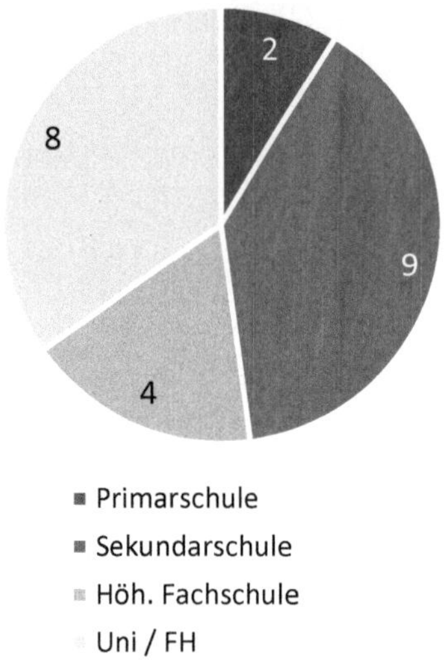

Abbildung 24:
Interviewte nach Aufenthaltsstatus

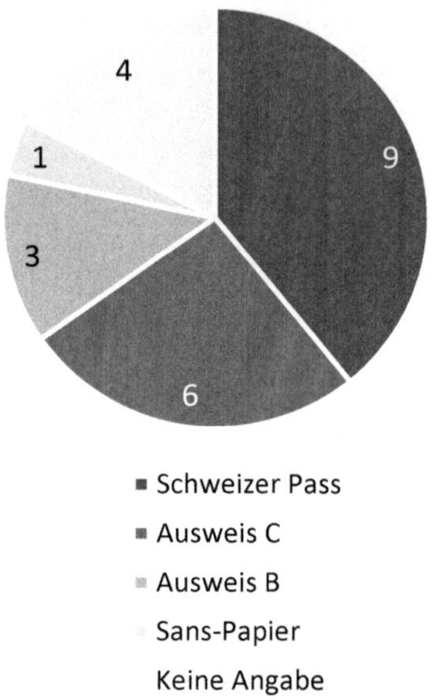

5.3.2 Datenerhebung

Die 23 biographisch-narrativen Interviews, die für die vorliegende Studie verwendet wurden, wurden im Zeitraum vom 4. Dezember 2012 bis zum 15. Dezember 2016 erhoben. 19 davon habe ich selbst durchgeführt. Vier weitere wurden von der Projektleiterin Dr. Eva Baumann-Neuhaus geführt. Bevor ich mit meinen Interviews begann, erklärte ich den Interviewpartnern zunächst die Besonderheiten und die Struktur biographisch-narrativer Interviews. Da sich ihr Ablaufschema stark von dem anderer Interviewformen sowie von Alltagsgesprächen unterscheidet, musste ich zudem erklären, wieso ich mich im ersten Gesprächsteil zurückhielt und kaum Fragen stellte. Ohne ein solches Vorgespräch hätte meine Zurückhaltung bei den Interviewpartnern womöglich Irritationen hervorgerufen (vgl. Jakob 2010: 225, Przyborski/Wohlrab-Sahr 2008: 98).

Die biographisch-narrativen Interviews begannen jeweils mit einer offen formulierten *Einstiegsfrage*, durch die eine autobiographische Erzählung angestossen werden sollte (vgl. Schütze 1983: 285, Przyborski/Wohlrab-Sahr 2008: 98). Dabei wurde bereits als thematischer Rahmen vorgegeben, dass insbesondere die Rolle von Religion und Religionsgemeinschaften im Lebensverlauf sowie die Migrationserfahrung in der Schweiz von besonderem Interesse für die Studie waren (vgl. Anhang 1).

Auf die Erzählaufforderung folgte in der Regel eine ausführliche *autobiographische Stegreiferzählung* (vgl. Schütze 1983: 285), während der ich mich als Befragender zurückhielt und nur durch Nicken und andere Aufmerksamkeitsmarkierer den Erzählfluss in Gang hielt. In diesem ersten Teil griff ich nur dann ins Gespräch ein, wenn der thematische Fokus des Interviews über längere Zeit verlassen wurde oder wenn ich der Erzählung ohne Rückfrage nicht mehr hätte folgen können (vgl. Przyborski/Wohlrab-Sahr 2008: 98, 100–101). Erst wenn die Eingangserzählung durch eine Abschlussformulierung, eine sogenannte *Erzählkoda* (vgl. Schütze 1983: 285), abgeschlossen wurde, nahm ich die Gesprächsleitung wieder in die Hand.

Danach versuchte ich in einem zweiten Teil durch *immanente Nachfragen* weitere Erzählungen zu Themenbereichen zu induzieren, die im ersten Gesprächsteil lediglich angedeutet, aber nicht vollständig ausgeführt wurden. Auf diese Weise sollte das tangentiale Erzählpotential ausgeschöpft werden (vgl. Schütze 1983: 285, Przyborski/Wohlrab-Sahr 2008: 99). Die immanenten Nachfragen halfen unter anderem dabei, Aspekten nachzugehen, die aus Sicht der Interviewten keiner Ausführung bedurften, für mich als Forscher jedoch relevant waren, um die Ausführungen der Befragten besser zu verstehen.

Im dritten Teil der Interviews wurden *exmanente Nachfragen* gestellt. Damit sind Fragen gemeint, die sich auf Sachverhalte und Themen bezogen, die im ersten Interviewteil nicht immer explizit angesprochen wurden, jedoch für die Untersuchung relevant waren. Hierzu gehörten zum Beispiel die Herausforderungen der Migration, Bewältigungsmassnahmen, die Funktion der Migrationsgemeinde usw. Hierfür wurde ein kurzer Leitfaden erstellt, der im Verlauf des Forschungsprozesses immer wieder an das jeweilige Erkenntnisinteresse angepasst wurde.[124] In diesem dritten Interviewteil wurde auch die Abs-

---

[124] Die letzte Version des Leitfadens findet sich in Anhang 1. Die GTM verlangt eine hohe Flexibilität bei der Datenerhebung (vgl. Strauss & Corbin 1996: 152). Aus diesem Grund

traktionsfähigkeit der Befragten dazu genutzt, als Experte und Theoretiker ihrer selbst zu wirken (vgl. Schütze 1983: 285). Manche Interviewpartner gaben so wertvolle theoretische Anstösse, die später in die Theoriebildung eingeflossen sind.

Am Ende der Interviews gab ich den Befragten noch die Möglichkeit, selbständig Themen anzusprechen, die aus ihrer Sicht wichtig waren, die aber in den vorhergehenden Interviewteilen nicht zur Sprache gekommen waren. Abgeschlossen wurden die Begegnungen jeweils mit der Aufnahme soziodemographischer Angaben.

Herausforderungen

Trotz der Erklärungen zu Beginn der Interviews hatten manche der Befragten Mühe damit, auf die Einstiegsfrage mit einer längeren Erzählung zu antworten. Manche bekundeten sogar explizit, dass sie die einseitige Gesprächssituation als irritierend empfanden. In solchen Fällen wich ich auf ein biographisch-episodisches Interview aus. Den Leitfaden dafür hatte ich bei jedem Interview dabei. Auch biographisch-episodische Interviews sind eine erzählgenerierende Methode der Interviewführung. Anders als in vollständig narrativen Interviews, bei denen in der Einstiegsfrage gleich nach der ganzen Biographie gefragt wird, werden darin wiederholt Erzählaufforderungen zu verschiedenen Lebensabschnitten eingebracht (vgl. Flick 1996: 126). Dies ermöglichte mir eine «engere» Gesprächsführung, die eher derjenigen in Alltagsgesprächen entsprach, was insbesondere schüchternen und zurückhaltenden Gesprächspartnern dabei half, sich in der Interviewsituation wohler zu fühlen.

5.3.3 Transkription und Protokollierung

Alle narrativen Interviews wurden mit dem Einverständnis der Interviewpartner digital aufgezeichnet und später mithilfe der Transkriptionssoftware F4 (2012) transkribiert. Bei der Transkription wurde ein mittlerer Genauigkeitsgrad angestrebt, der den Forschungsfragen gerecht wurde. Dafür wurde in Anlehnung an das «erweiterte inhaltlich-semantische Transkriptionssystem»

---

wurde der Interviewleitfaden nur als Richtlinie eingesetzt und im Verlauf des Forschungsprozesses immer wieder überarbeitet und an die sich verändernden Forschungsinteressen angepasst. Beim Leitfaden im Anhang handelt es sich dementsprechend nur um eine Momentaufnahme.

nach Dresing/Pehl (2018: 20–26) ein eigenes Regelwerk entwickelt. Die dabei verwendeten Transkriptionszeichen werden in Anhang 2 erklärt.

Oft kam es im Vorfeld oder im Anschluss an die Interviews zu informellen Gesprächen, bei denen zusätzliche Aspekte angesprochen wurden, die für die Studie relevant waren. Solche Gespräche wurden in Form von Gedächtnisprotokollen festgehalten und den Transkripten für die Auswertung beigelegt.

5.3.4 Interviewsprachen und Übersetzung

Die Interviewsprache wurde in der Regel im Vorfeld des Interviews zusammen mit den Interviewten abgesprochen. Wenn sich die Interviewpartner fliessend auf Hochdeutsch oder Schweizerdeutsch unterhalten konnten, wurde das Interview in einer dieser Sprachen geführt, um eine nachträgliche Übersetzung der Interviews für die Wiedergabe in den Publikationen zu vermeiden. Waren die Interviewpartner der deutschen Sprache nicht mächtig, konnten sich aber fliessend auf Englisch oder Französisch unterhalten, wurden diese Sprachen bevorzugt. Andernfalls wurde das Gespräch auf Spanisch geführt. Insgesamt wurden 14 der biographisch-narrativen Interviews auf Deutsch oder Schweizerdeutsch geführt, sieben Interviews auf Spanisch sowie je eines auf Englisch und Französisch. Alle Interviews wurden in derjenigen Sprache transkribiert, in der sie geführt wurden. Drei der auf Spanisch geführten Interviews wurden in einem zweiten Schritt vollständig von professionellen Übersetzern ins Deutsche übersetzt. Bei den anderen Interviews, die auf Spanisch geführt wurden, habe ich nur diejenigen Zitate übersetzt, die in dieser Studie abgedruckt wurden.

Bei den Übersetzungen wurde in Anlehnung an die Skopostheorie[125] der Fokus primär darauf gelegt, dass die inhaltlichen Aspekte adäquat und in einer verständlichen Sprache wiedergegeben wurden (vgl. Enzenhofer/Resch 2013: 211). Eine zu starke Fokussierung auf eine wortgetreue Übersetzung hätte sich in vielen Fällen negativ auf die Verständlichkeit der Originalaussagen ausgewirkt.

[125] Gemäss der Skopostheorie sollte sich die Übersetzung am Zweck (griech. *skopós*) der Kommunikationshandlung orientieren. Dieser besteht darin, dass die Empfänger – in diesem Fall Sie als Leserinnen und Leser – die Nachricht des Senders adäquat interpretieren können (vgl. Reiss/Vermeer 1991).

5.4 Teilnehmende Beobachtung

Teilnehmende Beobachtung wird als Forschungsmethode insbesondere dort angewendet, wo wissenschaftlich Neuland erschlossen wird (Lamnek 2005: 548). Da sie flexibel gehandhabt und den jeweiligen Rahmenbedingungen angepasst werden kann, ermöglicht sie einen guten Einstieg in ein neues Forschungsfeld. Im Rahmen der teilnehmenden Beobachtung integriert sich der Forschende in die zu untersuchenden Gemeinschaften, beteiligt sich am sozialen Geschehen und wird somit selbst zu einem Teil des sozialen Feldes. Dahinter verbirgt sich die Idee, dass sich Forscher besser in andere Menschen hineinversetzen können, wenn sie die gleichen Situationen wie diese durchleben. Kaum eine andere Methode erlaubt einen ähnlich tiefen Einblick in den Alltag einer sozialen Gemeinschaft (vgl. Goffman 1996: 263, Franke/Maske 2011: 105).

In der vorliegenden Studie sollte mithilfe der teilnehmenden Beobachtung eine Aussenperspektive auf das Leben in den Migrationsgemeinden miteinfliessen. Dies hatte drei wesentliche Vorteile. Erstens war es durch meine persönliche Anwesenheit in den Gemeinden möglich, die Aussagen aus den Interviews besser einzuordnen, gegebenenfalls zu validieren und durch Beobachtungen von Aspekten zu ergänzen, die in den Interviews nicht angesprochen wurden (z. B. die Atmosphäre in den Gemeinden, unbewusste Alltagshandlungen, Gruppendynamiken usw.). Zweitens diente die teilnehmende Beobachtung dazu, einen Überblick über das Forschungsfeld zu erhalten, was eine bessere Auswahl der Interviewpartner und Beobachtungssituationen gemäss den Regeln des *theoretischen Samplings* (vgl. Kapitel 5.2.2) ermöglichte. Drittens ermöglichte die teilnehmende Beobachtung, vor den Interviews mit den Interviewpartnern ein Vertrauensverhältnis aufzubauen. Diese Vertrauensbasis half mir als Forscher dabei, eine Sensibilität für die Menschen, ihre Themen und ihre Bedürfnisse zu entwickeln. Sie wirkte sich aber auch positiv auf die Inhalte und die Qualität der Interviews aus. So ermöglichte das Vertrauensverhältnis in den Interviews zum Beispiel auch die Ansprache schwierigerer Themen, was wiederum wesentlich zu einer differenzierteren Betrachtung insbesondere der negativen Migrationserfahrungen beitrug.

5.4.1 Sample

Die teilnehmenden Beobachtungen führte ich im Zeitraum vom 8. Februar 2015 bis zum 27. August 2018 durch. Der grösste Teil davon fand in jeweils einer katholischen und einer protestantischen Migrationsgemeinde statt. Daneben wurden punktuell auch in anderen Gemeinden und Gruppen Beobachtungen durchgeführt. Hierzu gehörten eine weitere spanischsprachige katholische Mission, eine deutschsprachige katholische Territorialpfarrei, eine Schweizer Pfingstkirche, eine pfingstliche Migrationskirche, eine Latinogruppe in einer Schweizer Pfingstkirche, zwei Gebetsgruppen sowie weitere Veranstaltungen, die einen Bezug zur Forschungsfrage aufwiesen. Insgesamt wurden 62 Feldeinsätze durchgeführt.

Bei der Auswahl der beiden am intensivsten besuchten Gemeinden wurde darauf geachtet,

- dass sie ein möglichst breites Spektrum an Gläubigen umfassten und somit die Auswahl von kontrastierenden Interviewpartnern gemäss dem theoretischen Sampling erlaubten,
- dass sie die aktuellen Tendenzen der spanischsprachigen Migration in die Schweiz widerspiegelten
- und dass die Gemeindeleitungen einer wissenschaftlichen Untersuchung in ihrer Gemeinde positiv gesinnt waren.[126]

Die weiteren Gruppen und Veranstaltungen, in die ich mich als teilnehmender Beobachter integrierte, wählte ich nach den Regeln des theoretischen Samplings aus. Auch hier bestand ein zentrales Ziel des Samplings darin, minimal und maximal kontrastierende Fälle zu erheben, die miteinander verglichen werden konnten. So sollte beispielsweise der Besuch von Schweizer Gemeinden dazu beitragen, dass die Charakteristika von Migrantengemeinden besser herausgearbeitet werden konnten.

126 Insbesondere die Bedeutung des letzten Punktes ist für die Realisierung dieser Untersuchung nicht zu unterschätzen. Ohne die wertvolle Unterstützung von Pater Anthony Obikonu Igbokwe CMF und Pastor Hugo Quiroz wäre diese Studie nicht zustande gekommen, daher sei ihnen an dieser Stelle noch einmal herzlich gedankt.

5.4.2 Datenerhebung

Welche Aspekte im Feld erschlossen werden können und welche Türen verschlossen bleiben, hängt wesentlich von der Rolle ab, die der Forscher bei der teilnehmenden Beobachtung einnimmt (vgl. Franke/Maske 2011: 122). Im Rahmen der vorliegenden Studie war ich darauf bedacht, mich als «Neuling» bzw. «Lehrling» (Knoblauch 2003: 84) in die Gemeinden zu integrieren. Das bedeutet, dass ich mich in der Regel von anderen Personen mit guten Feldkenntnissen in die Gemeinden einführen liess und mich mit meinen eigenen Vorkenntnissen zurückhielt. Der Vorteil dieser Rolle bestand darin, dass sie es mir ermöglichte, unbedarft «dumme Fragen» zu Dingen zu stellen, die für andere Akteure im Feld selbstverständlich waren. Zudem war die Rolle des Neulings oft bereits auf die eine oder andere Weise in der Gemeinde etabliert, so dass ich in dieser Rolle keinen allzu grossen Fremdkörper darstellte.

Die Gemeinden, in denen ich die teilnehmende Beobachtung durchführte, waren keine homogenen abgeschlossenen Einheiten, sondern stellten vielmehr kleine mit anderen Gemeinden vernetzte Mikrokosmen dar. Sie bestanden oft aus verschiedenen sozialen Untergruppen, die in unterschiedlicher Intensität zu unterschiedlichen Anlässen in unterschiedlichen Konstellationen zusammentrafen. Um diese Vielfalt an Gruppen und Dynamiken besser erfassen zu können, versuchte ich, an einer grossen Bandbreite von Aktivitäten teilzunehmen.[127] Gleichzeitig achtete ich darauf, dass ich in ausgewählten Gruppen eine gewisse Kontinuität der Besuche herstellen konnte, um auch einen Einblick in das Alltagsgeschehen zu erhalten.

Im Rahmen der teilnehmenden Beobachtung habe ich auch gedruckte und digitale Medien erhoben und in die Analyse miteinbezogen. Beispiele für gedruckte Medien sind kleinere Publikationen wie Zeitschriften, Agenden, Jahresberichte sowie Flyer und interne Dokumente, die für die Forschung zur Verfügung gestellt wurden. Zu den digitalen Medien gehören beispielsweise Webseiten, Youtube-Videos, Facebook-Seiten und WhatsApp-Chats.

[127] Hierunter fielen zum einen religiöse Veranstaltungen wie Bibeltreffen, Gottesdienste, Anbetung oder Retreats, aber auch Anlässe, bei denen eher der soziale Aspekt im Vordergrund stand, wie gemeinsame Abendessen, Benefizveranstaltungen, Ausflüge usw.

5.4.3 Protokollierung

In aller Regel wurden die Beobachtungen und Gespräche noch am selben Tag in Form roher Notizen festgehalten und an den darauf folgenden Tagen zu einem ausführlicheren Gedächtnisprotokoll ausgearbeitet. Während der Beobachtungen selbst wurde weitgehend darauf verzichtet, Notizen zu nehmen.

Als Grundlage für die Protokollstruktur dienten mir die Ausführungen von Knoblauch (2003: 93–95), Przyborski/Wohlrab-Sahr (2008: 63–66) und Lamnek (2005: 618–620). Zu Beginn, bei meinen ersten Besuchen in einem neuen sozialen Feld, habe ich so viel wie möglich, deskriptiv und unstrukturiert protokolliert. In dieser ersten Phase war meine Aufmerksamkeit im Feld – und waren dementsprechend auch meine Protokolle – thematisch noch sehr breit gefächert und kaum von theoretischem Vorwissen geleitet (vgl. Franke/Maske 2011: 111, Knoblauch 2003: 74). Im Verlauf des Forschungsprozesses zielten meine Beobachtungen und Protokolle, mit Blick auf die sich entwickelnde Theorie, zunehmend darauf ab, Hypothesen zu überprüfen und weiter auszuarbeiten.

Neben den Beobachtungen habe ich auch Kontextinformationen sowie methodologische und theoretische Überlegungen in den Protokollen festgehalten. Diese wurden entsprechend gekennzeichnet und so vom deskriptiven Teil abgegrenzt, damit Zusatzinformationen aus Sekundärquellen und meine eigenen Überlegungen stets als solche erkennbar blieben (vgl. Franke/Maske 2011: 114, Przyborski/Wohlrab-Sahr 2008: 64–65).

5.5 Experteninterviews

Experteninterviews werden in der Sozialforschung häufig als Ergänzung zu anderen Datenerhebungsmethoden angewendet. Anders als in den biographischen Interviews sind in Experteninterviews nicht die antwortgebenden Personen selbst Gegenstand der Untersuchung, sondern die Befragten geben Auskunft über ein Feld, mit dem sie in einem institutionellen oder organisatorischen Zusammenhang stehen und für das sie über exklusives Wissen verfügen. Wer als «Experte» angesprochen wird, hängt demnach vom jeweiligen Forschungsinteresse ab. Dieser Status ist relativ und wird – im Hinblick auf eine spezifische Fragestellung – durch den Forschenden verliehen (Meuser/Nagel 1991: 441–444).

Im Rahmen der vorliegenden Untersuchung habe ich Experteninterviews eingesetzt, um Unklarheiten zu beseitigen und um an zusätzliche Informationen zu gelangen, die aufgrund der mangelnden wissenschaftlichen Aufarbeitung des Forschungsfeldes nicht über andere Quellen – wie zum Beispiel über Sekundärliteratur – erschlossen werden konnten. Zudem erleichterten mir zwei Experteninterviews den Einstieg in die Gemeinden, in denen ich teilnehmende Beobachtungen durchführte. In beiden Fällen hatte ich im Vorfeld der Beobachtungen erste Sondierungsgespräche mit den Leitungspersonen der Gemeinden durchgeführt. Diese Gespräche wurden – zumindest teilweise – in Form von Experteninterviews geführt. Dies half mir dabei, einen ersten Überblick über das Forschungsfeld zu gewinnen, in das ich mich integrieren sollte.

5.5.1 Sample und Datenerhebung

Im Verlauf des Forschungsprozesses habe ich fortlaufend offene Fragen und Unklarheiten notiert. Zu einem späteren Zeitpunkt suchte ich nach geeigneten Gesprächspartnern, die aufgrund ihrer Position im Feld, ihrer Ausbildung oder ihrer Tätigkeiten über das entsprechende Wissen verfügten, um diese Fragen beantworten zu können. Insgesamt wurden im Rahmen dieser Studie acht Interviews mit sieben Experten durchgeführt (siehe Tabelle 1).

In den Gesprächen mit den beiden Gemeindeleitern P. Anthony O. Igbokwe von der katholischen Mission in Zürich und P. Hugo Quiroz von der Iglesia Evangélica Pentecostal in Basel wurden vorwiegend Fragen zu ihren Gemeinden behandelt. P. Hugo Quiroz wurde zweimal befragt, da sich im Verlauf des Forschungsprozesses weitere Fragen ergaben. Die Interviews mit Ricardo Serrano, dem Direktor und Gründer von Mundo Gospel, und P. Miguel Blanco, dem Nationalkoordinator der spanischsprachigen Missionen in der Schweiz, dienten dazu, einen Überblick über die Geschichte, Organisation und Entwicklung der spanischsprachigen Migrantengemeinden in der Schweiz zu gewinnen. Die beiden Experten Fany Flores und Salvatore Di Concilio wurden zur Situation der lateinamerikanischen Sans-Papiers befragt, da sich im Forschungsverlauf zeigte, dass diese Migrantengruppe einer besonderen Aufmerksamkeit bedurfte. Eine weitere Person, mit der zwei Interviews geführt wurden, zog es vor, anonym zu bleiben. Daher können hier keine genaueren Angaben zu ihrer Person oder den Gesprächsinhalten gemacht werden.

Tabelle 1: Übersicht über die Gesprächspartner der Experteninterviews

Expertin/ Experte	Institution	Funktion
P. Anthony O. Igbokwe CMF	Misión Católica de Lengua Española en el Cantón de Zürich	Priester / Missionar
Ricardo Serrano	Mundo Gospel	Direktor und Gründer
Fany Flores	Colectivo sin Papeles	Aktivistin und ehemalige Sans-Papier
Salvatore Di Concilio	Sans-Papiers Anlaufstelle Zürich (SPAZ)	Gründungs- und Vorstandsmitglied
P. Hugo Quiroz	Iglesia Evangélica Pentecostal – Centro Misionero Internacional	Pastor
P. Miguel Blanco	Coordinación nacional de las Misiones de lengua hispana en Suiza	National-koordinator
Anonym[128]		

5.5.2 Transkription und Protokollierung

Die Experteninterviews wurden ausschliesslich zur Informationsgewinnung geführt. Non- und Paraverbale Laute, Gesprächspausen oder Betonungen sollten nicht analysiert werden (vgl. Meuser/Nagel 1991: 455). Dementsprechend

128 Zur Wahrung der zugesicherten Anonymität können hier keine Angaben zu dieser Person aufgeführt werden.

wurden sie nicht mit derselben Genauigkeit festgehalten wie die biographisch-narrativen Interviews.

Sieben der acht Interviews wurden zunächst digital aufgezeichnet und später mit Hilfe der Transkriptionssoftware F4 (2012) selektiv und in Form von Paraphrasen transkribiert. Ein Interview wurde telefonisch geführt und während des Gesprächs schriftlich protokolliert. Alle Transkripte und Protokolle wurden auf Deutsch verfasst, selbst wenn die Interviewsprache Spanisch war, was in sieben Interviews der Fall war.

6 Theoretischer Rahmen und Forschungsstand

In diesem Kapitel werden die theoretischen Grundlagen sowie bisherige Forschungsarbeiten dargestellt, auf denen die vorliegende Studie aufbaut. Im vorderen Teil wird zunächst der theoretische Rahmen präsentiert. Die hier ausgeführten Konzepte dienten während des Forschungsprozesses im Sinne der Grounded Theory Methodologie als *sensitizing concepts* zur Erhöhung der theoretischen Sensibilität (Blumer 1954: 7, Strauss/Corbin 1996: 33–35). Sie wurden bei der Auswertung herangezogen, um die empirischen Daten besser zu analysieren, zu strukturieren und die Ergebnisse in einen wissenschaftlichen Diskurs einzubetten. Im hinteren Teil des Kapitels wird der Forschungsstand im Themenbereich religiöser Migrantengemeinden skizziert.

6.1 Theorie und Empirie in der Grounded Theory Methodologie

Gemäss Strauss und Corbin sollte der Blick von Forschenden, die mit der Grounded Theory Methodologie (GTM) arbeiten, nicht von vornherein durch bestehende theoretische Modelle eingeschränkt werden. Schliesslich besteht ein wichtiges Ziel der GTM in der Entdeckung von *neuen* Phänomenen und Zugängen zum Forschungsgegenstand (vgl. Strauss/Corbin 1996: 32). Dennoch können auch hier im Verlauf des Forschungsprozesses wissenschaftliche Literatur und bereits existierende theoretische Konzepte herangezogen werden, um die «theoretische Sensibilität» zu erhöhen. Damit ist diejenige Eigenschaft des Forschenden gemeint, die ihm ein Bewusstsein für die Bedeutungsfeinheiten seines Forschungsgegenstandes verleiht (Strauss/Corbin 1996: 25). Das Hinzuziehen bestehender Konzepte ermöglicht zudem die Herstellung von Bezugspunkten zu bereits bestehenden theoretischen Diskursen.

Wie oben bereits ausgeführt wurde, besteht das Ziel der vorliegenden Studie darin, zu untersuchen, welche Bedeutung in spanischsprachigen christlichen Migrationsgemeinden sozialen Beziehungen zukommt. Zur Erforschung dieser Fragestellung wurde gemäss der Grounded Theory Methodologie zunächst eine möglichst offene Herangehensweise gewählt. Daher wurde das Datenmaterial in einem ersten Schritt ohne vorab festgelegte theoretische Bezüge offen kodiert. Später wurden aus den daraus entstandenen Codes und Kategorien erste Theoriebausteine entwickelt, die zueinander in Beziehung gesetzt wurden (vgl. Kapitel 5.2).

Im weiteren Forschungsverlauf habe ich nach theoretischen Konzepten Ausschau gehalten, die zur Analyse dieser empirischen Befunde beitragen konnten. Die meisten dieser Konzepte wurden nur punktuell hinzugezogen. Sie werden im empirischen Teil jeweils dort genauer ausgeführt, wo sie zum besseren Verständnis der Ergebnisse beitragen.[129] Darüber hinaus benötigte ich aber auch einen übergeordneten theoretischen Rahmen, der mich dabei unterstützte, die empirischen Befunde zu einer Theorie zusammenzuführen, ohne sie zu stark durch theoretische Vorannahmen zu beeinflussen.

Mit der fortschreitenden Datenanalyse kristallisierte sich heraus, dass viele Befragte die Migrationserfahrung in verschiedener Hinsicht als Herausforderung wahrnahmen. Die zwischenmenschlichen Beziehungen in den Migrationsgemeinden empfanden viele in diesem Kontext als eine bedeutende Quelle für Ressourcen zur Bewältigung dieser Herausforderungen – wobei für die meisten nicht materielle Ressourcen im Vordergrund standen, sondern immaterielle Ressourcen wie emotionale Geborgenheit, hilfreiche Informationen oder die Vermittlung religiöser Lebensinterpretationen. Ein geeigneter theoretischer Rahmen musste demnach die Konzeptualisierung all dieser Aspekte ermöglichen. Aufgrund der Vielfalt der im Feld vorgefundenen Lebensentwürfe und Bewältigungsstrategien sowie der verwendeten Erhebungsmethoden war es zudem notwendig, dass der theoretische Rahmen den Fokus auf die subjektive Selbsteinschätzung der Individuen legte.

Im Verlauf des Forschungsprozesses habe ich verschiedene Konzepte und Forschungsperspektiven geprüft und im Austausch mit Wissenschaftskollegen kritisch reflektiert.[130] Letztlich fiel für den theoretischen Rahmen die Wahl auf zwei Konzepte, die bisher vorwiegend in der quantitativen psychologischen und soziologischen Forschung Anwendung fanden: das transaktionale Stress-

129 Hierzu gehören zum Beispiel Konzepte wie Selbstwert (Jünemann 2016), Selbstwirksamkeit (Barysch 2016), Reziprozität (Stegbauer 2010), Konformitätsdruck (Wilkenring 1978) oder kognitive Dissonanz (Beckmann 1984).

130 Als sensibilisierende Konzepte bzw. Forschungsperspektiven wurden unter anderem die folgenden in Erwägung gezogen: das Konzept des Sozialkapitals (Bourdieu 1983, Coleman 1988), des subjektiven Wohlbefindens (Diener 1984), der *capability approach* (Sen 1993) sowie Ansätze der qualitativen Netzwerkanalyse (Hollstein/Straus 2006), der *rational choice theory* (Raub 2010) und der erklärenden bzw. analytischen Religionssoziologie (Stolz 2011).

Coping-Modell (Lazarus 1990, Lazarus/Launier 1981, Lazarus/Folkman 1984) sowie das Konzept der sozialen Unterstützung (Schwarzer/Leppin 1989). Zusammen deckten die beiden Ansätze alle oben erwähnten Aspekte ab. Zudem eigneten sie sich aufgrund ihres unspezifischen Charakters besser zur Verwendung als «sensibilisierende Konzepte» als andere, sehr viel spezifischere Ansätze der Migrations- und Coping-Forschung.

Mit der Festlegung des theoretischen Rahmens wurde auch die ursprüngliche Forschungsfrage «Welche Bedeutung haben soziale Beziehungen in spanischsprachigen christlichen Migrationsgemeinden für ihre Besucher?» konkretisiert. Neu standen folgende Forschungsfragen im Zentrum der Untersuchung: Welche Unterstützung leisten soziale Beziehungen in spanischsprachigen christlichen Migrantengemeinden zur Bewältigung der Herausforderungen der Migration? Wie werden diese Ressourcen vermittelt? Und welche negativen Aspekte hängen damit allenfalls zusammen?

6.2 Transaktionales Stress-Coping-Modell

Das transaktionale Stress-Coping-Modell wurde über mehrere Jahre hinweg von einer Forschergruppe um den amerikanischen Psychologen Richard Lazarus entwickelt. Es lässt sich in eine längere Tradition der Stressforschung einordnen. Bevor das Konzept weiter unten genauer ausgeführt wird, folgt zunächst ein kurzer Überblick über die bedeutendsten Entwicklungen auf dem Gebiet der Stress- und Coping-Forschung.

6.2.1 Ansätze der Stress- und Coping-Forschung

Ältere Stresstheorien legten ihren Fokus entweder einseitig auf die Person – d. h. ihre psychische oder physische Reaktion – oder auf die äusseren Stimuli. Ein prototypisches Beispiel für eine Theorie, die sich vorwiegend mit den intrapsychischen Vorgängen befasst, findet sich in der Freud'schen Psychoanalyse. Sigmund Freud (1923) beschäftigte sich unter anderem mit den unbewussten psychischen Konflikten, die sich aus der Spannung zwischen instinktiven Trieben einerseits und den Zwängen und Normen der Gesellschaft andererseits ergeben. Dabei entwickelte er das Konzept der «Abwehr» (S. Freud 1926), das später von seiner Tochter, Anna Freud, zum Konzept der «Abwehrmechanismen» weiterentwickelt wurde (vgl. A. Freud 1964). Gemäss ihrer

Konzeption ergeben sich aus der Spannung zwischen den unterbewussten Trieben und den gesellschaftlichen Normen intrapsychische Konflikte (Stress), die mithilfe von Abwehrmechanismen wie Verleugnung, Verdrängung, Intellektualisierung, Sublimierung u. ä. reduziert werden können. Da diese in der Regel unbewusste Prozesse darstellen, werden dem Individuum bei dieser Konzeption kaum aktive Gestaltungsmöglichkeiten zur Abwehr bzw. zur Bewältigung des Stresses eingeräumt (vgl. A. Freud 1964: 50–56, Winter 2006: 53–54, Pargament 1997: 74–75).

Reaktionsbezogene Konzepte

Eine andere Art von theoretischen Ansätzen, die sich vorwiegend mit den Vorgängen im Individuum befassen, werden unter dem Begriff der *reaktionsbezogenen* Stress-Konzepte zusammengefasst (vgl. Jerusualem 1990: 2). In diesen Ansätzen wird Stress als ein Reaktionsmuster des Organismus konzipiert, das von der Art des Stressors weitgehend unabhängig ist. Die reaktionsbezogenen Ansätze gehen auf Hans Selye (1946, 1981), den eigentlichen «Vater» der Stressforschung, zurück (vgl. Udris 2001). Selye verstand unter Stress eine physiologische Reaktion auf äussere Reize (*general adaptation syndrome*), die durch verschiedene Phasen wie Alarmphase, Widerstandsphase und Erschöpfungsphase gekennzeichnet ist. Ein grosser Teil seiner empirischen Befunde stammte zunächst aus der Forschung an Tieren und wurde erst in einem zweiten Schritt auf den Menschen übertragen (vgl. Taché/Selye 1978).

Die Konzeption von Selye wurde bald von anderen Wissenschaftlern wie John Mason (1971) kritisiert. Mason wies in einem Experiment mit Affen nach, dass die Tiere auf eine plötzliche Temperaturerhöhung sehr stark reagierten, während sie auf denselben Temperaturanstieg kaum reagierten, wenn er langsam und unmerklich vollzogen wurde. Er schloss daraus, dass physiologische Reaktionen nicht direkt durch äussere Reize (w. z. B. Temperaturveränderung) hervorgerufen werden, sondern über emotionale Reaktionen gesteuert werden. Die emotionale Erregung der Affen war in Situationen, die als bedrohlich empfunden wurden, stärker als in solchen, die nicht als Bedrohung empfunden wurden. Demnach schien also das beobachtete physiologische Muster mit ihrer Bewertung der Situation zusammenzuhängen (Jerusualem 1990: 1–2, Mason 1971).

Situationsbezogene Konzepte

Die Theorien, die sich mehr mit der Umwelt und den Stressoren als mit den stresserlebenden Individuen befassen, werden in der Literatur unter dem Begriff der *situationsbezogenen* Konzepte behandelt. Sie untersuchen Stress anhand von Indikatoren wie der Intensität und der Qualität von Umweltreizen. So haben beispielsweise Holmes und Rahe (1967) aufgezeigt, dass gewisse schwerwiegende Lebensereignisse wie der Tod des Lebenspartners, Heirat, schwere Krankheiten und andere Belastungen zu psychischen Schäden und Krankheiten führen können. Ähnliche Zusammenhänge zwischen belastenden Situationen und vermindertem psychischem Wohlbefinden wurden auch in anderen empirischen Studien festgestellt.[131] Trotz dieser empirischen Belege wurde auch diese Konzeption später von anderen Autoren kritisiert. Einer der Kritikpunkte bezog sich darauf, dass situationsbezogene Konzepte nicht auf überindividuelle Reaktionsunterschiede eingingen und daher auch nicht erklären konnten, wieso manche Personen gewisse Reize als belastend empfinden, während die gleichen Reize auf andere kaum oder gar nicht belastend wirken (Jerusalem 1990: 2–3, Lüdde 2011: 89).

Sowohl den älteren reaktionsbezogenen wie auch den situationsbezogenen Stress-Konzepten lag die Auffassung zu Grunde, dass es psychologische Gesetzmässigkeiten geben müsse, die sich auf alle Menschen – oder sogar auf alle Organismen – gleichermassen übertragen lassen. Dabei blendeten sie individuelle und kontextspezifische Unterschiede weitgehend aus (vgl. Lazarus 1990: 199–201, 210, Jerusalem 1990: 6). Zudem räumten sie den Individuen kaum gestalterische Möglichkeiten zur Stressbewältigung ein, da sie von einem weitgehend deterministischen Zusammenhang zwischen Umweltreizen und Stressreaktionen ausgingen. Diese reduktionistische Sichtweise änderte sich jedoch mit dem Aufkommen relationaler Stresskonzeptionen.

Relationale Konzepte

Eine wichtige Erkenntnis der jüngeren psychologischen Forschung besteht darin, dass der Mensch äusseren und inneren Kräften nicht deterministisch ausgeliefert ist. Vielmehr steht er – beispielsweise durch direkte Einflussnahme oder Interpretation – in einer steten Wechselbeziehung mit seiner Umwelt (vgl.

[131] Vgl. hierzu Holmes/Masuda (1974), Masuda/Holmes (1978) und Lazarus/Launier (1981: 220–221).

Winter 2006: 61, Pargament 1997: 81, Lazarus 1990: 199–200). Der Religionspsychologe Kenneth Pargament drückt dies wie folgt aus:

> «If it is true that we are affected by impulses we are not aware of, it is also true that we have enough awareness of ourselves to recognize this to be the case. If it is true that we are socialized by a myriad of external forces, then it is also true that we are part of these socializing forces. And if it is true that we are shaped by the situations we encounter, it is true that we avoid, select, construct, define, and redefine these situations as well.» (Pargament 1997: 81)

Stress-Konzepte, die sowohl die situationsspezifischen Anforderungen wie auch die individuellen Handlungsmöglichkeiten berücksichtigen, werden unter dem Begriff der *relationalen* oder *interaktionistischen Stresskonzeptionen* zusammengefasst (Jerusalem 1990: 4).[132] Ihnen zufolge tritt Stress dann ein, wenn zwischen den subjektiv wahrgenommenen Fähigkeiten und Anforderungen ein Ungleichgewicht entsteht und eine erfolgreiche Bewältigung der Situation fraglich ist. – Dies gilt allerdings nur, wenn die erfolgreiche Bewältigung der Situation für die handelnde Person überhaupt von Bedeutung ist. – Damit wird Stress in relationalen Ansätzen als ein komplexes Wechselspiel von subjektiven Einschätzungsprozessen, situativen Bedingungen, individuellen Zielvorstellungen und Handlungsoptionen definiert (Jerusalem 1990: 4–5).

Ein Beispiel für ein solches Konzept ist das eingangs erwähnte «transaktionale Stressmodell», das von der Forschergruppe um den amerikanischen Psychologen Richard Lazarus entwickelt wurde und nachfolgend genauer vorgestellt wird. Das Modell wurde im Verlauf der Zeit von Lazarus und seinen Mitarbeitern stets weiterentwickelt und ausdifferenziert (vgl. Lazarus/Folkman 1984, Lazarus/Launier 1981, Lazarus 1990). Die wesentlichen Elemente der Theorie sind jedoch nach wie vor gültig und werden auch heute noch bei empirischen Untersuchungen herangezogen.[133]

---

[132] Siehe hierzu zum Beispiel Lazarus/Folkman (1984), Lazarus/Launier (1981), Lazarus (1990) und Schwarzer (2000).

[133] Vgl. hierzu bspw. die Studien von Hollstein (2017), Lojewski (2017), Noor/Shaker (2017), Szabo et al. (2015), Falconier et al. (2015), Kuo (2014), Lüdde (2011) und Murken/Namini (2004a).

Abbildung 25: Transaktionales Stress-Coping-Modell

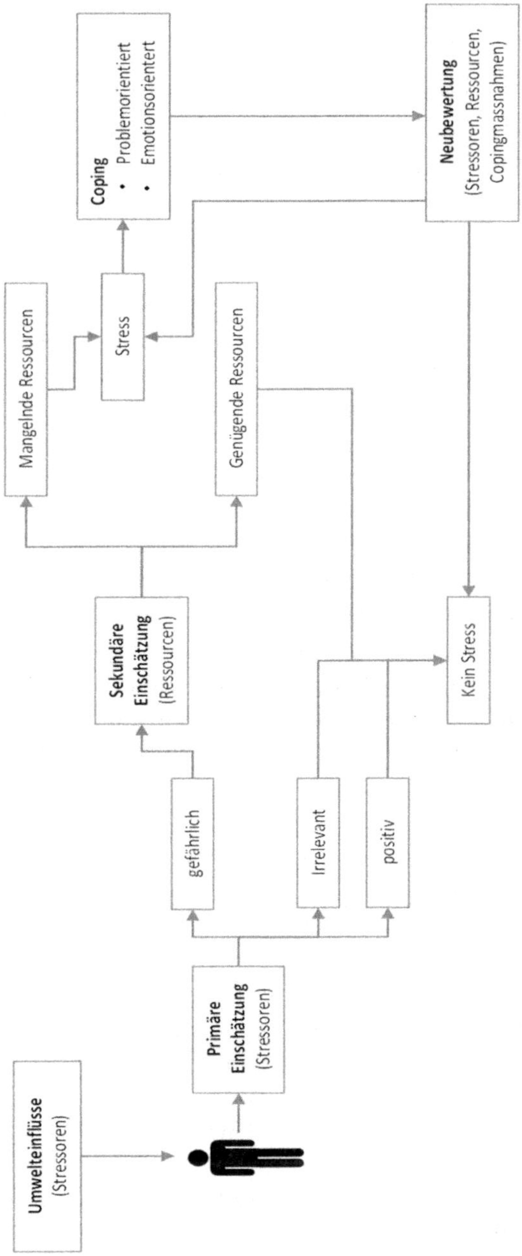

6.2.2 Einschätzungsprozesse

Das transaktionale Stress-Coping-Modell geht davon aus, dass der subjektiv erfahrene psychische Stress aus einer Wechselbeziehung von Individuum und Umwelt hervorgeht. Demnach ist Stress also weder vollständig von den Stressoren noch vollständig von der Person abhängig, auf die diese einwirken. Er gründet vielmehr in einem Zusammenspiel von Umwelteinflüssen und kognitiven Einschätzungs- bzw. Bewertungsprozessen (vgl. Abbildung 25). Lazarus nennt diese Wechselbeziehung «Transaktion» (Lazarus 1990: 204, Winter 2006: 55).[134]

Das transaktionale Modell unterscheidet zwei verschiedene Einschätzungsprozesse, die bei der Stressentwicklung eine signifikante Rolle spielen, eine primäre und eine sekundäre Einschätzung. Der Unterschied zwischen diesen beiden Prozessen besteht darin, dass sie sich auf unterschiedliche Sachverhalte beziehen. Bei der *primären Einschätzung* interpretiert das Individuum die Bedrohungsqualität von Stressoren und bei der *sekundären Einschätzung* werden die Ressourcen analysiert, die zu deren Bewältigung zur Verfügung stehen (Winter 2006: 55–56). Die Begriffe «primär» und «sekundär» sind in diesem Zusammenhang leicht irreführend, da die beiden Prozesse, auf die sie sich beziehen, nicht unbedingt getrennt stattfinden oder zeitlich aufeinander folgen. Vielmehr scheinen sie in einem kognitiven System voneinander abhängig und untrennbar zu sein. Die Begriffe dienen also lediglich der konzeptionellen Unterscheidung (Lazarus 1990: 214–215).

Primäre Einschätzung

Im Verlauf der primären Einschätzung beurteilt das Individuum fortlaufend, inwiefern sich die Umwelt verändert und ob dadurch sein Wohlbefinden bedroht ist. Umwelteinflüsse – bzw. die Transaktion mit ihnen – können dabei auf drei verschiedene Arten bewertet werden: als *förderlich* (positiv), als *irrelevant* oder als *potentiell gefährlich* (stressreich) für das Wohlbefinden (Lazarus 1990: 212–213, Winter 2006: 55, s. a. Abbildung 25). Potenziell gefährliche Situationen werden gemäss dem transaktionalen Modell weiter auf drei verschiedene Arten unterschieden. Erscheinen sie dem Individuum als bewältigbar, werden sie als *Herausforderung* angesehen, wird ein Schaden erwartet,

[134] Lazarus zieht den Begriff «Transaktion» dem Begriff der «Interaktion» vor, da ersterer keine lineare Wechselbeziehung beschreibt, sondern eine gegenseitige, bei der auch die Person auf die Situation Einfluss nehmen kann (vgl. Lazarus 1990: 204).

als *Bedrohung*, und ist bereits ein Schaden eingetreten, entweder als *Verlust* oder als *Schädigung* (Lazarus/Launier 1981: 235–236, Lazarus 1990: 212–213). Die kognitive Bewertung von Situationen bestimmt massgebend über die Intensität und die Qualität der emotionalen Reaktion, die darauf folgt. Werden Ereignisse als positiv eingeschätzt, führt dies zu positiven emotionalen Reaktionen wie Freude oder Zufriedenheit. Werden sie hingegen als gefährlich oder stressreich eingeschätzt, führt dies zu negativen Reaktionen wie Angst, Misstrauen, Ärger, Neid usw. (Lazarus 1990: 212–213, Winter 2006: 55).

Dies ist auch die Begründung in diesem Modell, weshalb dasselbe Ereignis bei unterschiedlichen Personen unterschiedliche emotionale Reaktionen hervorrufen kann. Ein und dieselbe Handlung, wie zum Beispiel die Auswanderung in ein anderssprachiges Land, kann von unterschiedlichen Personen völlig unterschiedlich bewertet werden. Eine Person, die diese Erfahrung bereits mehrmals im Leben gemacht hat, wird darin vielleicht etwas Positives sehen. Jemand aber, der sein Herkunftsland noch nie zuvor verlassen hat, wird die Migration eher als eine Herausforderung oder als eine Bedrohung wahrnehmen. Dementsprechend wird auch seine emotionale Reaktion darauf anders ausfallen als bei der migrationserfahrenen Person.

Sekundäre Einschätzung

Wenn die primäre Einschätzung auf die Frage «liegt etwas an?» die Antwort ergibt: «ich bin potenziell gefährdet», beginnt der Prozess der Adaption und der Bewältigung der anstehenden Herausforderungen. Damit eine Person – bewusst oder unbewusst – adaptive Entscheidungen treffen kann, muss sie sich darüber im Klaren sein, welche Ressourcen ihr zur Bewältigung der Herausforderungen zur Verfügung stehen. Dabei muss sie auch berücksichtigen, dass gewisse Verhaltensreaktionen weitere Probleme auslösen können. Diese Fülle komplexer kognitiver Einschätzungsprozesse wird im transaktionalen Modell *sekundäre Einschätzung* genannt (Lazarus 1990: 214–215).

In diesem zweiten Einschätzungsprozess werden sowohl die persönlichen (internen) wie auch die sozialen (externen) Ressourcen evaluiert, die zur Verfügung stehen. Zu den persönlichen Ressourcen gehören beispielsweise das *Kohärenzgefühl*[135] (Antonovsky 1997), die *Widerstandskraft* (Kobasa 1979)

---

[135] Antonovsky geht davon aus, dass sich äusserliche Stressoren durch die innere Widerstandskraft des Kohärenzgefühls abfedern lassen. Aus seiner Sicht besteht das Kohärenzgefühl aus drei zentralen Komponenten: der Fähigkeit, äussere Stimuli zu verstehen

oder der *dispositionale Optimismus* (Scheier/Carver 1987). Die sozialen Ressourcen werden beispielsweise mithilfe des Konzeptes der *sozialen Unterstützung* (Schwarzer/Leppin 1989) erfasst, das weiter unten noch genauer ausgeführt wird (Winter 2006: 55–56).

Wenn das Individuum zu dem Schluss kommt, dass die äusseren Anforderungen die intern und extern zur Verfügung stehenden Ressourcen überschreiten oder zumindest auf die Probe stellen, entsteht psychischer Stress (vgl. Abbildung 25). Die Person hat dann bewusst oder unbewusst das Gefühl, in Gefahr zu sein (Lazarus 1990: 213). Doch selbst nachdem Stress bereits entstanden ist, gibt es verschiedene Handlungsmöglichkeiten, mit deren Hilfe Stress abgebaut oder zumindest reduziert werden kann. Sie werden unter dem Begriff der Stressbewältigung oder des Copings behandelt.

6.2.3 Stressbewältigung (Coping)

Niemand lebt völlig stressfrei. Stressoren sind im menschlichen Leben omnipräsent, dementsprechend ist auch psychischer Stress ein unvermeidlicher Aspekt des Alltagslebens. Dennoch gibt es individuelle Unterschiede. Manche Menschen kommen selbst mit hoher Stressbelastung ganz gut zurecht, während andere bereits mit kleineren Belastungen zu kämpfen haben (Antonovsky 1997: 16, Lazarus 1990: 216). Der Grund für diese Unterschiede liegt darin, dass dem Stress selbst eine verhältnismässig geringe Bedeutung für das psychische Wohlergehen zukommt. Viel wichtiger ist das Bewältigungsverhalten, das Individuen anwenden, um mit ihrem Stress fertigzuwerden.

In der deutschsprachigen Forschung wird zur Konzeptualisierung der «Bewältigung» oder «Verarbeitung» von Stress oft der aus dem Englischen stammende Begriff des «Copings» übernommen (Winter 2006: 62). Dieser lässt sich gemäss Lazarus und Folkman wie folgt definieren:

> «We define coping as constantly changing cognitive and behavioral efforts to manage specific external and/or internal demands that are appraised as taxing or exceeding the resources of the person.» (Lazarus/Folkman 1984:141)

(Verstehbarkeit), der Überzeugung, mit äusseren Anforderungen zurechtzukommen (Handhabbarkeit) sowie dem Glauben an die Sinnhaftigkeit von Ereignissen (Bedeutsamkeit) (Antonovsky 1997: 34–35).

Die Hauptaufgaben des Copings bestehen darin, den Einfluss schädigender Umweltbedingungen zu reduzieren, bei der Anpassung an negative Umstände zu helfen, das emotionale Gleichgewicht zu sichern, ein positives Selbstbild aufrechtzuerhalten und mit anderen Personen befriedigende Beziehungen fortzusetzen (Winter 2006: 62, Cohen/Lazarus 1979).

Coping-Strategien

Die möglichen Coping-Strategien lassen sich grob in zwei Typen einteilen. Der erste Typ umfasst Verhaltensweisen, die auf die Lösung oder Verbesserung der bedrohlichen Situation abzielen (problemorientiertes Coping). Der zweite Typ umfasst Strategien, die auf eine Regulierung der durch Stress entstandenen negativen emotionalen Zustände abzielen (emotionsorientiertes Coping) (Lazarus 1990: 216). Mit anderen Worten kann zur Stressbewältigung entweder bei der Veränderung der Umwelt angesetzt werden oder bei deren Einschätzung und Interpretation. Die zweite Möglichkeit eröffnet selbst dann noch Bewältigungsmöglichkeiten, wenn sich die äusseren Umstände nicht verändern lassen. In diesem Sinn kann sogar die Flucht in Selbsttäuschungen ein zweckdienliches – wenn auch nicht unbedenkliches – Bewältigungsverhalten darstellen (vgl. Lazarus 1990: 216, s. a. Lauria et al. 2016, Hamburg/Adams 1967).

Lazarus und Launier (1981) haben in ihren Arbeiten zu Stress und Coping vier konkrete Bewältigungsformen herausgearbeitet. Sie unterscheiden zwischen Informationssuche, direkter Aktion, Aktionshemmung (Vermeidung von Handlungen) und intrapsychischen Prozessen.[136] Jede dieser Bewältigungsformen kann sowohl emotionsregulierende wie auch problemlösende Funktionen erfüllen (Lazarus/Launier 1981: 246, 252).

So können Migranten durch *Informationssuche* beispielsweise die Wissensgrundlagen für den Umgang mit der Schweizer Bürokratie erwerben, was zu einer Lösung oder Minderung bürokratischer Herausforderungen führen kann. Gleichzeitig kann sich dieses Wissen aber auch direkt auf ihr psychisches Wohlbefinden auswirken, indem es die Behördenlandschaft als weniger kafkaesk und als einfacher handhabbar erscheinen lässt. Auch *direkte Aktionen* und *Aktionshemmungen* können sowohl auf die Lösung des Problems wie auch

136 Diese Liste umfasst nicht alle möglichen Coping-Strategien. Es fehlen beispielsweise unbewusste Strategien (vgl. Aldwin/Revenson 1987: 338). Eine ausführlichere Differenzierung der Coping-Strategien findet sich bspw. bei Folkman et al. (1986).

auf die Regulierung von Emotionen ausgerichtet sein. Im Kontext Migration wäre eine problemlösende Handlung zum Beispiel der Besuch eines Deutschkurses zur besseren Verständigung im Alltag. Eine emotionsregulierende Handlung könnte dagegen die Einnahme von Beruhigungsmitteln sein oder das Durchführen von Entspannungsübungen nach Stresssituationen (vgl. Lazarus/Launier 1981: 252–253).

Unter dem Begriff der *intrapsychischen Bewältigungsformen* fassen Lazarus und Launier alle kognitiven Prozesse zusammen, die bei der Stressbewältigung behilflich sein können. Dementsprechend handelt es sich dabei um eine äusserst heterogene Kategorie, die ebenfalls sowohl emotionsregulierende Prozesse wie Neuinterpretation, Verleugnung, Selbsttäuschung und Distanzierung umfasst wie auch solche, die auf die Problemlösung ausgerichtet sind. Hierzu gehört zum Beispiel das Ausdenken eines Plans zur Behebung eines Problems. Ähnlich wie Informationen können auch kognitive Prozesse dem Individuum das Gefühl geben, die Kontrolle über eine bedrohliche Situation zu erlangen (Lazarus/Launier 1981: 253, Lazarus 1990: 220).

Welche Bewältigungsstrategien Erfolg haben, hängt stark von den kontextuellen Bedingungen ab. Da sich die Rahmenbedingungen im Verlauf der Zeit jedoch ändern, müssen auch die Bewältigungsmassnahmen stets an die sich verändernden Umstände angepasst werden, damit sie effektiv bleiben. Daher ist Coping als ein dynamischer Prozess zu verstehen (Lazarus 1993: 8, Lüdde 2011: 91, Lazarus/Folkman 1984: 140). Dies zeigt sich gerade im Migrationskontext sehr deutlich. Personen, die gerade frisch in ein neues Land gezogen sind, werden mit hoher Wahrscheinlichkeit andere Bewältigungsformen vorziehen als Personen, die bereits mehrere Jahrzehnte dort leben und bestens etabliert sind.

Wissenschaftliche Beurteilung des Copings

Stressbewältigung ist kein punktuelles oder statisches Ereignis, sondern vielmehr die Summe vieler verschiedener Handlungen sowie einer kontinuierlichen Suche, die im Verlauf der Zeit unterschiedliche Formen annehmen kann. Auch die kognitiven Prozesse und die Interpretation der Situation sind stets im Fluss und hängen unter anderem von der individuellen Persönlichkeit, den Umständen und der sozialen Umgebung ab. Manche Personen entwickeln zwar für sie charakteristische Bewältigungsmuster. Dennoch können sich auch eingespielte Muster im Verlauf der Zeit ändern oder in gewissen Situationen in die eine Richtung hin tendieren und in anderen Situationen in eine andere (Lazarus 1990: 221–223). Dies alles macht Coping zu einem komplexen Phänomen, das sich wissenschaftlich nur schwer erfassen und bewerten lässt.

Ein weiterer Aspekt, der die wissenschaftliche Bewertung von Bewältigungsprozessen erschwert, besteht darin, dass die äusserlichen und internen Folgen von Bewältigungshandlungen nur sehr schwer abzuschätzen sind. Zudem können sie auf unterschiedlichen Ebenen unterschiedliche Wirkungen entfalten (vgl. Lazarus 1990: 225). So kann zum Beispiel die Auflösung einer als negativ empfundenen Ehe kurzfristig zu einem verbesserten psychischen Wohlbefinden führen, jedoch langfristig auch zu einem kleineren sozialen Netzwerk und zu mehr Einsamkeit, so dass sich die Entscheidung zur Trennung in der Summe schliesslich negativ auf das Wohlbefinden auswirken kann.

Die Komplexität der Auswirkungen von Handlungen zieht das Problem nach sich, dass bei der Beurteilung von Bewältigungsprozessen immer eine gewisse Restunsicherheit zurückbleibt, da nie vollends abgeschätzt werden kann, welche Entwicklungen sich bei andersartigem Verhalten ergeben hätten. Diese Einschränkung muss auch bei der Interpretation der Ergebnisse der vorliegenden Studie berücksichtigt werden (vgl. Kapitel 12.3.1). Selbst wenn Befragte angeben, dass sie mit ihren Bewältigungsstrategien vollkommen zufrieden sind, besteht weiterhin die Möglichkeit, dass eine andere Strategie über kurz oder lang noch besser für sie hätte sein können.

6.2.4 Neueinschätzung

Ein weiteres zentrales Element des transaktionalen Stress-Coping-Modells ist der Begriff *reappraisal,* der auf Deutsch mit *Neueinschätzung* oder *Neubewertung* übersetzt wird. Lazarus verwendet diesen Begriff auf zwei unterschiedliche Weisen. Zum einen verwendet er ihn zur Beschreibung einer Coping-Strategie, bei der eine Person mithilfe kognitiver Neubewertungen dem Stress aktiv entgegenwirkt (vgl. Lazarus 1990: 213–214).[137] Ein Beispiel hierfür wäre eine Migrantin, die in der Schweiz unter Heimweh und Einsamkeit leidet, jedoch nach einer Phase der Trauer zu der Überzeugung gelangt, dass dieses Leiden so «von Gott gewollt» ist, weil er sie auf «eine grosse Aufgabe vorbereiten will».[138] Um Verwechslungen zu vermeiden, wird diese Form der Neu-

[137] Lazarus spricht in diesem Fall auch von «*cognitive coping*» (vgl. Lazarus 1999: 77).
[138] Vgl. hierzu die Ausführungen in Kapitel 9.3.

einschätzung als kognitive Coping-Strategie in der vorliegenden Studie unter dem Begriff der *Neuinterpretation* behandelt.

Die zweite Weise, auf die Lazarus den Begriff der Neueinschätzung verwendet, bezeichnet keine Bewältigungsstrategie, sondern bezieht sich auf den kognitiven Prozess, der auf eine veränderte Informationslage über die Umstände und die zur Verfügung stehenden Ressourcen folgt (vgl. Lazarus/Launier 1981: 240–241). Diese Form der Neueinschätzung gleicht inhaltlich den primären und sekundären Einschätzungsprozessen, erfolgt jedoch zu einem späteren Zeitpunkt und kann beispielsweise durch eine Veränderung der Umwelt oder als Folge von Handlungen ausgelöst werden (Jerusalem 1990: 13–14).

Da sich auch die Anwendung von Coping-Massnahmen auf die Mensch-Umwelt-Beziehung auswirkt, folgt normalerweise auch auf sie eine Neueinschätzung. Dabei werden unter anderem die neue Situation sowie die Wirksamkeit der verwendeten Massnahme evaluiert (vgl. Abbildung 25). Die darauf folgende Rückmeldung beeinflusst die stressbezogenen Kognitionen, die emotionale Befindlichkeit und die wahrgenommenen Bewältigungsoptionen (Rückmeldungsschleife), was sich wiederum auf die Wahl zukünftiger Bewältigungsstrategien auswirkt (Jerusalem 1990: 14). Auch materielle und immaterielle Unterstützungsleistungen anderer Personen können zur Neueinschätzung der Situation beitragen. Diese sogenannte «soziale Unterstützung» wird im nächsten Kapitel genauer erläutert.

6.3 Soziale Unterstützung

Der Mensch ist ein soziales Wesen. Ein stützendes soziales Umfeld kann ihn insbesondere in Belastungssituationen vor einer ganzen Reihe negativer psychischer und somatischer Beschwerden schützen und wirkt sich zudem positiv auf sein subjektives Wohlbefinden aus.[139] Die positiven Aspekte sozialer Eingebundenheit wurden in der psychologischen Forschung bereits früh themati-

[139] Vgl. hierzu bspw. Caserta (2017), Nguyen et al. (2016a), Milner et al. (2016), Siedlecki et al. (2014), Li et al. (2014), Khan/Akbar (2010), Nestmann (2009), Schwarzer/Leppin (1989) und Cohen/Wills (1985). Es gibt aber auch einzelne Studien, die keinen oder einen negativen Zusammenhang zwischen sozialer Unterstützung und Wohlbefinden gefunden haben (vgl. Lakey et al. 2010, Lee et al. 1995, Lepore et al. 2008). Ein möglicher Grund für diese Unterschiede liegt in der unterschiedlichen Konzeptualisierung und Operationalisierung der beiden Konstrukte (Siedlecki et al. 2014: 562). Siehe hierzu auch Barrera (1986).

siert. So enthielt beispielsweise der Bedürfniskatalog von Henry Murray (1938: 83) psychosoziale Bedürfnisse wie das Bilden von Freundschaften, Affiliation, Lieben sowie das Suchen von Beistand, Sympathie, Schutz und Unterstützung (*succorance*). Auch in der Maslow'schen Grundbedürfnispyramide erscheinen soziale Grundbedürfnisse wie Zugehörigkeitsgefühl, Liebe und Wertschätzung (Maslow 1954: 242, Schwarzer/Leppin 1989: 1).

Die systematische Erforschung der sozialen Unterstützung[140] begann allerdings erst in den 1950er Jahren und hat ihren Ursprung in der interdisziplinären Sozialepidemiologie. Bei der Untersuchung von Menschen, die belastenden Ereignissen ausgesetzt waren, stellte sich heraus, dass nicht alle Betroffenen gleich auf Belastungen reagierten. Neben den oben ausgeführten psychologischen Mechanismen wurden dafür auch soziale Ressourcen wie die Eingebundenheit in soziale Netzwerke und die daraus erhaltene und wahrgenommene Unterstützung verantwortlich gemacht (Laireiter 2009: 75, Cobb 1976, Kaplan et al. 1977).

Bei der weiteren Erforschung der sozialen Unterstützung wurde der Begriff auf unterschiedliche Arten definiert und konzeptualisiert. Die Definitionen variierten von der blossen Präsenz anderer Menschen (Cassel 1974) über tatsächlich erbrachte Hilfeleistungen (Caplan 1974) bis hin zum subjektiv wahrgenommenen Gefühl der Unterstütztheit (Cobb 1976). Manche Autoren fokussierten eher auf die Unterstützungsleistungen, andere auf die Unterstützungsempfänger und in manchen Konzeptionen wurde soziale Unterstützung nicht als lineare Interaktion, sondern als gegenseitiger Austauschprozess (Transaktion) von Unterstützungserbringer und -empfänger verstanden (House 1981, Gottlieb 2000).[141]

Die gemeinsame Grundidee hinter all diesen Definitionen besteht darin, «*dass soziale Beziehungen und soziale Interaktionen die grundlegenden Bedürfnisse von Menschen nach Zuneigung, Identität, Sicherheit, Informationen etc. befriedigen und diese daraus Kraft und Stärke für ihre Lebensbewältigung schöpfen, sie damit ihr Befinden stabilisieren und ihre psychische und somatische Gesundheit aufrecht erhalten*» (Laireiter 2009: 85).

---

140 Um Wortwiederholungen zu vermeiden, werden in dieser Studie die Begriffe *soziale Unterstützung* und *sozialer Beistand* synonym verwendet.

141 Für einen ausführlicheren Überblick über die verschiedenen Definitionen siehe Schwarzer/Leppin (1989: 12–16), Laireiter (2009: 85–87), Mattson/Hall (2011: 182–185).

Auch wenn sich bis heute keine einheitliche Definition durchgesetzt hat, wird soziale Unterstützung in jüngeren Studien meist als mehrdimensionales Konzept verstanden, das verschiedene Perspektiven, Ebenen und Komponenten umfasst. Solche Konzepte umfassen sowohl die *sozialen Rahmenbedingungen* – also die Personen und Gruppen, die als Ressource zur Verfügung stehen – wie auch die *sozialen Interaktionen*, in denen Ressourcen und Hilfeleistungen vermittelt werden, sowie die *subjektive Wahrnehmung* dieser Interaktionen aus Sicht der Unterstützten (vgl. Laireiter 2009: 86–87).

Auf diese Weise wird das Konzept der sozialen Unterstützung auch in der vorliegenden Studie verstanden. Die verschiedenen Ebenen, Komponenten und Perspektiven wurden mithilfe der Triangulation verschiedener Erhebungsmethoden erfasst. So eigneten sich die biographisch-narrativen Interviews insbesondere zur Erfassung der subjektiven Wahrnehmung der spanischsprachigen christlichen Migranten. Soziale Interaktionen konnten unter anderem während der teilnehmenden Beobachtung festgehalten werden. Und mithilfe der Expertenbefragung konnten die sozialen und institutionellen Rahmenbedingungen erschlossen werden, in denen sich die Migranten bewegten (vgl. Kapitel 5).[142]

6.3.1 Dimensionen der sozialen Unterstützung

Bei der Konzeptualisierung der sozialen Unterstützung bezieht sich eine zentrale Frage darauf, welche sozialen Interaktionen als «Unterstützung» erfasst werden. Analog zur Entwicklung in der Coping-Forschung wird heute auch in der Unterstützungsforschung meist zwischen psychologisch-emotionalen und instrumentell-materiellen Formen der sozialen Unterstützung unterschieden (vgl. Veiel/Ihle 1993: 60). Diese Konzeptualisierung lässt sich gut mit der Unterscheidung von problemorientierten und emotionsorientierten Coping-Strategien verbinden. Wobei auch hier gilt, dass Handlungen gleichzeitig sowohl auf psychologischer wie auch auf instrumenteller Ebene behilflich sein können. Wenn zum Beispiel jemand in einer finanziellen Notsituation von einem guten Freund Geld erhält, kann dies für den Unterstützungsempfänger sowohl eine materielle Erleichterung darstellen wie auch mit dem positiven Gefühl

142 Diese Zuordnung bedeutet nicht, dass sich mit den einzelnen Methoden jeweils nur eine einzige Perspektive, Komponente oder Ebene erfassen liess. Alle Erhebungsmethoden haben zu allen Fragestellungen wichtige Informationen beigetragen. Aufgrund der unterschiedlichen Ansätze und Forschungssubjekte existierten jedoch unterschiedliche Erkenntnisschwerpunkte.

verbunden sein, mit dem Problem nicht allein dazustehen. Auf gleiche Weise kann ein guter Ratschlag sowohl emotionale Erleichterung verschaffen als auch materielle Auswirkungen haben (z. B. eine gute Geschäftsidee).

Wie bei der Definition der sozialen Unterstützung gibt es auch hinsichtlich der Unterstützungsdimensionen unterschiedliche Ansätze.[143] In einer Meta-Analyse bestehender Literatur entwickelten Schwarzer und Leppin (1989: 18–23) ein multidimensionales Konzept, das die folgenden fünf Unterstützungsdimensionen umfasst:

- emotionale Unterstützung
- Zusammensein, positiver sozialer Kontakt
- instrumentelle Unterstützung
- informationelle Unterstützung
- Bewertungs- bzw. Einschätzungsunterstützung

Der Begriff der *emotionalen Unterstützung* umfasst in der Konzeption von Schwarzer und Leppin (1989: 18) sowohl die positiven emotionalen Aspekte von sozialen Beziehungen wie auch die Gefühle, die indirekt mit Hilfeleistungen zur Lebensbewältigung zusammenhängen. Er umfasst also einerseits Erfahrungen wie Wertschätzung, Sympathie und das Gefühl der Zugehörigkeit, andererseits auch den Trost, der indirekt beispielsweise durch konkrete Hilfeleistungen, Zuhören, Beruhigen oder Umarmungen vermittelt wird (vgl. Schwarzer/Leppin 1989: 18).

Die Unterstützungsdimension des *Zusammenseins* oder der *positiven sozialen Kontakte* lässt sich in qualitativen Untersuchungen nur schwer von der emotionalen Unterstützung trennen, da mit dem Zusammensein oft auch emotionale Aspekte verbunden sind und es auf der anderen Seite keine emotionale Unterstützung ohne Zusammensein geben kann. Nach dem Konzept von Schwarzer und Leppin, das einer quantitativen Forschungslogik folgt, wird diese Dimension mithilfe von Fragebogenitems erfasst, welche spezifisch nach gemeinsamen Handlungen mit anderen Personen (hauptsächlich) in der Freizeit fragen, die von der antwortgebenden Person gewünscht und genossen werden. Hierzu gehören beispielsweise gemeinsame Aktivitäten wie gemeinsame Gottesdienste, Bibeltreffen, Feste, Essen, Theater- oder Kino-Besuche. Solche Aktivitäten können einen positiven Ausgleich gegenüber den Belastungen des

143 Für eine ausführlichere Darstellung verschiedener Unterstützungskonzepte vgl. Laireiter (2009: 89–90), Laireiter (1993), Schwarzer/Leppin (1989: 12–16).

Alltags schaffen und zudem zum Gefühl der Zugehörigkeit beitragen (vgl. Schwarzer/Leppin 1989: 19). Aufgrund der zunehmenden Bedeutung neuer Kommunikationstechnologien müssen heute aber auch Telefongespräche und digitale Formen des «Zusammenseins» beispielsweise über soziale Medien mit in den Blick genommen werden.

Die dritte Unterstützungsdimension, *instrumentelle Unterstützung*, umfasst alle Handlungen, die unmittelbar dabei helfen, Herausforderungen zu bewältigen oder einen bestimmten Zielzustand herzustellen. Hierzu gehört eine breite Palette konkreter Hilfeleistungen wie Geld ausleihen, materielle Gegenstände schenken, im Haushalt helfen, auf Tiere oder Kinder aufpassen, Chauffeurdienste sowie Unterstützung bei Behördengängen oder anderen Aufgaben (Schwarzer/Leppin 1989: 19). Instrumentelle Unterstützung ist insbesondere bei ressourcenarmen Personen von grosser Bedeutung, da sie es sich nicht leisten können, solche Aufgaben an professionelle Dienstleister auszulagern.

In ähnlicher Weise kommt auch die *informationelle Unterstützung* oft dann zum Tragen, wenn ein akutes Problem vorliegt und die betroffene Person nach einer entsprechenden Lösung sucht. Der Unterschied zur instrumentellen Unterstützung liegt dabei darin, dass die informationelle Unterstützung sprachlich zum Beispiel in Form von Ratschlägen oder Hinweisen erfolgt, die dabei helfen, neue Lösungen für das Problem zu sehen (Schwarzer/Leppin 1989: 19–20).

Die letzte von Schwarzer und Leppin vorgestellte Unterstützungsdimension wird *Einschätzungsunterstützung* oder auch *Bewertungsunterstützung* (engl. *appraisal support*) genannt. Diese Dimension lässt sich nur schwer von der informationellen Unterstützung abgrenzen, da auch sie meist sprachlich über Ratschläge oder Hinweise vermittelt wird. Der Unterschied zur informationellen Unterstützung besteht jedoch darin, dass sich hier die übermittelten Informationen primär auf das Verhalten des Unterstützungsempfängers beziehen. Einschätzungsunterstützung kann einer Person dabei helfen, sich selbst, ihre Fähigkeiten und Bedürfnisse besser einzuschätzen oder aus einer anderen Perspektive zu betrachten (Schwarzer/Leppin 1989: 19–20). Es handelt sich dabei also um Informationen, die sich gemäss dem transaktionalen Stress-Coping-Modell auf die «sekundäre Einschätzung» auswirken (vgl. Kapitel 6.2).

Diese Konzeptualisierung der sozialen Unterstützung zeigte sich im Verlauf der vorliegenden Studie als hilfreiches analytisches Instrument, um einen Teil der empirisch erfassten Interaktionen zu ordnen und in die entstehende Grounded Theory zu integrieren. Daher orientiert sich auch die Darstellung in Kapitel 9 weitgehend an den eben beschriebenen Dimensionen. Lediglich der Begriff der Einschätzungsunterstützung wird in der vorliegenden Studie etwas breiter gefasst. Hier werden unter diesem Begriff, anders als bei Schwarzer und Leppin, nicht nur Informationen, Ratschläge und Hinweise verstanden, die die Selbsteinschätzung (sekundäre Einschätzung) beeinflussen, sondern auch solche, die sich auf die Bewertung der belastenden Umstände (primäre Einschätzung) auswirken (vgl. Laireiter 2006: 3, Laireiter 1993: 28, Veiel/Ihle 1993: 60–61).

Diese Anpassung wurde vorgenommen, weil in den besuchten christlichen Migrationsgemeinden eine wesentliche Form der sozialen Unterstützung darin bestand, religiöse Interpretationsmuster zu vermitteln, die eine grundlegende Neuinterpretation der Gegebenheiten auslösen konnten.[144] Ein Beispiel hierfür wäre die Aussage: «*Deine Schwierigkeiten hier in der Schweiz sind nur vorübergehend, weil Gott dich prüfen will. Du bist wie Moses in der Wüste auf dem Weg zum Gelobten Land.*» Da die Vermittlung solcher Narrative oft zur Folge hatte, dass sich nicht nur die Einschätzung der zur Verfügung stehenden Ressourcen änderte, sondern auch die Einschätzung und die Bedeutsamkeit des Stressors, musste der Begriff entsprechend erweitert werden.

Die verschiedenen Formen sozialer Unterstützungsleistungen können von unterschiedlichen Personen gewährleistet werden: von nahen Familienmitgliedern über Freunde bis hin zu entfernten oder neuen Bekanntschaften. Zudem können im Verlauf des Lebens unterschiedliche Personen unterschiedliche Rollen bei der Unterstützung einer Person einnehmen. Dies hängt unter anderem damit zusammen, dass sich auch die Situationsanforderungen im Verlauf der Zeit ändern (vgl. Schwarzer/Leppin 1989: 22). Gerade einschneidende Lebensereignisse, wie sie auch die Migration in ein anderssprachiges Land darstellt, können das soziale Gefüge durcheinanderbringen und damit auch die eingespielten Unterstützungsbeziehungen.

Des Weiteren muss berücksichtigt werden, dass die soziale Unterstützung keine isolierte Variable darstellt. Das soziale Miteinander wird nicht nur an der Bereitstellung von Unterstützungsleistungen gemessen, sondern auch an der Beziehungsqualität. Normalerweise ist soziale Unterstützung ein Ausdruck einer persönlichen Beziehung, die geprägt ist durch positive Gefühle der Zuneigung, der Intimität, der Gegenseitigkeit und der Solidarität. Daher hat auch das Beziehungsverhältnis zwischen Unterstützer und Unterstützungsempfänger

---

[144] Vgl. hierzu die Ausführungen in Kapitel 9.3.

einen wesentlichen Einfluss darauf, ob und inwiefern sich Unterstützungsleistungen auf die Gesundheit und das Wohlbefinden einer Person auswirken (vgl. Nestmann 2009: 957, Duck et al. 1991, Sarason et al. 2001, Rutter 1987). Ist das Beziehungsverhältnis gestört oder wird es als schlecht empfunden, können Hilfeleistungen sogar eine negative Wirkung entfalten.

6.3.2 Negative Aspekte sozialer Unterstützung

Der Begriff «soziale Unterstützung» scheint ausschliesslich positive Aspekte zwischenmenschlicher Interaktionen zu umfassen. In der Unterstützungsforschung wird jedoch seit Jahren darauf hingewiesen, dass nicht alle Handlungen, die als soziale Unterstützung gedacht sind, wirklich hilfreich sind. Manche Handlungen können, selbst wenn sie gut gemeint sind, sogar negative Auswirkungen auf das Wohlbefinden der Unterstützungsempfänger haben (vgl. z. B. Laireiter/Lettner 1993, Nestmann 2009: 967, Schwarzer/Leppin 1989: 27, 49–55).

Grundsätzlich können bei Interaktionen der sozialen Unterstützung auf zwei Ebenen negative Aspekte unterschieden werden: *negative Aspekte sozialer Beziehungen* und *negative Aspekte der Unterstützungshandlungen* selbst (Laireiter/Lettner 1993: 104–109). Zur ersten Kategorie gehört eine ganze Reihe belastender Elemente zwischenmenschlicher Beziehungen und Interaktionen wie zum Beispiel: Konflikte, Zurückweisung, Ablehnung, ignoriert werden, Aggressionen, Ausnutzung, Vorurteile, Diskriminierung, mangelnder Respekt, persönliche Abneigung, emotionale Distanz, Drohungen, Blossstellungen, Beschuldigungen, überhöhte Anforderungen, Misstrauen, Spannungen, Einseitigkeiten in der Beziehung, Abhängigkeiten, Konkurrenzdenken, Überprotektion, Kontrolle, Einengung, Vertrauensbrüche, destruktive Interaktionsstile, Neid, Angst usw. (vgl. Laireiter/Lettner 1993: 106–107). Viele dieser Elemente sind auch in positiv empfundenen Beziehungen vorhanden. Sie werden erst dann zu einem Problem, wenn sie die positiven Aspekte überwiegen.

Die negativen Aspekte sozialer Unterstützungsleistungen lassen sich in Anlehnung an Laireiter und Lettner (vgl. 1993: 108–109) einteilen in:

- problematische Beziehung zwischen Unterstützer und Unterstützungsempfänger
- inadäquate oder ineffektive Unterstützung
- enttäuschte Unterstützungserwartung
- exzessive Hilfe

Die belastenden Elemente *problematischer Beziehungen* wurden soeben ausgeführt. In Bezug auf die soziale Unterstützung kann dem noch hinzugefügt werden, dass auch ein Mangel an Reziprozität als belastend empfunden werden kann. Bereits die Tatsache, von jemand anderem Unterstützung zu erhalten, kann in einer Person negative Gefühle hervorrufen wie das Gefühl des Versagens oder der Unfähigkeit. Zudem schafft das Ungleichgewicht Abhängigkeiten, die wiederum Scham-, Schuld- und Verpflichtungsgefühle nach sich ziehen können (Laireiter/Lettner 1993: 108).

Der Mensch strebt normalerweise nach einem Gleichgewicht in seinen Austauschbeziehungen. Wenn er sich für eine erhaltene Hilfeleistung nicht erkenntlich zeigen kann, wirkt sich dies langfristig negativ auf sein Selbstbild aus und kann sogar feindselige Gefühle dem Helfer gegenüber zur Folge haben. Aus diesem Grund ist es für Unterstützungsempfänger wichtig, dass sie die Negativbilanz durch eigene Leistungen in absehbarer Zeit wieder ausgleichen können (Laireiter/Lettner 1993: 109).

Ein zweiter negativer Aspekt sozialer Unterstützung sind *inadäquate* oder *ineffektive Handlungen*. Selbst wenn Hilfeleistungen gut gemeint sind, bedeutet dies nicht notwendigerweise, dass sie auch wirklich helfen. Manche Unterstützungsleistungen können in einer spezifischen Situation höchst effektiv, in einer anderen jedoch völlig nutzlos oder unangebracht sein (vgl. Schwarzer/Leppin 1989: 51). So können für eine Person, die traurig oder unglücklich ist, die Spässe und Freundlichkeiten hilfsbereiter Mitmenschen weniger hilfreich sein als das Zusammensein mit einer Person, der es offensichtlich noch schlechter geht. Oft sind gerade diejenigen Personen die besten Helfer, die in einer ähnlichen Situation stecken und vor ähnlichen Herausforderungen stehen. Auch Selbsthilfegruppen operieren auf der Grundlage dieser Erkenntnis (Mattson/Hall 2011: 204, Schwarzer/Leppin 1989: 62). Da auch Migrantengemeinden aus Personen bestehen, die ähnlichen Herausforderungen ausgesetzt sind, ist es möglich, dass sie effektiver Unterstützungsleistungen erbringen als andere Institutionen in der Aufnahmegesellschaft.

Allerdings gibt es bezüglich der Effektivität von Unterstützungsmassnahmen auch individuelle Unterschiede. Was sich bei einer Person als hilfreich erweist, kann bei einer anderen Person mehr Schaden anrichten als helfen, selbst wenn sie unter ähnlichen Problemen leidet. Ob eine Hilfeleistung tatsächlich hilft, hängt also neben den situativen Bedingungen auch von persönlichen Eigenschaften des Empfängers ab (vgl. Schwarzer/Leppin 1989: 60).

Eine Sonderform inadäquater Unterstützung ist das Nicht-Erbringen von Unterstützung, wenn sie erwartet wird. Dies führt zu *enttäuschter Unterstützungserwartung*. Personen mit enttäuschter Unterstützungserwartung befinden sich meist bereits in einer problematischen Lage und wünschten sich zu deren Bewältigung Hilfe von aussen. Wenn sie in dieser Situation von Personen keine Unterstützung erhalten, von denen sie sich Unterstützung erhofften, führt dies zu einer weiteren emotionalen Belastung. Sie fühlen sich gekränkt oder alleingelassen, was sich zusätzlich negativ auf ihr Befinden auswirken kann (Laireiter/Lettner 1993: 108).

Ähnlich wie fehlende Unterstützung kann auch ein *Übermass* an gutgemeinter Unterstützung problematisch sein. Denn zum einen können sich – wie oben bereits ausgeführt wurde – einseitige Unterstützungsverhältnisse negativ auf das Selbstwertgefühl einer Person auswirken. Zum anderen werden dadurch Abhängigkeiten geschaffen und andere Bewältigungsstrategien behindert. Oft wird solch exzessive Hilfe im Kontext hoch kohäsiver Netzwerke und Beziehungssysteme gegeben. Manchmal sind damit zusätzlich negative Aspekte sozialer Beziehungen verbunden wie zum Beispiel die Einmischung in persönliche Angelegenheiten, subtile Abwertungen, Entzug von Kompetenzen und Ähnliches (Laireiter/Lettner 1993: 109). In der wissenschaftlichen Literatur wird dieses Phänomen auch unter den Begriffen «*overprotection*» und «*overinvolvement*» diskutiert (vgl. Zniva et al. 2017, Salla/Michel 2014).

6.3.3 Soziale Unterstützung und Coping

Die Verbindung von Ansätzen der sozialen Unterstützung und des Copings ist nicht neu. Bereits Lazarus und Launier (1981: 130) schrieben in einer ihrer früheren Publikationen, dass die Mobilisierung von sozialer Unterstützung eine wichtige Möglichkeit zur Stressbewältigung darstellt. Die beiden Konstrukte können jedoch unterschiedlich miteinander in Beziehung gesetzt werden. Gemäss Veiel und Ihle (1993: 55–57) kann soziale Unterstützung in Zusammenhang mit Coping auf drei verschiedene Weisen operationalisiert werden: als Coping-Modus, als Ressource[145] oder als Hilfe beim Coping.

[145] An dieser Stelle ist mit dem Begriff *Ressource* eine spezifische Form der Operationalisierung der sozialen Unterstützung nach Veiel und Ihle (1993) gemeint. Dies ist nicht zu verwechseln mit der allgemeineren Verwendung des Ressourcen-Begriffs an anderen Stellen der vorliegenden Studie.

Unter dem ersten Begriff *Coping-Modus* verstehen die beiden Autoren eine aktive Suche nach sozialer Unterstützung in herausfordernden Situationen (Veiel/Ihle 1993: 55). Mithilfe dieser Konzeption kann untersucht werden, inwiefern sozialer Beistand als eine – von womöglich mehreren – Coping-Strategien proaktiv aufgesucht wird, um mit einer Belastung fertigzuwerden. Wird soziale Unterstützung dagegen als *Ressource* operationalisiert, fällt das strategische Element weitgehend weg, da in diesem Zusammenhang Ressource als etwas verstanden wird, das durch das Umfeld bereitgestellt wird, ohne dass sich der Empfänger aktiv darum bemühen muss. Der Empfänger muss noch nicht einmal von der potenziellen Verfügbarkeit der Ressource wissen, um im Bedarfsfall davon profitieren zu können (vgl. Veiel/Ihle 1993: 56). Als dritte Verbindungsform kann die Konzeption der sozialen Unterstützung als *Coping-Hilfe* dabei helfen, zu verstehen, inwiefern sozialer Beistand andere Techniken der Stress-Bewältigung anregen kann oder diese bei der Stress-Bewältigung unterstützt. Im Gegensatz zur Konzeption als «Modus» stehen hier die beiden Konstrukte Coping und soziale Unterstützung nicht in einem hierarchischen Verhältnis zueinander, sondern stellen eigenständige Prozesse dar, die sich gegenseitig beeinflussen (Veiel/Ihle 1993: 56).

Die genaue Zuordnung und Verbindung von *Coping* und *sozialer Unterstützung* ist vor allem in quantitativen Untersuchungen relevant, da die Art und Weise ihrer Verbindung wesentlich darüber bestimmt, wie die Konstrukte in Fragebögen operationalisiert und abgefragt werden. Da die Ansätze in der vorliegenden Studie lediglich als sensibilisierende Konzepte herangezogen wurden, war es nicht notwendig, ihre genaue Verbindung vorab zu definieren. Vielmehr hat sich im Verlauf der Studie gezeigt, dass die soziale Unterstützung in Migrationsgemeinden für unterschiedliche Personen unterschiedliche Bedeutungen hatte. Während manche sie in Problemsituationen aktiv aufsuchten (Coping-Modus), war sie für andere eher ein positiver Nebeneffekt einer religiösen Sinnsuche (Ressource) und für andere wiederum ein Hilfsmittel zur Aktivierung anderer Coping-Strategien wie zum Beispiel der religiösen Neuinterpretation ihrer Lebenssituation (Coping-Hilfe).

Eine zweite bedeutende Frage, die sich bei der Operationalisierung der sozialen Unterstützung stellt, bezieht sich darauf, auf welche Weise sich sozialer Beistand auf die Bewältigung von Belastungssituationen und das allgemeine Wohlbefinden auswirkt. Hier werden in der Unterstützungsforschung drei verschiedene Wirkungsmechanismen unterschieden: Präventionswirkung, Puffereffekt und Direkteffekt (Diewald/Sattler 2010: 694–695). Von einer *Präven-*

tionswirkung wird dann gesprochen, wenn soziale Unterstützung das Auftreten von Stressoren von vornherein unterbindet oder zumindest ihr Ausmass reduziert. Ein *Puffereffekt* liegt dann vor, wenn die Stressoren trotz der sozialen Unterstützung zwar noch auftreten, die Unterstützung jedoch dabei hilft, deren negative Auswirkungen auf das Wohlbefinden zu reduzieren oder gänzlich zu beseitigen. Und ein *Direkteffekt* ist dann vorhanden, wenn sich die soziale Unterstützung unabhängig vom Auftreten oder Nichtauftreten einer Belastungssituation positiv auf das Wohlbefinden einer Person auswirkt (Diewald/Sattler 2010: 694).

Auch diese Unterscheidung ist für quantitative Studien relevanter als für qualitative. Dennoch halfen alle soeben ausgeführten Differenzierungen, im Rahmen dieser Studie den Blick für die verschiedenen Wirkungsweisen und Verknüpfungsmöglichkeiten von sozialer Unterstützung und Coping zu schärfen. Zudem konnten daraus drei wichtige Erkenntnisse abgeleitet werden. Die erste Erkenntnis besteht darin, dass soziale Unterstützung schon bei der *Prävention* von Stress helfen kann. Wer das Gefühl hat, in Belastungssituationen von seinem sozialen Umfeld gestützt zu werden und mit seinen Problemen nicht allein dazustehen, kann gegenüber Stressoren eine gewisse Resilienz entwickeln. In der Terminologie des transaktionalen Stress-Modells bedeutet dies, dass die soziale Unterstützung als Ressource bei der sekundären Einschätzung wahrgenommen wird und somit die Entstehung von psychischem Stress reduziert (vgl. Abbildung 26).

Zweitens können soziale Beziehungen aber auch dann noch hilfreich sein, *nachdem* psychischer Stress bereits entstanden ist. So kann das soziale Umfeld beispielsweise direkt Ressourcen zur Bewältigung von Problemen beisteuern (w. z. B. ökonomische Mittel in einer akuten finanziellen Notlage) oder es kann dabei helfen, andere Coping-Mechanismen zu aktivieren oder zu fördern (w. z. B. interne kognitive Vorgänge). Dies bedeutet mit Blick auf das transaktionale Modell, dass soziale Unterstützung neben der präventiven Funktion auch eine Rolle als externe Ressource beim emotions- oder problemorientierten Coping einnehmen kann.

Abbildung 26: Soziale Unterstützung als Ressource im transaktionalen Stress-Coping-Modell

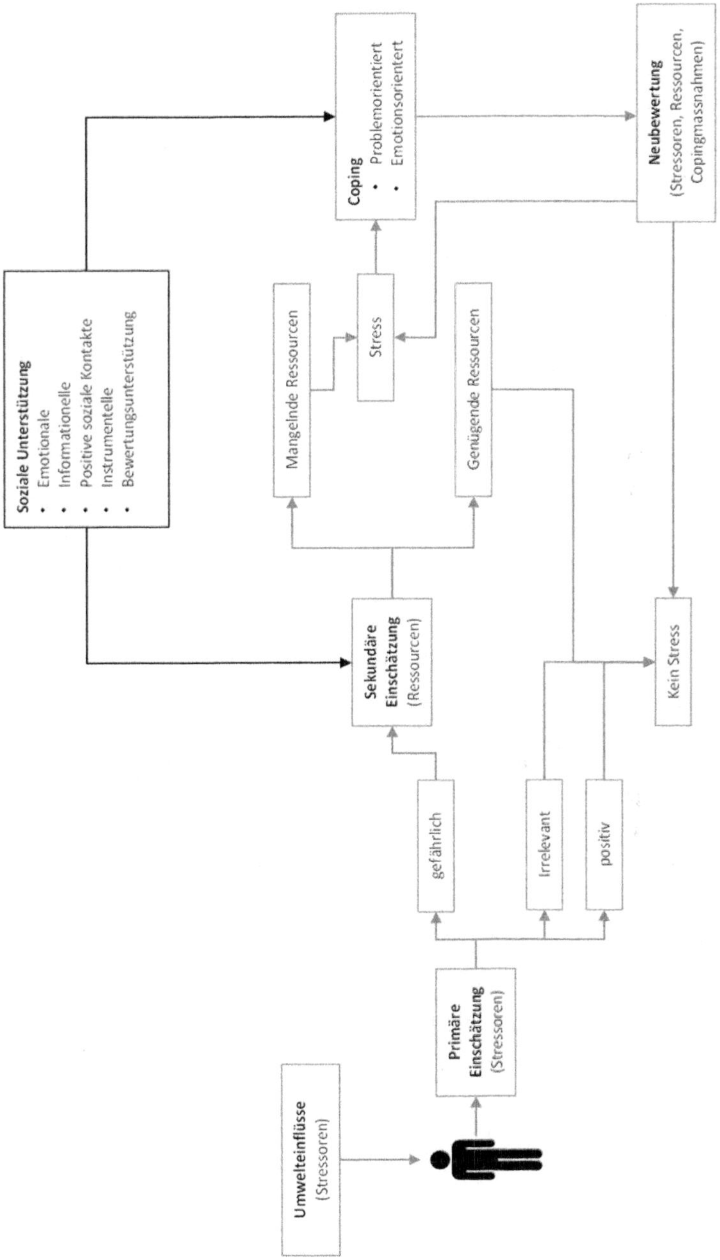

Eine letzte Erkenntnis besteht schliesslich darin, dass soziale Unterstützung über den *Direkteffekt* selbst dann eine positive Auswirkung auf das Wohlbefinden einer Person haben kann, wenn keine besondere Belastungssituation vorliegt. Die Einbindung in ein soziales Netzwerk kann also die Lebenssituation einer Person verbessern, selbst wenn keine konkreten Herausforderungen bestehen, die sie bewältigen muss. In solchen Fällen sind die positiven Auswirkungen sozialer Beziehungen «*mehr oder weniger unintendierte und unbeabsichtigte ‹Neben›produkte und Begleiterscheinungen alltäglichen Zusammenlebens*» (Nestmann 1988: 80) und werden oft gar nicht als Unterstützung wahrgenommen.

6.3.4 Abgrenzung von verwandten Konzepten

Die Bedeutungen, Funktionen und Strukturen sozialer Beziehungen können auf unterschiedliche Arten erfasst und analysiert werden. Zwei Ansätze, die hierfür in empirischen Untersuchungen häufig herangezogen werden, sind das Konzept des *sozialen Netzwerkes* und das Konzept des *Sozialkapitals*. Da sie denselben Gegenstand behandeln wie die soziale Unterstützung, wird nachfolgend kurz skizziert, worin die bedeutendsten Unterschiede und Überschneidungen zwischen den drei Konzepten bestehen.

Soziales Netzwerk

Ähnlich wie der Begriff der sozialen Unterstützung hat auch der Begriff des sozialen Netzwerks historische Wurzeln in mehreren wissenschaftlichen Disziplinen. Er fand früh sowohl in der Soziologie wie auch in der Sozialanthropologie und der Sozialpsychologie Anwendung. Dementsprechend gibt es auch für ihn weder eine allgemeingültige Definition noch einen einheitlichen theoretischen Bezugsrahmen. Vielmehr wurde der Begriff je nach Erkenntnisinteresse auf unterschiedliche Weisen definiert und konzeptualisiert (Laireiter 2009: 76, 85). Der Soziologe Harro Kähler definiert den Begriff beispielsweise wie folgt:

> «Der Begriff des sozialen Netzwerks bezieht sich auf das Geflecht der – in der Regel: sozialen – Beziehungen, die zwischen einer definierten Menge von einzelnen Einheiten – in der Regel: Individuen – beobachtet werden können.» (Kähler 1975: 283)

Kähler weist in seiner Definition mit der Einschränkung «in der Regel» darauf hin, dass unter dem Netzwerk-Begriff nicht nur die sozialen Beziehungen von Individuen, sondern auch diejenigen anderer sozialer Entitäten, wie Gruppen, Institutionen oder Familien, untersucht werden (Laireiter 2009: 76). Dies stellt bereits einen bedeutenden Unterschied zum Konzept der sozialen Unterstützung dar, das vorwiegend auf interpersonale Beziehungen angewendet wird.

Ferner wird aus der Definition von Kähler ersichtlich, dass sich der Begriff des sozialen Netzwerks auf das Beziehungs*geflecht* zwischen Individuen – und anderen sozialen Einheiten – bezieht. Dementsprechend befasst sich die Netzwerkforschung vor allem mit den formalen und strukturellen Aspekten von Beziehungsnetzen. Zu deren Untersuchung steht ihr mit der *Netzwerkanalyse* ein spezifisches methodisches Repertoire zur Verfügung. Die konkreten Inhalte oder Qualitäten der Beziehungen stehen nicht in ihrem Fokus (vgl. Diewald/Sattler 2010: 689, Laireiter 2009: 76, 94–95). Genau diese Aspekte zeigten sich in der vorliegenden Studie jedoch als äusserst relevant. Daher wurde hier der Schwerpunkt auf die soziale Unterstützung gelegt.

Während sich das Konzept des sozialen Netzwerks eher auf die *Infrastruktur* des Beziehungsgeflechts bezieht, wird mithilfe des Konzeptes der sozialen Unterstützung eine wichtige *Funktion* solcher Netzwerke untersucht. Diese Funktion besteht darin, dass Personen über Netzwerkverbindungen verschiedene Ressourcen zur Befriedigung von psychischen, informationellen und instrumentellen Bedürfnissen erhalten können. Dabei geht es unter anderem um die Frage, inwiefern diese Ressourcen ihr Wohlbefinden, ihre Lebensqualität und ihre Möglichkeiten zur Bewältigung von Herausforderungen beeinflussen (vgl. Laireiter 2009: 95).

Folglich kann festgehalten werden, dass das Konzept des sozialen Netzwerks eher eine *analytisch-deskriptive* Perspektive auf das soziale Beziehungsgeflecht bietet, während das Konzept der sozialen Unterstützung sich aus *funktionaler* Perspektive mit einem spezifischen Aspekt eben dieser Beziehungen auseinandersetzt (vgl. Laireiter 2009: 96). Dabei gibt es zwar inhaltliche Überschneidungen, doch sind die Begriffe nicht deckungsgleich. Schliesslich zieht ein grosses soziales Netzwerk nicht in jedem Fall auch viel soziale Unterstützung nach sich (vgl. Schwarzer/Leppin 1989: 3).

Sozialkapital

Ein weiteres Konzept, das oft zur Untersuchung von sozialen Beziehungen herangezogen wird, verbirgt sich hinter dem Begriff des *Sozialkapitals*. Er hat in den Sozialwissenschaften seit den 1980er Jahren Konjunktur, wodurch er in manchen Disziplinen den Begriff der sozialen Unterstützung in den Hintergrund gedrängt hat. Ausnahmen hiervon bilden die Psychologie und die Gesundheitsforschung (vgl. Diewald/Sattler 2010: 697). Auch der Sozialkapital-Begriff wurde in der wissenschaftlichen Literatur bereits vielfach auf unterschiedliche Weise definiert. Zwei Definitionen, die in empirischen Studien häufig herangezogen werden, sind diejenigen von Pierre Bourdieu (1983) und James Coleman (1990, 1988).

Bourdieu entwickelte seine Konzeption des sozialen Kapitals in Abgrenzung zur Wirtschaftstheorie, die sich lange Zeit auf das ökonomische Kapital fokussierte und andere Formen sozialer Austauschbeziehungen ausser Acht liess (vgl. Bourdieu 1983: 184). Er versteht Sozialkapital als eine Ressource, die mit dem Besitz eines Netzwerkes verbunden ist oder auf der Zugehörigkeit zu einer bestimmten Gruppe beruht. Da mit Hilfe des sozialen Kapitals auch die ökonomischen, kulturellen und sozialen Ressourcen anderer Personen mobilisiert werden können, übt es einen Multiplikatoreffekt auf die Ressourcen seines Besitzers aus (Bourdieu 1983: 190–191). Diese Ressourcen können zum Beispiel dazu verwendet werden, die eigene Position in der sozialen Hierarchie einer Gruppe zu verbessern.

Auch gemäss der Coleman'schen Konzeption erleichtert das Sozialkapital es Individuen, gewisse Ziele zu erreichen. Im Gegensatz zu Bourdieu versteht Coleman Sozialkapital allerdings als eine Ressource, die sich nicht im Besitz eines einzelnen Individuums befindet, sondern in den Beziehungsstrukturen selbst zu finden ist (Coleman 1990: 302, Coleman 1988: S98).

Die fehlende konzeptuelle Schärfe der beiden Begriffe Sozialkapital und soziale Unterstützung macht es schwierig, sie eindeutig und allgemeingültig voneinander abzugrenzen, zumal sie sehr ähnliche Phänomene beschreiben (vgl. Diewald/Sattler 2010: 689). Ein wichtiger Unterschied besteht jedoch darin, dass Sozialkapital normalerweise eher als Ressource im *soziologischen* Sinn verstanden wird, also als eine Ressource, die sich zum Beispiel auf die soziale Position auswirken kann, die ein Individuum innerhalb einer Gesellschaft oder einer Gruppierung einnimmt. Daher werden Sozialkapital-Ansätze oft zur Untersuchung von Fragestellungen im Bereich der sozialen Ungleichheit herangezogen (vgl. Haug 2007: 85).

Psychologische Aspekte sozialer Beziehungen wie ihr emotionaler Gehalt, das damit verbundene Gefühl der Geborgenheit oder ihr Einfluss auf Kognitionen und die Interpretation von Lebensumständen werden normalerweise nicht unter diesem Begriff behandelt.[146] Genau hierin besteht aber die Stärke des Konzepts der sozialen Unterstützung. Mit seiner Hilfe kann untersucht werden, inwiefern über konkrete soziale Interaktionen und Beziehungen Ressourcen vermittelt werden, die sich entweder direkt auf das Wohlbefinden einer Person auswirken oder eine Funktion bei der problem- bzw. emotionsorientierten Bewältigung von Herausforderungen einnehmen können (vgl. Diewald/Sattler 2010: 690–691).

Die meisten Personen, die für die vorliegende Studie befragt wurden, reflektierten ihre sozialen Beziehungen nicht im Hinblick auf soziale Ungleichheit oder Machtkonstellationen. Für sie standen vielmehr positive Emotionen wie Geborgenheit, Gemeinschaftsgefühl sowie das Gefühl im Vordergrund, von anderen als Mensch wahrgenommen und geschätzt zu werden. Daher wurde in dieser Studie das Konzept der sozialen Unterstützung demjenigen des Sozialkapitals vorgezogen.

6.4 Forschungsstand

Lange Zeit fanden religiöse Migrantengemeinden in der sozialwissenschaftlichen Forschung nur wenig Beachtung. Nach einem regelrechten Boom in den vergangenen 20 Jahren gibt es inzwischen jedoch so viele Publikationen in diesem Themenbereich, dass eine vollständige Literaturübersicht an dieser Stelle zu weit führen würde. Daher werden in der folgenden Darstellung anhand von ausgewählten Studien vorwiegend aus dem deutschsprachigen Raum nur die wichtigsten Forschungsparadigmen und Erkenntnisse vorgestellt, die für die vorliegende Studie relevant sind.[147]

---

[146] Dies gilt auch für andere geläufige Sozialkapital-Definitionen wie die von Baker (1990), Putnam (1995) oder Fukuyama (1995). S. hierzu auch die Übersicht von Adler/Seok-Woo (2000: 91–92).

[147] Die geographische Konzentration auf den deutschsprachigen Raum bietet sich auch daher an, weil die Migrationsbedingungen international stark variieren. Länder wie die

6.4.1 Forschung zu Migrantenorganisationen

Während im traditionellen Einwanderungsland USA Migrantenorganisationen bereits früh im Fokus akademischer Forschung standen, dauerte dies in Europa etwas länger. Hier wurden erst ab den 1980er und 1990er Jahren in einzelnen europäischen Ländern, allen voran in Grossbritannien, Frankreich und Deutschland, Vereine und Organisationen von Migranten untersucht (vgl. Reiser 2009: 349–350). Damit begann auch gleich die Diskussion darüber, ob solche Vereinigungen eher positiv oder eher negativ zu bewerten seien. Als ausschlaggebender Indikator für die Bewertung galt in vielen Untersuchungen die Frage, ob Migrantenorganisationen eher integrationsfördernd oder -hemmend wirken (vgl. Weiss/Thränhardt 2005: 16, Reiser 2009: 349–350).

Diese Diskussion zeigt sich exemplarisch an der Debatte zwischen dem Anthropologen Georg Elwert und dem Soziologen Hartmut Esser. Elwert vertrat – unter anderem mit Blick auf frühe Studien der Chicagoer Schule – die These, dass sich die sogenannte Binnenintegration, also die Eingliederung von Migranten in eigene soziale Netzwerke, positiv auf ihre Integration in die Aufnahmegesellschaft auswirken kann (vgl. Elwert 1982: 718).[148] Esser entgegnete auf die Thesen von Elwert, dass mit der Binnenintegration aber auch Gefahren verbunden sein können, und wies darauf hin, dass Migrantengruppen dadurch in einen Teufelskreis von interner Selbstausgrenzung (Milieu- oder Ghettobildung) und externer Ausgrenzung (Distanzierung, Stereotypisierung und Stigmatisierung) geraten können – was schliesslich dazu führen kann, dass sich die wechselseitige Offenheit von Migranten und Aufnahmegesellschaft, ethnische Grenzen zu überschreiten, zunehmend verringert (Esser 1986: 110–114).

Zu Beginn des 21. Jahrhunderts wurde dieses Schwarz-Weiss-Denken, das den wissenschaftlichen Diskurs rund um Migrantenorganisationen lange Zeit prägte und solchen Organisationen pauschal entweder eine positive oder negative Funktion im Migrationskontext attestierte, zunehmend kritisiert. So zeigte Weiss (2005) beispielsweise an den Selbsthilfestrukturen vietnamesischer Zu-

---

USA, Frankreich oder Grossbritannien, die ebenfalls über eine langjährige Forschungstradition im Bereich der Migration verfügen, weisen aufgrund der unterschiedlichen Geschichte und Einwanderungspolitik andere Migrationsdynamiken auf als Deutschland, Österreich und die Schweiz. Zudem spiegeln auch Studien aus dem deutschsprachigen Raum internationale Paradigmenwechsel und Entwicklungen in der Migrations- und Religionsforschung wider.

148 Eine ähnliche These vertrat etwas später auch Heckmann (vgl. Heckmann 1998).

wanderer in der ehemaligen DDR vor und nach der Wende auf, dass sich die Funktion von Migrantenorganisationen im Verlauf des politischen Umbruchs zusammen mit den gesellschaftlichen Rahmenbedingungen sowie den Möglichkeiten und Bedürfnissen der Migranten veränderte. Demnach können sich Migrantenorganisationen also unterschiedlich entwickeln, je nachdem wie es um die Rahmenbedingungen in und ausserhalb der Migrantengruppe steht (Weiss 2005: 56–60). Gemäss dieser Erkenntnis betrachten jüngere Studien Migrantenorganisationen nicht mehr pauschal als positive oder negative Akteure im Migrations- und Integrationsprozess, sondern versuchen diese Dichotomie mit einer differenzierteren Betrachtungsweise zu überwinden (vgl. Pries 2010: 10). Auch die vorliegende Studie ist diesem Forschungsparadigma zuzuordnen.

6.4.2 Forschung zu religiösen Migrantengemeinden

Trotz des starken Fokus auf Aspekte der Integration und der Konfliktpotenziale wurde der Aspekt der Religion im sozialwissenschaftlichen Migrationsdiskurs lange Zeit vernachlässigt (vgl. Six-Hohenbalken 2009: 247). Ein wichtiger Grund dafür liegt darin, dass die sozialwissenschaftliche Forschung von den Säkularisierungstheorien geprägt war, die davon ausgingen, dass der Faktor Religion in der Moderne aufgrund von Prozessen wie Rationalisierung und Individualisierung zunehmend an gesellschaftlicher Bedeutung verliere (vgl. Baumann 2002: 4, Lehmann 2004: 36).

Schon bald stellte sich jedoch heraus, dass gerade die Migration zu einer zunehmenden Wiederbelebung des öffentlichen und politischen Religionsdiskurses führen sollte.[149] Damit kam es ab Mitte der 1990er Jahre nach längerer Zeit des Schattendaseins schliesslich zu einem regelrechten Boom des Themas Religion in den Sozialwissenschaften (vgl. Lehmann 2008: 4), der aufgrund verschiedener internationaler Entwicklungen bis heute immer wieder von Neuem belebt wird.[150]

---

149 Siehe hierzu bspw. Lindemann/Stolz (2016) und Galizia (2016).

150 Zu erwähnen sind hierzu beispielsweise die Jugoslawienkriege in den 1990er Jahren, die islamistisch motivierten Anschläge am 11. September 2001 auf US-Boden, die darauf folgenden militärischen Interventionen westlicher Staaten in mehrheitlich muslimischen Ländern (wie in Afghanistan, Irak und Syrien), die sogenannte Flüchtlingskrise in Europa im Jahr 2015, das Aufkommen des Hindu-Nationalismus unter Narendra Modi in Indien oder die Verfolgung der Rohingya in Myanmar. In all diesen Konflikten und

Die empirische sozial- und religionswissenschaftliche Auseinandersetzung im Bereich von Religion und Migration fokussierte sich zunächst vor allem auf «zugewanderte Religionsgemeinschaften». Beispiele hierfür sind die Studien von Baumann (2000), Mahnig (2000), Kaweh (2006), EKM (2010a), Schneuwly Purdie (2011), Hitz (2012), Endres et al. (2013), Baumann/Tunger-Zanetti (2014), Suder (2015), Wettich (2015), Wolf (2015) und Marla-Küsters (2015). Insbesondere islamische Gemeinschaften fanden in vielen dieser Studien Beachtung.

Obwohl in diesen Studien unterschiedliche Migrantengruppen und unterschiedliche Religionsgemeinschaften untersucht wurden, hat sich darin ein relativ breiter Konsens darüber ergeben, dass Religion für Migranten in zweifacher Hinsicht bedeutend sein kann: zum einen als «Orientierungs- und Sinnsystem» und zum anderen als «soziale Kraft».[151] In der Funktion als Sinnsystem können Religionen im Migrationskontext dazu dienen, Erlebtes in einem sinnhaften Licht zu interpretieren, und sie geben aufgrund eines mittradierten Werte- und Normensystems auch Handlungsorientierungen (vgl. Klinkhammer 2004: 13). Für einige Migranten ist Religion zudem eine wichtige Quelle der Selbstverortung und -positionierung und kann damit in einer kulturell als fremd empfundenen Umgebung als «Identitätsanker» dienen (vgl. Lauser/Weissköppel 2008: 9, Reiser 2009: 347). Weiter können religiöse Traditionen und Vereinigungen psychologisch-emotionalen Halt und Trost bieten sowie ein «*Gefühl von Vertrautheit und Heimatverbundenheit*» fördern (Baumann 2000: 17–18).

Daneben haben die meisten Religionsgemeinschaften aber auch eine soziale Komponente. Gemeinsame religiöse Vorstellungen führen Menschen zusammen, helfen dabei, selbst aus losen Einzelpersonen Gemeinschaften zu bilden, und dienen als «Bindekitt» für deren Gruppenzusammenhalt (Baumann 2004: 23–24, Baumann 2000: 20). Religiöse Gemeinden erhöhen oft das sozi-

Entwicklungen war die Religion – zumindest im öffentlichen Diskurs – als Identitätsmarker sehr präsent. Damit brachten sie deutlich zum Vorschein, dass Religion auch in der Moderne weiterhin eine soziale Bedeutung zukommt.

151 Religion und Religionsgemeinschaften können im Migrationsprozess eine bedeutende Rolle einnehmen, sie müssen es jedoch nicht. Bereits Baumann (2002) hat festgestellt, dass der Religion im Migrationsprozess unterschiedliche Bedeutung zugemessen wird. Während sich manche Migranten nach der Migration stärker auf ihre religiöse Herkunft besinnen, distanzieren sich andere davon und wiederum andere passen ihre Religion dem neuen sozialen Umfeld an und interpretieren Traditionen in einem neuen Licht (vgl. Baumann 2002: 5–6).

ale Kapital von Migranten, betreiben Erziehungs- und Bildungsarbeit, Krankenfürsorge und Sozialarbeit (Klinkhammer 2004: 13) und helfen so Neuankömmlingen, sich in der neuen Umgebung zurechtzufinden.

6.4.3 Forschung zu christlichen Migrantengemeinden

Wie die Zuwanderer anderer Religionsgemeinschaften organisieren sich auch viele Migranten christlicher Konfessionen in Migrantengemeinden. Durch die starke Fokussierung auf Fragen der Integration und Segregation wurden christliche Migrationsgemeinden sowohl im öffentlichen wie auch im wissenschaftlichen Diskurs lange Zeit kaum beachtet. Dabei haben viele Migranten in europäischen Ländern einen christlichen Hintergrund (vgl. Nagel 2013: 29). In der Schweiz gehörten im Jahr 2016 52% der über 15-jährigen Personen mit Migrationshintergrund einer christlichen Kirche an, während die Angehörigen aller anderen Religionsgemeinschaften zusammengenommen gerade einmal auf 17% der Migrationsbevölkerung kamen (vgl. BFS 2018d).[152]

Auch die Forschung zu christlichen Migrantengemeinden fokussierte sich zunächst auf die aus europäischer Sicht eher ungewohnten Formen des Christentums. Dies zeigt sich beispielsweise im Sammelband von Bergunder und Haustein (2006). Darin wurde bereits kurz nach der Jahrtausendwende eine Reihe von Aufsätzen zu pfingstlich-charismatischen Migrationsgemeinden publiziert, wobei vor allem afrikanische Migrationskirchen im Fokus standen (vgl. Adogame 2006, Karagiannis 2006, Haustein 2006). Im Verlauf der Zeit wurde das Spektrum der untersuchten christlichen Gemeinden zusehends ausgedehnt. Inzwischen existieren neben weiteren Studien, die sich mit afrikanischen Gemeinden auseinandersetzen wie diejenigen von Simon (2003) und Jaggi (2005), auch Untersuchungen zu chinesischen (Lüdde 2011, 2013), koreanischen (Weiss 2017) und brasilianischen Migrationskirchen (Döring 2013).[153]

Studien, in denen katholische Migrantengemeinden untersucht werden, sind im deutschsprachigen Raum nach wie vor sehr selten. Ausnahmen davon bilden Aufsätze aus (pastoral-)theologischer Perspektive wie diejenigen von

[152] Die Konfessionslosen machen unter den in der Schweiz lebenden Personen mit Migrationshintergrund 29% aus, bei 2% ist die Religionszugehörigkeit unbekannt (vgl. BFS 2018d).

[153] Für weitere Studien zu protestantischen Migrationskirchen s. a. Jaggi/Benz (2009), Heuser (2006), Röthlisberger/Wüthrich (2009), Dümling (2011) und Währisch-Oblau (2009).

Mmagu (2008), Polak (2015), Bünker (2017) und Hüser (2017) sowie einzelne Studien aus sozialwissenschaftlicher Perspektive wie diejenigen von Thränhardt (2005), Thränhardt/Winterhagen (2012), Winterhagen (2013), Albisser (2016) und Foppa (2015).

6.4.4 Forschung zu sozialer Unterstützung in religiösen Migrantengemeinden

Obwohl viele Untersuchungen, die sich mit religiösen Migrantengemeinden befassen, die Bedeutung der sozialen Gemeinschaft als Quelle für migrationsrelevante Ressourcen implizit oder explizit erwähnen, wurden diese Ressourcen im deutschsprachigen Raum kaum je als soziale Unterstützung konzeptualisiert. Dies liegt vermutlich daran, dass Fallstudien zu religiösen Migrantengemeinden oft einen qualitativen Forschungsansatz haben und das Konzept der sozialen Unterstützung vor allem in quantitativen Untersuchungen zur Anwendung kommt. Quantitative Studien zur sozialen Unterstützung nehmen auf der anderen Seite eher das Gesamtnetzwerk von Individuen in den Blick und fragen kaum je danach, inwiefern in einer bestimmten Migrationsgemeinde soziale Unterstützung vermittelt wird.[154]

Wenn man auch die internationale Forschung mit in den Blick nimmt, sieht die Situation jedoch anders aus. Gerade aus den USA, wo die Untersuchung religiöser Gemeinschaften in sozialwissenschaftlichen Studien eine längere Tradition hat, gibt es mehrere Studien zur Bedeutung von sozialer Unterstützung für Zuwanderer in religiösen Gemeinschaften. Siehe hierzu zum Beispiel die Studien von Ebaugh/Pipes (2001), Garcia (2005), Chatters et al. (2011), Liou/Shenk (2016) und Nguyen et al. (2016b). Hier finden sich auch einzelne Studien zur Bedeutung christlicher Gemeinden für lateinamerikanische Zuwanderer wie die von Odem (2004), Appleby (2011), Fuchsel (2012) und Hernandez et al. (2016). Allerdings lassen sich die Ergebnisse aus den USA nicht ohne Weiteres auf den europäischen Kontext übertragen, da sich die Migrationskontexte voneinander unterscheiden. So existieren zum Beispiel grosse Unterschiede im Hinblick auf das Migrationsregime sowie auf die Bedeutung christlicher Gemeinschaften und den Status lateinamerikanischer Zuwanderer in der Aufnahmegesellschaft.

---

[154] Vgl. hierzu die Studien von Olbermann (2003), Dahinden (2005), Wong et al. (2005), Dunn/O'Brien (2009), Ayón/Naddy (2012) und Herz (2014).

6.5 Zusammenfassung und Verortung der Studie

Wie die kurze Übersicht in Kapitel 6.4 zeigt, hat die sozialwissenschaftliche Forschung zu religiösen Migrationsgemeinden seit den 1980er Jahren stark zugenommen, so dass viele Forschungslücken geschlossen werden konnten. Weiterhin existiert aber – vor allem im deutschsprachigen Raum – ein Forschungsdefizit im Bereich der christlichen Migrationsgemeinden. Gerade spanischsprachige christliche Migrationsgemeinden sind noch weitgehend unerforscht, obwohl sie zum Teil bereits seit mehr als einem halben Jahrhundert existieren. Die vorliegende Studie soll nun einen Beitrag dazu leisten, diese Lücke zu füllen.

Abbildung 27: Verortung der verwendeten Forschungsperspektive

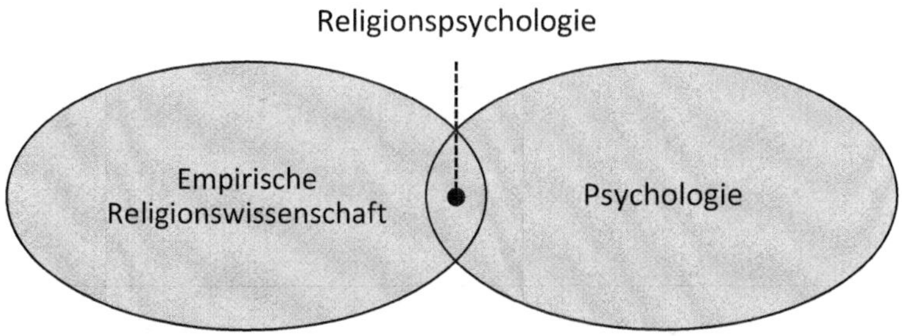

Im Verlauf der Untersuchung hat sich gezeigt, dass viele der Befragten die Migration als Herausforderung und die sozialen Beziehungen in den Migrantengemeinden als eine Ressource zur Bewältigung dieser Herausforderungen betrachteten. Aufgrund dieser Erkenntnis habe ich zur theoretischen Sensibilisierung im Sinne der Grounded Theory Methodologie das transaktionale Stress-Coping-Modell (Lazarus 1990, Lazarus/Launier 1981, Lazarus/Folkman 1984) sowie das Konzept der sozialen Unterstützung (Schwarzer/Leppin 1989) herangezogen. Daraus entwickelte sich eine Forschungsperspektive, die in der Schnittmenge von empirischer Religionswissenschaft und Psychologie anzusiedeln ist (vgl. Abbildung 27). Somit fällt diese Studie in den Bereich der Religionspsychologie, einer Disziplin, die im deutschsprachigen Raum bisher kaum institutionell verankert ist (vgl. Murken 2009: 34–35).

7 Herausforderungen der Migration

Um zu verstehen, welche Bedeutung Migrantengemeinden im Leben von Zuwanderern einnehmen, müssen wir zunächst einen Blick darauf werfen, wie diese den Migrationskontext ausserhalb der Gemeinden wahrnehmen. Wie alle Menschen sind auch Migranten in ihrem Leben täglich Umwelteinflüssen ausgesetzt, die sich negativ auf ihr Wohlbefinden auswirken können. Zu den alltäglichen Herausforderungen des Lebens kommen für sie aber zusätzlich noch solche hinzu, die durch die spezifische Situation der Migration hervorgerufen werden.[155] Das folgende Kapitel bietet eine Übersicht über die bedeutendsten migrationsspezifischen Herausforderungen, die im Rahmen dieser Studie festgehalten wurden. Dabei handelt es sich nicht um eine vollständige Aufzählung aller möglichen migrationsbedingten Herausforderungen. Vielmehr sollen anhand einiger ausgewählter Beispiele die Bandbreite der Herausforderungen und die Wechselwirkungen zwischen ihnen aufgezeigt werden.

Vorbemerkung

Die vorliegende Studie wurde so angelegt, dass Migration nicht von vornherein als Herausforderung und Migranten in Bezug auf ihre Ressourcen nicht von vornherein als defizitär konzeptualisiert wurden. Unter solchen starken Vorannahmen wäre keine unvoreingenommene Datenanalyse möglich gewesen. Stattdessen sollten unter anderem mithilfe der biographisch-narrativen Interviews die Perspektive und die Einschätzungen der Befragten selbst erfasst werden (vgl. Kapitel 5). Trotz dieser offenen Ausgangslage hat sich im Verlauf des Forschungsprozesses deutlich gezeigt, dass die meisten der Befragten das Leben im Migrationskontext in verschiedener Hinsicht als herausfordernd wahrnahmen.[156]

---

155 Im Rahmen der vorliegenden Studie verwende ich den Begriff «Herausforderung» anders, als dies im transaktionalen Modell der Fall ist (vgl. Kapitel 6.2). Nachfolgend wende ich den Begriff auf «Stressoren» an, die aus Sicht der Befragten «Stress» auslösen können. Diese Abweichung ist dem Umstand geschuldet, dass ich meine Terminologie im Verlauf des Analyseprozesses weitgehend unabhängig von Lazarus' Modell entwickelte.

156 Dieser Befund deckt sich auch mit zahlreichen anderen Studien. Siehe bspw. Xi (2014), Kirkcaldy et al. (2006) und Bhugra (2004).

Die Herausforderung der Migration bestand für sie nicht allein im singulären Ereignis des Ortswechsels, sondern auch in den damit einhergehenden vielfältigen Veränderungen, die auf einen Schlag gleich mehrere Lebensbereiche betrafen und damit verschiedene Anpassungs- und Bewältigungshandlungen von ihnen erforderten. Insbesondere in der ersten Phase der Migration waren die Befragten gleichzeitig einem ganzen Bündel verschiedener Stressfaktoren ausgesetzt, die es zu bewältigen galt.

Im Rahmen der Datenanalyse habe ich diese migrationsbedingten Herausforderungen in die folgenden Kategorien eingeteilt: kulturelle, sprachliche, soziale, instrumentelle, informationelle, strukturelle, religiöse und psychische Herausforderungen. Im realen Leben lassen sich die verschiedenen Herausforderungen aber nicht so eindeutig voneinander trennen, da es zwischen ihnen Überschneidungen und Wechselbeziehungen gibt. So können beispielsweise sprachliche Anpassungsschwierigkeiten zu sozialer Isolation führen, und soziale Isolation kann sich wiederum negativ auf die psychische Verfassung eines Menschen auswirken. Die hier verwendete Unterscheidung dient vorwiegend der konzeptionellen Erfassung und zur Strukturierung der Ergebnisdarstellung.

Zudem wären auch andere Kategorisierungen möglich gewesen. So könnten beispielsweise die religiösen Herausforderungen auch als Unterkategorie der kulturellen Herausforderungen oder beides als psychische Herausforderungen behandelt werden. Ich habe mich für die hier verwendeten Kategorien entschieden, da sie einerseits induktiv aus dem Analyseprozess hervorgegangen sind und andererseits dem Umstand Rechnung tragen, dass in dieser Studie den kulturellen und religiösen Herausforderungen besondere Aufmerksamkeit gewidmet wird.

7.1 Kulturelle und sprachliche Herausforderungen

Für die im Rahmen dieser Studie befragten Personen schien in der Schweiz eine der grössten Herausforderungen darin zu bestehen, das neue soziale Umfeld zu verstehen und sich darin zurechtzufinden. Dies gilt insbesondere für die Eingewöhnungsphase gleich nach dem Zuzug. Ausschlaggebend dafür waren allem voran sprachliche und kulturelle Unterschiede zwischen dem Herkunftsland, in dem sie sozialisiert worden waren, und dem Migrationskontext.

7.1.1 Kulturschock

In der Schweiz herrschen teilweise andere Handlungsnormen und Wertvorstellungen vor als in Spanien oder in Lateinamerika. Viele der Befragten wurden sich dieser Unterschiede erst hier so richtig bewusst, wenn sie auf Personen stiessen, die andere Prioritäten hatten oder andere Umgangsformen an den Tag legten, als sie es gewohnt waren. Nicht selten erschwerten diese Unterschiede das soziale Zusammenleben und führten auf beiden Seiten zu kleineren oder grösseren Irritationen.[157] Einer der Befragten verglich diesen Kulturschock mit dem Leben unter verschiedenen «Glocken»:

Joaquín: (kath., lat.)	[...] ich bin wirklich aus der Glocke rausgenommen worden. Dann bin ich irgendwo in eine neue, in eine andere Glocke reingesteckt worden, wo, wo die Prioritäten anders sind. Pünktlichkeit ist wichtig, also... in Südamerika ist es wichtig, wenn man rausgeht und plötzlich den Nachbarn sieht, dass man den Nachbarn begrüsst, nicht dass man [...] pünktlich ist. Die andere, der andere wartet sowieso.

Die unterschiedliche Prioritätensetzung zeigte sich zum Beispiel in der unterschiedlichen Bedeutung, die der Ordnung und Vorschriften zugemessen wird. Gleich mehrere Befragte waren irritiert darüber, dass manche Schweizer so viel Wert auf die Einhaltung von Ordnung legten, dass sie dafür sogar bereit waren, offene Konflikte einzugehen. Aus ihren Herkunftsländern waren sie eher gewohnt, die Priorität darauf zu legen, soziale Beziehungen nicht durch vermeidbare Konflikte zu gefährden. Eine direkte Konfrontation aufgrund eines kleinen Vergehens wie des Wegwerfens eines Zigarettenstummels ist aus ihrer Sicht eher kleinlich. Und das Beharren auf Ordnung ohne Rücksicht auf die Gefühle anderer Menschen wurde von manchen als emotionale Kälte oder Hartherzigkeit interpretiert:[158]

---

157 Von Schütz wurde diese Erfahrung des Migranten im neuen kulturellen Kontext auch «Krisis» genannt (vgl. Schütz 1972).

158 Dass die Schweiz und die hiesigen kulturellen Gepflogenheiten in diesem Kapitel so schlecht wegkommen, hängt damit zusammen, dass hier ausschliesslich die Herausforderungen der Migration ausgeführt werden. Die befragten Personen haben sich auch immer wieder positiv über die Aufnahmegesellschaft geäussert. So wurden bspw. wiederholt der Ordnungssinn, die Mehrsprachigkeit, die Pünktlichkeit und die Zuverlässigkeit der Menschen sowie das geringe Gefälle zwischen verschiedenen sozialen Schichten positiv hervorgehoben.

Mateo: (prot., span.)	Es war anders. Das war ein bisschen schockierend. Aber… oder dass hier alles so sauber war. […] Oder dass jemand hinter dir läuft und du wirfst eine Zigarette auf den Boden und (ruft) jemand: «Hey! Entschuldigung, die Zigarette ist runter gefallen!»

*****

SF:	Also, wie haben Sie denn die Schweiz erlebt? Wenn ich das…
Victoria: (prot., lat.)	Verschlossen.
SF:	Verschlossen?
Victoria:	Ja, das würde ich sagen. Ja, genau. Sehr… sehr korrekt ((schmunzelt)). Aber ZU korrekt. Also…
SF:	((lacht))
Victoria:	((schmunzelt)) Sehr verschlossen. […] Noch ein Takt perfekter [als die Deutschen], sag' ich jetzt mal.

Ein weiterer Unterschied in den sozialen Umgangsformen, der in manchen Fällen zum Kulturschock beitrug, besteht darin, dass spanischsprachige Zuwanderer und Schweizer andere Vorstellungen von freundlichem Verhalten an den Tag legen. Viele Schweizer handeln nach dem Ideal einer passiven Freundlichkeit, die sich darin äussert, dass sie sich anderen Menschen nicht aufdrängen wollen. In der Schweiz kann es vorkommen, dass Nachbarn mehrere Jahre nebeneinander im gleichen Haus wohnen, ohne je ein längeres Gespräch zusammen zu führen. Dies geschieht nicht selten aus der positiven Absicht heraus, die Privatsphäre anderer zu respektieren.[159] Viele Spanier und Lateinamerikaner sind dagegen eine aktivere Form der Freundlichkeit gewohnt, die sich zum Beispiel darin äussert, dass sie aktiv auf andere Menschen zugehen und mit ihnen das Gespräch suchen, selbst wenn sie sich vorher noch

[159] Der englische Anthropologe und Reiseschriftsteller Diccon Bewes beschreibt dies in seinem satirischen Kulturführer zur Schweiz wie folgt: «*[...] the Swiss are coconuts. This [means] that they make a clear distinction between public and private spheres of their lives. Breaking through a coconut's outer shell isn't easy, just as it can be hard to get onto first-name terms with Swiss people, or even to get to know them at all. For the Swiss it's clear that most people belong in this outer shell, where surnames are used and private details are not shared. The inner part is reserved for closest friends and family, who use first names and whose relationships last a lifetime. This private sphere [...] is rarely opened up to strangers [...]. All this can make the Swiss seem cold and distant, but what to outsiders appears unfriendly is actually them respecting personal space and taking time to get to know someone.*» (Bewes 2012: 9)

nicht kennen. Die höfliche Zurückhaltung der Schweizer interpretieren sie in manchen Fällen als fehlendes Interesse oder als Ablehnung.

Wer sich in der neuen Umgebung zurechtfinden will, der muss sich darum bemühen, die kulturellen Spielregeln zu lernen und zu verstehen. Kaum ein Befragter beschrieb diesen Prozess als einfach, zumal die Schweiz aufgrund des hohen Anteils der Migrationsbevölkerung inzwischen ein kulturell vielfältiges Land ist. Für manche der Befragten bedeutete dies, dass sie gleich den Umgang mit mehreren neuen kulturellen Gruppen lernen mussten, was manchen zusätzliche Schwierigkeiten bereitete:

Mateo: (prot., span.)	In der Arbeit, […] wenn arbeitest mit anderen Kulturen… Weil, wir sind hier alle Ausländer, aber ein Türke und ein Spanier und ein Jugoslawe, es gibt grosse Unterschiede.

Die Summe kleinerer und grösserer Irritationen aufgrund kultureller Unterschiede führte bei einigen der Befragten dazu, dass sie die Schweiz in sozialer Hinsicht als kühl und abweisend wahrnahmen, was das soziale Zusammenleben und damit auch den sozialen Anschluss an die Aufnahmegesellschaft beeinträchtigte.

Vorurteile und Diskriminierung

Die Zuschreibung von (negativen) Stereotypen und Vorurteilen ist allerdings keine Einbahnstrasse. Auch die Migranten sind von Seiten der Aufnahmegesellschaft solchen Zuschreibungen ausgesetzt. Zwar geniessen Spanier und Lateinamerikaner in der Schweiz tendenziell eher einen positiven Ruf. Sie gelten bei vielen als lebensfroh, warmherzig und gastfreundlich. Dennoch sind sie aufgrund ihrer Herkunft auch mit negativen Vorurteilen konfrontiert. Dazu gehören Stereotype wie: sie seien unzuverlässig, unpünktlich oder unorganisiert:

Sara: (kath., lat.)	Cedric [ihr Schweizer Ehemann], er war überfordert, weil er war so wie: «Wieviel [Geld] hast du noch?» – «Keine Ahnung.» – «Wie kannst du so leben, Südamerikanerin und Chaotin und so» und dann haben die Probleme ein bisschen begonnen. Und ich habe ihm versucht zu erklären, dass ich bin keine Chaotin, […] weil ich habe mein Leben immer geplant, alles im Griff gehabt, immer alles kontrolliert, aber er hat mich nicht in Buenos Aires gekannt.

Solche Vorurteile können nicht nur zwischenmenschliche Beziehungen gefährden, sondern auch die Chancen auf dem Arbeitsmarkt behindern.[160] Dies bekommen selbst hochqualifizierte Migranten zu spüren. So beschreibt im folgenden Zitat beispielsweise eine Frau, die in ihrem Herkunftsland eine Exekutivposition in einem internationalen Unternehmen innehatte, wie sie aufgrund ihrer Herkunft an ihrem Arbeitsplatz in der Schweiz mit negativen Vorurteilen zu kämpfen hatte. Obwohl sie für ihre Stelle eigentlich überqualifiziert war, wurden ihre betriebswirtschaftlichen Überlegungen von ihren Vorgesetzten kaum ernst genommen:

Sara: (kath., lat.)	Und ich habe so viele Fragen gestellt und auch von meine vorherige Erfahrung von der anderen Firma [in Lateinamerika], die hat auch mir sehr viel geholfen, weil sie haben sehr funktioniert sehr gut wie die A-Firma hier in der Schweiz, ja?, und deswegen habe ich hier den Leuten gesagt: «Es geht auch […] weil ich habe so gearbeitet in Argentinien und es geht.» – «Ja, in Argentinien, aber Argentinien ist auch anders. In Argentinien ist sicherlich ein kleiner Betrieb.» – Ich: «Es ist kein kleiner Betrieb, sie machen 2 Milliarden und sie sind gro::ss und heute machen sie… sie sind in 15 Ländern und so.» Sie waren so wie «Mh::» ((nicht überzeugt, abschätzig)) und dann habe ich nicht mehr erzählt und einfach mit ihnen gearbeitet und versucht mit ihnen ein bisschen die Probleme zu lösen.

7.1.2 Sprachschwierigkeiten

Die meisten Zuwanderer müssen in der Schweiz nicht nur neue kulturelle Umgangsformen lernen, sondern auch eine neue Sprache. Dies kann sich gerade in der Deutschschweiz als grosse Herausforderung erweisen, da sich hier die meisten Menschen in Alltagssituationen in einem alemannischen Dialekt verständigen.[161] Selbst wenn sich Migranten bemühen, die deutsche Standardsprache zu lernen, ist dies im Alltag nur von einem beschränkten Nutzen, solange sie die lokalen Dialekte nicht verstehen. Wie die folgenden beiden Zitate belegen, kann dies sehr verunsichernd wirken:

---

[160] Siehe hierzu auch Voswinkel/Kontos (2010).

[161] Da alle Befragten in der Deutschschweiz wohnhaft waren, können an dieser Stelle nur die sprachlichen Herausforderungen in dieser Sprachregion reflektiert werden. In der lateinischen Schweiz dürften die sprachlichen Herausforderungen für Spanier und Lateinamerikaner geringer sein.

Camila:
(kath., span.)

Halt verunsichert in einem neuen Land, in dem alles anders ist, alles ist auf DEU::TSCH. Du verstehst nichts, denn zu allem hinzu sprechen sie mit dir auf SCHWEIZERDEU::TSCH anstatt auf DEU::TSCH ((schmunzelt)).

*****

Julia:
(kath., lat.)

Seit Kurzem sind wir von Zürich in ein kleines Dorf in der Nähe von St. Gallen gezogen. Erst da ist mir aufgefallen, wie schlecht mein Deutsch ist und wie schwierig es ist, in der Schweiz ohne genügende Sprachkenntnisse auszukommen. Auf der Arbeit sprechen alle Englisch mit mir. Auch in meinem Freundeskreis rede ich viel Englisch oder Spanisch. Aber im Dorf sprechen mich alle auf Schweizerdeutsch an. Sie nehmen überhaupt keine Rücksicht auf meine mangelnden Sprachfähigkeiten, dabei habe ich bereits genug Mühe damit, normales Standarddeutsch zu verstehen. Schweizerdeutsch verstehe ich nicht so gut. Daher ist es schwierig, dort mit Nachbarn oder anderen Leuten in Kontakt zu kommen; oder sie auch nur zu verstehen, wenn sie mich beispielsweise beim Einkaufen in den Läden etwas fragen. Zudem sprechen viele Leute im Dorf nur mit Leuten, die sie bereits seit 500 Jahren oder so kennen.

Aufgrund der weiten Verbreitung der alemannischen Dialekte hatten selbst diejenigen Befragten mit sprachlichen Schwierigkeiten zu kämpfen, die aufgrund vorheriger Auslandsaufenthalte oder Kursbesuche bereits gute Kenntnisse in Standarddeutsch erworben hatten. Für andere Migranten aber, die nur über geringe oder gar keine Deutschkenntnisse verfügten, gestalteten sich die sprachlichen Schwierigkeiten noch einmal deutlich grösser. Selbst einfache Alltagshandlungen wie das Erledigen von Einkäufen oder der Gang zu einer Behörde können für sie eine grosse Herausforderung darstellen. Dies gilt nicht nur für Personen mit einem niedrigen Qualifikationsniveau, sondern auch für Hochqualifizierte, wie die folgende Aussage einer Migrantin mit tertiärem Bildungsabschluss zeigt:

Camila:
(kath., span.)

Ich fühle mich einfach dumm im Alltag, wenn ich auf Hochdeutsch kommunizieren muss, denn ich kann mich in dieser Sprache einfach nicht so gut ausdrücken wie in der eigenen Sprache. Ich fühle mich ein bisschen wie behindert. Ich verstehe nie 100% von dem, was um mich herum gesprochen wird. Ständig kriege ich Dinge nicht richtig mit, oder Dinge gehen

an mir vorbei. Und auf der anderen Seite kann ich nicht 100% von dem ausdrücken, was ich gerne ausdrücken möchte. Das ist sehr limitierend.
Natürlich muss man mit seinen eigenen Limitationen umgehen lernen, aber das geschieht nicht von heute auf morgen. Man muss die Geduld dafür erst entwickeln, schliesslich ist man diese Limitation von zu Hause nicht gewohnt. Das kann sehr irritierend sein.

Mangelnde Sprachkenntnisse erschweren nicht nur Alltagshandlungen, sondern sie können sich auch negativ auf die berufliche und soziale Integration auswirken. In den folgenden beiden Zitaten berichten zwei Personen davon, wie schwierig es für sie aus sprachlichen Gründen war, in der Schweiz eine ihren Qualifikationen entsprechende Anstellung zu finden:

Santiago: (prot., lat.) Ähm als ich in dieser Privatschule war, habe ich äh einen Berufsberater besucht oder war schon in dem Integrationskurs. Und er hat mir immer gesagt: «Ja, Santiago (-) also die Intelligenz...» also hier muss man einen Intelligenztest bestehen, damit man gefördert wird oder? [...] Und (der) hat mir gesagt: «Du, du machst, alle deine Tests sind gut.» Und das haben die Lehrer auch gesagt DAMALS oder? «Aber von der Sprache her oder? [...] Würden wir nicht empfehlen unbedingt etwas zu machen, wo vielleicht für dich schwierig sein kann. Dann vielleicht könntest du mal mit einer Lehre als Sanitär oder als Maler anfangen.»

*****

Mateo: (prot., span.) Ja. Dann bin ich, auf die Deutschkurse, habe ich gemacht. Und habe ich probiert, eine Lehre zu machen, aber ich war nicht so weit mit der Sprache. Und war ich natürlich gut in Mathematik, Informatik und die Sachen, die einfach nichts mit Sprache zu tun haben. [...] Aber nach anderthalb Jahren habe ich aufgehört, weil, mein Bereich war Informatik und... ich habe einfach gedacht, es hat keinen Sinn, wenn ich in einem Beruf bin, und man fragt mich: «Was ist ein Betriebssystem?» – Und ich bin mit dem Wörterbuch: «Betriebssystem. Betriebssystem. Betriebs... Ah, Betriebssystem! Oh ja...»

Die nachfolgenden beiden Zitate belegen exemplarisch, wie auch die soziale Integration durch mangelnde Sprachkenntnisse beeinträchtigt werden kann:

Manuel: (prot., lat.)	Es ist schon ein bisschen lustig gewesen. Weil ähm ich habe nichts... also ich habe nicht so viel Deutsch gekonnt, oder? Also ich habe praktisch nichts (gekonnt). Und ähm dann haben sie mich ausgelacht, weil ich halt ähm Schwierigkeiten hatte zum ähm Kommunizieren [...].

*****

Esperanza: (kath., lat.)	Die Schweizer nicht... da gab es nicht viel Kontakt. Sie hatten, das heißt... damals sprachen sie nicht, nun, es gab damals nicht so einen Boom für die spanische Sprache, wie heute. Denn heute ist es ein Boom, fast alle sprechen Spanisch, damals gab es niemanden der Spanisch sprach. Wer uns sehr geholfen hat, das waren die Spanier... oder die Italiener.

Da mangelnde Sprachkenntnisse die soziale und berufliche Integration erschweren, können sie bei manchen Personen zu einer Art Teufelskreis führen. Denn wer die Sprache nicht spricht, hat Schwierigkeiten, einen deutschsprachigen Freundeskreis aufzubauen oder eine Arbeitsstelle in einer Institution zu finden, in der vorwiegend Deutsch gesprochen wird. Gleichzeitig ist es jedoch schwierig, Sprachkenntnisse weiterzuentwickeln, wenn weder im Freundeskreis noch im Arbeitsleben Deutsch gesprochen wird. Für Personen, die in einen solchen Teufelskreis geraten und keine Möglichkeiten haben, die Sprachkenntnisse beispielsweise über den Besuch von Kursen weiterzuentwickeln, können die sprachlichen Herausforderungen in der Schweiz über Jahrzehnte bestehen bleiben und damit auch die Hürden bezüglich der sozialen und beruflichen Integration.

7.2 Soziale Herausforderungen

7.2.1 Verlust des sozialen Netzwerkes aus dem Herkunftsland

Wer von einem Land in ein anderes zieht, lässt in der Regel den grössten Teil seiner Freunde, Bekannten und Familienmitglieder zurück, und damit auch ein in verschiedener Hinsicht stützendes soziales Netzwerk, das oft über mehrere Jahre oder sogar Jahrzehnte hinweg aufgebaut und gepflegt wurde. Diese Erfahrung wurde von vielen der Befragten als schmerzhaft empfunden, insbesondere da die zurückgelassenen Beziehungen oft einen hohen emotionalen Gehalt für sie aufwiesen. Hinzu kam, dass die meisten der Befragten nach ihrem Zuzug in die Schweiz zunächst nur wenige Personen kannten, die ihnen den Verlust dieser qualitativ gehaltvollen Beziehungen hätten ersetzen können. Der starke Kontrast zwischen der sozialen Eingebundenheit im Herkunftsland und dem fehlenden sozialen Umfeld in der Schweiz führte bei vielen dazu, dass sich die Migration wie eine Entwurzelung anfühlte und mit einem Gefühl der Einsamkeit einherging:

Camila: (kath., span.)	U::nd gut, (hier habe ich verstanden)… die Wahrheit ist – glaube ich – es ist schwierig anzukommen. Wenn du hier ankommst, bist du sehr verloren. Viele Eindrücke. Alles ist ne::u. Du fühlst dich allei::n… du vermisst alles… ((schnalzt)) […] Also… es ist eine Entwurzelung. […] als ob du aus dem Ort herausgerissen würdest, wo du Wurzeln geschlagen hast… […] Und dann gehst du an einen anderen Ort, wo du nichts hast. […] ich war viel allein zu Hause. […] es ist schwierig, denke ich, wenn du hier bist und keine Leute kennst.

*****

Natalia: (kath., lat.)	Es gab auch nur sehr wenige Ausländer hier und sehr wenige Venezolaner, so hatte ich sehr wenige Leute, mit denen ich sprechen konnte.

*****

Santiago: (prot., lat.)	Ich spüre eine Sehnsucht nach ähm, nach Familie. Ich weiss noch sogar, wo am 24. oder 25. [Dezember] in der Nacht habe ich das allein verbracht und habe nach Argentinien telefoniert.
SF:	Weihnachten?
Santiago:	Weihnachten ja. Und ich war allein (zu Hause). Habe meiner […] Grossmutter telefoniert. Und ähm, war so traurig, habe ich gesagt: «Jetzt ist fertig, muss etwas ändern in meinem Leben.» Weil (-) in Argentinien sind alle zusammen, (und ich) wie ein Hund da, allein da, allein oder?

Beinahe alle der Befragten hatten im Verlauf der Migrationserfahrung Phasen, während derer sie mit dem Gefühl der Einsamkeit zu kämpfen hatten. Ausnahmen davon waren Personen, die gleich zu Beginn der Migration entweder über informelle Beziehungen (wie Familienangehörige, Ehepartner usw.) oder über

Institutionen (wie Arbeitsplatz, Universität, Migrationsgemeinde usw.) bereits über Zugang zu sozialen Netzwerken verfügten, die sie als positiv empfanden. Alle anderen mussten sich ihr soziales Netz in der Schweiz von Grund auf selbst aufbauen. Dies stellte jedoch für viele aufgrund der oben erwähnten kulturellen und sprachlichen Unterschiede eine Herausforderung dar.

7.2.2 Aufbau eines neuen sozialen Netzwerkes in der Schweiz

Um den Verlust des familiären Netzwerkes aus dem Herkunftsland auf zufriedenstellende Weise zu kompensieren, reichte es vielen der Befragten nicht aus, einfach neue Menschen kennenzulernen. Denn sie suchten eher nach qualitativ gehaltvolleren Beziehungen. Damit solche tiefergehenden Beziehungen aufgebaut werden können, müssen neue Bekanntschaften aber mindestens zwei Bedingungen erfüllen. Erstens sollten sie zu den Anschlusssuchenden passen. Das bedeutet, dass sie sich unter anderem für ähnliche Themen interessieren und ähnliche weltanschauliche Standpunkte vertreten sollten. Zweitens sollten auch die Bekanntschaften ihrerseits dazu gewillt sein, zu vorher unbekannten Personen vertrauensvolle und emotional gehaltvolle Beziehungen aufzubauen. Denn wenn die Interessen und Standpunkte zu stark auseinanderklaffen oder eine der beiden Parteien nicht gewillt ist, eine tiefergehende Bindung einzugehen, wird die soziale Beziehung zwischen ihnen in der Regel nicht über eine oberflächliche Gelegenheitsbekanntschaft hinauswachsen.

Die richtigen Personen zu finden und ein qualitativ gehaltvolles soziales Netzwerk aufzubauen benötigt daher Zeit und viele Investitionen in die Beziehungsarbeit (vgl. Schwingel 2000: 90). Diese Herausforderung kann durch kulturelle Unterschiede in den Umgangsformen noch erschwert werden. Gerade in der Schweiz scheint es vielen Migranten schwerzufallen, ein neues soziales Netzwerk aufzubauen. So belegt die Schweiz im HSBC Expat Explorer Survey, in dem die Lebensqualität von Expats in verschiedenen Ländern der Welt verglichen wird, in den Bereichen *integration, social life* und *making friends* seit Jahren die hintersten Plätze.[162] Der Kommunikationsstil der Schweizer wird in wenigen Worten wie folgt zusammengefasst: «*The Swiss are private people and their communication style is formal and reserved, which can come across as unfriendly at times.*» (HSBC 2016b).

[162] Siehe HSBC (2016a). Zu einem ähnlichen Ergebnis kommt auch die Studie von InterNations (2016).

Auch wenn die Ergebnisse der HSBC-Umfrage mit Vorsicht interpretiert werden sollten, da sie nicht den wissenschaftlichen Standards entspricht, scheint die Einschätzung, dass die soziale Integration in der Schweiz schwieriger sei als in manch anderen Ländern, verbreitet zu sein. Denn auch in der vorliegenden Studie haben Personen, die bereits vorhergehende Migrationserfahrungen in anderen Ländern gemacht haben, von ähnlichen Schwierigkeiten berichtet:

Joaquín: (kath., lat.)	Bis man sich zurechtfindet dauert es ein bisschen. […] Als ich hier in die Schweiz kam, fand ich eigentlich, ist das erste Mal, wo ich das äh ein bisschen schwieriger gefunden habe. So einen Kreis zu finden, mit Leuten… ähm vorher [in den anderen Ländern] finde ich, es war irgendwie einfacher.

*****

Guillermo: (prot., lat.)	Alle Leute sind hier sehr ernst. Es ist schwierig mit ihnen in Kontakt zu kommen. Wenn man jemanden auf der Strasse anspricht und einen Witz macht, dann schaut der weg oder ignoriert einen. In Spanien ist das nicht so. […] Aber am liebsten wäre ich eigentlich in Peru, auch wenn ich dort drei Jahre vor der Abreise ohne feste Arbeit war.

Die Suche nach sozialem Anschluss scheint auch dadurch erschwert zu werden, dass ein grosser Teil der lokalen Bevölkerung bereits über ein etabliertes soziales Umfeld verfügt. Personen, die mit ihrem sozialen Netzwerk zufrieden sind, zeigen oft wenig Interesse daran, neue qualitativ gehaltvolle Beziehungen einzugehen, da solche Beziehungen mit zeitlichen Investitionen und Beziehungsarbeit verbunden sind. Dies ist vermutlich ein wichtiger Grund dafür, wieso es vielen der Befragten einfacher gelang, bei anderen Migranten sozialen Anschluss zu finden, die selbst gerade dabei waren, ein neues soziales Netzwerk aufzubauen:

Camila: (kath., span.)	Die Integration ist in der Schweiz auch deswegen schwierig, weil hier alle bereits ein soziales Umfeld haben. Als wir hierhergekommen sind, haben wir hier mit Ausnahme alter Freunde aus Spanien niemanden gekannt. Und während ich nach einem sozialen Anschluss suchte, haben alle anderen bereits ihr Umfeld gehabt. Das ist nur natürlich so. Ich habe ja in

Spanien auch keine Migranten als Freunde gehabt. Den Freundeskreis baut man normalerweise während der Schule und im Studium auf.

*****

Joaquín: (kath., lat.)	Und dann am Ende eigentlich, war ich hier, ich glaube ungefähr z::: zehn Monate und ich kannte wirklich drei Leute. Also ich kannte nicht viele. Ich bin aber sehr viel unterwegs gewesen, muss ich sagen. Also ich bin wirklich… ich kannte die Leute von der Arbeit. Ich glaube ich war auch einmal mit irgendjemand von der Arbeit bei ihm zu Hause. Sonst sind wir, ja wir sind nicht alle essen gewesen, das war ein bisschen schwierig. Der eine war Diabetiker, der andere wollte zu seiner Frau und Kinder, weiss ich nicht… ja, es war schwierig. […] Ah einen Schweizer Freundeskreis, also wirklich Schweizer Freunde, habe ich nicht, würde ich sagen. Also ich hab's nicht… wobei das war mein Ziel, Migrationsziel sozusagen, // SF: ((lacht)) // als ich hierhergekommen bin.

*****

Victoria: (prot., lat.)	Wenn ich nicht alles aufgegeben hätte, in Österreich, wäre ich am liebsten wieder zurückgefahren.
SF:	Schon?
Victoria:	Ja. Vor allem, weil auch Leute kennenzulernen, nicht so… […] ich bin auch ein offener Mensch, aber… und ich habe Freunde dann – (nach rund) fünf Jahren […]. Witzigerweise: Latinos, Deutsche, Italiener… also, jetzt habe ich auch so ein paar Schweizer…

Am wenigsten Schwierigkeiten mit dem Aufbau eines sozialen Netzwerks hatten diejenigen Befragten, die aufgrund ihres Studiums, ihrer Arbeit oder über andere Institutionen in häufigem Kontakt mit anderen Menschen standen. Sie hatten durch alltägliche Interaktionen in einem institutionellen Rahmen die Möglichkeit, mehr oder weniger beiläufig Beziehungen aufzubauen und zu pflegen und damit ihr soziales Netzwerk zu erweitern. Doch die Grösse eines Netzwerkes allein sagt noch nichts darüber aus, wie diese Beziehungen in Bezug auf ihre Qualität erfahren werden. Wenn das Netzwerk am Arbeitsplatz beispielsweise aus Personen bestand, die völlig andere Wertvorstellungen an den Tag legten, oder die Beziehungen nicht über die freundliche Distanziertheit von Gelegenheitsbekanntschaften hinauswuchsen, konnten sie das Bedürfnis der Migranten nach sozialer Nähe nicht ausreichend befriedigen.

Dies zeigt sich exemplarisch auch an den folgenden beiden Zitaten. Beide zitierten Männer hatten in der Schweiz über ihre Arbeit zwar täglichen Kontakt zu anderen Menschen. Dennoch fühlten sich beide einsam, weil diese Beziehungen nicht die Qualität aufwiesen, die sie sich wünschten:

Joaquín: (kath., lat.)	Ich habe aber viel mit Schweizer… […] zu tun gehabt, die dort gewohnt haben. Ich habe irgendwo Berner kennengelernt und dann… und auch jetzt, jetzt habe ich eigentlich wegen meinem jetzigen Projekt, habe ich wirklich sehr viele Schweizer… Es ist interessant eigentlich. Aber es ist ja nur ein Arbeits-Kennenlernen.

*****

Santiago: (prot., lat.)	Weil vielmals ging ich nach Hause. Super Abend gehabt! (2) Ich war vielleicht mit sehr vielen Leuten unterwegs. Kam ich nach Hause, ganz allein zu mir. Aber allein! Allein!… Ich hatte niemanden auf der rechten Seite und niemanden auf der linken Seite. Ich war ganz allein. Und das hat mich (– ich muss sagen –) zum Nachdenken gebracht. Ich habe gesehen, innerlich von mir: Das ist nicht das Leben, was ich will. Das ist nicht, was meine Eltern mir beigebracht haben. Das ist nicht ähm, was ich mir wünsche in dem Sinn oder? Und äh ich habe sogar manchmal allein geweint zu Hause.

7.2.3 Negative Effekte der sozialen Isolation

Befragte, die Mühe damit hatten, im Migrationskontext emotional befriedigende soziale Beziehungen aufzubauen, litten unter dieser Situation. In den qualitativen Interviews wurde dieses Leiden von vielen als ein diffuses schmerzhaftes Gefühl der Einsamkeit beschrieben. Andere Studien haben aber bereits gezeigt, dass soziale Isolation und das daraus resultierende Gefühl der Einsamkeit durchaus auch handfeste negative Konsequenzen für die physische und psychische Verfassung eines Menschen haben kann.[163] So scheinen soziale Isolation bzw. Einsamkeit zu Herz-Kreislauf-Erkrankungen, arterieller Hy-

[163] Vgl. hierzu auch den Vortrag von Waldinger (2015).

pertonie (Cacioppo et al. 2014), Übergewicht (Lauder et al. 2006), Depression (Erzen/Çikrikci 2018), einem niedrigen Selbstwertgefühl (Hall-Lande et al. 2007), Suizidgedanken (Chang et al. 2017) und einer verkürzten Lebensdauer (Holt-Lunstad et al. 2015) beizutragen. Diese Befunde geben der Einschätzung der Befragten ein gewisses Gewicht, die soziale Isolation und Einsamkeit als etwas Schmerzhaftes empfanden, auch wenn solche Zusammenhänge aufgrund methodischer Limitationen im Rahmen dieser Studie nicht direkt bestätigt werden konnten.

Was sich im Rahmen der vorliegenden Studie jedoch an mehreren Fällen gezeigt hat, ist, dass sozial isolierte Personen aufgrund des fehlenden Beistands aus einem stützenden sozialen Umfeld im Migrationskontext sehr verwundbar sind. Ihnen fehlen Personen, die sie um Rat bitten können, die sie in emotionalen Tieflagen wieder aufrichten oder die ihnen in Krisensituationen mit konkreten Hilfeleistungen beistehen. Zudem können sie sich ihre Freunde und ihr soziales Netzwerk weniger gut auswählen als gut vernetzte Personen. In dieser Situation kann es leicht geschehen, dass sie ungewollt von Menschen abhängig werden, die ihre Verwundbarkeit ausnutzen, oder dass sie in ein destruktives Umfeld geraten.

Diese Gefahren gelten insbesondere für Sans-Papiers. Da sie oft weder über ein gutes soziales Netzwerk verfügen noch auf die Unterstützung staatlicher Institutionen vertrauen können, sind sie der Ausnutzung und Ausbeutung durch andere Personen beinahe schutzlos ausgeliefert. In den folgenden Zitaten berichten drei Migrantinnen von solchen negativen Erfahrungen. Alle drei wurden von eigenen Landsleuten unter falschen Versprechungen in die Schweiz eingeladen, wo sie unter harten Bedingungen in deren Haushalten arbeiten mussten. Aufgrund mangelnder Freizeit, der Angst, entdeckt zu werden, und der Stigmatisierung durch ihr Umfeld fiel es ihnen schwer, bei anderen Menschen die Unterstützung zu finden, die sie benötigt hätten, um aus dem Teufelskreis von Ausbeutung und sozialer Isolation auszubrechen.

Esperanza: (kath., lat.)	Leider wie… wie in anderen, vielen Fällen… Manchmal sagen sie dir viele Dinge… sie versprechen dir alles und nichts, nicht? Ich, zu dieser… zu dieser Zeit arbeitete ich auch von Montag bis… bis Samstag. Bis… spät. Sie zahlten mir 500 Franken… im Monat, nicht? Also für mich war das Ausbeutung. Aber… was konnte ich tun? Ich kannte niemanden.

*****

Regina: (kath., lat.)	Und auch… eh, eine kolumbianische Familie hat mir das Visum gemacht, und ich bin hierhergekommen. Darauf, in dieser kolumbianischen Familie war ich drei Jahre. Ay, ich hatte es dort nicht sehr gut. ((schmunzelt))
SF:	Nicht?
Regina:	Nein. Das heisst… wenn sie einen so… holen, eine Einladung zum Arbeiten im Haus einer Familie, ist es drinnen im Haus. Dort musst du Tag und Nacht arbeiten. Das heisst, ich hatte nicht einen freien Tag dort. Keinen freien Tag. Der Sonntag war wie, wenn es Montag wäre.

*****

Nora: (kath., lat.)	Selbst deine eigenen spanischsprachigen Leute, schliessen vor dir die Tür zu und sagen: «Ich kann dich nicht bei mir aufnehmen.» Oder: «Du kannst nur eine Woche bei mir bleiben. Nicht länger!» Das ist sehr heikel. Für die Frauen, wie für die Männer.

Im weiteren Umfeld des Forschungsfeldes gab es auch Fälle der sexuellen Ausbeutung von weiblichen Sans-Papiers. Wenn es den Sans-Papiers nicht gelingt, über ein gutes soziales Netzwerk oder über institutionelle Anlaufstellen mit hilfreichen Personen in Kontakt zu kommen, sind sie solchen Angriffen beinahe schutzlos ausgeliefert.

7.2.4 Verlust von symbolischem Kapital

Die soeben ausgeführten Herausforderungen der Sans-Papiers sind offensichtlich und leicht nachvollziehbar. Es gibt aber auch subtilere soziale Herausforderungen, die sich negativ auf das Wohlbefinden einer Person auswirken können. Ein Beispiel hierfür ist der abrupte Verlust von symbolischem Kapital, der mit der Migration einhergeht.

Der Begriff des symbolischen Kapitals wurde von dem Soziologen Pierre Bourdieu geprägt. Er versteht darunter vereinfacht ausgedrückt die Anerkennung und das Prestige, das einem Menschen von seinem sozialen Umfeld zugestanden wird. Symbolisches Kapital wird beispielsweise aufgrund von Bildungstiteln, prestigeträchtigen Arbeitsstellen, hohem Reichtum oder besonderen Leistungen verliehen. Eine wichtige Grundbedingung dafür ist jedoch, dass das Umfeld von diesen Leistungen und Ressourcen weiss und sie als prestigewürdig anerkennt (vgl. Bourdieu 1987: 205–221, Schwingel 2000: 92–94).

Das bedeutet, dass das symbolische Kapital eng mit dem sozialen Umfeld verknüpft ist, in dem sich eine Person bewegt.

Die meisten Migranten bauen sich in ihrem Herkunftskontext über Jahre hinweg symbolisches Kapital auf. Dies äussert sich zum Beispiel darin, dass sie dort von ihrem Umfeld gekannt werden und darin «jemand sind». Dieses «jemand sein» muss nicht zwangsläufig mit einem besonders hohen sozialen Status verknüpft sein, um als positiv empfunden zu werden. Vielen genügt es schon, wenn sie über ein Umfeld verfügen, das ihre kleineren und grösseren Alltagserfolge kennt, ihre Talente und Charaktereigenschaften schätzt oder sie auf der Strasse oder in ihrer religiösen Gemeinde mit Namen anspricht.

Wer jedoch aus seinem alten sozialen Umfeld in ein neues migriert, nimmt einen grossen Teil dieses symbolischen Kapitals nicht mit. Im neuen Umfeld ist er zuerst einmal ein Unbekannter, gewissermassen ein «Niemand», da kaum jemand etwas über seine vergangenen Leistungen, Erfolge oder positiven Charaktereigenschaften weiss.[164] Vergangene Errungenschaften, die im alten sozialen Umfeld bekannt und anerkannt waren, müssen im neuen Umfeld erst einmal neu bewiesen werden. Dieser plötzliche Verlust des akkumulierten symbolischen Kapitals stellte für manche der Befragten einen unerwarteten Schock dar, wie folgende Zitate belegen:

Santiago: (prot., lat.)	Und dann war… man muss sich vorstellen, ich war in Argentinien… hatte sehr viele Freunde, sehr viele Kollegen, war ich in einer tollen Schule, hab ich Basketball gespielt, war ich Cepi… C… Captain von von meiner Basketball-Mannschaft, von mein… meiner Klasse und von der Schule, war ich Leiter in einer Pfadfindergruppe. Kam ich hierher und hatte ich NICHTS und niemanden. Also es war «TACK». Die ersten Tage habe ich nichts bemerkt, weil es war alles neu. Aber nach ein paar Wochen habe ich gesagt: «Ay:::» ((verzweifelt)) und ähm an dem, was… Ich kann mich sehr gut erinnern, dass mir, als ich in die Schweiz kam, wir haben in ein, in so einer [Ein-]Zimmerwohnung sagen wir so, ohne hier ((macht Handbewegungen)) nur in Einzimmerwohnung, vier Personen gelebt.

*****

[164] Natürlich ist auch das Gegenteil möglich. Eine Person kann vor der Migration in ihrem Umfeld auch einen schlechten Ruf geniessen. In diesem Fall kann die Migration auch den positiven Effekt haben, dass mit Altem abgeschlossen und ein «Neuanfang» gemacht werden kann. Im Sample dieser Studie befand sich jedoch keine Person, die so eine Erfahrung beschrieb.

Natalia: (kath., lat.)
: Diese Veränderung war für mich sehr… sehr hart. Sehr hart, denn ich kam aus einem Land, in dem ich… ich hatte viele Ziele. Zum Beispiel wollte ich eine wichtige Person werden. Denn ((lacht))… ach, das hatte ich bereits schon ganz vergessen, Simon ((lacht)). // SF: ((lacht)) // Ich wollte eine wichtige Person werden, denn am Anfang war ich eine junge berufstätige Frau, mir gefiel sehr, was ich tat und ich war sehr gut darin. Das war mir damals sehr bewusst und ich war mir sehr bewusst, dass ich gut reden konnte, ich konnte gut in der Öffentlichkeit sprechen. Und ich mochte das damals sehr, ich war sehr ehrgeizig und wollte etwas Wichtiges darstellen, nicht? Und ich konzentrierte mich darauf, das zu tun,… traf mich hierzu mit vielen Leuten, um… um das zu erreichen. Als ich dann hier ankam (-), befand ich mich in einem Land, in dem ich wieder von vorn anfangen musste. Das war sehr hart für mich.

Der Verlust des symbolischen Kapitals wird noch verstärkt, wenn im Herkunftsland erworbene Ressourcen wie Studienabschlüsse oder berufliches Know-how in der Schweiz institutionell nicht anerkannt werden. Die fehlende Anerkennung kann dazu führen, dass Migranten mit guten Bildungsabschlüssen und Kompetenzen auf dem Schweizer Arbeitsmarkt Schwierigkeiten haben, eine Anstellung in Berufen zu finden, für die sie eigentlich gut qualifiziert oder sogar überqualifiziert wären.[165] Damit müssen sie sich in der sozialen Hierarchie der Aufnahmegesellschaft mit einer niedrigeren Position zufriedengeben, als dies in ihrem Herkunftsland der Fall gewesen wäre.

Auch mangelnde Kenntnisse der deutschen Sprache können sich negativ auf die Arbeitsmarktchancen und damit auf das symbolische Kapital einer Person auswirken.[166] Dies zeigt sich beispielsweise in folgendem Zitat eines Mannes, der bereits weiter oben zitiert wurde. Als ihm in jungen Jahren ein Berufsberater empfahl, aufgrund mangelnder Sprachkenntnisse trotz guter Ergebnisse in Intelligenztests einen niedrigqualifizierten Beruf anzustreben, sah er sich seiner Träume und Zukunftsperspektiven beraubt:

Santiago: (prot., lat.)
: Ich dachte, ja, dass das, ich meine…: «Ich will das nicht», ich meine, ich wollte als Schüler etwas anderes machen. Ich habe immer gedacht ich gehe an die Uni, oder ich mache Militärkarriere. Das war mein Wunsch. Vielleicht vom Pfadfinder her

165 Vgl. hierzu auch Nohl et al. (2006).
166 Siehe hierzu auch Kapitel 7.1.2.

> wissen Sie: Tack, Tack, Tack, Tack, Tack. [...] Ähm habe ich gesagt: «Nein das mach ich nicht, ich will keine Lehre, als Sanitär oder als Maler machen. Ich sehe meine Zukunft nicht dort, oder?» Und dann habe ich gesagt: «Ich werde mich lernen in dem Fall. Ich suche, ich mache meinen eigenen Weg.»

Wie diese Ausführungen gezeigt haben, gibt es drei wesentliche Gründe, weshalb das symbolische Kapital im Verlauf der Migration abgewertet werden kann. Erstens wird es dadurch abgewertet, dass Zuwanderer in ein neues soziales Umfeld geraten, in dem ihre Ressourcen, Fähigkeiten und früheren Errungenschaften unbekannt sind. Zweitens wird ein Teil der Ressourcen und Fähigkeiten, die sie mitbringen, im neuen Kontext nicht als solche anerkannt. Und drittens werden Migranten im neuen sozialen Umfeld an anderen Ressourcen und Fähigkeiten gemessen, die sie sich vor der Migration nicht angeeignet haben, weil sie in ihrem Herkunftskontext von keinem grossen Nutzen gewesen wären.[167]

7.3 Instrumentelle, informationelle und strukturelle Herausforderungen

7.3.1 Strukturelle und arbeitsmarktliche Herausforderungen

Je nach Herkunftsland, Bildungsstand und Aufenthaltsbewilligung war für die Befragten die Migration in die Schweiz mit unterschiedlichen Grundvoraussetzungen verbunden, die sich wiederum auf ihre strukturellen und ökonomischen Möglichkeiten auswirkten. Die strukturellen Herausforderungen zeigten sich insbesondere bei der Arbeitsmarktintegration. Personen, die sich aufgrund positiver Grundvoraussetzungen[168] ohne grössere Schwierigkeiten in den lokalen Arbeitsmarkt integrieren konnten, sprachen in ihren Interviews kaum von strukturellen Herausforderungen. Sie scheinen davon weniger betroffen zu sein. In jeder Migrationsgeneration gab es aber auch Personen, die Grund-

---

[167] Hierzu gehören z. B. Kenntnisse Schweizerdeutscher Dialekte.

[168] Positive Grundvoraussetzungen für die arbeitsmarktliche Integration sind zum Beispiel ein hoher Bildungsstand, gefragte Fähigkeiten (z. B. im IT-Bereich) sowie eine europäische Staatsangehörigkeit.

voraussetzungen hatten, die ihr Arbeits- und Alltagsleben im Migrationskontext erheblich erschwerten.

So erzählte beispielsweise eine Spanierin, die bereits zur Zeit der Gastarbeitermigration in den 1970er Jahren in die Schweiz gezogen war, wie sie und ihr Mann zu Beginn ihrer Migrationsgeschichte grosse Entbehrungen auf sich nehmen mussten. Die Arbeitsstelle, die ihr damals durch die Spanische Auswanderungsanstalt[169] vermittelt wurde, bot nur einen niedrigen Lohn und war zudem mit Arbeitsbedingungen verbunden, die ihre gesamte Lebenssituation in der Schweiz negativ beeinflussten:

Almira: (kath., span.)	Wir sind, wie wir auf das Bergrestaurant gekommen sind, hatten wir 350 Franken, zusammen [als Lohn] […] Für uns ist es ein grosses Fest gewesen, wenn wir Spaghetti Bolognese auf den Tisch bekommen haben oder dann Spaghetti mit Tomatensauce. Mit dem sind wir zufrieden gewesen. […] wir haben es nicht einfach gehabt […] Weil das ist hart (2). Bist dort oben total isoliert. (3) Und im Sommer bist du gelaufen wie verrückt, hast einen Haufen zu tun und im Winter hast du einfach kalten Wind und Schnee und Luft und Luft und kalten Wind (3) […] Und dann haben wir einmal einen Tag in der Woche vielleicht frei und dann hat [es] auf einmal einen Haufen Leute gegeben und dann hat's geheissen «Jetzt kommst du wieder arbeiten.»

Seit der Gastarbeitermigration hat sich die rechtliche und arbeitsmarktliche Situation für Migranten stark verbessert. Arbeitsbedingungen wie die von Almira beschriebenen sind – zumindest für legale Migranten – heute kaum mehr vorstellbar. Dennoch bleibt es für viele Migranten weiterhin schwierig, in der Schweiz eine geeignete, ihren Fähigkeiten entsprechende Arbeitsstelle zu finden. Ein wichtiger Grund dafür besteht bei vielen – neben den oben bereits ausgeführten sprachlichen Hindernissen – darin, dass ihnen in der Schweiz ein soziales Netzwerk fehlt, das ihnen bei der Vermittlung von Arbeitsstellen behilflich sein könnte. Es fehlt ihnen an Bekannten, die über informelle Kontakte Beziehungen zu potenziellen Arbeitgebern ermöglichen könnten oder die ihnen hilfreiche Informationen zum Arbeitsmarkt oder den Bewerbungsverfahren geben könnten. Wer sich dieses Wissen von Grund auf selbst zusammentragen muss, ist damit schnell einmal überfordert. Daher wussten manche der Befragten zunächst gar nicht, wo sie mit der Arbeitssuche beginnen sollten:

169 Span.: *Instituto Español de Emigración.* Siehe hierzu auch Calvo Salgado et al. (2009).

Santiago: (prot., lat.)	Ich wusste nicht, was soll ich telefonieren, weisst du? Einmal habe ich gesehen: «Chef de Rang». Was ist Chef de Rang? (Das ist eben) in der Gastronomie, das ist eine… oder nein… Sous Chef […] Sous Chef. (Habe telefoniert:) «Sind Sie Koch?» – «Nein» – «Also dann sind Sie am falschen Ort.» ((lacht)) // SF: ((lacht)) // «Ja, okay gut, ciao.»

Neben dem fehlenden sozialen Netzwerk erschweren auch die Anforderungen mancher Arbeitgeber die Integration in den Arbeitsmarkt. Selbst gut qualifizierte Migranten müssen sich nicht selten mit einer Arbeitsstelle begnügen, die nicht ihrem Qualifikationsniveau entspricht.[170] Dies gilt insbesondere für Lateinamerikaner, da sie häufig damit konfrontiert werden, dass die Ausbildungen, die sie in ihren Herkunftsländern absolviert haben, in der Schweiz nicht anerkannt werden. Migranten, deren Qualifikationen nicht anerkannt werden, müssen Teile der Ausbildung – oder in manchen Fällen sogar die gesamte Ausbildung – noch einmal absolvieren, um auf demselben Bildungsniveau wie im Herkunftsland eine Anstellung zu finden.[171] Dies ist aber meist mit hohen zeitlichen und ökonomischen Investitionen verbunden, die sich nicht alle Betroffenen leisten können.

Doch selbst wenn ihre Ausbildung anerkannt wird oder sie eine Ausbildung in der Schweiz absolviert haben, bleiben Lateinamerikaner als Angehörige von Drittstaaten strukturell benachteiligt. Denn erstens gilt auf dem hiesigen Arbeitsmarkt bei gleicher Qualifizierung ein gesetzlicher Vorrang für Arbeitnehmer aus der Schweiz und dem EU-/EFTA-Raum. Und zweitens ist bei einem Teil der Drittstaatenangehörigen auch die Aufenthaltsbewilligung an ein Anstellungsverhältnis gekoppelt.[172] Das bedeutet, dass sie nach einem allfälligen Arbeitsplatzverlust dazu gezwungen sein könnten, die Schweiz wieder zu verlassen, selbst wenn sie zuvor schon mehrere Jahre in der Schweiz gearbeitet haben.[173] In dieser Situation fällt es vielen schwer, ihre Zukunft längerfristig zu planen. Stattdessen sind sie gezwungen, sich stets mehrere Optionen gleichzeitig offenzuhalten. Diese Unsicherheit stellt für manche eine nicht zu unterschätzende psychische und emotionale Belastung dar. Zudem verhindert sie, dass die Betroffenen ein grösseres Interesse daran entwickeln, sich Kenntnisse

---

170 Siehe hierzu auch Voswinkel/Kontos (2010).
171 Siehe hierzu auch Nohl et al. (2006).
172 Vgl. Kapitel 3.1.4.
173 Vgl. Beobachtungsprotokoll vom 7.6.2016.

der lokalen Sprache anzueignen oder sich intensiver in Institutionen der Aufnahmegesellschaft zu engagieren.

Beinahe alle Migranten sind in der Schweiz auf die eine oder andere Weise strukturellen Benachteiligungen ausgesetzt. Am deutlichsten zeigt sich diese Problematik jedoch bei den Sans-Papiers. Da sie keinen legalen Aufenthaltsstatus besitzen, sind sie von einer ganzen Reihe struktureller Einschränkungen betroffen, die sie von einer Vielzahl an Partizipations- und Entwicklungsmöglichkeiten in der Aufnahmegesellschaft ausschliessen. Aufgrund ihrer fehlenden Aufenthaltsberechtigung ist für sie beispielsweise der Zugang zum legalen Arbeitsmarkt stark erschwert und auf dem informellen Arbeitsmarkt sind die Arbeitsbedingungen oft prekär. Diese schwierige arbeitsmarktliche Situation ist – neben den in Kapitel 7.2.3 beschriebenen Gefahren wie sozialer Isolation und der Ausbeutung durch Arbeitgeber – oft auch mit ökonomischen Schwierigkeiten verbunden. Viele Sans-Papiers haben ein sehr niedriges Gehalt, keine Entschädigung bei Krankheitsausfällen sowie keine Arbeitslosenversicherung, Invalidenversicherung oder Altersvorsorge. Damit verfügen sie in den wenigsten Fällen über die ökonomischen Möglichkeiten, einen unvorhergesehenen Arbeitsplatzverlust oder einen Krankheitsausfall aus eigenen Mitteln längerfristig aufzufangen.

Zudem gehen mit dem illegalen Aufenthaltsstatus eine ganze Reihe weiterer struktureller Einschränkungen einher, die legale Zuwanderer in dieser Form nicht kennen. So haben Sans-Papiers beispielsweise einen sehr limitierten Zugang zu Bildungsangeboten, die ihnen bei der Verbesserung ihrer Situation behilflich sein könnten.[174] Weitere Schwierigkeiten bestehen bezüglich einer Vielzahl von Dienstleistungen, für die eine gültige Aufenthaltsbewilligung vorgewiesen werden muss. Dies betrifft zum Beispiel die Mobilität, den Mobilfunk, die Eröffnung von Bankkonten und nicht zuletzt auch den Zugang zum Wohnungsmarkt[175], wie in folgendem Zitat ersichtlich wird:

Esperanza: (kath., lat.)	Ich erinnere mich, für uns in… in einem der Fälle, die aufgetreten sind,… als wir einen Ort verlassen mussten, haben wir bis zu acht [Personen] geschlafen in einem… in einem einzigen

[174] Bspw. haben Sans-Papiers keine Möglichkeit, in der Schweiz eine Berufslehre zu absolvieren (vgl. EKM 2018).

[175] Der Zugang zum Wohnungsmarkt ist auch für andere Migrantengruppen eine grosse Herausforderung, insbesondere für Kurzaufenthalter.

> Bett. Denn wir wussten nicht, wo wir schlafen sollten. Das sind… sind Dinge, die… damals war das Problem mit der Wohnungssituation wirklich schrecklich.

Auch die medizinische Versorgung stellt für viele Sans-Papiers eine Herausforderung dar. Zwar ist es ihnen in rechtlicher Hinsicht möglich, eine Kranken- und Unfallversicherung abzuschliessen, allerdings halten die damit verbundenen hohen monatlichen Kosten viele davon ab, dies auch wirklich zu tun. Ohne Versicherungen sind grössere medizinische Behandlungen jedoch sehr teuer. Zudem haben viele undokumentierte Migranten Angst davor, medizinische Leistungen in Anspruch zu nehmen, da sie sich davor fürchten, entdeckt und ausgeschafft zu werden.[176] Wenn sie in einem illegalen Arbeitsverhältnis beschäftigt sind, kann es auch vorkommen, dass ihre Arbeitgeber aus Angst vor der Polizei kein Interesse an einer Behandlung haben und diese behindern.

Die folgenden drei Zitate veranschaulichen diese gesundheitlichen Herausforderungen noch einmal aus der Sicht von (ehemaligen) Sans-Papiers, die selbst solche Erfahrungen durchgemacht haben:

Esperanza: (kath., lat.)	Ich war eine Illegale. Eine Person, die aus… […] in diesen Zeiten war es SEHR schwierig. Warum? – Weil die Menschen kein Spanisch sprachen, viele Leute sprachen kein Spanisch. Es war verboten, krank zu werden, man durfte nicht krank werden! Warum? – Weil, wenn man krank wurde, hatte man Angst, denn wenn du ins Krankenhaus kamst, war das erste, was sie dich fragten: «Bist du Tourist oder… oder lebst du hier?» Wenn du sagtest, dass du hier lebst oder Tourist bist, sagten sie einfach «Okay» und dann kam die Polizei, nicht? Und… und nahm dich mit. Ähm… viele Fälle von:: Freunden, die ich gesehen habe, und die ins Krankenhaus gebracht wurden und alles, dann warteten sie und schoben sie ab.

*****

Regina: (kath., lat.)	Ah und sie [die Arbeitgeber] haben mich auch nicht zu Ärzten gebracht. Weisst du? Ich war sehr krank, ich. […] Eh und… und hatte hier ein… ein Geschwulst, ich… ich weiss nicht wie eh man das nennt… Tumor oder so… so eine ganz grosse Ku-

176 Vgl. hierzu auch BAG (2017), Bilger et al. (2011) und Efionayi-Mäder/Wyssmüller (2011).

gel. Und es blutete (und ganz), ja. […] Ich hatte ein… hatte eine starke Blutung aber nie haben sie [die Arbeitgeber] mich zum Arzt gebracht. Hm! Und… und immer die… die Personen [andere Menschen], wenn sie mich sahen, sagten so: «Eh Regina, du bist sehr krank» sagten sie. «Du siehst schlecht aus» und so. Aber nein… kein Arzt obwohl (sie) [die Arbeitgeber] einen Hausarzt hatten, zu dem sie mich hätten bringen können, verstehst du?

*****

Esperanza: (kath., lat.) Dann gab es eine andere Freundin im selben Gebäude, die krank war. Ähm… diese Freundin starb. Sie starb. Aber da sie illegal war, äh… haben sie sie eingeäschert. Und verschickten nur ihre Asche. Damals war es für uns schwierig, an all diese Dinge zu denken. Zu sehen, dass man nicht einmal krank werden durfte, zu sehen, dass… dass mein Gott, einfach nur daran zu denken, dass dir was passiert, hast dein Land verlassen und kommst (in dieser Form) zurück, in einem Umschlag. Für uns war das etwas, das uns sehr schockierte. Alle Menschen, die wir dort waren. Denn wir sagten: «Mein Gott, was ist nur geschehen? Wie wird es ihrer Familie gehen, oder den Angehörigen…» denn sie sahen sie fortgehen und dann kommt sie so zurück.

7.3.2 Informationelle Herausforderungen

Die bestehenden Herausforderungen im Migrationskontext können noch verschärft werden, wenn wenig Wissen über den neuen Lebensraum besteht. Gerade zu Beginn der Migration sind Migranten mit hohen informationellen Anforderungen konfrontiert. Sie müssen viele bürokratische Aufgaben erledigen und sich in kurzer Zeit viel neues migrationsrelevantes Wissen aneignen. Dies wird noch dadurch erschwert, dass ein Grossteil dieses Wissens in einer Sprache vermittelt wird, die viele zu diesem Zeitpunkt noch nicht fliessend beherrschen. In dieser Situation können selbst nebensächliche Alltagshandlungen wie der Kauf eines Tickets für den öffentlichen Verkehr zu einer Herausforderung werden. Dies zeigt sich zum Beispiel im folgenden Zitat einer Lateinamerikanerin, die in ihren ersten Monaten in der Schweiz aufgrund mangelnder Sprach- und Ortskenntnisse am Ticket-Automaten für eine Bahnfahrt ungefähr den zehnfachen Preis bezahlte:

Natalia: (kath., lat.) Und… ich sagte zu meinem Mann: «Weisst du, ich musste heute 100 Franken für ein Ticket bezahlen, weil ich dieses Deutsch nicht konnte und ich kann… (das Leben so) nicht…» Und ich habe ihn angeschrien, sehr, sehr, sehr viel. Und ich sagte: «Du musst mir zeigen, wie man an dieser Maschine ein Ticket kauft! Weil ich bin mit diesem (-) verblieben.» Oh mein Gott!

Anders als zur Zeit der Gastarbeitermigration ist es heute für Migranten dank moderner Informationstechnologien sowie zahlreichen Ratgebern und Reiseführern einfacher, sich bereits vor der Abreise ein detailliertes Bild über den Ort zu machen, wo sie hinziehen. So ein Selbststudium ist jedoch zeitintensiv und setzt eine gewisse Bildungsaffinität und Kenntnisse im Umgang mit modernen Technologien bzw. Ratgebern voraus. Für viele ist es einfacher, wenn sie sich für migrationsrelevante Informationen an andere Menschen wenden können, die den gleichen Prozess bereits durchlaufen haben und die aufgrund ihrer Erfahrungen auch auf spezifische Rückfragen Auskunft geben können. Doch wer an einen neuen Ort zieht, hat dort meist noch kein soziales Netzwerk etabliert, das solche Informationen bereitstellen könnte. Da der Aufbau eines neuen Netzwerks persönlicher Beziehungen – wie oben bereits ausgeführt wurde – oft Jahre in Anspruch nimmt, können auch Informationsdefizite über Jahre bestehen bleiben.

Wie bereits zu Beginn dieses Kapitels erwähnt wurde, kann sich mangelndes Wissen über den Migrationskontext wiederum negativ auf die Migrationserfahrung auswirken. Bisherige Studien haben gezeigt, dass sich Informationsdefizite bei Migranten beispielsweise negativ auf die Inanspruchnahme des Bildungs- und Gesundheitssystems auswirken können (vgl. Becker 2010: 8, Eichler 2008: 21–23, Beacom/Newman 2010). Im Rahmen der vorliegenden Studie konnten auch Wissenslücken in Bezug auf das Vorhandensein von staatlichen, kirchlichen und privaten Unterstützungsangeboten ausgemacht werden, die für die Befragten hätten nützlich sein können. So berichtete beispielsweise eine hochqualifizierte Südamerikanerin, die über einen Schweizer Pass verfügte, dass sie aufgrund mangelnden Wissens in einer schwierigen Lebensphase ihr Recht auf Arbeitslosengeld nicht einfordern konnte und dadurch vom Sozialamt abhängig wurde:

Sara: (kath., lat.) […] ein paar Monate war ich abhängig vom Sozialamt, weil ich habe mich gemeldet bei der RAV […] Ähm ich bin angekommen in der RAV und sie haben mich behandelt wie wie normal die viele Leute sicher ankommen, ja?, und ähm::, ich will niemanden beurteilen, aber es war einfach, sie haben mir nicht die vollständige Information gegeben. Äh, eigentlich ich als Auslandsschweizerin hätte ich Anspruch gehabt, wenn ich nie in Europa oder in der Schweiz gearbeitet hab, ich habe das nicht gewusst.[177]

7.4 Religiöse Herausforderungen

7.4.1 Religionsschock

Angesichts der Einsamkeit und der anderen oben genannten Herausforderungen versuchten manche der Befragten, in der Religion oder im Gebet einen Halt zu finden:

Mariana: (kath., lat.) Ehm... (2) un::d... ich habe, also ich kann mich erinnern, nur dass, wenn ich einmal so traurig war wegen Heimweh oder so, habe ich immer... Es gibt eine Sängerin, sie heisst Hermana Glenda, sie ist eine Schwester, und sie hat ein sehr spezielles Lied. Und eines (heisst): No te sientas sola [Fühl dich nicht allein]. So eh... dann habe... nur dort habe ich angefangen zu fühlen: «Ich habe Heimweh, aber Gott ist mein Vater und er ist immer da.» Also, «meine Eltern... also meine padres terrestres [weltlichen Eltern], also mein Vater und meine Mutter, können nicht hier sein, sie sind in Kolumbien. Aber mein Heiliger Vater und Mutter sind immer dabei.»

*****

Sara: (kath., lat.) Ah, ich weiss nicht, ich war so verwirrt, ja, und ich hatte niemanden zum Sprechen, aber nur Gott.

[177] Zum besseren Verständnis: In den meisten Schweizer Kantonen müssen sich Arbeitslose als erstes bei einem Regionalen Arbeitsvermittlungszentrum (RAV) melden. Die RAV sind zuständig für die Wiedereingliederung von Stellensuchenden in den Arbeitsmarkt. In dem vorliegenden Fall scheint die Befragte enttäuscht darüber zu sein, dass ihr RAV sie nicht auf die Möglichkeit einer Arbeitslosenentschädigung hingewiesen hat und sie daher Sozialhilfe beziehen musste. Dem Bezug von Sozialhilfe haftet in der Schweiz ein grösseres Stigma an als dem Bezug einer Arbeitslosenentschädigung. Zudem ist in diesem Fall wohl auch der Unterstützungsbeitrag deutlich niedriger ausgefallen, als wenn die Befragte eine Arbeitslosenentschädigung erhalten hätte.

Diejenigen Befragten, für die Religion und persönliche Spiritualität einen wichtigen Stellenwert in ihrem Leben einnahmen, mussten jedoch bald feststellen, dass sie ihr religiöses Leben in der Schweiz nicht auf die gleiche Art ausleben konnten, wie sie es gewohnt waren. Schliesslich befanden sie sich nun in einem anderen kulturellen Umfeld, das auch in religiöser Hinsicht einige Unterschiede zu ihrem Herkunftsland aufwies. Für manche stellte dieser Wechsel eine erschütternde Erfahrung dar, da er eine für sie bedeutende psychisch-emotionale Ressource beeinträchtigte. Diese negative Erfahrung, die ich im Folgenden als Religionsschock bezeichne, ist Teil des weiter oben beschriebenen Kulturschocks. Da der Religionsschock aber von vielen Befragten sehr ausführlich beschrieben wurde und religiöse Migrantengemeinden im Fokus dieser Studie stehen, wird ihm hier ein eigenes Kapitel eingeräumt.

Zwar ist auch die Schweiz – wie die Herkunftsstaaten der spanischsprachigen Migranten – ein historisch christliches Land. Bis heute gehört die Mehrheit der Schweizer Wohnbevölkerung einer christlichen Kirche an.[178] Seit dem 19. Jahrhundert haben allerdings Prozesse wie die Individualisierung und die Säkularisierung dazu beigetragen, dass sich das Weltbild vieler Schweizer verändert und diversifiziert hat. Diese Veränderungen betreffen selbst konfessionelle Christen. Dies zeigt sich zum Beispiel darin, dass die konfessionelle Zugehörigkeit heute kaum mehr etwas über das Weltbild oder die religiöse Praxis einer Person aussagt.[179] Viele Schweizer gehören einer Landeskirche an, obwohl sie deren Lehre und Praxis zum Teil kritisch gegenüberstehen. Diese Diskrepanz zwischen religiösen Zugehörigkeiten und individuellen Vorstellungen kann sehr verwirrend für Zuwanderer sein, die dies aus ihren Herkunftsländern nicht gewohnt sind. Sowohl in den Migrationsgemeinden wie auch während der Interviews wurde mir immer wieder von Spanischsprachigen gesagt, dass sie Mühe damit hätten, die Religiosität der Schweizer zu verstehen.

Eine weitere Herausforderung bestand für viele darin, dass sie die Aufnahmegesellschaft im Allgemeinen nicht als besonders religiös oder spirituell wahrnahmen, sondern im Gegenteil eher als religionskritisch oder in manchen Fällen sogar als religionsfeindlich:

Valeria: (kath., lat.)	Und eben, es ist schwierig hier in der Schweiz… Das siehst du in der… also in der Schule, egal wo, alle Leute… also so viele,

[178] Gemäss BFS (2018d) gehörten im Jahr 2016 rund 68% der in der Schweiz wohnhaften Personen einer christlichen Religionsgemeinschaft an.

[179] Siehe hierzu auch Stolz et al. (2014) und Dubach/Campiche (1993).

die nicht glauben, denen es egal ist. Die meisten sagen: «Ja ich glaube an irgendetwas, aber ich habe meine eigene Art, oder meine eigene Religion» oder einige: «Ich bin mein eigener Gott.» Also sozusagen: «Gott ist in mir und ich brauche keine Religion oder Papst.» Und dann fangen sie an mit dem Papst und den Kondomen und dies und das… und ich so: «Oh::!» ((genervt)) ((lacht)).

*****

Mariana: (kath., lat.) Und weil ich, ich bin auch in einer Society, wo Glauben sehr negativ ist. Also die Zeitung und alle Medien sagen so negativ über den den:: Glauben oder den Katholischen… Dann… dann willst du nicht so viel reden oder sagen oder so.

Einzelne Befragte hatten aufgrund ihrer christlichen Religionszugehörigkeit sogar Erfahrungen der religiösen Diskriminierung erlebt. Im folgenden Zitat berichtet beispielsweise eine junge Katholikin von einer solchen Erfahrung. Sie hatte nach einer Pilgerreise ein persönliches Zeitungsinterview zu ihrer Motivation für die Reise gegeben, worin sie auch über ihre persönliche Religiosität berichtete. Als der Artikel im Internet veröffentlicht wurde, füllte sich die Kommentarspalte mit persönlichen Angriffen und Hasskommentaren von Lesern:[180]

Valeria: (kath., lat.) Aber ähm, hier in der Schweiz war es wirklich schwierig. wenn du siehst, niemand macht mit, allen ist es egal. Alle kritisieren dich wegen dem. Die denken du bist komisch oder DUMM! Eh… das Spannendste von diesem Zeitungsinterview, das ich hatte, ist, die Kommentare danach zu lesen. Also vielleicht sind sie nicht mehr drin, aber dort… also ich habe alle Kommentare gelesen. Also es ist krass gewesen, was die Leute so gesagt haben. Also so schlimme Sachen, wo sie mir gesagt haben. Dass ich mega DUMM bin, wie kann ich diesem Zeugs folgen, dem Papst und (so). Dann gab es andere, die mich verteidigt haben. Also das ist viel spannender als der Artikel. // SF: ((lacht)) // ((lacht)). Ja das ist schon mega krass gewesen.

[180] Zur Wahrung der Anonymität der Befragten können die Kommentare hier nicht wörtlich wiedergegeben werden. Die Zusammenfassung im Interviewzitat gibt den Tonfall der Kommentare jedoch gut wieder.

7.4.2 Religiöse Minderheitensituation

In dieser als religionskritisch oder sogar religionsfeindlich empfundenen Umgebung fanden sich sowohl protestantische wie auch katholische Befragte in einer religiösen Minderheitensituation wieder, selbst wenn sie in konfessioneller Hinsicht zu einer der beiden grossen Landeskirchen gehörten. Insbesondere die charismatisch-pentekostalen Befragten gaben an, Schwierigkeiten zu haben, mit ihren religiösen und weltanschaulichen Vorstellungen in der Aufnahmegesellschaft Anschluss zu finden. Ein häufiger Grund dafür war, dass sie in ihrer Spiritualität viel Wert auf Aspekte legten, die dem dominierenden landeskirchlichen bzw. von der Aufklärung geprägten Weltbild weitgehend fremd sind, wie zum Beispiel die «Gaben des Heiligen Geistes» (wie Prophetie, Heilung oder Glossolalie) und die wörtliche Auslegung der Bibel:

Rebeca: (prot., lat.) Es ist manchmal auch schwierig zwischen Christen darüber zu reden, weil es wird so wie… wie eine Mauer gebaut. Wir haben ähm… zum Beispiel Prophezeiungen. Und äh… wir haben wir haben zum Beispiel auch äh… Heilung von Menschen. Und einfach so viele verschiedene Sachen. Das… das ist eigentlich, was Jesus gesagt hat: «Die gleichen Sachen werdet ihr machen und sogar grössere als ich.» […] Und das habe ich einfach eben… leider nicht in die Schweiz mitnehmen können.

Während die protestantischen Befragten die Minderheitensituation aus ihren mehrheitlich katholischen Herkunftsländern bereits gewohnt waren, war diese Situation für die meisten der befragten Katholiken neu und daher auch mit grösseren Irritationen verbunden. Obwohl sie konfessionell zur grössten Religionsgemeinschaft der Schweiz gehören, fühlten sich nicht wenige von ihnen als Teil einer religiösen Minderheit. Dies war insbesondere dann der Fall, wenn sie in einer historisch protestantischen Stadt wie Zürich[181] lebten:

Mariana: (kath., lat.) Für mich in der Schweiz war es ein Schock. […] Ehm… oder wenn man zum Beispiel hier nach Zürich kommt, die grösste, die grösste und schönste Kirche ist nicht katholisch. Für mich

[181] Zwar sind aufgrund der Binnen- und der internationalen Migration die römischen Katholiken inzwischen auch in der Reformationsstadt Zürich die grösste Religionsgemeinschaft (vgl. SAKZ 2016), dennoch fühlt sich die Stadt für manche der Interviewten nicht so an.

das war auch ein… «Ist nicht katholisch? Und wieso ist das Grossmünster nicht katholisch? Wieso?» ((schmunzelt)) Und bla bla.

SF: ((lacht)) (--)

Mariana: Aber, wenn [man] nach Luzern geht, dann ist die grosse Kirche katholisch. Dann habe ich langsam so gelernt, sozusagen, und dann… mich normal fühlen: «Ok, das ist normal. Das ist normal.»

*****

Valeria: (kath., lat.) Und ich habe immer gefragt: «Ja Rosa [ihre Cousine], gehst du in die Kirche?» Weil ich bin voll in der Kirche gewesen. Und ich so: «Rosa, geh in die Kirche!» Und sie: «Hier gibt es keine!»

SF: ((lacht))

Valeria: «Die sind alle reformiert.» ((schmunzelt)) «Hier gibt es keine Kirche. Es gibt nur eine katholische Messe alle zwei Wochen oder so. Oder alle drei Wochen. Und die Frauen dort habe ich nicht gern.» Und ich so: «Rosa, das kann nicht sein! So bitte, das kann nicht sein, dass es keine katholische Kirche in der Schweiz gibt.» – «Nein das gibt es nicht, hier sind alle reformiert.» – Ich wusste nicht einmal was reformiert bedeutet. […] Und für mich war es das Schlimmste, nicht in die Kirche zu gehen, oder?

7.4.3 Schwieriger Anschluss in Schweizer Gemeinden

Sowohl die protestantischen als auch die katholischen Befragten hatten in der Regel bereits in ihren Herkunftsländern Erfahrungen damit gemacht, dass nicht alle Menschen um sie herum das genau gleiche Weltbild oder die genau gleichen religiösen Vorstellungen wie sie aufwiesen. Schliesslich ist der religiöse und weltanschauliche Pluralismus inzwischen auch in Spanien und in den meisten Regionen Lateinamerikas weit verbreitet. Dennoch sind alle Befragten in einem Umfeld aufgewachsen, wo sie relativ einfach Gemeinden oder Kirchen finden konnten, die ein aktives Gemeindeleben mit verschiedenen Gruppen pflegten, denen sie sich anschliessen und in denen sie Gleichgesinnte finden konnten.

Wer aber in der Schweiz etwas Ähnliches zu finden hoffte, wurde in der Regel enttäuscht. In den Landeskirchen sind religiöse Angebote, denen sich auch Erwachsene anschliessen könnten, selten – mit Ausnahme von Gottesdiensten und den Vorbereitungstreffen für Kasualien[182]. In manchen Fällen waren zwar solche Aktivitäten oder Gruppierungen vorhanden, jedoch entsprachen sie nicht dem, was sich die Befragten aufgrund ihrer Erfahrungen im Herkunftsland erhofften:

Valeria: (kath., lat.)	Aber... Und dann habe ich mit dem Priester gesprochen und es gab keine Gruppe. Und ich so: «Okay, keine Gruppe, okay.» Zuerst war ich so: «Pff.» ((lacht))
SF:	Down?
Valeria:	Ich wollte eine Gruppe finden, oder? Und nachher war ich in Aarau. – Also wir sind nach Aarau gezogen. Mit meiner Cousine. Und dann... dort bin ich auch in die Kirche: «Hey! Gruppe?» – «Nein.» ((schmunzelt)). «Es gibt nur Firmungsgruppen. Wenn du willst, kannst du helfen.» ((schmunzelt)) «So als Leiter.» – «Okay.» Und dann habe ich ein bisschen mitgeholfen in diesem Jahr. Aber ich war im Schock, diese Kinder! Eh nein! [...] Die haben nicht einmal... ich weiss nicht... nicht ein Mal in der Woche, sondern ab und zu haben sie solche Vorbereitungstermine gehabt. Und die haben gemotzt, und «Näh...» und wollten nicht kommen und dies und das. Dann haben sie nicht mitgemacht. [...] Also das war mein Kulturschock so religionsmässig ((schmunzelt)). Ich sehe in Honduras alle schön und Kirche und dies und das und sehr anständig. Und da: ihnen war es egal. Der eine war sogar Atheist aber hat es wegen der Grossmutter gemacht. [...] Und ich so: «Gut, ihr sagt vor Gott, dass ihr an ihn glaubt.» Es ist ihnen total egal.

*****

Esperanza: (kath., lat.)	Es war ein wenig:: SEHR schwierig... für mich in besonderer Weise, weil ... weil, wenn du von einer... von einer Kirche kommst... wenn du kommst als Kate::chetin von der Kirche des Auferstandenen Jesus... [mit] sehr freundlichen Jugendlichen, mit Liedern mit Gitarre, dem Charango, den Tamburinen... wenn du hierher kommst, dann willst du das sehen! Aber du siehst es nicht. Oder? Und dann sagt man: «Was ist passiert? Wie ist das?»

182 Zu den Kasualien gehören u. a. Taufe, Firmung/Konfirmation und Trauung.

Ohne regelmässige Aktivitäten oder Gruppen fällt auch der Anschluss an das Gemeindeleben schwer, zumal es in vielen Kirchen und Pfarreien nicht gebräuchlich ist, dass ältere Kirchenmitglieder aktiv auf Neulinge zugehen, um mit ihnen Bekanntschaft zu schliessen.[183] Bei manchen der Befragten, die zu Beginn der Einreise in die Schweiz denominationale Katholiken waren, führten die fehlenden sozialen Anschlussmöglichkeiten zusammen mit dem Religionsschock dazu, dass sie ihre religiöse Praxis in Frage stellten oder sogar aufgaben.[184] Dies gilt selbst für Personen, die im Herkunftsland kirchlich stark engagiert waren. Ein Beispiel hierfür ist der nachfolgend zitierte Mann, der in Deutschland eine solche Erfahrung der religiösen Distanzierung gemacht hat, wie sie andere Befragte auch in der Schweiz erlebten:

Joaquín: (kath., lat.)	[…] ich habe am Ende irgendwie das Gefühl gehabt, ich gehe hin […] Man nimmt am Abendmahl teil, aber irgendwie habe ich gefühlt, ich passe nicht mit keinem von dem hier… also irgendwie. Es gibt keinen Gruss nichts. […] Also ich meine, ich war auch zum Beispiel in Miami irgendwo in einer Messe einmal, weil ich meinen Cousin dort besucht habe. Und wir sind dann zur Messe am Sonntag gegangen. Dann steht der Priester draussen und gibt jedem die Hand und begrüsst und… Als ich in Peru gekommen bin, erster Sonntag gehen wir sofort zur Kirche. Und dann, ich werde dem neuen Priester vorgestellt oder man sagt: «Hallo, das ist der neue Priester.» Meine Eltern sagen: «Ja das ist unser Sohn, blablabla.» Irgendwie… und dort in Bochum war es einfach, man war wirklich… es war egal, ob ich da war oder ob ich nicht da war. Das wäre… das ist keinem aufgefallen. Ist keinem aufgefallen, keiner hat mich irgendwann jemals angesprochen. Irgendwie ich habe gedacht, ich komme hierhin und das ist ja wirklich nicht… es ist nicht die, die Kirche, die ich kenne. […] Das war es wirklich nicht. In Hamburg sagen wir so… wieso bin ich in Hamburg nicht am Anfang direkt zur Messe gegangen? Weil äh, ja weil ich irgendwie nicht den Kontakt dazu gehabt habe. Also von Bochum raus bin ich ja letztendlich rausgegangen ohne Glauben so quasi.

[183] Dies gilt insbesondere für landeskirchliche Gemeinden. In vielen Freikirchen ist es gebräuchlich, dass ältere Mitglieder auf neue Besucher zugehen und sie begrüssen. Auf die Erfahrungen der Befragten in Freikirchen gehe ich weiter unten noch ein.

[184] Siehe hierzu Kapitel 7.4.4 weiter unten.

Neben dem Mangel an sozialen Aktivitäten wurde der soziale Anschluss in Schweizer Gemeinden auch aufgrund sprachlicher Verständigungsschwierigkeiten erschwert, sowie aufgrund der Tatsache, dass Schweizer Kirchen oft eine Altersstruktur aufweisen, die es insbesondere jüngeren Migranten erschwert, einen sozialen Kreis zu finden, der ihnen entspricht. Doch selbst wenn Befragte gut Deutsch sprachen und aktive junge Gemeinden fanden, bestand für viele eine Herausforderung darin, sich mit der Schweizer Spiritualität oder den für sie ungewohnten liturgischen Formen zu identifizieren:

Valeria: (kath., lat.)	Ja und dann... sogar... also... der andere Firmungsleiter in dieser Firmungsgruppe in Aarau, wo THEOLOGIE studiert und das ganze Zeug, sogar ER war nicht einverstanden mit dem [der vorehelichen Enthaltsamkeit]. Er war verlobt oder weiss nicht was, und wir haben darüber gesprochen und er so: «Nein, sicher nicht.» – «Also was, bist du katholisch?» ((schmunzelt)) – «Nein nein, das ist nicht so, und blablabla.» Er hatte seine eigene Version von dem selber gebildet und... keine Ahnung. Aber ja... und dann wurde es sehr einsam ((lacht)).

*****

Mariana: (kath., lat.)	Weil das so ein kleines Dorf ist, hatte es keinen Priester. Einmal im Monat kommt ein Priester und gibt die Messe. Sonst, jeden Sonntag, gibt es so einen Pfarreian... ahm...
SF:	Ahm... Pastoralassistenten?
Mariana:	Pastoralassistenten, der einfach die Kommunion gegeben hat. Das ist eine...
SF:	Ja. Eine Wortmesse.[185]
Mariana:	...Wortmesse, genau. Und und als ich... der erste Sonntag, als ich da war, war so eine. Und ich habe gesagt: «Ist das eine katholische Messe, oder was? Was ist passiert?» Und... weisst du, ich komme... Für mich in der Schweiz war es ein Schock.

Integrationsschwierigkeiten aufgrund mangelnder sozialer Anschlussmöglichkeiten zeigten sich vor allem bei denjenigen Befragten, die versuchten, sich in eine katholische Pfarrei zu integrieren. Bei Personen, die sich in deutschspra-

185 Anm.: eigentlich «Wort-Gottes-Feier». Damit ist eine liturgische Form des röm.-kath. Gottesdienstes gemeint, die nach dem Zweiten Vatikanischen Konzil eingeführt wurde und auch ohne Priester abgehalten werden kann (vgl. Brüske 2015). Aufgrund des Priestermangels findet sie heute in der Schweiz zunehmende Verbreitung. In spanischsprachigen Ländern ist diese Liturgieform jedoch kaum bekannt.

chige Freikirchen integrieren wollten, zeigte sich diese Herausforderung deutlich seltener. Ein Grund für diesen Unterschied besteht vermutlich darin, dass die Mitglieder von Freikirchen aktiver auf Neumitglieder zugehen und ihnen damit den Erstkontakt zur Gemeinde erleichtern. Zudem fanden beinahe alle Befragten, die zu einem gewissen Zeitpunkt ihres Lebens eine Schweizer Freikirche besuchten, über Bekannte oder Angehörige den Anschluss an diese Gemeinde. Dadurch waren sie bei der sozialen Integration nicht vollständig auf sich allein gestellt.

Dennoch gab es auch bei den protestantischen Befragten Herausforderungen, die die soziale Integration in Schweizer Gemeinden erschwerten. Hierzu gehörten, wie bei vielen der befragten Katholiken, Passungsprobleme aufgrund von sprachlichen, kulturellen oder religiösen Unterschieden. Dies zeigt sich exemplarisch an folgenden drei Zitaten:

Samuel: (prot., lat.)	In der Zwischenzeit haben wir gemerkt, in dieser Kirche, in der wir waren, in der deutschen Missionsgemeinde, ich konnte mich nicht entfalten in der deutschen Sprache.

*****

Violeta: (prot., lat.)	Nun gut, in Caracas sind sie ein bisschen mehr… die Leute sind mehr so… offener. Hier sind sie limitierter. Wir wollen zum Beispiel: «Ah::! Lobet den He::rrn». Das laut zu sagen, stört uns nicht. Die Schweizer nicht, denn sie fühlen sich durch Lärm belästigt, // SF: ((lacht)) // daher… ((ganz leise:)) «Ame::n, lobet den Herrn.» So.

*****

Rebeca: (prot., lat.)	Ich habe gesucht. Ich habe es probiert zum Beispiel bei den Reformierten. Nicht geklappt. Es hat mir einfach nicht gepasst. Sie… die… das hat begleitet einfach… eben ich habe angefangen einfach… das war eine Gruppe, oder Kindergottesdienst. Und sie hat einfach alle möglichen Bücher gelesen nur die Bibel nicht und ich habe gedacht «Hä? Das kann nicht sein.» […] Und in der Schweizer Freikirche-A… Ay sie sind einfach so… weisst du… (3) Bei uns ja, es wird eben gesagt, wir müssen… (-) einfach nicht äh… den halben Rücken zeigen und äh bitte… Brüste drinnen halten und nicht so ganz enge Kleider tragen und wenn sie wollen einen… einen Rock tragen, super und so,

perfekt. Aber bei dem ist immer noch das extrem und dann zum Beispiel die Frau wird nicht gleich gesehen. Es wird immer noch, eben ein bisschen habe ich das Gefühl als... Eben, so wie (man) sagt auf Spanisch «que la mujer tiene que... sujetarse al hombre» [dass sich die Frau dem Mann unterwerfen muss] Aber in einer Form, oder... dass es mir nicht passt.

7.4.4 Bewahrung des Glaubens

Wie aus den Ausführungen in Kapitel 7.4.1 bis 7.4.3 ersichtlich wurde, bekundeten einige der Befragten Mühe damit, in der Schweiz Gleichgesinnte zu finden, mit denen sie ihre religiösen Vorstellungen teilen oder von denen sie in religiös-spiritueller Hinsicht Unterstützung oder Bestätigung erfahren konnten. Ausserhalb der Kirchen wurde die Aufnahmegesellschaft eher als religionskritisch erfahren und auch in den Schweizer Kirchen erwies sich der Anschluss aufgrund kultureller, sprachlicher, sozialer und religiöser Unterschiede als schwierig. In dieser Situation fiel es vielen schwer, nicht nur ihre bisherige religiöse Praxis, sondern auch ihren persönlichen Glauben aufrechtzuerhalten:

Mariana: (kath., lat.)	Aber aber irgendwie... bin ich nicht mehr in einer Glaubensgruppe gewesen. Ich hatte Kollegen, die nicht in die Messe gingen. [...] Und wie ich vorher, das letzte Mal gesagt habe: Dann habe ich angefangen mich zu fühlen, als laufe ich gegen die Leute... also...
SF:	Gegen den Strom?
Mariana:	Gegen den Strom, genau. Und und... (4) und ja ehm... (2) ich habe (3) ich habe gekämpft, sozusagen, um hier zu bleiben, natürlich. Aber irgendwie hat dieses Licht, das so stark gebrannt hat, ist irgendwie langsam so... habe ich selber, so, in still genommen... so: «OK, ich gehe...» ... weisst du: Ich... Der Glaube ist wie eine Blume: Da musst du immer Wasser und so und so. Wenn du das nicht machst, das wird tot.

*****

Rebeca: (prot., lat.)	Habe ich sicher ein Jahr... wo ich wohnte. Äh... es nicht unbedingt schön gehabt. Eh... es war ein Kampf, auch mit dem Glauben.

*****

Camila: (kath., span.)	Mhm. Ahm… es fällt mir ein bisschen schwer, meine Religion allein zu leben, die Religion. Ich hatte immer die Unterstützung einer Gruppe und… [zusammen] beten… nun, ich glaube, dass die Religion für eine Gemeinschaft gedacht ist.
SF:	Die Religion ist…?
Camila:	Ja, die katholische Religion. Sie ist für eine Gemeinschaft gedacht. Wie… also, die ersten Gemeinden lebten ihren Glauben nicht isoliert, sondern in der Kirche, in der Versammlung, nicht? Dagegen… ihn allein zu leben, ist kompliziert.

Insbesondere Personen, für die Religion und religiöser Glaube bereits in ihrem Herkunftsland bei der emotionsorientierten Bewältigung von Krisen oder für das persönliche Kohärenzgefühl von grosser Bedeutung waren, vermissten in der Schweiz ein soziales Umfeld, das sie auch in religiös-spiritueller Hinsicht stützte. Der Mangel an religiösen Bezugspersonen und die darauf folgende Glaubenskrise fühlten sich für sie besonders schmerzhaft an und verstärkten zudem andere negative Gefühle wie Unsicherheit, Unwohlsein und Einsamkeit, selbst wenn sie in der Schweiz kaum grössere instrumentelle und strukturelle Herausforderungen zu bewältigen hatten und sozial gut vernetzt waren. Dies zeigt sich beispielsweise an den folgenden beiden Zitaten. Beide stammen von Frauen, die in Bezug auf ihre sprachliche, soziale und arbeitsmarktliche Integration in der Schweiz sehr gut aufgestellt waren. Dennoch haderten beide mit ihrer Migrationserfahrung, weil sie zulasten ihrer persönlichen Religiosität ging, die ihnen persönlich viel bedeutete:

Sara: (kath., lat.)	Da habe ich begonnen ein bisschen die Geschichte von Pater Kentenich[186] zu lesen. Und Pater Kentenich war ein sehr einsamer Mann, er war immer einsam, aber trotzdem gleichzeitig mit vielen Leuten. Und ich habe mich so ein bisschen identifiziert, weil ich war eigentlich sehr einsam, aber eigentlich mit vielen Leuten. Also sehr einsam mit meinem Glauben, mit mein Gebet, aber als ich draussen war, viele Leute. [...] Ich bin ein bisschen mh traurig, weil mein Glauben hier ist nicht erlebt, wie ich gedacht habe. Und das fehlt mir. Dieser Austausch mit den Leuten, die so gläubig sind, wie ich. Die,

[186] Pater Joseph Kentenich war ein katholischer Priester und Ordensmann, der zu Beginn des 20. Jahrhunderts die Schönstatt-Bewegung gründete (Schönstatt o. J.).

wenn ich (-) falle, dass jemand kommt «Komm, glaub an Gott, er kann alles, er wird dich nicht im Stich lassen.» Das fehlt mir.

*****

Valeria: (kath., lat.) Abe::r äh es ist wie einfacher gewesen, katholisch zu sein dort. Weil meine Kollegen waren von der Kirche, die meisten. Klar habe ich auch noch andere gehabt. Und dann irgendwie war ich immer dort und dann ist es irgendwie einfacher in diesem Ambiente zu sein. Und einfach das zu leben, was man ((klopft auf den Tisch)) auch glaubt und lernt und redet und predigt. Ich habe irgendwie das Gefühl gehabt: «Ja es ist schön!»

7.5 Psychische Herausforderungen

7.5.1 Psychische Belastungen im Migrationskontext

Die Erfahrung der Migration ist in vielen Fällen mit hohen psychischen Herausforderungen verbunden.[187] Vor dem Zuzug machen sich wohl die meisten Migranten Vorstellungen davon, wie ihr Leben in der Schweiz sein wird. Oft sind diese Vorstellungen positiv geprägt, da viele mit der Migration beabsichtigen, ihre Lebenssituation auf die eine oder andere Art zu verbessern. Was genau verbessert werden soll, ist individuell sehr unterschiedlich. Die im Rahmen der vorliegenden Studie beobachteten Migrationsgründe reichten beispielsweise von der Absicht, die ökonomische Situation zu verbessern, über Liebesheirat, «göttliche Berufung», Arbeitgeberwechsel oder Studium bis hin zur Flucht vor negativen Ereignissen.

Trotz der Diversität der Migrationsgründe erlebten viele der Befragten nach der Migration eine sehr ähnliche Erfahrung der Ernüchterung. Wie in folgendem Zitat exemplarisch ersichtlich wird, hing dies in vielen Fällen mit der Tatsache zusammen, dass die vorgefundene Lebensrealität nicht mit den zuvor gemachten Vorstellungen übereinstimmte:

Sara: (kath., lat.) Aber dann kam plötzlich, dass ich habe gemerkt, es geht hier nicht weiter, ich finde keine Wohnung, ich fühle mich nicht wohl, die Schule passt nicht für mich für meine Tochter. Sie

[187] Siehe hierzu auch Kirmayer et al. (2011) und Dow (2011).

kann nicht alleine gehen, wie ich mir das vorgestellt habe, dass sie hier mit den anderen Kindern allein in die Schule... hier passiert das nicht, sie wird hier überfahren mit diesen Fahrern äh schnelle Fahrer. Weil irgendwie war für mich Zürich nicht, was ich gesucht habe.

Zur Ernüchterung gesellten sich oft weitere psychische Herausforderungen wie das Gefühl von Heimweh, das Vermissen von Familienangehörigen und Freunden im Herkunftsland oder die Überforderung mit der neuen, unbekannten Situation im Aufnahmeland. Solche migrationsspezifischen psychischen Herausforderungen gibt es aber nicht nur zu Beginn der Migrationserfahrung. In den Interviews zeigte sich bei einigen der Befragten, dass sie sich selbst nach Jahren noch nicht vollständig im neuen Kontext eingelebt hatten. Bei manchen äusserte sich dies beispielsweise darin, dass sie das Gefühl hatten, «zwischen zwei Welten» zu leben oder «weder hierhin noch dahin zu gehören». Denn einerseits fühlten sie sich in der Schweiz noch nicht vollständig «daheim», andererseits waren sie die neue Umgebung aber bereits so gewohnt, dass sie sich auch in ihren Herkunftsländern nicht mehr vollständig «zu Hause» fühlten, zumal auch diese sich im Verlauf der Zeit weiterentwickelt hatten:

Mateo: (prot., span.) Weil, eh, damals, für mich, waren die Schweizer, ja sozusagen: Gutes Land... also, am Anfang wollte ich in die Schweiz. Nach fünf Jahren habe ich alles schlecht gefunden: «Ja, das Land ist nicht gut. Jo, nicht gut.» Aber Spanien auch. Ich träume immer: Ich gehe einen Monat nach Spanien und träume ich elf Monate hier: «Oh, jetzt gehe ich nach Spanien! Ich gehe nach Spanien!» Bin ich in Spanien, dann träume ich: «Ja, ich gehe wieder in die Schweiz, dort ist alles (in Ordnung)!»

*****

Joaquín: (kath., lat.) Nach 20 Jahren... eigentlich sollte es. Aber ja... und deswegen... und ich denke, ja, das, was fehlt ist vielleicht so ein bisschen der Schnitt, «Ja, okay jetzt, nur das.» Und dann, damit man eine verbesserte Integration haben kann. Weil, wenn man immer dazwischen hängt, dann ähm, man wird (man) nie Seite bekennen. Man ist nicht hier und man ist nicht dort. Irgendwo dazwischen.
[...]

Und, und als ein Migrationsmensch, man merkt auch irgendwo einmal, dass man hier lebt, und nicht dort ja. Weil das Leben auch weiter geht. Also dort geht auch weiter. Wenn man zurückgeht, es ist nicht das gleiche. Also, wenn ich zurück in meine Heimatstadt gehe, dann die Leute sprechen anders. Sie, sie haben andere Worte, sie haben neue Worte, die, die ich nicht benutzt habe. Wenn ich dann hinkomme, ich bin nicht mehr der, der… ich würde nicht mehr angesehen als die Person, die von dort kommt. Weil ich auch anders bin.

*****

Pater A: (kath., span.)	Viele Rückkehrer [spanische Auswanderer, die wieder nach Spanien zurückkehren] sehen ihre Heimat mit anderen Augen. Was früher normal war, wirkt plötzlich abnormal oder falsch.

Eine weitere längerfristige psychische Herausforderung stellten für manche der Untersuchungspersonen Verpflichtungen dar, die sie gegenüber ihren Angehörigen in ihren Herkunftsländern hatten. Durch ihre Arbeitstätigkeit in der Schweiz sahen sie sich in der Verantwortung, für die ökonomische Stabilität von Familienmitgliedern zu sorgen und beispielsweise für deren Krankheitskosten aufzukommen. Dieses Phänomen betrifft nicht nur die untersten sozialen Schichten, sondern ist heute aufgrund der jüngsten ökonomischen Krisen in Ländern wie Spanien oder Venezuela weit verbreitet.[188] Diese Verantwortung kann mit einem hohen Erfolgsdruck einhergehen und auch die ökonomische Situation der Migranten in der Schweiz negativ beeinflussen.

Neben den soeben exemplarisch aufgezählten psychischen Herausforderungen im Migrationskontext gibt es noch viele weitere, die an dieser Stelle nicht alle einzeln ausgeführt werden können.[189] Im Grunde genommen können sich alle der in den Kapiteln 7.1 bis 7.4 erwähnten Herausforderungen mehr oder weniger negativ auf das psychische Wohlbefinden einer Person auswirken. In vielen Fällen stellt dies kein grösseres Problem dar. Zu einer grösseren psychischen Belastung werden die Herausforderungen erst dann, wenn sie aus der

188 Dementsprechend sind für viele spanischsprachige Länder Geldüberweisungen von Migranten (sogenannte *remittances*) seit Jahren ein wesentlicher Bestandteil der Volkswirtschaft. Vgl. hierzu Gratius (2005), Beaton (2017) und Mars (2013).

189 Siehe hierzu auch Dow (2011).

subjektiven Sicht der betroffenen Personen ein erträgliches Mass übersteigen und sie sich nicht mehr in der Lage sehen, die anstehenden Herausforderungen zu bewältigen.[190]

Im Rahmen der vorliegenden Studie haben sich insbesondere zwei Personengruppen herauskristallisiert, die für psychische Belastungen besonders anfällig waren. Dies waren zum einen Personen, die kein soziales Umfeld besassen, das ihren Bedürfnissen in qualitativer Hinsicht entsprach, sowie Sans-Papiers, auf die im nächsten Kapitel noch genauer eingegangen wird. Bei diesen besonders verwundbaren Personen konnten länger anhaltende Belastungen durch negative Umwelteinflüsse im Extremfall sogar dazu führen, dass sie schwerwiegende psychische Beschwerden wie Panikattacken, Depressionen oder Wahnvorstellungen entwickelten.

Ein Beispiel für eine Person, die aufgrund sozialer Isolation psychische Beschwerden entwickelte, ist Victoria. Victoria war zunächst aus Lateinamerika nach Österreich gezogen, wo sie sich sehr wohl fühlte. Denn dort hatte sie während ihres Marketing-Studiums die Gelegenheit, einen Freundeskreis aufzubauen, den sie als qualitativ hochwertig empfand und den sie auch nach dem Studium weiterhin pflegte. Nach mehreren Jahren in Österreich zog sie in die Schweiz, um hier eine neue Stelle anzutreten. Aufgrund ihrer guten Sprachkenntnisse, ihres tertiären Bildungsabschlusses und ihrer Arbeitsanstellung hätte sie eigentlich gute Grundvoraussetzungen gehabt, um eine positive Migrationserfahrung zu machen. Allerdings traf genau das Gegenteil davon ein. Ein wichtiger Grund dafür, dass sie sich in der Schweiz nie richtig wohlfühlte, bestand nach ihren eigenen Angaben darin, dass es ihr hier lange Zeit nicht gelang, einen guten Freundeskreis aufzubauen. Dies wurde in ihrem Fall vermutlich noch dadurch erschwert, dass sie in einer ländlichen Region lebte, wo ihr aufgrund der geringeren Siedlungsdichte weniger Personen dafür zur Auswahl standen, als dies in einem städtischen Umfeld der Fall gewesen wäre. Die Bekanntschaften, die sie hier machte, empfand sie in sozialer Hinsicht als «verschlossen» und als «zu korrekt». In dieser Situation hatte Victoria schliesslich einen psychischen Zusammenbruch, den sie im Interview ihrer sozialen Isolation zuschrieb:

Victoria: (prot., lat.)	Ahm... mir war aber nicht bewusst, dass es wirklich so einen Unterschied zu Österreich in... nicht nur die Sprache, in der Mentalität, in allem hat. [...] Und ahm... ja, das hat mich

[190] Vgl. hierzu die Ausführungen zum transaktionalen Stress-Coping-Modell in Kapitel 6.2.

> quasi... ich bin damals nach Österreich gegangen. Und klar kostete es eine Zeit bis ich dann integriert war, aber ich habe tolle Leute dort kennengelernt. Und dann kam ich hier und dann merkte ich so: «Ups, muss ich von Null anfangen? Und...» Ja. ((Zungenschnalzer)) Ja.
> [...]
> Ahm... ich muss sagen, ahm... (--) mir ging's irgendwann so schlecht, dass ich Panikattacken bekam. Also so Atemschwierigkeiten. Und dann (war ich) natürlich... mein Hausarzt schickte mich zu einer Psychologin, (welche mir) wiederum Tabletten gab. So Antidepressiva. Damit ich ein bisschen relaxe. Und das hat geholfen.

Die akuten Symptome der Panikattacken konnte Viktoria mithilfe pharmazeutischer Mittel behandeln. Aber längerfristig stabilisierte sich ihr Zustand vermutlich unter anderem auch deswegen, weil sie wenig später über eine christliche Migrationsgemeinde in Kontakt mit Personen kam, die ähnliche Erfahrungen durchgemacht hatten wie sie und sie in ihren Freundeskreis integrierten. Solche stabilisierenden Effekte des sozialen Einbezugs konnten im Rahmen dieser Studie aufgrund methodischer Limitationen zwar nicht direkt nachgewiesen werden. Doch es zeigte sich in mehreren Interviews, dass Befragte Lebensphasen retrospektiv eher als negativ beschrieben, während derer sie sozial isoliert lebten, und gleichzeitig solche Phasen im Migrationskontext als positiv beschrieben, während derer sie in ein als positiv empfundenes soziales Umfeld eingebettet waren. Diese Beobachtung deckt sich auch mit den Ergebnissen anderer Studien, die bereits auf die negativen psychischen Effekte von Einsamkeit bzw. sozialer Isolation oder auf die positiven Effekte der sozialen Unterstützung hingewiesen haben.[191]

7.5.2 Psychische Herausforderungen der Sans-Papiers

Sans-Papiers gehören wohl zu denjenigen Migrantengruppen, die am stärksten psychischen Belastungen ausgesetzt sind.[192] Dies ist darauf zurückzuführen, dass sie in der Schweiz aufgrund ihrer schwierigen strukturellen Situation mit

---

191 Vgl. hierzu beispielsweise Erzen/Çikrikci (2018), Hall-Lande et al. (2007), Chang et al. (2017), Khan/Akbar (2010) und Bakteshi/Kang (2018).

192 Siehe hierzu auch Garcini et al. (2016), Bilger et al. (2011: 45) und Efionayi-Mäder/Wyssmüller (2011: 3).

besonders grossen Herausforderungen konfrontiert sind, während sie gleichzeitig über sehr geringe instrumentelle und soziale Ressourcen verfügen, um diese Herausforderungen zu bewältigen.

Zu den Herausforderungen der Sans-Papiers gehört in der Regel eine Mehrfachbelastung in mehreren Lebensbereichen wie: Schwierigkeiten bei der Wohnungssuche, geringe Verdienstmöglichkeiten, Ausbeutung am Arbeitsplatz, Verpflichtungen gegenüber Familienmitgliedern im Herkunftsland, mangelnde Zukunftsperspektiven, soziale Stigmatisierung aufgrund ihres Aufenthaltsstatus und vieles mehr. Hinzu kommt die ständige Angst davor, von der Polizei entdeckt und in ihr Herkunftsland ausgeschafft zu werden. Dies zeigt sich beispielsweise auch in folgenden Zitaten zweier Frauen, die solche Erfahrungen selbst durchgemacht haben:

Nora: (kath., lat.)	Du gehst aus dem Haus und fragst dich: «Was, wenn sie an der nächsten Ecke meine Papiere kontrollieren? Oder was passiert, wenn ich vergesse das Trambillet zu lösen und sie mich dort kontrollieren.» Was werden sie tun? – Sie denunzieren dich und in 24 Stunden wirst du ausgeschafft. Du kannst ihnen nicht sagen: «Ich wohne dort und dort bei dieser Familie.» Weil dann bekommt die Familie, die dir ein Dach gegeben hat, eine Busse oder andere Probleme. Wer ausgeschafft wird, kann nur sagen: «Ich erinnere mich nicht. Ich weiss nicht. Ich verstehe dich nicht.»

*****

Esperanza: (kath., lat.)	[…] ich habe gesehen wie Kinder AUFWUCHSEN, Jungs und auch Mädchen, die… wenn beispielsweise an die Tür geklopft wurde und hatten sie Angst. «Sh…» Kinder im Alter von vier, fünf Jahren: «Macht keinen Lärm! Das ist die Polizei.» Das war schon in ihrem Kopf, dieser Kinder, sie lebten nicht… wie sagt man… sie hatten kein Leben. Als Kinder, die sie waren. Psychologisch stellten sie sich schon darauf ein, dass sie nicht schreien durften und nicht… nicht einmal etwas sagen durften. Warum? – Weil sie Angst vor der Polizei hatten. Ich erinnere mich immer daran, denn wir lebten alle… alle zusammen, nicht? An Kinder, die: «Nein… sh… macht keinen Lärm… macht keinen Lärm! Die Polizei ist da.» Es kann auch eine andere Person sein, es reichte schon, dass die Tür geschlossen war und Schritte zu hören waren… die Kinder blieben in diesem Zustand. Und wir auch.

*****

Esperanza: (kath., lat.)

Damals... du... warst du heute hier und morgen weg. Die psychologische Angst die du hattest, wenn du nur einen Polizisten (sahst). Eine... eine Person in der Kleidung eines Polizisten zu sehen, war wie... für uns in diesem Moment, sprich: «Oh mein Gott» oder beten. Ein Vaterunser beten oder ein Ave Maria [...]

Wie unter den sozial stark isolierten Personen gab es auch unter den Sans-Papiers solche, die aufgrund der über Jahre anhaltenden Mehrfachbelastungen schwerwiegende psychische Probleme wie Depressionen oder Verfolgungswahn erlitten, die sich teilweise auch in äusserlich sichtbaren Tics bemerkbar machten. Die folgenden Zitate stammen von einer Frau, die eine solche Störung erlitt, nachdem sie in kürzester Zeit mit mehreren Schicksalsschlägen zu kämpfen hatte. Zuerst starben in ihrem Herkunftsland ihre beiden Eltern. Wenig später starb auch ihr schwer erkrankter Sohn, dessen Therapie sie mithilfe ihrer Arbeit als Haushälterin in der Schweiz finanzierte. Als daraufhin kurz vor ihrer Heirat – und damit kurz vor der Legalisierung ihres Aufenthaltsstatus – auch noch ihr Schweizer Freund starb, erlebte sie einen schwerwiegenden psychischen Zusammenbruch, der mit Wahnvorstellungen einherging und von dem sie sich erst nach mehreren Monaten wieder erholte:

Regina: (kath., lat.)

Und die Psychologin... die Psychologin sagte, dass sich mir, dass mir... die... also... die Freude verschwand... aber sie hat ein anderes Wort, das... das es gibt... sie haben mir Medikamente gegeben und ich bin Schritt für Schritt... Ich habe nie aufgehört, zur Gruppe [in der Mission] zu gehen. Auch nicht in die Messe, wenn sich... (so, Simon, mir ging es) sehr schlecht und ich war nervös. Immer, wenn ich jemanden sah, (dachte ich), dass sie mich suchen. Das war ein::... Schock.

*****

Regina: (kath., lat.)

Und weisst du, manchmal schmerzt es mich. Wegen so vielen Leuten. Denn sie hinterlässt Schäden, die Illegalität... sie hinterlässt psychologische Schäden... auf der Arbeit misshandeln sie die Leute. Und manchmal ich... auch ich sehe Personen, die... nicht? Und auch ich selbst. Dass das ähm... ähm (man sieht es) ihren Gesichtern an, dass sie psych... psychisch misshandelt wurden, nicht? [...]

Selbst hier [in die katholische Mission] kommen Leute, die Probleme haben und ich sage: «Wow, was ist ihnen wohl zugestossen? (--) es muss etwas Schlimmes gewesen sein.» Da-

> rum man manchmal so, wenn man eine Person sieht, von der man sagt, dass sie Depression hat o::der, dass es ihr nicht gut geht. Muss man genau schauen, was war. Denn es gibt... es gab etwas, das sehr schlimm war. Und das einen Schaden hinterlassen hat...

Wie bei Victoria scheint es auch bei Regina eine Mischung aus pharmazeutischen Mitteln und der engen Begleitung durch ihren Freundeskreis in der spanischsprachigen Mission gewesen zu sein, mit deren Hilfe sie ihren psychischen Zustand später wieder stabilisieren konnte. Mehr dazu findet sich in den Kapiteln 9.1.2 und 9.2.1.

7.6 Schlussfolgerungen

Wie alle Menschen sind auch Migranten täglich Umwelteinflüssen ausgesetzt, die sich negativ auf ihr Wohlbefinden auswirken können. Hierzu gehören zum einen Herausforderungen, die auch die lokale Bevölkerung kennt, wie Belastungen in Beruf und Familie, finanzielle Engpässe usw. Zusätzlich müssen Migranten aber auch Herausforderungen bewältigen, die auf die Migration zurückzuführen sind. In diesem Kapitel wurden die migrationsspezifischen Herausforderungen unterteilt in: kulturelle, sprachliche, soziale, instrumentelle, informationelle, strukturelle, religiöse und psychische Herausforderungen.

Im Rahmen der vorliegenden Studie hat sich gezeigt, dass solche migrationsspezifischen Herausforderungen oft auf drei Ursachen zurückzuführen sind: *Erstens* können Migranten nicht alle Ressourcen, die sie in ihren Herkunftsländern aufgebaut haben, in die Schweiz mitnehmen. Dies betrifft zum Beispiel grosse Teile ihres sozialen Netzwerkes. *Zweitens* werden gewisse Ressourcen, die sie in den Migrationskontext mitnehmen können, im neuen Umfeld abgewertet. Hierzu gehören beispielsweise Sprachkenntnisse, die in der Schweiz kaum Vorteile mit sich bringen (wie Spanisch, Quechua oder Galicisch), nicht anerkannte Bildungstitel, Handlungslogiken oder bestimmte Formen des religiösen Wissens. *Drittens* erfordert das Leben im Migrationskontext neue Ressourcen, über die viele Zuwanderer zunächst nicht verfügen, wie: ein soziales Netzwerk vor Ort, Kenntnisse der Schweizer Dialekte, der lokalen Umgangsformen und religiösen Praktiken sowie Kenntnisse über das lokale Bildungssystem, den Arbeitsmarkt, das Gesundheitssystem und vieles mehr.

Gemäss dem transaktionalen Stress-Coping-Modell können solche Herausforderungen zu Stress führen, wenn die darunter Leidenden das Gefühl haben, dass sie die Herausforderungen mit ihren bestehenden internen (psychischen) und externen (sozialen) Ressourcen nicht oder nur schwer bewältigen können (vgl. Lazarus 1990: 213).[193] Im Rahmen der vorliegenden Studie konnte beobachtet werden, dass Personen, die sich durch Umwelteinflüsse gestresst fühlten, Bedürfnisse[194] nach Ressourcen entwickelten, die ihnen dabei helfen, den Stress zu reduzieren und zukünftigen Stresssituationen vorzubeugen. Gelang es ihnen nicht, solche Ressourcen zu erschliessen und ihre Bedürfnisse damit zu stillen, litten sie unter diesem Mangel, was in Extremfällen sogar zu schwerwiegenden psychischen Folgeerscheinungen führte.

Die genaue Art der Bedürfnisse, die die Befragten im Migrationskontext entwickelten, war höchst individuell. Dies ist darauf zurückzuführen, dass unterschiedliche Faktoren existieren, die sich auf die Entwicklung von Bedürfnissen auswirken können. Im Rahmen der vorliegenden Studie konnten folgende Einflussfaktoren ausgemacht werden, denen bei der Bedürfnisentwicklung eine signifikante Bedeutung zukam:[195]

- die subjektive *Einschätzung der eigenen Ressourcen* im Migrationskontext (z. B. die Wahrnehmung der Qualität des sozialen Umfeldes);
- die *strukturellen Möglichkeiten*, diese Ressourcen auch wirklich einzusetzen (z. B. mithilfe einer gültigen Aufenthaltsbewilligung);
- individuelle *Eigenschaften* und *Fähigkeiten*, die sich positiv oder negativ auf die Migrationserfahrungen auswirken können (z. B. Religionszugehörigkeit oder Sozialkompetenz);
- sowie *individuelle Präferenzen* bezüglich der eigenen Ressourcen und des religiös-kulturellen Umfeldes. (Dies bezieht sich auf die Beobachtung, dass sich selbst ressourcenreiche Personen unwohl fühlen können, wenn

---

193 Für eine ausführliche Erläuterung des transaktionalen Stress-Coping-Modells siehe Kapitel 6.2.

194 Unter dem Begriff «Bedürfnis» verstehe ich hier die subjektive Erfahrung eines Mangels, der mit dem Wunsch verbunden ist, diesen Mangel zu beheben (vgl. Metz-Göckel 2017).

195 Die hier genannten Faktoren wurden mithilfe des in Kapitel 5 vorgestellten Forschungsdesigns ermittelt, das wie jede Forschungsanlage gewisse Limitationen und «blinde Flecken» aufweist. Mit grosser Wahrscheinlichkeit existieren noch weitere Faktoren, die sich auf die Bedürfnisentwicklung im Migrationskontext auswirken können, die aber mit den verwendeten Datenerhebungsmethoden nicht erfasst wurden (z. B. bewusste und unbewusste innerpsychische Prozesse).

sie nicht über diejenigen Ressourcen verfügen, die sie anstreben. So gab es im Umfeld dieser Studie beispielsweise mehrere Personen, die durch die Migration zwar ihre ökonomische Situation verbessern konnten, mit ihrer Lebenssituation aber dennoch nicht zufrieden waren, weil ihre Wünsche nach sozialer Geborgenheit oder nach einem Freundeskreis unerfüllt blieben, mit dem sie ihr Glaubensleben hätten teilen können.)

Aufgrund der Vielfalt dieser Einflussfaktoren lassen sich kaum allgemeingültige Aussagen zu den Bedürfnissen von spanischsprachigen Migranten machen. Vielmehr entstehen je nach Lebenslage, Ressourcensituation, strukturellen Handlungsmöglichkeiten, individuellen Eigenschaften und Fähigkeiten sowie den Präferenzen bezüglich Ressourcen und religiös-kulturellem Umfeld von Person zu Person unterschiedliche Bedürfnisse. Während sich manche Personen nach ökonomischer Stabilität sehnen, wünschen sich andere einen guten Freundeskreis und wiederum andere sind auf der Suche nach einer passenden religiösen Gemeinschaft.

Abbildung 28: Mischpult der Bedürfnisse im Migrationskontext

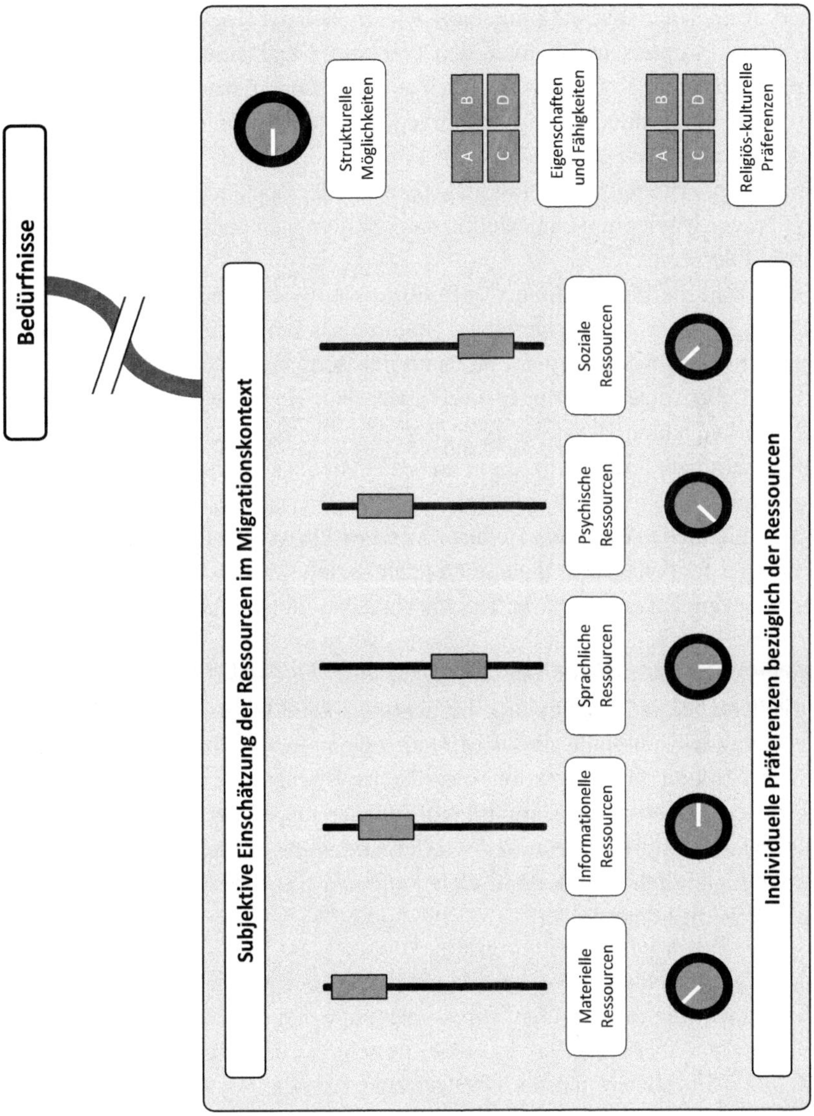

Die komplexe Wechselwirkung, die zur Entstehung individueller Bedürfnisse führt, lässt sich anhand der Analogie eines Audio-Mischpultes veranschaulichen. Je nach akustischer Umgebung wirken sich die Regler und Knöpfe eines Mischpultes unterschiedlich auf den Ton einer Musikanlage aus. Ähnlich wie diese Regler und Knöpfe wirken sich auch die oben genannten Einflussfaktoren unter unterschiedlichen Umweltbedingungen auf unterschiedliche Weise auf die Bedürfnisse einer Person aus (vgl. Abbildung 28). Da sich Umweltbedingungen, Präferenzen, Ressourcen usw. mit der Zeit ändern, wird das Mischpult immer wieder neu eingestellt. Damit ändern sich auch die Bedürfnisse im Verlauf der Zeit.

Obwohl die Entwicklung von Bedürfnissen höchst individuell war, zeigte sich im Rahmen der vorliegenden Studie, dass bei vielen der Befragten der subjektiv empfundene Stress und damit das Bedürfnis nach externen Ressourcen in Lebensphasen geringer waren, während derer sie Zugang zu sozialen Netzwerken hatten, die sie als positiv empfanden. Ein wichtiger Grund für diesen Zusammenhang scheint darin zu bestehen, dass über soziale Beziehungen eine breite Palette von Ressourcen vermittelt werden kann, mit deren Hilfe unterschiedliche Arten von Bedürfnissen gestillt werden können. Manche der Befragten fanden solche unterstützenden sozialen Netzwerke und Einzelpersonen beispielsweise am Arbeitsplatz, am Ausbildungsplatz, im (Ehe-)Partner, in formellen oder informellen Diaspora-Netzwerken oder auch in Schweizer Kirchen. Da die meisten der Befragten zum Zeitpunkt des Interviews eine christliche Migrationsgemeinde besuchten, spielte bei vielen von ihnen auch das Netzwerk innerhalb dieser Migrationsgemeinden eine wesentliche Rolle bei der Stillung ihrer migrationsspezifischen Bedürfnisse.

In den nächsten Kapiteln wird nun genauer ausgeführt, welche Ressourcen in diesen Netzwerken vermittelt wurden und wieso sie dort für die Befragten besser zugänglich waren als in vielen anderen Institutionen und Netzwerken im Migrationskontext.

8 Institutionalisierte Unterstützungsangebote in Migrationsgemeinden

Wie soeben ausgeführt wurde, entwickeln unterschiedliche Migranten, je nachdem in welcher ökonomischen, sozialen und strukturellen Situation sie sich in der Schweiz befinden, unterschiedliche Bedürfnisse. Wenn es in einer Gemeinde über längere Zeit grössere Migrantengruppen gibt, die ein bestimmtes Bedürfnis teilen, werden in der Regel aufgrund der anhaltenden Nachfrage Angebote dafür geschaffen. Dies kann sowohl formell in institutionalisierter Form geschehen wie auch informell zum Beispiel durch eine erhöhte Sensibilität von Gemeindemitgliedern für gewisse Anliegen. Im Fokus der vorliegenden Studie stehen hauptsächlich die informellen Unterstützungsformen, die über soziale Kontakte innerhalb der Migrationsgemeinden erbracht werden. Allerdings bilden oft institutionalisierte Aktivitäten die Grundlage dafür, dass solche Unterstützungsbeziehungen überhaupt entstehen können. Damit kann die informelle soziale Unterstützung nicht vollständig von institutionalisierten Angeboten getrennt werden.

Aus diesem Grund zeige ich nachfolgend anhand zweier Fallbeispiele kurz auf, welche Formen institutioneller Aktivitäten in christlichen Migrationsgemeinden angeboten werden können. Beim ersten Fallbeispiel handelt es sich um die *Misión Católica de Lengua Española en el Cantón de Zürich* und beim zweiten Fallbeispiel um die protestantische Pfingstgemeinde *Iglesia Evangélica Pentecostal – Centro Misionero Internacional.* Die beiden Gemeinden verfolgen in Bezug auf ihre institutionalisierten Angebote unterschiedliche Strategien, die bis zu einem gewissen Grad charakteristisch für Migrantengemeinden ihrer jeweiligen Denomination sind.

8.1 Fallbeispiel: Misión Católica de Lengua Española en el Cantón de Zürich

Wie die meisten katholischen Missionen ist auch die spanischsprachige Mission des Kantons Zürich sehr gross. Dies trifft sowohl auf die Besucherzahlen zu wie auch auf das Einzugsgebiet, für das sie zuständig ist. Zu Beginn des Jahres 2016 wurden im Kanton Zürich zwei bestehende Missionen zu einer einzigen kantonalen Seelsorgeeinheit zusammengeführt. Seither sind die drei Claretiner-Missionare[196] P. Juan Carlos Rodríguez, P. Pedro Gil Ruiz und P. Anthony Obikonu Igbokwe für die Seelsorge aller spanischsprachigen Katholiken auf dem Gebiet des Kantons Zürich zuständig. Wie viele davon Angebote der Mission in Anspruch nehmen, lässt sich nur schwer abschätzen, da die Mission keine formale Mitgliedschaft kennt. Laut Angaben der Missionsleitung erhalten heute über 3'000 Haushalte die Zeitschrift *Hoja informativa,* die von der Mission beinahe monatlich herausgegeben wird. Die Zahl der Gläubigen, die sich auf die eine oder andere Weise mit der Gemeinde verbunden fühlen, dürfte jedoch um einiges höher sein.[197] Die Zahl derjenigen, die regelmässig an Gottesdiensten teilnehmen, ist allerdings deutlich kleiner. Im Jahr 2017 wurden von der Mission im Kanton Zürich an acht verschiedenen Standorten Gottesdienste auf Spanisch angeboten (MCLECZ 2016: 16), die an einem normalen Wochenende insgesamt von ca. 500–600 Personen besucht werden.

8.1.1 Klientel

Die Klientel der spanischsprachigen Mission im Kanton Zürich ist beinahe so vielfältig wie die Katholiken spanischer Sprache in der Welt.[198] Damit geht auch eine grosse Vielfalt religiöser Kulturen, Vorstellungen und Praktiken einher. Die religiösen Unterschiede zwischen Spaniern und Lateinamerikanern wurden bereits in Kapitel 2 reflektiert. Aber auch Spanien und Lateinamerika sind in kultureller und religiöser Hinsicht bei Weitem nicht homogen. In Spanien ist die nationale Identität bis heute schwach ausgeprägt und viele Menschen verstehen sich gemäss ihrer regionalen Herkunft eher als Andalusier, Katalanen oder Basken anstatt als Spanier. Oft ist diese regionale Identität mit eigenen Traditionen, Bräuchen und in manchen Fällen sogar mit einer eigenen Sprache verknüpft.[199]

---

196 Die Claretiner sind eine international tätige römisch-katholische Kongregation, die Mitte des 19. Jahrhunderts von dem spanischen Bischof Antonius Maria Claret y Clará in Katalonien gegründet wurde.

197 Vgl. Exp. Int. S.

198 Manche Veranstaltungen werden auch von Personen aus nicht spanischsprachigen Ländern besucht, wie Italienern, Portugiesen oder Afrikanern.

199 Vgl. Interview 3.

Was für das verhältnismässig kleine Spanien gilt, gilt umso mehr noch für den lateinamerikanischen Subkontinent. Zwischen den von europäischen Auswanderern geprägten Argentiniern, den indigenen Völkern des Amazonasbeckens und den zu einem Grossteil afrikanischstämmigen Menschen in der Dominikanischen Republik liegen teilweise religiöse und kulturelle Welten. Zudem existieren auch innerhalb der einzelnen Staaten grosse Unterschiede zum Beispiel zwischen der städtischen und der ländlichen Bevölkerung oder auch zwischen Regionen, die von unterschiedlichen Bevölkerungsgruppen geprägt sind. Darüber hinaus tragen auch Unterschiede in der Bildung und im sozioökonomischen Hintergrund zur Vielfalt der Gläubigen bei.

Diese Vielfalt stellt die Zürcher Mission vor die Herausforderung, ganz unterschiedliche religiöse, psychische und instrumentelle Bedürfnisse gleichzeitig bedienen zu müssen. So kommen auf der einen Seite sowohl aus Spanien wie auch aus Lateinamerika hochqualifizierte Personen in die Mission, die in der Schweiz bereits gut in den Arbeitsmarkt integriert sind und sich an die Mission wenden, weil sie sich beispielsweise eine intellektuelle Auseinandersetzung mit religiösen Themen wünschen, weil dies in ihrem sozialen und beruflichen Umfeld ausserhalb der Mission zu kurz kommt. Viele von den weniger gut qualifizierten Zuwanderern kämpfen jedoch – vor allem in der Anfangsphase der Migration – mit ganz anderen Herausforderungen. Sie wenden sich beispielsweise an die Mission, weil sie sozialfürsorgerische Betreuung, Unterstützung bei der Wohnungs- und Arbeitssuche oder Unterstützung in schwierigen Lebenssituationen benötigen.[200]

Für solche Personen sind die Wohnungs- und Arbeitsbörsen der Mission regelrechte Besuchermagnete. Der Schätzung einer Sekretariatsmitarbeiterin zufolge wenden sich bis zu 80% der Migranten, die über das Sekretariat mit der Mission Kontakt aufnehmen, aufgrund der missionsinternen Arbeits- oder Wohnungsbörse an sie. Darunter befinden sich nicht nur Personen aus der primären Zielgruppe der Mission, sondern beispielsweise auch Italiener, Rumänen, Marokkaner und andere afrikanische Staatsangehörige. Manche von ihnen sind sogar Muslime. Sie finden den Bezug zur Mission in der Regel über die spanische Sprache. Die meisten von ihnen sprechen Spanisch, weil sie zuvor längere Zeit in Spanien gelebt haben. Für die Mission stellen solche Anfragen kein Problem dar, sie bemüht sich darum, allen Bedürftigen, unabhän-

200 Vgl. Exp. Int. M und G.

gig von ihrer Nationalität und Glaubenszugehörigkeit, zu helfen. Die Mitarbeiter der Mission zeigen sich auch stolz auf diese kulturelle und religiöse Offenheit.[201]

In der Regel versuchen die Sekretariatsmitarbeiterinnen die Anfragenden zu triagieren. Wer ein Bedürfnis hat, auf das sich eine Non-Profit-Organisation oder eine staatliche Behörde spezialisiert hat, wird an diese weitergeleitet – wenn nötig in Begleitung eines freiwilligen Übersetzers. Den Menschen mit religiösen Bedürfnissen werden die verschiedenen Aktivitäten und Gruppen der Mission vorgestellt. Katholiken anderer Muttersprache werden – sofern vorhanden – auf ihre eigenen Missionen hingewiesen. Denn anders als viele protestantische Migrantengemeinden hat die katholische Mission kaum Interesse daran, über die eigenen Sprachgrenzen hinaus eine internationale Gemeinschaft aufzubauen. Dafür sind aus ihrer Sicht die Schweizer Pfarreien zuständig.[202]

8.1.2 Angebote und Aktivitäten

Bei der spanischsprachigen Mission handelt es sich eigentlich nicht um eine einzelne Migrationsgemeinde, sondern vielmehr um ein Netzwerk von acht verschiedenen Gemeinden, die über das Gebiet des Kantons Zürich verstreut sind (vgl. MCLECZ 2016: 16). Alle Gemeinden verfügen über lokale Aktivitäten und Angebote und eine von den anderen Gemeinden relativ unabhängige Identität als eigenständige Gemeinschaft. Da es den Rahmen dieser Studie sprengen würde, alle diese Gemeinden im Einzelnen vorzustellen, konzentriert sich die nachfolgende Darstellung der institutionalisierten Aktivitäten und Gruppen auf die Gemeinde in und um das Missionsgebäude an der Brandschenkestrasse im Zentrum der Stadt Zürich.

An der Brandschenkestrasse trifft sich eine grosse Zahl verschiedener Gruppierungen, die relativ unabhängig voneinander agieren. Für die meisten dieser Gruppen ist in letzter Instanz einer der drei Priester zuständig.[203] Doch aufgrund ihrer grossen Zahl und den knappen zeitlichen Ressourcen der Gemeindeleiter werden die meisten Aktivitäten von Laien organisiert und geleitet. Dennoch bestimmen die Priester im Wesentlichen über die Schwerpunkte

201 Vgl. Exp. Int. M.
202 Vgl. Exp. Int. M und K.
203 Vgl. Exp. Int. M.

und die inhaltliche Ausrichtung der Angebote der Mission. Je nach ihren Interessen und den Bedürfnissen, die sie wahrnehmen, können sie neue Gruppierungen ins Leben rufen oder diese je nachdem etwas intensiver oder weniger intensiv begleiten.

Die Aktivitäten und Gruppen, die in und um das Missionsgebäude herum stattfinden, lassen sich grob in zwei übergeordnete Kategorien einteilen. Dazu gehören einerseits soziokulturelle Angebote, die keinen oder nur einen geringen Bezug zu Religion aufweisen, sowie religiös-spirituelle Angebote mit klarem religiösen Bezug. In den Bereich der soziokulturellen Aktivitäten fallen zum Beispiel Bildungsangebote, die darauf abzielen, die Ankunft und Etablierung in der Schweiz zu erleichtern. Hierzu gehören Informatik- und Sprachkurse, die die Chancen auf dem Schweizer Arbeitsmarkt verbessern sollen, sowie Informationsveranstaltungen zu migrationsrelevanten Themen wie Wohnungsmarkt, Behörden oder Anlaufstellen. Des Weiteren werden auch eine Reihe von Märkten, Festen und Tanzabenden ohne expliziten religiösen Bezug angeboten (vgl. Tabelle 2).

Zu den religiös-spirituellen Angeboten gehören neben den klassischen Sakramenten und Kasualien, wie sie auch in normalen Pfarreien angeboten werden, religiöse Bildungsangebote, kulturspezifische Gebete und Devotionsformen sowie verschiedene Formen der psychologischen und seelsorglichen Begleitung. Aus Sicht der Priester ist die intensive persönliche Begleitung der Gläubigen eine der wichtigsten Aufgaben der Mission, da die Schweizer Pfarreien diese Begleitung aufgrund sprachlicher Hürden nicht gewährleisten könnten.[204]

[204] Vgl. Exp. Int. K.

Tabelle 2: Übersicht über die soziokulturellen und religiös-spirituellen Aktivitäten in der spanischsprachigen katholischen Mission in Zürich.[205]

Sozio-kulturelle Aktivitäten	(migrations-relevante) Bildungs-angebote	Informatikkurs, Deutschkurs, Nähatelier, Informationsveranstaltungen der Sans-Papiers Anlaufstelle Zürich (SPAZ) zu Themen wie Wohnungsmarkt, Integration, Gesundheit, Finanzen, Fürsorgeeinrichtungen und Behörden der Stadt Zürich etc.
	soziale und kulturelle Anlässe	Benefizanlässe, Tanzabende, Feste, Vernissagen, «Bazar der Dritten Welt», Weihnachtsmarkt, Migrantenfest, Tag der Solidarität, Kaffeetreff, Kinderumzug und Seniorenfest
Religiös-spirituelle Aktivitäten	Sakramente und Kasualien	Gottesdienste, Taufen, Erstkommunion, Ehevorbereitungskurse, Hochzeiten, Beerdigungen, Beichtgelegenheiten, Spezialgottesdienste an katholischen Feiertagen oder zu bestimmten Anlässen wie zum Bundestag von Peru, an Gedenktagen der Claretiner und am Festtag des Schutzpatrons von Spanien (Santiago)
	Seelsorge	Zuhören, persönliche Begleitung, Möglichkeit zum Gespräch mit einer Psychologin, Weihnachtsessen für Einsame, Kranken- und Gefängnisseelsorge
	Gebete und Devotionen	Rosenkranzgebet, charismatisches Lobpreisgebet, eucharistische Anbetung, Kreuzwegandachten, Novenen, Wallfahrten, Nachtwachen, Vespern und Meditationen
	Religiöse Bildung	Katechese für diverse Altersstufen und Lebenssituationen (Kinder, Konfirmanden, Jugendliche, Familien etc.), religiöse Lern- und Diskussionsgruppen, Bibelgruppe, Workshops und Vorträge

Quelle: Eig. Darstellung mit Angaben aus MCLECZ (o. J. a), aus den Experteninterviews K und M sowie dem Anschlagbrett der Mission.

205 Stand 2016. Die Tabelle erhebt keinen Anspruch auf Vollständigkeit.

Wer längerfristig am Leben der Mission teilnehmen möchte, der kann sich einer der vielen Gruppen anschliessen, die sich regelmässig treffen. Auch hier gibt es für fast jede Alterskohorte, Lebenssituation und jeden Frömmigkeitsstil ein eigenes Angebot (vgl. Tabelle 3). Die Gruppen unterscheiden sich in Bezug auf ihre soziodemographische Zusammensetzung und religiös-kulturelle Ausrichtung teilweise sehr stark voneinander. In sich selbst sind sie jedoch ziemlich homogen.

Die verschiedenen Gruppen gehen in der Mission relativ unabhängig voneinander ihren eigenen Aktivitäten nach. Das bedeutet, dass sich deren Mitglieder untereinander nicht unbedingt kennen. Andererseits gibt es aber auch personelle Überschneidungen. Gerade die aktiveren Gläubigen der Mission sind oft in mehreren Gruppierungen gleichzeitig engagiert.

Tabelle 3: Übersicht über die soziokulturellen und religiös-spirituellen Gruppen in der spanischsprachigen katholischen Mission in Zürich.[206]

Sozio-kulturelle Gruppen	kulturelle Gruppen	Chor, As Xeitosiñas (galizischer Tanz- und Folkloreverein)
	karitative und soziale Gruppen	Krankenbesuchsgruppe, Sans-Papiers-Kollektiv, Volontäre für Übersetzungen und Behördengänge, Gruppe zur Unterstützung von Projekten in der Dritten Welt
Religiös-spirituelle Gruppen	Gottesdienst	Liturgiegruppe, Chor
	Gebete und Devotionen	Jesus Misericordioso, Wandermuttergottes, Comunidad de Emmanuel (Charismatiker), Bruderschaft des Señor de los Milagros, Rosenkranzgruppe
	Religiöse Bildung	Bibelgruppe, Katechetengruppe, Kindergruppen, Firmgruppe, Jugendgruppe, Gruppe der jungen Erwachsenen, Ehevorbereitungsgruppe, Talleres de Oración y Vida («Gebets- und Lebensworkshops»)

Quelle: Eig. Darstellung mit Angaben aus MCLECZ (o. J. b), aus den Experteninterviews K und M und dem Anschlagbrett der Mission.

206 Stand 2016. Die Tabelle erhebt keinen Anspruch auf Vollständigkeit.

Ein Teil der Gruppen ist aus einer Initiative der Mission selbst entstanden. Hierzu gehören zum Beispiel das Sans-Papier-Kollektiv (*Colectivo sin papeles*) und die Folkloregruppe *As Xeitosiñas*. Andere wiederum sind eigentlich internationale Vereinigungen, die sich unter dem Dach der spanischsprachigen Mission treffen dürfen und auf die eine oder andere Art von ihr unterstützt werden. Hierzu gehören unter anderem die peruanische Bruderschaft des *Señor de los Milagros*, die Glaubensworkshops *Talleres de Oración y Vida* sowie die Gruppe der Charismatiker (*Comunidad de Emmanuel*).

Da die Mission regelmässig mit Migranten konfrontiert wird, die einen bestimmten Unterstützungsbedarf aufweisen oder sich hilfesuchend an sie wenden, haben sich im Verlauf der vergangenen Jahrzehnte gute Kontakte zu staatlichen und privaten Dienstleistern ergeben, die sich auf diese Anliegen spezialisiert haben. Hierzu gehören beispielsweise die Berufsbildung der Stadt Zürich, die Fachstelle für Frauenhandel und Frauenmigration (FIZ) oder die Sans-Papier Anlaufstelle Zürich (SPAZ).[207] Das Missionssekretariat leitet heute viele Migranten an diese professionellen Anbieter weiter und übernimmt nur noch eine triagierende oder begleitende Funktion.

Der Vorteil dieses Vorgehens besteht darin, dass die Klientel der Mission trotz limitierter personeller Ressourcen von hochprofessioneller Unterstützung profitieren kann, ohne dass die Mission selbst Angebote dafür schaffen muss. Ein Nachteil besteht jedoch darin, dass manche Betroffenen die Auslagerung der Unterstützungsangebote an andere Dienstleister als «unpersönlich» wahrnehmen. Zudem fällt damit die positive Reputation, die mit diesen Unterstützungsleistungen verbunden ist, nicht mehr an die Mission ab, sondern an diejenigen Organisationen, welche die Leistungen erbringen.

[207] Vgl. Exp. Int. M.

8.2 Fallbeispiel: Iglesia Evangélica Pentecostal – Centro Misionero Internacional

Die *Iglesia Evangélica Pentecostal – Centro Misionero Internacional*, kurz auch CMI genannt, ist eine evangelische Pfingstkirche, die denominationell zu den *Asambleas de Dios*[208] gehört. Wie die meisten protestantischen Migrationsgemeinden in der Schweiz ist auch das CMI im Vergleich zu den katholischen Missionen eher klein.[209] Im Jahr 2016 zählte die Kirche rund 80 erwachsene Mitglieder sowie 15 Kinder.[210] Dafür sind die meisten eingetragenen Mitglieder aber stark in ihrer Kirche engagiert und weisen eine hohe Kirchenbindung auf. Beinahe alle eingetragenen Mitglieder besuchen wöchentlich den Sonntagsgottesdienst und viele nehmen darüber hinaus noch an anderen kirchlichen Aktivitäten und Gruppen teil. Unter den Hochengagierten verbringen nicht wenige acht bis neun Stunden pro Woche mit der Teilnahme an bzw. Organisation von kirchlichen Aktivitäten.[211]

8.2.1 Klientel

Die meisten Mitglieder des CMI weisen einen Migrationshintergrund auf und stammen mehrheitlich aus spanischsprachigen Ländern wie Kolumbien, Venezuela, Ecuador, Peru, Bolivien, Argentinien, der Dominikanischen Republik oder in wenigen Fällen auch Spanien. Daneben gibt es auch einige Kirchenmitglieder aus nicht spanischsprachigen Ländern wie Brasilien, Italien, Jamaica oder der Türkei sowie Schweizer ohne Migrationshintergrund. Manche von ihnen sprechen kein oder nur rudimentär Spanisch. Auch wenn die überwiegende Mehrheit der Gläubigen zurzeit noch einen lateinamerikanischen Migrationshintergrund hat, versteht sich das CMI nicht in erster Linie als spanischsprachige oder lateinamerikanische Kirche, sondern als internationale

---

208 Die *Asambleas de Dios* oder *Assemblies of God* wurden 1914 in den USA gegründet. Hierbei handelt es sich um eine lose Vereinigung unabhängiger Kirchen, die heute mit geschätzten 67 Millionen Gläubigen eine der weltweit grössten pentekostalen Denominationen darstellt (AG o. J.).

209 Vgl. hierzu auch Albisser (2016: 33–35).

210 Kinder können sich erst ab 13 Jahren nach einer bewussten «Entscheidung für Christus» taufen lassen. Bis zu ihrer Taufe werden sie nicht als Mitglieder gezählt. Das gleiche gilt auch für regelmässige oder unregelmässige Besucher, die bisher keine Vereinsmitgliedschaft angestrebt haben. Auch sie werden nicht als Mitglieder gezählt (vgl. Exp. Int. Y).

211 Vgl. Exp. Int. Y.

Kirche, die für Menschen jeglicher Muttersprache und Herkunft offen ist. Das äussert sich beispielsweise darin, dass bei allen Aktivitäten und Gottesdiensten eine Simultanübersetzung von Spanisch auf Deutsch angeboten wird.

8.2.2 Angebote und Aktivitäten

Seit dem Jahr 2013 wird das CMI von einem ecuadorianischen Pastorenpaar geleitet. Die beiden Gemeindeleiter Pastor Hugo und Pastora Patricia sind die Hauptverantwortlichen für das theologisch-inhaltliche Angebot der Kirche sowie für die folgenden dazugehörigen Untergruppen:

- Christliche Bildung (*educación cristiana*): Im CMI werden für verschiedene Altersgruppen und Bildungsniveaus religiöse Aus- und Weiterbildungskurse angeboten. Für die Gestaltung und Durchführung des Bildungsangebotes zeigt sich eine Gruppe von Religionslehrern zuständig.
- Lobpreis (*alabanza*): Die Lobpreis-Gruppe ist für die musikalische Gestaltung der Gottesdienste zuständig.
- Beratung (*consejería*): Die Gruppe der Berater steht unter anderem Neukonvertierten zur Verfügung, um ihnen bei Fragen zu religiösen Themen Rede und Antwort zu stehen.
- Jugendgruppe (*jóvenes*): Trotz der relativ kleinen Grösse der Gemeinde besitzt sie eine aktive und international gut vernetzte Jugendgruppe.
- Frauenministerium (*ministerio femenil*): Da ein Grossteil der Gläubigen weiblich ist, gibt es im CMI eine Gruppe, die sich eigens um die Anliegen der Frauen kümmert und auch Anlässe und Kongresse für Frauen organisiert.
- Diener (*servidores*): Die Diener tragen normalerweise ein einheitliches Outfit, damit sie auch für Neulinge in der Gemeinde als Ansprechpersonen für Fragen erkennbar sind. An Gottesdiensttagen sind sie beispielsweise dafür zuständig, Ankommende zu begrüssen, Neulinge zu einem Sitzplatz zu führen und in der Kirche für Ordnung zu sorgen.
- Multimedia-Departement (*departamento multimedia*): Das Multimedia-Departement ist unter anderem für die Projektion der Lieder- und Bibeltexte während der Gottesdienste zuständig. Die Texte werden jeweils sowohl auf Spanisch wie auch auf Deutsch projiziert. Inzwischen stellt das Multimedia-Departement auch Youtube-Videos her.

In allen Gruppen werden die Pastoren von Freiwilligen unterstützt, die zum Teil auch selbst koordinative Funktionen übernehmen.

Anders als in der oben vorgestellten katholischen Mission unterscheiden sich die verschiedenen Untergruppen im CMI kaum in soziokultureller Hinsicht oder gemäss ihrer religiös-spirituellen Ausrichtung, zumal die Gemeindemitglieder diesbezüglich relativ homogen sind.[212] Die Untergruppen unterscheiden sich lediglich in Bezug auf die Aktivitäten, die sie ausüben. Damit stehen den Gläubigen verschiedene Möglichkeiten zur Verfügung, gemäss ihren persönlichen Interessen auch ausserhalb der Gottesdienste am Leben der Gemeinde teilzunehmen – sei dies passiv zum Beispiel als Teilnehmer eines Bildungskurses oder aktiv, indem sie selbst Aufgaben und Verantwortung in einer der Gruppen übernehmen.

Die Pastoren legen viel Wert auf dieses kirchliche Engagement ihrer Mitglieder, da es zu ihrer Leitvision einer «gesunden Kirche» gehört, die sie mit dem Akronym P.E.S.C.A.[213] zusammenfassen (vgl. CMI 2016). Das Akronym steht für: Verkündigen (*proclamar*), Lehren (*enseñar*), Dienen (*servir*), Gemeinschaft (*comunión*) und Anbetung (*adoración*). Pastor Hugo erklärte mir die damit verbundene Idealvorstellung in einem Experteninterview wie folgt:

Pastor Hugo:	Eine Kirche muss ihren Auftrag zur Evangelisierung ernst nehmen und für die religiöse Bildung der Gläubigen sorgen. Wer sich mit der christlichen Botschaft auseinandersetzt, der lernt dabei, anderen Menschen zu dienen. Dies wirkt wie ein Antidepressivum, denn wer sein Leben dazu einsetzt, um anderen Menschen zu helfen, der fühlt sich nützlich und dessen Leben erhält dadurch einen höheren Sinn. Früher haben wir im CMI zu viel Wert auf sozialfürsorgerische Aktivitäten und zu wenig Wert auf die Evangelisation gelegt. Heute verfolgen wir die gegenteilige Strategie: Das Wichtigste ist zunächst die Evangelisierung der Menschen und ihre religiöse Bildung. Dadurch wird in ihnen ein neues Bewusstsein geschaffen, durch das sie empfänglicher werden für die Bedürfnisse anderer. Sobald in den Menschen so ein christliches Bewusstsein geschaffen ist, kommt das soziale Engagement wie von selbst, und es entwickeln sich automatisch karitative Gruppen aus der Gemeinde heraus. Der umgekehrte Weg ist dagegen nicht nachhaltig, da niemand durch Fürsorge allein zum Glauben kommt.

[212] Dies ist wohl unter anderem darauf zurückzuführen, dass die Pfingstkirchen in den spanischsprachigen Ländern noch nicht so lange präsent sind wie die katholische Kirche und sich die regionalen Frömmigkeitstraditionen daher noch nicht im gleichen Masse diversifiziert haben.

[213] Span. *la pesca* = das Fischen.

> Der Dienst an den Mitmenschen und an den anderen Gemeindemitgliedern, so wie er in den verschiedenen Gruppen stattfindet, führt zur Entstehung von bruderschaftlichen Verbindungen und somit letzten Endes zu einer Gemeinschaft, die wie in der Apostelgeschichte «im gleichen Geist» lebt und «das Brot teilt».[214] Eine solche Gemeinschaft zu haben, macht das Leben angenehm und unterstützt die Menschen dabei, ihren Glauben auch im Alltag zu leben.[215]

Anders als in der katholischen Mission stehen im CMI also nicht die Bewahrung herkunftsspezifischer Frömmigkeitsstile oder karitative Angebote im Vordergrund. Stattdessen sollen die Gläubigen vielmehr über Bildung, kirchliches Engagement und Gemeinschaftsbildung dazu bewegt werden, sich dem religiösen Leit- und Menschenbild der Kirche anzunähern. Sozialfürsorgerische Aspekte werden dabei nicht vollständig ausgeblendet, doch sie sollen gemäss der Leitvision nicht als Selbstzweck, sondern aus einer christlichen Glaubenshaltung heraus entstehen. Einen wichtigen Pfeiler für die Entwicklung dieser Glaubenshaltung stellt das interne Bildungssystem dar.

Es ist ein erklärtes Anliegen der beiden Pastoren des CMI, durch religiöse Bildung Personen auszubilden, die entweder innerhalb der eigenen Gemeinde Aufgaben übernehmen oder selbst als Pastoren neue Kirchen aufbauen können. Hierfür verfügt das CMI über ein elaboriertes mehrstufiges internes Bildungssystem, das sowohl Angebote für Neukonvertierte umfasst wie auch Angebote für langjährige Gläubige und sogar für Pastoren (vgl. Abbildung 29). Entworfen und ausgearbeitet wurde das System bereits von der Mutterkirche, dem *Centro Evangelísticó Internacional* in Brüssel. Dafür wurden einerseits eigene Materialien entwickelt und andererseits wurde auf das Know-how und die Materialien des sogenannten Multiplikationsnetzwerks[216] zurückgegriffen.[217]

Die religiöse Ausbildung beginnt bereits bei den Neukonvertierten. Im Rahmen der Gottesdienste wird regelmässig dazu aufgerufen, dass, wer es unter den Anwesenden noch nicht getan habe, sein «Ja zu Jesus geben» oder

214 Vgl. Apg. 2,44–46.

215 Hierbei handelt es sich um eine übersetzte, gekürzte und paraphrasierte Zusammenfassung eines längeren Interviewausschnittes (vgl. Exp. Int. Y.).

216 Das Multiplikationsnetzwerk ist eine internationale und interdenominationale Organisation mit Sitz in Lateinamerika, die sich darauf spezialisiert hat, Kirchen zu beraten und ihnen kostenfrei Materialien und Bildungsangebote zur Verfügung zu stellen (Vgl. RDM 2017).

217 Vgl. Exp. Int. Y.

«Christus empfangen» soll. Diese Aufforderungen richten sich vorwiegend an neue Besucher der Gemeinde. Gemeint ist damit, dass sie Jesus «als ihren Erlöser akzeptieren» sollen.[218] Wer hier zustimmt, vollzieht einerseits einen ersten Schritt hin zur Konversion und macht gleichzeitig einen bedeutenden Schritt zur sozialen Integration in die christliche Gemeinschaft.

Nach dem Aufruf werden diejenigen, die sich dafür entschieden haben, gebeten nach vorne zu gehen, damit die Gemeinde für sie beten kann. In den nachfolgenden Tagen erhalten sie einen Telefonanruf von den Beratern (*consejeros*). Diese heissen die neuen Personen in der Gemeinde willkommen, erkundigen sich nach ihrem Befinden und fragen, ob sie ein Anliegen haben, für das die Gemeinde beten soll. Ausserdem werden die Neukonvertierten auch gefragt, ob sie bei sich zu Hause oder an einem anderen Ort ein Gespräch über religiöse Themen wünschen. Mit den Telefonanrufen geht die Gemeinde also aktiv auf Personen zu, die signalisieren, dass sie den Anschluss an die Gemeinde suchen.[219]

Wenn die Neukonvertierten zustimmen, treffen sich die Berater mit ihnen und beginnen den Religionsunterricht. Für diese erste Stufe existiert ein ca. 20-seitiges Arbeitsheft mit dem Titel «Konsolidierung – Mein Leben im wahren Glauben bekräftigen» (*Consolidación – Afirmando mi vida en la verdadera fe*). Darin wird in verschiedenen Kapiteln Glaubensfragen nachgegangen, die sich alltagsnahen Themen widmen, wie: «Was ist mit mir geschehen?», «Und nun, wie weiter?», «Wie kann ich die Bibel verstehen?», «Wie kann ich wirksam beten?», «Was erwartet Gott von mir?» und «Wie kann ich den Willen Gottes kennen lernen?».[220]

---

218 Vgl. Beobachtungsprotokoll vom 25.9.2016.
219 Vgl. Exp. Int. L.
220 Vgl. CMI (o. J.).

Abbildung 29: Das Bildungssystem des CMI

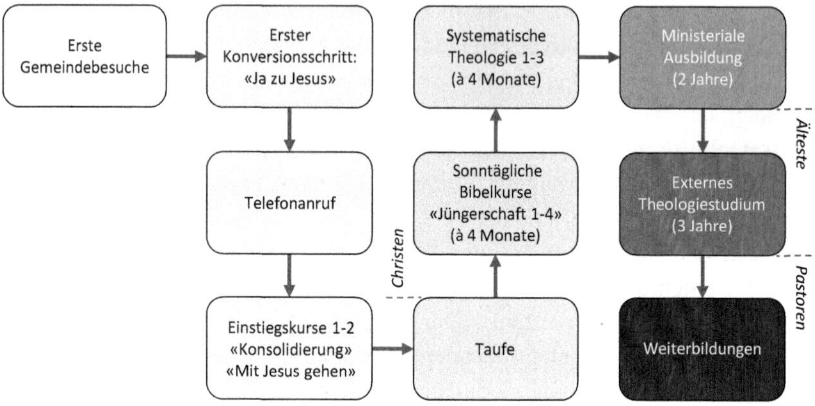

Quelle: Eig. Darstellung.

Nach diesem ersten Kurs steht es den Neukonvertierten frei, sich in das Programm der sonntäglichen Bibelschule zu integrieren, die in der Kirche stattfindet. Das offizielle Ziel der Bibelschule besteht darin, die Mitglieder der Gemeinde im biblischen Sinne zu «neuen Menschen» zu erziehen.[221] Gleichzeitig werden aber auch die Lehren (*doctrina*) der Kirche sowie gemeindeübergreifende christlich-pentekostale Leitbilder vermittelt. Zudem wird versucht, andere bei Lateinamerikanern häufig vorkommende religiöse Vorstellungen – zum Beispiel aus dem Katholizismus oder aus der Santería – mit Bibelstellen oder theologischen Argumenten zu widerlegen.[222]

Die Atmosphäre während der Schulungen ist meist sehr familiär. Die Schüler haben jederzeit die Möglichkeit, ihre Fragen und Zweifel offen zu formulieren, ohne sogleich Sanktionen befürchten zu müssen. Dennoch wird von Seiten der Lehrer klar zwischen «wahren Lehren» und «falschen Lehren» unterschieden. Die Lehrer sehen ihre Aufgabe darin, ihren Schülern die «wahren Lehren» beizubringen und sie von der Falschheit andersartiger Lehren zu über-

[221] Vgl. Eph 4,24, Joh 3,3 und CMI (o. J.: 6).
[222] Vgl. Beobachtungsprotokoll vom 14.11.2016 und 11.12.2016.

zeugen. Zur argumentativen Unterstützung werden dabei auch mystische und semi-mystische Erfahrungen[223] aus dem eigenen Leben sowie «Zeugnisse» von anderen Personen herangezogen.[224]

Nach dem ersten Kurs zur Konsolidierung folgt ein weiterer Einstiegskurs mit dem Titel «mit Jesus gehen» (*Caminando con Jesus*). Darin wird unter anderem erklärt, welche Bedeutung die Taufe in der Gemeinde einnimmt. Am Ende dieses zweiten Kurses werden die Neukonvertierten in der Regel gefragt, ob sie sich taufen lassen möchten. Wer sich dazu bereit erklärt, wird bei der nächsten Gelegenheit getauft.[225]

Nach den beiden Einstiegskursen folgt der eigentliche Bibelkurs. Er umfasst vier Stufen mit dem Titel «Jüngerschaft 1–4» (*Discipulado 1–4*). Dieser Kurs dient dazu, den Gläubigen die Grundzüge der Doktrin der Gemeinde näherzubringen. Gleichzeitig zeigen die Lehrer darin aber auch anhand von konkreten Beispielen auf, wie man schwierige Lebenssituationen in spiritueller Weise angehen soll, welche Verantwortung und Verbindlichkeiten ein Christ in und ausserhalb der Gemeinde übernehmen soll und wie man andere Menschen evangelisiert, ohne ihnen auf die Nerven zu gehen. Bei all diesen Themen wird viel Wert auf die Erfahrungsdimension der Religion gelegt. Die Schüler werden von ihren Lehrern dazu aufgefordert, im Alltag eine innerliche Beziehung zu Gott (bzw. Christus) aufzubauen und zu versuchen, den «Willen Gottes» zu vernehmen. Das heisst, sie werden dazu animiert, wie die biblischen Charaktere eigene «prophetische Gaben» zu entwickeln, Zwiegespräche mit Gott zu führen und auf die daraus resultierenden Eingebungen zu vertrauen – zumindest solange sie sich im Einklang mit der Bibel und der vorherrschenden Doktrin der Gemeinde befinden. Wer den vierten Bibelkurs beendet hat, kann am Fortgeschrittenenstudium teilnehmen, in dem systematische Theologie[226] vermittelt wird. Dieser Bildungsgang ist in drei Unterrichtsstufen unterteilt, die jeweils vier Monate dauern. Auch diese Kurse finden zusammen mit

223 Unter mystischen Erfahrungen verstehe ich hier Eingebungen, Visionen oder Auditionen, die direkt einem transzendenten bzw. göttlichen Ursprung zugeschrieben werden. Unter semi-mystischen Erfahrungen verstehe ich Ereignisse, die eine nachvollziehbare diesseitige Ursache nicht transzendenten Ursprungs haben, die aber aufgrund des Timings als göttliche Intervention interpretiert werden.

224 Vgl. Beobachtungsprotokolle vom 16.10.2016 und 14.11.2016.

225 Die Taufen werden normalerweise einmal im Jahr vollzogen (vgl. Exp. Int. Y). Das Taufritual beinhaltet das vollständige Eintauchen in den Rhein.

226 Systematische Theologie ist eine Teildisziplin der Theologie, die wiederum die Bereiche Ethik, Dogmatik, Apologetik und Fundamentaltheologie umfasst. Ihr Ziel besteht in der

dem Bibelkurs vor den sonntäglichen Gottesdiensten statt. Sie werden von den Pastoren sowie von zwei Freiwilligen angeleitet, die im internen Bildungssystem der Gemeinde bereits so weit fortgeschritten sind, dass sie sich für diese Aufgabe qualifizieren.[227]

Sowohl der Bibelkurs wie auch der Kurs zur systematischen Theologie wurden von der Brüsseler Mutterkirche konzipiert. Für Gläubige, die daran interessiert sind, zukünftig selbst Verantwortung in einer Gemeinde zu übernehmen, bietet das CMI darüber hinaus an Dienstagabenden eine «ministeriale Ausbildung» (*formación ministerial*) an (vgl. Abbildung 29), die in Zusammenarbeit mit dem Multiplikationsnetzwerk durchgeführt wird. Auch dieser Bildungsgang wird vorwiegend von den beiden Pastoren der Gemeinde unterrichtet, zusätzlich kommen hierfür aber auch Pastoren von anderen Kirchen aus dem Multiplikationsnetzwerk zu Besuch, um als Gastreferenten den Studierenden Workshops zu erteilen. Auch die Kursunterlagen werden vom Multiplikationsnetzwerk zur Verfügung gestellt.

Dieser letzte und anspruchsvollste interne Ausbildungsgang dauert zwei bis zweieinhalb Jahre. Die erste Hälfte ist wie die vorhergehenden Kurse theoretisch angelegt. Ab dem zweiten Jahr werden die Studierenden aber dazu ermutigt, selbst praktische Erfahrungen zu sammeln, zum Beispiel indem sie eigene Bibelgruppen mit Personen gründen, die noch nicht zur Gemeinde gehören. Bei dieser Arbeit werden sie von den Pastoren des CMI und des Multiplikationsnetzwerks begleitet und gecoacht. Absolventen des Kurses erhalten den Titel «Älteste». Damit können sie fortan in der Gemeinde Sonderaufgaben übernehmen, die Ältesten vorbehalten sind. Wer Gefallen an der praktischen Arbeit findet und sich zum Pastor ausbilden lassen möchte, kann sich extern an einer theologischen Fakultät für ein Theologiestudium einschreiben.[228]

Das Bildungssystem des Multiplikationsnetzwerks sieht ferner auch für ausgebildete Pastoren regelmässige Workshops und Coachings vor, die von anderen Pastoren aus dem Netzwerk gegeben werden (s. Abbildung 29). Die-

zusammenhängenden Darstellung und der Erörterung des Wahrheitsanspruchs der christlichen Lehre (Hoping 2000: 1220–1221).

227 Pastor Hugo nennt dieses Prinzip «*retroalimentación*» (Rückkopplung, bzw. wörtl.: Rück-Ernährung, vgl. Exp. Int. Y). Mindestens eine dieser beiden Personen macht zudem zurzeit eine externe theologische Ausbildung.

228 Zum Beispiel an der *Facultad de Teología Asambleas de Dios* (FADE) in Spanien oder in der Schweiz an einem Standort des IGW (Institut für Gemeindebau und Weltmission).

ser Austausch ermöglicht einerseits einen Wissenstransfer unter den Pastoren, gleichzeitig findet dabei aber auch ein gewisses Monitoring und eine Qualitätskontrolle im Sinne des Netzwerks statt.[229]

Alle Bildungsangebote des CMI sind zurzeit gut besucht, was auf eine hohe Akzeptanz unter den Gläubigen schliessen lässt. Laut Pastor Hugo nehmen bis zu 80% der Gemeindemitglieder an den sonntäglichen Kursen vor den Gottesdiensten teil oder haben diese bereits abgeschlossen. Rund ein Viertel nimmt zurzeit[230] an der ministerialen Ausbildung teil. Und 12 der rund 80 Mitglieder (also 15%) spielen mit dem Gedanken, eine höhere theologische Ausbildung zu absolvieren und sich zu Pastoren oder Missionaren ausbilden zu lassen. Gemäss diesen Zahlen und meinen eigenen Beobachtungen vor Ort sind also viele Mitglieder des CMI motiviert, regelmässig am Bildungsangebot der Kirche teilzunehmen, obwohl dies von ihnen hohe zeitliche Investitionen und eine starke Anpassung an die theologische Ausrichtung der Gemeinde erfordert.

Wie ich im nächsten Kapitel noch genauer ausführen werde, liegt dieses grosse Interesse meines Erachtens darin begründet, dass religiöse Bildung – ähnlich wie karitative und sozialfürsorgerische Angebote – einen Teil der Bedürfnisse befriedigen kann, die durch die Migration entstanden sind. Denn der gemeindeinterne Austausch von religiösem Wissen und christlichen Narrativen sowie die damit einhergehende Gemeinschaftsbildung können sich aus Sicht der Individuen so positiv auf ihre psychischen und instrumentellen Ressourcen auswirken, dass sich für sie die hohen zeitlichen Investitionen bezahlt machen. Ähnliche Beobachtungen liessen sich auch bei Bildungsangeboten der katholischen Mission machen.

8.3 Schlussfolgerungen

In diesem Kapitel wurde anhand zweier Fallbeispiele aufgezeigt, welche Formen von institutionalisierten Aktivitäten, Gruppen und Unterstützungsangeboten in christlichen Migrationsgemeinden vorkommen. Diese Angebote und Aktivitäten sind teilweise darauf ausgerichtet, Bedürfnisse zu befriedigen, die durch die Migration entstanden sind. Zudem bilden sie aber auch einen institutionellen Rahmen, in dem Migranten untereinander soziale Beziehungsnetz-

[229] Vgl. Exp. Int. L.
[230] Stand Oktober 2016.

werke aufbauen können, welche wiederum die Grundlage für die informellen Unterstützungsleistungen bilden, auf die ich im folgenden Kapitel noch genauer eingehen werde.

In der Darstellung der beiden Fallbeispiele wurde deutlich, dass die spanischsprachige katholische Mission im Kanton Zürich und die Pfingstgemeinde CMI mit ihren institutionalisierten Angeboten unterschiedliche Strategien verfolgen. Dies ist zu einem grossen Teil auf ihre unterschiedlichen Grundvoraussetzungen (wie Mitgliederzahl, Ressourcen etc.) sowie auf Unterschiede in Bezug auf ihr Kirchen- und Selbstverständnis zurückzuführen.[231]

Gemäss der katholischen Ekklesiologie gibt es weltweit nur eine einzige katholische Kirche, zu der die gesamte globale Vielfalt der Katholiken gehört. Daher muss die Zürcher Mission Wege finden, um die Bedürfnisse eines möglichst grossen Anteils ihrer zahlreichen und heterogenen Klientel abdecken zu können. Um dies zu erreichen, bietet sie eine breite Palette von Aktivitäten, Gruppen und Angeboten für unterschiedliche soziokulturelle und spirituell-religiöse Interessensgruppen an, die weitgehend unabhängig voneinander agieren.

Zudem stellt die Mission karitative und sozialfürsorgerische Unterstützungsangebote bereit, die ihren Besuchern bei der Etablierung und Integration in die Aufnahmegesellschaft behilflich sein sollen. Dabei setzt die Gemeindeleitung auf eine Professionalisierung und Teilauslagerung des Angebots. Wenn für bestimmte Unterstützungsleistungen professionelle Anbieter existieren, leitet die Mission Unterstützungssuchende an diese weiter. Der Vorteil dieses Vorgehens besteht darin, dass die zahlreiche und vielfältige Klientel auf diese Weise trotz limitierter Ressourcen von professioneller Unterstützung profitieren kann. Ein Nachteil besteht darin, dass sich die Auslagerung und Weiterverweisung für die Hilfesuchenden «unpersönlicher» anfühlt, als wenn die Hilfe von Mitarbeitern der Mission selbst erbracht würde. Die persönlichen Kontakte und die Gemeinschaftsbildung finden eher in den Untergruppen der Mission statt, die sich in regelmässigen Abständen treffen.

Die protestantische Pfingstgemeinde CMI ist in Bezug auf die Besucherzahlen wesentlich kleiner als die katholische Mission. Zudem ist ihre Klientel in soziokultureller und religiös-spiritueller Hinsicht weniger divers. Dennoch stellt sie gemäss ihrem Selbstverständnis eine eigenständige Kirche dar. Aufgrund dieser anderen Grundvoraussetzungen ist es dem CMI möglich, einen stärke-

---

[231] Siehe hierzu auch Kapitel 4.

ren Fokus auf die Gemeinschaftsbildung und auf die «Homogenisierung» der Klientel zu legen. Anders als die katholische Mission strebt das CMI weniger danach, die religiöse Vielfalt zu fördern, sondern möchte seinen Mitgliedern vielmehr spezifische Glaubensinhalte vermitteln. Dies geschieht wesentlich über das interne Bildungssystem, das einen Grossteil der sozialen Aktivitäten der Gemeinde ausmacht. Sozialfürsorgerische Angebote sind im CMI eher sekundär. Unterstützungsleistungen sollen gemäss der Leitvision der Kirche vielmehr informell über persönliche Beziehungen und aus einer christlichen Glaubenshaltung heraus entstehen.

Ein Vorteil dieser Strategie besteht darin, dass durch den starken Fokus auf Gemeinschaftsbildung sehr enge soziale Beziehungen und Unterstützungsnetzwerke innerhalb der Gemeinde entstehen. Mithilfe der religiösen Bildung wird den Mitgliedern zudem eine breite Palette religiöser Narrative angeboten, die für das intrapsychische Coping von Herausforderungen herangezogen werden können.[232] Ein Nachteil dieser Strategie besteht darin, dass die nicht-religiöse Unterstützung weniger professionell ist und nur für sozial gut in die Gemeinde integrierte Personen zugänglich ist. Die Teilnahme am sozialen Leben ist aber mit hohen zeitlichen Investitionen verbunden. Dadurch haben die Mitglieder tendenziell weniger Möglichkeiten, auch ausserhalb der Gemeinde Aktivitäten nachzugehen und andere Unterstützungsnetzwerke aufzubauen.

[232] Hierauf werde ich in Kapitel 9.3 noch genauer eingehen.

9 Soziale Unterstützung in Migrationsgemeinden

Wie im vorhergehenden Kapitel bereits angesprochen wurde, werden in christlichen Migrationsgemeinden nicht nur über institutionalisierte Unterstützungsangebote migrationsrelevante Ressourcen vermittelt, sondern auch über informelle soziale Kontakte. Diese sozial vermittelte Unterstützung wird nachfolgend in Anlehnung an Schwarzer und Leppin (1989: 18–23) in die folgenden fünf Dimensionen unterteilt: instrumentelle und informationelle Unterstützung, positive soziale Kontakte, emotionale Unterstützung sowie Einschätzungsunterstützung. Auch in diesem Kapitel gilt wieder die Einschränkung, dass nicht alle im Feld beobachteten Unterstützungsleistungen dargestellt werden können. Vielmehr wird anhand von ausgewählten Beispielen aufgezeigt, welche Bedeutung die verschiedenen Formen der sozialen Unterstützung einnehmen und durch welche Besonderheiten sich die Unterstützungsleistungen in christlichen Migrationsgemeinden auszeichnen.

9.1 Instrumentelle und informationelle Unterstützung

9.1.1 Mehr als nur instrumentelle und informationelle Unterstützung

Wie in Kapitel 7 ausführlich beschrieben wurde, mangelte es vielen der Befragten in der Schweiz an einem unterstützenden sozialen Netzwerk sowie an Detailkenntnissen zum Land und zu hilfreichen lokalen Institutionen. Aus diesem Grund entwickelten einige von ihnen Bedürfnisse nach handfester instrumenteller Unterstützung sowie nach Informationen zur Orientierung im Migrationskontext. Hierzu gehören beispielsweise Hilfeleistungen bei der Arbeits- und Wohnungssuche, beim Umzug oder bei Übersetzungen, Behördengängen und administrativen Angelegenheiten. Wenn sich die Befragten in solchen Angelegenheiten an Bekannte in ihrer christlichen Migrationsgemeinde wendeten, konnten sie dort im Normalfall auf deren Unterstützung zählen. Denn Migrationsgemeinden bestehen vorwiegend aus Personen, die selbst eine Migrationserfahrung durchgemacht haben. Daher verfügen sie bereits über nützliche

Kenntnisse, wie solche Herausforderungen bewältigt werden können. Zudem macht sie ihre eigene Erfahrung empfänglicher für die Anliegen anderer Migranten und sie zeigen sich oft sehr bereitwillig, anderen in Situationen weiterzuhelfen, die sie an ihre eigene Vergangenheit erinnern.

Im Rahmen dieser Studie wurden in den Gemeinden und in den Interviews viele grössere und kleinere Hilfeleistungen dieser Art erfasst. Ein Beispiel hierfür zeigt sich im folgenden Interviewausschnitt eines Spaniers. Obwohl er bereits in jungen Jahren in die Schweiz gezogen war, hatte er nach eigenen Angaben lange Mühe damit, hier Fuss zu fassen und ein stabiles Leben aufzubauen. Dies änderte sich gemäss seinen Aussagen erst, als er in einer evangelikalen Gemeinde eine Art «Tutor» fand, der ihm in administrativen und ökonomischen Angelegenheiten über mehrere Jahre hinweg zur Seite stand:

Mateo: (prot., span.)	Wir haben die Wohnung gekauft. Ich musste nur unterschreiben, den Vertrag. Er hat das alles gemacht. Allen Bekannten telefoniert, Kredit organisiert mit seinen Bekannten. Wenn wir einen Brief bekommen von der Wohnung, er kommt als erster. Also, er ist eine Art Tutor. Immer noch. Und so war bis… eben, wir waren so wie (2), ja: Vater und Sohn.

In vielen Fällen sehen es die Gemeindemitglieder als ihre moralische oder sogar religiöse Pflicht an, anderen Migranten dabei zu helfen, Herausforderungen zu bewältigen und ihre Lebenssituation in der Schweiz zu stabilisieren. Dies zeigt sich auch in folgendem Zitat eines Lateinamerikaners, der aufgrund einer führenden Position in einem Dienstleistungsbetrieb anderen Gemeindemitgliedern zu einer Anstellung in seinem Unternehmen verhelfen konnte:

Samuel: (prot., lat.)	Und ich konnte immer Leuten helfen. Helfen, Arbeit zu finden und so weiter und so fort. Ich habe in der Firma, in der A-Firma, also früher B-Firma, drei bis vier Geschwister[233], die dort arbeiten. Durch mich. Und dann habe ich gedacht: «Der Herrgott hat mir nur diese Stelle gegeben, damit ich anderen helfen kann.»

Während in den oft kleineren protestantischen Migrationsgemeinden Unterstützungsleistungen eher informell von anderen Kirchenmitgliedern erbracht werden, nehmen in der katholischen Mission für viele Migranten institutiona-

[233] In pfingstlich-charismatischen und evangelikalen Kreisen werden andere Gemeindemitglieder oft «Bruder», «Schwester» oder «Geschwister» (span. *hermanos*) genannt.

lisierte Angebote der instrumentellen und informationellen Unterstützung eine wichtige Funktion ein.[234] Solche Angebote sind für Externe und Neumitglieder einfacher zugänglich als informelle Unterstützungsleistungen, da sie keine vorhergehenden Kontakte oder vertrauensbildenden Massnahmen erfordern. Selbst Personen, die keinen Bezug zur Mission haben oder gar nicht der katholischen Kirche angehören, können davon profitieren.

Interessanterweise spiegelte sich die grosse Bedeutung der institutionalisierten Unterstützungsangebote aber kaum in den biographischen Interviews wider. Hier wurde vielmehr der Wert der informellen Unterstützung durch andere Gemeindemitglieder hervorgehoben. Worauf dies genau zurückzuführen ist, darüber kann auf der Grundlage der vorliegenden Daten nur spekuliert werden. Der Unterschied könnte darauf zurückzuführen sein, dass die interviewten Personen zufälligerweise weniger auf institutionalisierte Dienstleistungen angewiesen waren als andere Migranten. Vermutlich erklärt er sich aber auch dadurch, dass institutionalisierte Angebote nur punktuelle Kontakte zur Migrationsgemeinde darstellen, die oft nach wenigen Minuten wieder vorbei sind. Informelle soziale Unterstützung wird hingegen durch Menschen geleistet, zu denen eine emotionale Beziehung besteht, die über Monate oder sogar Jahre hinweg aufgebaut worden ist. Wenn jemand von einem Gemeindemitglied instrumentelle oder informationelle Unterstützung erhält, ist dies gleichzeitig verbunden mit emotionaler und in manchen Fällen auch spiritueller Unterstützung. Es wird nicht nur eine Hilfeleistung erbracht, sondern gleichzeitig auch ein Gefühl von Geborgenheit, Trost und Hoffnung vermittelt.

Diese zusätzliche Qualität der informellen Unterstützung wird auch im folgenden Zitat einer Frau hervorgehoben, die selbst im Verlauf der Migration mit grossen Herausforderungen zu kämpfen hatte und heute in der katholischen Mission engagiert ist, um anderen bei ihren Herausforderungen beizustehen:

Natalia: (kath., lat.)	Hier gibt es (-) eine Gebetsgruppe, die immer Fürbitte leistet, für die Menschen, die leiden, auf Anliegen, (wie) der Papst gesagt hat, nicht? Den Menschen nahe sein, die leiden. Und wir versuchen, ihnen mit unserem Gebet nahe zu sein und uns ihnen auch physisch anzunähern, denn dort in die Mission kommen viele Menschen, viele Menschen mit vielen Nöten. Das erste, was wir tun, ist, sie zum Gebet einzuladen, und dem

[234] Siehe hierzu z. B. die Angebote der katholischen Mission in Kapitel 8.1.2.

Herrn vorzutragen, in welchen Situationen sie sich befinden. Und mit den Mitteln, die uns zur Verfügung stehen, versuchen wir sie so zu unterstützen, wie sie es benötigen.

SF: Und… wie tun Sie dies oder welche Nöte haben die Menschen und wie helfen Sie ihnen?

Natalia: Gut, zunächst haben die Personen Bedürfnisse zu Hause, auf der Arbeit, bei der Orientierung: wie sie vorgehen sollen, wie sie Arbeit finden können. Wir (sagen) das weiter, fragen immer, wer in Not ist, um sie zu Leuten zu bringen, die Arbeit suchen[235]. Einige von uns bieten sich auch an, ein paar Stunden zu bügeln oder im Haushalt zu helfen. Auch um Anzeigen aufzuschalten, ihnen Texte auf Deutsch zu schreiben oder so, damit sie ein Zimmer finden, und helfen ihnen so… sie schenken ihnen das eine oder andere Möbelstück, andere Dinge, und helfen ihnen beim Transport [oder] nehmen sie mit. In der Mission gibt es auch eine… eine Art von Boutique, das ist ein Ort, an dem die Kleider der Caritas oder so gesammelt werden. […] Und::… so nach und nach begleiten wir sie, rufen sie an und fragen: «Wie geht's dir? Hast du was gefunden? Lass den Kopf nicht hängen.» So ((lacht)).

[…]

Und dann, wenn sie in die Mission kommen, lernen wir sie kennen und laden sie zum Gebet ein, das ist das erste. Und dann, wenn sie zum Gebet kommen, geben wir ihnen auch ein wenig Liebe, denn die Leute… das, was sie am meisten brauchen, ist oft Liebe. [So] fühlen sie sich aufgehoben […]

9.1.2 Gemeindenetzwerk als Ressourcen-Multiplikator

Da sich die verschiedenen Gemeindemitglieder gegenseitig aushelfen, wirkt sich die Mitgliedschaft in einer Migrationsgemeinde als Multiplikator auf die Ressourcensituation einer Person aus. So ist das Individuum bei Herausforderungen nicht mehr auf sich allein gestellt, sondern kann auch auf die instrumentellen und informationellen Ressourcen anderer Gemeindemitglieder zurückgreifen. Einer der Befragten drückte dies etwas allgemeiner formuliert wie folgt aus:

---

235 Vermutlich hat sich die Befragte hier versprochen und meinte eigentlich «…die Angestellte suchen» bzw. «…die Arbeit anbieten».

Santiago: (prot., lat.) Aber stimmt eben schon, wenn sie in einem Verein dazugehören... deswegen Vereine sind eben wichtig, weil man unterstützt sich eben auch. Dann gibt es immer einen Arzt vielleicht, oder einen Anwalt. Vor allem in solchen Ländern [wie der Schweiz] ist [das] eben wichtig, in so (-). // EBN: Da braucht man Beziehungen. // Man hat Beziehungen. Mein Vater hat immer gesagt, Beziehungen aufbauen ist wichtig. Ich sage auch immer: Beziehungen sind sehr wichtig.

Darüber hinaus bieten Migrantengemeinden ihren Mitgliedern auch einen erleichterten Zugang zu anderen institutionellen Netzwerken. Denn in der Regel verfügen Migrationsgemeinden und deren Mitglieder bereits über etablierte Kontakte zu anderen Institutionen wie Schweizer Kirchen und Pfarreien, religiösen Vereinen, Dachverbänden oder Non-Profit-Organisationen. Viele dieser Institutionen haben sich auf bestimmte Anliegen spezialisiert und können sich daher für Migranten in bestimmten Lebenslagen als hilfreich erweisen.[236]

Dies zeigt sich zum Beispiel im folgenden Zitat von Regina, deren schwierige Lebenssituation als Sans-Papier bereits in Kapitel 7.5.2 ausgeführt wurde. Sie hat innerhalb weniger Jahre drei enge Familienangehörige in ihrem Herkunftsland verloren, darunter auch ihren Sohn. Als kurz darauf noch ihr Schweizer Verlobter starb, fiel sie in eine schwere Depression, die Wahnvorstellungen nach sich zog.[237] Glücklicherweise wurden ihre Freundinnen in der Mission schnell auf ihren psychischen Wandel aufmerksam und brachten sie zur medizinischen Anlaufstelle für Sans-Papiers des Roten Kreuzes, die zum institutionellen Netzwerk der Mission gehört. Dort wurde für Regina eine Behandlung in die Wege geleitet. Danach konnte sie bei einer dieser Freundinnen unterkommen, bis sie in psychischer und ökonomischer Hinsicht wieder auf eigenen Beinen stehen konnte. Ohne das informelle und institutionelle Netzwerk in der Mission wäre die undokumentierte Migrantin mit ihrer psychischen Erkrankung völlig auf sich allein gestellt gewesen:

Regina: (kath., lat.) Und nichts... er starb [ihr Freund] aber dort war es, dass... das war hart. Oh! Weil da so... da sieht man, dass... dass schon... dass alles vorbei:: ist... Stell dir vor. Dort, Gott sei Dank hier

236 Vgl. hierzu Albisser (2016: 73–83).

237 Mit dem Tod ihres Freundes kurz vor der Hochzeit fiel nicht nur eine wichtige emotionale Stütze in ihrem Leben weg, sondern auch ihre einzige Hoffnung, ihren Status nach mehr als 10 Jahren als Sans-Papier zu legalisieren.

> in der Mission… die Mission, da ich immer in der Gruppe war von der… von der [charismatischen] Erneuerung. Dort eine… von… derselben Gruppe, hat mich… mich zu sich genommen… also, um mir zu helfen. […]
> Nachdem Franz gestorben ist, kam… ((klatscht in die Hände)) eine Depression über mich. Sechs Monate lang arbeitete ich nicht. Oh mir ging es schlecht. Und… und… ich meinte, dass sie mich suchen und so… die Polizei, dass sie… ich nahm Leute hinter mir wahr. Es bildete sich, sehr sehr schlimm, eine Depression. Und Gott sei Dank eh… haben sie mich zu Meditrina[238] gebracht. Und Meditrina eh du kennst das, nicht? […] Und die Ärztin hat mich gebracht… sie haben mich zu einer Psychologin gebracht. Und… und Meditrina… also, normal hätte das 250 Franken gekostet für… für jedes Mal, dass ich hinging. Aber sie haben es mir… die Psychologin hat es bei 50 Franken belassen. Und… und dort haben sie [ihre Freundinnen] für mich bezahlt.

Gerade für Sans-Papiers sind die Migrationsgemeinden hinsichtlich der instrumentellen Unterstützung von grosser Bedeutung, denn zum einen leben sie aufgrund ihres ungeregelten Aufenthaltsstatus unter schwierigeren Bedingungen und zum anderen haben sie weniger Zugangsmöglichkeiten zu Netzwerken als legale Migranten. Zudem trauen sich viele von ihnen nicht zu öffentlichen Veranstaltungen aus Angst davor, von der Polizei gefasst und ausgeschafft zu werden. Die christlichen Gemeinden sind für sie dagegen eine Art Schutzraum, ein Refugium, wo sie in erster Linie als Menschen wahrgenommen und nicht nach ihrem Pass gefragt werden.[239]

Am Beispiel der schwierigen Situation der Sans-Papiers lässt sich die Bedeutung der instrumentellen und informationellen Hilfeleistungen besonders gut illustrieren. Die meisten dieser Hilfeleistungen werden jedoch in viel alltäglicheren Situationen erbracht. Hierzu gehören beispielsweise die Unterstützung bei der Kinderbetreuung, bei IT-Problemen, das Organisieren von Auslandsaufenthalten, das Einspringen als DJs, Übersetzungshilfen oder Hilfestellungen in administrativen Angelegenheiten wie dem Ausfüllen von Steuer-

---

[238] Meditrina ist eine medizinische Anlaufstelle für Sans-Papiers des Schweizerischen Roten Kreuzes.

[239] Dies gilt natürlich nur für Personen, die zu ihrer jeweiligen Gemeinde Vertrauen fassen. Manche Sans-Papiers fürchten sich selbst in den Migrantengemeinden davor, entdeckt und ausgeschafft zu werden, und verzichten daher darauf, aktiv am Gemeindeleben teilzunehmen und Bekanntschaften zu schliessen (vgl. Exp. Int. G).

erklärungen. Zudem gaben manche der Befragten an, dass ihnen bereits das Wissen eine gewisse Erleichterung verschafft, dass sie im Bedarfsfalle auf die Unterstützung von anderen Gemeindemitgliedern zählen könnten. Allein schon die potenzielle Verfügbarkeit von Unterstützern kann also eine gewisse psychische Entlastung darstellen.[240]

9.1.3 Unterstützung und Missionierungsbestrebungen

Während institutionalisierte Unterstützungsangebote manchmal auch ohne vorhergehenden Kontakt zur Gemeinde genutzt werden können, wird die informelle Unterstützung durch Gemeindemitglieder in der Regel erst dann erbracht, nachdem durch eine Reihe von vorhergehenden Kontakten eine gewisse gegenseitige Vertrauensbasis aufgebaut wurde. Dies liegt sowohl im Interesse der Unterstützungserbringer wie auch im Interesse der Unterstützungssuchenden. Schliesslich wenden sich die wenigsten mit ihren Problemen gerne an völlig Unbekannte. Die meisten ziehen es vor, ihre verwundbaren und vielleicht auch beschämenden Seiten nur Personen zu offenbaren, zu denen bereits ein gewisses Vertrauensverhältnis besteht. Die Unterstützer auf der anderen Seite haben ein Interesse daran, dass ihre Gutmütigkeit nicht ausgenutzt wird, und wollen daher die Menschen vorher kennen und einschätzen können, bevor sie ihnen beispielsweise eine Unterkunft in ihrem Haus zur Verfügung stellen oder ihnen finanziell aushelfen. Das Gemeindeleben bietet daher beiden Seiten eine gute Grundlage zur langsamen Annäherung und gegenseitigen Vertrauensbildung.[241]

Manchmal kennen sich Unterstützer und Unterstützungssuchende aber auch bereits über Kontakte ausserhalb der christlichen Gemeinde (z. B. über den Arbeitsplatz). Wenn die unterstützungssuchende Person nicht Teil der religiösen Gemeinde des Unterstützungserbringers ist, kann es vorkommen, dass Hilfeleistungen als Anlass für subtile – oder manchmal auch weniger subtile – Formen der Missionierung genutzt werden. Manche Unterstützer weisen ihre Bekannten beispielsweise auf hilfreiche Angebote innerhalb der Gemeinde hin oder erzählen von dem Gemeinschaftsgefühl und der familiären Atmosphäre,

---

240 Der positive Effekt der subjektiv wahrgenommenen Verfügbarkeit sozialer Unterstützung wurde bereits in anderen Studien belegt. Siehe hierzu bspw. Bekele et al. (2013), Nabi et al. (2013) und Cohen/Wills (1985).

241 Der Prozess der Vertrauensbildung in Migrationsgemeinden wird in Kapitel 10.2.3 noch genauer ausgeführt.

die sie dort erleben. Diese Art der Missionierung wurde vorwiegend in den evangelikalen und pfingstlerischen Gemeinden sowie bei den charismatischen Katholiken beobachtet, was wohl damit zusammenhängt, dass diese Gruppen einen stärkeren missionarischen Impetus aufweisen als andere.

In den folgenden Zitaten wird diese Verknüpfung von Hilfeleistungen und Missionierungsbestrebungen einmal aus der Perspektive eines Unterstützers und einmal aus derjenigen einer Unterstützungssuchenden angesprochen:

Samuel: (prot., lat.) Eigentlich jetzt in dieser Gemeinde, ist es so, dass sehr viele Leute kommen und auch Hilfe brauchen. Und da haben wir auch eine Abteilung, wo eben so Sozialfragen… wir haben Geschwister, die Übersetzerin ist, und auch für verschiedene Gemeinden so nebenbei arbeitet. […] Weil das… wir machen das ad honorem, also wir verlangen nichts, oder? Was wir natürlich versuchen, ist, nicht nur das Materielle zu geben, sondern das (Spirituelle) zu geben. Weil das ist das, das mehr zählt. Das [Materielle] ist nur momentan. Das [Spirituelle] ist ewig, oder?

*****

Regina: (kath., lat.) Und ich sagte zu ihr: «Antonia…» […] «Ah schau. Bist du Kolumbianerin?» (--) – «Ah ja.», sage ich: «Ah!» Und da… ich hatte sehr wenig zu tun [wenig Arbeit] (--) dort mit… mit dem italienischen Herr. Und ich sagte ihr: «Schau, wenn du… wenn du von einer Arbeit weisst…» und so. Darauf hat sie mir… sie mir gesagt: «Integriere dich in die katholische Mission! Und so kannst du mehr Arbeit finden.» Und sie hat mich zum [Sans-Papier-]Kollektiv geschickt.

Solche Missionierungsbestrebungen im Zusammenhang mit Unterstützungsleistungen sind heute in Verruf geraten. Kritiker werfen den Missionierenden oft vor, sie würden das ungleiche Machtverhältnis von Unterstützungserbringer und -empfänger zu ihren eigenen Zwecken ausnutzen.[242] Aus meiner Sicht ist eine genaue und kritische Betrachtung dieser Beziehungskonstellationen durchaus berechtigt, da sie tatsächlich problematisch sein können.[243] Dennoch scheint mir, dass eine ausschliesslich kritische Haltung gegenüber solchen Missionierungsbestrebungen zwei Aspekte zu wenig berücksichtigt. Dies sind

242 Vgl. hierzu die Berichte von Tagesanzeiger (2012), Blick (2015) und Mohler (2016).
243 Siehe hierzu auch Kapitel 11.1.

zum einen die Motivation der missionierenden Unterstützungserbringer und zum anderen die subjektive Wahrnehmung der Unterstützungsempfänger.

Im Verlauf dieser Studie habe ich den Eindruck gewonnen, dass die Missionierenden oft nicht aus egoistischen Motiven heraus handeln, sondern vielmehr aus der ehrlichen Absicht heraus, die materielle, soziale und spirituelle Situation anderer Menschen zu verbessern. Schliesslich sind die meisten von ihnen normale Gemeindemitglieder, die nicht selten auf ähnliche Art rekrutiert wurden. Zudem geraten die Unterstützungssuchenden nur in seltenen Fällen durch das Machtverhältnis so stark unter Druck, dass sie die Missionierungsbestrebungen nicht auch zurückweisen könnten. Manche heissen solche Bemühungen sogar willkommen und empfinden dabei ein Gefühl, das sich vielleicht mit den Worten ausdrücken liesse: «Endlich will mich mal jemand bei etwas dabei haben.»

Im Rahmen dieser Studie gaben Gemeindemitglieder, die über solche Unterstützungsverhältnisse in die Migrationsgemeinde gelangt sind, in der Regel an, sehr glücklich darüber zu sein. Manche von ihnen verkehrten vorher in einem destruktiven Umfeld und suchten bereits nach einem Ausweg daraus. Jedoch gelang es ihnen aufgrund innerer oder äusserer Zwänge nicht, dieses Umfeld aus eigenen Kräften zu verlassen. Mithilfe der Unterstützung der christlichen Gemeinde gelang es ihnen besser, da diese ihnen nicht nur dabei half, alte, als destruktiv empfundene Freundschaften und Gewohnheiten aufzugeben, sondern ihnen gleichzeitig auch ein neues soziales Umfeld und einen neuen Lebensentwurf zur Verfügung stellten. Damit fiel ihnen die Neuausrichtung ihres Lebens deutlich leichter.

Ein Beispiel hierfür ist Mateo. Mateo kam bereits im Teenager-Alter in die Schweiz, wo er bald in einen Freundeskreis geriet, mit dem er exzessiv Drogen konsumierte. Gemäss seinen eigenen Aussagen empfand er diese Umgebung nach einer gewissen Zeit als schlecht für ihn. Dennoch fand er den Weg in ein «normales Leben» nicht, bis er einmal von seinem Vorgesetzten zu einem Treffen des Hauskreises eingeladen wurde, in dem Mateo bis heute verkehrt. Der ersten Einladung folgte er zunächst jedoch nur widerwillig und weil sie von seinem Vorgesetzten kam:

Mateo: (prot., span.)	Und dann habe ich einmal besucht. Habe ich nur gedacht: «Ja, das ist mein Chef. Also ja, da muss ich besuchen, damit ich die Arbeit nicht verliere. OK.»
SF:	((lacht))

Mateo: Ich gehe mit. Und es hat mir gefallen.
[...]
Ja, es war einfach... dort habe ich... mit der Cousine von meinem Chef, in ihrer Wohnung, haben sie mich eingeladen. Und das erste, was ich gefunden habe: Es ist ein sehr gutes Klima. Also jemand, der auf mich lacht und fragt und fröhlich sind. Und sie schauen nicht, wenn ich gehe aufs WC, oder? Weil, in anderes Wohnung, gehe ich aufs WC und jeder schaut: «Klaut er etwas? Mhm, was nimmt er?» Dort waren die Leute... man merkt die Liebe, die sie haben. Und das hat mir angefangen zu gefallen. Dann habe ich die anderen Personen gekannt. Und das hat mich eben sehr beeinflusst. So etwas habe ich noch nie... bis dann habe ich so etwas nie gehabt. Auch nicht mit meinen Eltern, nicht mit meiner Familie... weil wir sind so eine unstrukturierte Familie... sagen wir so.
[...]
Also: Ich kenne meinen Vater nicht. Eh... in Spanien habe ich Onkel gehabt, aber: Mit einem rede ich nicht. Mit dem anderen habe ich eine Schlägerei gehabt, und so... Durcheinander, oder?

Obschon Mateo der Einladung seines Vorgesetzten zu Beginn kritisch gegenüberstand, bereut er es heute nicht, ihr gefolgt zu sein. Denn durch sie erhielt er Zugang zu einer Gruppe von Personen, die er als positiv empfand und die ihm das Gefühl von emotionaler Geborgenheit vermittelte. Als die kleine Gemeinde bemerkte, dass Mateo ein ehrliches Interesse daran zeigte, sein Leben gemäss den Idealen der Gemeinschaft zu ändern und sich ihr anzuschliessen, mobilisierte sie wiederum ihre Ressourcen, um ihn bei dieser Umstellung zu unterstützen. Die Gemeindemitglieder organisierten den Umzug in ihre Nähe, fuhren ihn zur Arbeit, halfen ihm bei der Begleichung von Schulden und luden ihn regelmässig zu privaten Besuchen zu sich nach Hause ein, damit er sich im neuen sozialen Umfeld etablieren konnte:

Mateo: (prot., span.) 20 Jahre war eine schwarze Zeit. Also, es war eben so Drogenkollegen und Leute, die jetzt nicht mehr leben und... also, nicht gerade die besten Freunde. Wenn ich eben in die Schweiz gekommen bin, (--), habe ich von Mutter her, von Eltern, habe ich mich anständig zu benehmen, weil Stiefvater ist da. Und den Rest meines Lebens war ich auch anderer Mateo: Im Ausgang immer besoffen und das probieren und was anderes und... und bis ich Gott gekannt habe, war mein ganzes Leben nur ein Durcheinander. Also... Schule da, Anzeige da, Probleme da...

> Verurteilung. Also, nicht gerade die besten Kollegen. Bis mein Chef, hat mir... diese Person hat mir viel geholfen und er hatte mich, er hatte mich auch... nicht nur... ich wohnte früher in Baden. Und mein Chef wohnte hier, in Olten.
> Und wir arbeiteten aber in Baden. Und er hat mir eben neue Freunde gebracht, mit dem Hauskreis. Eh, andere Personen, und gleichzeitig hat er mich auch hierher geholt. Das heisst, dass ich meine alten Kollegen nicht mehr sehe, sondern ich gehe zur Arbeit – er brachte mich zur Arbeit, brachte mich nach Hause. Und so brachte er mich gleich raus aus den alten Freundschaften. [...]
> Miguel [mein Chef] und (Peter) haben immer geschaut, dass es mir immer gut geht, oder? Und wenn sie etwas bemerkt haben: «Ou! Jetzt könnte Mateo zurücklaufen!» oder «Mateo ist... es ist gefährlich. Er hat Probleme!» und und und. Haben sie sofort etwas unternommen.

Gemäss seinen Ausführungen während des Interviews empfand Mateo diese enge soziale Begleitung und Kontrolle durch seine evangelikale Gemeinde nicht als einengend, sondern als etwas Positives. Sein Beispiel zeigt, dass der soziale Druck, der mit Missionsbestrebungen und ungleichen Machtverhältnissen einhergeht, nicht zwangsläufig als unwillkommene Einmischung in das eigene Leben verstanden werden muss. Für manche Personen können solche Konstellationen auch eine willkommene Möglichkeit darstellen, um einen Ausweg aus schwierigen Situationen zu finden. Wie genau Missionierungsbestrebungen empfunden werden, ist allerdings individuell sehr unterschiedlich und hängt wesentlich von der Beziehungsqualität zwischen dem Unterstützungserbringer und dem Empfänger ab. Ist die Beziehungsqualität beeinträchtigt, können sie durchaus auch negativ empfunden werden.[244]

9.1.4 Formen informationeller Unterstützung und deren Vermittlung

Die untersuchten katholischen und protestantischen Migrationsgemeinden bieten ihrer Klientel eine breite Palette von institutionalisierten Informationsangeboten an. Darüber hinaus werden in informellen persönlichen Gesprächen

---

[244] Dieser Aspekt wird zusammen mit anderen negativen Aspekten des Gemeindelebens in Kapitel 11.1 noch genauer ausgeführt.

laufend Informationen ausgetauscht, die bei der Etablierung und Neuorientierung im Migrationskontext hilfreich sein können. Dabei nehmen normalerweise Personen, die bereits längere Zeit in der Schweiz leben oder über ein bestimmtes fachspezifisches (z. B. religiöses, rechtliches oder technisches) Wissen verfügen, eine Lehrerfunktion für diejenigen ein, die einen Informationsbedarf haben und sich neues Wissen aneignen wollen.

In dieser Studie zeigte sich, dass die Befragten die informelle Unterstützung durch andere Gemeindemitglieder vor allem in zwei Themenbereichen sehr schätzten: Der erste Bereich umfasste eher alltagsbezogene Fragen, die bei der Bewältigung von konkreten Lebenssituationen hilfreich waren. Der zweite Bereich umfasste dagegen die grossen religiösen, moralischen und weltanschaulichen Lebensfragen, die im Migrationskontext unter anderem aufgrund der Erfahrungen mit dem neuen kulturellen und religiösen Umfeld aufgeworfen wurden.

Informationen zu Alltagsfragen

Im Bereich der Alltagsfragen geht es zum Beispiel um den Informationsaustausch zu konkreten Dingen wie Steuererklärung, Wohnungs- und Arbeitsmarkt sowie Hilfe bei Behördengängen, Einkäufen oder bei der Übersetzung von amtlichen Dokumenten. Es werden aber auch allgemeinere Fragen diskutiert. So dienen die anderen Mitglieder der Gemeinde auch als Ansprechpartner in Fragen der Kindererziehung im neuen Kontext, bei Partnerschaftsproblemen sowie als Ratgeber in schwierigen Lebensphasen:

Mateo: (prot., span.)	Und es gibt [im Hauskreis] auch… nicht nur Lernen, es gibt auch: Reden und Erfahrungen tauschen und Fragen über das Leben, nicht? «Mir ist so etwas passiert. Was kann ich machen?» Und dann kommt eine (alte) Person und sagt: «Ja… es ist besser, wenn du so machst… oder probier' das.» – «Ah, OK, gut und so.» – «Was soll ich machen mit den Personen, die mich hassen? Soll ich ihnen gleich ((macht mit der Hand eine Pistole)) ‹püp› das Leben nehmen?» – «Nein, du solltest mit ihnen reden…» und und und.

Darüber hinaus zeigte sich im Rahmen der teilnehmenden Beobachtung, dass in den Migrationsgemeinden bei verschiedenen Gelegenheiten über die kulturellen Unterschiede zwischen den Herkunftsländern der Gemeindemitglieder und der Schweiz diskutiert wurde. Dabei wurden beispielsweise Fragen aufgeworfen wie: Welche Rollen und Verpflichtungen nehmen in den verschiedenen Ländern Gast und Gastgeber ein? Wer bezahlt bei einer Einladung? Wie verhält es sich in den verschiedenen Kontexten mit der Beziehung zwischen Frauen und Männern?[245]

Ein Beispiel hierfür findet sich in den folgenden Ausschnitten aus einem meiner Beobachtungsprotokolle. Sie geben ein Gespräch wieder, das bei einem gemeinsamen Restaurantbesuch nach einem Anlass der spanischsprachigen Mission zwischen mehreren Gemeindemitgliedern stattfand:

Beobachtungsprotokoll vom 31.5.2016

> Etwas später im Restaurant wird darüber gesprochen, wer die Rechnung bezahlen muss. Und jemand sagt scherzhaft: «Ich nicht, denn ich habe Geburtstag.» Worauf jemand anderes antwortet: «Wir sind hier in der Schweiz, dann musst du erst recht bezahlen!». Danach wird darüber diskutiert, wer in welchen Ländern an seinem Geburtstag bezahlen muss.
> [...]
> Etwas später, als über ein mögliches [zukünftiges] Barbecue geredet wird, wird ganz ähnlich diskutiert, wer wann bei einem Barbecue für das Fleisch aufkommen muss. In Lateinamerika sei es so, dass der Gastgeber selbst für das Fleisch aufkomme. Mit dem Offerieren eines guten [Stück] Fleisches sei auch ein bisschen der Stolz des Gastgebers verbunden. Schliesslich würde man richtiges Fleisch auftischen und nicht so komische Hackfleischplätzchen wie die US-Amerikaner. Die Gäste würden höchstens Salate und andere sekundäre Speisen mitbringen. In der Schweiz sei es jedoch so, dass bei Barbecues in der Regel von den Gästen erwartet wird, dass sie ihr eigenes Fleisch mitbringen. Das wird als etwas merkwürdig empfunden, weil da die Rolle des Gastgebers untergraben wird.

In solchen Gesprächen werden oft nicht nur die kulturellen Eigenheiten der Schweizer thematisiert, sondern auch die Unterschiede zwischen den verschiedenen Herkunftsregionen der Migranten selbst. Damit führt der Austausch zu einem interkulturellen Lernprozess, bei dem sich viele der Relativität kultureller Handlungslogiken erst so richtig bewusst werden. Die Gesprächsteilnehmer lernen dabei, dass gewisse Dinge aus unterschiedlichen Perspektiven betrachtet werden können und dass selbst merkwürdig erscheinende Handlungs-

[245] Vgl. Beobachtungsprotokoll vom 31.5.2016.

weisen einer kulturinternen Logik folgen können. Damit fördern diese Gespräche das Verständnis für die Handlungsweisen anderer Personen in der Gruppe, die aus anderen kulturellen Kontexten oder Milieus stammen. Gleichzeitig fördern sie aber auch das Verständnis für Handlungsweisen der Aufnahmegesellschaft, die ihnen zuvor abwegig erschienen. Mithilfe solcher Gespräche können sich die Gemeindemitglieder also interkulturelle Kompetenzen aneignen, die in Alltagssituationen bei der Einschätzung und Bewältigung von herausfordernden Situationen von Nutzen sein können.
Eine der Befragten drückte diesen Lernprozess mit den folgenden Worten aus:

Alma: (kath., span.)	I guess it's like little seeds that come every now and then, no?, into your head. Like you get different thoughts or maybe you see new ways of approaching something that you have been approaching your whole life in one way. Then you're like: «Ah maybe I can look at it from another perspective.» So that makes you question stuff or on the next time you do it, sit down and do it differently.

Ein weiterer Nutzen solcher Gespräche besteht darin, dass sie für die Migranten beinahe einen therapeutischen Charakter annehmen können. Denn sie dienen auch als Anlass, um Ängste, Verunsicherungen und negative Erlebnisse mit anderen Menschen zu teilen, die ihnen zuhören und sie auch verstehen, da sie selbst bereits ähnliche Fremdheitserfahrungen durchlebt haben. Dies kann den Migranten ein Gefühl der Geborgenheit vermitteln. Zudem können die Gespräche auch die Selbstsicherheit im Umgang mit herausfordernden Lebenssituationen erhöhen. Denn durch den Erfahrungsaustausch verfügen Migranten über ein grösseres Informationsrepertoire, mit dessen Hilfe sie an zukünftige Herausforderungen herangehen können.

Informationen zu religiösen, moralischen und weltanschaulichen Lebensfragen

Die Diskussionen über kulturelle Normen und Werte werden im Umfeld christlicher Migrantengemeinden nicht selten auch mit den grossen eschatologischen, moralischen und weltanschaulichen Vorstellungen des Christentums verknüpft, zumal diese Antworten darauf geben, welche Verhaltensweisen aus einer religiösen Perspektive gut und richtig sind. Nicht selten wird auf dieser Grundlage in einem diskursiven Prozess ausgehandelt, welche kulturellen Eigenheiten es im neuen kulturellen Kontext zu bewahren gilt und welche adaptiert oder angepasst werden können.

In der Vergangenheit haben manche Autoren argumentiert, dass Migration an sich theologisierend wirke (vgl. Smith 1978) und Migranten durch das Verlassen ihres Herkunftslandes in jedem Fall religiöser würden als zuvor (vgl. Williams 1988: 11). Diese direkte Kausalität von Migration und einem erhöhten Interesse an religiösen Fragen wurde inzwischen von anderen Autoren widerlegt.[246] Auch in der vorliegenden Studie fanden sich selbst im Umfeld der christlichen Migrantengemeinden Personen, die kein oder nur wenig Interesse an religiösen Fragen zeigten oder den Bezug zu ihrer Kirche im Verlauf der Migration zwischenzeitlich verloren hatten. Dennoch gab es aber auch einige Personen, die aufgrund der Migrationserfahrung eine neue Sensibilität für religiöse Fragen entwickelten. Die Gründe hierfür waren sehr unterschiedlich. Manche setzten sich in intellektueller Weise mit religiösen Themen auseinander, weil ihre bisherige Weltanschauung durch den neuen religiös-kulturellen Kontext in Frage gestellt wurde. Andere wurden durch schwierige Lebenssituationen «religiöser», da sie in einem intensiveren Gebetsleben Halt fanden. Wiederum andere haben durch interessante Gespräche mit Bekanntschaften oder Gemeindemitgliedern ihr Interesse an religiösen Fragen entdeckt.

Für Personen mit einem starken Interesse an religiösen Themen stellten die Migrantengemeinden in der Regel einen der wichtigsten Orte im Migrationskontext dar, wo sie weltanschauliche Fragen stellen konnten und Antworten darauf erhielten. Wenn ihnen die dort erhaltenen Antworten plausibel und auf ihr eigenes Leben anwendbar erschienen, hatten solche Personen oft das positive Gefühl, «im Glauben zu wachsen» oder «einen stärkeren Glauben» zu entwickeln:

Alma: (kath., span.)	Yeah. She [a friend] told me that she was coming here [to the catholic mission]. And at first I wasn't very attracted by the idea. But then one day I came. And I started liking it, I guess, ähm I thought it was a way of meeting people, of making friends, of – maybe then… – growing at my faith, because I guess I started becoming more curious also about my faith. Like my faith has always been strong, but I feel that here in Switzerland, it has grown, even though it's something (I) would have never thought about.

*****

246 Vgl. hierzu Baumann (2004: 20) und Massey/Espinoza Higgins (2011).

Manuel: (prot., lat.)	Aber ich habe gesehen, dass die Jugendlichen [in der Kirche], irgendwie als sie im (Lobpreis) gewesen sind, sie sind (wirklich glücklich) gewesen (--). Also sie sind nicht ähm… irgendwie… also so ist es mir vorgekommen. Sie haben nicht, sie haben sich nicht irgendwie eine Maske angezogen sozusagen oder? Sie sind wirklich ähm so gewesen in dem Moment, oder? Und dann habe ich gedacht: «Das brauche ich. Ich brauche wirklich so Leute, die mich auch mitnehmen können. Die mir das auch zeigen können, was ähm der ganze Prozess ist, oder? Die mir zeigen können wie das funktioniert.» Weil äh, bis jetzt habe ich… bis dahin habe ich nur solche [spirituellen] (Erlebnisse) gehabt von mir selber. Aber ich habe nicht gewusst wie es genau funktioniert. Also was noch rundherum ist, oder? Ich bin eben ähm… lebens… lebens-neugierig gewesen ((schmunzelt)).

Ein wichtiger Grund, wieso die religiösen und weltanschaulichen Diskussionen in den Migrantengemeinden von einigen der Befragten als Bereicherung empfunden wurden, besteht wohl darin, dass hier die Antworten in einer sprachlich und kulturell an die Bezugsgruppe angepassten Weise vermittelt wurden.

Das gleiche gilt auch für die spirituelle und seelsorgliche Begleitung durch Priester und Pastoren. In solchen Gesprächen, in denen es oft um sehr persönliche Angelegenheiten geht, ist es wichtig, dass sich sowohl die Unterstützungssuchenden wie auch die Seelsorger gut ausdrücken können, damit selbst schwierige Themen angesprochen werden können. Zudem sollten sich die beiden Gesprächspartner auch in kulturell-religiöser Hinsicht gut miteinander verstehen. Denn das Gefühl, von den Seelsorgern gut verstanden zu werden und von ihnen adäquate Ratschläge für ihre Lebenssituationen zu erhalten, trägt wesentlich dazu bei, dass die Unterstützungssuchenden daraus positive Impulse für ihr Leben schöpfen können:

Mariana: (kath., lat.)	So… es war super! Weil wir gründen… eh… eine Jugendgruppe und dann kommt ein junger Pfarrer [von der Mission]. Super! Weisst du? – Er hat eh… die Perspektive von diesem… von den Jungen, weisst du? Er hat nicht das alte System, sozusagen. Er kann dir sehr einfach Sachen von heutzutage erklären. Und sagen: «(-) (versteht ihr das?) Aber das und das…» Er hat uns in dieser Zeit, ja, viel geholfen. […]

Beichten, wäre sehr schwierig auf Deutsch zu machen. Also... eine oberflächliche Beichte schon, aber wenn du wirklich sprichst... dann bin ich wirklich sehr dankbar, dass der Pater eh dabei ist, er kann dich nicht nur beichten, sondern auch eine spirituelle Führung geben, sozusagen. Und das hilft auch sehr, wenn man das auch in der Muttersprache macht.

*****

Jazmín: (prot., lat.) Und als ich dort gewesen bin, als ich, ja, mit dem Pastor dann auch gesprochen habe. Ähm (dann hat er) wirklich sagen können... so: «Wieso fühlst du dich nicht wertvoll?», so: «Was ist das...?» «Wieso liebst du dich selber nicht?» Und so alle diese Sachen, die er mir gesagt hat, das ist so wie direkt wo... (-) nur Gott und ich wissen, oder? Und die er mir direkt einfach hat sagen können. Und ja also ich habe einfach gespürt eben, Gott ruft mich. Und ja, er will nicht, dass ich diesen Schmerz habe. Auch wenn ich dorthin gegangen bin, also in die Kirche, ich habe mich immer wie gereinigt gefühlt eben. So wie, dass ich die Last, eine gewisse Last dort lassen konnte.

Anders als an vielen anderen Orten der Aufnahmegesellschaft werden die Migranten in ihren Gemeinden nicht mit einer komplett neuen Terminologie und Weltanschauung konfrontiert, sondern sie können auf der Grundlage ihres bereits bestehenden Wissensrepertoires neue Perspektiven auf Lebensfragen aufbauen. Während sich viele der Befragten ausserhalb der Migrationsgemeinden mit ihrer Weltanschauung alleine fühlten, hatten sie hier die Möglichkeit, ihre Meinung offen zu äussern und dabei gleichzeitig neue Perspektiven kennenzulernen, die ihnen auf eine verständliche Art und Weise erklärt wurden. Dies erleichterte zum einen den Wissenstransfer und zum anderen auch den Anschluss an die bisherigen weltanschaulichen Vorstellungen der Migranten.[247] Die Tatsache, dass es nicht zu einem vollständigen Bruch mit den bisherigen Anschauungen kam, sondern sie nach und nach weiterentwickelt werden konnten, schien ihnen die neue Umwelt sinnhafter, verstehbarer und handhabbarer erscheinen zu lassen.[248]

247 Dies traf allerdings nur zu, wenn die Gesprächspartner eine gewisse bildungsmässige und soziokulturelle Nähe aufwiesen. Andernfalls konnte es auch hier zu Missverständnissen und Irritationen kommen. Siehe hierzu auch die Ausführungen in Kapitel 10.3.2.

248 Gemäss Antonovsky (1997) stärken Verstehbarkeit, Handhabbarkeit und der Glaube an die Sinnhaftigkeit von Ereignissen das sogenannte Kohärenzgefühl. Das Kohärenzge-

In anderen sozialen Kontexten in der Aufnahmegesellschaft wurde die religiöse Weltanschauung der Untersuchungspersonen in Zweifel gezogen, wodurch manche einer wichtigen internen Ressource für die emotionsorientierte Bewältigung von herausfordernden Lebenssituationen beraubt wurden.[249] In den Migrationsgemeinden hatten sie dagegen die Möglichkeit, ihre weltanschaulichen Vorstellungen mit anderen Menschen zu teilen und auf eine Art und Weise weiterzuentwickeln, so dass ihr Wert als psychische Ressource auch im Migrationskontext erhalten blieb.

Konfessionelle Unterschiede

Während die kleineren freikirchlichen Migrationsgemeinden tendenziell eher Wert darauf legen, dass alle ihre Mitglieder die gleichen Vorstellungen vertreten, müssen die grossen katholischen Gemeinden einen konstruktiven Umgang mit der weltanschaulichen Vielfalt ihrer Mitglieder finden. Die weltanschauliche Heterogenität ist daher wohl auch ein wichtiger Grund dafür, dass in den Bildungsveranstaltungen der spanischsprachigen Mission religiöses Wissen weniger in Form klarer, unerschütterlicher Glaubenssätze vermittelt wird und die religiösen Experten stattdessen mehr Wert auf das Anregen von Diskussionen legen, in deren Rahmen unterschiedliche Standpunkte behandelt und diskutiert werden können.

Eine der befragten Katholikinnen betonte mit dem folgenden Zitat die Vorteile solcher in diskursiven Prozessen erarbeiteten Erkenntnisse. Sie verglich dabei die offene Pädagogik der Zürcher Mission mit derjenigen einer strikteren katholischen Organisation, bei deren Bildungskursen sie das Gefühl hatte, ihre Gedanken weniger frei äussern zu können:

Alma: (kath., span.)	I really like the system that the Claretianos have, for it's very different to like A-association. No? A-association is more like «Girls are on one side, boys on another side.» Here it's more like everyone mixed. You know in A-association it's more of an education where… it's more… you received the education, here we create more the education. So, I feel that here I'm building more my beliefs and I'm a bit more free. But it's more relaxed in some way, no?, like, lesser strict, certain topics can come up easier.

fühl stellt eine psychische Widerstandskraft dar, mit deren Hilfe die Auswirkungen von Stressoren abgefedert werden können.

249 Vgl. hierzu Kapitel 7.4.

Die weltanschauliche Heterogenität innerhalb ein und derselben Gemeinde wurde von mehreren katholischen Befragten angesprochen. Interessanterweise empfanden alle von ihnen die Auseinandersetzung mit Andersdenkenden als Bereicherung, da sie durch die «Zeugnisse» anderer Personen das Gefühl hatten, neue Perspektiven auf das Leben und religiöse Themen dazuzulernen.

Camila: (kath., span.)	Und… mir hat es auch gefallen, Leute aus verschiedenen Ländern und mit verschiedenen Hintergründen kennenzulernen. Weil in Spanien womöglich vor allem in der Umgebung, in der ich war: sowohl in der Sekundarschule wie auch in meiner Pfarrei, ja, da hatten wir alle ähnliche Denkweisen. Die Bildung äh::nlich. Weiss nicht… unser Hintergrund war praktisch gleich. Ich glaube, dass hier, das ist ziemlich anders, als das, was wir alle erlebten, bis wir hierhergekommen sind. Und da es allen gleich geht, also das gefällt mir, weil ich glaube, dass das die Gruppe sehr bereichert, dass es… dass es völlig unterschiedliche Weisen gibt, wie man Gott wahrnimmt und wie man den Glauben lebt. Das gefällt mir sehr. […] Dass es halt (eine) völlig andere Art (ist). Und ich… Mann! Ich kann von dieser Zeit wirklich sagen, dass mich das Zeugnis anderer Menschen sehr bereichert hat, die ihren Glauben auf eine andere Art leben. Und es ist immer schön zu sehen, wie Gott auf unterschiedliche Art mit jedem einzelnen von uns spricht.

Mit hoher Wahrscheinlichkeit existieren auch spanischsprachige Katholiken, die eine solche Glaubensvielfalt negativ bewerten oder als irritierend empfinden würden. Im Untersuchungsfeld schienen sie jedoch eher selten vorzukommen. Dies könnte darauf zurückzuführen sein, dass solche Personen die Missionen eher meiden, weil ihnen der Fokus auf die weltanschauliche und spirituelle Vielfalt missfällt.

Die untersuchten freikirchlichen Gemeinschaften verfolgten die gegenteilige Strategie. Sie versuchten sowohl über formale Bildungsangebote wie auch über informelle Gespräche die religiösen Weltbilder und Praktiken ihrer Mitglieder eher zu homogenisieren.[250] Zwar wurden auch hier Glaubensansichten diskursiv ausgehandelt und weiterentwickelt, allerdings legten die Gemeindemitglieder mehr Wert darauf, dass später alle dieselben Ansichten teilten.[251]

250 Vgl. hierzu Kapitel 8.2.
251 Vgl. bspw. Beobachtungsprotokoll vom 5.12.2015.

Dementsprechend kam auch keiner der befragten evangelikalen oder pfingstlichen Christen in den biographischen Interviews auf die Vorteile weltanschaulicher Pluralität in Migrantengemeinden zu sprechen.

Es darf jedoch bezweifelt werden, dass alle protestantischen Denominationen so viel Wert auf die weltanschauliche Homogenität ihrer Gemeindemitglieder legen. Im Rahmen dieser Studie gab es Hinweise darauf, dass in evangelisch-reformierten Migrationsgemeinden diesbezüglich eine ähnliche Dynamik vorherrscht wie in den katholischen. So erwähnte beispielsweise der einzige Befragte, der eine evangelisch-reformierte Migrationsgemeinde besuchte, ebenfalls die positiven Seiten gemeindeinterner weltanschaulicher Pluralität und religiöser Offenheit:

Jordi: (prot., span.)	Diese Vielfältigkeit war sehr schön. Aber auch auf der Glaubensseite… diese Offenheit. Die meisten Leute, die hierher kommen, haben ja irgendeinen Ursprung. Also, irgendeine Denomination, von der sie herkommen, wo sie ihre Traditionen gelebt haben. Und da mischt sich das alles. Also, jeder bringt seinen eigenen Charakter mit und darf, und ist aber nicht einschränkend, oder äh… also, man ist dann nicht gezwungen dieses oder jenes von anderen zu übernehmen, sondern darf es so leben, wie man sich das, ja, wie es für einen gut ist. […] Und wenn man da mit diesen Leuten in der Kirche ist, dann kann man auch über diverse Glaubenssache:::n reden, diskutieren, und es ist dann, also, eben das ist dann das, was mir so gefällt: Man kann miteinander, also, man kann verschiedener Meinung sein. Man kann das besprechen und man muss nicht auf einen gemeinsamen Nenner dann kommen.

Leider lässt sich im Rahmen dieser Studie die Frage nicht abschliessend beantworten, wie genau sich landeskirchliche und freikirchliche Migrationsgemeinden in Bezug auf ihre religiöse und soziale Dynamik voneinander unterscheiden. Dafür liegen zu wenige Daten aus landeskirchlichen Gemeinden vor. In diesem Bereich existiert also weiterhin Forschungsbedarf.

9.2 Positive soziale Kontakte und emotionale Unterstützung

Schwarzer und Leppin unterscheiden in ihrer Meta-Analyse zur sozialen Unterstützung die beiden Dimensionen «positive soziale Kontakte» und «emotionale Unterstützung». Mit dem ersten Konzept werden soziale Interaktionen und Aktivitäten erfasst, die von den Individuen als positiv empfunden werden. Das zweite Konzept bezieht sich dagegen etwas allgemeiner auf emotionale Aspekte, die mit sozialen Beziehungen einhergehen, wie das Gefühl von Zugehörigkeit, Wertschätzung, Trost und Sympathie (Schwarzer/Leppin 1989: 18–19). Diese Unterscheidung ergibt für quantitative Erhebungen Sinn, da die beiden Dimensionen mithilfe standardisierter Fragen unabhängig voneinander abgefragt werden können. In der vorliegenden qualitativen Studie lassen sie sich jedoch nicht so klar voneinander trennen, da positive soziale Kontakte meistens einen emotionalen Gehalt haben und emotionale Unterstützung in der Regel über positive soziale Kontakte vermittelt wird. Aus diesem Grund werden die beiden Dimensionen im Folgenden zusammen behandelt.

9.2.1 Einfache soziale Anschlussmöglichkeiten

In den Interviews wurde immer wieder hervorgehoben, dass ein wichtiger Vorzug des sozialen Lebens in den christlichen Migrantengemeinden darin bestehe, dass hier ein «warmherziges» Ambiente vorherrscht, das den Anschluss an die soziale Gemeinschaft erheblich erleichtert. Vermutlich ist dies nicht zuletzt darauf zurückzuführen, dass in den Gemeinden die gleiche Sprache gesprochen wird und ähnliche kulturelle Handlungsnormen gelten wie in den Herkunftsländern der Befragten.

Ein weiterer Grund liegt aber wohl auch darin, dass Migrantengemeinden mehrheitlich aus Menschen bestehen, die selbst den Prozess der Migration erfahren haben und daher eine gewisse Sensibilität für die Bedürfnisse von Migranten an den Tag legen. Die älteren Gemeindemitglieder bemühen sich oft ganz bewusst darum, eine familiäre und gemeinschaftliche Atmosphäre zu gestalten, die den sozialen Anschluss für Neumitglieder vereinfacht, weil sie aus eigener Erfahrung wissen, wie gut sich das anfühlen kann. Aus demselben Grund gehen sie auch auf Neumitglieder zu und sprechen diese von sich aus an, um das Eis zu brechen und ihnen so den sozialen Anschluss zu erleichtern.

Dieses Verhalten konnte im Feld insbesondere in pfingstlichen, evangelikalen und charismatischen Gemeinden und Gruppierungen beobachtet werden, die auch in ihren Herkunftsländern einen starken Fokus auf den gemeinschaftlichen Aspekt legen. Hier werden Neulinge in der Regel schon beim ersten Besuch von Gemeindemitgliedern umarmt, geherzt und mit *hermano* (Bruder) oder *hermana* (Schwester) angesprochen. Eine solche Erfahrung spiegelt sich auch in folgendem Zitat wider. Hier beschreibt Santiago seinen ersten Kontakt mit einer Pfingstgemeinde, in der seine Frau bereits ein aktives Mitglied war:

Santiago: (prot., lat.) Äh ((hustet)) bis irgendwann… ich glaube jemand in dieser Gemeinde hat geheiratet und dann haben sie mich auf diese Hochzeit eingeladen. Und als ich kam, ich wurde so:: freundlich empfangen, von (allen) «He::y» weil alle kannten sie (mich), weil meine Frau betete eh für mich, // EBN: ((lacht)) // hat so viel geweint für mich in der Gemeinde. Dann: «Santiago, Willkommen!» und so weiter. […]

Zu (-). Eben auf dieser Hochzeit haben sie mich so, so:: freundlich empfangen, dann habe ich gesagt: «Jetzt kenne ich ein paar Leute mehr von der Gemeinde. Und das sind wirklich super nette Leute» dachte ich. «Super!» Oder? Und ähm, dann habe ich… trotzdem, dass ich diesen Job in der Nacht hatte, habe ich angefangen, die Gemeinde zu besuchen ab und zu.

Auch Mateo, der bereits weiter oben zitiert wurde, hat bei seinem ersten Besuch einer evangelikalen Gemeinde einen sehr positiven Eindruck von der Atmosphäre erhalten:

SF: Kannst du das ein bisschen ausführen, wie das so ist? Das erste Mal, als du dort warst, wie war das?

Mateo: (prot., span.) In das Haus… in das Hauskreis, meinst…?

SF: Mhm. ((zustimmend))

Mateo: Ja, es war einfach… dort habe ich… mit der Cousine von meinem Chef, in ihrer Wohnung, haben sie mich eingeladen. Und das erste, was ich gefunden habe: Es ist ein sehr gutes Klima. Also jemand, der auf mich lacht und fragt und fröhlich sind. Und sie schauen nicht, wenn ich gehe aufs WC, oder? Weil, in anderes Wohnung, gehe ich aufs WC und jeder schaut: «Klaut er etwas? Mhm, was nimmt er?» Dort waren die Leute… man merkt die Liebe, die sie haben. Und das hat mir angefangen zu gefallen. Dann habe ich die anderen Personen gekannt. Und das hat mich eben sehr beeinflusst. So etwas habe ich noch nie… bis dann habe ich so etwas nie gehabt.

Bei beiden Männern hat die positive Erfahrung schliesslich dazu geführt, dass sie die Gemeinde regelmässig besuchten und sich schliesslich dazu entschieden, vom Katholizismus zum Protestantismus zu konvertieren und sich vollständig in die Gemeinden zu integrieren. Gemäss ihren Ausführungen war die warmherzige gemeinschaftliche Atmosphäre genau das, was sie in ihrem Leben vermissten. Vielen anderen Befragten erging es in ihren Gemeinden ähnlich.

Wie bereits in Kapitel 7.2 ausgeführt wurde, stellten die mangelnden sozialen Anschlussmöglichkeiten in der Schweiz und die daraus resultierende Einsamkeit für viele der Befragten eine grosse Herausforderung dar. Aufgrund der als «warmherzig» empfundenen Atmosphäre gelang es den meisten von ihnen in den Migrantengemeinden viel einfacher, neue Leute kennenzulernen, als in anderen Institutionen im Migrationskontext:

Valeria: (kath., lat.)	Aber das hat mir immer wieder Energie gegeben, um weiterzumachen. Und äh (3)… ja mich einfach mehr auf meine Kollegen aus der Gruppe [der katholischen Mission] konzentrieren, und nicht auf andere Menschen. Meine Kollegen sind fast nur Leute aus der Gruppe.
SF:	Ach schon ja?
Valeria:	Hauptsächlich. // SF: Ja. // Oder fast immer bis jetzt waren sie es.

*****

SF:	Wie haben Sie denn die Kirche zum Beispiel kennengelernt?
Victoria: (prot., lat.)	Das war in der Zeit, als ich nicht so in Ord… oder, als es mir nicht so gut ging. Und ich habe einfach mehr einen Halt gesucht. Und und und dann habe ich im Internet einfach eine… suchte eine, eine christliche, so, freie Kirche. Ahm… oder freie evangelische Kirche. Am besten eine Latino-Kirche. Und habe ich einfach eine gefunden. Witzigerweise hier im Fricktal. Das ist bei mir in der Nähe. Dann habe ich den Pastor kennengelernt. Und der war mir sofort sehr sympathisch. Und, ja, das sind sie. Also, da bin ich auch geblieben.

Auch für Sans-Papiers nahmen die Migrationsgemeinden eine herausragende Bedeutung zum Knüpfen neuer sozialer Beziehungen ein. Wie bereits oben ausgeführt wurde, litten sie besonders stark unter Einsamkeit, da sie aufgrund ihres ungeregelten Aufenthaltsstatus und ihrer prekären Arbeitsbedingungen weniger Zugangsmöglichkeiten zu anderen sozialen Gruppen hatten. Zudem trauten sich manche von ihnen aus Angst vor einer möglichen Ausschaffung nicht, sich unbekannten Menschen anzuvertrauen. Für sie waren die christlichen Gemeinden mit ihrem vertrauensvollen Ambiente eine wichtige Quelle für zwischenmenschliche Kontakte und emotionale Nähe, die ihnen dabei half, ihre Lebenssituation zumindest gefühlt wieder etwas zu normalisieren. Dies zeigt sich auch in den nachfolgenden beiden Interviewausschnitten.

Im ersten Zitat vergleicht eine ehemalige Sans-Papier die positive Atmosphäre in der katholischen Mission mit dem schwierigen Leben ausserhalb der Mission:

Esperanza: (kath., lat.)	In der Kirche, Mission… der katholischen Mission spanischer Sprache. Dort war es sehr… eine sehr grossartige Erfahrung für uns, denn… schon da arbeiteten wir voll mit ihnen, und so. Ein Ding war das, das war… die Kirche, die Treffen… die wir hatten und so, nicht? Und das andere war das Leben, das man privat führte, nicht?
SF:	Mhm.
Esperanza:	Weil unser privates Leben… zumindest… eh meines… Ich war eine Illegale. Eine Person, die aus… (zu diesem Zeitpunkt) war… in diesen Zeiten war es SEHR schwierig. […] Dann, das Leben eh… in der Mission war eines und das… und «das Leben auf der Strasse», wie man sagt… das… das, was du ausserhalb der Arbeit erlebst… war… war etwas anderes, denn wir (waren) immer unter uns… es war nicht… wir haben uns stark an die Kirche (angegliedert). Denn sie war wie ein Zentrum für uns der… der Zuflucht, nicht? Damals bildeten wir und gruppierten wir viele Latinos. Aber wenn man die Frage anschaut der… des illegalen Lebens, das man führte… Jeder Tag war sehr schwierig.

Im zweiten Interviewausschnitt erzählt Regina, deren psychische Herausforderungen bereits in Kapitel 7.5.2 ausgeführt wurden, wie sie mithilfe der emotionalen Unterstützung ihrer Gemeinde nach einer mehrmonatigen Phase der Depression und Wahnvorstellungen wieder zu einem Lächeln fand. Die Gemeinde hatte sie während ihrer Krankheit und Arbeitsunfähigkeit stets begleitet und ihr auch Obdach gewährt.[252] Das nachfolgende Ereignis war für sie eine

[252] Vgl. Kapitel 9.1.2.

Art Schlüsselerlebnis, das schliesslich ihre Genesung und psychische Stabilisierung einleitete. Auch wenn die Genesung nicht allein auf die soziale Unterstützung durch die Gemeinde zurückgeführt werden kann, so scheint der Beistand durch ihre Freundinnen in dieser Phase zumindest in emotionaler Hinsicht sehr wichtig gewesen zu sein:

Regina: (kath., lat.)	Ich... ich lachte nicht [mehr]. // SF: In diese::r... // In diesen sechs Monaten habe ich nicht einmal gelacht. Und dann später... ich erinnere mich, an einem Tag habe ich dann doch gelacht. «Wow!» Und ich war so ((lächelt)), ich fühlte mich komisch. Da ich nie lachte [in dieser Zeit]. [...] Als wir rausgingen. Wir gingen vom Gebet raus und da haben sie etwas gesagt und ich lachte. Und alle «Ui Regina (lacht)» ((lacht)) «Regina hat gelacht!» [...] Nun, was sage ich dir... Es tut mir leid. Wegen diesen Personen, die manchmal... in der Depression sind. Man muss beten, manchmal sage ich: «Herr, habe Erbarmen». Denn wenn einer allein ist, verschlingt sie einen [die Depression]. Sie verschlingt einen.

Nicht alle Befragten haben sich gleich stark in das soziale Leben der Migrationsgemeinden integriert. Manche pflegten nur einen punktuellen Kontakt zu ihrer Gemeinde und profitierten dementsprechend auch nicht von solch starker emotionaler Unterstützung durch andere Gemeindemitglieder. Gerade in der katholischen Mission gibt es sehr viele Personen, die neben den sonntäglichen Gottesdiensten kaum weitere Angebote nutzen und damit auch kaum Kontakte zu anderen Gemeindemitgliedern aufbauen. Manche von ihnen verspüren auch gar keinen Bedarf nach sozialen Kontakten, da sie bereits anderswo über ein als positiv empfundenes soziales Umfeld verfügen, das ihre sozialen Bedürfnisse vollständig befriedigt. Für sie genügt bereits ein punktueller Kontakt zur Gemeinde sowie die Tatsache, dass sie Zugang zu einem Netzwerk haben, das sie im Bedarfsfall aktivieren könnten.

9.2.2 «Wie eine Familie»

Es gibt jedoch auch Personen, für die der punktuelle Kontakt zu anderen Gemeindemitgliedern nicht genug ist. Sie suchen vielmehr nach stabilen und qualitativ hochwertigen sozialen Beziehungen, die den durch die Migration erlittenen Verlust des familiären und freundschaftlichen Netzwerkes wieder kompensieren können. Für sie bieten die Migrationsgemeinden eine ideale Plattform an, wo sie auf andere Menschen treffen, die dieses Bedürfnis teilen und mit denen sie sich leicht vernetzen können. Hier werden familiär anmutende Umgangsformen gepflegt und kleine Gesten des gegenseitigen Kennens und Anerkennens ausgetauscht, die viele der Befragten im Migrationskontext vermissten. Hierzu gehört zum Beispiel, dass sie mit ihrem Namen angesprochen und als Individuum wahrgenommen werden. Zudem gibt es hier Menschen, die sich auf ihre Anwesenheit freuen und die sie vermissen, wenn sie einmal nicht zu einem Termin erscheinen, oder sogar bei ihnen anrufen, um sich zu erkundigen, wie es ihnen geht:

Mateo: (prot., span.) Und da, auf einmal ist eine Gruppe Leute, die, die mich lieb haben, einfach so, wie ich war, ohne dass… ohne dass ich gerade eine Maske tragen musste. Und das war schön. Und habe… es hat mir gefallen. Und dann habe ich angefangen dort zu gehen.

*****

Manuel: (prot., lat.) Und als ich in Genf angekommen bin, ist Samantha auf mich zugekommen und hat mir gesagt: Es ist schön, (-) dich hier bei uns zu haben. Und das war für mich einfach überwältigend. Ich weiss nicht mehr, wie ich darauf reagiert habe. Ich hätte weinen können. Doch damals war mein Herz verhärtet, so dass ich meine Gefühle nicht so gezeigt habe. Aber es hat mir wahnsinnig gut getan.

*****

Esperanza: (kath., lat.) [Er war ein] Pater, der sich zu dir setzte und dir sagte: «Was möchtest du? Was ist los mit dir? (Brauchst du) einen Arzt? Warte!» Er… er sagte NICHT: «Es ist schon acht Uhr, ich muss gehen.» Nein. Wenn er eine Stunde länger bleiben musste, dann blieb er… Warum? – Weil er den Personen zuhören wollte, weil er wusste, dass diese Person [es] brauchte.

Für viele der Befragten war die soziale Gemeinschaft eine zentrale Motivation, die Migrationsgemeinde regelmässig aufzusuchen. Sie massen den Wert der Gemeinschaft dabei aber nicht so sehr daran, inwieweit sie ihnen kurz- oder langfristig instrumentelle Vorteile im Migrationskontext versprach. Viel wichtiger schien für die Befragten deren emotionaler Gehalt zu sein. Zumindest betonten sie in den Interviews den Wert von weichen Faktoren wie Gemeinschaftsgefühl, Geborgenheit oder emotionale Wärme viel stärker als harte Faktoren wie konkrete informationelle oder instrumentelle Unterstützungsleistungen. Der hohe Wert, den viele der Befragten dem gemeinschaftlichen Aspekt zumassen, schimmert auch in den folgenden beiden Zitaten durch:

Santiago: (prot., lat.)	Wir sind vielleicht 20, 30 Personen, je nachdem, wo sich einmal im Monat treffen und wir kochen etwas für uns. Und äh, wir verbringen die Zeit zusammen, wir machen Gemeinschaft, wir leben Gemeinschaft. Gibt es immer einen Input auf Spanisch oder Portugiesisch. So wie ein Zeugnis. Ähm so 10 Minuten, Viertelstunde vielleicht. Und dann beten wir zusammen vielleicht, singen wir ein Lied zusammen. Aber es geht mehr darum, Gemeinschaft zu erleben. Weil im Gottesdienst oder nach der Celebra-tion, wie wir das jetzt nennen, wir haben nicht immer Zeit mit jedem zu reden. Deswegen machen wir das einmal pro Monat.

*****

Mariana: (kath., lat.)	Ich finde die retiros [Retreats] immer so schön. Die Gespräche aber auch, dass wir zusammen sind und das Leben als Gemeinschaft leben, lieb zueinander sind und uns gegenseitig helfen. Aber das ist so schwer in den Alltag mitzunehmen.
Roberto: (kath., euro.)	Es ist wie ein Schock, wenn man aus diesem warmen Ambiente wieder in die kühle Welt zurückgeht.

Die besondere Qualität der Gemeinschaft in den Migrationsgemeinden wurde oft mit dem Vergleich «wie eine Familie» oder als «neues Zuhause» beschrieben. Dies unterstreicht noch einmal die Bedeutung der Migrationsgemeinde als Ersatz für die familiären und freundschaftlichen Beziehungen, die durch die Migration in die Ferne gerückt sind:

Alma: (kath., span.)	Like many times when we sit together like I think it's very nice or beautiful that we are all together because we didn't come together because someone told us. But because we had something in common that we were looking for. Like we are all here, we all come to the group because we want to. It's like free will, no?

It's because we all want to grow in our faith or come closer to God and keep on learning. I think we all find a feeling of belonging and then went up feeling a bit like a family.

*****

Mateo: (prot., span.)

Und die meisten Leute [die mir geholfen haben] sind die, die wir einfach in der Kirche sehen. Wir treffen uns nicht nur in der Kirche am Sonntag. Sondern wir sehen uns fast jeden Tag, oder? – Also, nicht mit jedem, aber… eh (3) praktisch jeden Tag ruft jemand an, der bekannt ist… Also, wir sind nicht nur Besucher der Kirche, sondern wir sind eine Art Familie in der Kirche, oder?

9.2.3 Religiöses Umfeld als Stütze zum Erhalt des Glaubenslebens

Für manche der Befragten bestand ein weiterer positiver emotionaler Effekt der Migrationsgemeinde darin, dass sie ihnen dabei half, ihren religiösen Glauben in der Schweiz zu praktizieren und am Leben zu erhalten. Wie bereits in Kapitel 7.4 dargestellt wurde, fühlten sich einige der Befragten mit ihrem christlichen Weltbild im Migrationskontext fremd und unverstanden, selbst wenn sie denominationell einer der zahlenmässig grössten Glaubensgemeinschaften in der Schweiz angehörten. Die Schweizer Gesellschaft empfanden sie als religionskritisch oder sogar als religionsfeindlich. In diesem Umfeld stellten für sie die Migrationsgemeinden ein Refugium dar, wo sie mit anderen Menschen in Verbindung treten konnten, die ein ähnliches Weltbild teilten wie sie und von denen sie sich auch in dieser Hinsicht verstanden und aufgenommen fühlten:

Alma: (kath., span.)

Maybe the people who come to our group, you don't see [them] every day, but you know if you ever have a problem you can probably call them or anyone… so it's a way of meeting people with the same values and your same way of looking at life that you don't find so often ((schmunzelt)). No? So in that sense. You also need that sometimes, you have conversations with people that follow your train of thoughts // SF: Mhm. // and not just like go against it, no? «Why do you believe? Why do you do?» – AH! ((schmunzelt)). So yeah in that sense.

*****

Manuel: (prot., lat.)	Als ich in die Gemeinde gegangen bin, bin ich in die Gemeinde gegangen, weil ich halt gebraucht habe, dass äh… dass jemand mich mitnimmt und Wissen gibt. […] Ähm wenn ich (sage:) «Gott (redet zu mir…)», damit Leute auch verstehen, oder? Weil, manche Leute denken auch, also die nicht Christen sind, oder die Gott nicht kennen, denken dann: «Der ist ein bisschen…» ((schmunzelt))
SF:	Hört Stimmen. So was.
Manuel:	Genau, genau. «[Der] ist ein bisschen verrückt.»

In den Migrationsgemeinden hatten die Befragten die Möglichkeit, sich mit anderen Menschen zu religiösen Themen auszutauschen und religiöse Traditionen aus ihren Herkunftsländern zu praktizieren. Dies war für viele in emotionaler Hinsicht sehr wichtig, da sie auf diese Weise einen bedeutenden Aspekt ihres Lebens pflegen konnten, der ausserhalb der Gemeinde für sie zu kurz kam. Manche der Befragten gaben sogar an, dass sie ohne dieses stützende Umfeld ihren religiösen Glauben kaum hätten «am Leben halten» können oder dass sie sich ohne ihre Gemeinde in spiritueller Hinsicht «wie ausgetrocknet» fühlten:

Camila: (kath., span.)	Nun… die Gemeinde ist der Ort, wo ich meinen Glauben leben kann, hier in der Schweiz. (3) Denn meine Freunde, von meinen Freunden ist keiner gläubig. Ausser denen, die… von den Leuten hier [von der Mission]. Daher… im Grunde… (5) ja, so ist es. […] Das hilft mir… den Glauben am Leben zu halten. Könnte man sagen. Ja, ihn zu leben. Ihn in der Gemeinschaft zu leben. (--) ich lebe ihn auf persönliche Weise, individuell. Aber hier, nun, es ist der Ort, wo ich mich mit anderen Personen treffe und es ist der Moment (--) gemeinsamer Erfahrungen, oder zusammen beten. Nun, der Ort… oder, eine christliche Gemeinde, nicht? Das ist im Grunde das, was eine christliche Gemeinde ist.

*****

Rebeca: (prot., lat.)	Und äh… erst jetzt habe ich wieder diese Beziehung zu anderen Christen und ich sage das stärkt, weil ich war ähm … man sagt «wie ausgetrocknet». Man hat… ja ich habe, was weiss ich… weiter per Internet zum Beispiel die Predigten gehört und ich habe weiter die Bibel gelesen, ich habe weiter Studium gemacht und alles, aber es ist nicht… irgendwie es ist nicht das Gleiche. Es heisst auch in der Bibel, oder?, dass äh… «cuan

> delicioso es habitar los hermanos juntos.»[253] «Wie… wie schön es ist, Gemeinschaft zu haben.» Mit anderen Christen den Glauben teilen. Oder? Und äh… zusammen singen, zusammen beten, zusammen sein. Und das alles eh… bringt eben diese… diese Stärke.

Aus ihren Herkunftsländern waren viele der Befragten ein Umfeld gewohnt, das sie in religiöser Hinsicht stützte, sei dies in der Familie oder durch eine christliche Gemeinde. In der Schweiz mussten sie jedoch zunächst auf die Suche gehen, um so ein passendes religiöses Milieu überhaupt zu finden, oder sie mussten sich selbst eines schaffen. Die Schaffung solcher religiöser Milieus scheint in den freikirchlichen Gemeinden und bei den charismatischen Katholiken besonders gut zu funktionieren, da sie einen starken Fokus auf den gemeinschaftlichen Aspekt legen.[254] Zudem verbringen ihre Mitglieder in der Regel viel Zeit miteinander, weil sie nicht nur während der Gemeindeaktivitäten zusammen sind, sondern oft auch Freizeitaktivitäten zusammen verbringen. Durch die intensiven Kontakte können sie einen sozialen Kreis aufbauen, der zugleich auch eine religiöse Wertegemeinschaft oder ein kleines soziales Milieu darstellt.

Solche Milieus können auch für Personen interessant sein, die sich auf Partnersuche befinden. Sowohl in der Pfingstkirche CMI wie auch in der katholischen Mission in Zürich gab es Personen, die bekundeten, in der Gemeinde nach potenziellen Partnern Ausschau zu halten. Sie begründeten dies zum einen damit, dass sie ihr religiöses Leben mit ihrem zukünftigen Lebensgefährten teilen möchten, und zum anderen damit, dass sie ihre religiösen Vorstellungen und Praktiken auch an ihre Kinder weitergeben wollten. Von der Ehe mit einem anderen Gemeindemitglied erhofften sie sich also unter anderem eine Unterstützung beim Erhalt und bei der Weitergabe ihres religiösen Weltbildes in ihrer zukünftigen Kernfamilie.

Für andere Befragte war das religiöse Milieu wichtig, weil es ihnen mit seinem von der Aufnahmegesellschaft abweichenden Werte- und Normensystem dabei half, sich von destruktiven sozialen Umfeldern fernzuhalten oder ein

---

253 Wörtl. übersetzt: «wie fein ist es, dass Geschwister beieinander wohnen». Das Zitat stammt aus Ps 133,1.

254 Auch Schweizer evangelikale Christen ohne Migrationshintergrund neigen stärker zur Milieubildung als andere christliche Bevölkerungsgruppen. Siehe hierzu Huber/Stolz (2017).

christliches Lebensideal zu verfolgen. Mehrere der Befragten gaben an, dass ihnen dies ohne die Hilfe des stützenden Umfeldes in der Migrationsgemeinde schwerfiel:

Natalia: (kath., lat.)	[Die christlichen Gemeinden] Sie waren entscheidend. Weisst du wieso, Simon? Weil, wenn du dein Leben änderst, dann änderst du deine Freunde. Und dort findest du neue Freunde. Du findest Personen, die dieselben Interessen haben wie du, woraufhin du nicht mehr... die Freunde, die dich vorher dazu eingeladen haben, um Bier zu trinken, nun kannst du ihnen sagen: «Schau, ich muss heute in die Kirche gehen, heute nicht.» So änderst du dich bald, nicht? [...] Wenn ich den Herrn hier in der Schweiz nicht gehabt hätte, wäre ich heute vielleicht dort an der Langstrasse [Rotlichtbezirk]. Nicht? Denn... das Leben ist, hier gibt es viele Möglichkeiten, wie man sich verlieren kann. Denn das Leben ist auf eine gewisse Art sehr leicht. Wenn du eine Arbeit hast, kannst du arbeiten, du kannst Schulden anhäufen, du kannst vom Sozial [Sozialamt] leben, du kannst deine Arbeit verlieren, du kannst im Gefängnis landen. Und du kannst herumwandeln wie... ohne jegliche Verantwortung, so wie ich viele Leute sehe, die verloren sind, aus meinem Land sowie aus vielen Ländern. Aber du wählst einen anderen Weg.
	*****
Manuel: (prot., lat.)	Und für mich persönlich merke ich ((räuspert sich)), dass ich das [die Gemeinschaft] brauche. Ich bin einer, der das braucht, weil ähm sobald ich aus der Gemeinschaft bin, ähm dann kommt der Alltag, dann kommen andere Sachen. Und das alles, was wir hier erleben, sind ähm... kommen auch Versuchungen, automatisch.

9.2.4 Gemeinschaftliches Gebet

Ein weiterer Aspekt des Gemeindelebens, der in den Interviews immer wieder als eine emotionale Ressource hervorgehoben wurde, ist das gemeinschaftliche Gebet mit anderen Gemeindemitgliedern. Wobei unterschiedliche Personen unterschiedliche Teilaspekte hervorhoben. Für manche war es der Akt des gemeinsamen Betens, Anbetens oder Lobpreisens, der ihnen positive Gefühle bereitete. Für andere war es eher das Wissen, dass andere Gemeindemitglieder für sie und für ihre Anliegen beteten. Wiederum andere empfanden es als einen emotionalen Gewinn, wenn sie von anderen dazu aufgefordert wurden, für sie zu beten.

Der Akt des gemeinsamen Betens ist – wie bereits im vorhergehenden Kapitel in manchen Zitaten ersichtlich wurde – für manche spanischsprachigen Christen eine bedeutende Form ihrer religiösen Praxis. Zudem kann er gemeinschaftsbildend wirken, weil er den Beteiligten das Gefühl gibt, in einem Anliegen vereint zu sein und zusammen auf ein gemeinsames Ziel hin zu arbeiten.

Für Personen, die andere Gemeindemitglieder um ihr Gebet bitten, sind Gebetsanliegen auch eine Möglichkeit, um ihre Ängste und Sorgen mit anderen Menschen zu teilen. Allein schon eine solche Aussprache kann manchen eine gewisse Erleichterung verschaffen. Zugleich teilen die Leidtragenden auf diese Weise einem breiteren Netzwerk ihre Bedürfnisse mit, was im Idealfall dazu führen kann, dass ihnen andere Personen ihre Hilfe anbieten.[255] Für viele Unterstützungssuchende ist es einfacher, ihre Bedürfnisse anderen gegenüber in Form von Gebetsanliegen zu formulieren, als sie direkt um Hilfe zu bitten. Auch für die potenziellen Unterstützungserbringer hat diese Form der Kommunikation Vorteile. Sie haben so die Möglichkeit, allein schon dadurch einen emotionalen Beistand zu leisten, indem sie zusichern, dass sie für die Anliegen beten werden. Sie müssen die Unterstützungsanfragenden also nicht vollständig zurückweisen, falls sie ihnen nicht entgegenkommen können, sondern können mit wenig eigenem Aufwand etwas Positives zu ihrer Situation beitragen.

Der Befund, dass sowohl diejenigen, die andere um Gebet bitten, wie auch diejenigen, die für andere beten, in emotionaler Hinsicht profitieren können, soll kurz noch mit zwei Zitaten belegt werden. Das erste Zitat stammt aus dem Interview einer Befragten, die in ihrer Gemeinde gerne für andere betet. Dies gibt ihr das positive Gefühl, nützlich zu sein und von anderen gebraucht zu werden:

Rebeca: (prot., lat.)	Und das habe ich auch erfahren müssen, dass ich andere brauche. Auch eben wegen dem Gebet. Normalerweise wir… eben, beten für uns selber. Aber wie schön es ist, wenn man für andere beten kann. (7) Es… es ist… es ist gut und es ist schön zu bekommen, aber besser es weiterzugeben. Und das ist so mit

[255] Heute werden solche Anliegen nicht mehr nur mündlich, sondern auch per WhatsApp-Gruppenchat oder Facebook-Posts mitgeteilt, womit sie oft ein grosses Publikum erreichen. Vgl. hierzu das Beobachtungsprotokoll vom 11.7.2016.

> dem Gebet. Es ist schön, wenn man von anderen eben ein Gebet hört für sich, für uns, für sich selber. Aber wie schön, wie erfüllend das ist, wenn man kann für andere beten und sehen wie diese Person zum Beispiel eben so äh… kräftig wird, oder? Und man sagt «Wow, schön». Nicht wegen meinem Gebet für andere, sondern weil man sieht «Ah, Gott, danke. Ich konnte gut für dich sein, ich konnte dir nutzbar sein.»

Im nachfolgenden Zitat kommt die Perspektive einer Gebetsempfängerin zur Sprache. In diesem Interviewausschnitt berichtet Alexandra, die katholisch aufgewachsen ist, von einer ihrer ersten Begegnungen mit einer protestantischen Pfingstgemeinde in Europa. Zum Zeitpunkt der folgenden Erzählung hatte sie gerade eine schwierige Trennung von einem Mann hinter sich, der ihr «schlimme Dinge» angetan hat, weswegen sie nach eigenen Angaben unter einem starken psychischen Schmerz litt. Als sie auf der Suche nach Unterstützung ihre Schwester besuchte, wurde sie von ihr in eine lateinamerikanische Pfingstgemeinde mitgenommen, damit dort fünf Älteste für sie beteten. Dieses Gruppengebet scheint nach ihren Ausführungen eine Art therapeutische Wirkung auf sie gehabt zu haben und gab ihr die notwendige Kraft, um ihr Leben wieder «von Null auf» aufzubauen. Gleichzeitig leitete die Begegnung ihre spätere Konversion zum pfingstlerischen Christentum ein:

Alexandra: (prot., lat.)	Dann brachten sie mich in einen Raum. Ich… es schien mir etwas übertrieben, das von den [pfingstlichen] Christen. Ich meine… diese Dinge, die sie taten, das SINGEN und SCHREIEN und SPRINGEN! Ich war nicht nicht nicht nicht einverstanden mit diesen Dingen und sagte: «Uff… was für Fanatiker!» nicht? Aber ich (kam zu einem) Zimmer. Es gab fünf Älteste und sie begannen, in Zungen zu beten. Du kennst das, nicht?
SF:	Mhm. ((zustimmend))
Alexandra:	In Zungen beten. Sie begannen, in Zungen zu beten und baten Gott, mich mich zu heilen. (2) Und an diesem Tag, ich erinnere mich, dass ich mittendrin sass und das einzige, was ich sagte, war: «Nehmt mir diesen Schmerz.» Das war die einzige, die einzige Sorge ((schmunzelt)), die ich hatte, war diese, nicht? Denn das war das einzige, was in diesem Moment mein Leben regierte, dieser tiefe Schmerz. Und (2) sie riefen den Heiligen Geist, sie riefen den Heiligen Geist an: «Rrracaida… rracapuba» und… und ich (dort) und plötzlich fühlte ich, als hätte man mir eine (Flasche) mit Öl über den Kopf gegossen. Aber niemand hatte mich berührt. Sie waren alle so so so ((klatscht

> in die Hände, mit geschlossenen Augen)) sie schrien und sprangen // SF: ((lacht)) // und ich inmitten dieser Leute und schaue sie alle so an: «Mein Gott, was passiert hier?» Nicht? Und dann, als ich plötzlich fühlte, dass sie mich mit Öl übergossen, aber niemand berührte mich! Aber ich fühlte das Öl so. ((streicht mit ihren Händen vom Kopf über ihren Körper hinab)) Als ob einem das Öl so den Körper (hinunterläuft). Von... Kopf bis zu den Zehenspitzen. Und was im Herzen passierte, war: Mein Schmerz verschwand, a:::lle meine Schmerzen verschwanden.

Das hier dargestellte Erlebnis von Alexandra ist auch für spanischsprachige Christen eine eher extreme Gebetserfahrung, sowohl in Bezug auf die angewendeten Praktiken wie auch in Bezug auf die gefühlte Wirkung. In pfingstlichen und charismatischen Gemeinden sind solche Erfahrungen allerdings nicht unüblich. Anhand dieses Beispiels kann daher gut die Bandbreite der emotionalen Erfahrungen erahnt werden, die manche spanischsprachigen Migranten im gemeinsamen Gebet machen. Natürlich ist es im Rahmen dieser Studie nicht möglich, zu bestimmen, inwiefern diese Erfahrungen einer transzendenten oder immanenten Ursache zugeschrieben werden müssen. Unabhängig von dieser Frage kann jedoch aufgrund der Interviews und der Beobachtungen in den Gemeinden festgehalten werden, dass die gemeinsame Gebetserfahrung für viele Gemeindemitglieder einen hohen emotionalen Wert hatte. Für viele waren gemeinsame Gebetserfahrungen und der Glaube an die Wirksamkeit solcher Gebete ein zentraler Grund dafür, weshalb sie eine christliche Migrationsgemeinde besuchten.

9.2.5 Vergabe von symbolischem Kapital

Wie in Kapitel 7.2.4 beschrieben wurde, besteht eine Herausforderung des Migrationsprozesses darin, dass in dessen Verlauf das symbolische Kapital mancher Migranten abgewertet wird. Dies ist unter anderem darauf zurückzuführen, dass vergangene Errungenschaften im neuen sozialen Umfeld unbekannt sind und dass die Aufnahmegesellschaft ein anderes Bewertungssystem für die Vergabe von symbolischem Kapital an den Tag legt als die Herkunftsgesellschaft.[256]

[256] Das Bewertungssystem für die Vergabe von symbolischem Kapital ist eng mit dem kulturellen Wertesystem einer sozialen Gruppierung verknüpft. Das bedeutet, dass bei-

In den Migrationsgemeinden haben die Migranten die Möglichkeit, unabhängig von ihrem sozialen Status, Beruf oder Einkommen in der sozialen Hierarchie aufzusteigen und somit den Verlust von symbolischem Kapital zu einem Teil zu kompensieren. Ein solcher gemeindeinterner sozialer Aufstieg wird vor allem durch zwei Faktoren begünstigt: Erstens sind die Gemeinden bzw. ihre Untergruppen von einer überschaubaren Grösse, so dass jede Person, die sich darin integriert und regelmässig zu Gemeindeaktivitäten erscheint, bei anderen Mitgliedern bekannt ist. Damit geraten auch ihre positiven Errungenschaften sowie ihre kleineren und grösseren Heldentaten des Alltags nicht in Vergessenheit, sondern bleiben im kollektiven Gedächtnis der Gemeinschaft gespeichert.

Zweitens wird in christlichen Migrationsgemeinden für die Vergabe von symbolischem Kapital oft ein anderes Bewertungssystem herangezogen als in anderen Institutionen der Aufnahmegesellschaft. Die gemeindeinternen Bewertungssysteme orientieren sich eher an den Wertesystemen der Herkunftsländer der Migranten als an demjenigen der Schweizer Aufnahmegesellschaft. Dies ermöglicht es auch solchen Individuen, in der Gemeindehierarchie aufzusteigen, die im Migrationskontext sonst über wenig symbolisches Kapital verfügen.[257] Insbesondere in freikirchlichen Gemeinden und bei den katholischen Charismatikern ist das gemeindespezifische Wertesystem besonders stark ausgeprägt.[258]

Während in weiten Teilen der Aufnahmegesellschaft religiöses Wissen, christliche Tugenden und spirituelle Erlebnisse kaum mit symbolischem Kapital verbunden sind oder sogar negativ bewertet werden, werden sie in den christlichen Migrationsgemeinden sehr hoch angesehen. Dafür werden dort manche Aspekte, die ausserhalb der Gemeinde mit hohem symbolischem Kapital verbunden sind, wie Studienabschlüsse, Sprachkompetenzen, sportliche Leistungen oder materieller Besitz, von vielen nur dann positiv bewertet, wenn deren Besitzern gleichzeitig zugetraut wird, dass sie ihre Ressourcen und Fä-

spielsweise eine soziokulturelle Gruppe, die religiöse Wertvorstellungen als erstrebenswert erachtet, eher dazu neigt, Menschen positiv zu bewerten, die diesen Wertvorstellungen entsprechen. Vgl. hierzu auch Kapitel 7.2.4.

257 Vgl. hierzu Beobachtungsprotokoll vom 4.7.2016.

258 Im Grunde genommen existiert beinahe in allen Institutionen oder sozialen Kreisen ein «internes Bewertungssystem». So wird man im akademischen Kontext z. B. anhand seiner Publikationen oder Bildungstitel bewertet, in einem Tanzkurs anhand seiner Tanzfähigkeiten und in einem Literaturclub anhand seines literarischen Wissens.

higkeiten «im Sinne Gottes» einsetzen.[259] Wer ausschliesslich weltliche Lebensideale verfolgt, läuft dagegen Gefahr, von anderen Gemeindemitgliedern dafür kritisiert zu werden, dass er seine «von Gott erhaltenen Gaben» nicht richtig nutzt.

Solche gemeindeinternen Bewertungssysteme sind nicht statisch, sondern werden in alltäglichen Gesprächen zwischen den Gläubigen diskursiv ausgehandelt und weiterentwickelt. Dabei werden auch Quellen von ausserhalb der Gemeinde hinzugezogen (wie Bücher oder Youtube-Videos), denn oft ist das gemeindeinterne Bewertungssystem mit dem Wertesystem einer internationalen Kirche, Bewegung oder Denomination verknüpft. Daher spielen bei der Tradierung dieser Werte- und Bewertungssysteme religiöse Spezialisten wie Theologen, Priester, Pastoren oder Religionslehrer oft eine zentrale Rolle.

Dies lässt sich auch an folgendem Beispiel illustrieren. Wie weiter oben bereits ausgeführt wurde, legt die Pfingstgemeinde CMI viel Wert darauf, dass ihre Gemeindemitglieder «Dienst» an den Mitmenschen leisten.[260] Diese Leitvision haben die beiden Pastoren des CMI von ihrer Mutterkirche übernommen, die es wiederum aus ihrem theologischen pentekostal-christlichen Selbstverständnis abgeleitet hat. Auf der Gemeindeebene des CMI wird diese Leitvision nun zum Beispiel dadurch tradiert, dass an manchen Anlässen Freiwillige T-Shirts mit der Aufschrift «*perdonados para servir*» (vergeben um zu dienen) tragen. Zudem wird das Ideal des dienenden Christen auch in Predigten immer wieder betont und eingefordert, wie auch der folgende Ausschnitt aus einer Predigt zeigt, die ein auswärtiger Pastor bei einem Workshop vor jungen Gruppenleitern der Kirche hielt:

Pastor B: (prot., span.)	Normalerweise schämen wir uns für uns und zeigen das perfekte Facebook-Gesicht. Aber «ministerio» heisst Dienst. Für das ministerio juvenil [Jugenddienst] muss man nicht predigen lernen, sondern lernen, wie man es schafft, dass die Jungen ihr Leben mit uns teilen. Dafür muss man zuerst sich selbst exponieren, mit all seinen Fehlern. Dabei verliert man nicht an Autorität, sondern gewinnt sie. Jede Person, die mir ihre Schwächen offenbart hat, hat in meinen Augen an Autorität gewonnen. Dies ist aber schwieriger, als zu predigen.

[259] Hierzu gehört beispielsweise die Missionstätigkeit oder die Übernahme von Ämtern in der Gemeinde.

[260] «Dienst» (*servir*) gehört zu den fünf zentralen Leitmotiven des CMI (vgl. Kapitel 8.2.2).

Wie oben bereits angesprochen wurde, werden in gemeindeinternen Bewertungssystemen zum Teil andere Handlungen, Eigenschaften und Ressourcen mit Ansehen verknüpft als in anderen Bereichen der Aufnahmegesellschaft. Hierzu gehören beispielsweise das (Freiwilligen-)Engagement in der Gemeinde, der «Dienst» an den Mitmenschen, Liebenswürdigkeit, tugendhafter Lebenswandel, Glaubens- und Bibelkenntnisse, Kompetenzen in der Glaubensvermittlung und der Seelsorge oder spirituelle Erfahrungen. Vielen dieser positiv bewerteten Handlungen, Eigenschaften und Ressourcen ist gemein, dass sie beinahe von jedem Gemeindemitglied angeeignet werden können und weitgehend unabhängig von den strukturellen, ökonomischen, sprachlichen und kulturellen Herausforderungen sind, denen viele Migranten ausserhalb der Gemeinde ausgesetzt sind. Dadurch können in Migrantengemeinden auch solche Personen einen hohen sozialen Status erreichen, denen ausserhalb der Gemeinde kaum oder nur wenig symbolisches Kapital zugesprochen wird, wie zum Beispiel Arbeitslose, Hausfrauen oder Sans-Papiers. Hier haben auch sie die Möglichkeit, bedeutende Ämter einzunehmen wie das der Ältesten, Gruppenleiter oder Religionslehrer.

Daher können für Personen, die im Migrationskontext einen geringen sozialen Status einnehmen, Migrationsgemeinden eine wichtige Quelle für die Verbesserung ihres Status und damit auch für ihr Selbstwertgefühl sein. Dies zeigt sich zum Beispiel im folgenden Zitat einer Sans-Papier. Sie erzählt hier, wie sie nach dem erfolgreichen Abschluss ihrer Katecheten-Ausbildung im Monatsblatt der katholischen Mission erschien und wie sie damit ihren Angehörigen im Herkunftsland eine Freude bereiten konnte. Durch dieses kleine Erfolgserlebnis scheint sie neuen Mut geschöpft zu haben, ihren Lebensweg weiterzugehen, auch wenn er in der Schweiz von grossen Herausforderungen geprägt war.

Regina: (kath., lat.)	Als ich, sie mich vorbereiteten für die Katechese, um Katechetin zu sein, dort bin ich in der Hoja Informativa [Monatszeitschrift] der Mission erschienen und ich habe das verschickt und das Heft und so. Und sie [die Familienangehörigen im Herkunftsland]: «Wow, Regina! Super und so!» Und alle waren sehr erfreut. Dann das hat mir… obwohl ich sie nicht sehe, sage ich: «Wow! Aber ich kann ihnen Freude bereiten!» Und sie sind sehr froh, den Weg zu sehen, den ich gewählt habe.

Es sind aber nicht nur Menschen aus niedrigeren sozialen Schichten, die vom gemeindeinternen Bewertungssystem profitieren können. Auch Personen, die ausserhalb der Gemeinde gut gestellt sind und bereits über viel Ansehen verfügen, können davon profitieren. Ein Grund dafür kann zum Beispiel darin bestehen, dass sie das christliche Wertesystem der Gemeinde teilen und sich nicht mit den weltlichen Idealen ihres sozialen oder beruflichen Umfeldes identifizieren können. Dies war auch bei Sara der Fall, die zum Zeitpunkt der folgenden Erzählung eine gute Position in einem multinationalen Unternehmen innehatte. Obwohl ihr Beruf mit einem hohen Prestige und einem guten Einkommen verknüpft war, hatte sie aufgrund eines religiösen Erweckungserlebnisses das Gefühl, damit keiner sinnvollen Tätigkeit nachzugehen. Daher suchte sie fortan die Nähe von religiösen Gemeinschaften und fühlte sich geehrt, als ein Priester sie schliesslich darum bat, den Religionsunterricht für die Kinder in ihrer Gemeinde zu übernehmen:

Sara: (kath., lat.)	Und ähm plötzlich hat der Priester mich gefragt, ob ich könnte:: Katechesis für die Kinder machen und ich war für mich war wirklich normal, weil eigentlich in Bolivien war auch so, viel Freiwilligendienst in der Kirche und ähm in Bolivien wurde ich nie gefragt, weil es gab viel mehrere Leute, also viel mehr ähm Leute, die waren viel aktiver als ich. Aber hier scheinbar, wollte er, dass ich das mache. Und ich war «Ah», ich habe mich so geehrt gefühlt: «Oh, darf ich? Darf ich?» – «Ja, du musst einfach erzählen, was du weisst.» Und plötzlich habe ich benutzt, was ich bei den [Ordens-]Schwestern gelernt habe, endlich mal also. Und dann habe ich gedacht: «Wow, Gott, jetzt kann ich benutzen, was alles, was die Schwestern gezeigt haben.» Aber ich zeige das anders.

Wie das Zitat von Sara zeigt, kann das gemeindeinterne Werte- und Bewertungssystem für Personen mit ganz unterschiedlichem sozialen Status zu einer emotionalen Ressource werden, wenn sie aus ihrer subjektiven Perspektive das Gefühl haben, davon zu profitieren.

9.3 Einschätzungsunterstützung und Empowermentnarrative

Eine weitere Form der sozialen Unterstützung, die in christlichen Migrantengemeinden erbracht wird, ist die sogenannte Bewertungs- oder Einschätzungsunterstützung. Hierbei handelt es sich um die Vermittlung von Informationen und Deutungsmustern, die den Migranten dabei helfen können, ihre Ressourcen und Lebensumstände auf eine Weise zu betrachten, die ihnen dabei hilft, anstehende Herausforderungen besser zu bewältigen (vgl. Kapitel 6.3.1).[261] Die Kehrseite der Einschätzungsunterstützung sind Informationen und Deutungsmuster, die aus der Sicht der Unterstützungsempfänger unpassend sind oder sich negativ auf die Bewertung der eigenen Ressourcen oder der externen Herausforderungen auswirken. Diese negativen Aspekte der Einschätzungsunterstützung werden in Kapitel 11.2 behandelt.

Im Verlauf der Datenanalyse stellte sich heraus, dass die Befragten in ihren Gemeinden vorwiegend in dreierlei Hinsicht von Einschätzungsunterstützung zu profitieren schienen.[262] Manche Formen der Einschätzungsunterstützung schienen einen positiven Effekt auf ihr Selbstwertgefühl auszuüben. Andere schienen einen positiven Effekt auf ihre Selbstwirksamkeitserwartung zu haben. Und wiederum andere schienen ihnen dabei zu helfen, in schwierigen Situationen Trost zu finden oder «loszulassen». Allen drei Wirkungsweisen wird nachfolgend ein eigenes Kapitel gewidmet.

---

[261] Im Verlauf der Datenerhebung wurde eine grosse Menge an Daten zu religiösen Deutungsmustern und Narrativen erhoben, die ich im Rahmen der vorliegenden Studie nicht erschöpfend behandeln kann. Aus diesem Grund werden die religiösen Deutungsmuster in einer zweiten Publikation von Dr. Eva Baumann-Neuhaus noch einmal gesondert ausgewertet (vgl. Baumann-Neuhaus 2019). Im Rahmen der vorliegenden Studie beschränkt sich die Analyse der religiösen Deutungsmuster und Narrative hauptsächlich auf Aspekte der Einschätzungsunterstützung.

[262] Aufgrund methodischer Limitationen ist es in der vorliegenden Studie nicht möglich, den Effekt der Einschätzungsunterstützung genau zu messen. Hierfür wäre eine quantitative Längsschnitterhebung besser geeignet. Nachfolgend werden daher nur Aussagen darüber gemacht, welche Deutungsmuster von den Untersuchungspersonen selbst explizit oder implizit mit einer positiven Wirkung auf das subjektive Wohlbefinden in Verbindung gebracht wurden. Die tatsächliche Wirkung kann jedoch von der subjektiven Einschätzung abweichen.

Vorbemerkung:
Einschätzungsunterstützung in christlichen Migrationsgemeinden

Wie ich in Kapitel 9.1.4 bereits aufgezeigt habe, kann auch die informationelle Unterstützung dazu beitragen, dass Personen die Umwelt anders einschätzen und sie beispielsweise als sinnhafter, verstehbarer oder handhabbarer wahrnehmen. Die Neuinterpretation der Lebenssituation folgt hier also auf den Informationsgewinn. Dies zeigt, dass sich die informationelle Unterstützung nicht immer klar von der Einschätzungsunterstützung abgrenzen lässt. Um Wiederholungen zu vermeiden, werde ich diese Form der Einschätzungsunterstützung in diesem Kapitel nicht noch einmal diskutieren. Stattdessen fokussiere ich mich hier auf die soziale Vermittlung von Interpretationsmustern, die zu einer Neubewertung der eigenen Ressourcen oder der Umwelt beitragen können.

In den untersuchten Migrationsgemeinden wurde diese Form der Einschätzungsunterstützung oft in Form von biblisch-christlichen Geschichten und Deutungsmustern vermittelt. Sie können Gläubigen als Interpretationsvorlage dienen und ihnen dabei helfen, durch eine innerpsychische Anpassung besser mit den Lebensumständen fertigzuwerden. Denn, wie bereits der Religionspsychologe Kenneth Pargament festgestellt hat, «[…] *religions of the world have a deep appreciation for the often painful nature of the human condition. Even more important though, religious traditions articulate their visions of how we should respond to this condition*» (Pargament 1997: 3).

Deutungsmuster, die sich positiv auf die Bewältigung von Herausforderungen auswirken können, werden nachfolgend auch Empowermentnarrative genannt. Empowermentnarrative werden manchmal im Zuge persönlicher Gespräche direkt von einer Person an eine andere weitergegeben. Im Rahmen der teilnehmenden Beobachtung hat sich allerdings gezeigt, dass dies nicht die einzige Vermittlungsform ist. Viel häufiger scheinen sich die Gemeindemitglieder solche Deutungsmuster durch Beobachtungslernen[263] anzueignen. Das bedeutet, dass die biblischen Geschichten und Deutungsmuster in der Gemeinde über verschiedene Kanäle immer wieder kommuniziert und wiederholt werden. Daraufhin haben die Gemeindemitglieder die Möglichkeit, relativ selbständig zu bestimmen, welche Narrative sie sich aus diesem Repertoire aneignen und wie sie diese zur Deutung ihrer eigenen Lebenssituation anwenden.[264]

263 Vgl. Bandura (1997).

264 Die Selbständigkeit hat jedoch ihre Grenzen, da im sozialen Zusammenleben auch Konformitätsdruck und soziale Kontrolle eine Rolle spielen. Siehe hierzu Kapitel 11.

Zu den Kommunikationskanälen gehören beispielsweise: Predigten, Bibel- und Religionsunterricht, Lieder, Youtube-Videos, Facebook-Posts, *memes*[265] sowie Gespräche im Rahmen von Bibelgruppen, Hauskreisen und bei anderen Tätigkeiten.[266] Eine weitere prominente Vermittlungsform sind «Lebenszeugnisse» anderer Christen. Solche Zeugnisse werden sowohl informell in bilateralen Gesprächen wie auch formell als Referate im Rahmen von grösseren Veranstaltungen oder Gottesdiensten gegeben.[267]

In ihren Zeugnissen erzählen die Gläubigen meist von ihrem früheren – oft als negativ beschriebenen – Lebenswandel, ihren Bekehrungserlebnissen sowie den Vorteilen, die sie durch ihre Bekehrung erfahren haben.[268] Dabei wenden sie häufig biblisch-christliche Deutungsmuster an, die von den Zuhörern als Empowermentnarrative angeeignet werden können. In manchen evangelikalen, pentekostalen und charismatischen Kreisen werden die Gemeindemitglieder sogar explizit dazu angehalten, anderen Leuten – inklusive anderer Christen – Zeugnis von ihrer Bekehrung zu geben, da dies auch bei ihnen eine «hilfreiche Neuinterpretation» des Lebens auslösen könnte.[269] Demnach sind Zeugnisse also nicht nur eine Form des öffentlichen Bekenntnisses, sondern dienen auch der Vermittlung von religiösen Vorstellungen. Sie sollen andere zu Gedanken anregen wie: «Diese Person fühlt sich durch Gott gestärkt, vielleicht geschieht mit mir dasselbe, wenn ich mich bekehre.»

Zeugnisse sind als pädagogisches Mittel zur Vermittlung religiöser Deutungsmuster gut geeignet, da sie kaum Druck auf die Zuhörer ausüben. Normalerweise verwenden die Sprecher in ihren Zeugnissen kaum «du sollst»-Botschaften, sondern sie zeigen anhand ihres eigenen Lebens auf, wie sie bestimmte Verhaltensweisen, Lebenssituationen oder Erfahrungen in einem sinnhaften Zusammenhang deuten. Den Zuhörern steht es dabei frei, selbst zu entscheiden, ob und inwiefern sie diese Deutungsmuster auf ihr eigenes Leben übertragen.

---

265 Der Begriff *meme* geht ursprünglich auf den Evolutionsbiologen Richard Dawkins zurück, der – analog zum «Gen» in der Biologie – das «Mem» als kleinsten kulturellen Bewusstseinsinhalt bezeichnete, der über Kommunikation vermittelt wird (vgl. Dawkins 1978, Atran 2001). Heute werden damit umgangssprachlich auch Internetphänomene bezeichnet, die sich auf sozialen Plattformen viral verbreiten. Eine häufige Form christlicher *memes* sind sogenannte *image macros*. Hierbei handelt es sich um Collagen aus Bildern und Textelementen.

266 Vgl. Beobachtungsprotokoll vom 11.7.2016.

267 Vgl. Beobachtungsprotokoll vom 5.12.2015.

268 Zur Gliederung von Bekehrungserzählungen siehe auch Ulmer (1988).

269 Vgl. hierzu bspw. Beobachtungsprotokoll vom 16.10.2016.

9.3.1 Selbstwerterhöhende Einschätzungsunterstützung

Gewisse Formen der Einschätzungsunterstützung scheinen sich positiv auf den Selbstwert[270] einer Person auszuwirken. Der Selbstwert wird hier definiert als die Bewertung, die eine Person von sich selbst hat (vgl. Jünemann 2016:188, Rosenberg 1965). Ein niedriger Selbstwert stellt einen Risikofaktor für depressive Symptome dar. Ein hoher Selbstwert dagegen steht im Zusammenhang mit psychischer Gesundheit und Wohlbefinden (Jünemann 2016: 190–191, Schütz 2017). Es gibt Hinweise darauf, dass Personen, die fortwährend stressreichen oder belastenden Situationen ausgesetzt sind, einen niedrigeren Selbstwert aufweisen.[271] Da Migranten im Migrationskontext hohen Anforderungen ausgesetzt sind, scheinen sie also ein gewisses Risiko für einen niedrigen Selbstwert zu haben, was sich wiederum negativ auf ihr Wohlbefinden auswirken kann.

Im Verlauf der vorliegenden Studie wurden in den Interviews und bei Feldaufenthalten einige potenziell selbstwerterhöhende Empowermentnarrative festgehalten, die diesem Risiko entgegensteuern können. Aufgrund der Fülle des Datenmaterials werden hier nicht alle davon einzeln wiedergegeben und diskutiert. Stattdessen soll anhand einiger ausgewählter Beispiele gezeigt werden, wie sich solche Empowermentnarrative positiv auf den Selbstwert einer Person auswirken können.

«Gott hat etwas vor mit dir»

Wer eine pfingstlerische oder charismatische Migrationsgemeinde besucht und sich als Neuling zu erkennen gibt, der hat gute Chancen darauf, dass früher oder später eine Person aus der Gemeinde auf ihn zukommt und so etwas sagt wie: «*Ich spüre, dass Gott etwas vorhat mit dir.*»[272] In diesem Satz spiegelt sich ein Narrativ wider, das vor allem in pfingstlich-charismatischen Kreisen weit verbreitet ist und die Vorstellung beinhaltet, dass alle Christen «von Gott auserwählt» sind und einen «göttlichen Auftrag» haben.[273] Dies zeigt sich auch in den folgenden beiden Ausschnitten aus Predigten zwei pentekostaler Pastoren:

---

[270] Ein ähnlicher mit dem Selbstwert verwandter Begriff wäre das «Selbstbewusstsein» (vgl. Schütz 2017).

[271] Vgl. hierzu Herkner (1981: 394) und Hudd et al. (2000).

[272] Siehe bspw. Beobachtungsprotokoll vom 5.12.2015.

[273] Diese Vorstellungen werden oft aus der Bibel abgeleitet, beispielsweise vom sogenannten «Missionsbefehl» (Mt 28,18–20) sowie von anderen Versen wie: «*Ihr seid das Salz*

Pastorin A: (prot., lat.)	Wer ist alles auserwählt? – Wir sind alle auserwählt! Gott hat für uns alle einen Auftrag. Es gibt keinen Christen ohne Auftrag. Dein Auftrag kommt direkt von Gott.

*****

Pastor B: (prot., span.)	Es gibt nicht zwei Arten von Christen: Berufene und Nicht-Berufene. Alle sind berufen. Die Frage ist jedoch, wie wir auf diese Berufung antworten. Jesus ist wie Superman, ein Superheld. Aber auch wir können Helden werden. Nicht gerade so wie Superman, aber wir können wie Robin werden und Jesus wäre dann unser Batman.

Die Vorstellung eines «göttlichen Auftrags» beinhaltet auch die Pflichten, die viele mit einer «christlichen Lebensweise» verbinden, wie den Dienst an den Nächsten, Mithilfe in der Gemeinde sowie missionarisches Wirken ausserhalb der Gemeinde. Letzteres wird in der Schweiz besonders betont, da viele spanischsprachige Migranten dem Zustand der Schweizer Kirchen kritisch gegenüberstehen.[274] Vor allem die pfingstlichen und charismatisch-orientierten Lateinamerikaner verstehen sich daher nicht (nur) als Migranten, sondern auch als Missionare und Vorboten einer neuen christlichen Erweckungsbewegung:

Elena: (prot., lat.)	Der Zustand der Schweizer Kirchen ist erbärmlich. Auch bei den Protestanten! Ich bin einmal in einer Schweizer Gemeinde gewesen und es war ein trauriger Anblick. Nur alte Leute, sie haben keinen Enthusiasmus gehabt und nichts. Sie haben jegliches Feuer verloren. Sie haben es verpasst, sich zu erneuern. In zehn Jahren wird nichts mehr von ihnen übrig sein. Daher ist es meiner Meinung nach ein Segen für die Schweiz, dass wir Latinos kommen. Wir bringen das Christentum wieder zurück.

*****

Micaela: (kath., lat.)	Ja, nun kommen wir, die ihr früher evangelisiert habt, zu euch und evangelisieren euch.

der Erde» (Mt 5,13) oder «*Denn viele sind berufen, aber wenige sind auserwählt*» (Mt 22,14).

274 Vgl. hierzu auch Albisser (2016: 86–90).

Diese bei Migranten des Südens häufig anzutreffende Vorstellung der *reverse mission* des europäischen Kontinents wurde in der religionswissenschaftlichen Forschung bereits mehrfach untersucht.[275] Für die vorliegende Studie ist diese Selbstzuschreibung relevant, weil sie ein Empowermentnarrativ darstellen kann. Sie kann Migranten als Interpretationsvorlage dienen, mit deren Hilfe sie ihr Leben in einem neuen Licht betrachten. Wer sich selbst als christlicher Missionar versteht, kann die teilweise demütigenden Erfahrungen der Migration als Teil seiner göttlichen Berufung neu interpretieren. Schliesslich gibt es bereits in den biblischen Geschichten Propheten und Apostel, die mit ihren Glaubensvorstellungen in ähnlicher Weise auf Ablehnung und Widerstand gestossen sind.[276] Selbst Erfahrungen der sozialen Ausgrenzung, der Diskriminierung und des Prestigeverlustes können einer Person wenig anhaben, wenn sich deren Selbstwert nicht in erster Linie aus dem sozialen Feedback der Aufnahmegesellschaft speist, sondern vielmehr aus der Überzeugung, ein moderner «Paulus», «Luther» oder Vorreiter einer spirituellen Revolution auf dem europäischen Kontinent zu sein.[277]

Zudem gab die Vorstellung, «an etwas Höherem» zu arbeiten, manchen der Befragten einen starken inneren Antrieb sowie das Gefühl von Sinnhaftigkeit und innerlicher Befriedigung:

Manuel: (prot., lat.)	Ich habe… ich habe gewusst: «Aha, ich habe mich ähm… ich habe eine Begegnung mit Gott gehabt.» Ich… ich ähm… ich kann das nicht für mich behalten. Ich muss das ähm weitergeben. Ich muss das Leuten zeigen, wie das ist. Ich muss Leuten zeigen, dass sie schauen, dass sie sich ähm… keinen Joint reinziehen zum Beispiel.

*****

Jazmín: (prot., lat.)	Ich spüre ähm, dass ich werde zurückgehen nach Peru, und dass ich dort leben werde. Also ich werde auch in anderen… also

275 Siehe z. B. Burgess (2011), Währisch-Oblau (2009) und Ukah (2009).

276 Beispiele hierfür sind der Prophet Jeremia (Jer 38,1–6), der Apostel Paulus (Apg 16,19–23) und auch Jesus.

277 Ein ähnlicher Gedanke findet sich auch bei Ukah (2009). Er schreibt mit Blick auf nigerianische Pfingstler in Grossbritannien: «*The re-missionizing rhetoric provides [...] cognitive and affective mechanisms with which to negotiate the hardships and deprivations that individuals encounter in the process of establishing themselves in Europe.*» (Ukah 2009: 125)

	was ich spüre, was der Plan von Gott ist einfach: Dass er mich nicht nur dort behalten will, sondern eben, dass er… sein Plan wirklich ist, mich als Missionarin zu benutzen.

*****

Regina: (kath., lat.)	Eh… Natalia sagte mir, dass es eine Frau gibt in Wädenswil. – Natalia wohnt dort. – Die auch… die auch in unserer Gruppe war, aber sie hat einen kleinen Sohn. Und sie hat gesagt: «Gut, besser ich, also, ich will eine Gruppe hier gründen.» Also… damit sie sich ausbreitet, nicht? Das ist es, was der Herr will, nicht? Nicht, dass wir hier bleiben ((klopft mit den Fingern auf den Tisch)), sondern: «(Man muss) [raus] gehen» wie Papst Franziskus sagt.

Das Gefühl, an «etwas Höherem» zu arbeiten, fand sich nicht nur bei Menschen mit einem starken missionarischen Eifer, sondern auch bei solchen, die sich in sozialfürsorgerischen Aktivitäten und Projekten engagierten. Gerade Personen, die selbst viel von der Unterstützung anderer Gemeindemitglieder profitierten, empfanden die Möglichkeit, sich selbst engagieren zu können, oft als etwas sehr Positives. Dadurch waren sie für einmal nicht Unterstützungsempfänger, sondern konnten selbst etwas Gutes für Andere tun. Auf diese Weise konnten sie das gefühlte Ungleichgewicht im Reziprozitätsverhältnis zu ihrem Umfeld wieder etwas kompensieren.

Wie die folgenden beiden Interviewausschnitte zeigen, gab dies manchen das Gefühl, etwas Sinnvolles zu tun, das von anderen Menschen geschätzt wird:

Regina: (kath., lat.)	Und da war ich glücklich! ((schmunzelt)) Wie erkläre ich's dir… nur zu denken, dass man hier… und man kann… so auch eh Menschen helfen, Kindern, die nichts haben.
SF:	In Ländern wie Paraguay?
Regina:	In diesen Ländern wie in Bolivien. Und wie glücklich ich war, als Pater B kam. Vor kurzem ist er gekommen. Er zeigte uns ein Video von den Kindern, von dem, was sie [mit ihnen] machen, die Gnade, die sie ihnen geben. [So] dass sie Karten schicken: «Danke euch!» So. Und der Pater sagt [zu den Kindern]: «Es sind arme Leute, die arbeiten. Aber sie bemühen sich, um euch zu helfen.» Das sagt er ihnen. Also, das ist auch sehr schön. Also… und weisst du, das sind Projekte, wo wo man… Jeden Tag sagt man: «Wow! Wie schön ist es, zu arbeiten!» Denn das ist die Arbeit des Herrn.

*****

Valeria: (kath., lat.)	Eh… bis heute haben wir das [Sorgentelefon], aber heute mache ich das informell… wie… wie eine persönliche Hilfe, so, für die Personen. Denn leider die Sans-Papiers… wollen nicht hingehen [zu einer Anlaufstelle?]. Sie gehen nicht. Sie haben nicht die Zeit, um mir zu sagen: «Schau, weisst du was, ich gehe kurz». Sie haben Angst. Daher suchen sie… oder ich weiss nicht, wie sie unseren Namen herausfinden, und rufen uns an. Gerade gestern, oder vorgestern, (gab) es den Fall eines Mädchens, das Selbstmord begehen wollte. Das sind Dinge, von denen man wahrhaftig nur von Tag zu Tag erfährt. Und das hilft mir sehr, nicht? Um ein Sandkorn weiterzugeben und Zeit und all diese Dinge.

«Gott/Jesus liebt dich, so wie du bist»

Das Empowermentnarrativ «*Gott hat etwas vor mit dir*» ist in der Regel an die Bedingung geknüpft, dass der Gläubige seine Lebensweise an ein gewisses Lebensideal anpassen muss, um dem «Auftrag Gottes» zu entsprechen. Narrative, die an Auflagen geknüpft sind, haben jedoch den Nachteil, dass sie nur von Personen positiv angeeignet werden können, die das Gefühl haben, diesen Auflagen zu entsprechen. Auf alle anderen wirken sie eher selbstwerterniedrigend als selbstwerterhöhend.[278]

Im Rahmen der teilnehmenden Beobachtung hat sich jedoch gezeigt, dass insbesondere Leitungspersonen oft auch Deutungsmuster vermitteln, die sich die Gläubigen aneignen können, ohne dafür grössere Vorbedingungen erfüllen zu müssen. In solchen auflagenfreien Empowermentnarrativen wird meist auf die positiven Aspekte des biblischen Gottes verwiesen wie seine «bedingungslose Liebe» oder seine «Vergebungsfähigkeit». Zudem werden die Gläubigen dazu aufgerufen, ihre eigenen Fehler und negativen Eigenheiten zu akzeptieren und mit ihren bestehenden Ressourcen zu arbeiten.

Diese pädagogische Herangehensweise spiegelt sich auch im folgenden Ausschnitt aus der Predigt eines international bekannten Pastors wider, der sich bei einem Jugendkongress des CMI mit den folgenden Worten an junge Jugendleiter richtete:

Pastor B: (prot., span.)	Man darf die Jungen nicht mit einem überladenen Vorbild der Heiligkeit erdrücken, sondern man muss ihnen aufzeigen: «Gott

[278] Die negativen Aspekte bestimmter Deutungsmuster werden in Kapitel 11.2.1 noch genauer ausgeführt.

> liebt dich, so wie du jetzt bist. Du hast deinen Wert davon, dass er für dich gestorben ist.» [...]
> Als sich David für den Kampf gegen Goliath meldet, wird er zunächst ausgelacht. Seine Antwort überzeugt jedoch die Leute. Dann versuchen sie ihm die Rüstung von Saul anzulegen. Aber da passte er nicht rein. Das war nicht seine Gabe. Er sagte: «Hey, ich habe nicht gelernt mit einer Rüstung und einem Schwert umzugehen. Aber ich habe eine andere Gabe: Ich kann gut Steine an die Köpfe Anderer werfen. Da bin ich richtig gut drin. Ein Schwert kann ich nicht benutzen, aber mit einem Stein einen Kopf treffen, das schaffe ich blindlings.»
> Auch heute lernen wir viel zu oft, evangelische Klischees zu predigen. Oder manche Pastoren imitieren andere Pastoren in der Sprechweise. Sie ziehen das «R» lang: «Señorrrrrrrr» [Herr] ((das Publikum lacht)). Du musst du sein! Du darfst nicht versuchen, andere zu imitieren! Gott will dich für seine Zwecke nutzen, so wie du bist! Du musst das Wort schliesslich so verkünden, dass es deine Freunde verstehen. Die Erwachsenen können diese Anpassung nicht leisten. Wir müssen das tun!
> Schaut mich an. Ich bin ein Nerd. Als ich in eurem Alter war, da habe ich gerne Comic-Hefte gelesen und Playstation gespielt. Ich würde noch immer Playstation spielen, aber ich musste damit aufhören, weil ich einfach zu süchtig danach war. Manchmal, wenn ich artig bin, lässt mich meine Frau auf ihrem Handy eine Partie Candy Crush spielen. Nur eine Partie! Sonst höre ich nicht mehr auf damit. Aber der Punkt ist, Gott verwendet mich, so wie ich bin. Wenn ich mich der Bibel annähere, dann mit meinem Hintergrund. Ich sehe Comicfiguren, Schlachten wie in Herr der Ringe und Superhelden. Und ihr müsst euren Weg finden!

Manchmal wird das in dieser Predigt zu Grunde liegende Empowermentnarrativ auch verkürzt in Form eines Satzes wie: «*Gott bzw. Jesus liebt dich, wie du bist*» zusammengefasst. Auf Nichtgläubige mag so ein Satz keinen grossen emotionalen Einfluss haben. Für Gläubige jedoch, die sich vollständig mit den Vorstellungen ihrer Gemeinde identifizieren, kann dieses Narrativ zu einer wichtigen psychischen Ressource werden, die ihnen den Alltag erleichtert. Dies zeigt sich zum Beispiel in folgendem Zitat einer Sans-Papier, die in einem Glaubensworkshop in der katholischen Mission lernte, dass jede Person – unabhängig von ihrer Vergangenheit oder Lebenssituation – eine «Begegnung mit dem Herrn» haben kann. Seither ist dieser Gedanke für sie eine bedeutende Quelle für ihr Selbstwertgefühl:

Regina: (kath., lat.)	Wow. Und... und weisst du... und... wie schön es ist. Denn ich hier in meiner Misere, meinem wenigen Hab und Gut und der Herr will etwas von mir? ((schmunzelt)) Er will etwas von mir, von dir, von dem da, von allen! Er will, er will. Und... und das... wie sag ich's dir. Das erhebt dir die Stimmung, es... es gibt dir den Wunsch... dich wieder herzurichten [...]

Ähnlich erging es auch dem nachfolgend zitierten jungen Mann:

Manuel: (prot., lat.)	Dies hat mich wieder aufgerichtet. Allein die Tatsache, dass Gott mit mir spricht, nachdem ich ihm sozusagen in die Hand gespuckt habe, war einfach überwältigend. Denn ich habe plötzlich verstanden, dass Gott mich liebt, so wie ich bin. Selbst wenn ich ein Sünder bin, verlässt er mich nie, und will immer, dass ich zu ihm zurückkomme.

«Durch Christus wirst du ein neuer Mensch»

Ein weiteres in christlichen Migrationsgemeinden verbreitetes Deutungsmuster für das eigene Leben liesse sich mit den Worten zusammenfassen: «*Früher war ich ein Sünder, doch durch Christus bin ich ein neuer Mensch geworden.*» Diese Vorstellung wird von manchen Autoren auch «pietistisches Konversionsnarrativ» genannt.[279] Es ist insbesondere in evangelikalen und pfingstlichen Kreisen sehr geläufig, da hier eine innerliche Bekehrung mit darauf folgender Erwachsenentaufe oft eine wichtige Voraussetzung dafür ist, dass eine Person als «richtiger Christ» angesehen wird.[280] Bei katholischen Migranten sind Konversionsnarrative deutlich seltener anzutreffen, da die meisten von ihnen bereits als Kind getauft und damit in ihre Kirche aufgenommen wurden. Dennoch gab es auch unter ihnen mehrere Personen, die angaben, im Laufe ihres Lebens «vom richtigen Weg abgewichen zu sein» und später durch eine innerliche Bekehrung wieder «in die Kirche zurückgefunden» zu haben. Manche davon orientieren sich in ihren (Re-)Konversionserzählungen an den Vi-

[279] Siehe hierzu bspw. Strom (2012), Leitner (2000) und Jödicke (1993: 222–223).
[280] Vgl. Beobachtungsprotokoll vom 5.12.2015 und 16.9.2016.

ten[281] katholischer Heiliger, andere – insbesondere die charismatisch orientierten – nehmen ebenfalls das Muster pietistischer Narrative auf.

In Konversionserzählungen wird das Leben oft in drei Teile gegliedert: in die Lebensphase vor der Konversion, die Konversion selbst und das Leben nach der Konversion (vgl. Ulmer 1988). Dabei stellt die Konversion selbst oft nur eine kurze Lebensphase oder ein punktuelles Ereignis dar. Diese Dreiteilung des Lebens in der Erzählung sowie in der subjektiven Wahrnehmung kann einen positiven Nebeneffekt auf den Selbstwert haben. Denn sie ermöglicht es den Konvertierenden, negative oder destruktive Gewohnheiten aus der Vergangenheit offen einzugestehen und abzulegen, ohne dass sie sich in der Gegenwart für ihren früheren Lebenswandel oder für ihren Gesinnungswandel zu schämen bräuchten. Vielmehr ist – zumindest im Umfeld der christlichen Migrationsgemeinden – das Gegenteil der Fall. Wer in seinem Lebenszeugnis von einer radikalen Konversion berichten kann, erntet für seinen Mut zur Bekehrung und seine Selbstbeherrschung eher Lob und Anerkennung und kann sogar eine Vorbildfunktion für andere Personen einnehmen.

Dies zeigt sich auch im folgenden Interviewausschnitt. Hier berichtet ein junger Lateinamerikaner davon, wie ihn die Konversionsgeschichte eines Familienangehörigen so stark beeindruckte, dass sie auch ihm den Anstoss dazu gab, in einer schwierigen Lebensphase das eigene Leben neu auszurichten:

Manuel: (prot., lat.)	Mein Cousin war ähm war Atheist. (4) Hat Selbstmord versucht.
SF:	Er hat einen Selbstmordversuch gemacht?
Manuel:	Ja er hat versucht sich selbst... ja. [...] Ähm dort hat er Gott kennengelernt, also durch (die Bibel).
SF:	Beim Selbstmordversuch?
Manuel:	Ja. [...] ((schmunzelt)). Und ähm bei mir ist es eben so gewesen, dass ich ja dann in diesem Moment, ist mir alles [in den Sinn] gekommen. Also alles auf einmal. Und das ähm, dass er das probiert hat zu machen, also dass er probiert hat sich umzubringen und dann plötzlich nicht mehr und sich total verändert hat, oder? Und plötzlich ((schmunzelt)) so ein anderer Mensch war. Plötzlich viel, viel äh aktiver gewesen ist, weisst du, viel fröhlicher, viel... er ist plötzlich ein anderer Mensch gewesen. Von heute auf morgen so quasi. Also, und dann habe ich gedacht: «Wow wie hat er das gemacht? Oder wie [...] ((schmunzelt))

281 «Heiligenviten» sind schriftliche Darstellungen der Lebensgeschichten von Heiligen.

> wie ist das passiert», oder? Und ähm ich bin auch eine Zeit lang… eben ich bin in Depressionen auch gekommen, selber damals. Weil ich halt ein anderes äh Mindset gehabt habe, also andere Glaubenssätze und andere Denkweise, um das Leben anzuschauen ((räuspert sich)). (10) Aber wie jeder Mensch habe ich äh immer gewusst irgendwie es gibt irgendetwas. Es muss doch irgendwie Gott geben, es muss doch irgendetwas geben.

Das Empowermentnarrativ der Konversions- oder Bekehrungserzählung eignet sich gut, um negative Aspekte der Vergangenheit hinter sich zu lassen und das Leben neu auszurichten. Denn es beinhaltet die Vorstellung, dass der Konvertit durch das «Akzeptieren von Jesus als Erlöser» zu einem «neuen Menschen» wird, der nicht mehr für die Verfehlungen des «alten Menschen» verantwortlich ist.[282] Diese starke Abgrenzung vom früheren «Ich» ermöglicht es manchen Gläubigen, selbst negative Erfahrungen und Charakterschwächen des «alten Menschen» in einem positiven Licht zu deuten.

Bei der Analyse der biographischen Interviews fiel mir auf, dass beinahe alle Personen, die von einer Bekehrung berichteten, sehr offen über negative Aspekte ihrer Vergangenheit berichteten. Hierzu gehörten selbst sehr persönliche Details wie Gefängnisaufenthalte, Beziehungsprobleme, Verstrickungen mit Drogenbanden oder der Konsum von Internetpornographie. Meines Erachtens liegt dies unter anderem daran, dass sie durch die Neuinterpretation und Neuausrichtung ihres Lebens einen konstruktiven Umgang mit diesen Erfahrungen fanden.[283] Manche von ihnen interpretierten die negativen Erfahrungen sogar als Teil eines wohlwollenden göttlichen Plans für ihr Leben:

Santiago: (prot., lat.) Mit meinen Erfahrungen kann ich anderen Leuten helfen auch. Wenn ich das nicht erlebt hätte, wenn ich nicht selbst gesündigt hätte, wenn ich nicht ein schlimmes Leben gehabt hätte, wie kann ich von einem guten Gott reden, wenn ich selbst das nicht am eigenen Leib erfahren hätte, dass Gott kann dein Leben ändern. Deswegen denke ich, wieso Gott hat eben erlaubt wieso

282 Vgl. Beobachtungsprotokoll vom 13.10.2016.

283 Die starke Hervorhebung der Unterschiede zwischen dem «alten» und dem «neuen Menschen» ist auch ein klassisches Motiv in (pietistischen) Bekehrungsnarrativen (vgl. Ulmer 1988). Mir scheint jedoch, dass die Reduktion dieses Motivs auf eine blosse Erzählform der Tatsache zu wenig gerecht wird, dass eine «Neuinterpretation» des eigenen Lebens tatsächlich eine erfolgreiche Bewältigungsstrategie sein kann, die sich positiv auf das psychische Wohlbefinden auswirken kann (vgl. Lazarus 1990: 213–214).

ich so lange in dieser ganzen Sünde gelebt habe. Wissen Sie, und dann ich kann nur mir das erklären in dieser Art und Weise. [...] Und ja, ich fühle mich in gewissen Sachen berufen, mein Knowhow zu benützen. Mein altes Leben soll einfach nicht sinnvoll[284] gewesen sein, [es] soll auch jetzt durch meine Erfahrungen anderen Leuten helfen.

Wer der festen Überzeugung ist, dass alle Lebenserfahrungen einen Bestandteil des göttlichen Planes für seine spirituell-religiöse Entwicklung darstellen, kann selbst schwerwiegende Ereignisse als einen sinnvollen und positiven Beitrag zum Leben interpretieren. Deutungsmuster wie die Bekehrungsnarrative können also zu einer psychischen Ressource zur Bewältigung von vergangenen und zukünftigen Erfahrungen werden, indem sie den Gläubigen das Gefühl geben, dass «alles einen höheren Sinn» hat.

Im Umfeld dieser Studie gab es Personen, die aufgrund ihrer religiösen Weltanschauung selbst sehr traumatische Erfahrungen im Nachhinein in einem positiven Licht betrachten konnten. Ein Beispiel hierfür ist folgende Frau, die in ihrem Herkunftsland in finanzielle Abhängigkeit von einem Drogenkartell geriet. Um ihre Schulden abzuzahlen musste sie fortan als Drogenkurierin arbeiten, indem sie Kokainpäckchen schluckte und in ihrem Körper nach Europa schmuggelte. Wenig später wurde die junge Mutter von der Schweizer Polizei gefasst und für mehrere Jahre inhaftiert. Obwohl die Erfahrungen mit dem Drogenkartell und im Gefängnis sehr schmerzhaft für sie waren, interpretiert sie sie heute als eine wichtige Grundvoraussetzung, die es ihr ermöglicht, anderen Menschen in schwierigen Situationen zu helfen:

Alexandra: (prot., lat.)	Es war eine harte Zeit. Aber, mei::n... sein jüngster Sohn war in den Drogen. [...] Un:::d ich mit meiner Geschichte... jeden Tag redeten wir zusammen. [...] Dann (habe ich ihm gesagt): «Ok, setzen wir uns jeden Tag zusammen und machen eine Therapie.» Ich sprach, erzählte meine Geschichte. Erzählte die::s, erzählte da::s und er ist aus den Drogen rausgekommen und sagte... wir machten einen Pakt zusammen, als wir fertig waren. Er sagte: «Ich werde abschliessen. Ich werde meine Ausbildung machen... mit dem Minimum, aber ich werde sie machen. Ich verspreche es dir.» Und er gab mir die Hand und machte seine Ausbildung. Mit dem Minimum, aber er machte

284 Vermutlich meinte der Befragte hier «sinnlos».

> sie. […] Also er er sagt, dass es wie eine Inspiration war, die ich ihm gab, um trotz aller Umstände etwas aus den Umständen zu machen. Denn Gott hilft dir zu jeder Zeit.

9.3.2 Selbstwirksamkeitserhöhende Einschätzungsunterstützung

Im folgenden Kapitel werden Formen der Einschätzungsunterstützung behandelt, die Migranten dabei helfen können, ihre Selbstwirksamkeitserwartung zu erhöhen. Der Begriff der Selbstwirksamkeitserwartung lässt sich gemäss Schwarzer und Jerusalem definieren «*als die subjektive Gewissheit, neue oder schwierige Anforderungssituationen auf Grund eigener Kompetenz bewältigen zu können.*» (Schwarzer/Jerusalem 2002: 35).[285]

Bisherige Forschung hat gezeigt, dass die Ausprägung der Selbstwirksamkeit beeinflusst, ob ein Individuum Handlungen aufnimmt und gegenüber Widerständen aufrechterhält.[286] Personen mit einer stark ausgeprägten Selbstwirksamkeitserwartung haben mehr Vertrauen in ihre eigenen Fähigkeiten und sehen sich schneller in der Lage, mit ihren Ressourcen anstehende Anforderungen zu meistern. Sie gehen zuversichtlicher an Herausforderungen heran und lassen sich durch Misserfolge nicht so leicht enttäuschen. Diese Einstellung korreliert nicht nur mit einer höheren Lebenszufriedenheit,[287] sondern unterstützt gleichzeitig die Entwicklung von adaptiven, präventiven und stressreduzierenden Verhaltensweisen und problemorientierten Bewältigungsstrategien. Damit ist auch eine höhere Chance auf Erfolg bei der Bewältigung von Herausforderungen verbunden. Dagegen sind Personen, die über eine wenig ausgeprägte Selbstwirksamkeit verfügen, schneller mit herausfordernden Situationen überfordert. Dies kann dazu führen, dass sie sich subjektiv nicht in der Lage fühlen, mit den ihnen zur Verfügung stehenden Ressourcen anstehende Herausforderungen zu bewältigen, selbst wenn sie sie eigentlich bewältigen könnten (vgl. Schwarzer/Jerusalem 2002: 29, Barysch 2016: 206).

---

285 Der Begriff «Selbstwirksamkeitserwartung» (oder auch «Selbstwirksamkeit») geht ursprünglich auf Bandura (1977) zurück. Der auf Deutsch etwas umständliche Begriff bezeichnet ein psychologisches Konzept, das mit demjenigen des «Selbstvertrauens» verwandt ist (Jünemann 2016: 193). Ein Gegenbegriff dazu ist das Konzept der «erlernten Hilflosigkeit» (Barysch 2016: 202).

286 Vgl. Barysch (2016: 206).

287 Vgl. hierzu bspw. Halisch/Geppert (2000: 15) und Tong/Song (2004).

Für die vorliegende Studie bedeuten diese Erkenntnisse zusammengefasst, dass die Selbstwirksamkeitserwartung Migranten dabei helfen kann, die in Kapitel 7 beschriebenen Herausforderungen mit den ihnen zur Verfügung stehenden Ressourcen zu bewältigen. Die Selbstwirksamkeit kann ihnen dabei helfen, emotional besser mit anstehenden Anforderungen umzugehen und problemorientierte Bewältigungsstrategien selbstsicher umzusetzen.

Wie das Selbstwertgefühl kann auch die Selbstwirksamkeitserwartung durch das soziale Umfeld positiv beeinflusst werden. Dies geschieht zum Beispiel über positives Feedback wie auch über Beobachtungslernen. Beim Beobachtungslernen kann ein Individuum an Selbstwirksamkeit gewinnen, indem es andere ihm ähnliche Personen bei der Bewältigung von Aufgaben beobachtet (Barysch 2016: 203–204).

Sowohl soziales Feedback als auch Beobachtungslernen schienen in den untersuchten Migrationsgemeinden bedeutende Quellen für die Selbstwirksamkeit von Gemeindemitgliedern gewesen zu sein.[288] Mithilfe von Beobachtungslernen eigneten sich die Gläubigen beispielsweise selbstwirksamkeitserhöhende Empowermentnarrative an, die bereits von anderen Gemeindemitgliedern auf deren Leben angewendet wurden. Soziales Feedback war dagegen bei der Ausführung von Aufgaben und Freiwilligenarbeiten im Rahmen des Gemeindelebens eine wichtige Ressource für Selbstwirksamkeit. Beide Aspekte werden in den nachfolgenden Kapiteln noch einmal genauer beleuchtet.

«Der Herr ist mit dir und mit ihm ist nichts unmöglich»

Ein Faktor, der sich wesentlich auf die Selbstwirksamkeit auswirkt, besteht in der Attribution. Wer Misserfolge sich selbst und Erfolge äusseren Umständen zuschreibt, neigt eher zu einem Gefühl der Hilflosigkeit. Wer hingegen Erfolge auf sich selbst zurückführt und Misserfolge auf nicht beeinflussbare äussere Umstände, der neigt eher zu der Einschätzung, das Leben unter Kontrolle zu haben (vgl. Barysch 2016: 204, Schwarzer/Jerusalem 2002:31).

[288] Einschränkend muss hier noch einmal erwähnt werden, dass aufgrund methodischer Limitationen in der vorliegenden Studie die Effekte anderer Gemeindemitglieder auf die Selbstwirksamkeit nicht genau gemessen und quantifiziert werden konnten. Die hier festgehaltenen Befunde beruhen allein auf der subjektiven Einschätzung von Befragten.

Manche Empowermentnarrative, die in christlichen Migrationsgemeinden weitergegeben werden, machen sich diesen Effekt der Attribution zunutze, indem sie suggerieren, dass ein Gläubiger alle Herausforderungen bewältigen kann, da «Gott mit ihm» ist.

Samuel: (prot., lat.) Wenn man an den Herrgott glaubt und wirklich fest überzeugt ist, er… er schaut für uns.

Zwar wird hier der Erfolg bei der Bewältigung von Herausforderungen einer externen Macht zugeschrieben, nämlich einem allmächtigen Gott, jedoch scheint diese Attribution dennoch selbstwirksamkeitserhöhend zu wirken, solange das Individuum das Gefühl hat, dass dieser Gott tatsächlich «mit ihm» ist.[289] In der von Jerusalem und Schwarzer (1999) entwickelten Skala wird die allgemeine Selbstwirksamkeitserwartung mithilfe von Fragebogenitems erfasst wie: «*Schwierigkeiten sehe ich gelassen entgegen, weil ich immer auf meine Fähigkeiten vertrauen kann.*» oder «*Wenn ein Problem auftaucht, kann ich es aus eigener Kraft meistern.*» (Jerusalem/Schwarzer 1999: 13–14). Analog dazu liesse sich die Selbstwirksamkeitserwartung der Migranten, die sich das oben erwähnte Narrativ zu eigen machen, durch Aussagen beschreiben wie: «Schwierigkeiten sehe ich gelassen entgegen, weil ich immer *auf Gott* vertrauen kann.» oder «Wenn ein Problem auftaucht, kann ich es *mit Gottes Hilfe* meistern.»

Diese Form der aus der Perspektive der Gläubigen «göttlich unterstützten» Selbstwirksamkeit zeigt sich auch in den folgenden beiden Interviewausschnitten. Im ersten Zitat berichtet eine Frau, wie sie in einer schwierigen Lebensphase bei einem Treffen ihrer charismatischen Gruppe durch eine Besucherin «ein prophetisches Wort» empfing, das ihr dabei half, neue «Kraft» zur Bewältigung ihrer Lebenssituation zu schöpfen:

Regina: (kath., lat.) Ich erinnere mich… es ist eine Person gekommen… eine Frau, eine Frau aus Peru. Sie war in den Ferien hier. Ihre Tochter lebt hier. Und… und sie… Und ja, sie waren dort und so… Und weisst du, alle waren dort in… im Lobpreis und so. Und weisst du, was sie sagte? «‹Hab keine Angst. Denn ich bin mit dir› sagt der Herr.» […] Und das, das dort… Das war, wie wenn du

[289] Die Kehrseite dieses Narrativs besteht darin, dass die selbstwirksamkeitserhöhende Wirkung wieder verloren gehen kann, wenn das Individuum subjektiv das Gefühl hat, «Gott enttäuscht zu haben» oder «von Gott verlassen» zu sein.

> es zu mir sagen würdest. Als ob der Herr es zu mir sagte. [...] «Wow» und ich sagte... so. [...] Und... und so habe ich dort... eine Kraft erhalten. Und ich sagte: «Gut. Das, was ich jetzt durchmache, ich weiss, dass der Herr hier mit mir ist. Und er wird mich nicht verlassen... er wird mich nicht allein lassen.»

Das zweite Zitat stammt von Natalia, die seit kurzer Zeit zwei Verwandte im Teenageralter bei sich zu Hause beherbergt, damit sie eine Ausbildung in der Schweiz machen können. Diese fürsorgliche Handlung zog für die Lateinamerikanerin eine relativ grosse Lebensumstellung nach sich, die wiederum mit neuen Alltagsherausforderungen einherging. Im nachfolgenden Interviewausschnitt erzählt sie, wie sie bei der Bewältigung dieser Herausforderungen auf «göttlichen Beistand» vertraut:

> Natalia: (kath., lat.) Und es ist hart, Simon! Vor allem für mich. Denn, ich bin nun 20 Jahre in der Schweiz, und mache das auf meine Art. Ich habe keine Lust, mich zu ändern. // SF: ((lacht)) Eh ja. // Und der Herr sagt dir: «Natalia, man muss sich ändern.» (--) Und so ist es. Aber los. Wir schaffen es nicht, aber der Herr schafft es immer. Ich nicht, aber er schon ((lacht)).

Manche selbstwirksamkeitserhöhenden Narrative geben den Individuen also das Gefühl, dass sie mit «Gottes Hilfe» alles tun können, sofern es dem «göttlichen Willen» entspricht. Indem die Gläubigen positive Ereignisse nicht ihren eigenen Handlungen, sondern «göttlichen Interventionen» zuschreiben, werten sie die Erfolge zusätzlich auf. Denn oft deuten die Gläubigen solche Interventionen als «Gunstbezeugungen Gottes», was sich wiederum positiv auf ihr Selbstwertgefühl auswirken kann. Sie haben dadurch das Gefühl, dass Gott sie liebt und ihnen in schwierigen Situationen beisteht.

Gleichzeitig beinhaltet dieses religiöse Deutungsmuster oft auch akzeptable Interpretationen für Misserfolge. Manche Gläubige interpretieren Misserfolge beispielsweise als «göttliche Zeichen» dafür, dass eine erfolglose Handlung nicht dem göttlichen Willen entspricht. Auf diese Weise können selbst Misserfolge oder schwierige Lebenssituationen als etwas Positives interpretiert werden. Dies kann den Gläubigen dabei helfen, einen Schlussstrich unter vergangene Schwierigkeiten zu ziehen und ohne emotionale Altlasten mit dem Leben fortzufahren.

Ein Beispiel hierfür zeigt sich in folgendem Zitat. Der Befragte löste an dieser Stelle einen inneren Konflikt zwischen der Loyalität gegenüber seiner alten Gemeinde und seinem Entschluss, sich einer neuen Gemeinde anzuschliessen, damit auf, dass er den Wechsel als «göttliche Bestimmung» interpretierte. Diese Interpretation schien ihm dabei zu helfen, mit der Vergangenheit abzuschliessen, so dass er sich nicht länger mit dem Problem verschiedener Entscheidungsmöglichkeiten auseinandersetzen musste:

Santiago: (prot., lat.)	Und dann war für mich und meine Schwester schwer von dort wegzugehen. Für mich war einfacher, weil ähm ich habe vielleicht gewisse Sachen… eben für mich war auch die, die die… das zu pfingst… war. Oder? Dass die Bewegung zu::… zu emotionell war, auch war, dass ich dachte, vielleicht hatte ich die genügende Unterstützung von dort nicht erhalten beziehungsweise zu meine… also die wollten uns nicht verlieren. Sie haben alles Mögliche gut gemacht was sie… aber vielleicht wussten… ja vielleicht haben sie… konnten sie nicht… oder… sagen wir… besser gesagt: Es war bestimmt, dass wir hierherkamen. Verstehen Sie, weil das ist Gottes Wille am Schluss.

Solche Deutungsmuster, die den Gläubigen dabei helfen, mit schwierigen Situationen und Misserfolgen umzugehen, können sich ebenfalls positiv auf die Selbstwirksamkeit auswirken. Denn sie können dazu führen, dass Individuen das Vertrauen in ihre Fähigkeiten und Entscheidungen weniger schnell verlieren und damit auch nicht die Motivation, zukünftige Herausforderungen anzugehen.

Selbstwirksamkeit durch Freiwilligenarbeit in der Gemeinde

Im Verlauf der Studie hat sich gezeigt, dass die Selbstwirksamkeit der Befragten nicht nur durch die Aneignung von Empowermentnarrativen positiv beeinflusst werden konnte, sondern auch durch die Übernahme von Freiwilligenarbeiten in der Gemeinde. In den meisten Migrationsgemeinden haben die Mitglieder die Möglichkeit, sich in einer breiten Palette von Aufgabengebieten zu engagieren. Diese umfasst beispielsweise Übersetzungsarbeiten, das Erteilen von Unterricht (z. B. Sprach-, Religions- oder Nähunterricht), Kinder- und Krankenbetreuung, das Organisieren von Festen und Grossanlässen, musikalische Begleitung sowie technische oder informationstechnologische Aufgaben.

Die Übernahme solcher Aufgaben kann die Selbstwirksamkeit positiv beeinflussen, wenn die Personen das Gefühl haben, dabei kleinere oder grössere

Erfolge zu feiern. Denn solche Erfolgserlebnisse können das Vertrauen in die eigenen Fähigkeiten stärken.[290] Ausserdem kann auch das positive Feedback anderer Gemeindemitglieder zur Erhöhung der Selbstwirksamkeitserwartung beitragen.[291] Da das Freiwilligenengagement in den Migrationsgemeinden oft mit einem gewissen Prestige verbunden ist, ist positives Feedback durch andere Gemeindemitglieder relativ häufig.[292]

Die Talente, Ressourcen und Fähigkeiten von Freiwilligen werden in manchen Gemeinden sogar als «göttliche Gaben» verstanden, die dazu eingesetzt werden sollten, um «Gott bei der Verwirklichung seines Heilsplanes auf Erden» behilflich zu sein. Dieses Deutungsmuster ist insbesondere in evangelikalen, pentekostalen und charismatischen Kreisen verbreitet:

Jazmín: (prot., lat.)	Jeder hat seine, seine Rolle. Jeder hat seinen Dienst. Ja. Jedem verteilt er [Gott] etwas. Jeder ist nützlich. Ja. Jeder ist wichtig.

Die Vorstellung, dass alle Menschen Gaben besitzen, mit denen sie Gott bei der Verwirklichung seines Heilsplanes unterstützen können, war für viele Personen im Feld eine wichtige intrinsische Motivation, derentwegen sie sich freiwillig in ihrer Gemeinde engagierten. Manche empfanden die Freiwilligenarbeit sogar als Privileg, weil sie ihnen das Gefühl gab, damit «etwas Sinnvolles zu tun» oder «an Gottes Plan zu arbeiten»:

Jazmín: (prot., lat.)	Und ja… und bis ich dann mich taufen liess, als ich zurückgekommen bin und eben Gott mir so die Türe geöffnet hat, auch zum Dienen in der Gemeinde drin, was ich wirklich auch alles sehr als Privileg sehe. Also wirklich alles, was ich machen kann, ist wirklich so unvorstellbar für mich. Weil eben, es ist so unverdient und Gott ist so gut und gross und ja. Und äh ich erfahre so, durch das, seine Liebe halt. Durch jeden Dienst, den ich machen kann. Und ja und eben ich glaube halt weiterhin an das, was er mit mir machen will, so für mein Leben. Ich habe eben seine Kraft in so vielen Bereichen auch spüren können.

290 Vgl. hierzu Bandura (1977).
291 Vgl. hierzu Barysch (2016: 204) und Bandura (1997).
292 Vgl. hierzu auch Kapitel 9.2.5.

Vermutlich ist die Hervorhebung der spirituellen Dimension der Freiwilligenarbeit ein wesentlicher Grund dafür, weshalb es in manchen christlichen Gemeinden so viele Gläubige gibt, die regelmässig mehrere Stunden pro Woche unentgeltlich für ihre Kirche arbeiten. Das hohe Engagement der Gemeindemitglieder wirkt sich wiederum positiv auf das Gemeindeleben aus. Schliesslich können Gemeinden mit vielen Engagierten mehr Aktivitäten und Angebote etablieren, da sie die Arbeitsbelastung auf mehr Freiwillige aufteilen können. Ausserdem herrscht bei den Veranstaltungen von Gemeinden mit vielen Helfern oft eine angenehme Atmosphäre, da allein schon durch sie eine grosse Gruppe zusammenkommt, die für gute Stimmung sorgen kann.

Auch die Freiwilligen können von ihrem Engagement profitieren. Neben dem bereits angesprochenen positiven sozialen Feedback und der psychischen Befriedigung, etwas Sinnvolles zu tun, haben sie auch die Möglichkeit, sich neue Kompetenzen anzueignen und dadurch mehr Vertrauen in ihre eigenen Fähigkeiten zu entwickeln.

Im Gegensatz zu vielen anderen Institutionen im Migrationskontext fällt es Migranten in der relativ wohlwollenden Atmosphäre der Migrationsgemeinden oft leichter, in neue Aufgabengebiete vorzustossen und sich so neue Kompetenzen anzueignen. Die Tatsache, dass sich die Gemeindemitglieder untereinander kennen, verringert den Erfolgsdruck sowie allfällige Schamgefühle. Zudem können sich die Freiwilligen meist selbst aussuchen, welche Aufgaben sie übernehmen möchten. Das bedeutet, dass sie sich in denjenigen Bereichen engagieren können, die sie entweder besonders interessieren oder die ihnen gut liegen. Gleichzeitig können sie Aufgabengebieten aus dem Weg gehen, die sie nicht interessieren oder bei denen das Risiko für Misserfolge grösser ist. Nicht zuletzt erleichtert auch das bekannte sprachliche und kulturelle Umfeld das Erlernen neuer Kompetenzen.

Diese positiven Grundvoraussetzungen ermöglichen es, dass sich in Migrantengemeinden selbst solche Personen weiterbilden können, denen zum Beispiel aufgrund mangelnder Sprachkompetenzen, ihrer Schüchternheit, ihrer Hautfarbe oder mangels einer gültigen Aufenthaltsbewilligung in anderen gesellschaftlichen Bereichen viele Türen verschlossen bleiben.

Die Kompetenzen fördernde Wirkung des freiwilligen Engagements in Migrationsgemeinden lässt sich an den beiden folgenden Beispielen illustrieren. Im ersten Interviewausschnitt beschreibt eine junge, eher schüchterne Frau, wie sie kurz nach ihrer Konversion über ihre Migrationsgemeinde die

Möglichkeit erhielt, in einer Pfingstkirche in Kolumbien ein Volontariat zu absolvieren. Dort wurde sie von einem Pastor gebeten, zum ersten Mal vor einem grösseren Publikum ihr Zeugnis zu geben:

Jazmín: (prot., lat.)	Und dann hat er [ein Pastor] gesagt so… es ist irgendwie eine spontane Sache gewesen, irgendwie so drei Tage vorher. Ähm so: «Ja hättest du nicht Lust, dein Zeugnis abzugeben? Es wäre sicher gut eben für andere. Es gibt auch ein paar Jugendliche, die dort sind und sich auch noch nicht ganz bekehrt haben, oder? Äh mal so etwas zu hören auch.» Ähm und ich so: «Oh Gott wirklich? Willst du das von mir?» ((lacht)) // SF: ((lacht)). // «Ich bin doch noch ganz am Anfang.» ((schmunzelt)) Ja aber ich habe wirklich gespürt so: «Doch, es ist von ihm und ich sollte das machen.» Ja das erste Mal halt so dort mal gestanden, am Mikrofon. Ja und ich bin wirklich ein Mensch… eigentlich ich kann nicht gross eben reden. Es gibt Leute, die sind mega redegewandt, oder? Ich gehöre jetzt nicht so zu denen. Aber eben in diesen Momenten hat mir Gott wirklich die Befähigung gegeben. Und eben bin ich wirklich auch richtig dankbar gewesen, dass ich das überhaupt machen durfte.

Vor diesem Auftritt hatte Jazmín gemäss ihren eigenen Angaben kaum Vertrauen in ihre Fähigkeit, vor Publikum zu sprechen. Der Aufenthalt in Lateinamerika hat ihr jedoch dabei geholfen, Ängste zu überwinden und diesbezüglich Selbstvertrauen zu gewinnen. Inzwischen übernimmt sie auch in ihrer Gemeinde in der Schweiz regelmässig Aufgaben, bei denen sie vor grösserem Publikum spricht. Zudem hat Jazmín den Eindruck, dass ihr die Erfahrungen in Lateinamerika dabei geholfen haben, bei einem Vorstellungsgespräch in einer Organisation einen besseren Eindruck zu hinterlassen, bei der sie sich bereits kurz vor der Reise erfolglos beworben hatte:

Jazmín: (prot., lat.)	Und dann bin ich ja dort [in Kolumbien] gewesen, und während dem hat sie [eine Freundin] mir nochmals ein Vorstellungsgespräch organisiert. […] Und ja dann ist das zustande gekommen und dann irgendwie drei Tage nachdem ich hier angekommen bin, habe ich schon das Vorstellungsgespräch gehabt. Bin ich dorthin gegangen mit voller Energie, oder? (Voll) am Strahlen. Ähm und dann hat er [der Vorgesetzte] gesagt so: «Hey weisst du was? Du bist wie ein neuer Mensch.» So ((lacht)): «Ich erkenn dich gar nicht mehr wieder» ((schmunzelt)). So… eben weil ich ihn auch gefragt habe, so: «Ja wieso haben sie mich

dann beim ersten Mal ähm nicht nehmen wollen?» Er so: «Eben ich habe einfach nicht gespürt, dass, dass du also mit der ganzen Ehrlichkeit dabei bist, oder?»

SF: Mhm.

Jazmín: Eben, weil das überträgt man irgendwie ((lacht)). // SF: ((lacht)) // Aber als ich zurückgekommen bin eben, ähm ja ist das halt alles ganz anders gewesen. Und eben ist dann auch halt auch der Plan gewesen von Gott, dass ich dann zusammen mit Kindern arbeite, oder? Und ja (sie haben) gesagt, eben, ich bin ein neuer Mensch und ja: «Ich gebe dir den Job.»

Im zweiten Beispiel beschreibt eine ehemalige Sans-Papier, wie sie von Personen aus dem Netzwerk der katholischen Mission dazu ausgebildet wurde, ihre eigenen psychischen Herausforderungen zu bewältigen und ein Sorgentelefon zu führen. Heute nutzt sie diese Kompetenzen, um mithilfe des «Telefons der Hoffnung» (*Teléfono de la esperanza*)[293] anderen Menschen in schwierigen Lebenssituationen beizustehen:

Valeria: (kath., lat.) Dann fingen wir an und dann kam Pater D zu allem was::... was lateinamerikanisch war, um... für das Telefon der Hoffnung und Meditrina und das Sans-Papier-Kollektiv. Von da an begannen wir zu arbeiten bis heute, bis heute... er hat uns sehr geholfen. Auch mir persönlich, er half mir viel mit... mit den Kursen für Selbsthilfe, die es gab. Und die Kurse zur Förderung des Selbstvertrauens und all diese Dinge, für die... für die Psychologen kamen. Ärzte und Rechtsanwälte. Wir konnten einen Kurs für Psychologie veranstalten, der etwa drei Jahre dauerte. Um den Menschen helfen zu können.

SF: Sie haben die veranstaltet?

Valeria: Ja... ja. Sie haben uns unterrichtet und alles, ja. Aber zuerst haben wir... ich meine, wir... sie unterrichteten uns mit einem Kurs zur Förderung des Selbstvertrauens, zur Hilfe, Selbsthilfe und so. Und dann um diese... um anderen helfen zu können, nicht? Um Anrufe entgegennehmen zu können... von Selbstmordgefährdeten und all das.

Wie diese beiden Beispiele zeigen, können die gemeindeinterne Befähigung und Kompetenzvermittlung auch für das Leben ausserhalb der Migrantenge-

---

293 Für weitere Informationen s. a. http://telefonodelaesperanza.org/zurich (14.2.2016).

meinden eine Ressource sein. Neue Fähigkeiten fördern nicht nur das Selbstwirksamkeitsgefühl der Migranten, sondern können auch ausserhalb der Gemeinden angewendet werden, zum Beispiel im Arbeitsleben

9.3.3 Einschätzungsunterstützung als Trost oder als Hilfe zum Loslassen

Eine dritte Gruppe von Deutungsmustern zeichnet sich dadurch aus, dass sie eine tröstende Wirkung entfalten oder den Gläubigen dabei helfen, loszulassen und trotz bestehender Herausforderungen mit ihrem Leben fortzufahren. Diese Form der Einschätzungsunterstützung zeigte sich insbesondere in schwierigen Situationen als hilfreich, die von den Befragten nicht direkt durch problemorientierte Bewältigungsstrategien beeinflusst werden konnten.

«Gottes Wege sind unergründlich»

Manche Empowermentnarrative entfalten eine tröstende Wirkung, indem sie darauf hinweisen, dass die als negativ empfundene Lebenslage besser sein könnte, als es aus der Sicht des Individuums den Anschein erweckt.[294] Ein Beispiel hierfür ist die Vorstellung, dass kein Mensch die volle Tragweite von Geschehnissen erfassen kann und dass selbst Ereignisse, die aus seiner Sicht negativ erscheinen, aus der Perspektive eines allwissenden Gottes positiv sein könnten. Dieses Deutungsmuster wird oft mit dem Sprichwort zusammengefasst: «Gottes Wege sind unergründlich». Es kann beispielsweise auf Personen tröstend wirken, die sich in Lebenslagen befinden, die sie als ungerecht empfinden:

Violeta: (prot., lat.)	Ich glaube, dass, wenn Gott gewisse Dinge zulässt, dann weil er einen Plan hat. Es gibt Momente, in denen wir nicht glauben, nicht wissen, das «Warum» nicht verstehen. «Warum? Warum hast du das zugelassen?» Wir wissen nicht warum. Unsere menschliche Fähigkeit ist sehr limitiert. Wir können nichts darüber hinaus verstehen. Aber ja, ich glaube, dass Gott es schon weiss.

294 Als biblische Grundlage für diese Vorstellung dienen bspw. Röm 11,33 oder das Buch Hiob.

Manche Personen im Untersuchungsfeld interpretierten schwierige Lebenssituationen auch als pädagogische Massnahmen Gottes oder als Glaubensprüfungen. Auch diese Deutung kann eine tröstende Wirkung erzielen, wie sich in den folgenden beiden Interviewausschnitten zeigt. Im ersten Zitat berichtet ein lateinamerikanischer Vater, wie er nach der Geburt eines Kindes mit Behinderung zunächst mit Gott und seinem Schicksal haderte. Seine Sicht auf die Dinge veränderte sich jedoch zum Positiven, als er sein Kind nicht mehr als Unglück betrachtete, sondern als eine Chance für spirituelles Wachstum:

Samuel: (prot., lat.)	Oder: «Warum?! Was haben wir falsch gemacht, als Eltern? Jetzt, ausgerechnet jetzt, wo ich am Herrgott mein Leben gewidmet habe, passiert so etwas.» Und man sagt ja: «Warum, Herrgott? Warum passiert da so etwas?» Und äh… es ist jahrelang gegangen bis wir verstanden haben, wieso das Ganze passiert ist, oder? – Weil er will uns formen mit dem. Er will uns stärken. Weil, er braucht uns nachher später um andere zu stärken, um anderen zu helfen. Und nicht, dass wir nachher gerade wieder herunterfallen. Oder? Das ist, in der Bibel ist das x-mal so passiert, oder? Dass Gott formt, Stärke gibt, oder? Man… das waren schlimme Zeiten. Und der Glaube wächst natürlich, weil man hofft nur.

Das zweite Zitat stammt aus dem Interview mit Rebeca, die wenige Jahre zuvor an Krebs erkrankt war und sich deswegen einer Chemotherapie unterziehen musste. Obwohl die Behandlung erfolgreich war, empfand sie ihre Krankheitsphase als eine schwierige Zeit. Im Nachhinein interpretiert Rebeca die Krankheit aber als eine positive Erfahrung. Sie hat den Eindruck, dass ihr die Krankheit dabei geholfen hat, an Demut zu gewinnen und Alltagsprobleme gelassener zu betrachten:

Rebeca: (prot., lat.)	Trotzdem. Und diese Erfahrungen, oder?, in Gott, die kräftigen wieder den Glauben. Und… das hilft, dass man wieder nachdenkt. Oder? Weil eben es kann sein, dass man selbstsicher ist wieder ((lacht)) und dann wird man wieder durchgeknetet ((lacht)). Aber das hilft, das hilft. Und deswegen Gott ist gut, extrem gut. Und ähm… ja, eben auch das Nachdenken: «Ja, das Leben ist nicht so schlimm. Guck es mal ein bisschen anders an.» Und äh dann hat er [Gott] mir einfach gesagt «Weisst du, was das Problem ist: du machst dir Probleme, wo es keine gibt.»

«Zurzeit befindest du dich in der Wüste, doch dich erwartet das gelobte Land»

Andere tröstende Narrative verweisen auf die Hoffnung, dass das Leben in einer transzendenten oder immanenten Zukunft besser sein wird als zum gegenwärtigen Zeitpunkt. Als biblische Grundlagen für diese Vorstellungen werden beispielsweise der Auszug der Israeliten aus Ägypten hinzugezogen oder die Seligpreisungen, die denjenigen Wiedergutmachung versprechen, die in dieser Welt Leid ertragen oder «nach Gerechtigkeit dürsten»:[295]

Mateo: (prot., span.)	Im Moment bin ich ein bisschen weniger in der Kirche als, was ich sein sollte. Also, früher habe ich die Kirche mehr unterstützt als jetzt. Aber das wird auch verändern. Das kommt auch, diese, dass die Batterie wieder aufgeladen… Also, jetzt bin ich in meinen 40 Jahren (3) durch den (2) «desierto» [Wüste].
SF:	Wüste?
Mateo:	Ja. Ich bin in meinen 40 Jahren, […] wo dreht und dreht und dreht. Ja, so eine Art, ja.

Ein weiteres tröstendes Empowermentnarrativ besteht in der Überzeugung, dass sich ein getaufter Christ der «Erlösung» (im Jenseits) bzw. des «göttlichen Beistands» im Diesseits sicher sein kann. Im Rahmen der teilnehmenden Beobachtung und in den Interviews hat sich allerdings gezeigt, dass nicht alle Gruppierungen diese Vorstellung teilten. Vielmehr scheint es diesbezüglich individuelle und konfessionelle Unterschiede zu geben. Die protestantischen Christen und die charismatischen Katholiken scheinen sich der Erlösung tendenziell sicherer zu sein als nicht charismatische Katholiken. Bei ersteren ist die Vorstellung weit verbreitet, dass sie mit ihrer Bekehrung und der (Erwachsenen-)Taufe das «ewige Leben bereits empfangen haben». Viele nicht charismatische Katholiken hingegen scheinen den «Weg zu Gott» bzw. «in den Himmel» oder «zur Heiligkeit» mehr als kontinuierlichen Prozess zu verstehen, für den man sich ein Leben lang bemühen muss.

Auch einer der Interviewten, der vom Katholizismus zum pfingstlerischen Protestantismus konvertiert ist, hat auf diesen konfessionellen Unterschied hingewiesen:

[295] Vgl. Ex 6,2–13,22 und Mt 5,4–6.

Santiago: (prot., lat.) Ich kannte schon von… als ich Katholik war. Ich kannte diesen mächtigen Gott, wo alles möglich ist. Aber dass durch Jesus Christus, er mein ewiges Leben annehmen kann, das wusste ich nicht zum Beispiel. Und in Bibel steht, wenn du Jesus in dein Herz annimmst, dann bekommst du auch als Gnade von Gott, ist dein Name im Buch des Lebens aufgeschrieben. Das heisst, du hast ein ewiges Leben. Was ein grosser Unterschied ist zwischen dem, was wir [Pfingstler] machen, und andern Religionen, ist, ist nach meiner Meinung, dass für die meisten Religionen… Weil, wenn man so etwas mit anderen Leuten spricht, sie müssen gute Tatsachen [Taten?] machen und sie vielleicht VIELLEICHT bekommen sie ewiges Leben. Wir machen gute Sachen, weil wir ewiges Leben bekommen haben, als wir Jesus in unser Herz angenommen haben.

Die Gewissheit der eigenen Erlösung scheint protestantische und charismatische Christen tendenziell empfänglicher für christliche oder biblisch begründete Empowermentnarrative zu machen, da sie diese weniger vor dem Hintergrund der eigenen Schwächen selbstkritisch reflektieren und damit entkräften. Aber auch bei den Protestanten zeigten sich individuelle Unterschiede. Im Allgemeinen scheint es Personen mit einem intellektuellen, kritisch-reflexiven Zugang zur Religion etwas schwerer zu fallen, sich Empowermentnarrative für die emotionale Bewältigung von Herausforderungen anzueignen, da sie eher dazu neigen, die Narrative vor dem Hintergrund anderer Wissensbestände zu dekonstruieren. Wer zum Beispiel an der Historizität biblischer Geschichten zweifelt, weil er sich auf andere Quellen der Geschichtsschreibung bezieht, wird tendenziell mehr Mühe damit haben, sich direkt mit biblischen Charakteren zu identifizieren und sich ihre spirituell-religiösen Bewältigungsformen direkt anzueignen. Daher kann ein unkritischerer Umgang mit religiösen Deutungsmustern durchaus eine Ressource darstellen, die sich insbesondere Personen zunutze machen können, die über weniger anderweitige Wissensressourcen verfügen.[296]

Ein kritisch-reflexiver Zugang zur Religion hat jedoch auch seine Vorteile. Im Rahmen dieser Studie hat sich gezeigt, dass es Personen, die ihren eigenen

[296] Selbstverständlich kann eine unkritische Bibelauslegung auch Nachteile nach sich ziehen. So können je nach Interpretation auch Narrative angeeignet werden, die Gewalt oder Fatalismus fördernd wirken. Zudem können Konflikte mit der Aufnahmegesellschaft entstehen, wenn das Weltbild des Individuums zu stark von demjenigen anderer gesellschaftlicher Gruppen abweicht (vgl. Kapitel 11.2).

Zugang zu Religion stärker reflektierten, tendenziell leichter fiel, andere Weltbilder und Glaubensvorstellungen nachzuvollziehen, die nicht ihren eigenen entsprachen.[297] Auch dies kann in dem stark pluralisierten und individualisierten Migrationskontext Schweiz eine wichtige Ressource darstellen, da es den Austausch mit Personen aus anderen soziokulturellen Gruppen vereinfacht.

«Sein Wille geschehe»

Eine weitere Möglichkeit, Herausforderungen mithilfe einer innerpsychischen Adaption zu bewältigen, besteht darin, den negativen Umständen keine grosse Beachtung zu schenken und stattdessen einfach darauf zu vertrauen, dass mithilfe der «göttlichen Vorsehung» am Ende «alles irgendwie gut kommen wird». Diese zuversichtliche Grundhaltung bezüglich der eigenen Zukunft ähnelt derjenigen, die in der Psychologie als «dispositionaler Optimismus» beschrieben wird (vgl. Schwarzer/Jerusalem 2002: 34, Lübke 2016: 138), nur dass der Optimismus in diesem Fall mit dem steuernden Einfluss einer höheren Macht begründet wird. Wong-McDonald und Gorsuch nennen diesen Coping-Stil auch «*Surrender to God*» (Wong-McDonald/Gorsuch 2000).[298]

Eine optimistische Grundhaltung kann eine psychische Ressource sein. Bisherige Studien haben festgestellt, dass ein gesundes Mass an Optimismus mit einer höheren Lebenszufriedenheit, einem höheren psychischen Wohlbefinden und einem geringeren Risiko zur Entwicklung von Depressionen einhergeht. Zudem haben Optimisten mehr psychische Ressourcen, um lösungsorientiert an Probleme heranzugehen. Sie sind oft erfolgreicher in Schule und Beruf und können besser soziale Beziehungen zu anderen Menschen aufbauen (Lübke 2016: 142–143).[299] Demnach stellt eine optimistische Lebenshaltung also eine bedeutende psychische Ressource dar. Zu viel Optimismus kann jedoch auch Gefahren nach sich ziehen. Zum Beispiel dann, wenn Personen die Einstellung entwickeln, dass ihnen nichts Negatives widerfahren kann, und sie deswegen nachlässig werden oder zu hohe Risiken eingehen.[300]

Manche spanischsprachigen christlichen Migranten stützen ihre optimistische Einstellung auf die Vorstellung, dass «Gott für die Seinen schaut» und

297 Vgl. hierzu Kapitel 9.1.4.
298 Zur Wirksamkeit dieser Bewältigungsmethode zur Stressreduktion siehe auch die Studie von Clements/Ermakova (2012).
299 Siehe auch Alacron et al. (2013), Scheier/Carver (1985), Gillham/Reivich (2004), Carver et al. (2010) und Schulmann (1995).
300 Vgl. Gillham/Reivich (2004) und Nicolle et al. (2011).

letztendlich alles «in seiner Hand liegt». Diese Einstellung spiegelt sich auch in Aussprüchen wider wie «sein Wille geschehe» oder «Gott allein genügt».[301] Diese Form des Loslassens und Vertrauens auf die «göttliche Vorsehung» wird oft in Extremsituationen eingesetzt, wenn alle anderen materiellen, sozialen und kognitiven Ressourcen bereits ausgeschöpft sind.

Dies zeigt sich auch in den folgenden vier Beispielen. Das erste Zitat stammt aus dem Interview mit einer Frau, die aufgrund ihres schlechten Gesundheitszustandes seit Jahren in schwierigen finanziellen Verhältnissen lebt:

Natalia: (kath., lat.)	[D]enn das [die Religiosität] ist unverzichtbar, denn das Leben hier in der Schweiz, Simon, die Leute (2) stützen sich auf die Versicherungen. Eine Versicherung zum Laufen, Versicherung für das Haus, Versicherung für das Leben. Und meine einzige Versicherung heisst: Jesus. Zu mir sagen sie: «Natalia, du musst so und so viel Reserve haben», ich sage zu ihnen: «Suche du es [das Geld] mir, damit ich es habe. Denn von dem, was ich habe, kann ich keine Reserve aufbauen» – «Und wenn dir etwas zustösst?» – «[Dann] antwortet mein Herr!»

Im zweiten Zitat beschreibt ein Mann, wie die Strategie des Loslassens ihm und seiner Frau dabei geholfen hat, mit einer mehrjährigen lebensbedrohlichen Krankheit ihres Sohnes fertigzuwerden, welche die Familie an ihre psychischen Belastungsgrenzen führte:

Samuel: (prot., lat.)	Und nach 7 Jahren ((atmet aus)) da haben wir gesagt: «Ja, das stimmt… Gott gibt das Leben. Gott nimmt das Leben.» Das ist so. Dreimal waren wir mit ihm im Spital. Wir konnten wirklich nicht mehr. Weil jeden Moment hätte sollen… hätte der Arzt kommen können und sagen: «Ja, wissen Sie, wir haben für ihn alles gemacht, er ist gestorben», wäre er gestorben.

Auf ähnliche Weise half das «Loslassen» und das «Vertrauen auf Gott» auch manchen Sans-Papiers, die andauernde psychische Belastung auszuhalten, die aus der ständigen Angst davor entstand, jederzeit von der Polizei entdeckt und ausgeschafft werden zu können:

---

301 Vgl. für das erste Zitat Lk 22,42 und Mt 6,10. Der Satz «Gott allein genügt» (span. *«solo Dios basta»*) lässt sich auf ein Gedicht der spanischen Mystikerin Teresa von Ávila zurückführen (vgl. Karmel OCD 2018).

Regina: (kath., lat.)

Und früher hat es mir Angst gemacht, nun nicht mehr. Denn ich habe hier viele Male eh… ist die Polizei gekommen. Und… als ich hier war. Einmal sind sie gekommen, um etwas zu fragen, als wir ein Fest hatten. Und (--) zufäl-ligerweise kam die Polizei im Mai. Weil… weil sich einige Personen beschwert hatten. Aber es war um sechs Uhr nachmittags. Und eine… und eine Person sagte mir: «Und dir macht das keine Angst?», ich sagte: «Nein. Denn sie suchen nicht mich.» ((schmunzelt)) Verstehst du mich? Aber vorher. Oy! Wenn ich so Dinge sah [wie die Polizei]. Aber nun nicht mehr… es macht mir keine Angst. Und auch weil… weil ich weiss, dass der Herr zu mir schaut und mich beschützt, weil er mit mir ist. Verstehst du? Und… und der Glauben ist sehr wichtig. […]
Nun, was sage ich dir? Dass dass… manchmal sage ich: «Wow! Wenn doch alle, alle Sans-Papiers… (--) dem Herrn mehr Zeit widmen könnten.» Wenn einer sich… wenn man zu ihm geht… kümmert er sich um unsere Angelegenheiten. Verstehst du?

*****

Esperanza: (kath., lat.)

Sie schoben mich ab, ich hatte eine Abschiebung. […] damals schoben sie alle ab, so wie sie sie fanden. Damals… als die Polizei mich… mich erwischte… sie erwischten mich, als ich auf den Bus wartete. Und in Zivil. Und fragten mich nach Dokumenten, und ich hatte keine. Und dann gaben sie mir 48 Stunden Zeit, um das Land zu verlassen. Dann sagte ich: «Mein Gott, wenn du mir die geschickt hast… was muss ich tun?» Und… es waren schon fünf Jahre, die ich illegal lebte… die ich zu dieser Zeit im Land war. Und ich sagte wirklich: «Mein Gott, wenn mir das geschehen ist, zumal ich Christin bin, ich bin Katholikin», sagte ich, «nun, dann muss ich gehen.»

In solchen Extremsituationen wird der psychische Wert von Empowermentnarrativen, die beim Loslassen behilflich sind, besonders deutlich. Aber auch in alltäglichen Situationen können sie dabei helfen, gelassener zu reagieren. Dies zeigt sich zum Beispiel in den beiden folgenden Zitaten. Im ersten Interviewausschnitt erinnert sich Jazmín, eine junge Frau, an ein Gespräch mit ihrer Mutter. Jazmín wollte für ein christliches Volontariat nach Südamerika reisen, aber ihrer Mutter fiel es zunächst schwer, ihr Reisevorhaben zu akzeptieren. Erst die Neuinterpretation der Situation mithilfe eines biblischen Motivs half der Mutter schliesslich dabei, loszulassen und die Entscheidung ihrer Tochter zu akzeptieren:

Jazmín (prot., lat.)	Meine Mutter ist eines Tages zu mir gekommen und hat gesagt so: «Jazmín, ich spüre, heute hat Gott zu mir gesprochen und er hat gesagt: «Ich bin heute nicht Luisa...» Weil meine Mutter heisst eigentlich Ana Luisa, aber alle nennen sie Luisa [...] Ja ähm und sie hat gesagt: «Nein heute hat mir Gott gesagt, ich bin heute eine Ana.» (Und so)... und eben in der Geschichte, also von der Bibel, ist Ana ähm tut sie auch ihren einzigen Sohn Gott hingeben oder? Also das Kind, auf das sie so lange gewartet hat, hat sie wirklich Gott hingegeben, gewidmet.

Im zweiten Beispiel hat das «Loslassen» einer befragten Mutter dabei geholfen, die uneheliche Schwangerschaft ihrer Tochter zu akzeptieren:

Natalia: (kath., lat.)	Meine Tochter, vor zwei Jahren sagte sie mir dort in meinem Zimmer: «Mami, ich muss dir etwas sagen.» Und ich schaue sie an und sage: «Bist du schwanger?» // SF: ((lacht)) // Sie sagt mir: «Woher weisst du das?» Sage ich: «Weil ich dein Herz kenne.» Und sie weinte und ich umarmte sie fest. Und sagte ihr: «Das ist kein Problem. Das wird uns Freude bescheren.» [...] So ist das, Simon. Früher, zu einer anderen Zeit, hätte ich ihr gesagt: «Was für ein Unglück! Ein Kind, ein junges Mädchen, ohne Erfahrung, ledig. Wie...» Aber der Herr gibt Weisheit, er gibt dir Gelassenheit und Einsicht und sagt dir: «Alles, was in deinem Leben geschieht, lasse ich zu.» Und aus jeder schlechten Sache, die dir passiert, kann ich etwas Gutes machen.»

Aus der Sicht von Natalia hat ihr die verstärkte Auseinandersetzung mit Religion in der katholischen Mission dazu verholfen, dass sie emotional besser mit dem unerwarteten Ereignis der Schwangerschaft ihrer Tochter umgehen konnte. Das bedeutet, dass die religiöse Bildung und die Übernahme von christlichen Deutungsmustern bei ihr also zu einer Lebenseinstellung geführt haben, die sie als «gelassen» und «einsichtig» bezeichnet.

Bei manchen Untersuchungspersonen führte die intensivere Auseinandersetzung mit Religion aber auch zu einer gegenteiligen Entwicklung. Sie entwickelten strengere moralische Vorstellungen und forderten diese auch von ihrem Umfeld ein. Dadurch konnte es zu Konflikten und Zerwürfnissen mit anderen Personen kommen. Diese negativen Aspekte gewisser religiöser Deutungsmuster werden in Kapitel 11.2 noch genauer ausgeführt.

9.4 Schlussfolgerungen

In den christlichen Migrationsgemeinden konnten sich die Befragten über informelle soziale Unterstützung Ressourcen aneignen, die ihnen bei der Bewältigung und Prävention von Herausforderungen im Migrationskontext halfen. In diesem Kapitel wurde die soziale Unterstützung in Anlehnung an Schwarzer und Leppin (1989: 18–23) unterteilt in: instrumentelle und informationelle Unterstützung, positive soziale Kontakte und emotionale Unterstützung sowie Einschätzungsunterstützung. Diese fünf Dimensionen dienten lediglich der konzeptuellen Unterscheidung und der einfacheren Ergebnisdarstellung. In der Realität sind hilfreiche Interaktionen meist von mehreren dieser Dimensionen gleichzeitig geprägt.

Die *instrumentelle Unterstützung* umfasste beispielsweise Hilfeleistungen bei der Kinderbetreuung, der Arbeits- und Wohnungssuche, beim Umzug oder bei Übersetzungen, Behördengängen oder administrativen Angelegenheiten. Da diese Hilfeleistungen in der Regel durch Personen erbracht wurden, zu denen bereits ein Vertrauensverhältnis bestand, waren sie für die Unterstützungsempfänger meist auch mit positiven Gefühlen – also emotionaler Unterstützung – verbunden. Diese positiven emotionalen Aspekte wurden von vielen Befragten mindestens ebenso geschätzt wie die eigentlichen Hilfeleistungen selbst. Die Tatsache, dass die Hilfe nicht unpersönlich, sondern in einem warmherzigen sozialen Ambiente erbracht wurde, schien für viele ein bedeutendes Qualitäts- und Alleinstellungsmerkmal der Unterstützung in spanischsprachigen christlichen Migrationsgemeinden zu sein.

Informationelle Unterstützung wurde im Untersuchungsfeld vor allem in Bezug auf zwei Themenbereiche beobachtet. Der erste Bereich beinhaltete Informationen, die bei der Bewältigung von alltäglichen Herausforderungen hilfreich waren. Der zweite Bereich umfasste Informationen zu religiösen, moralischen und weltanschaulichen Fragen, die unter anderem zur Orientierung im neuen kulturellen und religiösen Umfeld des Migrationskontextes dienten. Anders als an vielen anderen Orten der Aufnahmegesellschaft wurden die Befragten in den Migrationsgemeinden nicht mit einer neuen Weltanschauung und neuen Begrifflichkeiten konfrontiert, sondern sie erhielten aufgrund der sprachlichen, kulturellen und religiösen Nähe der Informanten für sie verständliche Antworten. Dies vereinfachte nicht nur den Wissenstransfer, sondern ermöglichte den Migranten zudem, auf der Grundlage ihres bereits bestehenden Wissensrepertoires neue Perspektiven auf die grossen und kleinen Fragen des Lebens aufzubauen.

Die beiden Unterstützungsdimensionen *positive soziale Kontakte* und *emotionale Unterstützung* wurden in diesem Kapitel aus methodischen Gründen zusammen behandelt. Den meisten Befragten schien der soziale Anschluss in den Migrationsgemeinden leichterzufallen als in anderen Netzwerken im Migrationskontext. Dies lässt sich vermutlich darauf zurückführen, dass die Gemeinden in sprachlicher, kultureller, religiöser und sozialer Hinsicht ihrem Herkunftskontext ähnelten. Die guten sozialen Anschlussmöglichkeiten vereinfachten es den Befragten, einen Teil des durch die Migration erlittenen Verlustes des familiären und freundschaftlichen Netzwerkes zu kompensieren. Zudem weckte die Tatsache, dass die anderen Gemeindemitglieder ähnliche kulturelle und religiöse Vorstellungen teilten, in vielen das Gefühl von Geborgenheit und des Akzeptiertseins, ohne dass sie sich dafür verstellen mussten.

Im letzten Teil dieses Kapitels wurde schliesslich noch die *Einschätzungsunterstützung* behandelt. Hierbei handelt es sich um die Vermittlung von Informationen und Deutungsmustern, die Menschen dabei helfen können, Herausforderungen durch eine Neubewertung der eigenen Ressourcen oder Lebensumstände besser zu bewältigen. Die Einschätzungsunterstützung scheint in christlichen Migrationsgemeinden – neben der informationellen Unterstützung, die ebenfalls eine Neubewertung der Ressourcen und Umstände nach sich ziehen kann – vorwiegend auf zwei Arten erbracht zu werden: über Lob und Anerkennung bei der Ausführung von Freiwilligenarbeiten sowie über die Vermittlung von Empowermentnarrativen.

Bei den Empowermentnarrativen handelt es sich um Deutungsmuster, die oft aus der Bibel oder aus anderen christlichen Quellen abgeleitet werden. Beispiele hierfür zeigen sich in Aussprüchen wie: «*Jesus liebt dich, so wie du bist*», «*der Herr ist mit dir und mit ihm ist nichts unmöglich*» oder «*Gottes Wege sind unergründlich*». Solche Narrative können sich zum Beispiel positiv auf den Selbstwert oder die Selbstwirksamkeitserwartung einer Person auswirken, oder sie können ihr dabei helfen, unveränderbare Umstände mithilfe einer intrapsychischen Anpassung zu akzeptieren und «loszulassen».

Da Migrationsgemeinden mehrheitlich aus Zuwanderern bestehen, welche die Herausforderungen der Migration am eigenen Leib erfahren haben, herrscht in ihnen eine Atmosphäre, die die Vermittlung sozialer Unterstützung begünstigt.

Viele Gemeindemitglieder sind sehr aufmerksam bezüglich der Bedürfnisse anderer Migranten und sehen es als ihre moralische oder sogar als ihre religiöse Pflicht an, ihnen bei der Etablierung in der Schweiz zu helfen. Aus diesem Grund bemühen sie sich auch darum, eine familiäre und gemeinschaftliche Atmosphäre zu schaffen, die den sozialen Anschluss und den Aufbau neuer sozialer Beziehungen vereinfacht. Somit kann sich das verhältnismässig grosse soziale Netzwerk der christlichen Migrationsgemeinden wie ein Multiplikator auf die Ressourcensituation von Migranten auswirken. Hier haben sie die Möglichkeit, bis zu einem gewissen Grad auch auf die instrumentellen, informationellen, emotionalen und spirituellen Ressourcen anderer Gemeindemitglieder zurückzugreifen, mit denen sie soziale Kontakte pflegen.

Nicht alle Gemeindemitglieder sind jedoch gleich gut in ihren Gemeinden vernetzt. Dementsprechend profitieren auch nicht alle im gleichen Mass von sozialen Unterstützungsleistungen. Da eine erfolgreiche Integration in die soziale Gemeinschaft eine wichtige Grundvoraussetzung für die Vermittlung von sozialer Unterstützung ist, wird dieser Prozess im nächsten Kapitel noch etwas genauer betrachtet.

10 Prozesse der sozialen Integration

Nicht alle Kirchenbesucher sind in ihren Gemeinden in gleichem Mass sozial integriert. Manche kommen kaum je mit anderen Mitgliedern in Kontakt oder pflegen keine engen Beziehungen zu ihnen. Andere wiederum verbringen einen Grossteil ihrer Freizeit mit ihrer Gemeinschaft und pflegen auch über die kirchlichen Aktivitäten hinaus noch einen intensiven Kontakt zu ihnen. Da die Zahl und die Qualität dieser Beziehungen eine wichtige Grundvoraussetzung für soziale Unterstützung darstellen, beschäftigt sich das folgende Kapitel mit den Prozessen der sozialen Integration in die christlichen Gemeinschaften. In allen Gemeinden gibt es sowohl Aspekte, die sich positiv auf die Zahl und die Qualität sozialer Beziehungen auswirken können, wie auch solche, die einen negativen Einfluss darauf haben können. Nachfolgend werden die positiven Prozesse der sozialen Integration unter dem Begriff des «sozialen Einbezugs» behandelt und die negativen unter dem Begriff der «sozialen Ausgrenzung».

10.1 Unterschiedliche Grade der sozialen Integration

In der folgenden Abbildung 30 werden die unterschiedlichen Grade der sozialen Integration in die Gemeinschaft schematisch dargestellt. Darin symbolisieren die drei konzentrischen Ovale verschiedene Typen von Personen, die sich in Bezug auf ihre soziale Vernetzung in der Gemeinde unterscheiden. Im äussersten Kreis dieser Darstellung befinden sich die *sozialen Aussenseiter*, die kaum oder nur wenig Kontakt zu anderen Gemeindemitgliedern pflegen. In den untersuchten Gemeinden gehörten hierzu beispielsweise Personen, die nur die sonntäglichen Gottesdienste besuchten, jedoch an keinen anderen Aktivitäten der Gemeinde teilnahmen und daher auch kaum in Kontakt mit anderen Gemeindemitgliedern kamen. Daneben sind im mittleren Oval die *regelmässigen Besucher* dargestellt. Im Untersuchungsfeld gehörten hierzu beispielsweise Personen, die aufgrund ihrer regelmässigen und oft auch langjährigen Teilnahme an Gemeindeaktivitäten zu den «bekannten Gesichtern» gehörten. Sie verfügten normalerweise über ein gut ausgeprägtes soziales Netzwerk innerhalb der Gemeinde, das sie zum Teil über Jahre hinweg aufgebaut hatten.

Abbildung 30: Unterschiedliche Grade der sozialen Integration

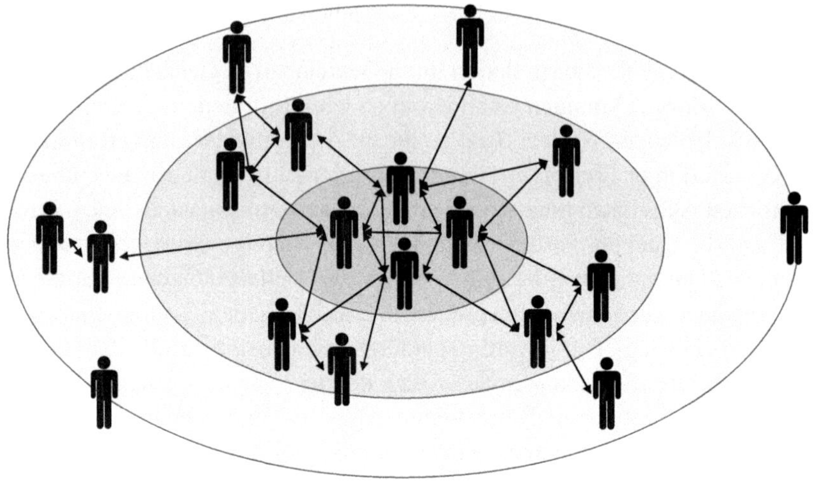

Im innersten Oval befinden sich die am besten in ihre Gemeinde integrierten Personen. Diese *Kerngruppe* besteht meist nur aus wenigen Personen, die jedoch aufgrund ihres ausgeprägten Engagements und ihrer hohen Präsenzzeiten bei den meisten Gemeindemitgliedern bekannt sind. In den untersuchten Gemeinden gehörten hierzu beispielsweise religiöse Spezialisten wie Priester bzw. Pastoren, Katecheten und Religionslehrer sowie Personen mit Spezialaufgaben und andere hochengagierte Freiwillige. Aufgrund ihrer Tätigkeiten sind sie zum einen untereinander sehr gut vernetzt und pflegen zum anderen auch mit beinahe allen anderen Untergruppen der Gemeinde sozialen Kontakt. Damit halten sie das soziale Gefüge der Gemeinde zusammen.

Bei dieser Typologie handelt es sich allerdings nur um eine sehr schematische Darstellung des Gemeindelebens. Die Realität ist deutlich komplexer, als es diese Dreiteilung in Kerngruppe, regelmässige Besucher und Aussenseiter suggeriert. So sind zum einen die Grenzen zwischen den verschiedenen Kategorien fliessend und dynamisch. Zum anderen existieren auch Untergruppen, die sich entlang von Alters- und Milieugrenzen oder anderen soziokulturellen Unterschieden voneinander abgrenzen und die eine klare Zuordnung einzelner Personen zu den «Aussenseitern» oder der «Kerngruppe» erschweren. Denn eine Person kann zum Beispiel sehr gut in eine Untergruppe integriert sein, jedoch ausserhalb davon kaum soziale Kontakte zu anderen Gemeindemitgliedern pflegen. Dennoch scheint mir diese Darstellung sinnvoll, weil sie veranschaulicht, dass die Mitglieder von Migrationsgemeinden bezüglich ihrer sozialen Integration keine homogene Einheit bilden. Diese Tatsache ist bedeutend, da sich Unterschiede in der sozialen Vernetzung auch darauf auswirken, wie viel soziale Unterstützung eine Person durch andere Gemeindemitglieder erhält.

Bereits sporadische Kontakte zur Gemeinde wie unregelmässige Gottesdienstbesuche können manche der im Migrationskontext entstandenen Bedürfnisse befriedigen und damit zur Bewältigung negativer Aspekte der Migrationserfahrung beitragen. Die in Kapitel 9 beschriebenen Ressourcen und Unterstützungsleistungen werden jedoch durch andere Gemeindemitglieder erbracht. Das bedeutet, dass die soziale Integration und Vernetzung in der Gemeinde wesentlich darüber mitbestimmen, inwiefern jemand in der Migrationsgemeinde Ressourcen mobilisieren kann.

10.2 Sozialer Einbezug

Ob und in welchem Masse der soziale Einbezug in einer Migrationsgemeinde gelingt, hängt sowohl vom Individuum ab wie auch von der Gemeinschaft. Auf der Seite des Individuums sind persönliche Präferenzen und Eigenschaften wichtige Faktoren, die darüber bestimmen, ob es sich eher am sozialen Rand der Gemeinde wiederfindet oder gut vernetzt in der Kerngruppe. Anders ausgedrückt bedeutet dies, dass sich diejenigen Personen, die sich in die Gemeinde integrieren wollen und über die dazu notwendige Sozialkompetenz und zeitlichen Ressourcen verfügen, tendenziell besser vernetzen können als Personen, auf die dies nicht zutrifft. Aber auch auf der Seite der Gemeinde gibt es Faktoren, die einem Individuum den sozialen Einbezug sowie die Vernetzung innerhalb der Gemeinde vereinfachen können. Sie werden in den nachfolgenden Kapiteln genauer behandelt.

10.2.1 Sozialer Einbezug durch Türöffner

Im Zuge meiner Beobachtungen in den Gemeinden habe ich festgestellt, dass Vielen die soziale Integration in die Migrationsgemeinden zu Beginn nicht leichtfällt. Mit Ausnahme der Personen, die über bereits in die Gemeinde integrierte Bekannte oder Verwandte eingeführt und anderen vorgestellt werden, befinden sich Neulinge zunächst meist am sozialen Rand ihrer Gemeinschaft. Vielen fällt es in dieser Situation schwer, von sich aus auf andere Menschen zuzugehen und neue Bekanntschaften zu schliessen. In der Regel gibt es in den christlichen Migrantengemeinden jedoch Menschen, die sich aus eigener Erfahrung dieser Schwierigkeit bewusst sind und daher auf Neue zugehen und durch direkte Ansprache das «Eis brechen». Bei späteren Begegnungen geben sie den Neulingen durch kleine Gesten der Anerkennung wie Begrüssungen, Umarmungen oder Zunicken das Gefühl, in der Gemeinde willkommen zu sein. Solche Personen bezeichne ich als «Türöffner», da sie Neulingen sozusagen die Tür zur sozialen Gemeinschaft öffnen.[302]

In evangelikalen und pfingstlichen Gemeinden werden Türöffner oft bewusst eingesetzt oder sogar institutionalisiert. Bei ihren Veranstaltungen befinden sich im Eingangsbereich oft Personen, die durch ihre Kleidung oder durch eine umgehängte Ausweiskarte (*badge*) gekennzeichnet sind und alle Eintretenden begrüssen oder sie sogar zu einem Sitzplatz begleiten.[303] Bereits aufgrund ihrer äusseren Erscheinung sind sie für Neue als Ansprechpartner erkennbar. Durch ihre aktive Begrüssung erleichtern sie ihnen zudem die spätere Kontaktaufnahme zum Beispiel für Rückfragen.

In den untersuchten katholischen Missionen spielten Türöffner vor allem in den Untergruppen eine wichtige Rolle beim sozialen Einbezug. Auch hier fanden sich stets Personen, die aktiv von sich aus auf Neulinge zugingen und ihnen damit die soziale Integration in die Gruppe erleichterten. Meistens handelte es sich dabei um Mitglieder der Kerngruppe, die aufgrund ihres hohen Engagements ein gewisses Verantwortungsgefühl für die Gemeinde entwickelt hatten und zudem in der Lage waren, Neulinge von bereits bekannten Gesichtern zu unterscheiden.[304]

Im Prinzip kann jedes Gemeindemitglied die Rolle eines Türöffners übernehmen, jedoch verfügen nicht alle über die dafür notwendigen Charaktereigenschaften. Meist sind es Personen mit hoher Sozialkompetenz und einer extrovertierten, einnehmenden Persönlichkeit, die diese Rolle übernehmen. Gute Türöffner zeichnen sich zudem dadurch aus, dass sie auch nach der ersten

---

302 Das Konzept der Türöffner habe ich bereits in einer früheren Publikation angedacht (vgl. Foppa 2015: 72–73). In anderen Studien werden solche Personen auch mit Begriffen wie *community carers* oder *natural helpers* bezeichnet (vgl. Nestmann 2009: 961, Nestmann 1988).

303 Vgl. Beobachtungsprotokolle der Daten: 5.12.2015, 13.12.2015 und 16.10.2016.

304 Vgl. Beobachtungsprotokolle der Daten: 2.4.2016 und 12.4.2016.

Begrüssung noch aufmerksam gegenüber Neuen sind. Sie sorgen zum Beispiel dafür, dass die Neulinge alle notwendigen Utensilien erhalten (wie Bibeln, Unterrichtsmaterial oder Liederbücher). Auf diese Weise entschärfen sie Situationen, die unbehaglich oder peinlich sein könnten. Zudem schauen sie darauf, dass die Neuen nicht zu lange allein sind, beziehen sie in Gespräche mit anderen Personen mit ein, erklären ihnen unausgesprochenes Insiderwissen und laden sie zu weiteren Veranstaltungen der Gemeinde ein. Bei späteren Zusammentreffen begrüssen sie die Neuen wie alte Bekannte oder fragen danach, wo sie waren, wenn sie einmal gefehlt haben. Durch dieses Verhalten dienen sie den Neulingen als sozialer Anknüpfungspunkt und beziehen sie aktiv in das Gemeindeleben mit ein, was ihnen die soziale Integration erheblich erleichtert.

10.2.2 Sozialer Anschluss mithilfe von Rezeptoren und sozialen Aktivitäten

Der in der Regel eher oberflächlich gehaltene Kontakt zu Türöffnern reicht allein noch nicht aus, damit sich eine Person gut in eine soziale Gemeinschaft integrieren kann. Hierfür braucht es vielmehr Personen, die gewillt sind, die Aussenstehenden in ihren Freundeskreis zu integrieren und mit ihnen eine tiefergehende, vertrauensvolle Beziehung aufzubauen, die auch über die Aktivitäten der Gemeinde hinaus gepflegt wird. Solche Personen habe ich in einer früheren Publikation «soziale Rezeptoren» genannt (vgl. Foppa 2015: 73–76).

Diejenigen Personen, die in ihrer Gemeinde die Rolle von Türöffnern übernehmen, können nicht alle Neuankommenden in ihren eigenen Freundeskreis aufnehmen. Bei den meisten Menschen beschränkt sich der engere Freundeskreis auf einige wenige Freunde, schliesslich ist mit jeder Freundschaft auch viel Beziehungsarbeit verbunden, um diese aufrechtzuerhalten. Dennoch können Türöffner Neulingen bei ihrer sozialen Integration behilflich sein, indem sie sie anderen Gemeindemitgliedern vorstellen und ihnen dadurch weitere potenzielle Anschlussmöglichkeiten eröffnen (vgl. Abbildung 31).

Abbildung 31: Türöffner und soziale Rezeptoren

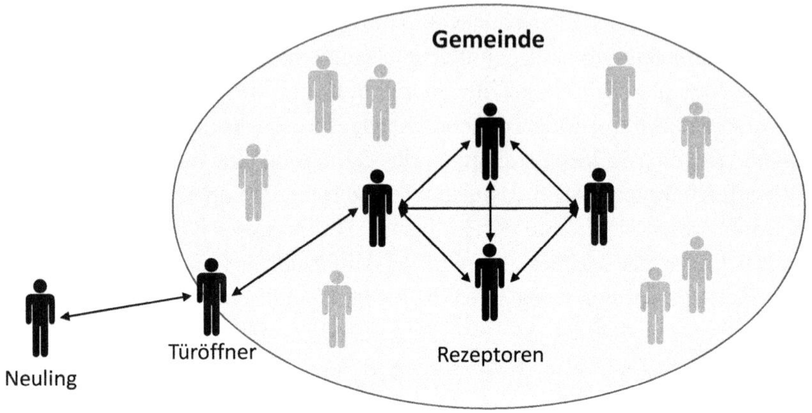

Konkret kann dies beispielsweise so aussehen, dass der Türöffner nach einem kurzen Gespräch den Neuling zu anderen Gemeindemitgliedern führt und sie ihm vorstellt. Sobald der Neuling mit ihnen ins Gespräch kommt, lässt der Türöffner sie vielleicht alleine und widmet sich anderen Dingen. Wenn gleich ein guter Draht zwischen den Gesprächspartnern entsteht, kann es vorkommen, dass der Neuling längere Zeit bei ihnen verbleibt oder sie ihn wiederum weiteren Gemeindemitgliedern vorstellen. Sollte sich das Gespräch jedoch mit der Zeit auslaufen und der Neuling wieder alleine dastehen, kommt der Türöffner wieder zurück, beginnt ein neues Gespräch und stellt ihn bei Gelegenheit anderen Gemeindemitgliedern vor. Solche «Staffelläufe der sozialen Integration» konnte ich im Rahmen der Feldforschung mehrfach beobachten.[305] Dabei scheint der soziale Anschluss von Neulingen bei solchen Gemeindemitgliedern am besten zu gelingen, die ein ähnliches Alter haben und einem ähnlichen soziokulturellen Milieu zugehören wie sie selbst.[306]

Damit die soziale Vernetzung ihren Lauf nehmen kann, braucht es neben Türöffnern und geeigneten Rezeptoren auch Zeitfenster und Aktivitäten, die den sozialen Austausch und das gegenseitige Kennenlernen ermöglichen. Auch wenn Gottesdienste sowohl in den katholischen wie auch in den protes-

305 Vgl. z. B. Beobachtungsprotokoll vom 25.9.2016.

306 Vgl. hierzu auch Kapitel 10.3.2.

tantischen Migrationsgemeinden eine zentrale Funktion im Gemeindeleben einnehmen, sind sie für die soziale Vernetzung weniger gut geeignet, da sie kaum Möglichkeiten für intensivere persönliche Gespräche eröffnen. Besser eignen sich da Aktivitäten, die zwar auf der einen Seite einen institutionellen Rahmen vorgeben, um die Gemeindemitglieder zusammenzuführen, aber auf der anderen Seite auch genügend Freiräume für einen ungezwungenen Austausch bieten.

Beispiele hierfür sind gemeinsame Abendessen, Apéros, Pop/Rock-Konzerte oder Benefizveranstaltungen. Diese Aktivitäten eignen sich allerdings eher für die Vernetzung von Personen, die bereits zu einem gewissen Grad in ihre Gemeinden integriert sind. Für absolute Neulinge besteht hier die Gefahr, dass sie beispielsweise aus Mangel an Türöffnern kaum mit anderen Personen in Kontakt kommen und sich deswegen unbehaglich oder ausgeschlossen fühlen. Für sie eignen sich Aktivitäten besser zur Vernetzung, die einen kommunikativen Austausch unter den Teilnehmern explizit erfordern. Dies trifft zum Beispiel auf Diskussionsrunden, Bibelgruppen, Spielabende oder mehrtägige *retreats* zu.[307]

Eine weitere gute Möglichkeit für die soziale Vernetzung bietet die Übernahme von Freiwilligenarbeiten. Mit der Übernahme von solchen Aufgaben können Neulinge ihr Interesse an der Gemeinschaft und ihre Vertrauenswürdigkeit unter Beweis stellen.

10.2.3 Vertrauensbildung

Soeben wurde beschrieben, wie in Migrationsgemeinden soziale Beziehungen geknüpft werden. Allerdings sagt die Anzahl der Bekanntschaften alleine noch kaum etwas darüber aus, wie viel soziale Unterstützung durch diese Personen mobilisiert werden kann. Hierfür spielt auch die Qualität der Beziehungen eine entscheidende Rolle. Ein wesentlicher Indikator für die Beziehungsqualität besteht wiederum im Mass des gegenseitigen Vertrauens.

Bevor ein Gemeindemitglied grössere zeitliche oder finanzielle Ressourcen in die Unterstützung eines anderen Mitglieds investiert, wird in der Regel zuerst ein gegenseitiges Vertrauensverhältnis aufgebaut. Kaum jemand ist gewillt, einer völlig fremden Person unter die Arme zu greifen, ohne sie zunächst

[307] Vgl. z. B. die Beobachtungsprotokolle der Daten: 8.4.2016 und 30.9.2016.

kennenzulernen und sich mit ihren Absichten und Charaktereigenschaften auseinanderzusetzen. Aber auch für die Unterstützungsempfänger ist eine gewisse Vertrauensbasis eine wichtige Voraussetzung dafür, dass sie gewillt sind, Unterstützungsleistungen von anderen Personen anzunehmen (vgl. Schweer 2004: 280).[308] Schliesslich zeigen sie sich mit der Annahme der Unterstützung von einer verwundbaren Seite und exponieren sich als Unterstützungsbedürftige. Der Prozess der gegenseitigen Vertrauensbildung scheint bei Spaniern und Lateinamerikanern normalerweise etwas schneller zu verlaufen als bei Schweizern – zumindest lautete so die Einschätzung meiner Befragten.[309] Dennoch benötigt die gegenseitige Vertrauensbildung auch hier ihre Zeit sowie Investitionen in die Beziehungsarbeit.

In der wissenschaftlichen Literatur hat sich bis heute keine einheitliche Definition von «Vertrauen» durchgesetzt. Dies hängt unter anderem damit zusammen, dass der Begriff in der Vergangenheit in unterschiedlichen Disziplinen aus unterschiedlichen Perspektiven operationalisiert und untersucht wurde (vgl. Neser 2016: 256). Eine Definition, die sich gut mit dem Ansatz der vorliegenden Studie in Verbindung bringen lässt, lautet wie folgt:

> «[Trust] refers, in the main, to the extent to which one is willing to ascribe good intentions to and have confidence in the words and actions of other people. This willingness will in turn affect the way in which one behaves towards others.» (Cook/Wall 1980: 39)

Gemäss dieser Definition hängt Vertrauen also von der Bereitschaft ab, jemandem gute Absichten in Worten und Handlungen zuzuschreiben. Da Vertrauen immer auf ungewisse zukünftige Handlungen ausgerichtet ist (vgl. Kassebaum 2004: 12), wirkt es aus Sicht der Vertrauensgeber vertrauensfördernd, wenn das Verhalten des Gegenübers einigermassen vorhersagbar und kalkulierbar ist (Strasser/Voswinkel 1997: 223–224). In diesem Sinn können vertrauensbildende Interaktionen als kleine «Prüfungen» verstanden werden, mit deren Hilfe versucht wird, das Verhalten, die Absichten und die Motivationen der

---

308 Siehe hierzu auch Mattson/Hall (2011: 202). Bisherige Studien haben ausserdem gezeigt, dass sich soziale Beziehungen nur dann positiv auf das Wohlbefinden auswirken, wenn damit auch positive Gefühle und ein soziales Miteinander verbunden sind. Das Bereitstellen von Unterstützungsleistungen alleine reicht in der Regel nicht aus. Zudem wird der Einfluss der Unterstützungsleistung auf das Wohlbefinden des Unterstützungsempfängers stark durch die Qualität der Beziehung zum Unterstützungserbringer beeinflusst (vgl. Nestmann 2009: 957, Duck et al. 1991, Sarason et al. 2001).

309 Vgl. hierzu Kapitel 7.2.

Vertrauensempfänger besser abzuschätzen. Durch diese Prüfungen schützen sich Vertrauensgeber vor potenziell negativen Konsequenzen des Vertrauens, wie dem Gefühl des «ausgenutzt Werdens».

Da Vertrauensbildung ein gegenseitiger Prozess ist, sind dabei alle involvierten Parteien gleichzeitig Prüfende wie auch Geprüfte. Wenn eine der beiden Parteien zu dem Schluss kommt, dass die andere Partei nicht vertrauenswürdig ist, kann sie ihr das Vertrauen wieder entziehen. Dies wiederum hat Konsequenzen für ihr zukünftiges Verhalten und damit auch für die Vergabe von sozialer Unterstützung. Wer zu der Einschätzung gelangt, dass eine andere Person nicht vertrauenswürdig ist, wird in der Regel auch weniger eigene Ressourcen investieren, um dieser Person zu helfen.

Nachfolgend werden die verschiedenen Handlungen und Prozesse genauer ausgeführt, die im Untersuchungsfeld zur Vertrauensbildung angewendet wurden. Ihnen allen ist gemein, dass sie dazu beitragen können, das Verhalten anderer Gemeindemitglieder besser kalkulierbar und vorhersagbar zu machen.

Kennenlerngespräche zur Vertrauensbildung

Vertrauensbildende Handlungen können unterschiedliche Formen annehmen. Meist folgen auf den ersten Kontakt Kennenlerngespräche, während derer die Gesprächspartner Gelegenheit haben, gegenseitig Bekanntschaft zu machen.[310] In den untersuchten Migrationsgemeinden wurden in solchen Gesprächen beispielsweise Informationen zur Herkunft, dem Beruf oder der Tätigkeit in der Schweiz sowie zu religiösen Weltbildern ausgetauscht. Allein schon die Zugehörigkeit zur gleichen Religionsgemeinschaft kann zur Vertrauensbildung beitragen. Weitere Ähnlichkeiten bezüglich der Spiritualität, politischen Vorstellungen oder in Bezug auf den soziokulturellen Hintergrund können das Vertrauen noch vertiefen.

Hochreligiöse Personen tauschen in solchen Kennenlerngesprächen oft auch ihre Konversionserlebnisse oder «Lebenszeugnisse» aus. Diese Erzählungen enthalten sowohl explizit wie auch implizit viele Informationen über den biographischen Werdegang, das Weltbild, die Ansichten und die Lebensmotive einer Person. Damit eignen sie sich sehr gut zur Vertrauensbildung, denn sie lassen eine Person «kalkulierbarer» erscheinen (vgl. Strasser/Vos-

310 Vgl. bspw. Beobachtungsprotokolle der Daten: 12.4.2016 und 5.12.2015.

winkel 1997: 223–224).[311] In diesem Sinne kann auch die in sozialer Hinsicht eher risikoreiche Entblössung von vergangenen «Sünden», Fehltritten oder Peinlichkeiten, die in Zeugnissen oft vorkommt, vertrauensfördernd wirken. Geständnisse dieser Art werden von anderen Gemeindemitgliedern nicht selten als ein Zeichen für Ehrlichkeit, Offenheit und eine tatsächliche innerliche Bekehrung gedeutet.[312] Im Gegensatz dazu kann ein Mangel an Ehrlichkeit und Offenheit bei anderen Personen Misstrauen auslösen.

Kennenlerngespräche fördern die Vertrauensbildung aber nicht nur zu Beginn einer neuen Bekanntschaft. Als Faustregel gilt vielmehr: Je mehr Zeit Personen miteinander verbringen und je mehr sie miteinander sprechen, desto besser lernen sie sich in der Regel kennen und desto mehr Vertrauen bauen sie untereinander auf.[313] Daher sind längere soziale Aktivitäten wie mehrtägige *retreats*, die einen gemeinsamen Austausch begünstigen, für die Vertrauensbildung sehr gut geeignet. Zudem bieten solche Aktivitäten auch Gelegenheiten zum Aufbau reziproker Austauschbeziehungen.

Reziprozität zur Vertrauensbildung

Unter dem Begriff der *Reziprozität* versteht man in den Sozialwissenschaften das «Prinzip der Gegenseitigkeit» in sozialen Austauschbeziehungen (Stegbauer 2010: 113). In der wissenschaftlichen Literatur ist damit meist der Austausch von physischen Gaben, wie Geschenken, gemeint. In der vorliegenden Studie fallen unter diesen Begriff aber auch der Austausch von immateriellen Unterstützungsformen, wie kleine Gesten der Anerkennung (z. B. auf die Schulter klopfen), Gunstbezeugungen oder emotionaler Beistand durch Zuhören und Mut zusprechen etc. Der Austausch von kleinen Geschenken oder Hilfeleistungen fördert nachweislich das gegenseitige Vertrauen (vgl. Stegbauer 2010: 115).

---

311 Dieser Befund trifft allerdings nur dann zu, wenn beide Gesprächspartner ein ähnliches religiöses Weltbild teilen. Sind die Weltbilder zu verschieden, kann ein Lebenszeugnis auch Irritationen auslösen und einen Grund für Misstrauen darstellen.

312 Vgl. die Beobachtungsprotokolle der Daten: 7.8.2016, 3.11.2015, 15.8.2015, 12.4.2016 und 13.12.2015.

313 Dies trifft natürlich nur dann zu, wenn sich die Menschen gut miteinander verstehen. Andernfalls kann sich die Beziehungsqualität auch negativ entwickeln. Vgl. hierzu Kapitel 10.3.2 und 11.1.

Für Migranten, die sozialen Anschluss suchen, bedeutet dies, dass sie sich das Vertrauen einer Gruppe erarbeiten können, indem sie mit ihr eine reziproke Austauschbeziehung eingehen. Dafür müssen sie nicht unbedingt mit bestimmten Einzelpersonen Gaben und Unterstützungsleistungen austauschen, sondern sie können ihren Beitrag auch in Form von generalisierter Reziprozität an die Gemeinde als ganze erbringen (vgl. Stegbauer 2010: 118). Hierfür eignet sich beispielsweise die Übernahme von Freiwilligenarbeiten.

Für die bereits etablierten Gemeindemitglieder bedeutet dies auf der anderen Seite, dass sie durch Gaben und Hilfeleistungen das Vertrauen von Neulingen in die ganze Gemeinde stärken können. Denn das durch Reziprozität erarbeitete Vertrauen kann auf die gesamte Gemeinschaft übertragen werden (Stegbauer 2010: 115). Anders ausgedrückt: Wenn sich eine neue Person von wenigen Einzelpersonen einer Gemeinde gut aufgenommen und unterstützt fühlt, kann allein dies schon dazu führen, dass sie die gesamte Gemeinschaft als vertrauenswürdig und positiv wahrnimmt.[314]

Reziproke Austauschbeziehungen stellen zudem eine Art «sozialen Kitt» dar, der Neulinge und auch alle anderen Gemeindemitglieder an die Gemeinschaft bindet. Denn Personen, die Gaben und Unterstützungsleistungen erhalten, entwickeln oft das Gefühl, dass sie dafür der Gemeinschaft verpflichtet sind. Dies zeigt sich auch sehr anschaulich in folgendem Zitat von Mateo, dessen erste Begegnung mit seiner heutigen Migrationsgemeinde bereits in Kapitel 9.1.3 genauer ausgeführt wurde. Mateo gab in seinem Interview an, dass die Unterstützungsleistungen eines Gemeindemitgliedes für ihn mindestens zwei Dinge bewirkt haben, die er beide als positiv empfindet. Zum einen haben sie ihm bei der sozialen Integration in die Gemeinde geholfen und zum anderen weckten sie in ihm aus einem Verpflichtungsgefühl heraus das Bedürfnis, seine Lebensweise dem Werte- und Normensystem der Gemeinde anzupassen:

Mateo: (prot., span.)	Und dort ist einfach alles von allein gekommen. Das heisst, wenn ich Probleme gehabt hatte, automatisch ist er, hat sich eingemischt und wenn ich Betreibung gehabt hatte, hat er sich auch eingemischt und mit den Leuten geredet und einfach ein Wort für mich [...] eingelegt. Und dann habe ich... mich als Person, bin ich in Schuld mit ihm. Das heisst: Wenn ich etwas

314 Auf die gleiche Weise kann aber auch das Verhalten von wenigen Einzelpersonen dazu führen, dass sich eine Person von der Gemeinschaft als ganzer ungewollt oder abgestossen fühlt, selbst wenn dies eigentlich nicht der Fall ist.

> nicht gezahlt hätte, und dieser Bekannte schickt einfach einen Brief zur Krankenkasse, sie sollten nicht betreiben, weil ich werde bezahlen, sonst würde er zahlen. Dann kann ich ihn nicht im Stich lassen. Ob ich das will oder nicht, muss ich das, das machen. Und so bin ich einfach... die Sachen die vorher einfach nicht normal waren, am Ende waren normal, oder?

Mateo hat das Verpflichtungsgefühl, das mit dem Eingehen von reziproken Austauschbeziehungen einhergeht, positiv bewertet. Sie können allerdings auch als einengend und als eine Last empfunden werden. Manche Personen ziehen eine gewisse Anonymität und Unabhängigkeit von der Gemeinde vor. Auf sie können Versuche zur Etablierung von Austauschbeziehungen und die damit oft verbundene stärkere soziale Kontrolle auch abstossend wirken.

Soziale Kontrolle zur Vertrauensbildung

Der Begriff der sozialen Kontrolle steht für Massnahmen, die dazu dienen, normkonformes Verhalten zu fördern und normabweichendes Verhalten zu verhindern bzw. mit Sanktionen zu belegen (vgl. Köck/Ott 1997: 387, Reinhold 1997: 362). Soziale Kontrolle ist oft negativ konnotiert. Tatsächlich kann ein zu hohes Mass an sozialer Kontrolle zu problematischen Beziehungskonstellationen führen.[315] In geeignetem Mass kann sie aber auch positive Effekte haben und zur Vertrauensbildung in einer Gemeinde beitragen. Dies lässt sich zum Beispiel an folgender Begebenheit illustrieren.

Während meiner teilnehmenden Beobachtungen im CMI ergab es sich einmal, dass ein auswärtiger Dieb nach dem Gottesdienst in die Kirche eindrang. Während die meisten Gemeindemitglieder im vorderen Teil eines Saales speisten, machte er sich im hinteren, von einem Vorhang abgetrennten Bereich an unbeaufsichtigten Taschen zu schaffen. Der Dieb konnte jedoch in flagranti ertappt werden, weil ihn eine Frau als Unbekannten identifizierte und ihm so lange unbemerkt folgte, bis sie ihn bei seinem Diebeszug zur Rede stellte.[316] Dank ihrer Aufmerksamkeit und fortwährender «Kontrolle» des Unbekannten konnte ein grösserer Schaden verhindert werden.

Dieses Beispiel zeigt, dass soziale Kontrolle in einer Gemeinde dabei nützlich sein kann, Personen mit unredlichen Absichten zu erkennen und aus der

315 Vgl. hierzu auch Kapitel 11.1.
316 Vgl. Memo vom 28.1.2017.

Gemeinde auszuschliessen. Dieser Kontroll- und Ausschlussmechanismus trägt gleichzeitig auch dazu bei, dass das Vertrauen in andere Gemeindemitglieder erhöht wird, da diese ja den fortwährenden sozialen «Prüfungen» standzuhalten scheinen.

Gerade in kleinen Gruppen führt die soziale Kontrolle oft zu einer vertrauensvollen Atmosphäre, die derjenigen in einer Familie ähnelt, zumal auch Familienbeziehungen oft von einem hohen Mass an sozialer Kontrolle geprägt sind. Dies äussert sich zum Beispiel darin, dass Personen – wie soeben beschrieben – ihre Taschen und Wertgegenstände unbeaufsichtigt lassen, weil sie darauf vertrauen, dass niemand sie stehlen wird oder dass andere Gemeindemitglieder im Bedarfsfall darauf aufpassen werden.

Die vertrauensfördernde Wirkung der sozialen Kontrolle konnte auch in Gemeinden und Gruppen beobachtet werden, in denen sich nicht alle Gemeindemitglieder persönlich kannten und sich dementsprechend auch nicht gegenseitig «geprüft» hatten. Die einzelnen Mitglieder vertrauten hier anscheinend stattdessen auf das Urteil anderer Personen ihrer Gemeinde und weiteten das Vertrauen, das sie in die bekannten Gemeindemitglieder hatten, selbst auf für sie unbekannte Mitglieder aus. Das bedeutet, sie liessen ihre Wertgegenstände oder auch ihre Kinder unbeaufsichtigt, weil sie darauf vertrauten, dass der soziale Kontroll- und Ausschlussmechanismus der Gemeinde als ganzer funktionierte, auch wenn sie nicht selbst jede einzelne Person kontrollieren konnten.

Die Übertragung des Vertrauens auf Unbekannte zeigt sich auch, wenn ein bereits bekanntes Gemeindemitglied eine neue Person aus seinem Freundes- oder Bekanntenkreis in die Gemeinde einführt. Da die guten Absichten des bestehenden Mitglieds mithilfe der sozialen Kontrolle bereits überprüft und sichergestellt sind, trauen ihm die anderen Gemeindemitglieder zu, dass es beim Einladen neuer potenzieller Mitglieder gute, für die Gemeinde förderliche Entscheidungen trifft.

Somit wird das Vertrauen, das sich das bekannte Mitglied für sich erworben hat, also auch auf seine Freunde ausgedehnt. Man könnte hier auch von einem «Vertrauensvorschuss» sprechen. Das bedeutet allerdings nicht, dass sich die Freundesfreunde keinerlei Kennenlerngesprächen oder sozialer Kontrolle mehr unterziehen müssten. Der Vertrauensvorschuss äussert sich vielmehr darin, dass die Gäste bis zu einem gewissen Grad wie bereits bekannte Gemeindemitglieder behandelt werden. So ist beispielsweise die Hemmschwelle niedriger, sie anzusprechen. Es werden Scherze mit ihnen gemacht und Umarmungen ausgetauscht, während mit anderen Neulingen, die nicht über bestehende Mitglieder eingeführt werden, zunächst ein deutlich distanzierterer Umgang gepflegt wird.[317] Letztere müssen sich das Vertrauen also schwerer erarbeiten, da sie noch keiner vorhergehenden sozialen Kontrolle unterzogen waren.

Homogenisierung zur Vertrauensbildung

Manche Migrationsgemeinden legen Wert darauf, dass ihre Mitglieder ein bestimmtes Weltbild teilen oder gewissen gruppeninternen Normen entsprechen. Dies trifft beispielsweise auf manche evangelikalen und pfingstlerischen Gemeinden zu. Aber auch in den katholischen Migrationsgemeinden existiert ein internes Normen- und Wertesystem, das von anderen Institutionen der Aufnahmegesellschaft abweicht. Das Beharren auf gruppenkonformes Verhalten wird in der wissenschaftlichen Literatur auch unter Begriffen wie «Gruppendruck» oder «Konformitätsdruck» diskutiert.[318] Wenn eine Person den Normen der Gruppe entspricht, kann dies dazu führten, dass sie als kalkulierbarer wahrgenommen wird und damit einen Vertrauensvorschuss erhält.

Dies lässt sich auch an folgendem Beispiel illustrieren. Beinahe in allen Gemeinden stossen Neulinge, die nicht gemäss den denominationellen Vorgaben getauft wurden, bei der sozialen Integration an gewisse Grenzen. So ist es ihnen beispielsweise nicht möglich, gewisse Aufgaben zu übernehmen, die nur getauften und langjährigen Mitgliedern vorbehalten sind, denen zugetraut wird, dass sie diese Aufgaben im Sinne der Gemeinde ausführen.[319] Die Neuen müssen sich zuerst taufen lassen und gegebenenfalls gewisse Schulungen absolvieren, bevor auch ihnen zugestanden wird, solche Aufgaben zu übernehmen. Das bedeutet, dass sie sich an die Richtlinien, Vorstellungen und Normen der Gemeinde anpassen müssen, damit ihnen das entsprechende Vertrauen zugesprochen wird.

Auf der anderen Seite können aber Neulinge, die bereits als gruppenkonform wahrgenommen werden, zum Beispiel weil sie bereits früher eine andere Gemeinde der gleichen Denomination besucht haben, ohne eine längere Ein-

---

[317] Vgl. Beobachtungsprotokolle der Daten: 5.12.2015, 7.8.2016 und 19.11.2016.

[318] Vgl. hierzu bspw. Wilkening (1978) oder Wiswede (1976).

[319] Hierzu gehören beispielsweise die Aufgaben religiöser Spezialisten wie die der Priester, Pastoren und Religionslehrer. In manchen Gemeinden sind auch informelle Ämter und Aufgabenbereiche nur getauften Mitgliedern vorbehalten. Siehe hierzu auch Interview 18.

arbeitungszeit verantwortungsvolle Aufgaben übernehmen. Ihnen wird also aufgrund ihrer Konformität ein Vertrauensvorschuss gewährt.

In manchen Gemeinden dienen die gruppeninternen Normen und Vorstellungen auch zur Abgrenzung von der Aussenwelt. So gibt es beispielsweise Denominationen, Gemeinden und Gruppierungen, die einen starken Kontrast zwischen der als tugendhaft empfundenen *ingroup* und der als sündhaft empfundenen Aussenwelt (*outgroup*) betonen. Diese Vorstellung kann die gemeinsame Identität, das «Wir-Gefühl» sowie das Vertrauen in andere Gemeindemitglieder fördern, was wiederum eine wichtige Basis für gegenseitige Solidarität und Unterstützung sein kann. Gleichzeitig kann sie aber auch eine scharfe Grenze zu Personen und Personengruppen ziehen, die nicht den gruppeninternen Normen entsprechen.[320] Dies führt dazu, dass Auswärtige höhere Anpassungsleistungen erbringen müssen, damit sie von der Gruppe als konform angesehen werden.

Trotz ihrer grossen Bedeutung für die Identität und das soziale Zusammenleben sind gruppeninterne Normen nicht in Stein gemeisselt. Sie werden unter anderem mit Blick auf übergemeindliche Diskurse im Verlauf der Zeit angepasst und teilweise auch innerhalb der Gemeinschaft (neu) ausgehandelt.[321] Daher kann es vorkommen, dass in einer Gemeinde zu einem Thema auch unterschiedliche Vorstellungen vorherrschen.

So konnte ich zum Beispiel während meiner Feldforschung beobachten, wie in einer der besuchten Gemeinden die Harry Potter-Bücher von J. K. Rowling kontrovers diskutiert wurden. Während manche der Mitglieder meinten, dass dies gute Kinderbücher seien, betrachteten andere sie eher als «teuflische Werke», die Kinder zu schwarzer Magie verführten.[322] Diese kleine gruppeninterne Meinungsverschiedenheit reicht weit über die Migrationsgemeinde hinaus und spiegelt einen globalen Diskurs wider, der auch in anderen Religionsgemeinschaften stattfindet und zu dem es sogar einen eigenen Wikipedia-Eintrag gibt (vgl. Wikipedia o. J.).

Bei manchen Themen stellt sich mit der Zeit ein gemeindeinterner Konsens ein. Sobald dies geschehen ist, können die neuen Normen über Bildungsangebote und interpersonale Kommunikation in der Gemeinde verbreitet und konsolidiert werden. Wenn die Gemeinde einer bestimmten Norm eine hohe Be-

[320] Vgl. hierzu auch Kapitel 11.3.

[321] Vgl. Beobachtungsprotokolle der Daten: 11.12.2016 und 5.12.2015.

[322] Vgl. Beobachtungsprotokoll vom 30.9.2016.

deutung einräumt, kann es sogar vorkommen, dass sie diesbezüglich den internen Meinungspluralismus mithilfe von sozialer Kontrolle und Sanktionen aktiv bekämpft. Das äussert sich zum Beispiel darin, dass Personen mit anderen Vorstellungen in Gesprächen darauf hingewiesen werden, dass ihre Anschauung falsch sei. Gleichzeitig wird ihnen die «richtige Anschauung» erklärt. Dadurch sollen die Gemeindemitglieder in Bezug auf die gruppeninterne Norm «homogenisiert» werden.[323]

Dementsprechend ist der Anpassungsdruck für Gemeindemitglieder also grösser, je mehr Wert eine Gemeinde auf gruppenkonformes Verhalten legt. Wenn Neulinge in so einer Gemeinde vertrauensvolle Beziehungen aufbauen und damit von sozialer Unterstützung profitieren wollen, müssen sie in der Regel zunächst ihre eigenen Verhaltensweisen und Vorstellungen denjenigen der Gruppe anpassen. Andernfalls laufen sie Gefahr, Irritationen hervorzurufen oder Misstrauen zu erregen.[324]

Personen, die nicht gewillt sind, ihre Vorstellungen und Handlungsweisen denjenigen solcher Gruppen anzupassen, werden sich vermutlich früher oder später nach einer Gemeinde umsehen, die ihnen besser entspricht.[325] Es kommt zu einem «sozialen Abprallen».

Förderung der Pluralismusfähigkeit zur Vertrauensbildung

Eine gegenteilige Strategie, um das gegenseitige Vertrauen in der Gemeinde zu fördern, besteht darin, die Mitglieder dazu zu bewegen, Verständnis für die Denk- und Handlungsmuster von Personen mit einem anderen sozialen oder kulturellen Hintergrund zu entwickeln. Dadurch können selbst Andersdenkende als «vorhersagbarer» und «kalkulierbarer» wahrgenommen und damit das Vertrauen in sie gestärkt werden. Diese Strategie wurde nicht ausschliesslich, aber insbesondere in den untersuchten katholischen Migrantengemeinden angewendet, was wohl nicht zuletzt auf strukturelle Gründe zurückzuführen ist.[326]

---

323 Vgl. Beobachtungsprotokolle der Daten: 13.10.2016, 14.11.2016 und 5.12.2015.

324 Weltanschauliche Zwänge dieser Art existieren nicht nur in religiösen Gemeinschaften, sondern beispielsweise auch in politischen Parteien, in Nichtregierungsorganisationen oder in Fanclubs.

325 Vgl. bspw. Interviews 8, 12, 16, 18 und 20.

326 Der Befund, dass in katholischen Migrantengemeinden viel Wert auf die Pluralismusfähigkeit bzw. interkulturelle Kompetenz der Gläubigen gelegt wird, wurde bereits in einer früheren Studie festgehalten (vgl. Foppa 2015: 62–66). Dies zeigt sich auch darin, dass aufgrund der hohen kircheninternen Diversität der Slogan «Einheit in der Vielfalt»

Die freikirchlich organisierten Migrationsgemeinden sind, selbst wenn sie der gleichen Denomination angehören, weitgehend unabhängig voneinander. Gemäss dem protestantischen Kirchenverständnis (*Ekklesiologie*) bilden sie eigenständige Kirchen (vgl. Röthlisberger/Wüthrich 2009: 12). Damit besteht für eine Gemeinde, die weltanschaulich in verschiedene Flügel gespalten ist, jederzeit die Möglichkeit, sich in voneinander unabhängige Kirchen aufzuspalten, die wieder etwas homogener sind. Diese Option erlaubt es den einzelnen Kirchen, eigene Normen durchzusetzen, ohne dass dadurch die Vielfalt der protestantischen Kirchenlandschaft insgesamt eingeschränkt würde. Selbst wenn zum Beispiel an einem bestimmten Ort eine Migrationsgemeinde dominiert, die politisch konservativ ist oder einen traditionellen Frömmigkeitsstil pflegt, existiert die Möglichkeit, dass am gleichen Ort – beispielsweise über Kirchenspaltungen oder Neugründungen – auch liberalere Kirchen oder solche mit pfingstlichem Frömmigkeitsstil entstehen. Damit bleiben die protestantischen Migrationskirchen in ihrer Gesamtheit selbst in einem so pluralistischen Umfeld wie der Schweiz konkurrenzfähig.

In der katholischen Kirche sind Aufspaltungen der Migrationsgemeinden jedoch nicht möglich, da ihr ein anderes Kirchenverständnis zugrunde liegt. Gemäss der katholischen Ekklesiologie gibt es weltweit nur eine katholische Kirche, die in unterschiedliche kirchenrechtliche Substrukturen gegliedert ist (vgl. Röthlisberger/Wüthrich 2009: 12).[327] Da es aber auch unter katholischen Migranten Personen mit unterschiedlichen (kirchen-)politischen Positionen und Frömmigkeitsstilen gibt, die sich nur schwer miteinander verbinden lassen, ist in den katholischen Gemeinden der Druck grösser, einen gewissen weltanschaulichen Pluralismus zuzulassen oder ihn sogar aktiv zu fördern.

Um der internen Pluralität gerecht zu werden, wandte die katholische Mission in Zürich beispielsweise zwei bedeutende Massnahmen an. Zum einen führte sie Aktivitäten und Angebote für verschiedene (weltanschauliche) Untergruppen durch, die in sich relativ homogen waren. Dort hatten die Gemeindemitglieder die Möglichkeit, auf Gleichgesinnte zu treffen. Zum anderen legte die Mission im Rahmen ihrer Bildungsangebote viel Wert darauf, die Pluralismusfähigkeit der Gläubigen zu fördern.

---

heute zu einem beliebten Leitspruch katholischer Akteure in der Schweiz geworden ist (vgl. SRF 2015).

327 Zum Beispiel in Territorialpfarreien, Bistümer und Missionen (vgl. Kapitel 4).

Das bedeutet, dass in ihren Bildungsveranstaltungen weniger stark auf die Weltanschauung der Gläubigen Einfluss genommen wurde, als dies zum Beispiel in den besuchten protestantischen Gemeinden beobachtet wurde. Stattdessen wurden die Gläubigen viel mehr mit unterschiedlichen Vorstellungen und Interpretationen zu einem Thema oder Sachverhalt konfrontiert. Dadurch sollten sie lernen, die Perspektiven von Andersdenkenden zu respektieren und selbständig eine eigene, ihnen entsprechende Perspektive zu entwickeln.[328] Aus der Sicht der Gläubigen fühlte sich diese Art des Religionsunterrichts so an, als würden sie in der Migrationsgemeinde Bildung nicht «empfangen», sondern selbst «erschaffen»:

Alma: (kath., span.)	You know in A-association it's more of an education where... it's more... you received the education, here we create more the education. So, I feel that here I'm building more my beliefs and I'm a bit more free. But it's more relaxed in some way, no?, like, lesser strict, certain topics can come up easier. ((schmunzelt)).

Ausserdem konnte ich in den katholischen Missionen beobachten, dass von Priestern und in Unterrichtsmaterialen auch Nichtkatholiken wie Gandhi (Hindu) oder C. S. Lewis (Anglikaner) zitiert wurden.[329] Dieser relativ offene Umgang mit verschiedenen Weltanschauungen entspricht dem religionstheologischen Inklusivismus, der in der katholischen Kirche seit dem Zweiten Vatikanischen Konzil offiziell gelehrt wird (vgl. Nostra Aetate 1965).[330]

Das Fördern der Pluralismusfähigkeit der Gläubigen trägt dazu bei, dass auch zwischen den verschiedenen Untergruppen einer Migrationsgemeinde Vertrauen aufgebaut werden kann, selbst wenn sie nicht alle dieselben Normen oder Weltanschauungen teilen. Es entsteht sozusagen ein gruppenübergreifendes Gemeinschaftsgefühl der «Einheit in der Vielfalt». Ein zweiter Effekt besteht zudem darin, dass selbst andersgläubige Angehörige wie Atheisten oder

---

328 Vgl. hierzu auch Kapitel 9.1.4.

329 Vgl. Beobachtungsprotokoll vom 23.2.2016 und Arzobispado de Madrid (2011).

330 Der Inklusivismus ist eine theologische Position der Beurteilung anderer Religionen. Er lässt sich zwischen dem Exklusivismus auf der einen Seite und dem Pluralismus auf der anderen Seite einordnen. Während der Exklusivismus nur der eigenen Religion Heilswahrheit zuschreibt und der Pluralismus auch mindestens einer anderen Religion im gleichen Mass wie der eigenen diese Wahrheit zuerkennt, vertritt der Inklusivismus die Ansicht, dass auch in anderen Religionen heilsame Erkenntnis vermittelt wird, jedoch nicht im selben Masse wie in der eigenen Religion (vgl. Faber 2008, LMUM KTF o. J.).

Muslime an Aktivitäten der Gemeinde teilnehmen können, ohne Gefahr zu laufen, aufreibende Bekehrungsgespräche über sich ergehen lassen zu müssen.[331]

Neben den positiven Aspekten gibt es jedoch auch eine mögliche negative Konsequenz der Förderung des gemeindeinternen Pluralismus. Im Rahmen der vorliegenden Studie gab es Hinweise darauf, dass die weltanschaulich heterogeneren Gemeinden und Gruppierungen zu weniger internem Zusammenhalt und zu weniger gegenseitiger Solidarität tendierten als die weltanschaulich homogeneren Gemeinden und Gruppierungen. Dies könnte darauf zurückzuführen sein, dass ein gemeinsames Normensystem und eine gemeinsame Weltanschauung das Gemeinschaftsgefühl und gegenseitige Vertrauen stärker fördern als die Fähigkeit, weltanschaulichen Pluralismus auszuhalten. Dies ist jedoch nur eine vorläufige Hypothese, die es in zukünftigen Studien noch zu überprüfen gilt. Es ist auch möglich, dass kein direkter kausaler Zusammenhang zwischen diesen beiden Aspekten besteht und stattdessen andere Faktoren für die beobachteten Unterschiede hinsichtlich des internen Zusammenhalts verantwortlich sind (w. z. B. Grösse der Gemeinde oder Unterschiede in Bezug auf die religiösen Sozialformen).

10.3 Soziale Ausgrenzung

Ob sich ein Individuum in einer Migrationsgemeinde als Aussenseiter am sozialen Rand oder gut vernetzt in der Kerngruppe befindet, hängt nicht nur vom Willen des Individuums ab, sich in die Gemeinschaft zu integrieren. Zu einem grossen Teil hängt der Grad der sozialen Integration auch von der sozialen Struktur der Gemeinde und dem Verhalten einzelner Gemeindemitglieder ab. Aktive und passive Formen der sozialen Ausgrenzung können Individuen an den sozialen Rand drängen oder sogar dazu führen, dass sie die Gemeinde wieder verlassen. Eben diese Prozesse der Ausgrenzung werden in den nachfolgenden Kapiteln genauer beleuchtet.

[331] Vgl. Beobachtungsprotokolle vom 1.3.2016, 15.5.2016 und Interview 13.

10.3.1 Aktive Formen der sozialen Ausgrenzung

Unter dem Begriff der aktiven sozialen Ausgrenzung werden in diesem Kapitel alle Handlungen zusammengefasst, die von Gemeindemitgliedern mehr oder weniger bewusst angewendet werden, um die soziale Integration von Personen oder Gruppen in die Gemeinde zu behindern. Ein Beispiel für ein solches Verhalten wäre die Praxis des *shunning*[332], das Zeugen Jehowas anwenden, wenn jemand «*schwer sündigt und nicht bereut*» (Jehowas Zeugen 2006). Im Rahmen der vorliegenden Studie gab es weder in den Interviews noch während der teilnehmenden Beobachtung Hinweise darauf, dass in den untersuchten Gemeinden solche institutionalisierten Formen des aktiven Ausschlusses praktiziert würden. Viel häufiger wurde die soziale Integration unbewusst durch passive Mechanismen behindert, die weiter unten noch ausgeführt werden. Dennoch gab es Hinweise darauf, dass es in Einzelfällen auch in den untersuchten Gemeinden zur aktiven Ausgrenzung von Personen oder Gruppen kommen kann.

So gab es beispielsweise in den 1990er Jahren in der spanischsprachigen Mission in Zürich Spanier, die aktiv versuchten, Lateinamerikaner – insbesondere Sans-Papiers – aus der Mission auszuschliessen. Diese Ausgrenzungsversuche wurden zwar von der Gemeindeleitung getadelt und verhindert, dennoch bleiben sie bis heute bei manchen der Betroffenen in negativer Erinnerung.[333] Auch in protestantischen Gemeinden gab es ähnliche Ausgrenzungsversuche bestimmter Gruppierungen.[334]

Aktive Formen der sozialen Ausgrenzung können auch eine Folge von Konflikten sein. So können beispielsweise interne Meinungsverschiedenheiten dazu führen, dass die Situation für eine der Konfliktparteien unzumutbar wird, so dass sie sich entweder von sich aus dazu entscheidet, die Gemeinde zu verlassen, oder von der anderen Partei dazu aufgefordert wird. Solche Fälle wurden im Rahmen dieser Studie zwar nicht direkt beobachtet, jedoch haben manche der Befragten im Untersuchungsfeld von vergangenen Konflikten berich-

---

332 Der englische Begriff *shunning* wird zu Deutsch auch als Gemeinschaftsentzug, Umgangsverbot oder Ächtung übersetzt. Diese Praxis geht unter anderem mit einem Kontakt- und Grussverbot zu den «Missetätern» einher (vgl. Jehowas Zeugen 2006, InfoSekta 2016).

333 Vgl. Interview 15.

334 Vgl. Exp. Int. G.

tet, nach denen Einzelpersonen oder ganze Gruppen die Gemeinde verlassen haben.[335] Nicht selten spielten dabei theologische oder (kirchen-)politische Differenzen eine entscheidende Rolle.

Wie weiter oben bereits beschrieben wurde, kann das Beharren auf und Durchsetzen von gruppenspezifischen Normen auf der einen Seite zu Vertrauensbildung, sozialer Integration und Gruppenkohäsion beitragen. Auf der anderen Seite kann dieses Verhalten jedoch auch genau die gegenteilige Wirkung entfalten. Personen, die nicht gewillt sind, ihre abweichenden Einstellungen oder Handlungsmuster an die vorherrschenden Vorstellungen anzupassen, geraten mit anderen Gemeindemitgliedern in Konflikt und können deswegen ausgegrenzt werden.

Dies zeigt sich in vielen Fällen bereits am Anfang des Integrationsprozesses. Wenn ein Neuling zum ersten Mal eine Gemeinde aufsucht, die grossen Wert auf die Durchsetzung von gemeindeinternen Normen legt, wird er wohl bereits während der ersten Kennenlerngespräche mit den Normen und Vorstellungen der Gemeinde konfrontiert werden. Je nach missionarischem Eifer ihrer Gesprächspartner und der Vehemenz, mit der sie ihre Ansichten vertreten, können solche Konfrontationen neue Besucher so stark irritieren, dass sie die Gemeinde nicht wieder betreten.[336]

Aber auch bereits gut integrierte und langjährige Gemeindemitglieder müssen damit rechnen, dass abweichende Einstellungen oder Handlungen von anderen Mitgliedern kritisiert werden. Im Verlauf dieser Studie wurde dies mehrfach beobachtet. Kritisiert wurden zum Beispiel ein zu freizügiger Lebensstil, zu wenig Engagement in der Gemeinde oder – insbesondere in evangelikalen und pfingstlerisch-charismatischen Gruppierungen – das Vertreten von Lehren aus anderen Religionsgemeinschaften, die nicht mit der vorherrschenden Doktrin vereinbar waren.[337]

---

[335] Vgl. bspw. Beobachtungsprotokoll vom 27.10.2015.

[336] Entgegen dem verbreiteten Stereotyp stellte ich im Rahmen der teilnehmenden Beobachtung fest, dass die meisten der angetroffenen christlichen Migranten über viel Feingefühl im Umgang mit Andersdenkenden verfügten. Oft waren sie sich der negativen Stereotype bewusst, die ihnen anhafteten, und versuchten diese zu entschärfen, indem sie offene Streitgespräche vermieden und stattdessen auf sanftere Methoden der Glaubensvermittlung setzten. Dennoch fanden sich in fast jeder Gemeinde auch Einzelpersonen, die Andersdenkende in Gesprächen sehr vehement angingen. Vermutlich finden sich ähnliche soziale Dynamiken auch in anderen weltanschaulichen Gruppierungen (w. z. B. in politischen Parteien oder Interessenverbänden).

[337] Vgl. Beobachtungsprotokolle der Daten: 25.9.2016, 6.11.2016 und 5.12.2015.

Übersteigt der Konformitätsdruck die Toleranzgrenze einer Person, kann er auch bei langjährigen Mitgliedern dazu führen, dass sie ihr kirchliches Engagement reduzieren oder sich sogar dazu entschliessen, die Gemeinde vollständig zu verlassen.

10.3.2 Passive Formen der sozialen Ausgrenzung

In den untersuchten Migrationsgemeinden herrschte meist eine ausgeprägte «Willkommenskultur» vor, die Neulingen den Einstieg in die Gemeinde erleichterte. Dies ist nicht zuletzt auch darauf zurückzuführen, dass viele Mitglieder die Vorstellung teilten, dass sich neue Besucher von einer christlichen Gemeinschaft angenommen und wertgeschätzt fühlen sollten. Diese Idealvorstellung ist vermutlich auch ein Grund, weshalb im Rahmen der teilnehmenden Beobachtung kaum aktive Formen der sozialen Ausgrenzung beobachtet werden konnten.

Passive und ungewollte Formen der Ausgrenzung gehörten jedoch zum Alltagsgeschehen. Sie konnten sowohl einseitig durch die (Neu-)Mitglieder selbst verursacht werden (z. B. durch einen Mangel an Sozialkompetenz oder Taktgefühl) wie auch durch die Gemeinschaft (z. B. durch fehlenden Einbezug). In der Regel waren die im Feld beobachteten passiven Ausgrenzungsformen jedoch dem nicht funktionierenden Zusammenspiel beider Seiten geschuldet. In vielen Fällen handelte es sich also um eine fehlende Passung zwischen dem zu integrierenden Individuum und der Gemeinschaft, in die es sich integrieren wollte.

Fehlender sozialer Einbezug durch Türöffner

Bereits in Kapitel 10.2.1 wurde die Bedeutung von Türöffnern für den sozialen Einbezug in eine Migrationsgemeinde ausgeführt. Das Vorhandensein guter Türöffner bestimmt wesentlich darüber, ob Neulinge eine Gemeinschaft als «warmherzig» und «einladend» oder als «kalt» und «abweisend» erfahren. Wenn niemand die Rolle eines Türöffners übernimmt – sei es aus mangelnder Sensibilität für Neuankömmlinge, aus Schüchternheit oder aus anderen Gründen –, stellt sich die soziale Integration als Herausforderung dar. Denn in diesem Fall müssen sich Neulinge selbst um den sozialen Einbezug bemühen, indem sie von sich aus auf bereits integrierte Mitglieder zugehen und sich ihnen vorstellen. Dies erfordert viel Selbstüberwindung von Personen, die sich in einer Gruppe noch neu und oft auch unsicher fühlen. Aber selbst dann, wenn Neulinge ihren sozialen Einbezug in die eigenen Hände nehmen, benötigen sie für ihre erfolgreiche Integration entgegenkommende Personen, die sie zu weiteren Aktivitäten und Treffen einladen. Erhalten Neulinge von einer Gemeinde keinerlei Entgegenkommen und keine weiteren Einladungen, wird ihnen das Gefühl vermittelt, dass sie bei zukünftigen Aktivitäten nicht mehr erwünscht sind, so dass sie sich über kurz oder lang von selbst wieder aus der Gemeinde zurückziehen.[338]

Im Rahmen dieser Studie hat sich gezeigt, dass das Fehlen von Gunstbezeugungen viel häufiger eine Ursache für soziale Ausgrenzung darstellt als aktive Missgunstbezeugungen. Diese passive Ausgrenzung soll kurz an einem Beispiel illustriert werden: Während der teilnehmenden Beobachtung in einer der besuchten Gemeinden ergab es sich einmal, dass nach einem religiösen Anlass die Idee aufgeworfen wurde, zum *socializing* zusammen essen zu gehen. Von den sechs Personen, die den Event zusammen verliessen, stimmten vier diesem Vorschlag sogleich zu. Zwei Personen, Herr A und Herr B, wollten stattdessen gleich nach Hause gehen. Während sich Herr A ohne Umstände verabschiedete, wurde Herr B von der übrigen Gruppe davon abgehalten. Ihm wurde von mehreren Personen auf charmante Art erklärt, dass das Essen im Restaurant sehr lecker sei, dass er sowieso noch etwas essen müsse und dass das alles auch nicht allzu lange dauern würde. Herr B wurde so lange überredet, bis er schliesslich von dem Vorschlag überzeugt war und ebenfalls ins Restaurant mitging. Er schien sichtlich erfreut darüber zu sein, dass die Gruppe seine Anwesenheit so sehr schätzte, dass sie sich so stark um ihn bemühte.[339] Herr A hingegen erhielt keine solchen Gunstbezeugungen.

Dieses kurze Beispiel zeigt nur eine punktuelle Interaktion zwischen einer Gruppe und zwei Individuen. Doch da sich ähnliches ungleiches Verhalten gegenüber Herrn A mehrfach wiederholte, distanzierte sich dieser im Verlauf meiner Feldforschung zunehmend von der Gruppe, bis er den Besuch ihrer Aktivitäten schliesslich vollständig aufgab.

Der Grund für die passive Ausgrenzung von Herrn A lässt sich aus meiner Sicht nicht auf Böswilligkeit einer der involvierten Parteien oder auf zwischenmenschliche Konflikte zurückführen. Denn er und die anderen Gruppenmit-

338 Vgl. Beobachtungsprotokoll vom 23.2.2016.
339 Vgl. Beobachtungsprotokoll vom 7.6.2016.

glieder haben sich während meiner Anwesenheit stets gut miteinander vertragen. Dennoch war es wohl auch kein Zufall, dass gerade Herr A Integrationsschwierigkeiten hatte. Schliesslich stammte er aus einem anderen soziokulturellen Milieu und hatte andere Interessen als der Rest der Gruppe. Meiner Ansicht nach war es diese fehlende Passung, die den gegenseitigen Vertrauensaufbau und damit die soziale Integration erschwerte.

Fehlende Passung von Individuum und Gemeinschaft

Wenn es im Untersuchungsfeld einer Person schwerfiel, sich sozial in eine Migrationsgemeinde zu integrieren, lag dies oft daran, dass sie in einer oder mehrerer Hinsicht zu andersartig war, um mit den anderen Gemeindemitgliedern ohne gegenseitige Irritationen zu interagieren. Aus Sicht der Individuen fühlte sich dies so an, als ob der «Funke nicht übergesprungen» sei oder als ob es «einfach nicht passte».[340] Jedoch zeigte sich bei genauerer Analyse, dass die fehlende Passung meist auf konkrete Unterschiede zwischen Individuum und Gemeinschaft zurückzuführen war. Hierzu gehörten beispielsweise Unterschiede in Bezug auf:

- das Alter,
- den sozialen und kulturellen Hintergrund (Milieu, Herkunftsregion, sozialer Status, ökonomische Situation etc.),
- die Sprache (in mehrsprachigen Gemeinden) bzw. die sprachlichen Ausdrucksformen,
- den Bildungshintergrund,
- die Spiritualität bzw. die religiösen Ausdrucksformen
- sowie die (kirchen-)politische Ausrichtung.

Obwohl die meisten spanischsprachigen Christen vermutlich dem paulinischen Ideal zustimmen würden, dass eine christliche Gemeinde ein Ort sein sollte, in der alle sozialen Unterschiede wie in einem «Leib» aufgehen sollten,[341] zeigte die Praxis, dass allzu grosse soziale oder kulturelle Differenzen nicht einfach zu überbrücken sind. Zwar kommen in grösseren Gemeinden tatsächlich sehr viele unterschiedliche Menschen zusammen. Jedoch bilden sich in der Regel auch hier entlang von soziokulturellen Grenzen Untergruppen, die in sich wiederum etwas homogener sind.

---

340 Vgl. bspw. Interviews 5, 10 oder 12.
341 Vgl. 1 Kor 12,12–31.

Wie sich in den Interviews zeigte, stellten vor allem Unterschiede in Bezug auf religiöse und (kirchen-)politische Ansichten grosse Herausforderungen für das Zusammenleben dar. Zumindest wurden diese Aspekte von den Befragten am häufigsten als Gründe für das Verlassen einer Gruppe oder einer Gemeinde genannt. Dies zeigt sich auch in den folgenden vier Interviewausschnitten.

In den ersten beiden Zitaten beschreiben zwei Personen, wie sie eine Gemeinde verlassen haben, die ihnen zwar in denominationeller Hinsicht entsprach, mit der sie sich jedoch aufgrund von Unterschieden der religiösen Kultur nicht identifizieren konnten.

Santiago: (prot., lat.)	Aber aufgrund auch, dass diese Pfingstgemeinden sehr emotionell sind, dachte ich, das ist auch nicht, was glaube ich. // EBN: Das war eine Pfingstgemeinde? // Eine Pfingstgemeinde. Brasilianisch. Wie afrikanische Gemeinden, die sind sehr laut und sehr emotional. Sogar bis auf den Punkt, dass ich [zu dem Schluss] komme, das kommt für mich nicht immer von Gott. Wenn jemand sagt so: ((mit übertriebener Euphorie:)) «JA:: und DA::S und dIE::ses und das»… in der Bibel steht, man muss alles mit Ordnung, muss alles ordentlich gemacht werden.

*****

Camila: (kath., span.)	Der grösste Teil der Leute waren Ältere u::nd ich war die einzige Spanierin. Das auch.
SF:	Sie waren also Lateinamerikaner?
Camila:	Mhm. ((zustimmend)) […] Abe::r ja, es gab einen Unterschied im Alter und in den Erfahrungen… in der Weise, den Glauben zu leben. Ich glaube, dass man [ihn] in Europa und Amerika sehr unterschiedlich lebt. Und… das hat mir einen Schock versetzt, oder? Ich habe manchmal nicht wiedererkannt, was sie… ich habe meinen Glauben in ihrem nicht wiedererkannt. Denn das… das war nicht… das war nichts für mich.

In den nächsten beiden Beispielen grenzen sich zwei Personen aufgrund vorhergehender negativer Erfahrungen von Gemeinden ab, die ihnen in (kirchen-)politischer Hinsicht entweder zu liberal oder zu konservativ erschienen:

Rebeca: (prot., lat.)	Und die Leute eben, sie machen Sachen, die Gott nicht gern hat, und trotzdem gehen sie in die Kirche. Und der Pastor sagt nichts! […] Beim Pastor K. Der einfach… er sagt den Leuten nichts. Sie machen einfach weiter so wie… wie immer. Und,

eben das sind... deswegen sag ich «Bitte (lass es doch)». Und in Freikirche B... Ay sie sind einfach so... weisst du... (3) Bei uns ja, es wird eben gesagt, wir müssen... (-) einfach nicht äh... den halben Rücken zeigen und äh bitte... Brüste drinnen halten und nicht so ganz enge Kleider tragen und wenn sie wollen einen... einen Rock tragen, super und so, perfekt. Aber bei dem ist immer noch das extrem und dann zum Beispiel die Frau wird nicht gleich gesehen. [...] Es wird immer noch, eben ein bisschen habe ich das Gefühl als... Eben so wie (man) sagt auf Spanisch: «que la mujer tiene que... sujetarse al hombre» [dass sich die Frau dem Mann unterordnen muss]. Aber in einer Form, oder... dass es mir nicht passt.

*****

Manuel: (prot., lat.)	Weil ich habe gelernt, heutzutage, dass man soll eine Waage haben, also man soll ein Gleichgewicht haben. Man soll nicht auf ein Extrem kommen, man soll aber auch nicht auf ein anderes Extrem kommen. Zum Beispiel extrem wäre zum Beispiel jetzt wenn sie nur für sich wären, oder? Das ist ein Extrem.
SF:	Wenn sie nur...?
Manuel:	Für sich sind.
SF:	Ja. Also mega abgeschottet so...
Manuel:	Genau. Genau. Genau. (5) Und das andere Extrem ist eben, wenn sie so sind wie die Anderen, oder? Wie die wo ähm... wie dort wo ich in Aarau gegangen bin. Dort sind sie auf dem anderen Extrem gewesen, oder?
SF:	Was haben sie so gemacht? Also was kannst du so sagen, Beispiele machen?
Manuel:	(Drogen und so)
SF:	Drogen?
Manuel:	Ja sicher ähm sie haben (Drogen)... einer hat zum Beispiel ähm geraucht, also... // SF: Marihuana? // Ja, genau ((schmunzelt)). Und ähm ja paar solche Sachen ((schmunzelt)). Dann habe ich... ja ich habe das ähm nicht mehr gewollt, also weil ich von dem raus gegangen bin.

Alle diese Beispiele zeigen, wie schwierig es für christliche Migranten sein kann, in der Schweiz die richtige Gemeinde für sich zu finden. Neben den offensichtlichen denominationellen Unterschieden gibt es noch eine Vielzahl weiterer relevanter Faktoren, die sich darauf auswirken können, ob sie eine

Gemeinschaft als passend für sich empfinden oder nicht. Eine fehlende Passung von Individuum und Gemeinschaft kann die soziale Integration stark beeinträchtigen.

10.4 Schlussfolgerungen

Die Prozesse der sozialen Integration in die christlichen Migrationsgemeinden können vereinfacht zusammengefasst wie folgt beschrieben werden: Im Idealfall treffen Neulinge in den Gemeinden zuerst auf «Türöffner», die sie in das soziale Leben der Gemeinde einführen. Mit Hilfe der Türöffner können Neulinge verschiedene potenzielle «soziale Rezeptoren» kennenlernen. Damit sind andere Personen gemeint, die mit ihnen qualitativ hochwertige soziale Beziehungen aufbauen und sie in ihren Freundeskreis integrieren. In manchen Fällen können auch die Türöffner selbst die Funktion von Rezeptoren einnehmen. Da der Aufbau und Erhalt von sozialen Beziehungen allerdings mit einer gewissen Beziehungsarbeit verbunden ist, können Türöffner nicht alle neuen Gemeindemitglieder in ihren eigenen engeren Freundeskreis aufnehmen.

Damit qualitativ hochwertige Beziehungen entstehen können, muss zunächst gegenseitiges Vertrauen aufgebaut werden. Aus Sicht der einzelnen Individuen wirkt es vertrauensfördernd, wenn das Verhalten des Gegenübers vorhersagbar und kalkulierbar ist (vgl. Strasser/Voswinkel 1997: 223–224). Dementsprechend kann all das zur Vertrauensbildung beitragen, was die Vorhersagbarkeit und Kalkulierbarkeit des Gegenübers erhöht. Hierzu gehören beispielsweise Kennenlerngespräche im Rahmen gemeinsamer Aktivitäten, der Aufbau reziproker Austauschbeziehungen, soziale Kontrolle, ein ähnliches Weltbild, ähnliche Handlungsmuster sowie die Fähigkeit, andersartige Weltbilder und Handlungsmuster zu akzeptieren.

Im Rahmen der vorliegenden Studie hat sich gezeigt, dass qualitativ hochwertige, vertrauensvolle Beziehungen eine wichtige Grundlage für die Vermittlung von sozialer Unterstützung darstellen. Sowohl Unterstützungserbringer wie auch -empfänger ziehen es in der Regel vor, eine positive Vertrauensbeziehung zu denjenigen Personen zu haben, mit denen sie ein Unterstützungsverhältnis eingehen.[342] Daher wird der grösste Teil des in Kapitel 9 beschrie-

[342] Dieser Befund ist auch konsistent mit der Unterstützungsforschung, die besagt, dass sich problematische Beziehungsaspekte negativ auf die wahrgenommene soziale Unterstützung auswirken können (vgl. hierzu Kapitel 6.3.2).

benen sozialen Beistands erst geleistet, nachdem eine vertrauensvolle zwischenmenschliche Beziehung aufgebaut wurde.

Damit lässt sich folgende Faustregel formulieren: Je besser die soziale Integration eines Individuums in einer Gemeinde gelingt, desto mehr vertrauensvolle Beziehungen kann es darin aufbauen und desto mehr soziale Unterstützung kann es potenziell durch dieses Netzwerk erhalten (vgl. Abbildung 32).[343] Auf der anderen Seite profitieren Personen, die sich am sozialen Rand einer Gemeinde befinden und darin kaum mit anderen Menschen interagieren, nur wenig oder gar nicht von sozialen Unterstützungsleistungen.

Ob und in welchem Mass die soziale Integration in die Gemeinde gelingt, hängt sowohl vom Individuum als auch von der Gemeinde ab. Einerseits müssen Individuen ein gewisses Mass an Sozialkompetenz mitbringen und bereit sein, zeitliche und gegebenenfalls auch ökonomische Ressourcen in die Beziehungs- und Gemeindearbeit zu investieren. Andererseits können aktive und passive Formen der sozialen Ausgrenzung von Seiten der Gemeinde die Integration erschweren (vgl. Abbildung 32).

Mit dem Begriff der *aktiven Ausgrenzung* wurden in diesem Kapitel alle Formen des bewussten Ausschlusses von Individuen oder Gruppen aus der Gemeinde zusammengefasst. Dies kann zum Beispiel aufgrund von Persönlichkeitseigenschaften, (kirchen-)politischen Ansichten oder Konflikten geschehen. Diese Form der Ausgrenzung scheint im Untersuchungsfeld eher selten vorzukommen. Viel häufiger ist dagegen die *passive Ausgrenzung*.

Die Ursache für passive Ausgrenzung ist in vielen Fällen das Fehlen von Türöffnern, von sozialen Rezeptoren oder eine mangelnde Passung von Individuum und Gemeinschaft (z. B. in Bezug auf die Weltanschauung, die religiösen Ausdrucksformen, den Altersunterschied oder den soziokulturellen Hintergrund). Oft hängen diese drei Aspekte auch zusammen. Schliesslich werden sich in der Regel mehr Gemeindemitglieder für eine Rolle als Türöffner oder Rezeptor begeistern lassen, wenn ihnen die Anschluss suchende Person entspricht.

---

[343] Dies ist lediglich eine Faustregel. Wie viel Unterstützung tatsächlich geleistet wird, hängt zudem auch von den Ressourcen ab, die den Unterstützungserbringern zur Verfügung stehen, sowie von den Bedürfnissen der Unterstützungsempfänger.

Abbildung 32: Prozesse der sozialen Integration

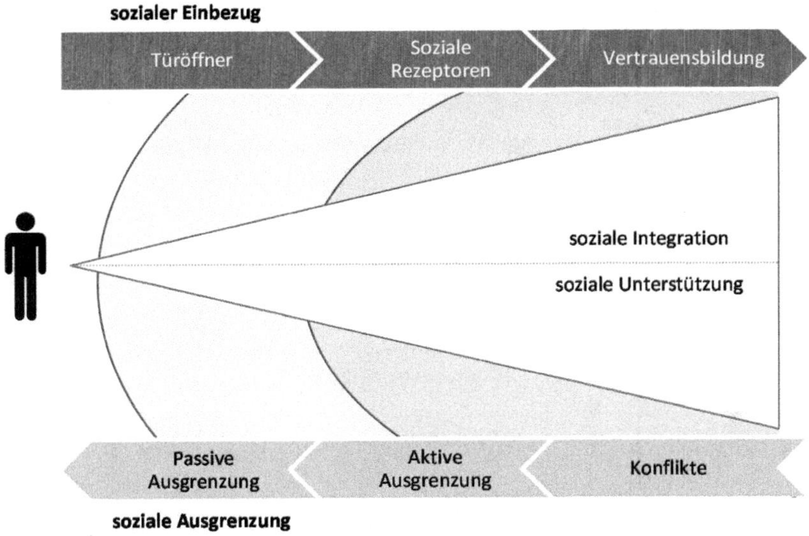

Abbildung 33: Soziales «Abprallen» aufgrund soziokultureller Unterschiede

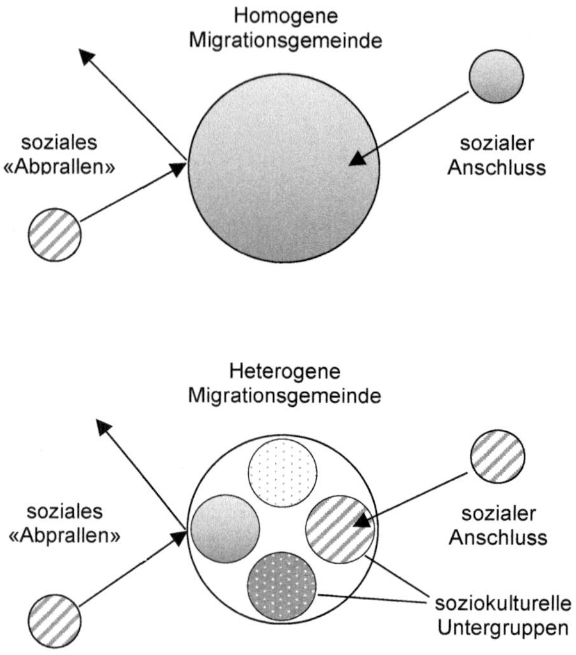

Gelingt es einer Person nicht, in ihrer Gemeinde qualitativ hochwertige Beziehungen aufzubauen, wird sie sich an ihrem sozialen Rand wiederfinden. Ihre emotionale Bindung an die Gemeinschaft bleibt gering und sie wird vermutlich nur punktuell zu Aktivitäten erscheinen oder die Gemeinde sogar gänzlich verlassen, sobald sie zu der Überzeugung kommt, dass sie ihren religiösen und sozialen Bedürfnissen an einem anderen Ort besser nachkommen kann.

Verlässt ein Individuum eine Gemeinschaft, weil die sozialen Ausgrenzungskräfte stärker sind als die des sozialen Einbezugs, kann man auch von einem «sozialen Abprallen» sprechen (vgl. Abbildung 33). In grösseren heterogenen Gemeinden, in denen es eine interne Ausdifferenzierung in verschiedene soziokulturelle Subgruppen gibt, kann eine Person selbst dann «abprallen», wenn es eigentlich eine passende Gruppe für sie gäbe, sie diese jedoch nicht findet, weil sie aus mangelnder Übersicht über die Gemeindestruktur in unpassenden Gruppen verkehrt.

11 Negative Aspekte

Mit der sozialen Integration in die Migrationsgemeinden sind nicht nur positive Aspekte verbunden, sondern auch negative. Letztere stellen sozusagen die Kosten oder Trade-offs der in Kapitel 8 und 9 beschriebenen Unterstützungsleistungen dar. In der vorliegenden Studie konnte der grösste Teil der erfassten negativen Aspekte entweder auf das soziale Zusammenleben, auf gewisse Glaubensvorstellungen oder auf das Spannungsverhältnis zur «Aussenwelt» der Aufnahmegesellschaft zurückgeführt werden. Diesen drei Hauptursachen wird nachfolgend je ein eigenes Kapitel gewidmet.

Vorbemerkung

Die meisten Personen, mit denen ich im Rahmen der Interviews oder der teilnehmenden Beobachtung Kontakt hatte, sprachen vorwiegend positiv über das Leben in ihren Migrationsgemeinden sowie über ihre Mitgläubigen. Negative Aspekte wurden weniger erfasst. Daher fällt das vorliegende Kapitel auch etwas kürzer aus als das Kapitel 9 zu den positiven Aspekten der sozialen Unterstützung. Es scheint, dass für viele Befragte die positiven Aspekte des Gemeindelebens überwogen. Dies könnte darauf zurückzuführen sein, dass sie ihre Tätigkeiten in der Gemeinde, die Intensität ihres Engagements und die Häufigkeit der Kontakte zu den verschiedenen Personengruppen zu einem hohen Grad selbst bestimmen konnten. Damit konnten sie im Bedarfsfall problematischen Aspekten des Gemeindelebens aus dem Weg gehen.

Daneben müssen mit Blick auf das verwendete Forschungsdesign allerdings noch zwei weitere mögliche Gründe berücksichtigt werden, die das Bild des Gemeindelebens in positiver Hinsicht verzerrt haben könnten. Hierzu gehören zum einen der Selektionseffekt und zum anderen der Effekt der sozialen Erwünschtheit. Der *Selektionseffekt* ist darauf zurückzuführen, dass im Feld und im Rahmen der Interviews ausschliesslich mit Personen gesprochen wurde, die regelmässig in einer Migrationsgemeinde verkehrten. Das bedeutet, dass die Perspektive von denjenigen Personen nicht erfasst werden konnte, die allenfalls so negative Erfahrungen mit einer Migrationsgemeinde gemacht haben, dass sie diese nicht mehr besuchten.

Mit Blick auf den *Effekt der sozialen Erwünschtheit* ist es zudem möglich, dass meine Gesprächspartner ihre Ausführungen beschönigten oder negative

Aspekte wegliessen, um ihre Gemeinde in ein günstiges Licht zu rücken oder um meinem Forschungsinteresse besser zu entsprechen.

11.1 Negative Aspekte des sozialen Zusammenlebens

Wie in Kapitel 10 gezeigt wurde, sind nicht alle Gemeindemitglieder gleich gut in ihrer Gemeinde vernetzt. Manche von ihnen beschränken sich bewusst auf einen punktuellen Kontakt und ziehen es vor, beispielsweise nur den Gottesdienst zu besuchen und danach gleich wieder nach Hause zu gehen. Da solche Personen kaum sozialen Austausch mit anderen Gläubigen pflegen, sind für sie die negativen Aspekte des sozialen Zusammenlebens eher gering. Solche Aspekte bekommen eher diejenigen Personen zu spüren, die stärker in der Gemeinde involviert sind und intensive soziale Kontakte zu anderen Gemeindemitgliedern pflegen. Für sie können beispielsweise problematische Beziehungsaspekte, Konformitätsdruck, soziale Kontrolle, Überarbeitung, mangelnde Wertschätzung oder problematische Aspekte der sozialen Unterstützung zu einer Herausforderung werden.

11.1.1 Problematische Beziehungsaspekte

Wie in jeder sozialen Gemeinschaft können auch in christlichen Migrationsgemeinden Beziehungen zu anderen Personen negativ geprägt sein. Dafür gibt es unterschiedliche Ursachen wie zum Beispiel zwischenmenschliche Ressentiments, Vorurteile, Aggressionen bei erhöhtem Leistungsdruck (z. B. bei den Vorbereitungen von Events) oder Konflikte aufgrund politischer oder theologischer Unterschiede.[344]

Im Rahmen der vorliegenden Studie konnten während der teilnehmenden Beobachtungen im Untersuchungsfeld nie direkt offene Konflikte erfasst werden. Ein möglicher Grund dafür könnte darin bestehen, dass viele der Gläubigen in einem kollektivistischen kulturellen Umfeld sozialisiert wurden, in dem offene Konflikte eher vermieden werden, um das Gesicht anderer zu wahren. Bei manchen der Befragten zeigte sich aber auch eine religiöse Motivation, positive Beziehungen mit anderen Gemeindemitgliedern zu wahren, selbst wenn sie unter den Interaktionen mit ihnen litten. Manche der Befragten inter-

[344] Vgl. Exp. Int. L.

pretierten negative Beziehungsaspekte auch als «spirituelle Lektion» oder als «göttliche Prüfung». Damit gaben sie den sozialen Herausforderungen einen höheren Sinn, der ihnen den Umgang damit erleichterte.[345] Dies zeigt sich beispielsweise in folgendem Zitat von Natalia:

Natalia: (kath., lat.)	Dort lernten wir vor allem, Simon, dass auch… es ist der Bruder, der dir hilft, deine Fehler zu sehen. (2) Denn oft denken wir, dass wir keine haben ((lacht)). // SF: ((lacht)) // Uy, wenn man sich aneinander reibt, beginnt… also dort wirst du dir bewusst: «Diesen Bruder, den musst du lieben.» Und wie schwer es dir fällt! Und dennoch musst du ihn lieben. Dann musst du zu Jesus gehen und ihm sagen: «Aber nun erkläre mir etwas, wie kann ich diesen Stein lieben, der (--).» Nicht? Dann von da an bittest du Jesus: «Lehre mich! Jesus, lehre mich, Jesus gib mir deine Liebe. Denn mit der meinen kann ich das nicht, schau sie nur an (-).» ((schmunzelt))

Im Zitat von Natalia werden zugleich aber auch die Grenzen der Bewältigungsstrategie der Neuinterpretation sozialer Herausforderungen ersichtlich. Denn obwohl Natalia hier negative Beziehungsaspekte in einem positiven Licht interpretiert, scheinen diese weiterhin eine gewisse Belastung für sie darzustellen.

11.1.2 Konformitätsdruck und soziale Kontrolle

Wer sich in eine Migrationsgemeinde integrieren will, der wird früher oder später einen gewissen sozialen Druck verspüren, seine Handlungen und sein Weltbild den Wert- und Normvorstellungen der Gemeinde anzupassen.[346] Dies kann beispielsweise über eine Erwartungshaltung anderer Gemeindemitglieder oder über positive Anreize und negative Sanktionen eingefordert werden (vgl. Wilkening 1978: 1; Wiswede 1976: 15).[347]

In den untersuchten Gemeinden bestanden die positiven Anreize zu einem grossen Teil in den in Kapitel 9 behandelten Formen der sozialen Unterstützung. Wer von solcher Unterstützung profitieren will, hält sich in der Regel

---

345 Vgl. Kapitel 9.3.

346 Vgl. Kapitel 10.2.3.

347 Der Konformitätsdruck innerhalb einer ethnischen Gruppe wird in der wissenschaftlichen Literatur auch unter dem Begriff der *ethnic conformity pressure* diskutiert (vgl. bspw. Kerckem et al. 2013).

mit Aussagen und Handlungen zurück, die das Verhältnis zu den Unterstützungserbringern beeinträchtigen könnten. Zu den negativen Sanktionen gehören zum Beispiel Zurechtweisungen, Belehrungen sowie die in Kapitel 10.3 beschriebenen aktiven und passiven Formen der sozialen Ausgrenzung.[348]

Anpassung an die Werte und Normen der Gemeinde

Um dem Konformitätsdruck entsprechen zu können, müssen Neulinge die sozialen Regeln, Normen und Weltbilder der Gruppe zuerst kennenlernen. Die Aneignung dieses Wissens ist nicht immer einfach, zumal ein grosser Teil davon in Alltagsgesprächen nicht expliziert wird, sondern nur über eigene Erfahrungen und über «*trial and error*» erlernt werden kann. Daher können die ersten Kontakte mit einer Migrationsgemeinde bei manchen Personen, die dieses religiöse Umfeld nicht gewohnt sind, einen ähnlichen religiös-kulturellen Kulturschock nach sich ziehen wie der Kontakt mit Schweizer Gemeinden.[349]

Diese Problematik wird auch an folgendem Zitat von Santiago ersichtlich. Bevor er vom Katholizismus zum pfingstlerischen Protestantismus konvertierte, waren für ihn die ersten Begegnungen mit Pfingstgemeinden eher befremdende Erfahrungen:

Santiago: (prot., lat.)	Eben meistens sie sind in einer Pfingstgemeinde gewesen. Weisst du, die sind sehr laut und so. Und ich dachte, ich als Katholik, weisst du, komme ich dort wollte ich für mich, in all meiner Ruhe… Und die anderen haben neben mir geschrien, oder? Und dachte ich: «Wie kann man sich konzentrieren hier und Gott anbeten, wenn der andere neben dir schreit?» // SF: ((lacht)) // Habe ich meiner Frau gesagt, oder? ((lacht)) Das war für mich alles neu oder? Aber sie spürten das eben so, für sie ist das normal und sie möchten ((klatscht in die Hände)) Gott einfach laut anbeten.

Heute pflegt Santiago selbst einen gemässigten pfingstlerischen Frömmigkeitsstil. Doch der Prozess der Anpassung an das neue soziale und religiöse Umfeld geschah auch bei ihm nicht von einem Tag auf den anderen. Das Individuum ist bei diesem Anpassungsprozess stark gefordert. Kennt es die Normen und Weltbilder der Gemeinde, in die es sich integrieren will, besteht eine

348 Vgl. Beobachtungsprotokoll vom 28.8.2016.
349 Vgl. Kapitel 7.4.

zweite Herausforderung darin, diejenigen Aspekte zu übernehmen und zu inkorporieren, die von den eigenen Vorstellungen abweichen. Dabei muss die Person sowohl Handlungen wie auch innerliche Einstellungen mit den Normvorstellungen der Gemeinschaft in Einklang bringen. Dies kann eine schmerzhafte Erfahrung sein, da in diesem Prozess bisherige Weltanschauungen und Gewissheiten in Frage gestellt werden.

Eine weitere Herausforderung besteht darin, dass die Eingliederung in eine neue Gemeinde auch mit einem sozialen Abstieg verbunden sein kann. Wie in Kapitel 9.2.5 ausgeführt wurde, existiert in vielen Migrationsgemeinden für die Vergabe von symbolischem Kapital ein Bewertungssystem, das sich von demjenigen der Aufnahmegesellschaft unterscheidet. Dies ermöglicht es manchen Personen, die in anderen Gesellschaftsbereichen marginalisiert werden, innerhalb der Gemeinde zu einem gewissen Ansehen zu kommen. Gleichzeitig kann dies aber für andere Personen in der Gemeinde eine Herabsetzung ihres sozialen Status nach sich ziehen, wenn sie über keinerlei Eigenschaften und Kompetenzen verfügen, die in der Gemeinde hoch angesehen werden (w. z. B. Bibelkenntnisse, spirituelle Erfahrungen etc.).

So wurde beispielsweise im Rahmen dieser Studie beobachtet, dass manche Personen, die ausserhalb der Migrationsgemeinde beruflich erfolgreich waren, in der Gemeindehierarchie zunächst weit unten beginnen mussten. Dort konnten sie ihren Status erst verbessern, nachdem sie sich beispielsweise durch Freiwilligenarbeit oder durch die Teilnahme an Bildungsangeboten diejenigen Qualitäten angeeignet hatten, die von der Gemeinde positiv beurteilt wurden. «Weltliche» Errungenschaften wurden ihnen – je nach Gemeinde und Gruppierung – nicht im gleichen Mass positiv angerechnet.

Auch der oben zitierte Santiago hat eine solche Erfahrung durchgemacht. Trotz seiner beruflichen Erfolge und seinem hohen Bekanntheitsgrad in der Szene, in der er vor seiner Konversion verkehrte, musste er sich in der Hierarchie seiner Gemeinde zunächst weit unten eingliedern. Diese Erfahrung schimmert teilweise auch in folgendem Interviewausschnitt durch:

Santiago: (prot., lat.)	Von der Bühne, wo ich stand, musste ich runtergehen, um in die andere Richtung zu schauen, weisst du? […] Am Anfang war ich auf der Bühne, habe ich immer gedacht. Aber ich musste meinen Stolz… und ich kämpfe gegen meinen Stolz noch immer, weil das ist etwas, wo wir immer drin haben, das ist körperlich ((klopft sich auf die Brust)) […] von der Bühne bin

> ich runtergegangen und ich habe mich mit den andern auch auf das gleiche Niveau gestellt. Und nach oben geschaut, weisst du? Dann war ich nicht mehr oben, sondern für mich [ist nun] Jesus oben und ich bin wirklich da unten.

Santiago spricht hier zwar von einer transzendenten Hierarchie, die über die Gemeinde hinaus bis zu Christus reicht. Doch in der Gemeinde manifestierte sich diese Hierarchie auch darin, dass andere Personen als er – zum Beispiel die Pastoren – auf der Bühne standen, während er sich als Neuling zunächst im Publikum befand und zu ihnen hinaufschaute.

Soziale Kontrolle

Je besser eine Person in einer Gemeinde sozial vernetzt ist und je mehr sie mit anderen Gemeindemitgliedern interagiert, desto mehr ist sie in der Regel sozialer Kontrolle ausgesetzt.[350] Mit dem Begriff der sozialen Kontrolle sind hier alle Massnahmen und Prozesse gemeint, mit deren Hilfe die Gemeinschaft bewusst oder unbewusst das normkonforme Verhalten anderer Mitglieder überprüft und fördert (vgl. Reinhold 1997: 362). Wie in Kapitel 10.2.3 bereits ausgeführt wurde, kann soziale Kontrolle dazu beitragen, das Vertrauen in andere Gruppenmitglieder zu erhöhen, was wiederum das Zustandekommen solidarischer Unterstützungsbeziehungen fördern kann. Sie ist sozusagen ein Teil des Preises, den Gemeindemitglieder bezahlen müssen, um von sozialer Unterstützung profitieren zu können.

Im Untersuchungsfeld zeigte sich die soziale Kontrolle zum Beispiel darin, dass manche Gemeindemitglieder anderen Mitgliedern Fragen zu ihrem Befinden, ihrem spirituellen und weltlichen Leben oder ihren persönlichen Vorstellungen stellten und die Antworten daraufhin positiv oder negativ kommentierten. Manche Gemeindemitglieder verstanden diese Art des Rückfragens und Zurechtweisens als Teil ihres christlichen Missionsauftrags, wie sich auch in folgendem Zitat zeigt:

---

350 Im Zusammenhang mit christlichen Gemeinden kann die Erwähnung des Begriffs «soziale Kontrolle» dazu führen, dass bei den Lesern stereotype Vorstellungen christlicher Gemeinden abgerufen werden, wie sie zum Beispiel in der Sektendebatte kolportiert werden (vgl. Murken/Namini 2004b: 141–142). Im Kontext der vorliegenden Studie darf soziale Kontrolle aber nicht mit Begriffen wie «Gehirnwäsche» oder «Einschüchterungsversuche» gleichgesetzt werden. In den untersuchten Gemeinden entsprach die soziale Kontrolle in Form und Intensität eher dem, was auch in vielen lateinamerikanischen und spanischen Familien praktiziert wird (vgl. hierzu auch Kapitel 10.2.3).

Elena: (prot., lat.)	Ich weiss, dass ich sehr einnehmend bin und viel von meinen Gesprächspartnern fordere. Den Anderen sage ich immer, dass sie die Bibel lesen sollen. Und alle – auch den Pastor – weise ich auf die «rechte Doktrin» hin, wenn es sein muss.

Für Personen aber, die lieber eine gewisse Privatsphäre pflegen und nicht alle Informationen über ihr Leben von sich preisgeben wollen, kann diese Form der Einmischung negativ empfunden werden. Dies wird beispielsweise aus folgendem Zitat von Natalia ersichtlich. Natalia war in ihrem Herkunftsland katholisch sozialisiert worden. Nach dem Zuzug in die Schweiz hat sie zusammen mit ihrem Mann eine evangelikale Gemeinde besucht, die sie beim Migrations- und Integrationsprozess stark unterstützte. Mit der Zeit wurde ihr jedoch die soziale Kontrolle, die sozusagen der Preis für diese soziale Unterstützung war, zu hoch, so dass sie die Gemeinde wieder verliess und sich der katholischen Mission zuwandte, wo sie weniger soziale Kontrolle erfuhr:

Natalia: (kath., lat.)	[...] dort kontrollierten sie auch viel. Wenn ich allein ging und Robert nicht mitkam, sagten sie: «Habt ihr Probleme? Wieso ist er heute nicht gekommen? Habt ihr euch gestritten? Geht's euch nicht gut?» Dann haben sie immer auf dein Privatleben geschaut und das gefiel mir nicht. Und eines Tages habe ich mich entschieden, nicht dorthin zu gehen, und ich ging nicht [mehr]...

Das Beispiel von Natalia ist auch ein Hinweis darauf, dass es durchaus Personen gibt, die in ihren Gemeinden negative Erfahrungen machen und sie daraufhin verlassen. Leider konnten im Rahmen der vorliegenden Studie nicht mehr solcher Personen erfasst werden. Das bedeutet, dass in Bezug auf ihre Perspektive auf die Migrationsgemeinden weiterhin ein gewisser Forschungsbedarf besteht.

Konfessions- und gruppenspezifische Unterschiede

Sowohl in den besuchten katholischen Missionen wie auch in den protestantischen Migrationsgemeinden wurde Wert auf ein christliches Lebensideal gelegt, das über Predigten in Erinnerung gerufen oder in Kursen gelehrt wurde. Zu diesem Lebensideal gehörten beispielsweise Aktivitäten wie die regelmässige Bibellektüre, der Besuch von Gottesdiensten bzw. anderen Aktivitäten der Gemeinde, Dienst an den Mitmenschen, Freiwilligenarbeit in der Gemeinde, «sein Herz ändern», das Evangelium verkünden und so weiter.[351] Je nach Gemeinde oder Untergruppe konnten jedoch die Aspekte variieren, die von den Mitgläubigen eingefordert wurden. So kam es beispielsweise vor, dass in ein und derselben Gemeinde manche ältere Mitglieder sich weitgehend gegen Partys und Alkoholkonsum aussprachen, während dies bei einem Teil der Jugendlichen zum «Coolsein» dazugehörte.[352]

Ausserdem wurde das Lebensideal in den einzelnen Gemeinden und Untergruppen unterschiedlich stark durch Konformitätsdruck und soziale Kontrolle eingefordert. So scheint es in den katholischen Missionen tendenziell mehr Möglichkeiten zu geben, um dem Konformitätsdruck aus dem Weg zu gehen, als in den protestantischen Gemeinden. Ein wichtiger Grund dafür besteht meines Erachtens darin, dass die katholischen Missionen durchschnittlich etwas grösser sind und ein Grossteil der Gläubigen ausschliesslich die Gottesdienste besucht. Dies führt dazu, dass sich nicht alle Gemeindemitglieder persönlich kennen, wodurch ein höherer Grad an Anonymität besteht. Zudem gibt es hier während der Gottesdienste kaum soziale Interaktionen, was auch die Möglichkeiten verringert, sozialen Druck oder soziale Kontrolle auszuüben.[353]

Die protestantischen Gemeinden sind in der Regel etwas kleiner als die Missionen (vgl. Albisser 2016: 35), zudem legen sie viel Wert auf soziale Aktivitäten gleich vor oder nach dem Gottesdienst sowie an weiteren Wochentagen. Dies erleichtert zwar den Aufbau sozialer Beziehungen und damit auch den Zugang zu sozialer Unterstützung, es ermöglicht aber gleichzeitig auch ein höheres Mass an Konformitätsdruck und sozialer Kontrolle.

Ein weiterer Grund für die konfessionellen Unterschiede in Bezug auf den internen Konformitätsdruck und die soziale Kontrolle besteht darin, dass viele der katholischen Migranten sowohl Angebote der Mission wie auch solche der lokalen Pfarreien nutzen. Da die katholischen Missionen keine feste Mitgliedschaft kennen, sind ihre Besucher frei, auch andere Angebote der katholischen Kirche zu besuchen. Die protestantischen Befragten beschränkten ihr Engagement hingegen meist auf eine einzige Gemeinde, wo sie dafür aber sehr aktiv und gut vernetzt waren.[354]

---

351 Vgl. Beobachtungsprotokoll vom 28.6.2016, 30.9.2016 und 8.4.2016.
352 Vgl. Interview 21.
353 Vgl. Beobachtungsprotokoll vom 22.2.2015.
354 Vgl. hierzu bspw. die Interviews 6, 11 und 13.

Wer mehrere Gemeinden besucht, hat mehr Möglichkeiten, dem Anpassungsdruck und der Kontrolle aus dem Weg zu gehen, sollten sie in einer der besuchten Gemeinden zu gross werden. Dies zeigt sich auch im folgenden Zitat der jungen Katholikin Valeria, die in ihrer Mission über mehrere Jahre hinweg sehr engagiert war. Als Valeria die Arbeiten in der Mission zu viel wurden, reduzierte sie ihr dortiges Engagement, besuchte aber weiterhin die Gottesdienste in ihrer nächstgelegenen deutschsprachigen Pfarrei:

Valeria: (kath., lat.)	Und dann habe ich mich einfach zurückgezogen. Ich hatte zu viel Stress. Ich bin krank geworden vor Stress und so. Ich habe gemeint: «Nein… ich ziehe mich einfach zurück.»

Sobald sich eine Person stärker in ihrer Gemeinde engagiert und darin ein Beziehungsnetz aufbaut, nehmen die Anonymität und damit auch die Freiheit ab, andere Gemeinden zu besuchen. Dafür steigt die Wahrscheinlichkeit, dass sie von anderen Gemeindemitgliedern gebeten wird, zusätzliche Freiwilligenarbeiten zum Wohle ihrer Gemeinde zu übernehmen. Dies gilt auch für die Besucher von katholischen Migrationsgemeinden, wie das folgende Zitat zeigt. Hier berichtet Mariana, wie eine ältere Frau in der Mission auf vier junge Erwachsene zuging, die ihr aufgrund ihrer regelmässigen Teilnahme an Gottesdiensten aufgefallen waren, und – ohne mit den Jungen Rücksprache zu halten – einem Priester vorschlug, aus ihnen eine Jugendgruppe zu machen:

Mariana: (kath., lat.)	Sie hat diese drei Jungen genommen, also diese vier Jungen. Meinen Bruder genommen. «Komm, komm her! Pfarrer! Eh… so… Padre E! Die sind jung! Das ist unsere Jugendgruppe bla bla…» ((schmunzelt)) Sie hat das gesagt. Und… nach der Messe, mein Bruder hat mit diesen Kollegen… «Ah, ja… können wir uns treffen… Treffen wir uns nächsten Samstag hier!»

Wer sich weigert, Aufgaben zu übernehmen, oder nur punktuell zu Anlässen erscheint, kann sich in manchen Gemeinden und Gruppierungen dem Vorwurf aussetzen, ein «Konsumchrist» zu sein:

Samuel: (prot., lat.)	Weil, es kommen Leute, schauen rein: «Was kann ich…?» Weil, eben das [sind] diese Konsumchristen: «Ich komme nur, wenn ich etwas brauche.» Und das ist genau das, was wir jeden Sonntag predigen: «Das musst du nicht machen! Der Herrgott gibt dir schon dann, wenn du brauchst. Aber du musst auch kommen, auch wenn du nichts brauchst.»

Vorwürfe dieser Art und der soziale Druck zur regelmässigen Teilnahme an Gemeindeaktivitäten können für Personen unangenehm sein, die zu wenig Zeit oder Interesse daran haben, mehr Ressourcen in ihre Gemeinde zu investieren. Zumal manche von ihnen bereits ihre (unregelmässige) Präsenz als Investition in die Gemeindearbeit verstehen. Die Vorwürfe der engagierteren Gemeindemitglieder werden jedoch etwas nachvollziehbarer, wenn man auch ihre Perspektive mitbetrachtet. Dies geschieht im nächsten Kapitel.

11.1.3 Negative Aspekte der Freiwilligenarbeit

Christliche Migrationsgemeinden leben zu einem grossen Teil von der Arbeit engagierter Mitglieder, die ihrer Gemeinschaft freiwillig ihre Zeit, ihre Fähigkeiten und teilweise auch ihre eigenen finanziellen Ressourcen zur Verfügung stellen. Solche Freiwilligen unterstützen die Gemeindeleitung mit der Planung und Durchführung von Aktivitäten, mit der Leitung von Untergruppen, mit dem Besuchen von Kranken, mit der Beherbergung von Gästen oder indem sie kochen, Kinder betreuen, Publikationen redigieren, Unterricht geben und so weiter.[355]

Ohne die Unterstützung von freiwilligen Helfern wäre es den Migrationsgemeinden nicht möglich, ihre breite Angebotspalette aufrechtzuerhalten. Die bezahlten Mitarbeiter könnten auf sich allein gestellt nur einen sehr kleinen Teil der angebotenen Dienstleistungen und Aktivitäten selbst planen und durchführen. Ausserdem tragen motivierte und engagierte Mitglieder viel zu einer positiven Stimmung bei. Gemeinden und Gruppen, in denen es viele engagierte Personen gibt, fühlen sich aktiv, dynamisch und lebendig an. Fehlen sie hingegen, wirken sie leblos und wenig ansprechend.

Manche Freiwilligen investieren viele persönliche Ressourcen in ihre Arbeit. So schätzte beispielsweise Pastor Hugo, dass die hochengagierten Gemeindemitglieder des CMI regelmässig acht Stunden pro Woche in kirchliche Aktivitäten investierten, bei speziellen Anlässen sogar das Doppelte. In einem ähnlichen Mass engagierten sich auch einige der aktivsten Helfer der katholischen Mission in Zürich.

Wer einmal damit beginnt, sich in seiner Gemeinde zu engagieren, der wird für sein Engagement schon bald bekannt sein. Dadurch steigt aber auch die

---

355 Vgl. bspw. Interviews 5, 6, 8, 14 und 18.

Wahrscheinlichkeit, dass die Person zu einem späteren Zeitpunkt noch für weitere Freiwilligenarbeiten angefragt wird. Schliesslich ist es einfacher, jemanden um einen Gefallen zu bitten, der bereits ein gewisses Interesse an Freiwilligenarbeit gezeigt hat, als jemanden neu davon zu überzeugen. Dies führt auf der anderen Seite aber dazu, dass manche Einzelpersonen von der Gemeinde sehr stark gefordert werden.[356]

Vielen Gemeindemitgliedern gilt die Unterstützung ihrer Mitgläubigen als ein anstrebenswertes Ideal christlicher Gemeinschaft. Dementsprechend kann ihnen der Dienst an der Gemeinschaft dabei helfen, dem eigenen Leben einen höheren Sinn zu verleihen. Dennoch kann die Freiwilligenarbeit auch als Belastung wahrgenommen werden. Dies ist insbesondere dann der Fall, wenn sie – neben den privaten und beruflichen Herausforderungen – ein erträgliches Mass übersteigt oder wenn die Wertschätzung dafür zu gering ausfällt.[357] Schliesslich ist für viele Freiwillige neben der Sinnhaftigkeit der Tätigkeiten auch die soziale Bestätigung durch andere Mitglieder eine wichtige Motivationsstütze. Erfahren sie bei ihrer Arbeit keine Wertschätzung oder ziehen die anderen Gemeindemitglieder nicht mit, kann sich die Freiwilligenarbeit sehr unangenehm anfühlen.

Dies zeigt sich beispielsweise im folgenden Zitat von Valeria, die davon erzählt, wie die Konsumhaltung und das fehlende Engagement ihrer Gruppe sich auch negativ auf ihre eigene Motivation auswirkten, sich für ihre Gemeinschaft einzusetzen.

Valeria: (kath., lat.)	Nachher haben wir mit der Gruppe angefangen und so und dann irgendwie diese Einsatzfreude, haben wir hier nicht gehabt. Und das hat mich schon ein bisschen runtergezogen. Weil, wenn wir etwas organisieren wollten, wollte niemand mitmachen. Oder einige ja und dann nur so halb, nur schnell schnell oder: «Doch» aber dann nicht. Und der Einsatz hat gefehlt. Und das hat auch Padre B sehr schwierig empfunden. Also für ihn war es auch sehr schwierig, weil er hat auch gedacht: Also, entweder setzt du dich ein und sagst: «Ja!» und machst einen Kompromiss. Te comprometes a algo! [Du verpflichtest dich zu etwas.] Dann sagst du: «Ja ich gehe. Ich möchte ein Teil dieser Gruppe sein.» Und dann gehst du einfach, und gehst jedes Mal. Und… das hat gefehlt. Dann haben

356 S. hierzu auch Foppa (2015: 88–89).
357 Vgl. Interviews 13, 15 und 17.

> wir nie etwas Richtiges organisi::ert [...] Manchmal gab es Zeiten, wo wir mehr gemacht haben, Zeiten wo wir weniger... es gab Zeiten, wo ich einfach gedacht habe: «Hey, wenn die nicht wollen, dann mache ich auch nicht mit.»

Aus der Perspektive der engagierten Mitglieder ist es also verständlich, dass sie den weniger Engagierten Vorwürfe machen. Schliesslich investieren sie viele eigene Ressourcen, um attraktive Aktivitäten und Unterstützungsangebote am Leben zu halten. Wenn andere ihr Engagement als Selbstverständlichkeit erachten, keine Wertschätzung dafür zeigen oder nicht bereit sind, selbst etwas dafür zu tun, ist das für sie eine Verletzung der Reziprozität. Die meisten Befragten, denen dies widerfahren ist, fühlten sich von ihren Mitgläubigen etwas ausgenutzt und reduzierten daraufhin ihr Freiwilligenengagement.

11.1.4 Negative Aspekte sozialer Unterstützung

Bereits in Kapitel 6.3.2 wurde ausgeführt, dass soziale Unterstützungsleistungen neben positiven auch negative Auswirkungen auf Unterstützungsempfänger haben können. Dabei wurden die negativen Aspekte in Anlehnung an Laireiter und Lettner (1993: 108–109) unterteilt in problematische Beziehungsaspekte, exzessive Hilfe, inadäquate oder ineffektive Unterstützung und enttäuschte Unterstützungserwartungen. Alle vier Aspekte konnten auch in der vorliegenden Studie nachgewiesen werden.

Der erste Aspekt der *problematischen Beziehungsaspekte* wurde bereits in Kapitel 11.1.1 ausgeführt. Der zweite Aspekt der *exzessiven Hilfe* wurde in den Interviews zwar punktuell angesprochen, jedoch kaum je als grosses Problem erachtet. Die Befragten zeigten sich für die erhaltenen Unterstützungsleistungen meist eher dankbar, selbst wenn sie ein angenehmes Mass überschritten. Sie nahmen exzessive Hilfe höchstens dann als Problem wahr, wenn sie mit *overinvolvement* verbunden war, also wenn die Unterstützungserbringer die Privatsphäre der Unterstützungsempfänger zu wenig berücksichtigten und sich zu stark in ihre privaten Angelegenheiten einmischten. Dies wurde bereits in Kapitel 11.1.2 unter dem Aspekt der sozialen Kontrolle und des Konformitätsdrucks behandelt.

Auch *Inadäquate* oder *ineffektive* Formen der Unterstützung wurden von den Befragten zwar erwähnt, jedoch kaum je als grösseres Problem dargestellt. Eine Unterstützungsform, die relativ häufig inadäquat bzw. ineffektiv war, war die Vermittlung von Empowermentnarrativen.[358] Damit Unterstützungsempfänger Empowermentnarrative übernehmen konnten, mussten sie in der Regel ein ähnliches Weltbild oder einen ähnlichen Frömmigkeitsstil aufweisen wie die Unterstützungserbringer. Bestand zwischen ihnen eine zu grosse Kluft, führte dies eher zu Irritationen.[359]

Der *enttäuschte Unterstützungsbedarf* wurde von den Befragten wiederum etwas häufiger thematisiert. Es scheint, dass Personen, die nicht die Unterstützung von ihrer Gemeinde erhalten, die sie von ihr erwarten, unter dieser Situation leiden. Ein Grund dafür liegt darin, dass sich die auf Unterstützung hoffenden Personen oft bereits in schwierigen Situationen befinden, für deren Bewältigung sie sich Hilfe von aussen wünschten. Ein weiterer Grund scheint aber auch darin zu bestehen, dass der mangelnde Beistand durch Mitgläubige oft eine Reihe weiterer negativer Emotionen hervorruft wie Einsamkeit, Hoffnungslosigkeit oder das Gefühl, ausgeschlossen und nicht gewollt zu sein.[360]

Im Rahmen der vorliegenden Studie fand sich die enttäuschte Unterstützungserwartung häufig bei hochengagierten Mitgliedern, die – wie oben bereits erwähnt wurde – manchmal das Gefühl hatten, bei ihrem Engagement zu wenig Unterstützung oder zu wenig Gegenleistungen dafür zu erhalten:

Rebeca: (prot., lat.)	Und äh… eben, dann haben wir uns das Gefühl gehabt eben… von Migrationskirche A ähm… gab [es] keinen… keine richtige Hilfe. Pastor M ist auch ab und zu gegangen, aber er wollte nicht unbedingt viel zu tun haben. Und wir brauchten einfach jemand, der irgendwie eben uns begleitet, uns leitet. Und so haben wir eben die Freikirche C einen Pastor gefunden, dass er hilft uns. Aber er hat äh… seine Vision sind einfach die… die Jugendlichen oder die jungen Erwachsenen. Und dann sind wir schon zu alt ((lacht)).

*****

Valeria: (kath., lat.)	Es gibt einen Repräsentanten von jeder Gruppe der Mission, die sich einmal im Monat treffen. Und er ist dorthin gegangen und ich habe alles andere von der Gruppe organisiert, gemacht, Mails geschrieben… Und wenn dann niemand zurückschreibt ich (nur) so: «Für was mache ich das?»

358 Vgl. Kapitel 9.3.
359 Vgl. hierzu Interview 12 und Beobachtungsprotokoll vom 13.12.2015.
360 Vgl. hierzu auch Laireiter/Lettner (1993: 108).

Diejenige Gruppe, die am meisten unter fehlender Unterstützung litt, ist jedoch die Gruppe der Sans-Papiers. Dass ihre Unterstützungserwartung besonders häufig enttäuscht wurde, ist nicht in erster Linie darauf zurückzuführen, dass sie von anderen Gemeindemitgliedern diskriminiert und ausgegrenzt worden wären. Obwohl im Rahmen dieser Studie auch solche Einzelfälle registriert wurden, waren die meisten der mir bekannten Sans-Papiers in ihren Gemeinden gut vernetzt und erhielten auch viel Unterstützung.[361] Für sie lag die Schwierigkeit jedoch darin, dass sie aufgrund ihrer oft prekären Lebenssituationen auf besonders viel soziale Unterstützung angewiesen waren. Zudem waren sie besonders verwundbar, wenn die Unterstützung aus der Gemeinde ausfiel, weil sie kaum auf andere ökonomische oder soziale Ressourcen zurückgreifen konnten.

Diese besondere Verwundbarkeit kann beispielsweise an der Wohnsituation illustriert werden. Für Sans-Papiers ist es aufgrund ihres illegalen Aufenthaltsstatus und ihrer oft knappen ökonomischen Ressourcen schwierig, für sich allein eine Unterkunft oder eine Wohnung zu mieten. Aus diesem Grund sind sie hin und wieder darauf angewiesen, dass jemand aus ihrem Bekanntenkreis sie bei sich aufnimmt. Dies kann zum Beispiel der Fall sein, nachdem eine Person eine Arbeitsstelle verloren hat. Wer Sans-Papiers bei sich aufnimmt, macht sich damit allerdings strafbar (vgl. NZZ 2004).

Trotz dieses hohen Risikos finden Sans-Papiers immer wieder Personen aus dem Umkreis ihrer Gemeinden, die sie bei sich aufnehmen. Sie erhalten damit eine verhältnismässig grosse Unterstützungsleistung. Wenn sich jedoch niemand findet, der ihnen eine Behausung anbietet, oder jemand nach ein paar Wochen entscheidet, dass sie nun wieder ausziehen müssen, stehen Sans-Papiers wörtlich auf der Strasse. Damit sind sie von einem Tag auf den anderen grossen Gefahren ausgesetzt – zumal viele lateinamerikanische Sans-Papiers Frauen sind.[362]

Dieses Beispiel zeigt, dass für undokumentierte Migranten die sozialen Unterstützungsleistungen in der Regel eine deutlich grössere Bedeutung haben als für ihre Mitgläubigen, die im Notfall auch ausserhalb der Gemeinde Ressourcen mobilisieren können (z. B. über die Arbeitslosenversicherung, Ersparnisse, andere Netzwerke etc.). Daher empfinden Sans-Papiers in der Regel auch einen grösseren Mangel, wenn sie von ihrer Gemeinde nicht unterstützt

361 Vgl. bspw. Beobachtungsprotokoll vom 6.11.2016 und Interview 15.
362 Vgl. bspw. Beobachtungsprotokoll vom 6.11.2016 und Interview 15.

werden oder die Unterstützung nach einer gewissen Zeit abgebrochen wird. Für sie ist die christliche Gemeinschaft oft einer der wenigen Rückzugsorte, wo ihnen im Migrationskontext Hilfestellungen, eine familiäre Atmosphäre und persönliche Wertschätzung entgegengebracht werden. Wenn sie hier eine Enttäuschung erfahren, kann das tiefe Verletzungen hinterlassen und sogar ihr religiöses Weltbild erschüttern.[363] Denn manche der Personen, die von ihren Gemeinden nicht die Unterstützung erhielten, die sie sich erhofften, verloren dadurch auch einen Teil ihres Vertrauens in ihre Glaubensgemeinschaft. Ein Beispiel hierfür ist Esperanza. Zum Zeitpunkt des Interviews lebte sie bereits seit über einem Jahrzehnt legal in der Schweiz. Dennoch schimmerte in ihren Ausführungen noch immer die Enttäuschung darüber durch, dass sie von ihrer Glaubensgemeinschaft in ihrer Zeit als Sans-Papier zu wenig Unterstützung erhielt.

Esperanza: (kath., lat.)	Weil die Messe endete und darauf hat man alles abgeschlossen. Es gab keinen Ort, wo du nachher hingehen konntest. Nein. Es war von zwölf bis halb eins und endete, der Pater gab den Segen und jeder einzelne ging. Es gab viele Leute, die auf die Strasse gingen und nicht wussten wohin. Mitten im Winter war es noch schlimmer. [...] denn im Winter war das einzige, was ich bei dieser Kälte tat, nach Hause zu gehen, oder... mit den Leuten, die du kanntest, oder? Das war, also... zu dieser... Zeit hatte ich nicht viele Freunde in der... in der Kirche. Warum? – Weil es nicht... die Kirche sagte nicht: «Schau, die Messe endet nun, bitte, alle, die keinen Ort haben, wo sie hingehen können, sind eingeladen ins Pfarrhaus zu gehen.» Wie schön das wäre! Sie endeten (mit) dem Segen. Und... und alle gingen. Viele Leute am Weinen.

11.2 Negative Aspekte gewisser Glaubensvorstellungen

In Kapitel 9 wurde ausgeführt, dass die Vermittlung christlicher Glaubensvorstellungen und Handlungsmuster Menschen beispielsweise dabei helfen kann, dem Leben einen Sinn zu geben, destruktive Umfelder zu verlassen, das Leben neu auszurichten (z. B. im Hinblick auf Drogenkonsum, kriminelles Verhalten

[363] Vgl. Interview 15.

u. ä.) oder die Herausforderungen im Migrationskontext aus einer neuen Perspektive zu betrachten, die selbstwerterhöhend, stressreduzierend oder selbstwirksamkeitserhöhend wirkt. Allerdings hat bereits Pargament in seinem Übersichtswerk zu Religion und Coping festgehalten, dass sich gewisse Formen der Religiosität auch negativ auf den Bewältigungsprozess auswirken können (vgl. Pargament 1997: 288–300). Dieser Befund konnte im Rahmen dieser Studie bestätigt werden. Auch in den untersuchten Migrationsgemeinden wurden Deutungs- und Handlungsmuster vermittelt, die sich negativ auf das emotions- und problemorientierte Coping auswirken konnten. Sie werden in den nächsten Kapiteln genauer beleuchtet.

11.2.1 Deutungsmuster mit negativen Wirkungen

So wie es Deutungsmuster gibt, die sich positiv auf das emotionsorientierte Coping in Belastungssituationen auswirken können, gibt es auch solche, die sich negativ darauf auswirken können. Anstatt bei der Bewältigung von Herausforderungen nützlich zu sein, können sie selbst eine zusätzliche Belastung darstellen oder das Selbstwertgefühl und die Selbstwirksamkeit verringern. Solche «Discouragementnarrative» stellen sozusagen das Gegenstück zu den in Kapitel 9.3 ausgeführten Empowermentnarrativen dar.

So scheinen beispielsweise insbesondere neu Konvertierte bzw. Personen, deren Enthusiasmus für die eigene Religion neu entfacht wurde, dazu zu neigen, sich mit hohen religiösen Idealvorstellungen selbst unter starken Druck zu setzen. In manchen Fällen entwickeln sie nach ihrer Konversion bzw. Neubekehrung einen starken Drang, ihr Leben umzukrempeln. Scheitern sie jedoch bei der Umsetzung dieser Ideale, hadern sie mit ihren eigenen Fehlern und ihrer Wankelmütigkeit, die in ihnen wiederum Schuldgefühle und Gewissensbisse hervorrufen können. Dieser innerliche Kampf wird auch in folgendem Interviewausschnitt ersichtlich:

Manuel: (prot., lat.)	Und dann, ((räuspert sich)) (5) habe ich aber Probleme gehabt. Zu dieser Zeit hatten wir nicht jemanden wie Pastor A. Der die Sachen so tief erklärt hat und ähm so genau erklärt hat. Und das finde ich auch, ist etwas, das wichtig ist. Dass man… also… eine Lehre bekommt, die ein Gleichgewicht hat. Die nicht auf das eine oder das andere Extrem geht. Weil, dann kann man auch richtig wachsen, oder? Weil sonst hat man Probleme mit

> sich selbst. Und das habe ich bekommen dann. Ich habe Probleme mit mir selbst gehabt. Weil ich habe gedacht: «Hey ich darf nichts falsch machen, ich muss jetzt hoch und heilig sein» ((schmunzelt)). [...] Und ähm das ist ein Fehler.
> [...]
> Ich habe... wie soll ich erklären... ich habe... ich habe Probleme gehabt, dass ich gedacht habe, ich muss heilig, also hoch und heilig... // SF: Ja, perfekt sein. // Perfekt sein, genau. Aber wir selbst können nicht perfekt sein. Wir können nicht... Perfektion können wir nicht... [...] erreichen, ja das ist äh fast unmöglich. Ähm aber ich habe gelernt, wenn du zum Beispiel ähm... sagen wir, für dich ist schlecht ähm zum Beispiel zu kiffen ((schmunzelt)) oder? [...] wenn du Schwierigkeiten hast mit Aufhören // SF: Ja. // und du dagegen kämpfst, die ganze Zeit, oder?, dann ist das nicht so schlimm. Weil du probierst ja zu kämpfen, der Wille ist ja da.

Dieser Interviewausschnitt zeigt, wie dem Befragten nach seiner Bekehrung die Vorstellung «*ich muss jetzt hoch und heilig sein*» psychisch zu schaffen machte. Da er dieser Idealvorstellung nicht sogleich gerecht werden konnte, wurde sie für ihn zu einem Discouragementnarrativ. Wäre er in dieser Situation allein geblieben, hätte sich dies vielleicht langfristig negativ auf sein Selbstwertgefühl auswirken können. Später hat er jedoch mit Hilfe eines Pastors gelernt, seine ursprüngliche Vorstellung durch ein Empowermentnarrativ zu ersetzen, das er wie folgt formuliert: «*wenn [...] du dagegen kämpfst [...], dann ist das nicht so schlimm*».

Ähnliche Prozesse haben auch andere Befragte durchlaufen, die angaben, eine innerliche Bekehrung «vom Sünder zum Christen» durchgemacht zu haben, was in beiden untersuchten Konfessionen vorkam. Manche empfanden diesen Prozess als schmerzhaft, manche als heilsam und wiederum andere betonten die Bedeutung eines guten Seelsorgers bzw. eines guten sozialen Umfeldes in diesem Prozess. In beinahe jedem Fall war die Bekehrung aber mit einem gewissen Mass an Verunsicherungen und kognitiven Dissonanzen[364] verbunden, die es für die Individuen zu bewältigen galt, bevor die Spiritualität für sie wirklich zu einer intrapsychischen Ressource werden konnte.

---

[364] Der Begriff «kognitive Dissonanz» bezeichnet in der Sozialpsychologie eine psychologische Inkonsistenz, die dadurch entsteht, dass eine Person gleichzeitig mehrere Kognitionen hat (z. B. Gedanken, Überzeugungen oder Wünsche), die nicht miteinander vereinbar sind (vgl. Beckmann 1984: 8–9, Festinger 1957).

Eine andere Schwierigkeit in Bezug auf die Spiritualität besteht darin, dass bei manchen religiös interessierten Personen auf die (anfängliche) Euphorie nach einer gewissen Zeit auch eine Phase der Ernüchterung folgen kann, die ebenfalls oft als schmerzhaft empfunden wird. Diese Ernüchterung kann unterschiedliche Formen annehmen. Bei manchen Befragten äusserte sie sich beispielsweise darin, dass sie das Gefühl hatten, nicht (mehr) zu verstehen, was Gott von ihnen wollte, oder sie fühlten sich von ihm ungerecht behandelt:

Alexandra: (prot., lat.)	Bis… ich nahm die Bibel, ich verstand sie nicht, ich nahm sie so ((nimmt die Bibel in die Hand)): «Urrgh! Ich verstehe sie nicht. Ich verstehe nicht, was sie mir sagen will!» Oder? Ich wollte wieder das tun, was ich in der Vergangenheit getan hatte, als ich in Isolationshaft war, viel beten und diesen diesen… diesen Glauben wieder zu erlangen, diesen Glauben aus meiner Vergangenheit. Aber ich konnte es nicht. Es war sehr schwierig für mich. Und ich fiel. ((klopft auf den Tisch)) Ich erinnere mich, dass ich auf die Knie fiel (2) und ich nahm die Bibel: «Kahhh!» Ich (schleuderte) sie gegen die Wand! Ich war so wütend auf ihn [Gott]! Ich sagte ihm: «Ich verstehe dich nicht! Ich verstehe nicht! Was willst du von mir? Jedes Mal falle ich und stehe wieder auf und falle und stehe wieder auf! Und dann noch mehr (ich will doch nur) den Menschen helfen und was machen die Menschen mit mir? Mit mir… Sie bestehlen mich, sie machen mit mir … (sie verletzen mich), das hat doch alles keinen Sinn!» Ich sagte zu ihm [Gott]: «Das Leben hat keinen Sinn!» Es macht keinen Sinn!» (Es ist) nicht, dass ich sterben wollte, sondern, dass ich einfach keinen Sinn darin fand. Und ich sagte: «Wozu soll ich kämpfen!?»

Andere Befragte hatten das Gefühl, sich innerlich von Gott oder ihrer religiösen Gemeinschaft zu entfernen. Manche berichteten in diesem Zusammenhang auch von einem Rückgang des Verständnisses für gewisse Aspekte ihrer Religion, fehlender Motivation zur Religionsausübung oder «spiritueller Trockenheit»:

Mariana: (kath., lat.)	Was ich sagen möchte, ist noch, zusätzlich: Ich habe eine Zeit gehabt, wo ich die Messe, die Eucharistie besser verstanden habe.

*****

Valeria: (kath., lat.)	Ja ich weiss nicht, ich habe öfters das Gefühl gehabt, beichten hilft. Aber das letzte Mal, als ich gebeichtet habe, habe ich es

	nicht so gespürt. Ich habe gespürt, irgendetwas fehlt noch. Dass ich noch nicht wieder ganz zurück bin. Und dann jetzt, müsste ich schon (demnächst) wieder beichten. Und irgendwie::, fühle ich mich auch noch nicht dort.

*****

Mateo: (prot., span.)	Im Moment bin ich ein bisschen weniger in der Kirche als, was ich sein sollte. Also, früher habe ich die Kirche mehr unterstützt als jetzt. Aber das wird auch verändern. Das kommt auch, diese, dass die Batterie wieder aufgeladen... Also, jetzt bin ich in meinen 40 Jahren (3) durch den (2) «desierto» [Wüste].[365]
SF:	Wüste?
Mateo:	Ja. Ich bin in meinen 40 Jahren, [...] wo dreht und dreht und dreht. Ja, so eine Art, ja.

Auch die innerliche Distanzierung zu Gott bzw. zur Religionsgemeinschaft ging wie die Bekehrung «vom Sünder zum Christen» nicht selten mit einem Gefühl innerer Zerrissenheit einher. Befragte, die diese Zerrissenheit erlebten, hatten das Gefühl, sich in religiös-spiritueller Hinsicht im Niemandsland zu bewegen. Aspekte des religiösen Lebens, die ihnen früher Freude bereiteten (w. z. B. Gottesdienste, religiöse Lektüren oder Beten), hatten ihren Reiz – zumindest temporär – verloren. Dennoch identifizierten sie sich weiterhin mit ihrer Gemeinde und fanden deren Ideale für sich erstrebenswert. Dieser innere Widerspruch zwischen der Idealvorstellung auf der einen Seite und der fehlenden intrinsischen Motivation auf der anderen Seite führte bei manchen zu kognitiven Dissonanzen, die sich gemäss ihren eigenen Aussagen auch negativ auf ihr psychisches Wohlbefinden auswirkten.[366]

---

365 Der Befragte vergleicht hier die «spirituelle Trockenheit» mit der Wüstenwanderung der Israeliten nach dem Auszug aus Ägypten. In der biblischen Geschichte verbringen die Israeliten aufgrund eigener Verfehlungen 40 Jahre in der Wüste, bevor sie ins «gelobte Land» vorstossen können.

366 Der Zusammenhang zwischen kognitiver Dissonanz bzw. religiösem Zweifel und psychologischem Wohlbefinden wurde bereits von anderen Studien belegt. Vgl. hierzu: Krause (2015), Krause (2006), Krause et al. (1999) und Festinger (1957).

11.2.2 Handlungsmuster mit negativen Wirkungen

In den untersuchten christlichen Migrationsgemeinden wurden nicht nur religiöse Deutungsmuster vermittelt, sondern auch bestimmte – oft religiös legitimierte – Handlungsmuster. Sie zeigten sich beispielsweise darin, dass Personen aufgrund ihres Glaubens auf gewisse Handlungsweisen verzichteten oder im Gegenteil zusätzliche Verpflichtungen eingingen. Sowohl der Verzicht auf Handlungen wie auch das Eingehen von Verpflichtungen konnten sowohl positive als auch negative Folgen nach sich ziehen.

Mehrere der Interviewten gaben an, dass ihnen die Annäherung an den christlichen Glauben bzw. an ihre Glaubensgemeinschaft dabei geholfen hat, destruktive Handlungsweisen aufzugeben, die ihr Leben zu einem früheren Zeitpunkt negativ geprägt hatten. Hierunter zählten sie beispielsweise den Konsum von Drogen, exzessives Partyleben, ausserehelichen Geschlechtsverkehr, Drogenhandel, Vernachlässigung der Familie oder die übermässige Fokussierung auf Geld und Karriere.[367] Später versuchten sie beispielsweise aufgrund einer Bekehrungserfahrung neue Gewohnheiten zu entwickeln und ihr Leben gemäss höheren moralischen Ansprüchen zu gestalten. Diese Neuorientierung konnte manchen zwar dabei helfen negative Handlungsmuster aufzugeben, sie verringerte aber gleichzeitig auch den Handlungsspielraum, der ihnen zur Bewältigung von Herausforderungen zur Verfügung stand.

Dies soll im Folgenden kurz an zwei Beispielen illustriert werden. Beim ersten Beispiel handelt es sich um einen Mann, der in der Versicherungsbranche arbeitete. Aufgrund eines Bekehrungserlebnisses hatte er gemäss seinen eigenen Angaben jedoch Schwierigkeiten damit, seine Arbeit gewinnorientiert auszuführen, da ihn seine eigenen moralischen Ansprüche davon abhielten, seinen Klienten Versicherungen zu verkaufen, die sie nicht brauchten. Diese Selbstbeschränkung hatte für ihn schliesslich zur Folge, dass er die Versicherungsbranche verlassen musste, da er dort zu wenig verdiente, um sich und seine Familie finanziell durchzubringen:

> Pedro: (prot., lat.) Ich arbeite mit sehr vielen Leuten und biete Versicherungen an. Ich mache meinen Job, so gut ich möglichst kann. Ich mache vielleicht nicht viele Abschlüsse […], weil ich nicht verkaufe, was die Leute nicht brauchen. Dann habe ich Mühe damit. Ich sage nur, wenn ich ein bisschen Vertrauen zu den Personen

[367] Vgl. Interviews 2, 6, 8, 14, 16, 19, 21 und 22.

> mehr oder weniger gewonnen habe, sage ich… «Lug, da hast du eine Versicherung», habe ich gesagt: «Aber die beste Versicherung, die du am Schluss hast, ist am Schluss Gott.» Aber ich bin nicht reich geworden in der Versicherungsbranche und werde nie reich werden, auch weil ich nicht verkaufen werde, was die Leute nicht brauchen. […]
> Anfang des Jahres habe ich mit Gott… weil ich ein bisschen Sorgen hatte, habe ich gesagt: «Ja, was soll ich machen? Ich kann nicht mehr finanziert leben, von dem was ich mache als Versicherungsberater, weil ich zu wenig verdiene. Also was soll ich machen?

Bei Pedro führte die Bekehrung also dazu, dass sich seine Herausforderungen im finanziellen Bereich zunächst verschärften. Etwas später kam er allerdings über sein kirchliches Netzwerk zu einer Arbeitsstelle im kirchlich-sozialen Bereich, die ihm das finanzielle Überleben ermöglichte und auch mit seinem neuen Weltbild vereinbar war.

Das Beispiel von Pedro zeigt, wie schwierig es ist, positive und negative Konsequenzen von Handlungsstrategien abschliessend zu beurteilen. Oft kommen dabei mehrere Faktoren zusammen, deren positive und negative Auswirkungen sich im Verlauf der Zeit ändern. So half die Neuorientierung nach der Bekehrung Pedro zum Zeitpunkt (A) zunächst dabei, als negativ empfundene Verhaltensweisen und soziale Netzwerke aufzugeben. Zum Zeitpunkt (B) führte sie jedoch dazu, dass er aufgrund von religiös motivierter Selbstbeschränkung auf gewisse Handlungsoptionen verzichtete, die ihm finanzielle Ressourcen zum problemorientierten Coping ermöglicht hätten. Etwas später, zum Zeitpunkt (C), half ihm aber das neue kirchliche Netzwerk dabei, eine Anstellung zu finden, die ihm sowohl zu materiellen wie auch zu neuen emotionalen Ressourcen (sinnvolle Beschäftigung, als positiv empfundenes Umfeld) verhalf. Ferner besteht die Möglichkeit, dass sich zu einem zukünftigen Zeitpunkt (D) wieder neue Herausforderungen ergeben, zum Beispiel aufgrund negativer Aspekte des Gemeindelebens oder gewisser Glaubensvorstellungen.

Die Veränderungen im zeitlichen Verlauf erschweren eine abschliessende Beurteilung der Frage, ob die innerliche Bekehrung bzw. die Anbindung an eine Migrationsgemeinde für ein Individuum unter dem Strich zu höheren Kosten oder Nutzen führt. Zudem müssen die Kosten und Nutzen verschiedener Ressourcen miteinander abgewogen werden. So kann sich die Ressourcensituation eines Individuums durch eine innerliche Bekehrung bzw. durch die

Anbindung an eine Migrationsgemeinde in einer Hinsicht verbessern, aber gleichzeitig in einer anderen Hinsicht verschlechtern.

Dieser Aspekt soll nachfolgend an einem zweiten Beispiel aufgezeigt werden. Die Geschichte von Regina und ihrem Freund wurde oben bereits an verschiedenen Stellen erwähnt. Regina lebte mehrere Jahre als Sans-Papier in der Schweiz und kam schliesslich mit einem Schweizer zusammen, der später schwer erkrankte. Kurz vor seinem Tod bot ihr Freund Regina die Heirat an. Dies hätte ihr dabei geholfen, ihren Aufenthaltsstatus zu legalisieren, und ihr damit in vielerlei Hinsicht ein besseres Leben ermöglicht. Allerdings war der Freund zu dieser Zeit bereits pflegebedürftig und auf die Hilfe von Regina angewiesen.

Als das Paar Erkundigungen über die Hochzeit anstellte, stellte sich heraus, dass Regina dafür in ihr Herkunftsland hätte ausreisen und noch einmal legal in die Schweiz einreisen müssen. Regina zog es in dieser Situation vor, auf die Legalisierung ihres Aufenthaltsstatus zu verzichten und stattdessen bei ihrem Freund zu bleiben, um ihn bis zu seinem Tod zu pflegen:

Regina: (kath., lat.)	[...] ich musste das Land verlassen. Damit ich hätte heiraten können [...] Denn die Gesetze... hier (waren so), dass ich nicht heiraten konnte ((klopft auf den Tisch)). Und... wohin hätte ich gehen sollen. Mein Sohn krank, Franz krank. So sagte ich zu ihm: «Mein Liebster... ich lasse das sein, ich gehe nicht nach Caracas und lasse dich nicht allein.» Das war die Mühe nicht wert. «Ich werde hier bei dir bleiben, auf dass Gottes Wille geschehe» und nichts... So habe... habe ich es dabei belassen.

Eine wichtige Motivation für Reginas Verhalten scheint ein früheres Bekehrungserlebnis gewesen zu sein. Seit diesem Erlebnis stellte sie hohe moralische Ansprüche an ihr eigenes Verhalten, da sie vergangene Fehler wiedergutmachen wollte.

Diese hohen moralischen Ansprüche zeigten sich auch noch in späteren Lebensphasen. Als sich Regina nach mehreren Monaten schweren psychischen Leidens vom Tod ihres Freundes erholt hatte, versuchten ihre Freundinnen sie wiederholt mit anderen Männern zu verkuppeln, um ihr dabei zu helfen, ihren Aufenthaltsstatus zu legalisieren. Regina lehnte solche Verkuppelungsversuche jedoch stets mit der Begründung ab, dass sie «Christus in der Eucharistie» nicht durch «ein Papier» eintauschen wollte. Aus ihrer Sicht lohnte es sich nicht, auf die Eucharistie zu verzichten, um ihren Aufenthaltsstatus zu legalisieren.[368]

Regina: (kath., lat.)	Aber ja… und ich sage es dir! Es ist wie ein Verliebtsein, so, wow! Wenn er [der Herr] dich berührt: «Boom!» (--) So dass man… es ist so… was für ein Gefühl, nicht? Wie schön! Darum sage ich dir. Der Herr sagt nichts mehr als: «Geh zur Kirche», denn dort in der Kommunion, dort ist der Herr. Soll ich ihn verlassen, um ein Papier zu erhalten? Nein! ((schmunzelt)) (--)
SF:	Sie möchten Gott nicht für [gültige] Papiere verlassen?
Regina:	Nein. Nein. Denn, denn er ist der Weg der Erlösung. Denn, seit er mich befreit hat, von dem, was ich dir gesagt habe, von von von dem, wie ich lebte, nicht? Das wäre, wie wenn ich rückwärts gehen würde.

Regina traf also aufgrund ihrer christlich geprägten Glaubens- und Moralvorstellungen zwei Handlungsentscheidungen, die sich negativ auf ihre Lebenssituation in der Schweiz auswirkten. Hätte sie sich in einem der beiden Fälle anders entschieden, hätte sie die Möglichkeit gehabt, ihre grösste Herausforderung im Migrationskontext, die fehlende Aufenthaltserlaubnis, aus dem Weg zu schaffen. Bei der ersten Entscheidung zog sie es jedoch vor, ihrem Freund in seiner letzten Lebensphase Beistand zu leisten. Und bei der zweiten Entscheidung gewichtete sie den Empfang der Eucharistie höher als das problemorientierte Coping durch die Heirat mit Personen, die nicht gewillt waren, sie kirchlich zu heiraten, und die sie nicht liebte.

Regina schien ihre Entscheidungen im Nachhinein nicht zu bereuen, da sie ihre moralische Integrität und die Nähe zu ihrer Kirche als eine grössere psychische Ressource verstand als die Legalisierung ihres Aufenthaltsstatus. Betrachtet man jedoch nur die äusseren Umstände, hat Regina bedeutende Möglichkeiten vertan, um ihre strukturelle und damit auch ihre ökonomische Situation in der Schweiz zu verbessern.

Auch dieses zweite Beispiel zeigt, wie schwierig es ist, die Auswirkungen von Handlungsstrategien im Einzelfall abschliessend zu beurteilen. Im ersten Beispiel von Pedro bestand die Schwierigkeit darin, dass sich das Kosten-Nut-

[368] Zum besseren Verständnis: Katholiken, die nicht sakramental (kirchlich) verheiratet sind, aber dennoch in einer sexuell aktiven Beziehung leben, ist es gemäss der katholischen Lehre nicht erlaubt, die Kommunion zu empfangen. Diese Praxis wird mit einer Aussage aus dem Korintherbrief begründet (vgl. 1 Kor. 11,27–29, KKK 1993: 380, 387).

zen-Verhältnis von Handlungen im Verlauf der Zeit veränderte. Eine Entscheidung hatte zu einem gewissen Zeitpunkt eher negative Konsequenzen und zu einem anderen eher positive.

Das Beispiel von Regina zeigt, dass ein zusätzlicher Unsicherheitsfaktor darin besteht, dass Handlungen auf unterschiedlichen Ebenen unterschiedliche Konsequenzen haben können. Regina verzichtete mir ihren Entscheidungen bewusst auf eine problemorientierte Bewältigung ihres ungeregelten Aufenthaltsstatus, weil sie psychisch-emotionale Ressourcen – wie ein gutes Gewissen, moralische Integrität und den Empfang der Eucharistie – als erstrebenswerter erachtete. Ob in der Summe die Kosten oder die Nutzen der gewählten Strategien im Einzelfall überwiegen, lässt sich im Rahmen der vorliegenden Studie aufgrund methodischer Limitationen nicht abschliessend beurteilen, zumal die subjektive Einschätzung von der Perspektive aussenstehender Beobachter abweichen kann.

Bei einigen der Befragten ging eine christlich orientierte Lebensweise nicht nur mit dem Verzicht auf gewisse Handlungsoptionen einher, sondern auch mit gewissen religiösen Verpflichtungen, die sie sich entweder selbst auferlegten oder die von ihrem Umfeld in den Migrationsgemeinden erwartet wurden. Hierzu gehörten beispielsweise die Freiwilligenarbeit in der Gemeinde, der regelmässige Besuch von Gottesdiensten, individuelles Bibelstudium, Gebet, das Zahlen des Zehnten bzw. der Kirchensteuer, die Unterstützung von Benachteiligten oder der missionarische Auftrag, anderen Menschen das Christentum nahezubringen. Alle diese Handlungen konnten neben den oben bereits ausgeführten positiven Aspekten auch negative Konsequenzen nach sich ziehen. Hierzu gehörten beispielsweise die Bindung zeitlicher oder ökonomischer Ressourcen sowie psychische Belastungen.

Diese Ambivalenz von positiven und negativen Aspekten lässt sich gut am Beispiel des Missionsauftrags veranschaulichen. Für einige der Personen, mit denen ich im Rahmen dieser Studie gesprochen habe, stellte der Gedanke daran, dass «Gott etwas mit ihnen vorhat» und sie dazu benutzt, um die Schweiz zu evangelisieren, eine bedeutende Ressource zur Erhöhung ihres Selbstwertes im Migrationskontext dar.[369] Gleichzeitig zeigte sich bei manchen der Befragten jedoch, dass genau diese Vorstellung auch eine Quelle für negative Gefühle

[369] Vgl. hierzu Kapitel 9.3.1.

sein konnte. Negative Gefühle konnten beispielsweise dadurch ausgelöst werden, dass die Befragten missionarische Gespräche gar nicht mochten, oder weil sie sich dabei zu stark unter Druck setzten und Schuldgefühle entwickelten, wenn sie aus ihrer subjektiven Sicht dem Missionsauftrag zu wenig entsprachen:

Samuel: (prot., lat.)	Und das ist das, was mich in der letzten Zeit sehr viel ((trinkt einen Schluck Wasser)) beschäftigt hat, ist, dass steht, dass das Blut von denen, die verloren gehen, werden irgendwie… mich beschuldigen, dass ich nichts gesagt habe. Weil, unsere Botschaft heisst: Bring das Evangelium! Also, wenn ich mit jemandem, mit Ihnen jetzt sitze. Und wenn ich Ihnen das nicht rüberbringe, dann heisst's, wenn Sie verloren gehen, (2) an dem Tag, an dem dann alle vor dem Herrgott stehen, und dann heisst's: «Ja, ich bin bei dem [gewesen], aber der hat mir nichts gesagt.»

Diejenigen Befragten, die auf der Strasse an Evangelisierungskampagnen teilnahmen, hatten noch mit anderen negativen Situationen zu kämpfen. Diese reichten von der Frustration über die Schwierigkeit, andere Personen in einer säkular-pluralistischen Gesellschaft von ihrem Glauben zu überzeugen, bis hin zu verbalen und physischen Attacken durch Passanten.[370] Da nur wenige der Befragten ausserhalb ihres Bekanntenkreises evangelisierten, betraf dies nur eine kleine Gruppe. Ihre Erfahrungen weisen jedoch auf eine weitere Herausforderung hin, die es in christlichen Migrationsgemeinden zu bewältigen gilt. Sie besteht im Spannungsverhältnis zu einer Aussenwelt, in der viele Menschen nicht das gleiche Weltbild teilen wie die Gemeindemitglieder. Hierauf wird im nächsten Kapitel genauer eingegangen.

11.3 Spannungsverhältnis zur Aussenwelt

Zwischen dem Leben in den Migrationsgemeinden und demjenigen ausserhalb davon existieren in verschiedener Hinsicht Unterschiede. Die Unterschiede zeigen sich zum Beispiel in der verwendeten Sprache, in kulturell geprägten Handlungsmustern, in den sozialen Umgangsformen, aber auch hinsichtlich des Weltbildes und religiöser Glaubensvorstellungen. Diese Unterschiede sind ein wesentlicher Grund, weshalb viele der Befragten ausserhalb der Migrati-

370 Vgl. hierzu Beobachtungsprotokolle vom 30.9.2016 und Interview 23.

onsgemeinden auf die in Kapitel 7 beschriebenen Herausforderungen stiessen, während solche Herausforderungen innerhalb der Migrationsgemeinden deutlich geringer ausfielen. Würden in den Gemeinden genau die gleichen sozialen, kulturellen und religiösen Praktiken und das gleiche Weltbild vorherrschen wie ausserhalb der Gemeinde, würden Migranten dort vermutlich vor ähnlichen Herausforderungen stehen wie in den Institutionen und Netzwerken der Aufnahmegesellschaft. Sind die Unterschiede zwischen Innenwelt (*ingroup*) und Aussenwelt (*outgroup*) jedoch zu gross, kann dies zu einem Spannungsverhältnis zur Aufnahmegesellschaft führen.

11.3.1 Entstehung des Spannungsverhältnisses

Das Spannungsverhältnis zwischen der *ingroup* der Migrationsgemeinde und der *outgroup* anderer gesellschaftlicher Gruppen kann von Akteuren beider Seiten verstärkt werden. Auf der einen Seite können auswärtige Akteure eine negative Haltung gegenüber den Handlungsnormen und dem Weltbild der Gemeinde an den Tag legen. Auf der anderen Seite können aber auch Gemeindemitglieder auf ähnliche Weise eine negative Haltung gegenüber den Normen und dem Weltbild der Aussenwelt entwickeln und innerhalb der Gemeinde verbreiten.

Negative Haltung auswärtiger Akteure

Wie bereits in Kapitel 7.4 ausgeführt wurde, hatten manche der Befragten das Gefühl, mit ihrer Art des christlichen Bekenntnisses in weiten Teilen der Gesellschaft auf Widerstände oder auf Ablehnung zu stossen. Die negativen Reaktionen von Akteuren ausserhalb der Migrationsgemeinde reichten von leichter Befremdung bis hin zu offenen Anfeindungen und Androhungen.[371] Während offene Anfeindungen eher selten vorkommen, scheinen subtilere Formen der Ablehnung sehr verbreitet zu sein. Dabei handelt es sich meiner Meinung nach um ähnliche Prozesse des Konformitätsdrucks, der sozialen Kontrolle und der sozialen Ausgrenzung, wie ich sie für die Migrationsgemeinden bereits in Kapitel 10 beschrieben habe.[372] Wie die Menschen innerhalb der Migrati-

---

[371] Vgl. Interviews 13, 17 und 23.

[372] Die Prozesse des sozialen Einbezugs und der sozialen Ausgrenzung christlicher Migranten in anderen sozialen Kontexten können im Rahmen der vorliegenden Studie leider

onsgemeinden scheinen auch andere gesellschaftliche Akteure ein Interesse daran zu haben, ihr Weltbild gegenüber Andersdenkenden mit positiven und negativen Sanktionen zu verteidigen.[373] Dabei nimmt der Druck auf das Individuum zu, je mehr sich seine Denk- und Handlungsmuster von denjenigen seiner Gesprächspartner unterscheiden. Da in der Schweiz viele gesellschaftliche Gruppen ein säkular-distanziertes Verhältnis zu institutionalisierten Religionsgemeinschaften pflegen,[374] stiessen vor allem diejenigen Befragten mit ihrem Weltbild auf Ablehnung, die über eine hohe Kirchenbindung oder einen ausgeprägten pfingstlich-charismatischen Frömmigkeitsstil verfügten. Hierzu gehörten auch die folgenden drei Interviewten:

Manuel: (prot., lat.)	Als ich in die Gemeinde gegangen bin, bin ich in die Gemeinde gegangen, weil ich Halt gebraucht habe […] Ähm wenn ich (sage:) «Gott (redet zu mir…)», damit Leute auch verstehen, oder? Weil, manche Leute denken auch, also die nicht Christen sind, oder die Gott nicht kennen, denken dann: «Der ist ein bisschen…» ((schmunzelt))
SF:	Hört Stimmen. So was.
Manuel:	Genau, genau: «[Der] ist ein bisschen verrückt.»

*****

Jazmín: (prot., lat.)	Und so, meine Kollegin so: «Ja voll jetzt gehen wir in den Club.» Und ich so: «Nein hör zu, das ist vorbei. Keine Shisha mehr, kein nix mehr» ((lacht)). «Keine Partys, keine Zigaretten mehr» ((schmunzelt)). [Sie] so: «Äh wirklich? Nimmst du das nicht ein bisschen zu ernst mit Gott?»

*****

Regina: (kath., lat.)	Nun (--) meine Freundinnen sagen mir: «Regina, du bist verrückt! Du bist verrückt!» […] Ich habe eine Freundin, der ich sage: «Schau, hier [im Tabernakel] ist Jesus an deiner Seite» – Sie ist Witwe. – «Und du gehst nicht [zu ihm]!?» – «Nein, ich habe Angst, allein [in die Kirche] hinein zu gehen.» Sage ich:

nicht im Detail untersucht werden. Sie könnten jedoch ein interessantes Forschungsthema für zukünftige Studien darstellen.

[373] Dies wird in der wissenschaftlichen Literatur auch unter dem Begriff *host conformity pressure* diskutiert (vgl. bspw. Kim 2005: 388).

[374] Vgl. hierzu Stolz et al. (2014: 71–77).

> «Aber dort ist Jesus, wie kannst du da Angst haben?» Sagt sie mir: «Nein nein...» sagt sie mir: «Du wirst noch verrückt, wenn du so viel in die Kirchen gehst!»

Bei manchen Personen ging die Trennlinie der Lebenswelten sogar durch die eigene Familie. Manche der Befragten lebten in einer Partnerschaft mit Personen, die nicht ihre Migrationsgemeinde besuchten und ihr Weltbild nicht teilten. Beinahe alle von ihnen bedauerten, dass sie das Gemeindeleben und ihre Spiritualität nicht mit ihren Partnern teilen konnten. Wenn die Partner dem religiös-kulturellen Weltbild der Befragten sehr kritisch gegenüberstanden, erlebten die Paare das oben beschriebene Spannungsverhältnis zwischen *ingroup* und *outgroup* zu Hause in ihrem engsten sozialen Umfeld, was auch zu Konflikten führen konnte. Ein herausforderndes Thema betraf zum Beispiel die religiöse Sozialisierung der Kinder. Eine weitere Herausforderung bestand in der Aushandlung von familieninternen Handlungsnormen, die moralisch angemessen waren.

Letzteres wird auch in den folgenden beiden Zitaten ersichtlich. Im ersten Zitat beschreibt Alexandra, wie sie sich vor ihrem ehemaligen Schweizer Ehemann für ihre christlich motivierten Hilfeleistungen rechtfertigen musste. Im zweiten Zitat beschreibt Santiago, wie ihm seine christliche Ehefrau vor seiner eigenen Bekehrung Vorwürfe wegen seines Alkoholkonsums machte:

Alexandra: (prot., lat.)	Und da mein Mann Sozialarbeiter war, er studierte und danach war er (-)... er lehrte mich alle Gesetze der Schweiz. A:::lle, alle, alle, alle! Dann, was tat ich? Ich half allen Latinas. Und er sagte mir: «Du bist wie das Sozialamt!» Er ärgerte sich darüber, oder? Denn ich bin ein Mensch, der... (er sagte): «Du hast ein Syndrom (-)» ein Syndrom, das er: «HILFSSYNDROM!» nannte. // SF: ((schmunzelt)) // «Du hilfst allen!»

*****

Santiago: (prot., lat.)	Und dann, eine Nacht kam meine Frau und ich kam besoffen nach Hause, (also) ziemlich besoffen oder teilweise besoffen, ich weiss nicht mehr. (Sagt) meine Frau: «Entweder nimmst du Jesus in dein Herz auf, oder wir scheiden uns.»

Selbst wenn die auswärtigen Partner gegenüber dem Engagement in den Migrationsgemeinden nicht unbedingt kritisch eingestellt waren, so standen die religiösen Aktivitäten doch meistens in einem zeitlichen Konkurrenzverhältnis zum Beziehungsleben. Auch dadurch konnte ein gewisses Spannungsverhältnis zwischen Gemeinde und Partnerschaft entstehen, wie beispielsweise in folgendem Zitat ersichtlich wird:

Regina: (kath., lat.)	Und dort begann mein Weg. ((schmunzelt)) Damals vor acht Jahren… dieses… ich lebte schon mit Franz, als ich es [ein religiöses Seminar] machte und… auch Franz fing an mit ((schmunzelt)): «Uh zum… nimm doch das Bett mit in die katholische Mission» ((lacht)), hat er mir gesagt. Weil ich viele Aktivitäten machte, weisst du, auch heute gibt es viele Sachen, und er… er regte sich manchmal auf.

Negative Haltung gegenüber der Aussenwelt

So wie auswärtige Akteure den Denk- und Handlungsmustern innerhalb der Gemeinde kritisch gegenüberstehen können, gibt es auch Personen innerhalb der Gemeinde, die den Denk- und Handlungsmustern der «Aussenwelt» kritisch gegenüberstehen. Damit tragen auch sie ihren Teil zum Spannungsverhältnis zwischen *ingroup* und *outgroup* bei. Was genau an der Aussenwelt kritisiert wird, kann von Gemeinde zu Gemeinde und von Individuum zu Individuum variieren. Im Untersuchungsfeld reichte die Bandbreite beispielsweise von eher konservativer, biblisch legitimierter bis hin zu politisch eher linker Gesellschaftskritik an kapitalistischen, konsumorientierten oder hedonistischen Verhaltensweisen.

Ein Beispiel für biblisch legitimierte Gesellschaftskritik findet sich in folgendem Ausschnitt aus einer Predigt eines pfingstlichen Pastors:

Pastor B: (prot., span.)	Ein Christ zu sein, bedeutet nicht: nicht zu sündigen. Das ist viel zu wenig. Das wäre in etwa so, als würde ich sagen: Fussballspieler zu sein, bedeutet: nicht dick zu werden. Natürlich sollte ein Fussballspieler nicht dick sein. Aber es braucht mehr dazu, um Fussballspieler zu werden als einen dünnen Körper. Man braucht Technik, Geschick und Leidenschaft für das, was man tut. Ein Christ sollte nicht nur die explizite Sünde meiden, sondern auch andere Dinge, die nicht unbedingt Sünde sind, zum Beispiel weltliche Formen des Zeitvertreibs. Denn wenn wir uns zu sehr mit diesen Dingen abgeben, dann erfüllen wir unsere Bestimmung als Christen nicht.

> Wir sind alle wie Samson. Samson wurde geboren, dazu bestimmt, ein Star zu sein. Wir alle haben diese Bestimmung. Aber Samson hat sie nicht so erfüllt, wie er sollte. Er ist abgesunken.[375] Es gibt Dinge, die uns vom Weg Gottes abhalten.

Ein Beispiel für Kapitalismuskritik findet sich in folgendem Gespräch, das zwischen zwei hochqualifizierten Lateinamerikanern und einem katholischen Priester stattfand. Die Lateinamerikaner waren zum Zeitpunkt des Gesprächs beide in guten Positionen in internationalen Unternehmen tätig. Dennoch empfanden beide ein Spannungsverhältnis zwischen der als asozial empfundenen Personalpolitik ihrer Unternehmen und ihrer katholisch-christlichen Weltanschauung:

Joaquín: (kath., lat.)	Wir leben in einer Gesellschaft, in der die Produktivität zur Religion geworden ist. Wer nicht jedes Jahr mehr produziert, hat versagt.
Pater A: (kath., span.)	Das Problem in dieser Gesellschaft ist, dass, wer nicht produktiv ist, der wird ersetzt oder rausgeworfen.
Julia: (kath., lat.)	Das spiegelt sich sogar in den Slogans der Firmenkulturen wider. Es gibt so einen Spruch, der lautet: «Up or out»... entweder man steigt die Firmenleiter hoch oder man fällt raus. Aber da die Hierarchie gegen oben immer dünner wird, bedeutet das, dass ein Grossteil der Leute rausgeworfen werden MUSS. Oben gibt es ja keinen Platz mehr für sie.»

Andere Personen entwickelten nicht aufgrund theologischer oder politischer Überzeugung eine negative Haltung gegenüber der Aussenwelt, sondern weil sie sie in sozialer Hinsicht als «kalt» oder «herzlos» empfanden.

---

[375] Zum besseren Verständnis: An anderer Stelle erklärte der Pastor, dass Samson gemäss der biblischen Geschichte dazu bestimmt war, gemäss dem nasiräischen Eid zu leben (vgl. Ri 13,5). Dieser Eid beinhaltete unter anderem die Verbote Leichen zu berühren, Alkohol zu trinken, die Haare zu schneiden und womöglich ursprünglich auch das Verbot des Sexualverkehrs (vgl. Num 6,1–21, Weber 1988: 103–104). Im Verlauf der biblischen Geschichte bricht Samson jedoch ein Gelübde nach dem anderen. Als die Philisterin Delila ihm schliesslich noch die Haare schneidet, verliert er seine übermenschliche Kraft und damit sein wichtigstes Werkzeug, um seine Bestimmung zu erfüllen, «*Israel aus der Gewalt der Philister zu befreien*» (Ri 13,5). Pastor B sieht die Ursache des plötzlichen Kraftverlustes Samsons also nicht im Verlust seiner Haare, sondern darin, dass mit den Haaren der letzte Aspekt des nasiräischen Eides gebrochen wurde.

Mariana: (kath., lat.)	Ich finde die Retiros immer so schön. Die Gespräche, aber auch, dass wir zusammen sind und das Leben als Gemeinschaft leben, lieb zueinander sind und uns gegenseitig helfen. Aber das ist so schwer in den Alltag mitzunehmen.
Roberto: (kath., euro.)	Es ist wie ein Schock, wenn man aus diesem warmen Ambiente wieder in die kühle Welt zurückgeht.

Personen, die eine negative Haltung gegenüber Aspekten der sozialen Umwelt ausserhalb der Migrationsgemeinde aufwiesen, litten in erster Linie selbst unter diesem Spannungsverhältnis. Zu zwischenmenschlichen Irritationen oder Konflikten mit auswärtigen Akteuren kam es erst dann, wenn sie versuchten, diese von ihren Vorstellungen zu überzeugen. Dies traf vor allem auf Personen zu, die einen starken missionarischen Impetus an den Tag legten.

Im folgenden Zitat beschreibt eine Frau, wie sie in einer früheren Lebensphase aufgrund ihres missionarischen Eifers sehr hart mit anderen Menschen umging. Ihr Glaube hatte ihr bei der emotionsorientierten Bewältigung von mehreren schwierigen Lebenssituationen geholfen. Daher wollte sie auch andere dazu motivieren, einen ähnlichen Glauben zu entwickeln. Allerdings tat sie dies in der Vergangenheit, wie sie während des Interviews eingestand, «nicht mit Liebe», dafür aber mit «Zorn»:

Alexandra: (prot., lat.)	Für mi::ch… Dieser Glaube hat mir immer (geholfen), meinem Herzen, auf beeindruckende Art. Und immer so… mit diesem Glauben will ich den Leuten Ohrfeigen verpassen und ihnen sagen: «Sie auch!» Nicht? Zu dieser Zeit. Hätte ich die Menschen fast geohrfeigt. Nicht mit Liebe, sondern mit n::: ((schüttelt eine imaginäre Person)) «Steh auf, du kannst das auch!»
SF:	((lacht))
Alexandra:	Verstehst du?
SF:	Ein bisschen sehr hart?
Alexandra:	Sehr hart! Sehr hart! Und ich (--). Deshalb sagte ich: Die Leute mit meinem Glauben ohrfeigen. Sie ohrfeigen: «Steh' auf, du kannst das auch ui::…» Ich (starb) fast vor Zorn, nicht? Weil ich ihnen sagte: «MAN KANN! MAN KANN!» Nicht?

Auch wenn die Interviewpartnerin dies hier nicht explizit ausführt, gehe ich aufgrund anderer Beobachtungen im Feld davon aus, dass dieses Verhalten bei manchen Gesprächspartnern ablehnende Reaktionen verursachte. In der Regel verschärften solche aggressiven Formen der Auseinandersetzung und Einflussnahme das Verhältnis zur *outgroup*, während wohlwollende und verständnisvolle Verhaltensweisen dagegen eher einen beschwichtigenden Einfluss ausübten.

11.3.2 Umgang mit dem Spannungsverhältnis

Nicht alle Befragten empfanden das Spannungsverhältnis zwischen *ingroup* und *outgroup* gleichermassen als belastend. Auch der Umgang damit variierte sehr stark. Es scheinen diesbezüglich sowohl individuelle wie auch gruppen- und konfessionsspezifische Unterschiede zu existieren. Manche Personen und Gruppen neigten eher dazu, die Grenzziehung zu betonen und Denk- und Handlungsmuster klar zurückzuweisen, wenn sie nicht im Einklang mit den eigenen Werten und Normen standen. Andere versuchten stattdessen eher das interne Werte- und Normensystem mit der Aussenwelt in Einklang zu bringen.

Abgrenzung von der Aussenwelt

Eine verhältnismässig einfache Form des Umgangs mit dem Spannungsverhältnis zwischen der sozialen Innenwelt der Migrationsgemeinde und der Aussenwelt der Aufnahmegesellschaft besteht darin, diejenigen Denk- und Handlungsmuster zurückzuweisen, die nicht mit dem eigenen Werte- und Normensystem vereinbar sind. Personen, die dazu neigten, andersartige Denk- und Handlungsmuster zurückzuweisen, waren im Rahmen dieser Studie tendenziell eher unter den Angehörigen der ersten Migrationsgeneration sowie unter pfingstlerischen und evangelikalen Protestanten und charismatischen Katholiken zu finden.

Diese Zuschreibung zu bestimmten sozialen Gruppen wird der Komplexität der Realität jedoch nicht gerecht, da es auch innerhalb dieser Gruppen grosse individuelle Unterschiede gab. Zudem schienen auch andere Faktoren wie zum Beispiel die religiöse Bildung eine wichtige Rolle dabei zu spielen, welche Haltung ein Individuum gegenüber Andersdenkenden einnahm. Im Untersuchungsfeld schienen in religiöser Hinsicht weniger gebildete Personen eher zu einer klaren Abgrenzung von Andersdenkenden zu neigen, während auf der anderen Seite besser Gebildete und religiöse Experten oft einen differenzierteren Standpunkt einnahmen.

Dies zeigt sich auch im folgenden Dialog, der in einer Pfingstkirche im Rahmen eines religiösen Anfängerkurses zwischen einer Schülerin und ihrer

Lehrerin stattfand. Während die Schülerin in diesem Gespräch dazu tendierte, sich aus religiösen Gründen von der Aussenwelt abzugrenzen, wies die Lehrerin sie darauf hin, dass es gemäss der Doktrin ihrer Gemeinde im christlichen Glauben nicht darum gehe, sich von anderen Mitmenschen abzusetzen, sondern darum, negative Tendenzen in sich selbst zu bekämpfen:

Schülerin: (prot., lat.)	Ich habe eine Frage: Zum einen heisst es, dass wir das Salz der Erde sein sollen und unter den Mitmenschen in «der Welt» leben. Aber zum anderen sind wir ja auch das Licht und sie leben in der Dunkelheit.[376] Wie können wir mit ihnen zusammenleben, wenn sie doch alle fehlgeleitet sind?
Lehrerin: (prot., lat.)	«Die Welt» sind weniger unsere Mitmenschen als vielmehr ein Denksystem, eine Mentalität. Und diese Mentalität herrscht nicht nur da draussen vor, sondern auch in uns selbst. Daher müssen wir stets wachsam sein, wie wir selbst denken.

Wenn sich die Gemeindemitglieder stark von anderen gesellschaftlichen Akteuren abgrenzen oder von ihnen ausgegrenzt werden, gewinnen in der Regel die sozialen Beziehungen innerhalb der Gemeinde an Gewicht. Eine positive Folge davon kann darin bestehen, dass somit die soziale Kohäsion und die gegenseitige Solidarität innerhalb der Gemeinde zunehmen. Dies kann sich auch positiv auf die Vergabe von gegenseitigen Unterstützungsleistungen auswirken.

Auf der anderen Seite kann eine zu starke Abgrenzung gegen «aussen» auch negative Folgen haben. Sie verhindert beispielsweise, dass Gemeindemitglieder ausserhalb der Migrationsgemeinde ein grösseres soziales Netzwerk aufbauen und pflegen. Dadurch verringern sich ihre Chancen, auch von Menschen ausserhalb der Migrationsgemeinde soziale Unterstützung zu erhalten. Dies kann problematisch sein, zum Beispiel wenn die Kontakte innerhalb der Gemeinde wegfallen oder wenn die Gemeindemitglieder bestimmte Ressourcen nicht zur Verfügung stellen können, weil sie sie selbst nicht besitzen (z. B. Sprachkenntnisse, Kenntnisse des lokalen Arbeitsmarktes, Kontakte zu potenziellen Arbeitgebern u. ä.).

---

[376] Mit dem Begriff «die Welt» werden in manchen christlichen Gruppierungen Menschen bezeichnet, die nicht nach einem religiösen Ideal leben, sondern stattdessen diesseitsbezogene «weltliche» Ideale verfolgen. Zur Licht-Dunkelheit-Metapher siehe auch Joh 8,12 und 1 Thess 5,5.

Vereinbarung von Innenwelt und Aussenwelt

Eine gegenteilige Strategie des Umgangs mit dem Spannungsverhältnis zwischen der *ingroup* der Migrationsgemeinde und der *outgroup* der Aufnahmegesellschaft besteht in dem Versuch, die beiden sozialen und kulturellen Welten miteinander zu vereinbaren und in Einklang zu bringen. Diese Strategie wurde im Untersuchungsfeld deutlich häufiger angewendet als die Strategie der Abgrenzung. Dies liegt vermutlich daran, dass eine vollständige Abgrenzung von der Aussenwelt aufgrund sozialer Kontakte in anderen gesellschaftlichen Bereichen wie in Familie, Beruf oder Hobby sehr schwer ist. Aufgrund dieser Kontakte besteht für die meisten Gemeindemitglieder ein gewisser Konformitätsdruck, Denk- und Handlungsmuster zu entwickeln, die bis zu einem gewissen Grad auch mit der Aussenwelt vereinbar sind. Dies wird in der wissenschaftlichen Literatur auch unter dem Begriff *host conformity pressure* diskutiert (vgl. Kim 2005: 388).

Inwieweit sich die Personen dabei an die *outgroup* anpassen, variiert individuell. Manche eignen sich nur ausgewählte Kulturelemente an und weisen andere mit Blick auf ihre eigenen Traditionen zurück. Andere tendieren eher zur Assimilation und übernehmen viele Denk- und Handlungsmuster der Aufnahmegesellschaft, während sie gleichzeitig solche der Herkunftsgesellschaft ablegen.[377] Wiederum andere appropriieren Kulturelemente auf kreative Art und Weise und erschaffen dadurch neue kulturelle und religiöse Praktiken, die weder denjenigen aus der Herkunftsgesellschaft noch denjenigen der Aufnahmegesellschaft entsprechen.[378] Im Untersuchungsfeld neigten zur Vereinbarung der beiden Welten vor allem Angehörige der zweiten Migrationsgeneration sowie Personen, die bereits lange in der Schweiz lebten und daher mit den hiesigen kulturellen und religiösen Praktiken gut vertraut waren.

Für die Individuen scheint die Strategie der Vereinbarung mit grösseren kognitiven Anstrengungen verbunden zu sein, als dies bei der oben ausgeführten Strategie der Abgrenzung der Fall ist. Denn diejenigen Personen, die ein fremdes Weltbild für sich persönlich als irrelevant einschätzen, brauchen sich nicht

377 Ein Beispiel hierfür sind die katholischen Spanier der zweiten Migrationsgeneration, von denen viele die religiösen Praktiken ihrer Eltern (wie Gottesdienstbesuche oder Wallfahrten) aufgeben (vgl. Exp. Int. K).

378 Zur Veränderung der religiösen Traditionen und Praktiken im Migrationskontext siehe auch Baumann (2004: 20–23).

mehr weiter damit zu beschäftigen. Wer jedoch versucht, das eigene Weltbild mit einem anderen zu vereinbaren, ist gezwungen, sich mit beiden auseinanderzusetzen und eine Reihe von Entscheidungen zu treffen, welche Elemente jeweils übernommen bzw. beibehalten werden sollen und welche davon zurückgewiesen bzw. abgelegt werden sollen.[379] Diese Auseinandersetzung kann im positiven Fall dazu führen, dass das Individuum das Gefühl hat, durch neue Denk- und Handlungsmuster seinen Horizont zu erweitern.[380] Im negativen Fall kann sie aber auch zu Verunsicherung und Orientierungslosigkeit führen.[381]

Auf der Ebene der Migrationsgemeinde kann sich die Strategie der Vereinbarung von Innenwelt und Aussenwelt zudem negativ auf die soziale Kohäsion auswirken. Wie oben bereits angesprochen wurde, können Gemeinden und Gruppen, die mehrheitlich aus Personen bestehen, die sich eher der *ingroup* zuwenden, von einer erhöhten internen Kohäsion profitieren, da die Mitglieder in der Regel auch über die Gemeindeaktivitäten hinaus Beziehungen miteinander pflegen. In Gemeinden und Gruppen, die sich eher gegen aussen hin orientieren, scheint die interne Kohäsion dagegen eher etwas schwächer ausgeprägt zu sein. Denn hier stehen die Aktivitäten mit Mitgliedern der *ingroup* in einem zeitlichen Konkurrenzverhältnis zu Aktivitäten mit Akteuren der *outgroup*, zu denen ebenfalls ein Beziehungsverhältnis gepflegt wird (z. B. Schweizer Freunde, Arbeitskollegen, Sportkollegen etc.).

Wenn es den Individuen gelingt, ausserhalb ihrer Migrationsgemeinde ein gutes Beziehungsnetz aufzubauen, kann die Aussenorientierung für sie einen Gewinn darstellen. Denn somit können sie potenziell auch von Unterstützungsleistungen anderer sozialer Gruppen profitieren. Der Soziologe Robert D. Putnam verwendet für solche Beziehungen, die über soziale Grenzen wie Religions- und Milieuzugehörigkeit, Ethnizität oder Alter hinweg Menschen miteinander verbinden, den Begriff *bridging social capital* (vgl. Helliwell/Putnam 2004: 1437; Putnam 2001: 2). Solche überbrückenden sozialen Beziehungen können beispielsweise dabei helfen, Ressourcen zu erschliessen, die innerhalb der eigenen Gruppe nicht oder kaum vorhanden sind.

Auf der anderen Seite leidet durch die Aussenorientierung die Qualität der sozialen Beziehungen innerhalb der Migrationsgemeinde. Zudem fehlt es in Gemeinden und Gruppen, die vorwiegend aus Mitgliedern bestehen, die sich

---

379 Vgl. Beobachtungsprotokoll vom 19.1.2016.

380 Vgl. hierzu Kapitel 9.1.4.

381 Vgl. hierzu Kapitel 7.4.

nach aussen hin orientieren, oft an Freiwilligen, die Zeit haben und gewillt sind, attraktive Aktivitäten innerhalb der Gemeinde zu organisieren oder auch nur daran teilzunehmen. Denn sie müssen ihre zeitlichen Ressourcen und ihre Beziehungsarbeit auf verschiedene soziale Netzwerke verteilen.

11.4 Schlussfolgerungen

In diesem Kapitel wurde aufgezeigt, dass mit der Integration in eine christliche Migrationsgemeinde auch negative Aspekte verbunden sein können. Die negativen Aspekte stellen in gewissem Sinn die «Kosten» oder «Trade-offs» für die in Kapitel 8 und 9 beschriebenen Unterstützungsleistungen dar. Mit Blick auf ihre Ursachen wurden die negativen Aspekte hier eingeteilt in solche, die auf das soziale Zusammenleben, auf gewisse Glaubensvorstellungen oder auf das Spannungsverhältnis zur Aussenwelt zurückgeführt werden können.

Zu den negativen Aspekten des *sozialen Zusammenlebens* gehören einerseits problematische Beziehungsaspekte sowie Formen des Konformitätsdrucks und der sozialen Kontrolle. Wer sich in eine Migrationsgemeinde integrieren will, muss sich bis zu einem gewissen Grad an die Normen und Werte der Gemeinschaft anpassen. Manchen Personen fällt dies leicht, da sie bereits in ihrem Herkunftsland in ähnlichen Gemeinden verkehrt haben. Für andere kann dies aber auch mit hohen Anpassungsleistungen verbunden sein. Des Weiteren können auch die Übernahme von Freiwilligenarbeiten sowie die soziale Unterstützung eine Quelle für negative Erfahrungen darstellen. Dies trifft insbesondere auf Personen zu, die von ihrer Gemeinde weniger Unterstützung oder Wertschätzung erfahren als sie sich wünschten.

In christlichen Migrationsgemeinden werden neben sozialen Beziehungen auch bestimmte *Glaubensvorstellungen* vermittelt. Manche der Gemeindemitglieder teilen das Weltbild ihrer Gemeinde bereits seit früher Kindheit, da sie in einem vergleichbaren religiösen und kulturellen Umfeld sozialisiert wurden. Andere eignen sich in der Schweiz neue Vorstellungen an (z. B. als Folge einer Konversion). Ein Teil dieser Glaubensvorstellungen kann im Migrationskontext als Ressource dienen.[382] Andere können sich jedoch auch negativ auf die Ressourcensituation auswirken, zum Beispiel weil sie negative psychische Reaktionen hervorrufen (wie Schuldgefühle, Verunsicherung oder religiösen

[382] Vgl. hierzu Kapitel 9.3.

Leistungsdruck) oder indem sie Handlungsmuster fördern, welche für die Bewältigung von Herausforderungen hinderlich sind (z. B. durch moralische Selbstbeschränkung oder exzessiven Altruismus).

Eine dritte Ursache für negative Erfahrungen besteht im *Spannungsverhältnis* zwischen der *ingroup* der christlichen Migrationsgemeinde und der *outgroup* der Aufnahmegesellschaft. Viele Migrationsgemeinden zeichnen sich dadurch aus, dass in ihnen ein anderes Weltbild und andere Handlungsnormen vorherrschen als in weiten Teilen der Aufnahmegesellschaft. Es ist genau diese Andersartigkeit, die vielen Migranten die soziale Integration in solche Gemeinschaften erleichtert. Die Andersartigkeit kann aber auch dazu führen, dass ein Spannungsverhältnis zu aussenstehenden Akteuren entsteht, das sich auch in offenen Konflikten entladen kann.

Im Rahmen der vorliegenden Studie wurden hauptsächlich zwei Strategien festgehalten, wie die Befragten mit diesem Spannungsverhältnis umgingen. Manche wiesen die Denk- und Handlungsmuster der Aussenwelt zurück, die nicht mit dem eigenen Werte- und Normensystem vereinbar waren. Andere versuchten dagegen die Denk- und Handlungsmuster beider Welten bis zu einem gewissen Grad miteinander zu vereinbaren.

Sowohl die vollständige Zurückweisung wie auch der Versuch der Vereinbarung konnten sowohl positive wie auch negative Folgen auf die Ressourcensituation eines Individuums haben. Die Zurückweisung der Aussenwelt ging in vielen Fällen mit einer Stärkung der sozialen Beziehungen und der gegenseitigen Solidarität innerhalb der Gemeinde einher. Die Strategie der Vereinbarung der beiden Welten hatte dagegen den Vorteil, dass der soziale Anschluss an andere Netzwerke leichter fiel. Dafür nahm allerdings die Qualität der Beziehungen innerhalb der Gemeinde ab, da sie nun in einem Konkurrenzverhältnis zu anderen Netzwerken im Migrationskontext standen.

Im Rahmen dieser Studie können aufgrund methodischer Limitationen nur die potenziellen Kosten und Nutzen der Migrationsgemeinden gezeigt werden.[383] Es ist nicht möglich, abschliessend zu beurteilen, ob für eine Gruppe oder ein

[383] Zu den methodischen Limitationen gehören beispielsweise der Selektionseffekt der Befragten, Effekte der sozialen Erwünschtheit während der Befragung, Veränderungen des Kosten-Nutzen-Verhältnisses im zeitlichen Verlauf, die Gleichzeitigkeit unterschiedlicher Wirkungen auf unterschiedliche Ressourcen, das Fehlen einer standardisierten Messung sowie die Unterschiede zwischen der subjektiven Wahrnehmung der Individuen und der Aussenwahrnehmung.

Individuum unter dem Strich die Kosten oder die Nutzen überwiegen. Aus der Sicht der meisten Befragten scheinen die positiven Aspekte der Gemeinde klar zu dominieren, deswegen waren sie ja zum Zeitpunkt der Befragung auch darin involviert. Es scheint, dass sie den negativen Faktoren im Bedarfsfall aus dem Weg gehen oder auch andere Netzwerke als Ressourcenquellen heranziehen können. Dennoch bleibt in dieser Frage eine gewisse Restunsicherheit bestehen, die es in zukünftigen Studien zu klären gilt.

12 Synthese

In diesem letzten Kapitel werden die Ergebnisse der vorliegenden Studie noch einmal synthetisiert und mit Blick auf die Forschungsfragen und den wissenschaftlichen Diskurs reflektiert. Das Kapitel 12.1 beinhaltet zunächst eine Zusammenfassung der ausgearbeiteten empirisch begründeten Theorie. Danach werden die Ergebnisse in Kapitel 12.2 in den wissenschaftlichen Diskurs eingeordnet. Im letzten Kapitel 12.3 diskutiere ich schliesslich noch die Reichweite und die Grenzen der Studie und eruiere weiteren Forschungsbedarf.

12.1 Zusammenfassung – eine Theorie der sozialen Unterstützung in christlichen Migrationsgemeinden

Das Ziel dieser Studie bestand darin, eine empirisch begründete Theorie zu der Frage zu entwickeln, welche Bedeutung den sozialen Netzwerken in spanischsprachigen katholischen und protestantischen Migrationsgemeinden im Migrationskontext zukommt. Damit sollte unter anderem dazu beigetragen werden, ein in der empirischen sozial- und religionswissenschaftlichen Forschung bestehendes Informationsdefizit in Bezug auf christliche Migrationsgemeinden zu reduzieren.

Als sich im Verlauf der Studie herauskristallisierte, dass das soziale Netzwerk in den Migrationsgemeinden eine bedeutende Rolle bei der Bewältigung von Herausforderungen im Migrationskontext einnahm, habe ich – wie in qualitativen Studien üblich – die ursprüngliche Forschungsfrage konkretisiert und durch folgende Fragen ersetzt:

- Welche Unterstützung leisten soziale Beziehungsnetzwerke in spanischsprachigen christlichen Migrationsgemeinden zur Bewältigung der Herausforderungen im Migrationskontext?
- Wie werden diese Unterstützungsleistungen vermittelt?
- Welche negativen Aspekte hängen damit allenfalls zusammen?

Zur Beantwortung dieser Fragen bediente ich mich einer Triangulation dreier Datenerhebungsmethoden. Im Forschungsverlauf wurden 23 biographisch-narrative Interviews mit Besuchern spanischsprachiger Migrationsgemeinden, 62 Feldeinsätze als teilnehmender Beobachter in verschiedenen Gemeinden sowie acht Experteninterviews durchgeführt. Als methodologischer Rahmen zur Steuerung der Datenerhebung, des theoretischen Samplings und der Datenanalyse diente mir die Grounded Theory Methodologie nach Strauss und Corbin (1996).

Damit die Funktionen der sozialen Beziehungen in den Migrationsgemeinden besser erfasst und theoretisch reflektiert werden konnten, wurden im Verlauf der Studie zwei theoretische Rahmenkonzepte herangezogen. Dies waren zum einen das «transaktionale Stress-Coping-Modell» der Lazarus-Gruppe (Lazarus 1990, Lazarus/Launier 1981) und zum anderen das Konzept der «sozialen Unterstützung» nach Schwarzer und Leppin (1989). Beide Konzepte dienten mir bei der Datenanalyse als *sensitizing concepts* zur Erhöhung der theoretischen Sensibilität (vgl. Blumer 1954: 7; Strauss/Corbin 1996: 33–35).

Das Ziel der Grounded Theory Methodologie besteht in der Entwicklung einer empirisch begründeten gegenstandsbezogenen Theorie mittlerer Reichweite (vgl. Glaser/Strauss 1998: 42). Daher wird nachfolgend eine solche Theorie zur sozialen Unterstützung in christlichen Migrationsgemeinden vorgestellt, die das synthetisierte Endergebnis der vorliegenden Studie darstellt. In Abbildung 34 findet sich eine visuelle Darstellung dieser Theorie, die als Orientierungshilfe und zum Überblick über die wichtigsten Ergebnisse dienen kann.

Abbildung 34: Eine Theorie der sozialen Unterstützung in christlichen Migrationsgemeinden

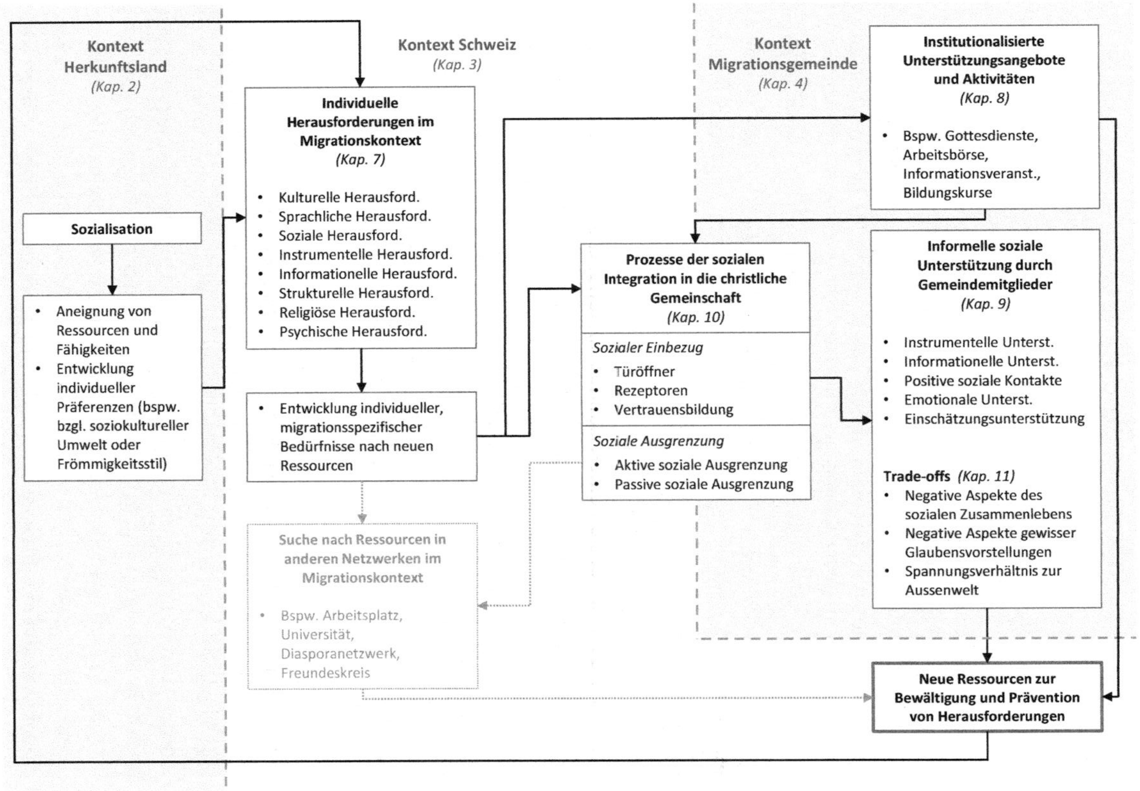

12.1.1 Individuelle Erfahrungen der Migration

Sozialisation im Herkunftskontext

Die spanischsprachigen Zuwanderer, die in der Schweiz christliche Migrationsgemeinden besuchen, zeichnen sich durch eine hohe Diversität aus. Sie kommen aus verschiedenen sozialen, kulturellen und religiösen Kontexten und aus unterschiedlichen Regionen, die von unterschiedlichen (religions-)geschichtlichen Entwicklungen geprägt sind. Sowohl Spanisch-Lateinamerika wie auch Spanien waren historisch stark von der katholischen Kirche geprägt. Beide Regionen haben jedoch in den vergangenen 50 Jahren einen ausgeprägten religiösen Wandel erfahren.

In Spanien zeigt sich dieser Wandel – ähnlich wie in vielen anderen westeuropäischen Staaten – in einer zunehmenden Distanzierung der Bevölkerung von religiösen Institutionen. In Lateinamerika nimmt er je nach Land und Region unterschiedliche Formen an. In Ländern wie Chile und Uruguay lässt sich eine ähnliche Tendenz hin zur Konfessionslosigkeit feststellen wie in Spanien. Die meisten Länder sind jedoch geprägt von einem schnellen Zuwachs protestantischer Bevölkerungsanteile sowie vom konfessionsübergreifenden Erfolg der Pfingstbewegung (vgl. Kapitel 2). Diese beiden makrosoziologischen Trends wirken sich wesentlich auf den Frömmigkeitsstil, die Religionspraxis und das kirchliche Sozialleben der dortigen Bevölkerung aus. Des Weiteren existieren auch innerhalb der spanischsprachigen Länder regional-, milieu- und kulturspezifische Unterschiede, auf die im Rahmen dieser Studie nicht genauer eingegangen werden konnte, die jedoch ebenfalls zur Diversität dieser Zuwanderungsgruppe beitragen.

Die Sozialisation im jeweiligen Herkunftskontext scheint einen wesentlichen Einfluss darauf zu haben, welche *Präferenzen* Zuwanderer bezüglich ihres religiösen, kulturellen und sozialen Umfeldes in die Schweiz mitbringen. Das bedeutet, dass beispielsweise Personen, die in einem Umfeld sozialisiert worden waren, in dem ein qualitativ hochwertiges Beziehungsnetzwerk einen hohen Stellenwert hatte, in der Regel auch in der Schweiz nach solchen Beziehungen Ausschau hielten. Und in gleicher Weise suchten Personen, die vor ihrem Zuzug einen bestimmten Frömmigkeitsstil gepflegt hatten, auch in der Schweiz nach einer Gemeinschaft, die sie dabei unterstützte, diesen Frömmigkeitsstil weiter zu pflegen.

Solche Präferenzen konnten sich im Migrationskontext mit der Zeit auch ändern. Doch dies geschah in der Regel sehr langsam in einem mehrjährigen Adaptationsprozess an das neue soziale, kulturelle und religiöse Umfeld. Entsprach das Umfeld in der Schweiz nicht den gewohnten Präferenzen, empfanden die Befragten dies in der Regel zunächst als eine Herausforderung.

Individuelle Herausforderungen im Migrationskontext

Spanischsprachige Zuwanderer unterscheiden sich nicht nur in Bezug auf ihre Präferenzen und ihren kulturellen und religiösen Hintergrund, sondern auch hinsichtlich ihrer Migrationsgeschichten, der Ressourcen, die sie mitbringen, und der strukturellen Rahmenbedingungen, denen sie im Migrationskontext ausgesetzt sind (vgl. Kapitel 3). Aus diesem Grund können selbst Menschen aus dem gleichen Herkunftskontext in der Schweiz auf völlig unterschiedliche Herausforderungen stossen.

Die im Rahmen dieser Studie erfassten Herausforderungen konnten mithilfe des induktiven Kodierverfahrens in folgende Kategorien unterteilt werden:

- kulturelle und sprachliche Herausforderungen,
- soziale Herausforderungen,
- instrumentelle, informationelle und strukturelle Herausforderungen,
- religiöse Herausforderungen
- und psychische Herausforderungen.

Der grösste Teil dieser Herausforderungen kann auf drei Ursachen zurückgeführt werden. Einer der Aspekte, die das Leben im Migrationskontext erschweren können, besteht darin, dass Zuwanderer der ersten Migrationsgeneration nicht alle ihre Ressourcen aus ihren Herkunftsländern in die Schweiz mitnehmen können. Dies gilt zum Beispiel für das soziale Netzwerk, das sie oft über Jahre hinweg aufgebaut haben. Eine zweite Schwierigkeit besteht darin, dass manche ihrer Ressourcen im neuen Kontext abgewertet werden, weil sie hier kaum Vorteile mit sich bringen. Dies trifft beispielsweise auf einen Teil der Sprachkompetenzen, nicht anerkannte Bildungstitel oder bestimmte Formen des religiösen Wissens zu.

Eine dritte bedeutende Ursache für Herausforderungen besteht darin, dass das Leben im Migrationskontext neue Ressourcen erfordert, die sich die meisten Zuwanderer in ihrem Herkunftskontext kaum erarbeiten konnten. Hierzu gehören beispielsweise ein stützendes soziales Netzwerk vor Ort, Kenntnisse der lokalen Dialekte, Verständnis der lokalen religiösen und kulturellen Praktiken sowie Informationen über das lokale Bildungssystem, Gesundheitssystem und den Arbeitsmarkt (vgl. Kapitel 7).[384]

Aus Herausforderungen entstehen Bedürfnisse

Wenn Migranten das Gefühl haben, dass sie die oben genannten Herausforderungen nicht oder nur schwer mit den ihnen zur Verfügung stehenden internen (psychischen) und externen (sozialen) Ressourcen bewältigen können, entstehen Stress sowie das *Bedürfnis* nach Ressourcen, die ihnen bei der Bewältigung der erfahrenen Herausforderungen behilflich sein können. Da die Herausforderungen von Person zu Person sehr unterschiedlich sind, können auch die Bedürfnisse individuell stark variieren. Denn sie entstehen bei jedem Individuum durch ein komplexes Zusammenspiel mehrerer Faktoren wie der subjektiven Einschätzung der eigenen Ressourcen, den strukturellen Möglichkeiten, diese Ressourcen einzusetzen, sowie persönlichen Eigenschaften, Fähigkeiten und Präferenzen. In Kapitel 7 wurde dieses Zusammenspiel mit demjenigen der Regler und Knöpfe eines Audiomischpultes verglichen. Dementsprechend können manche Personen beispielsweise eher das Bedürfnis nach instrumentellen Ressourcen entwickeln, andere nach informationellen Ressourcen und wiederum andere nach emotionaler Unterstützung, zwischenmenschlicher Nähe, Lebenssinn oder Gesprächen über religiöse Themen.

Bei der Entwicklung dieser Bedürfnisse ist die subjektive Einschätzung zentral, da Individuen nur in denjenigen Bereichen Bedürfnisse entwickeln, in denen sie aus ihrer persönlichen Perspektive einen Mangel wahrnehmen. Daher spielen bei der Bedürfnisentwicklung auch die individuellen Präferenzen eine wichtige Rolle, die – wie oben beschrieben wurde – zu einem grossen Teil bereits im Herkunftskontext entwickelt wurden.

Trotz der grossen individuellen Unterschiede zeigte sich im Verlauf dieser Studie aber auch eine bedeutende Gemeinsamkeit. Für beinahe alle der Befragten waren im Migrationskontext soziale Netzwerke eine wichtige Quelle für Res-

[384] Die zweite Migrationsgeneration, die bereits in der Schweiz aufgewachsen ist, steht mit grosser Wahrscheinlichkeit vor anderen Herausforderungen als den hier aufgeführten. Ihre Perspektive kommt in dieser Studie etwas zu kurz, da beinahe alle Befragten der ersten Migrationsgeneration angehörten. Diese Limitation des Samples war vor allem darauf zurückzuführen, dass die erste Migrationsgeneration in den untersuchten Gemeinden die überwiegende Mehrheit darstellte.

sourcen, die ihnen dabei halfen, anstehende Herausforderungen zu bewältigen oder ihnen sogar vorzubeugen. Gelang es den Befragten, ein qualitativ hochwertiges Beziehungsnetzwerk aufzubauen, berichteten sie in der Regel von weniger Herausforderungen. Auf der anderen Seite litten Personen, denen ein solches Netzwerk fehlte, oft sehr stark unter Einsamkeit, sozialer Isolation sowie unter dem Mangel an externen Ressourcen.

Im Migrationskontext Schweiz existieren verschiedene Institutionen und Netzwerke, die den Aufbau sozialer Beziehungen vereinfachen können. Eine davon sind christliche Migrationsgemeinden.

12.1.2 Christliche Migrationsgemeinden

Da Migrationsgemeinden grösstenteils aus Personen bestehen, die selbst eine Migrationserfahrung durchgemacht haben, kennen sie die Bedürfnisse ihrer Klientel sehr gut und bieten in der Regel Unterstützungsangebote an, die diesen Bedürfnissen entsprechen. Solche Unterstützungsangebote können sowohl formell in institutionalisierter Form etabliert wie auch informell von anderen Mitgläubigen erbracht werden.

Institutionalisierte Unterstützungsangebote und Aktivitäten

Über institutionalisierte Unterstützungsangebote und Aktivitäten vermitteln Migrationsgemeinden ihren Mitgliedern Ressourcen, die im Migrationskontext von Nutzen sein können (vgl. Kapitel 8). Hierzu gehören beispielsweise Sprach- und Computerkenntnisse, Informationen zur Gesundheitsversorgung, zum Wohnungs- und Arbeitsmarkt sowie zu hilfreichen Institutionen im Aufnahmeland, religiöse Bildung, Seelsorgegespräche oder auch Gottesdienste, die so gestaltet sind, dass sie den Besuchern ein Gefühl von Heimat, Geborgenheit und Zugehörigkeit vermitteln.

Ein Vorteil solcher institutionalisierten Angebote besteht darin, dass sie für Neu- und Nichtmitglieder der Gemeinde sehr viel einfacher zugänglich sind als informelle soziale Unterstützungsleistungen, die über andere Personen vermittelt werden. Denn von institutionalisierten Angeboten können selbst diejenigen profitieren, die (noch) keine sozialen Beziehungen in der Gemeinde pflegen oder noch nicht einmal die gleiche Religions- bzw. Konfessionszugehörigkeit aufweisen wie die Gemeindemitglieder. Damit bieten solche Angebote Neulingen einen sehr niedrigschwelligen Zugang zu Ressourcen. Zudem stellen sie einen institutionalisierten Rahmen dar, in dem Neulinge nach und nach neue Menschen kennenlernen und damit ihr soziales Netzwerk in der Schweiz vergrössern können.

Informelle soziale Unterstützung durch andere Gemeindemitglieder

Gelingt es einer Person, in ihrer Gemeinde ein soziales Netzwerk aufzubauen, ist es möglich, dass sie dadurch von informellen sozialen Unterstützungsleistungen profitieren kann. In Anlehnung an Schwarzer und Leppin (1989: 18–23) wurden die im Rahmen der vorliegenden Studie erfassten informellen Hilfeleistungen in die folgenden fünf Dimensionen unterteilt: instrumentelle und informationelle Unterstützung, positive soziale Kontakte und emotionale Unterstützung sowie Einschätzungsunterstützung (vgl. Kapitel 9).

Unter dem Begriff der *instrumentellen Unterstützung* wurden Hilfeleistungen zusammengefasst, die bei der konkreten Bewältigung von Herausforderungen nützlich waren. Hierzu gehörten beispielsweise Hilfeleistungen bei der Kinderbetreuung, bei der Arbeits- oder Wohnungssuche, bei Umzügen, Übersetzungen, Behördengängen oder administrativen Aufgaben. Solche Unterstützungsleistungen waren insbesondere bei ressourcenarmen Personen von grosser Bedeutung, da sie es sich nicht leisten konnten, Aufgaben dieser Art an professionelle Dienstleister auszulagern.

Informationelle Unterstützungsleistungen spielten im Untersuchungsfeld vor allem in Bezug auf zwei Themenbereiche eine grössere Rolle. Zum einen wurden in den untersuchten Gemeinden hilfreiche Informationen und Ratschläge zur Bewältigung von Alltagsherausforderungen vermittelt. Hierzu gehörten beispielsweise Auskünfte bei Fragen in administrativen Angelegenheiten, bei Fragen zum Arbeitsmarkt, zur Kindererziehung oder zu den kulturellen Unterschieden zwischen den Herkunftsländern der Migranten und der Schweiz.

Zum anderen wurden aber auch Informationen und Ratschläge zu übergeordneten religiösen, moralischen und weltanschaulichen Fragen vermittelt, die oft in der Auseinandersetzung mit dem neuen kulturellen und religiösen Kontext aufgeworfen wurden. Da die anderen Gemeindemitglieder ebenfalls über Migrationserfahrungen verfügten und ähnliche Erfahrungen des Kultur- und Religionsschocks mit einem darauf folgenden Lernprozess durchgemacht hatten, konnten sie in Bezug auf solche Fragen eine Art Brückenfunktion zwischen der Aufnahmegesellschaft und den neu Zugewanderten einnehmen.

Anders als an vielen anderen Orten im Migrationskontext wurden neu Zugewanderte in den Migrationsgemeinden nicht mit einer komplett neuen Terminologie und Weltanschauung konfrontiert, sondern sie hatten die Möglichkeit, auf der Grundlage ihres bereits bestehenden Wissensrepertoires neue Perspektiven auf ihre Fragen aufzubauen. Zudem fühlten sie sich hier mit ihrer Weltanschauung nicht belächelt oder diskriminiert, wie sie das teilweise in anderen sozialen Kontexten erfuhren. Dies ermöglichte es ihnen, ihre Meinungen und Fragen offen zu äussern und so schrittweise neue Perspektiven kennenzulernen, ohne davon überfordert zu werden.

Die beiden Dimensionen *positive soziale Kontakte* und *emotionale Unterstützung* wurden im Rahmen dieser Untersuchung zusammengefasst, da sie sich in einer qualitativen Studie kaum voneinander trennen lassen. Die positiven sozialen Kontakte und die emotionale Unterstützung waren aus Sicht vieler der Befragten ein bedeutendes Qualitäts- und Alleinstellungsmerkmal der spanischsprachigen christlichen Migrationsgemeinden. Die Befragten hatten das Gefühl, dass sich die Migrationsgemeinden im Vergleich zu anderen Institutionen und Netzwerken im Migrationskontext durch ein sehr angenehmes und wertschätzendes Ambiente auszeichneten, das ihnen den sozialen Anschluss erleichterte. Dies vereinfachte es ihnen, neue qualitativ gehaltvolle soziale Beziehungen aufzubauen und damit einen Teil des durch die Migration erlittenen Verlustes des familiären und freundschaftlichen Netzwerkes zu kompensieren.[385]

Die positive Wahrnehmung des sozialen Ambientes ist wohl nicht zuletzt auch darauf zurückzuführen, dass in den Migrationsgemeinden die gleiche Sprache gesprochen wird und ähnliche kulturelle Handlungsnormen gelten wie in den Herkunftsländern der Befragten. Dies vereinfacht den sozialen Anschluss und den irritationsfreien sozialen Umgang mit anderen Gemeindemitgliedern (vgl. Kapitel 10).

Ein weiterer Aspekt von Migrationsgemeinden, der sich in emotionaler Hinsicht positiv auf die Besucher auswirken kann, besteht darin, dass sie ihnen dabei helfen, ihren religiösen Glauben zu praktizieren und am Leben zu erhalten. Viele der Befragten fühlten sich in der Schweiz mit ihrem religiösen Welt-

[385] Zu einem ähnlichen Ergebnis kommt übrigens auch Lüdde (2013) in ihrer Studie zu chinesischen christlichen Migrationsgemeinden. Sie beschreibt die Konversion chinesischer Studierender zum Christentum als eine «Coping-Strategie zur Realisation von Geborgenheit, Sicherheit und Heilung» (Lüdde 2013: 154), die unter anderem dazu beitragen soll, das Gefühl der Einsamkeit zu mildern (Lüdde 2013: 154).

bild fremd oder unverstanden. Die Aufnahmegesellschaft nahmen sie in weiten Teilen als religionskritisch oder sogar als religionsfeindlich wahr. In diesem Kontext stellten die Migrationsgemeinden für sie ein Art Refugium dar, wo sie mit anderen Menschen in Verbindung treten konnten, die ein ähnliches Weltbild aufwiesen und von denen sie sich auch in religiöser Hinsicht verstanden und akzeptiert fühlten.

Eine weitere Form des sozialen Beistands, die in christlichen Migrationsgemeinden verbreitet ist, wurde unter dem Begriff der *Einschätzungsunterstützung* zusammengefasst. Hierbei handelt es sich um die Vermittlung von Informationen und Deutungsmustern, die Migranten dabei helfen können, Herausforderungen durch eine Neueinschätzung der eigenen Ressourcen oder der Lebensumstände besser zu bewältigen. Einschätzungsunterstützung kann beispielsweise über Lob oder Anerkennungsbezeugungen im Rahmen von Freiwilligenarbeiten vermittelt werden. Denn Erfolgserlebnisse und das damit einhergehende positive Feedback können das Vertrauen in die eigenen Fähigkeiten stärken.

Eine zweite Form der Einschätzungsunterstützung, die im Untersuchungsfeld angetroffen wurde, bestand in der Vermittlung von sogenannten «Empowermentnarrativen». Hierbei handelt es sich um Deutungsmuster, die oft aus der Bibel oder aus anderen christlichen Quellen abgeleitet werden und als Interpretationsvorlage für eine Neuinterpretation der eigenen Ressourcen und Lebensumstände dienen können. Beispiele solcher Narrative finden sich zusammengefasst in Aussprüchen wie: «Gott hat etwas vor mit dir», «Jesus liebt dich, so wie du bist», «der Herr ist mit dir und mit ihm ist nichts unmöglich» oder «Gottes Wege sind unergründlich».

Solche Deutungsmuster können sich beispielsweise positiv auf das Selbstwertgefühl oder die Selbstwirksamkeitserwartung einer Person auswirken. Oder sie können ihr dabei helfen, unveränderbare Umstände mithilfe einer innerlichen Anpassung zu akzeptieren oder negative Erfahrungen «loszulassen» und damit besser zu verarbeiten.

Personen, denen es gelingt, solche Empowermentnarrative zu verinnerlichen, erhalten damit Zugang zu einer verhältnismässig «stabilen» intrapsychischen Ressource. Denn anders als die Unterstützungsleistungen anderer Gemeindemitglieder sind solche Deutungsmuster – nachdem sie einmal verinnerlicht wurden – nicht mehr von der Anwesenheit anderer Personen abhängig, sondern können jederzeit vom Individuum selbst zur emotionsorientierten Bewältigung von herausfordernden Situationen hinzugezogen werden (vgl. Lazarus 1993: 9). In der vorliegenden Studie zeigte sich der Wert von Empowermentnarrativen insbesondere in unveränderlichen Belastungssituationen, die nicht mithilfe anderer interner oder externer Ressourcen bewältigt werden konnten. In solchen Situationen fanden manche der Befragten beispielsweise Trost in der Vorstellung, dass sie ihre Sorgen «an Gott übergeben» und «auf ihn vertrauen» konnten, damit «sein Wille geschehe».

Bei den soeben ausgeführten fünf Unterstützungsdimensionen nach Schwarzer und Leppin (1989: 18–23) handelt es sich lediglich um eine konzeptuelle Unterscheidung, die zur besseren Übersicht, Benennbarkeit und zur Erfassung der im Feld vorgefundenen Unterstützungsleistungen diente. In der Realität waren die Grenzen zwischen den verschiedenen Dimensionen fliessend und unterstützende Handlungen waren meist von mehreren dieser Dimensionen gleichzeitig geprägt. So konnte zum Beispiel ein gutes Gespräch mit einem anderen Gemeindemitglied gleichzeitig eine emotionale Komponente (z. B. Trostspendung) und eine informationelle Komponente (z. B. Ratschlag) beinhalten, wie auch Einschätzungsunterstützung in Form eines Empowermentnarrativs.

Neue Ressourcen zur Bewältigung und Prävention von Herausforderungen

Wie soeben ausgeführt wurde, steht den Besuchern von Migrationsgemeinden sowohl über institutionalisierte Angebote als auch über informelle soziale Unterstützung eine Vielzahl von Ressourcen zur Verfügung. Manche dieser Ressourcen eignen sich eher für die problemorientierte, andere eher für die innerpsychische, emotionsorientierte Bewältigung von Herausforderungen bzw. dem damit einhergehenden psychischen Stress. Oft sind die beiden Dimensionen aber auch verknüpft. So kann beispielsweise mit instrumentellen Unterstützungsleistungen auch ein Gefühl von Sicherheit und Aufgehobensein einhergehen. Und auf der anderen Seite können auch emotionsorientierte Interaktionen (w. z. B. tröstende Gespräche) problemorientierte Komponenten (w. z. B. Lösungsvorschläge) beinhalten.[386]

[386] Vgl. hierzu Kapitel 6.2.3.

Solche durch die Gemeinde vermittelten Ressourcen können sich sowohl bei der Bewältigung (Coping) von aktuellen Herausforderungen wie auch bei der Prävention von zukünftigen Herausforderungen als nützlich erweisen (Präventionswirkung). So hat sich im Rahmen dieser Studie beispielsweise mehrfach gezeigt, dass das soziale Netzwerk der Gemeinden in schwierigen Lebenssituationen wie zum Beispiel nach einem Arbeitsplatz- oder Wohnungsverlust oder bei einer Erkrankung grössere Notsituationen verhindern konnte. Zudem stellte für manche der Befragten allein schon das Wissen, dass sie bei zukünftigen Problemen nicht auf sich allein gestellt wären, eine gewisse psychische Erleichterung dar (Direkteffekt).[387]

Welche und wie viele Ressourcen sich Migranten in ihren Migrationsgemeinden aneignen, variiert individuell. Dies ist zum einen auf die individuellen Unterschiede bezüglich der Präferenzen und Bedürfnisse zurückzuführen, zum anderen existieren auch individuelle Unterschiede in Bezug auf die soziale Vernetzung innerhalb der Gemeinden. Letztere hat einen wesentlichen Einfluss darauf, ob und wie viele sozial vermittelte Ressourcen einer Person in ihrer Gemeinde zur Verfügung stehen.

Prozesse der sozialen Integration in die christliche Gemeinschaft

Während die Ressourcen, die über institutionalisierte Angebote vermittelt werden, sehr niederschwellig und beinahe von jedem Gemeindebesucher angeeignet werden können, sind die informellen Unterstützungsleistungen in der Regel erst nach längerem Beziehungsaufbau zugänglich. Eine Person kann also erst dann von sozialer Unterstützung profitieren, wenn es ihr gelingt, in der Gemeinde ein Beziehungsnetz aufzubauen. Dabei gilt als Faustregel: Je mehr Beziehungen eine Person innerhalb der Gemeinde hat und je besser die Qualität dieser Beziehungen ist, desto mehr Ressourcen kann sie potenziell darüber erhalten. Da die «Beziehungsqualität» nur schwer zu erfassen ist, wurde sie in der vorliegenden Studie mit dem interpersonalen «Vertrauen» gleichgesetzt, das einen guten Indikator für die wahrgenommene Qualität einer Beziehung darstellt (vgl. Kapitel 10).

Die erfolgreiche «Binnenintegration» (Elwert 1982) in eine Migrationsgemeinde und die gegenseitige *Vertrauensbildung* sind nicht in jedem Fall garantiert. Es gibt sowohl aufseiten des Individuums wie auch aufseiten der Ge-

[387] Vgl. hierzu Kapitel 6.3.3 und Diewald/Sattler (2010: 694–695).

meinde Faktoren, die sich positiv oder negativ auf die soziale Integration auswirken können. Anschlusssuchende Individuen können ihren Integrationsprozess positiv beeinflussen, wenn sie über eine gewisse Sozialkompetenz verfügen und gewillt sind, zeitliche und gegebenenfalls auch ökonomische Ressourcen in den Beziehungsaufbau und in die Freiwilligenarbeit zu investieren.

Die Gemeinde kann den Integrationsprozess fördern, wenn sie über gute «Türöffner» und über «soziale Rezeptoren» verfügt, die zu den Anschlusssuchenden passen. Mit dem Begriff *Türöffner* sind Personen gemeint, die aktiv auf Neulinge zugehen, sie in Gespräche und Aktivitäten miteinbeziehen und ihnen damit den Einstieg in die soziale Gemeinschaft erleichtern. *Soziale Rezeptoren* sind dagegen Personen, die mit Neulingen qualitativ hochwertige Beziehungen eingehen und diese im Idealfall auch über die Aktivitäten der Migrationsgemeinde hinaus mit ihnen pflegen. Zum Aufbau von solchen qualitativ hochwertigen und vertrauensvollen Beziehungen dienen beispielsweise Kennenlerngespräche, das Eingehen von reziproken Austauschbeziehungen, ein gewisses Mass an sozialer Kontrolle, ein ähnliches Weltbild, ähnliche Handlungsmuster oder die Fähigkeit, andersartige Weltbilder und Handlungsmuster zu verstehen und zu tolerieren.

Die soziale Integration kann aber auch durch Formen der aktiven und passiven sozialen Ausgrenzung vonseiten der Gemeinde behindert werden. Unter dem Begriff der *aktiven sozialen Ausgrenzung* wurden in der vorliegenden Studie alle Formen des bewussten und gewollten Ausschlusses von Gruppen oder Einzelpersonen zusammengefasst, wie er zum Beispiel nach Konflikten auftreten kann. Dies scheint im Untersuchungsfeld allerdings eher selten vorzukommen.

Passive Formen der *sozialen Ausgrenzung* sind dagegen sehr verbreitet. Hierunter verstehe ich die ungewollte und meist auch unbewusste Ausgrenzung von Individuen oder Gruppen. Häufige Ursachen für passive Ausgrenzung sind das Fehlen von Türöffnern und geeigneten sozialen Rezeptoren oder die mangelnde Passung von Individuum und Gemeinschaft (z. B. in Bezug auf die Weltanschauung, die religiösen Ausdrucksformen, den Altersunterschied oder den soziokulturellen Hintergrund). Oft hängen diese drei Aspekte auch zusammen. Schliesslich lassen sich in der Regel mehr Gemeindemitglieder für eine Rolle als Türöffner oder als sozialer Rezeptor begeistern, wenn ihnen die anschlusssuchende Person entspricht.

Sind die sozialen Ausgrenzungskräfte stärker als die des sozialen Einbezugs, kann es zu einem «sozialen Abprallen» kommen. Das bedeutet, dass es dem anschlusssuchenden Individuum nicht gelingt, mit anderen Gemeindemitgliedern qualitativ gehaltvolle Beziehungen aufzubauen. In diesem Fall muss es nach anderen Netzwerken Ausschau halten, die ihm als Quelle für sozial vermittelte Ressourcen zur Verfügung stehen können.

Suche nach Ressourcen in anderen Netzwerken im Migrationskontext

Für viele der Befragten stellte sich im Schweizer Migrationskontext die Suche nach Netzwerken, die bezüglich der Bereitstellung von migrationsrelevanten Ressourcen eine ähnliche Funktion wie die Migrationsgemeinden einnehmen konnten, als schwierig dar.[388] Meines Erachtens besteht ein bedeutender Grund hierfür in den soeben erläuterten Prozessen der sozialen Integration.

Prozesse wie der soziale Einbezug und die aktive und passive soziale Ausgrenzung scheinen auch in anderen Netzwerken und Institutionen eine Rolle zu spielen. Allerdings scheint in Migrationsgemeinden der soziale Einbezug mithilfe von Türöffnern und sozialen Rezeptoren in der Regel besser zu funktionieren als beispielsweise in Institutionen, in denen mehrheitlich Schweizer verkehren. Dies ist unter anderem darauf zurückzuführen, dass die meisten Mitglieder von Migrationsgemeinden selbst eine Migrationserfahrung durchgemacht haben, somit für die sozialen Bedürfnisse von Migranten sensibilisiert sind und daher aktiver auf sie zugehen. Ausserdem sind diese Mitglieder oft selbst auf der Suche nach neuen sozialen Beziehungen, mit denen sie den Verlust des Netzwerkes aus ihrem Herkunftsland kompensieren können. Wer hingegen in der Schweiz sozialisiert wurde, verfügt in der Regel bereits über einen gesättigten Freundeskreis und hat daher weniger Interesse daran, Zeit und andere Ressourcen in den Aufbau von neuen sozialen Beziehungen zu investieren.[389]

Ausserdem scheinen in anderen Netzwerken und Institutionen im Migrationskontext die sozialen Abstossungskräfte aufgrund der sprachlichen und so-

[388] Dies gilt vermutlich nicht nur für spanischsprachige christliche Migranten, sondern auch für andere Zuwanderungsgruppen.

[389] Diese These würde auch erklären, wieso in den untersuchten Migrationsgemeinden deutlich weniger Personen der zweiten Migrationsgeneration anzutreffen waren. Sie scheinen einen grossen Teil ihres Beziehungsnetzes ausserhalb der Migrationsgemeinden zu pflegen.

ziokulturellen Distanz etwas ausgeprägter zu sein als in Migrationsgemeinden. Dies erschwert den Aufbau von vertrauensvollen Beziehungen und damit auch das Zustandekommen von sozialen Unterstützungsbeziehungen.

Trade-offs

Mit der sozialen Integration in die Migrationsgemeinden sind neben den positiven Aspekten der oben ausgeführten Unterstützungsleistungen auch negative Aspekte verbunden. Sie stellen in gewissem Sinne die Kosten oder Trade-offs der Unterstützung dar (vgl. Kapitel 11). In der vorliegenden Studie wurden sie gemäss ihren Ursachen in drei Kategorien eingeteilt: Negative Aspekte, die auf das soziale Zusammenleben zurückgeführt werden können; negative Aspekte, die aus gewissen Glaubensvorstellungen hervorgehen, sowie negative Aspekte, die mit dem Spannungsverhältnis zur «Aussenwelt» einhergehen.

Zu den negativen Aspekten des *sozialen Zusammenlebens* gehören problematische Beziehungsaspekte (w. z. B. interpersonale Konflikte oder mangelnde Wertschätzung) sowie von den Individuen als negativ empfundene Formen des Konformitätsdrucks und der sozialen Kontrolle. Denn wie in vielen anderen sozialen Gemeinschaften existiert auch in christlichen Migrationsgemeinden ein gewisser sozialer Druck, sich den vorherrschenden gruppenspezifischen Normen, Wertvorstellungen und Handlungsmustern anzupassen (*ethnic conformity pressure*). Oft wird dieser Druck unbewusst allein schon durch die Tatsache aufgebaut, dass abweichendes Verhalten sowohl bei den um Integration bemühten Individuen als auch bei anderen Gemeindemitgliedern kleinere oder grössere Irritationen hervorruft.

Auch die Übernahme von Freiwilligenarbeiten und sogar die soziale Unterstützung selbst können eine Ursache für negative Erfahrungen sein. Dies trifft insbesondere auf Personen zu, die das Gefühl haben, von ihrer Gemeinde zu wenig Wertschätzung für ihre Arbeit bzw. zu wenig Unterstützung in Problemsituationen zu erhalten.

Die *Glaubensvorstellungen*, die sich negativ auf die Ressourcensituation von Migranten auswirken können, lassen sich grob in zwei Kategorien einteilen. Dies sind zum einen Glaubensvorstellungen, die negative *psychische Auswirkungen* haben können und beispielsweise Schuldgefühle, Verunsicherung oder religiösen Leistungsdruck hervorrufen. Sie stellen gewissermassen das Gegenstück zu den oben erwähnten Empowermentnarrativen dar.

Zum anderen existieren auch Vorstellungen, die *Handlungsmuster* nach sich ziehen, welche sich negativ auf die Ressourcensituation eines Individuums auswirken können. Hierzu gehören beispielsweise ethische Bedenken, die den Handlungsspielraum zur Bewältigung von Herausforderungen einschränken, oder exzessiver Altruismus. In der Regel werden solche religiös legitimierten Handlungsmuster von den Individuen selbst als etwas Positives betrachtet. Dennoch müssen sie hier als mögliche «Kosten» aufgeführt werden, da sie sich negativ auf die Ressourcensituation der Individuen auswirken können.

Eine dritte Form des Trade-offs besteht im *Spannungsverhältnis zur «Aussenwelt»*. Wer sich in eine spanischsprachige christliche Migrationsgemeinde integriert, wird dort teilweise mit einem anderen Weltbild und anderen Handlungsnormen konfrontiert als in vielen anderen Bereichen der Aufnahmegesellschaft. Es ist genau dieser Unterschied, der vielen Migranten die soziale Integration in eine Migrationsgemeinde erleichtert. Doch diese Andersartigkeit kann auch zu einem Spannungsverhältnis zu Akteuren der Aufnahmegesellschaft führen.

Wie in den Migrationsgemeinden existiert auch in der Aufnahmegesellschaft ein gewisser sozialer Druck, sich den Denk- und Handlungsmustern der Mehrheit anzupassen (*host conformity pressure*). Die Unterschiede zwischen dem Konformitätsdruck von *ingroup* und *outgroup* zwingen jedes Individuum und jede Gemeinschaft dazu, einen konstruktiven Umgang mit dem dadurch ausgelösten Spannungsverhältnis zu finden.

Im Rahmen der vorliegenden Studie wurden im Wesentlichen zwei Strategien festgehalten, wie die Befragten mit diesem Spannungsverhältnis umgingen. Manche wiesen die Denk- und Handlungsmuster der Aussenwelt vollständig zurück, wenn sie nicht mit dem eigenen Werte- und Normensystem vereinbar waren. Andere versuchten dagegen die Denk- und Handlungsmuster beider sozialer Welten bis zu einem gewissen Grad miteinander zu vereinbaren.

Beide Strategien waren sowohl mit Vorteilen als auch mit Nachteilen verbunden. Die Zurückweisung der Aussenwelt schien bei den Befragten in der Regel mit einer Stärkung der sozialen Beziehungen und der gegenseitigen Solidarität innerhalb der Gemeinde einherzugehen. Dafür wurden tendenziell weniger soziale Beziehungen zu Akteuren ausserhalb der Gemeinde aufgebaut. Im Gegensatz dazu hatte die Strategie der Vereinbarung der beiden Welten den Vorteil, dass dadurch der soziale Anschluss an andere Netzwerke ausserhalb der Gemeinde leichter fiel (*bridging social capital*). Dafür nahmen aber bei vielen Personen, die diese Strategie bevorzugten, die Netzwerkgrösse und die

Qualität der Beziehungen innerhalb der Gemeinde ab, da diese nun in einem Konkurrenzverhältnis zu anderen Netzwerken im Migrationskontext standen. Aufgrund methodischer Limitationen können im Rahmen dieser Studie nur die potenziellen Kosten und Nutzen der Migrationsgemeinden aufgezeigt werden. Es kann nicht abschliessend beurteilt werden, ob für ein Individuum oder eine Gruppe letztendlich die Kosten oder Nutzen der Gemeinde überwiegen. Die meisten Befragten scheinen sich der negativen Faktoren des Gemeindelebens bewusst zu sein, und entwickeln dementsprechend Strategien, um ihnen aus dem Weg zu gehen.

Zudem ist es möglich, dass für unterschiedliche Individuen unterschiedliche Strategien sinnvoll sein können. Für eine Person, die bereits in anderen sozialen Netzwerken qualitativ hochwertige Beziehungen pflegt, ergibt es in Bezug auf die Ressourcensituation vermutlich mehr Sinn, nur einen losen Kontakt zur Migrationsgemeinde zu pflegen, zum Beispiel nur um religiöse Bedürfnisse zu befriedigen, die nicht in anderen Netzwerken der Aufnahmegesellschaft gestillt werden können. Für andere Personen jedoch, denen es schwerfällt, im Migrationskontext ein gutes Beziehungsnetzwerk aufzubauen, scheinen Gemeinden und Gruppierungen, die viel Wert auf einen hohen internen Zusammenhalt und ausgeprägte Unterstützungsbeziehungen legen, eine gute Option darzustellen.

12.1.3 Konfessionelle Unterschiede

An verschiedenen Stellen wurde bereits festgehalten, dass sich die katholischen und protestantischen Migrationsgemeinden in mancher Hinsicht voneinander unterscheiden. Obwohl alle oben aufgeführten Befunde für die Gemeinden beider Konfessionen ihre Gültigkeit besitzen, existieren auch konfessionelle Unterschiede in Bezug auf ihre Ausprägung. Ein Teil dieser Unterschiede ist auf die verschiedenen Ekklesiologien zurückzuführen (vgl. Kapitel 4).

Die Migrationsgemeinden beider Konfessionen müssen einen Umgang mit der grossen Diversität ihrer Gläubigen finden. Die katholische Kirche ist weltweit als eine einzige Kirche organisiert, die in Unterstrukturen wie Bistümer, Pfarreien und Missionen gegliedert ist. Da Gemeindespaltungen in diesem Modell nicht vorgesehen sind, müssen katholische Gemeinschaften einen Weg finden, die Vielfalt ihrer Gläubigen in ein und derselben Gemeindestruktur unterzubringen.

Eine Strategie zur Umsetzung dieser «Einheit in der Vielfalt» besteht in der Etablierung von verschiedenen Untergruppen, die sich in soziokultureller Hinsicht, in Bezug auf ihren Frömmigkeitsstil, das Alter der Gemeindemitglieder oder ihre Interessen voneinander unterscheiden, jedoch in sich relativ homogen sind (vgl. Abbildung 35). In der katholischen Mission in Zürich existieren beispielsweise solche Gruppen für Peruaner, Galizier, Charismatiker, Sans-Papiers, Jugendliche und junge Erwachsene (vgl. Kapitel 8). Die Etablierung von Untergruppen ermöglicht es einem breiten Spektrum von Gläubigen, in der Gemeinde eine soziale, kulturelle und religiöse Heimat zu finden. Eine zweite Strategie mancher katholischer Gemeinden besteht darin, dass sie versuchen, über Bildungsangebote die Toleranz- und Pluralismusfähigkeit ihrer Gläubigen zu erhöhen, damit das soziale Zusammenleben trotz der soziokulturellen und weltanschaulichen Unterschiede gut funktioniert.

Der Vorteil dieser beiden Strategien besteht darin, dass damit die gesamte konfessionelle Gruppe eines bestimmten Territoriums in ein und derselben Gemeinde zusammengebracht werden kann. Ein Nachteil besteht allerdings darin, dass aufgrund der internen Ausdifferenzierung und der soziokulturellen Vielfalt der gemeindeübergreifende Zusammenhalt oft etwas geringer ausgeprägt ist, als dies in kleineren und homogeneren Gemeinden der Fall ist.

Abbildung 35a: Unterschiedliche ekklesiologische Modelle

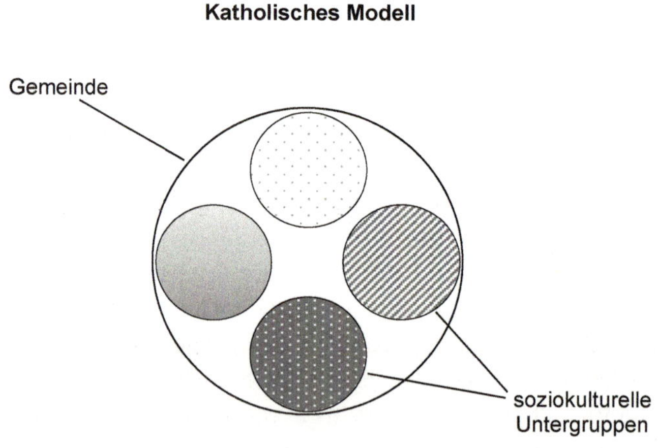

Abbildung 35b: Unterschiedliche ekklesiologische Modelle

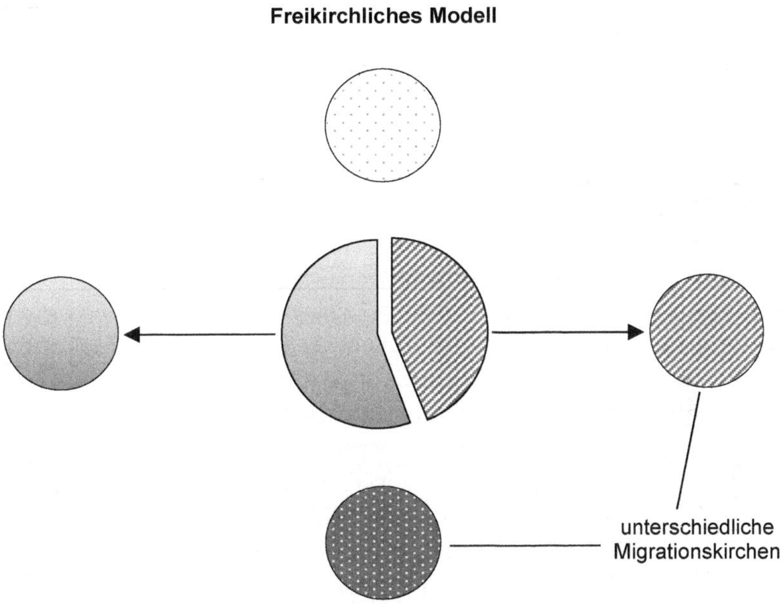

In protestantischen Migrationsgemeinden ist der Druck geringer, unterschiedliche soziokulturelle Gruppen in ein und derselben Gemeinde zusammenzubringen. Denn gemäss dem protestantischen Kirchenverständnis kann eine einzelne Migrationsgemeinde eine eigenständige Kirche bilden. Damit existiert hier also die Möglichkeit, dass sich eine Gemeinde, die beispielsweise in unterschiedliche weltanschauliche Flügel gespalten ist, in voneinander unabhängige Kirchen aufspaltet, die in soziokultureller Hinsicht wieder etwas homogener sind (vgl. Abbildung 35).

Diese Option erlaubt es den einzelnen Migrationsgemeinden, ihre spezifischen Normen stärker durchzusetzen, ohne dass dadurch die Vielfalt der protestantischen Kirchenlandschaft insgesamt eingeschränkt würde. Da durch die Spaltungen die verschiedenen soziokulturellen und weltanschaulichen Positionen weiterhin in unterschiedlichen Gemeinden vertreten sind, bleiben die protestantischen Migrationskirchen in ihrer Gesamtheit auch in einem so pluralistischen Umfeld wie der Schweiz konkurrenzfähig.

Tatsächlich hat sich im Verlauf dieser Studie gezeigt, dass die protestantischen Migrationsgemeinden oft einen stärkeren Fokus auf die Durchsetzung gemeindespezifischer Normen und die Homogenisierung ihrer Mitglieder legten als ihre katholischen Pendants. Dies wurde beispielsweise an den Bildungsangeboten ersichtlich. Hier unterschieden die protestantischen Lehrer in der Regel klarer zwischen «richtigen» und «falschen» Lehren (vgl. Kapitel 8). Die Strategie der Homogenisierung geht meist auch mit einem höheren Konformitätsdruck und mehr sozialer Kontrolle einher. Anders als in manchen Stereotypen oft kolportiert war dies in den untersuchten Gemeinden nicht mit «Gehirnwäsche» oder «Einschüchterungsversuchen» verbunden. Der Konformitätsdruck und die soziale Kontrolle ähnelten eher dem sozialen Ambiente, das auch in vielen lateinamerikanischen und spanischen Familien vorherrscht.[390] Dies ist vermutlich auch einer der Gründe dafür, weshalb die Befragten oft sagten, dass sich die Migrationsgemeinden «wie eine Familie» anfühlten.

Ein Vorteil der Strategie der Homogenisierung besteht darin, dass durch die Homogenität und die oft überschaubare Grösse der Gemeinde ein intensiveres Gemeinschaftsgefühl aufgebaut werden kann, was auch den Aufbau von qualitativ hochwertigen Unterstützungsbeziehungen begünstigt. Ein Nachteil dieser Strategie besteht allerdings darin, dass abweichendes Verhalten stärker reguliert wird. Das bedeutet, dass Personen, die nicht gewillt sind, ihre Vorstellungen und Handlungsnormen denjenigen der Gemeinschaft anzupassen, mit negativen Sanktionen rechnen müssen. Zudem kann das Spannungsverhältnis zu Teilen der Aufnahmegesellschaft verstärkt werden, wenn in der Gemeinde Weltbilder und Handlungsnormen vermittelt werden, die von anderen gesellschaftlichen Akteuren nicht geteilt oder sogar missbilligt werden.

Neben den Ekklesiologien besteht ein zweiter Grund für die unterschiedlichen Strategien der katholischen und protestantischen Migrationsgemeinden in einem organisatorischen Unterschied (vgl. Kapitel 4). Die katholischen Migrationsgemeinden sind Teil einer staatskirchenrechtlich anerkannten Landeskirche, die über die Kirchensteuern der gesamten katholischen Wohnbevölkerung im jeweiligen Kanton finanziert wird. Aufgrund dieser Verbindung mit einer Landeskirche können sie sich eine losere Anbindung ihrer Klientel «leisten», da sich der Verlust oder der Zugewinn einzelner Mitglieder nicht so direkt auf

390 Vgl. Kapitel 11.1.2.

ihre finanzielle Situation auswirkt.[391] Die staatskirchenrechtlichen Gremien, welche die Finanzen verwalten, haben vielmehr ein Interesse daran, dass sich die Migrationsgemeinden nicht zu stark absondern und dass deren Mitglieder sich zumindest teilweise auch in die Schweizer Pfarreien integrieren.

Protestantische Freikirchen haben in Bezug auf ihre ökonomischen Ressourcen ganz andere Voraussetzungen als ihre katholischen Pendants. Oft sind die aktiven Gemeindemitglieder ihre einzige Finanzierungsquelle. Das bedeutet, dass sich der Zugewinn oder der Verlust eines jeden einzelnen Mitgliedes direkt auf ihre finanzielle Situation auswirkt. Zudem stehen Migrationskirchen mit einem sich überschneidenden Einzugsgebiet und einem ähnlichen Zielpublikum in Bezug auf Gläubige und deren Mittel in einem direkten Konkurrenzverhältnis zueinander. Aufgrund dieser Voraussetzungen sind sie stärker den Kräften des religiösen Marktes ausgesetzt und damit auch auf eine stärkere Kirchenbindung ihrer Gläubigen angewiesen. In dieser Situation können sich die Strategie der Homogenisierung und der Fokus auf einen ausgeprägten sozialen Zusammenhalt als überlebensnotwendig erweisen.

Sind es wirklich «konfessionelle» Unterschiede?

Um die unterschiedlichen Ausgangslagen und Strategien an konkreten Beispielen festzumachen, wurden im vorhergehenden Kapitel die katholischen und die protestantischen Migrationsgemeinden einander gegenübergestellt. Im Rahmen dieser Studie gab es jedoch Hinweise darauf, dass die Unterschiede in Bezug auf das Sozialleben nicht genau entlang der konfessionellen Grenzen verlaufen. So gibt es beispielsweise auch innerhalb katholischer Migrationsgemeinden Gruppierungen, die auf einen ausgeprägten sozialen Zusammenhalt und interne Homogenisierung setzen; ebenso gibt es protestantische Gemeinden, in denen unterschiedliche soziokulturelle Untergruppen existieren oder die Wert darauf legen, die Pluralismusfähigkeit ihrer Mitglieder zu erhöhen.

---

391 Die unterschiedliche Ausprägung der «Kirchenbindung» konnte im Rahmen dieser Studie zwar nicht gemessen werden, sie lässt sich jedoch anhand folgender Zahlen erahnen: Die katholische Mission in Zürich verschickt ihre Zeitschrift «Hoja informativa» monatlich an rund 3'000 Haushalte. In einer normalen Woche nehmen jedoch nur ca. 500 Personen an einem Gottesdienst der Mission teil. In der Pfingstgemeinde CMI sind insgesamt nur 80 Mitglieder eingeschrieben. Davon nehmen an einem normalen Wochenende jedoch durchschnittlich rund 70 Personen an einem Gottesdienst teil (vgl. Exp. Int. K, M und L).

Soweit sich dies aus der vorliegenden Studie herauslesen lässt, lassen sich die Unterschiede im Sozialleben also weniger auf die Konfessionszugehörigkeit der Gemeindemitglieder, sondern vielmehr auf deren Frömmigkeitsstil und die Gemeindestrukturen zurückführen. So sind sich beispielsweise die katholischen Charismatiker und die protestantischen Pfingstler sowohl in Bezug auf den Frömmigkeitsstil wie auch in Bezug auf das Sozialleben sehr ähnlich. Gleichzeitig gab es einzelne Hinweise darauf, dass die protestantischen Migrationsgemeinden, die an eine evangelisch-reformierte Landeskirche angegliedert sind, hinsichtlich ihres Frömmigkeitsstils und ihres Soziallebens den katholischen Migrationsgemeinden stärker ähneln als den protestantischen, die privatrechtlich als Freikirchen organisiert sind.

Auch die Grösse der Gemeinden scheint in Bezug auf das Sozialleben eine Rolle zu spielen. So ist es in kleineren Gemeinden deutlich einfacher, über Konformitätsdruck und soziale Kontrolle eine weltanschauliche Homogenisierung der Klientel durchzusetzen. In grösseren Gemeinden scheint dagegen eher ein gewisser Druck zur Ausdifferenzierung von soziokulturellen Untergruppen zu existieren.

12.2 Einordnung der Ergebnisse in den wissenschaftlichen Diskurs

Zum Ende soll noch die Frage aufgegriffen werden, welchen Beitrag die vorliegende Studie zum wissenschaftlichen Diskurs in Bezug auf (religiöse) Migrationsgemeinden leisten kann. Wie in Kapitel 6.4 bereits ausgeführt wurde, befasste sich die wissenschaftliche Forschung zunächst lange mit der Frage, ob diasporale Netzwerke für den Migrations- und Integrationsprozess als positiv zu bewerten seien oder nicht. Da diese Frage für einen grossen Teil der Öffentlichkeit nach wie vor eine hohe Relevanz besitzt, möchte ich sie an dieser Stelle noch einmal aufgreifen und mit meinen Ergebnissen an diesem Diskurs anknüpfen.

Manche Autoren vertraten ab den 1980er Jahren die These, dass sich Diasporanetzwerke und damit auch religiöse Migrationsgemeinden positiv auf den Migrations- und Integrationsprozess auswirken, da sie Zuwanderern einen Rückzugs- oder «Schonraum» bieten, in dem sie sich neue migrationsrelevante

Ressourcen aneignen können (vgl. Elwert 1982, Heckmann 1998). Andere Autoren wiesen hingegen darauf hin, dass die Binnenintegration in ethnische Netzwerke auch zu einem Teufelskreis von interner Selbstausgrenzung und externer Ausgrenzung (w. z. B. durch Stereotypisierung und Stigmatisierung) führen kann (vgl. Esser 1986).

Die Vertreter beider wissenschaftlichen Lager weisen auf Phänomene hin, die auch in der vorliegenden Studie empirisch belegt werden konnten. Der Unterschied zwischen den beiden Positionen besteht darin, dass die Vertreter der ersten These vorwiegend diejenigen Aspekte hervorheben, die in der vorliegenden Studie als «Nutzen» der Gemeinden aufgeführt wurden (also institutionalisierte und informelle Unterstützungsleistungen), während die Vertreter der zweiten These vorwiegend die «Kosten» betonen (insbesondere das Spannungsverhältnis zur Aufnahmegesellschaft). Beide Positionen haben also grundsätzlich eine empirisch gestützte Berechtigung.

Die Ergebnisse der vorliegenden Studie weisen jedoch darauf hin, dass sich die «Nutzen» und die «Kosten» diasporaler Netzwerke nicht voneinander trennen lassen. Sie sind vielmehr untrennbar miteinander verknüpft. So kann die erfolgreiche Integration in eine Migrationsgemeinde einem Individuum auf der einen Seite dabei helfen, neue Ressourcen zu erschliessen. Auf der anderen Seite kann eine zu starke Fokussierung auf diese Gemeinde das Individuum aber auch daran hindern, Ressourcen aus anderen Netzwerken der Aufnahmegesellschaft zu mobilisieren. Diese Erkenntnis legt den Schluss nahe, dass sich die Forschung weniger mit der Frage befassen sollte, *ob* ethnische Netzwerke im Migrations- und Integrationsprozess eine positive oder negative Rolle spielen, sondern sie sollte vielmehr differenziert danach fragen, *in welcher Hinsicht* solche Netzwerke jeweils förderlich und hinderlich sind.

Aufgrund der Ergebnisse der vorliegenden Studie kann jedoch davon ausgegangen werden, dass sich diese Frage nicht allgemeingültig für alle Arten von ethnischen Netzwerken oder für alle religiösen Migrationsgemeinden auf genau gleiche Weise beantworten lässt. Vielmehr scheint es von Gemeinde zu Gemeinde und von Individuum zu Individuum grosse Unterschiede zu geben. Des Weiteren stellt sich die Frage, welche alternativen Netzwerke im Migrationskontext die Funktion von diasporalen Netzwerken realistisch ersetzen können. Alle diese Punkte werden nachfolgend kurz im Einzelnen betrachtet.

Unterschiede auf Ebene der Gemeinde

Wie sich im Verlauf der vorliegenden Studie gezeigt hat, existieren bereits im verhältnismässig kleinen Spektrum der «spanischsprachigen christlichen Migrationsgemeinden» sehr grosse Unterschiede: Manche Gemeinden sind eher klein, andere sind sehr gross. Manche existieren bereits seit mehreren Jahrzehnten und verfügen über etablierte professionelle Unterstützungsangebote, andere existieren erst seit Kurzem und vermitteln einen grossen Teil der Unterstützungsleistungen informell über andere Mitglieder. Manche Gemeinden und Gruppen zeichnen sich durch dichte familienähnliche Netzwerke mit hoher Kontaktfrequenz und sozialer Kontrolle aus, andere bestehen aus einem relativ losen Verbund von Gottesdienstbesuchern. Manche Gemeinden fokussieren auf sozialfürsorgerische Aktivitäten, andere eher auf die Weitergabe von religiöser Bildung und Sinnstiftung. Selbst innerhalb einer einzigen Gemeinde kann es verschiedene Gruppen geben, die unterschiedliche Sozialformen und Frömmigkeitsstile favorisieren.

Allein aus dieser kurzen Skizze der Bandbreite der im Untersuchungsfeld angetroffenen Migrationsgemeinden wird ersichtlich, dass nicht alle diese Gemeinden für ihre Besucher mit den genau gleichen «Kosten» und «Nutzen» verbunden sein können. Vielmehr gibt es hier sehr grosse Unterschiede. Zu den Unterschieden der Gemeinden und Untergruppen kommt noch hinzu, dass es auch unter den Gemeindebesuchern grosse individuelle Unterschiede gibt, die es für eine differenzierte Kosten-Nutzen-Analyse zu berücksichtigen gilt.

Unterschiede auf Ebene der Individuen

Wie bereits an mehreren Stellen hervorgehoben wurde, ist die Untersuchungsgruppe der «spanischsprachigen Christen» sehr divers. Zum einen existieren grosse Unterschiede in Bezug auf den soziokulturellen Hintergrund, die Ressourcen, Fähigkeiten und Präferenzen, welche die Personen aus ihren Herkunftsländern mitbringen. Und zum anderen existieren auch grosse Unterschiede in Bezug auf die Herausforderungen, die sie im Migrationskontext antreffen, ihre subjektive Wahrnehmung dieser Herausforderungen sowie die Strategien, die sie zu deren Bewältigung anwenden.

Ein Teil der spanischsprachigen Zuwanderer besucht christliche Migrationsgemeinden, die ihnen bei der Bewältigung von Herausforderungen behilflich sein können. Doch selbst unter diesen Personen gibt es grosse individuelle

Unterschiede. So sind zum Beispiel nicht alle in ihren Gemeinden gleich gut vernetzt. Damit können auch nicht alle in gleichem Mass von sozialer Unterstützung profitieren.

Ausserdem existieren auch grosse Unterschiede in Bezug auf die Netzwerke, die den Individuen ausserhalb der Migrationsgemeinde zur Verfügung stehen. Manche verfügen beispielsweise an ihrem Arbeitsplatz oder aufgrund ihres Studiums über ein gutes und qualitativ hochwertiges soziales Netzwerk, das ihnen vielleicht sogar mehr Ressourcen zur Verfügung stellen kann als das Netzwerk der Migrationsgemeinde. In diesem Fall ist es vielleicht besser, wenn sich das Individuum auf diese Netzwerke fokussiert.

Für andere Menschen sind die Migrationsgemeinden aber das einzige soziale Netzwerk, das ihnen im Migrationskontext zur Verfügung steht. Dementsprechend hat für sie die Migrationsgemeinde eine ganz andere Bedeutung als Quelle für migrationsrelevante Ressourcen.

Solche individuellen Unterschiede müssten bei einer präzisen Kosten-Nutzen-Analyse berücksichtigt werden. Das bedeutet, dass die Frage, ob unter dem Strich die Vorteile oder Nachteile der Migrationsgemeinde überwiegen, von Individuum zu Individuum einzeln betrachtet werden muss.

Mangel an gleichwertigen Alternativen

Die von manchen Autoren vorgebrachte These, dass sich Diasporanetzwerke negativ auf den Migrations- und Integrationsprozess auswirken können, impliziert, dass es im Migrationskontext andere Netzwerke gäbe, die deren Funktion besser erfüllen könnten. Im Rahmen der vorliegenden Studie hat sich jedoch gezeigt, dass sich viele der Befragten in Migrationsgemeinden integriert haben, gerade weil ihnen ausserhalb davon kaum Netzwerke zur Verfügung standen, die ihre Bedürfnisse in ähnlicher Weise hätten befriedigen können. Aus ihrer Sicht stellten andere Netzwerke und Institutionen entweder nicht diejenigen Ressourcen zur Verfügung, nach denen sie suchten (w. z. B. emotionale Geborgenheit oder eine Religiosität, die ihnen entsprach), oder diese Ressourcen waren wegen eines Mangels an Türöffnern und geeigneten sozialen Rezeptoren oder aufgrund zu grosser sprachlicher und soziokultureller Unterschiede für sie nicht zugänglich.

Daher sollte die Bedeutung von diasporalen Netzwerken und Migrantenorganisationen vor dem Hintergrund des Mangels an gleichwertigen Alternativen betrachtet werden. Solange im Migrationskontext kaum andere Netzwerke oder Institutionen existieren, die die Funktionen der Migrationsgemeinden übernehmen können, sind sie für den Migrations- und Integrationsprozess eine wichtige Ressourcenquelle – selbst wenn sie mit gewissen Trade-offs verbunden sind.

12.3 Reflexion und Ausblick

Das Ziel dieser Studie bestand darin, eine gegenstandsbezogene Theorie «mittlerer Reichweite» auszuarbeiten, die Auskunft über die eingangs erwähnten Forschungsfragen gibt (vgl. Kapitel 12.1). Die Validität dieser Theorie wurde dadurch sichergestellt, dass die Arbeitshypothesen und Theoriebausteine im Rahmen des theoretischen Samplings über kontrastive Vergleiche laufend verifiziert und weiter ausdifferenziert wurden. Dieser Prozess wurde so lange fortgeführt, bis sich eine theoretische Sättigung einstellte und sich im Feld keine bedeutenden Erkenntnisse mehr in Bezug auf die Forschungsfragen fanden (vgl. Kapitel 5).[392]

Trotz dieses kontrollierten Vorgehens bleiben auch nach dieser Studie manche Fragen offen. So wurde an verschiedenen Stellen bereits auf Limitationen hingewiesen, welche die Reichweite der vorgestellten Ergebnisse einschränken. In diesem Kapitel werden diese Limitationen noch einmal zusammengefasst. Zudem wird im letzten Teil darauf hingewiesen, welcher weitere Forschungsbedarf sich daraus ergibt.

12.3.1 Reichweite und Grenzen dieser Studie

Geographische Einschränkungen

Alle im Rahmen dieser Studie befragten Personen lebten zum Zeitpunkt des Interviews in der Deutschschweiz. Daher ist unklar, inwiefern die Ergebnisse auch auf andere Länder und Sprachregionen übertragbar sind. So gab es in den

[392] Die «theoretische Sättigung» bedeutet im vorliegenden Fall nicht, dass alle existierenden positiven und negativen Aspekte der Migrationsgemeinden erfasst wurden, sondern dass die beschriebenen Zusammenhänge alle durch empirische Daten belegt wurden und es im Verlauf des Forschungsprozesses keine Hinweise mehr darauf gab, dass weitere grössere für die Forschungsfrage relevante Themenbereiche existierten.

erhobenen Daten beispielsweise einzelne Hinweise darauf, dass die in Kapitel 7.1 beschriebenen sprachlichen Herausforderungen in der lateinischen Schweiz geringer ausfallen als in der Deutschschweiz.

Des Weiteren gilt es zu beachten, dass das Verhältnis von Religionsgemeinschaften und Staat in der Schweiz auf kantonaler Ebene geregelt ist. Dies wirkt sich auch auf die Organisationsstruktur der Kirchen in den verschiedenen Kantonen aus. So sind zum Beispiel in den laizistischen Kantonen Genf und Neuenburg die Gemeinden aller Konfessionen und Religionen privatrechtlich organisiert. Es ist möglich, dass diese Unterschiede in Bezug auf die Organisationsform auch Auswirkungen auf das Sozialleben in den Gemeinden haben. Auch solche kantonalen Unterschiede konnten im Rahmen dieser Studie nicht erfasst werden.

Einschränkungen aufgrund der Untersuchungsgruppe

Eine weitere Einschränkung ergibt sich mit Blick auf die Untersuchungsgruppe. Für die vorliegende Studie wurden vorwiegend Personen aus der ersten Migrationsgeneration befragt. Dies war darauf zurückzuführen, dass die untersuchten Gemeinden zu einem grossen Teil von Personen der ersten Migrationsgeneration besucht wurden. Aufgrund dieser Einschränkung des Samples lassen sich die Ergebnisse dieser Studie nicht unbedingt auf die zweite oder dritte Migrationsgeneration übertragen.

Des Weiteren fokussierte sich diese Studie ausschliesslich auf spanischsprachige Christen. Daher ist zum jetzigen Zeitpunkt unklar, inwiefern die Ergebnisse auch auf andere Bevölkerungsgruppen übertragen werden können. Es ist möglich, dass gewisse kultur- und religionsspezifische Unterschiede existieren, die es bei der Übertragung der Ergebnisse auf andere Zuwanderungsgruppen zu berücksichtigen gilt.

Methodische Einschränkungen

An mehreren Stellen dieser Studie wurde auch auf methodische Limitationen hingewiesen. Hierzu gehören der Selektionseffekt der Befragten, Effekte der sozialen Erwünschtheit während der Befragung, Veränderungen des Kosten-Nutzen-Verhältnisses im zeitlichen Verlauf, die Gleichzeitigkeit unterschiedlicher Wirkungen auf unterschiedliche Ressourcen, das Fehlen einer standardisierten Messung sowie die Unterschiede zwischen der subjektiven Wahrnehmung der Individuen und der Aussenwahrnehmung.

Aufgrund dieser Limitationen kann nicht abschliessend beurteilt werden, ob für eine Gruppe oder ein Individuum mit der Integration in die Migrationsgemeinde mehr Kosten oder Nutzen verbunden waren. Zwar scheint es, dass für die meisten Befragten die positiven Aspekte die negativen Aspekte klar überwogen. Allerdings war es im Verlauf dieser Studie nicht möglich, diese subjektive Selbsteinschätzung mit objektiveren Daten zu validieren.

12.3.2 Weiterer Forschungsbedarf

Aufgrund der soeben ausgeführten Limitationen bleiben auch nach dieser Studie noch Fragen offen, die es empirisch zu ergründen gilt. Daher soll abschliessend noch kurz zusammengefasst werden, in welchen Bereichen ein solcher Forschungsbedarf ausgemacht werden konnte.

Historische Aufarbeitung

Als ich mich in das Forschungsthema der christlichen Migrationsgemeinden einlas, bestand eine grosse Herausforderung darin, dass es bis zu diesem Zeitpunkt kaum wissenschaftliche Literatur zur geschichtlichen Entwicklung der christlichen Migrationsgemeinden – insbesondere in der Schweiz – gab. Für zukünftige Studien wäre daher eine historische Aufarbeitung sehr wertvoll.

Studien in anderen Landesteilen

Die vorliegende Studie hat sich ausschliesslich mit Gemeinden in der Deutschschweiz befasst. Eine intensivere Auseinandersetzung mit christlichen Migrationsgemeinden in der lateinischen Schweiz steht noch aus. Auch eine grössere quantitative Studie könnte sinnvoll sein, die der Frage nachgeht, ob und inwiefern sich die kantonalen Unterschiede in Bezug auf das Verhältnis von Religion und Staat auf das soziale Leben in Migrationsgemeinden auswirken.

Studien zu anderen Untersuchungsgruppen

Durch den starken Fokus auf die erste Migrationsgeneration war es in dieser Studie nicht möglich, die Perspektive der zweiten und späteren Migrationsgenerationen auf das Leben in Migrationsgemeinden adäquat zu erfassen. Zudem ist unklar, inwiefern sich die vorliegenden Ergebnisse auch auf die Gemeinden anderer christlicher Sprachgruppen übertragen lassen. Aufgrund dieser blinden

Flecken könnten Nachfolgestudien sinnvoll sein, die sich auch mit der zweiten und späteren Migrationsgenerationen bzw. mit anderen Zuwanderungsgruppen auseinandersetzen.

Denominationelle Unterschiede in protestantischen Gemeinden

Im Rahmen dieser Studie lässt sich leider nicht abschliessend beantworten, inwiefern sich protestantische Migrationsgemeinden unterschiedlicher Denominationen bezüglich ihrer religiösen und sozialen Dynamik voneinander unterscheiden. Insbesondere die Migrationsgemeinden, die an die evangelisch-reformierte Landeskirche angegliedert sind, konnten im Rahmen der vorliegenden Studie zu wenig berücksichtigt werden. Hier existiert also noch Forschungsbedarf.

Christliche Migranten in Schweizer Kirchen

Nur ein Teil der christlichen Zuwanderer integriert sich in sprach- bzw. herkunftsspezifische Migrationsgemeinden. Ein anderer grosser Teil integriert sich in die bestehenden kirchlichen Strukturen Schweizer Prägung. Aus diesem Grund wäre es sinnvoll, wenn eine zukünftige Studie den Fragen nachginge, wie diese Migranten die Migration erleben, ob und wie Unterstützungsbeziehungen in Schweizer Gemeinden aufgebaut werden und inwiefern sich hier Unterschiede zu Migrationsgemeinden zeigen.

Migranten ohne Bezug zu religiösen Institutionen

In dieser Studie stellte sich heraus, dass manche der spanischsprachigen Zuwanderer im Verlauf der Migration den Anschluss an ihre Religionsgemeinschaft verloren, selbst wenn sie im Herkunftsland regelmässig Gottesdienste und andere kirchliche Aktivitäten besuchten. Daher könnte auch eine Studie sinnvoll sein, die den Fragen nachgeht, welche Faktoren im Migrationsprozess zu einer Distanzierung von der eigenen Religionsgemeinschaft führen können und inwiefern es solchen Personen gelingt, in anderen Netzwerken und Institutionen im Migrationskontext soziale Unterstützungsbeziehungen aufzubauen.

Quantitative Messung der Nutzen und Kosten von Migrationsgemeinden

Aufgrund methodischer Limitationen konnte im Rahmen dieser Studie nur festgehalten werden, worin die *potenziellen* Nutzen und Kosten von Migrationsgemeinden bestehen. Eine präzise Messung des Kosten-Nutzen-Verhältnisses steht jedoch weiterhin aus. Hierfür würde sich eine quantitative Langzeitstudie eignen, welche die Unterstützungsleistungen von Migrationsgemeinden mit solchen aus anderen Netzwerken im Migrationskontext vergleicht.

12.4 Schlussfolgerungen

Die Erfahrung der Migration und das Leben in der Schweiz waren für viele der befragten spanischsprachigen Zuwanderer mit kulturellen, sprachlichen, informationellen, instrumentellen, strukturellen, psychischen, sozialen und religiösen Herausforderungen verbunden. In diesem Kontext stellten die untersuchten christlichen Migrationsgemeinden ihren Besuchern eine grosse Vielfalt von Ressourcen zur Verfügung, die ihnen bei der Bewältigung und Prävention solcher Herausforderungen behilflich sein konnten.

Diese Ressourcen wurden sowohl über institutionalisierte Angebote als auch über informelle soziale Beziehungen vermittelt. Die institutionalisierten Angebote hatten den Vorteil, dass sie niedrigschwellig und ohne vorhergehende Kontakte zu Gemeindemitgliedern zugänglich waren. Informelle Unterstützungsleistungen hatten dagegen den Vorteil, dass sie meist mit positiven sozialen und psychisch-emotionalen Aspekten verbunden waren (wie Lebenssinn, Spiritualität, Empowermentnarrativen, dem Gefühl von Wertschätzung, Geborgenheit und Gemeinschaft etc.). Für viele der Befragten waren gerade diese «weichen» Aspekte eines der wichtigsten Qualitäts- und Alleinstellungsmerkmale der Migrationsgemeinden und ein zentraler Grund dafür, weshalb sie sie besuchten.

Viele staatliche und private Institutionen (wie Arbeitslosenkassen, Regionale Arbeitsvermittlungszentren oder Nichtregierungsorganisationen) bieten zwar leicht zugängliche instrumentelle und informationelle Unterstützungsleistungen an. Diese Hilfeleistungen werden jedoch auf eine professionell-distanzierte Weise vermittelt, die von den Unterstützungsempfängern nicht selten als «kalt», herzlos oder sogar als demütigend empfunden wird. Weiche psychisch-emotionale und zwischenmenschliche Aspekte wie Wertschätzung,

Anerkennung, Gemeinschaftsgefühl, Geborgenheit, Familiengefühl, Freundschaft, Liebe, Spiritualität oder Sinnstiftung werden von den meisten professionellen Dienstleistern ignoriert. Viele der Befragten suchten im Migrationskontext jedoch genau nach diesen Aspekten.

Ein zweites Qualitäts- und Alleinstellungsmerkmal der Migrationsgemeinden bestand darin, dass es vielen der Befragten aufgrund des Vorhandenseins von «Türöffnern» und «sozialen Rezeptoren» sowie der soziokulturellen Nähe hier leichter fiel, qualitativ hochwertige soziale Beziehungen aufzubauen, als in anderen Netzwerken und Institutionen der Aufnahmegesellschaft. Da gute Beziehungen eine wichtige Grundvoraussetzung für soziale Unterstützung bilden, konnten die Migranten hier in der Regel auch von mehr sozialer Unterstützung profitieren.

Sowohl im öffentlichen wie auch im wissenschaftlichen Diskurs wird von Zuwanderern oft verlangt, dass sie sich so schnell wie möglich in soziale Netzwerke der Aufnahmegesellschaft integrieren sollten. Dies würde jedoch bedeuten, dass es gleichzeitig Schweizer «Rezeptoren» geben müsste, die Zuwanderer in ihren Freundeskreis aufnehmen, selbst wenn diese die lokalen Dialekte noch nicht sprechen und über andere Weltbilder und Normvorstellungen verfügen. Es ist jedoch nicht ganz einfach, Menschen mit unterschiedlichen sprachlichen und soziokulturellen Hintergründen zusammenzubringen. Daher sind andere Migranten oft bessere soziale Rezeptoren. Sie verfügen zudem häufig noch nicht über einen «gesättigten» Freundeskreis, sondern suchen selbst nach neuen sozialen Beziehungen, die ihnen dabei helfen, den Verlust des familiären und freundschaftlichen Netzwerks aus dem Herkunftsland zu kompensieren.

Soziale Beziehungen sind meist nicht nur mit positiven, sondern auch mit negativen Aspekten verbunden. Dies gilt auch für die untersuchten Migrationsgemeinden. Hier zeigten sich negative Aspekte beispielsweise in Form von problematischen Beziehungen, einer erhöhten sozialen Kontrolle, Konformitätsdruck, enttäuschter Unterstützungserwartung, handlungseinschränkenden Glaubensvorstellungen sowie einem möglichen Spannungsverhältnis zur Aussenwelt. Sie stellten in gewissem Sinne die «Kosten» oder «Trade-offs» der Unterstützungsleistungen dar.

Die genauen Nutzen und Kosten des Engagements in einer Migrationsgemeinde – und damit auch das Kosten-Nutzen-Verhältnis insgesamt – können von Gemeinde zu Gemeinde und von Individuum zu Individuum stark variieren. Für eine abschliessende Beurteilung, ob der Besuch einer Migrationsgemeinde für eine bestimmte Person eine gute Coping-Strategie darstellt, müssten daher sowohl diese individuellen und gemeindespezifischen Unterschiede wie auch die alternativen Netzwerke berücksichtigt werden, die dieser Person im Schweizer Kontext zur Verfügung stehen.

Das bedeutet, dass es beispielsweise für Personen, die in Netzwerken und Institutionen der Aufnahmegesellschaft gut vernetzt sind, in Bezug auf ihre Ressourcensituation vielleicht mehr Sinn hat, wenn sie sich in sozialer Hinsicht stärker auf diese Netzwerke konzentrieren und in den Migrationsgemeinden nur punktuell diejenigen Ressourcen abholen, die es ausserhalb davon nicht gibt (z. B. Gottesdienste auf Spanisch). Für andere Personen kann es aber sinnvoller sein, sich in ein hochreligiöses und hochkohäsives Netzwerk zu integrieren, in dem sie von viel sozialer Unterstützung profitieren können und in dem ihnen religiöse Narrative vermittelt werden, die sie als Ressource zur intrapsychischen Bewältigung von Herausforderungen heranziehen können.[393] Für wiederum andere Personen könnte ein mittleres Engagement in der Migrationsgemeinde die beste Coping-Strategie darstellen.

Im Rahmen der vorliegenden Studie konnte aufgrund des gewählten methodischen Vorgehens nicht «gemessen» werden, ob für die Befragten die Nutzen oder Kosten der Gemeinde überwogen. Aus der subjektiven Sicht der meisten Befragten schienen die Nutzen allerdings klar zu überwiegen. Zudem gab es Hinweise darauf, dass die Befragten ein gutes Gespür dafür hatten, wenn sich das Kosten-Nutzen-Verhältnis für sie zum Negativen änderte. Hatten sie das Gefühl, dass andere Netzwerke ihren Bedürfnissen besser entsprachen, reduzierten sie in der Regel selbstbestimmt den Besuch ihrer Gemeinde oder gaben ihn sogar vollständig auf.

In Bezug auf den wissenschaftlichen Diskurs zu (religiösen) Migrationsgemeinden kann die Studie folgende Beiträge leisten: Erstens hilft sie dabei, das Forschungsdefizit im Bereich der christlichen Migrationsgemeinden zu verringern, das dadurch entstanden ist, dass sich die Forschung bisher vor allem auf die Angehörigen und Gemeinschaften «zugewanderter» Religionen fokussierte.

393 Hierzu gehören beispielsweise Personen, die ausserhalb der Migrationsgemeinden schlecht sozial vernetzt sind oder die ein starkes Bedürfnis nach Ressourcen haben, die nur in Migrationsgemeinden vermittelt werden (w. z. B. ein bestimmter Frömmigkeitsstil oder ein ähnliches soziokulturelles Umfeld).

Zweitens wurde aufgezeigt, dass die positiven Aspekte (wie institutionalisierte und informelle Unterstützungsleistungen) und die negativen Aspekte (wie soziale Kontrolle, Konformitätsdruck und Spannungsverhältnis zur Aussenwelt) von Migrationsgemeinden nicht unabhängig voneinander betrachtet werden können. Sie hängen vielmehr untrennbar miteinander zusammen. Daher sollte sich die zukünftige Forschung weniger mit der Frage beschäftigen, *ob* diasporale Netzwerke im Migrations- und Integrationsprozess eine positive oder negative Funktion einnehmen, sondern vielmehr differenziert danach fragen, *in welcher Hinsicht* diese Netzwerke jeweils förderlich und hinderlich sind.

Drittens konnte mithilfe des verwendeten religionspsychologischen Ansatzes gezeigt werden, wie unterschiedlich die Migrationsgemeinden von verschiedenen Individuen wahrgenommen werden. Während die psychologische Forschung bereits seit Mitte des 20. Jahrhunderts Stressentstehungs- und Bewältigungsprozesse eng mit der *subjektiven Einschätzung* von Individuen verknüpft, tendiert die soziologische und religionswissenschaftliche Betrachtung von Migrationsgemeinden bis heute eher dazu, den *Gemeinden an sich* gewisse Funktionen im Migrationskontext zuzuschreiben. Mit Blick auf die Ergebnisse dieser Studie könnte die wissenschaftliche Untersuchung von Migrationsgemeinden vermutlich davon profitieren, wenn zukünftig in Anlehnung an die Psychologie die subjektive Wahrnehmung der Individuen und deren individuelle Unterschiede mehr Beachtung fänden. Denn in gewissem Sinne ist jeder Mensch ein «Sonderfall», der eine eigenständige Betrachtung verdient.

Alle diese Befunde und Erkenntnisse gilt es jedoch in weiteren Untersuchungen zu belegen und weiter auszudifferenzieren. Schliesslich gilt auch nach dieser Studie der Grundsatz von Glaser und Strauss: «[…] *the published word is not the final one, but only a pause in the never-ending process of generating theory*» (Glaser/Strauss 1967:40).

Anhang

Anhang 1: Leitfaden für biographisch-narrative Interviews

Vorgespräch

- Bevor wir mit dem Interview beginnen, möchte ich noch ein paar Vorbemerkungen zu unserem Projekt und dem Interview machen, damit Sie gut darüber informiert sind.
- Wie Sie bereits wissen, arbeiten wir zurzeit an einem Projekt zu spanischsprachigen christlichen Migranten in der Schweiz.
- Wir führen heute mit Ihnen dieses Interview durch, um besser zu verstehen, welche Bedeutung Religion und Religionsgemeinschaften im Leben von Migranten haben.
- Insgesamt werden wir über 20 solcher Interviews führen.

Interviewverlauf

- Ich erkläre Ihnen nun kurz den Ablauf dieses Interviews.
- Anders als bei anderen Interviewformen werde ich mich im ersten Teil des Gesprächs zurückhalten und Ihnen die Möglichkeit geben, frei und selbständig aus ihrem Leben zu erzählen.
- Es steht Ihnen frei, selbst zu entscheiden, worüber genau Sie sprechen möchten.
- Es gibt keine richtigen oder falschen Antworten. All Ihre persönlichen Erfahrungen und Meinungen sind für uns von Interesse.

- Am Ende des Interviews werde ich Ihnen noch ein paar kürzere Nachfragen und Fragen zu den angesprochenen Themen stellen.

Datenfixierung

- Während des Gesprächs werde ich mir Notizen machen.
- Für die Analyse des Interviews ist es aber wichtig, dass wir das Interview aufzeichnen. Wir werden uns ansonsten nicht korrekt an das Gespräch erinnern können.
- Ich kann Ihnen jedoch versichern, dass nur wir vom SPI die Aufzeichnungen anhören werden.

- Später werden wir das Gespräch auf dem Computer abtippen und alle Angaben (Orte und Namen etc.) vor der Veröffentlichung so anonymisieren, dass keine Rückschlüsse auf Sie gezogen werden können.

- Das Interview wird also nur in anonymisierter Form und ausschliesslich für wissenschaftliche Zwecke verwendet.

- Ist dieses Vorgehen für Sie so in Ordnung? – Dann können wir jetzt mit dem Interview beginnen.

-- Tonband ein --

Narrativer Erzählstimulus

Nun bitte ich Sie, mir ein bisschen aus Ihrem Leben zu erzählen. Beginnen Sie damit ruhig in Ihrer Kindheit und erzählen Sie, bis Sie in der Gegenwart angekommen sind.

Besonders interessieren würden mich:

- die Erfahrungen, die Sie im Verlauf ihrer Migration in die Schweiz gemacht haben,
- und welche Rolle Religion und Religionsgemeinschaften bisher in ihrem Leben gespielt haben.

(Ggf. biographisch-episodische Fragen)

- Können Sie mir erzählen, wie Sie aufgewachsen sind und welche Rolle Religion in Ihrer Erziehung gespielt hat?
- Können Sie mir erzählen, wie es dazu gekommen ist, dass Sie heute in der Schweiz leben?
- Können Sie mir erzählen, wie Sie Ihre Ankunft und die ersten Monate in der Schweiz erlebt haben?
  - Können Sie mir erzählen, wie Sie heute Ihren Alltag in der Schweiz erleben?

Immanente Nachfragen

- Sie haben vorher erwähnt… wären Sie bereit, dies noch etwas ausführlicher zu erzählen?
- Wie war das… für Sie?

- Wie ging es dann weiter?
- Können Sie das noch ein bisschen ausführen?
- Können Sie dies an einem Beispiel festmachen?

Exmanente Nachfragen

Herausforderungen der Migration

- Welche Schwierigkeiten oder Herausforderungen haben Sie in der Schweiz angetroffen?
- Wenn das Leben in der Schweiz schwierig war, was hat Ihnen über die Krisen hinweggeholfen?

Rolle der Religion im Lebensverlauf

Wenn Sie nun auf Ihr Leben zurückschauen…

- Welche Rolle spielte Religion bisher in Ihrem Leben?
- Wie würden Sie Ihre eigene Religiosität beschreiben?
- Hat sich Ihre Religiosität im Verlauf der Zeit verändert?
- Hat sich die Bedeutung der Religion in Ihrem Leben verändert, seit Sie Ihr Herkunftsland verlassen haben?

Rolle von Gemeinschaft und Familie im Migrationsverlauf

Wenn Sie nun auf Ihr Leben in der Schweiz zurückschauen…

- Welche Rolle spielten religiöse Gemeinschaften für Ihr Leben in der Schweiz?
- Welche religiösen Gemeinschaften besuchen Sie? Warum besuchen Sie gerade diese Gemeinden?
- Warum besuchen Sie eine Migrationsgemeinde?
- Gibt es Nachteile im Vergleich zu einer deutschsprachigen Gemeinde?
- Helfen Ihnen die Gemeinden dabei, sich in der Schweiz zurechtzufinden? Wenn ja: wie?
- Haben Sie weiterhin Kontakt zu Personen in Ihrem Herkunftsland? Wenn ja: zu wem und weshalb?

Schluss

Damit wären wir bereits am Ende unseres Interviews angelangt.

- Ist noch etwas unausgesprochen geblieben, das Sie in diesem Zusammenhang noch ansprechen möchten?

Deckblatt

Pseudonym	

Ort des Gesprächs	
Datum	
Dauer	

Alter	
Geschlecht	☐ M ☐ W
Herkunftsland (ggf. Region)	
Beruflicher Hintergrund der Eltern	
Nationalität	
Religionszugehörigkeit	
Zivilstand	
Kinder (Anzahl und Alter)	

Aufenthaltsbewilligung (CH)	
Ankunftsjahr in der Schweiz	
Seit wann in der Community (Jahr)	

Ausbildung Herkunftsland	
Ausbildung Schweiz	
Tätigkeit im Herkunftsland (z. B. Beruf/Volontariat/ Praktikum)	
Tätigkeit in der Schweiz (z. B. Beruf/Volontariat/ Praktikum)	

Anhang 2: Weitere Hinweise zur Transkription und Protokollierung

Transkription der biographisch-narrativen Interviews

- Die biographisch-narrativen Interviews wurden wörtlich, in der Originalsprache und weitestgehend vollständig transkribiert.
- Fallfehler und syntaktische Fehler wurden übernommen.
- Interviews oder Interviewpassagen auf Schweizerdeutsch wurden möglichst wort- und inhaltsgetreu ins Hochdeutsche übertragen.
- Auslassungen, Paraphrasen oder Ergänzungen wurden gekennzeichnet.
- Kommas, Bindestriche und Anführungszeichen wurden so gesetzt, dass sie einerseits die Bedeutung des Gesprochenen und andererseits den Gesprächsfluss widerspiegeln (kurzes Stocken, betonter Einschub etc.).

- Für die Darstellung im Fliesstext wurden Interviewpassagen teilweise leicht überarbeitet und «geschliffen». So wurden zum besseren Verständnis beispielsweise kleinere Genus-, Kasus- und Syntaxfehler korrigiert oder Zögerungslaute wie «ähm» ausgelassen.
- Interviewausschnitte auf Spanisch wurden möglichst inhaltsgetreu ins Deutsche übersetzt.
- Spanische Interviewpassagen in Interviews, die auf Deutsch geführt wurden, wurden in eckigen Klammern oder in Fussnoten übersetzt.

Verwendete Transkriptionszeichen

A::bc	:	Gedehnte Laute
ABC	:	Betonte Passagen
((Abc))	:	Handlungen, Nonverbales oder Gefühlseinschätzungen
«Abc»	:	Eine direkte Rede oder ein Gedankengang wird zitiert
...	:	Satz- oder Wortabbruch
// SF: Abc //	:	Mehrere Personen reden gleichzeitig

(-)	:	Ein Wort wurde nicht verstanden und bei der Transkription ausgelassen
(--)	:	Mehrere Wörter wurden nicht verstanden und bei der Transkription ausgelassen
(---)	:	Mehrere Sätze wurden nicht verstanden und bei der Transkription ausgelassen
(Abc)	:	Vermutete Bedeutung nicht verstandener Passagen
(2)	:	Pause in Sekunden
[Abc]	:	Anmerkungen, Übersetzungen, Änderungen/Einschübe zur besseren Verständlichkeit
[...]	:	Auslassung einer Interviewpassage

Beobachtungs- und Gesprächsprotokolle

- Ausschnitte aus den Beobachtungsprotokollen wurden für die Darstellung im Fliesstext teilweise überarbeitet. Dasselbe gilt für die Protokolle von Gesprächen, die vor oder nach einem Interview stattgefunden haben.
- Spanische Gespräche wurden in der Regel auf Deutsch protokolliert.
- Gespräche, die in indirekter Rede festgehalten wurden, wurden für die Darstellung im Fliesstext wieder in direkte Rede umgewandelt.

Transkription der Experteninterviews

- Die Experteninterviews wurden selektiv und in Form von Paraphrasen transkribiert.
- Alle Experteninterviews wurden auf Deutsch transkribiert, selbst wenn sie auf Spanisch geführt wurden.

Quellenverzeichnis

Adler, Paul; Kwon, Seok Woo (2009): Social Capital: The Good, the Bad, and the Ugly. In: Lesser, Eric L. (Hrsg.): *Knowledge and social capital: Foundations and Applications*. Boston: Butterworth-Heinemann. S. 89–115.

Adogame, Afe (2006): Dinge auf Erden um Himmels Willen tun. Aushandlungsprozesse pfingstlicher Identität und die afrikanische religiöse Diaspora in Deutschland. In: Bergunder, Michael; Haustein, Jörg (Hrsg.): *Migration und Identität. Pfingstlich-charismatische Migrationsgemeinden in Deutschland.* Frankfurt a. M.: Lembeck. S. 60–82.

Alarcon, Gene M.; Bowling, Nathan A.; Khazon, Steven (2013): Great expectations: A meta-analytic examination of optimism and hope. In: *Personality and Individual Differences*. 54 (7). S. 821–827.

Albisser, Judith (2015): *Christliche Migrantengemeinden in der Schweiz.* St. Gallen. SPI Datenarchiv. SPSS_gesamt_alle Files_20150428.xlsx. Version vom 28.4.2015. Unveröffentlicht.

Albisser, Judith (2016): Ergebnisse der Studie «Christliche Migrationsgemeinden in der Schweiz» In: Albisser, Judith; Bünker, Arnd (Hrsg.): *Kirchen in Bewegung. Christliche Migrationsgemeinden in der Schweiz.* St. Gallen: Edition SPI. S. 15–110.

Aldwin, Carolyn M.; Revenson, Tracey A. (1987): Does coping help? A reexamination of the relation between coping and mental health. In: *Journal of Personality and Social Psychology.* 53 (2). S. 337–348.

Alheit, Peter (1999): *Grounded Theory. Ein alternativer methodologischer Rahmen für qualitative Forschungsprozesse.* Göttingen. S. 1–19. Unter: http://www.global-systems-science.org/wp-content/uploads/2013/11/On_grounded_theory.pdf (11.10.2018).

Allen, John L. (2010): *Das neue Gesicht der Kirche. Die Zukunft des Katholizismus.* Gütersloh: Gütersloher Verlagshaus.

Anderson, Allan (2006): Was europäische Christen von afrikanischen Pfingstlern lernen können. In: Bergunder, Michael; Haustein, Jörg (Hrsg.): *Migration und Identität.* Frankfurt a. M.: Lembeck. S. 170–189.

Antonovsky, Aaron (1997): *Salutogenese. Zur Entmystifizierung der Gesundheit.* Tübingen: Deutsche Gesellschaft für Verhaltenstherapie.

Aparicio Gómez, Rosa (2007): Süd- und mittelamerikanische Zuwanderer in Spanien seit dem Ende der 1980er Jahre. In: Bade, Klaus J.; Emmer, Peter C.; Lucassen, Leo; Oltmer, Jochen (Hrsg.): *Migration in Europa. Vom 17. Jahrhundert bis zur Gegenwart.* Paderborn: Ferdinand Schöningh. S. 1031–1034.

Appleby, Kevin J. (2011): The role of the Catholic church in immigrant integration. In: *The Review of Faith and International Affairs.* 9 (1). S. 67–70.

Arzobispado de Madrid (Hrsg., 2011): *Youcat español. Catecismo joven de la iglesia católica.* Madrid: Ediciones Encuentro.

Assemblies of God AG (Hrsg., o. J.): *Brief History of the Assemblies of God.* Unter: http://ag.org/top/about/History/ (1.3.2017).

Atran, Scott (2001): The trouble with memes. In: *Human Nature.* 12 (4). S. 351–381.

Ayón, Cecilia; Naddy Michela B. G. (2012): Latino immigrant families' social support networks: strengths and limitations during a time of stringent immigration legislation and economic insecurity. In: *Journal of Community Psychology.* 41 (3). S. 359–377.

Babiano, José; Farré, Sebastian (2002): La emigración española a Europa durante los años sesenta: Francia y Suiza como países de acogida. In: *Historia Social.* 2002 (42). S. 81–98.

Baker, Wayne E. (1990): Market networks and corporate behavior. In: *American Journal of Sociology.* 96 (3). S. 589–625.

Bandura, Albert (1977): Self-efficacy: Toward a unifying theory of behavioral change. In: *Psychological Review.* 84 (2). S. 191–215.

Bandura, Albert (1997): *Self-efficacy: The exercise of control.* New York: Freeman.

Bannink, Fredrike (2012): *Praxis der Positiven Psychologie.* Göttingen: Hogrefe.

Barrera, Manuel (1986): Distinctions Between Social Support Concepts, Measures, and Models. In: *American Journal of Community Psychology.* 14 (4). S. 413–445.

Bartoş, Emil (2015): The Three Waves of Spiritual Renewal of the Pentecostal-Charismatic Movement. In: *Review of Ecumenical Studies.* 7 (1). S. 20–42.

Barysch, Katrin N. (2016): Selbstwirksamkeit. In: Frey, Dieter (Hrsg.): *Psychologie der Werte.* Berlin; Heidelberg: Springer. S. 202–211.

Baumann, Martin (2000): Mig*ration, Religion, Integration. Vietnamesische Buddhisten und tamilische Hindus in Deutschland.* Marburg: Diagonal.

Baumann, Martin (2002): *Religion und ihre Bedeutung für Migranten.* Antrittsvorlesung an der Universität Luzern. Gehalten am 20.6.2002 in Luzern. Unter: http://www.unilu.ch/files/antritts-vl-web.doc (8.7.2013).

Baumann, Martin (2004): Religion und ihre Bedeutung für Migranten. In: Beauftragte der Bundesregierung für Migration, Flüchtlinge und Integration (Hrsg.): *Religion – Migration – Integration in Wissenschaft, Politik und Gesellschaft.* Dokumentation der Fachtagung am 22. April 2004. S. 19–30. Unter: http://www.remid.de/pdf/religion-migration-integration-2004.pdf (30.10.2013).

Baumann, Martin; Tunger-Zanetti, Andreas (2014): Der Hindutempel in Trimbach: Von der Idee bis zur Einweihung. Luzern: Universität Luzern, Zentrum Religionsforschung.

Baumann-Neuhaus, Eva (2019): Glaube in Migration. Religion als Ressource in Biographien christlicher Migrantinnen und Migranten. St. Gallen: Edition SPI.

Beacom, Amanda; Newman, Sandra (2010): Communicating Health Information to Disadvantaged Populations. In: *Family & Community Health.* 33 (2). S. 152–162.

Beaton, Kimberly; Cerovic, Svetlana; Galdamez, Misael; Hadzi-Vaskov, Metodij; Loyola, Franz; Koczan, Zsoka; Lissovolik, Bogdan; Martijn, Jan Kees; Ustyugova, Yulia; Wong, Joyce (2017): *Migration and Remittances in Latin America and the*

Caribbean: Engines of Growth and Macroeconomic Stabilizers? IMF Working Paper. 17 (144). Washington: International Monetary Fund.

Becker, Birgit (2010): *Bildungsaspirationen von Migranten. Determinanten und Umsetzung in Bildungsergebnisse.* Mannheim: Mannheimer Zentrum für Europäische Sozialforschung.

Beckmann, Jürgen (1984): *Kognitive Dissonanz. Eine handlungstheoretische Perspektive.* Berlin: Springer.

Bekele, Tsegaye; Rourke, Sean B.; Tucker, Ruthann; Greene, Saara; Sobota, Michael; Koornstra, Jay; Monette, Laverne; Rueda, Sergio; Bacon, Jean; Watson, James; Hwang, Stephen W.; Dunn, James; Guenter, Dale (2013): Direct and indirect effects of perceived social support on health-related quality of life in persons living with HIV/AIDS. In: *AIDS Care.* 25 (3). S. 337–346.

Bekteshi, Venera; Kang, Sung-wan (2018): Contextualizing acculturative stress among Latino immigrants in the United States: a systematic review. In: *Ethnicity & Health.* S. 1–18.

Bergunder, Michael (2000): Zur Einführung – Pfingstbewegung in Lateinamerika: Soziologische Theorien und theologische Debatten. In: Bergunder, Michael (Hrsg.): *Pfingstbewegung und Basisgemeinden in Lateinamerika.* Hamburg: EMW. S. 7–42.

Bergunder, Michael (2006): Pfingstbewegung, Globalisierung und Migration. In: Bergunder, Michael; Haustein, Jörg (Hrsg.): *Migration und Identität. Pfingstlich-charismatische Migrationsgemeinden in Deutschland.* Frankfurt a. M.: Lembeck. S. 155–169.

Bergunder, Michael; Haustein, Jörg (Hrsg., 2006): *Migration und Identität. Pfingstlich-charismatische Migrationsgemeinden in Deutschland.* Frankfurt a. M.: Lembeck.

Bernecker, Walther L. (1995): *Religion in Spanien. Darstellung und Daten zu Geschichte und Gegenwart.* Gütersloh: Gütersloher Verlagshaus.

Bewes, Diccon (2012): *Swiss Watching: Inside the Land of Milk and Money.* London: Nicholas Brealey Publishing.

Bhugra, Dinesh (2004): Migration and mental health. In: *Acta Psychiatrica Scandinavica.* 109 (4). S. 243–258.

Bilger, Veronika; Hollomey, Christina; Wyssmüller, Chantal; Efionayi-Mäder, Denise (2011): *Health Care for Undocumented Migrants in Switzerland. Policies – People – Practices.* Wien et al.: BAG et al.

Blick (Hrsg., 2015): *Freikirchler-Alarm in Asylzentrum.* Unter: https://www.blick.ch/news/schweiz/spontane-hilfe-oder-missionierung-freikirchler-alarm-im-asylzentrum-id4490421.html (20.8.2018).

Blumer, Herbert (1954): What is wrong with social theory. In: *American Sociological Review.* 19 (1). S. 3–10.

Bolzman, Claudio (2007): Chilenische Flüchtlinge in Europa seit dem Militärputsch in Chile 1973 (Beispiel Schweiz). In: Bade, Klaus J.; Emmer, Peter C.; Lucassen, Leo; Oltmer, Jochen (Hrsg.): *Migration in Europa. Vom 17. Jahrhundert bis zur Gegenwart.* Paderborn: Ferdinand Schöningh. S. 436–438.

Bourdieu, Pierre (1983): Ökonomisches Kapital, kulturelles Kapital, soziales Kapital. In: Kreckel, Reinhard (Hrsg.): *Soziale Ungleichheiten*. Göttingen: Verlag Otto Schwarz. S. 183–198.

Bourdieu, Pierre (1987): *Sozialer Sinn. Kritik der theoretischen Vernunft*. Frankfurt a. M.: Suhrkamp.

Brosi, Urs (2009): *Staatskirchenrecht. Eine Einführung in das Staatskirchenrecht der Schweiz*. Unter: http://www.unilu.ch/files/Skript-Staatskirchenrecht-2009-Urs-Brosi.pdf (19.10.2013).

Brot, Damian (2002): *Kirche der Getauften oder Kirche der Gläubigen? Ein Beitrag um Dialog zwischen der katholischen Kirche und den Freikirchen unter besonderer Berücksichtigung des Baptismus*. Bern et al.: Peter Lang.

Brusco, Elizabeth (1995): *The Reformation of Machismo. Evangelical Conversion and Gender in Colombia*. Austin: University of Texas Press.

Brüsemeister, Thomas (2008): *Qualitative Forschung. Ein Überblick*. Wiesbaden: VS Verlag für Sozialwissenschaften.

Brüske, Gunda (2015): Schwierige Wortkommunion. Standortbestimmung für Wort-Gottes-Feiern am Sonntag. In: *Herder Korrespondenz*. 2015 (6). S. 312–315.

Bundesamt für Gesundheit BAG (Hrsg., 2017): *Gesundheitsversorgung der Sans-Papiers*. Unter: https://www.bag.admin.ch/bag/de/home/themen/strategien-politik/nationale-gesundheitsstrategien/gesundheitliche-chancengleichheit/chancengleichheit-in-der-gesundheitsversorgung/gesundheitsversorgung-der-sans-papiers.html (23.7.2018).

Bundesamt für Landestopografie SWISSTOPO (Hrsg., 2017): *SwissBOUNDARIES3D*. Unter: https://shop.swisstopo.admin.ch/de/products/landscape/boundaries3D (6.6.2017).

Bundesamt für Statistik BFS (Hrsg., 2008): *Ausländerinnen und Ausländer in der Schweiz – Bericht 2008. Historische Darstellung*. Neuchâtel: BFS.

Bundesamt für Statistik BFS (Hrsg., 2017a): *Ständige ausländische Wohnbevölkerung nach Staatsangehörigkeit, 1980–2016*. Unter: https://www.bfs.admin.ch/bfs/de/home/statistiken/bevoelkerung/migration-integration/auslaendische-bevoelkerung.assetdetail.3202953.html (4.5.2018).

Bundesamt für Statistik BFS (Hrsg., 2017b): *Wohnbevölkerung ab 15 Jahren mit Hauptsprache Spanisch nach Bezirken. Kumulierte Ergebnisse der Strukturerhebung der Eidgenössischen Volkszählung, 2011–2015*. Auskunftsdienst Strukturerhebung (SE), info.pop@bfs.admin.ch.

Bundesamt für Statistik BFS (Hrsg., 2018a): *Ständige Wohnbevölkerung ab 15 Jahren nach höchster abgeschlossener Ausbildung und Staatsangehörigkeit, 2016*. Auskunftsdienst Strukturerhebung (SE), info.pop@bfs.admin.ch.

Bundesamt für Statistik BFS (Hrsg., 2018b): *Ständige Wohnbevölkerung ab 15 Jahren nach Religions- / Konfessionszugehörigkeit und Migrationshintergrund, 2011–2015*. Auskunftsdienst Strukturerhebung (SE), info.pop@bfs.admin.ch.

Bundesamt für Statistik BFS (Hrsg., 2018c): *Konfessionszugehörigkeit, 2014–2016.* Unter: https://www.bfs.admin.ch/bfs/de/home/statistiken/bevoelkerung/sprachen-religionen/religionen.assetdetail.4842965.html (3.4.2018).

Bundesamt für Statistik BFS (Hrsg., 2018d): *Ständige Wohnbevölkerung ab 15 Jahren nach Religions- und Konfessionszugehörigkeit, 2016.* Unter: https://www.bfs.admin.ch/bfs/de/home/statistiken/kataloge-datenbanken/tabellen.assetdetail.4242783.html (26.3.2018).

Bundesamt für Statistik BFS (Hrsg., 2018e): *Ständige Wohnbevölkerung ab 15 Jahren nach Religionszugehörigkeit und Migrationsstatus, 2016.* Auskunftsdienst Strukturerhebung (SE), info.pop@bfs.admin.ch.

Bünker, Arnd (2016): Typen christlicher Migrationsgemeinden und postmigrantische Perspektiven. In: Albisser, Judith; Bünker, Arnd (Hrsg.): *Kirchen in Bewegung. Christliche Migrationsgemeinden in der Schweiz.* St. Gallen: Edition SPI. S. 111–130.

Bünker, Arnd (2017): Christliche Migrationsgemeinden – aus der Marginalität zur postmigrantischen Normalität. In: *Zeitschrift für Pastoraltheologie.* 37 (2). S. 143–157.

Burgess, Richard (2011): Bringing Back the Gospel: Reverse Mission among Nigerian Pentecostals in Britain. In: *Journal of Religion in Europe.* 4 (2011). S. 429–449.

Cacioppo, Stephanie; Capitanio, John P.; Cacioppo, John T.; Hinshaw, Stephen P. (2014): Toward a Neurology of Loneliness. In: *Psychological Bulletin.* 140 (6) S. 1464–1504.

Calvo Salgado, Luís M.; Fernández Vicente, María José; Kreienbrink, Axel; Sanz Díaz, Carlos; Sanz Lafuente, Gloria (Hrsg., 2009): *Historia del Instituto Español de Emigración. La política migratoria exterior de España y el IEE del franquismo a la transición.* Madrid: Ministerio de Trabajo e Inmigración.

Caplan, Gerald (1974): *Support systems and community mental health: Lectures on concept development.* New York: Behavioral Publications.

Carver, Charles S.; Scheier, Michael F.; Segerstrom, Suzanne C. (2010): Optimism. In: *Clinical Psychology Review.* 30 (7). S. 879–889.

Casanova, José (2009): *Religiosität in Spanien: Eine interpretative Lektüre der Resultate des Religionsmonitors.* Unter: https://www.bertelsmann-stiftung.de/fileadmin/files/BSt/Presse/imported/downloads/xcms_bst_dms_26467_26468_2.pdf (7.6.2018).

Caserta, Tehetna A.; Punamäki, Raija-Leena; Pirttilä-Backman, Anna-Maija (2017): The Buffering Role of Social Support on the Psychosocial Wellbeing of Orphans in Rwanda. In: *Social Development.* 26 (1). S. 204–224.

Cassel, John (1974): Psychosocial Processes and «Stress": Theoretical Formulation. In: *International Journal of Health Services.* 4 (3). S. 471–482.

CathBerne (Hrsg., o. J.): *Misión de lengua española de Biel/Bienne y alrededores.* Unter: http://www.cathberne.ch/organisation/missions-linguistiques/mision-de-lengua-espanola-de-bielbienne-y-alrededores/celebraciones/ (19.5.2017).

Centro de Investigaciones Sociológicas CIS (Hrsg., 1974): *Encuesta de cuestiones de actualidad. Diciembre 1974.* Unter: http://www.analisis.cis.es/cisdb.jsp (7.6.2018).

Centro de Investigaciones Sociológicas CIS (Hrsg., 1980): *Barómetro de diciembre 1980*. Unter: http://www.analisis.cis.es/cisdb.jsp (7.6.2018).

Centro de Investigaciones Sociológicas CIS (Hrsg., 1990): *Barómetro de febrero 1990*. Unter: http://www.analisis.cis.es/cisdb.jsp (7.6.2018).

Centro de Investigaciones Sociológicas CIS (Hrsg., 2000): *Barómetro de marzo 2000*. Unter: http://www.analisis.cis.es/cisdb.jsp (7.6.2018).

Centro de Investigaciones Sociológicas CIS (Hrsg., 2010): *Barómetro de diciembre 2010*. Unter: http://www.analisis.cis.es/cisdb.jsp (7.6.2018).

Centro de Investigaciones Sociológicas CIS (Hrsg., 2018a): *Barómetro de marzo 2018*. Unter: http://www.analisis.cis.es/cisdb.jsp (7.6.2018).

Centro de Investigaciones Sociológicas CIS (Hrsg., 2018b): *Barómetro de abril 2018*. Unter: http://www.analisis.cis.es/cisdb.jsp (7.6.2018).

Centro Misionero Internacional CMI (Hrsg., 2016): *Agenda de Actividades*. o.O.: o.V.

Centro Misionero Internacional CMI (Hrsg., o. J.): *Consolidación - Afirmando mi vida en la verdadera fe*. o.O.: o.V.

Chang, Qingsong; Chan, Chee Hon; Yip, Paul S. F. (2017): A meta-analytic review on social relationships and suicidal ideation among older adults. In: *Social Science & Medicine*. 191: S. 65–76.

Chatters, Linda M.; Taylor, Robert J.; Lincoln, Karen D.; Nguyen, Ann W.; Joe, Sean (2011): Church-Based Social Support and Suicidality Among African Americans and Black Caribbeans. In: *Archives of Suicide Research.* 15 (4). S. 337–353.

Chiquete, Daniel (2015): Für Pfingstler ist Luther ein Held. In: Evangelisches Missionswerk in Deutschland et al. (Hrsg.): *Jahrbuch Mission 2015. Reformation global*. Hamburg: Missionshilfe Verlag. S. 76–82.

Cleary, Edward D. (2011): *The rise of charismatic catholicism in latin america*. Gainesville: University Press of Florida.

Clements, Andrea D.; Ermakova, Anna V. (2012): Surrender to God and stress: A possible link between religiosity and health. In: *Psychology of Religion and Spirituality*. 4 (2). S. 93–107.

Cobb, Sidney (1976): Social Support as a Moderator of Life Stress. In: *Psychosomatic Medicine*. 38 (5). S. 300–314.

Cohen, Frances; Lazarus, Richard S. (1979): Coping with the stress of illness. In: Stone, George C.; Cohen, Frances; Adler, Nancy E. (Hrsg.): *Health Psychology: A Handbook.* San Francisco: Jossey-Bass. S. 217–254.

Cohen, Sheldon; Wills, Thomas A. (1985): Stress, Social Support, and the Buffering Hypothesis. In: *Psychological Bulletin.* 98 (2). S. 310–357.

Coleman, James S. (1988): Social Capital in the Creation of Human Capital. In: *American Journal of Sociology*. 1988 (94) Suppl. S. S95–S120.

Coleman, James S. (1990): *Foundations of Social Theory*. Cambridge: The Belknap Press of Harvard University Press.

Consejo Episcopal Latinoamericano CELAM (Hrsg., 2007): *Documento de Aparecida. Texto conclusivo de la V Conferencia General del Episcopado Latinoamericano y del Caribe*. Unter: http://www.caritas.org.pe/documentos/documento_conclusivo_aparecida.pdf (6.7.2017).

Cook, John; Wall, Toby (1980): New work attitude measures of trust, organizational commitment, and personal need non-fulfillment. In: *Journal of Occupational Psychology*. 53. S. 39–52.

Coordinación nacional de las Misiones de lengua hispana en Suiza CNMLHS (Hrsg., o. J.): *Proceso histórico de las Misiones de lengua hispana en Suiza*. Unter: http://www.misioneshispanas.ch/misiones/historia-de-las-misiones.html (3.4.2018).

Cruz, Joel Morales (2014): *The Histories of the Latin American Church: A Handbook*. Minneapolis: Fortress Press.

Dahinden, Janine (2005): Soziale Unterstützung bei albanischen Migranten und Migrantinnen aus dem ehemaligen Jugoslawien in der Schweiz: Eine Netzwerkanalyse. In: Serdült, Uwe (Hrsg.): *Anwendungen sozialer Netzwerkanalyse*. Zürich: Institut für Politikwissenschaft. S. 71–89.

Daiber, Karl-Fritz (2006): Protestantische Migrationsgemeinden und ihre ekklesiologischen Herausforderungen. In: *Zeitschrift für Mission*. 32 (3). S. 218–233.

Dawkins, Richard (1978): *Das egoistische Gen*. Berlin: Springer.

Diener, Ed (1984): Subjective well-being. In: *Psychological Bulletin*. 95 (3). S. 542–575.

Diewald, Martin; Sattler, Sebastian (2010): Soziale Unterstützungsnetzwerke. In: Stegbauer, Christian; Häussling, Roger (Hrsg.): *Handbuch Netzwerkforschung*. Wiesbaden: VS Verlag für Sozialwissenschaften. S. 689–699.

Díez de Velasco, Francisco (2010): The Visibilization of Religious Minorities in Spain. In: *Social Compass*. 57 (2). 235–252.

Döring, Eva-Maria (2013): ¡Ven, ven Espiritu Santo ven! Zur religiösen Praxis lateinamerikanisch-brasilianischer Pfingstler in Deutschland. In: Nagel, Alexander-Kenneth (Hrsg.): *Diesseits der Parallelgesellschaft*. Bielefeld: Transcript. S. 121–146.

Dow, Helena D. (2011): An Overview of Stressors Faced by Immigrants and Refugees: A Guide for Mental Health Practitioners. In: *Home Health Care Management & Practice*. 23 (3). S. 210–217.

Dresing, Thorsten; Pehl, Thorsten (2018): *Praxisbuch Interview, Transkription & Analyse. Anleitungen und Regelsysteme für qualitativ Forschende*. Marburg. Unter: www.audiotranskription.de/praxisbuch (19.6.2018).

Dubach, Alfred; Campiche, Roland J. (Hrsg., 1993): *Jeder ein Sonderfall? Religion in der Schweiz*. Zürich: NZN-Buchverlag.

Duck, Steve; Rutt, Deborah J.; Hoy, Margaret; Strejc, Hurst Heather (1991): Some evident truths about conservation in everyday relationships: All communication is not created equal. In: *Human Communication Research*. 18 (2). S. 228–267.

Dümling, Bianca (2011): *Migrationskirchen in Deutschland: Orte der Integration*. Frankfurt a. M.: Lembeck.

Dunn, Marianne G.; O'Brien, Karen M. (2009): Psychological Health and Meaning in Life: Stress, Social Support, and Religious Coping in Latina/Latino Immigrants. In: *Hispanic Journal of Behavioral Sciences*. 31 (2). S. 204–227.

Ebaugh, Helen R.; Pipes, Paula (2001): Immigrant Congregations as Social Service Providers: Are They Safety Nets for Welfare Reform? In: Nesbitt, Paula (Hrsg.): *Religion and Social Policy*. Walnut Creek et al.: AltaMira Press. S. 95–110.

Eckholt, Margit (2013a): *Wie nehmen die Akteure innerhalb der katholischen Kirche das Phänomen der Neuen Religiösen Bewegungen wahr? (Schwerpunkt Lateinamerika).* Referat im Rahmen der Internationalen Konferenz: Evangelikale – Pfingstkirchen – Charismatiker. Neue religiöse Bewegungen als Herausforderung für die katholische Kirche. Gehalten am 9.–11. April 2013 in Rom. Unter: http://weltkirche.katholisch.de/Portals/0/Dokumente/DBK_NRB_Eckholt_Wie_nehmen_die_Akteure_Neue_Religioese_Bewegungen_wahr.pdf (12.4.2018).

Eckholt, Margit (2013b): Pentekostalisierung des Christentums? Zur «Rekonfiguration» der religiösen Landkarte in Lateinamerika. In: *Stimmen der Zeit.* 231 (8). S. 507–520.

ECOS (Hrsg., 2011): *Potentiale und Herausforderungen der Expats-Integration in der Region Basel.* Schlussbericht. Unter: http://www2.ecos.ch/download/Expats.pdf (14.7.2014).

Efionayi-Mäder, Denise; Wyssmüller, Chantal (2011): *Der Zugang zur Gesundheitsversorgung für undokumentierte Migrant/innen in der Schweiz. Strategien und Bedürfnisse.* Unter: https://www.bag.admin.ch/dam/bag/de/dokumente/nat-gesundheitsstrategien/nat-programm-migration-und-gesundheit/chancengleichheit-in-der-gesundheitsversorgung/gesundheitsversorgung-der-sans-papiers/faktenblatt-sans-papiers-beduerfnisse.pdf.download.pdf/faktenblatt-sans-papiers-beduerfnisse.pdf (27.7.2018).

Eglise Catholique dans le canton de Fribourg ECCF (Hrsg., o. J.): *Mission catholique de langue espagnole.* Unter: http://www.cath-fr.ch/mission_espagnole (19.5.2017).

Eglise Catholique dans le canton de Vaud ECCV (Hrsg., 2017): *Misión Católica de Lengua Española en el cantón de Vaud.* Unter: http://www.cath-vd.ch/cvd_mission/mision-cantonal-de-lengua-espanola/ (19.5.2017).

Eichler, Katja J. (2008): *Migration, transnationale Lebenswelten und Gesundheit.* Wiesbaden: VS Verlag für Sozialwissenschaften.

Eidgenössische Kommission für Migrationsfragen EKM (Hrsg., 2010a): *Muslime in der Schweiz. Identitätsprofile, Erwartungen und Einstellungen.* Eine Studie der Forschungsgruppe «Islam in der Schweiz» (GRIS). Bern: EKM.

Eidgenössische Kommission für Migrationsfragen EKM (Hrsg., 2010b): *Leben als Sans-Papiers in der Schweiz. Entwicklungen 2000–2010.* Unter: https://www.ekm.admin.ch/dam/data/ekm/dokumentation/materialien/mat_sanspap_d.pdf (12.4.2018).

Eidgenössische Kommission gegen Rassismus EKR (Hrsg., 1996): *Stellungnahme zum Drei-Kreise-Modell des Bundesrats über die schweizerische Ausländerpolitik.* Unter: http://www.ekr.admin.ch/pdf/960506_stellungnahme_3-kreise-modell_de5cd4.pdf (23.5.2014).

Eidgenössische Migrationskommission EKM (Hrsg., 2018): *Zugang zu Berufslehre.* Unter: https://www.ekm.admin.ch/ekm/de/home/zuwanderung---aufenthalt/sanspapiers/berufslehre.html (23.7.2018).

Elwert, Georg (1982): Gesellschaftliche Integration durch Binnenintegration? In: *Kölner Zeitschrift für Soziologie und Sozialpsychologie.* 1982 (34). S. 717–731.

Endres, Jürgen; Tunger-Zanetti, Andreas; Behloul, Samuel-Martin; Baumann, Martin (2013): *Jung, muslimisch, schweizerisch. Muslimische Jugendgruppen, islamische Lebensführung und Schweizer Gesellschaft.* Ein Forschungsbericht. Luzern: Universität Luzern.

Enzenhofer, Edith; Resch, Katharina (2013): Unsichtbare Übersetzung? Die Bedeutung der Übersetzungsqualität für das Fremdverstehen in der qualitativen Sozialforschung. In Bettmann, Richard; Roslon, Michael (Hrsg.): *Going the Distance. Impulse für die interkulturelle qualitative Sozialforschung.* Wiesbaden: Springer VS. S. 203–229.

Erzen, Evren; Çikrikci, Özkan (2018): The effect of loneliness on depression: A meta-analysis. In: *The International Journal of Social Psychiatry.* 64 (5). S. 427–435.

Esser, Hartmut (1986): Ethnische Kolonien: «Binnenintegration» oder gesellschaftliche Isolation? In: Hoffmeyer-Zlotnik, Jürgen H.P. (Hrsg.): *Segregation und Integration. Die Situation von Arbeitsmigranten im Aufnahmeland.* Mannheim: Forschung Raum und Gesellschaft e.V. S. 106–117.

Faber, Eva-Maria (2008): Christliche Perspektiven des interreligiösen Dialogs. In: Könemann, Judith; Vischer, Georg (Hrsg.): *Interreligiöser Dialog in der Schweiz. Grundlagen – Brennpunkte – Praxis.* Zürich: NZN bei TVZ. S. 65–90.

Falconier, Mariana K.; Huerta, Monica; Hendrickson, Ed (2015): Immigration stress, exposure to traumatic life experiences, and problem drinking among first-generation immigrant Latino couples. In: *Journal of Social and Personal Relationships.* 33 (4). S. 469–492.

Fernández Molina, Cristina (2005): *Katholische Gemeinden anderer Muttersprache in der Bundesrepublik Deutschland.* Berlin: Frank & Timme.

Festinger, Leon (1957): *A theory of cognitive dissonance.* Stanford: Stanford University Press.

Flick, Uwe (1996): *Qualitative Forschung. Theorie, Methoden, Anwendung in Psychologie und Sozialwissenschaften.* Reinbek bei Hamburg: Rowohlt.

Flick, Uwe (2012): *Qualitative Sozialforschung.* Reinbeck bei Hamburg: Rowohlt.

Flick, Uwe (2013): Triangulation in der qualitativen Forschung. In: Flick, Uwe; Kardorff, Uwe von; Steinke, Ines (Hrsg.): *Qualitative Forschung. Ein Handbuch.* Reinbek bei Hamburg: Rowohlt Taschenbuch Verlag. S. 309–318.

Folkman, Susan; Lazarus, Richard S.; Dunkel-Schetter, Christine; DeLongis, Anita; Gruen, Rand J. (1986): Dynamics of a stressful encounter: Cognitive appraisal, coping, and encounter outcomes. In: *Journal of Personality and Social Psychology.* 50 (5). S. 992–1003.

Foppa, Simon (2015): *Katholische Migrantengemeinden. Wie sie Ressourcen mobilisieren und Handlungsspielräume schaffen.* St. Gallen: Edition SPI.

Foppa, Simon (2016a): Kurze Geschichte der christlichen Migrationsgemeinden in der Schweiz. In: Albisser, Judith; Bünker, Arnd (Hrsg.): *Kirchen in Bewegung. Christliche Migrationsgemeinden in der Schweiz.* St. Gallen: Edition SPI. S. 133–139.

Foppa, Simon (2016b): Potenzial von religiösen Migrantengemeinden. Geteilte Lebenssituationen, emotionale Stütze und Zugang zu Netzwerken. In: *Terra Cognita.* 2016 (28). S. 36–38.

Forum (Hrsg., 2011): *Aus zwei mach eins. Das Nebeneinander von Ortspfarreien und Migrantenseelsorge ist nicht mehr zeitgemäss, sagt Luis Capilla. Ein Gespräch über Integration, gegenseitige Wertschätzung und die Angst, sich auf Neues einzulassen.* Unter: http://www.forum-pfarrblatt.ch/archiv/2011/forum-nr-1-2011/aus-zwei-mach-eins (13.3.2015).

Franke, Edith; Maske, Verena (2011): Teilnehmende Beobachtung als Verfahren der Religionsforschung. In: Kurth, Stefan; Lehmann, Karsten (Hrsg.): *Religionen erforschen. Kulturwissenschaftliche Methoden in der Religionswissenschaft.* Wiesbaden: VS Verlag für Sozialwissenschaften. S. 105–134.

Freud, Anna (1936): *Das Ich und die Abwehrmechanismen.* Wien: Internationaler Psychoanalytischer Verlag.

Freud, Sigmund (1923): *Das Ich und das Es.* Leipzig: Internationaler Psychoanalytischer Verlag.

Freud, Sigmund (1926): *Hemmung, Symptom und Angst.* Leipzig: Internationaler Psychoanalytischer Verlag.

Fuchsel, Catherine L. M. (2012): The Catholic Church as a Support for Immigrant Mexican Women Living with Domestic Violence. In: *Social Work & Christianity.* 39 (1). S. 66–87.

Fukuyama, Francis (1995): *Trust: The social virtues and the creation of prosperity.* New York: Free Press.

Galizia, Michele (2016): «Der Muslim» als Inbegriff «des Migranten»? In: *Terra Cognita.* 2016 (28). S. 52–54.

Garcia, Carlos (2005): Buscando Trabajo: Social Networking Among Immigrants From Mexico to the United States. In: *Hispanic Journal of Behavioral Sciences.* 27 (1). S. 3–22.

Garcini, Luz M.; Murray, Kate; Zhou, A.; Klonoff, E. A.; Myers, M. G.; Elder, J. P. (2016): Mental Health of Undocumented Immigrant Adults in the United States: A Systematic Review of Methodology and Findings. In: *Journal of Immigrant & Refugee Studies.* 14 (1). S. 1–25.

Gässlein, Ann-Katrin (2010): *Medienlandschaft und Informationsflüsse der anderssprachigen Katholikinnen und Katholiken mit Migrationshintergrund in der Schweiz.* Unter: http://www.migratio.ch/de/content/download/5182/44664/file/Migratio_Studie_inkl_Anhang.pdf (8.7.2014).

Gerloff, Roswith (2010): Vorreiter und Anfänge der Pfingstkirchen und charismatischen Bewegungen in Afrika, Asien und Lateinamerika. In: Bünker, Arnd; Mundanjohl, Eva; Weckel, Ludger; Suermann, Thomas (Hrsg.): *Gerechtigkeit und Pfingsten. Viele Christentümer und die Aufgabe einer Missionswissenschaft.* Ostfildern: Grünewald. S. 63–87.

Gillham, Jane; Reivich, Karen (2004): Cultivation optimism in childhood and adolescence. In: *The Annals of the American Academy of Political and Social Science.* 591 (1). S. 146–163.

Glaser, Barney G. (1998): *Doing grounded theory*. Mill Valley (CA): Sociology Press.

Glaser, Barney G.; Strauss, Anselm L. (1967): *The discovery of grounded theory. Strategies for qualitative research*. New York: Aldine.

Glaser, Barney G.; Strauss, Anselm L. (1998): *Grounded Theory. Strategien qualitativer Forschung*. Bern: Verlag Hans Huber.

Goffman, Erwin (1996): Über Feldforschung. In: Knoblauch, Hubert (Hrsg.): *Kommunikative Lebenswelten. Zur Ethnographie einer geschwätzigen Gesellschaft*. Konstanz: UVK. S. 261–269.

Gottlieb, Benjamin H. (2000): Selecting and planning support interventions. In: Cohen, Sheldon; Underwood, Lynn G.; Gottlieb, Benjamin H. (Hrsg.): *Social Support Measurement and Intervention: A Guide for Health and Social Scientists*. London: Oxford University Press. S. 195–220.

Gratius, Susanne (2005): Ursachen und Folgen der Migration aus Lateinamerika. In: *Brennpunkt Lateinamerika*. 2015 (14). S. 165–172.

Gratius, Susanne; Stiftung Wissenschaft und Politik SWP (2005): *Machtfaktor Hispanics? Die Folgen der lateinamerikanischen Zuwanderung für die USA und Spanien*. Unter: http://nbn-resolving.de/urn:nbn:de:0168-ssoar-244343 (24.7.2017).

Halisch, Frank; Geppert, Ulrich (2000): Wohlbefinden im Alter: Der Einfluss von Selbstwirksamkeit, Kontrollüberzeugungen, Bewältigungsstilen und persönlichen Zielen. Ergebnisse aus der Münchner GOLD-Studie. In: Försterling, Friedrich; Stiensmeier-Pelster, Joachim; Silny, Lily-Maria (Hrsg.): *Kognitive und emotionale Aspekte der Motivation*. Göttingen: Hogrefe, Verlag für Psychologie. S. 121–152.

Hall-Lande, Jennifer; Esienberg, Marla; Christenson, Sandra; Neumark-Sztainer, Dianne (2007): Social Health, and Protective Factors in Adolescence. In: *Adolescence*. 42 (166). S. 265–286.

Hamburg, David A.; Adams, John E. (1967): A Perspective on Coping Behavior: Seeking and Utilizing Information in Major Transitions. In: *Archives of General Psychiatry*. 17 (3). S. 277–284.

Hamilton, Malcom (2006): Religionssoziologie. In: Partridge, Christopher (Hrsg.): *Das grosse Handbuch der Weltreligionen*. Wuppertal: R. Brockhaus. S. 23–25.

Hamp, Vinzenz; Stenzel, Meinrad; Kürzinger, Josef (1984): *Die Heilige Schrift des alten und neuen Testamentes*. Himberg bei Wien: Pattloch.

Hanciles, Jehu (2011): Globalisierung, Migration und religiöse Ausbreitung: Migrationsströme und die neuen missionarischen Zentren in der nichtwestlichen Welt. In: *Interkulturelle Theologie*. 37 (2–3). S. 223–239.

Haug, Sonja (2007): Soziales Kapital als Ressource im Kontext von Migration und Integration. In: Lüdicke, Jörg; Diewald, Martin (Hrsg.): *Soziale Netzwerke und soziale Ungleichheit*. Wiesbaden: VS Verlag für Sozialwissenschaften. S. 85–111.

Haustein, Jörg (2006): Pfingstbewegung und Identität im Kontext äthiopischer Migranten in Deutschland. In: Bergunder, Michael; Haustein, Jörg (Hrsg.): *Migration und Identität. Pfingstlich-charismatische Migrationsgemeinden in Deutschland*. Frankfurt a. M.: Lembeck. S. 107–126.

Haustein, Jörg (2011): Arbeitsgruppe «Reverse Mission». In: *Interkulturelle Theologie*. 37 (2–3). S. 265–267.

Heckmann, Friedhelm (1998): Ethnische Kolonien: Schonraum für Integration oder Verstärker der Ausgrenzung? In: Forschungsinstitut der Friedrich-Ebert-Stiftung (Hrsg.): *Ghettos oder ethnische Kolonien? Entwicklungschancen von Stadtteilen mit hohem Zuwandereranteil*. Bonn: Friedrich-Ebert-Stiftung. S. 29–41.

Helliwell, John F.; Putnam, Robert D. (2004): The social context of well-being. In: *Philosophical Transactions of the Royal Society*. 359 (1449). S. 1435–1446.

Herkner, Werner (1981): *Einführung in die Sozialpsychologie*. Bern et al.: Verlag Hans Huber.

Hernandez, Rosalba; Carnethon, Mercedes; Penedo, Frank J.; Martinez, Lizet; Boehm, Julia; Schueller, Stephen M. (2016): Exploring well-being among US Hispanics/ Latinos in a church-based institution: a qualitative study. In: *The Journal of Positive Psychology*. 11 (5). S. 511–521.

Herz, Andreas (2014): *Strukturen transnationaler sozialer Unterstützung. Eine Netzwerkanalyse von personal communities im Kontext von Migration*. Wiesbaden: Springer.

Heuser, Andreas (2006): Weithin unbekannte Nachbarn. Migrationsgemeinden in Deutschland zeigen die Vielgestaltigkeit von Kirche. In: *Herder Korrespondenz*. 61 (4). S. 212–215.

Hitz, Karin (2012): Engagierte Muslime in Deutschland. Vernetzungs- und Legitimierungsdynamiken im Kontext sozialer und zivilgesellschaftlicher Arbeit. In: Nagel, Alexander-Kenneth (Hrsg.): *Diesseits der Parallelgesellschaft. Religiöse Migrantengemeinden als soziale Netzwerke*. Bielefeld: Transcript. S. 37–68.

Hollenweger, Walter J. (1997): *Charismatisch-pfingstliches Christentum. Herkunft, Situation, ökumenische Chancen*. Göttingen: Vandenhoeck & Ruprecht.

Hollstein, Betina; Straus, Florian (Hrsg., 2006): *Qualitative Netzwerkanalyse*. Wiesbaden: Springer VS.

Hollstein, Tina (2017): *Illegale Migration und transnationale Lebensbewältigung. Eine qualitativ-empirische Studie*. Wiesbaden: Springer VS.

Holmes, Thomas H.; Masuda, Minoru (1974): Life change and illness susceptibility. In: Dohrenwend, Barbara S.; Dohrenwend, Bruce P. (Hrsg.): *Stressful life events: Their nature and effects*. New York: Wiley. S. 45–72.

Holmes, Thomas H.; Rahe, Richard H. (1967): The Social Readjustment Scale. In: *Journal of Psychosomatic Research*. 11 (2). S. 213–218.

Holt-Lunstad, Julianne; B. Smith, Timothy; Baker, Mark; Harris, Tyler; Stephenson, David (2015): Loneliness and Social Isolation as Risk Factors for Mortality: A Meta-Analytic Review. In: *Perspectives on Psychological Science*. 10 (2). S. 227–237.

Hongkong & Shanghai Banking Corporation Holdings HSBC (Hrsg. 2016a): *Expat Explorer Survey. Switzerland*. Unter: https://www.expatexplorer.hsbc.com/survey/ country/switzerland (5.9.2017).

Hongkong & Shanghai Banking Corporation Holdings HSBC (Hrsg. 2016b): *Your guide to expat life in Switzerland.* Unter: https://www.expatexplorer.hsbc.com/country-guides/switzerland/living (5.9.2017).

Hoping, Helmut (2000): Systematische Theologie. In: Kasper, Walter (Hrsg.): *Lexikon für Theologie und Kirche.* Freiburg im Breisgau et al.: Herder. S. 1220–1221.

House, James S. (1981): *Work stress and social support.* Reading: Addison-Wesley.

Huber, Fabian; Stolz, Jörg (2017): Das evangelikale Milieu. In: Elwert, Frederik; Radermacher, Martin; Schlamelcher, Jens (Hrsg.): *Handbuch Evangelikalismus.* Bielefeld: Transcript. S. 275–287.

Hudd, Suzanne S.; Dumlao, Jennifer; Erdmann-Sager, Diane; Murray, Daniel; Phan, Emily; Soukas, Nicholas; Yokozuka, Nori (2000): Stress at college: Effects on health habits, health status and self-esteem. In: *College student journal.* 34 (2). S. 217–227.

Hüser, David (2017): Leben in Bewegung: zur Zukunft muttersprachlicher Gemeinden. In: *Herder Korrespondenz.* 71 (12). S. 43–45.

Husistein, Roger (2013): *Katholische Kirche in der Schweiz. Kirchenstatistik 2013.* St. Gallen: Edition SPI.

Igreja Batista de Zürich (Hrsg., o. J.): *Quem somos?* Unter: http://www.batistadezurich.ch/português/quem-somos/ (2.6.2016).

InfoSekta (Hrsg., 2016): *Zeugen Jehovas – eine kritische Einschätzung.* Unter: http://www.infosekta.ch/media/pdf/JZ_Einschaetzung_modifiziert_2016_.pdf (30.11.2017).

Interculturel (Hrsg., 2018): *Auftrag der Arbeitsgemeinschaft interkulturell.* Unter: http://interculturel.info/ueber-uns/auftrag/ (3.4.2018).

International Catholic Charismatic Renewel Services ICCRS (Hrsg., o. J.): *The Growth of the CCR.* Unter: http://www.iccrs.org/en/the-ccr/#The%20Growth% 20of%20 the%20CCR (14.6.2018).

InterNations (Hrsg., 2016): *The world through expat eyes. Survey Report 2016.* Unter: https://inassets1-internationsgmbh.netdna-ssl.com/static/bundles/internationsexpat insider/pdf/expat_insider_2016_the_internations_survey.pdf (5.9.2017).

Jaciuk, Marina (2016): «Es war ein langsamer Prozess des Bewusstseins»: Religion, Kultur und die Bedeutung von Werten bei lateinamerikanischen Migranten und Migrantinnen. In: Kazzazi, Kerstin; Treiber, Angela; Wätzold, Tim (Hrsg.): *Migration – Religion – Identität. Aspekte transkultureller Prozesse.* Wiesbaden: Springer VS. S. 109–121.

Jäggi, Gregor (2003): Fremde Katholiken. In: Jäggi, Gregor (Hrsg.): *Bistum Basel 1828–2003. Diocèse de Bâle 1828–2003. Jubiläumsschrift: 175 Jahre Reorganisation des Bistums.* Solothurn: Bischöfliches Ordinariat der Diözese Basel. S. 93–119.

Jaggi, Sabine (2005): *«Yesu azali awa». Untersuchung einer afrikanischen, frankophonen MigrantInnenkirche in Bern.* Lizentiatsarbeit, eingereicht bei der philosophisch-historischen Fakultät der Universität Bern. Unter: http://www.refbejuso.ch/fileadmin/user_upload/Downloads/Publikationen/jaggi_yesu_liz.pdf (29.5.2018).

Jaggi, Sabine; Schär, Benz H.R. (2009): *«Gottes Volk hat viele Farben» – Migrationskirchen als Herausforderung und Chance für die Reformierten Kirchen Bern–*

Jura–Solothurn. Bern: Reformierte Kirchen Bern–Jura–Solothurn. Unter: http://www.migrationskirchen.ch/resources/Gottes_Volk_hat_viele_Farben_BE1.pdf (18.5.2017).

Jakob, Gisela (2010): Biographische Forschung mit dem narrativen Interview. In: Friebertshäuser, Barbara; Langer, Antje; Prengel, Annedore (Hrsg.): Handbuch qualitative Forschungsmethoden in der Erziehungswissenschaft. Weinheim; München: Juventa Verlag. S. 219–233.

Jehowas Zeugen (Hrsg., 2006): *Nimm die Zucht Jehovas immer an*. Unter: https://www.jw.org/de/publikationen/zeitschriften/w20061115/jehovas-hilfe-annehmen/ (30.11.2017).

Jerusalem, Matthias (1990): *Persönliche Ressourcen, Vulnerabilität und Stresserleben*. Göttingen et al.: Verlag für Psychologie C. J. Hogrefe.

Jerusalem, Matthias; Schwarzer, Ralf (1999): Allgemeine Selbstwirksamkeitserwartung. In: Schwarzer, Ralf; Jerusalem, Matthias (Hrsg.): *Skalen zur Erfassung von Lehrer und Schülermerkmalen*. Berlin: Freie Universität Berlin. S. 13–14.

Jödicke, Ansgar (1993): Die moderne Religiosität von Bekehrten. Eine Studie zum Evangelikalismus in der Schweiz. In: Bergmann, Jörg; Hahn, Alois; Luckmann, Thomas (Hrsg.): *Religion und Kultur*. Sonderheft der Kölner Zeitschrift für Soziologie und Sozialpsychologie. 33 (1993). S. 218–230.

Jünemann, Ann-Katrin (2016): Selbstwert und Selbstvertrauen. In: Frey, Dieter (Hrsg.): *Psychologie der Werte*. Berlin/Heidelberg: Springer. S. 188–199.

Kähler, Harro (1975): Das Konzept des sozialen Netzwerks: Eine Einführung in die Literatur. In: *Zeitschrift für Soziologie*. 4 (3). S. 283–290.

Kallmeyer, Werner; Schütze, Fritz (1977): Zur Konstitution von Kommunikationsschemata der Sachverhaltsdarstellung. In: Wegner, Dirk (Hrsg.): *Gesprächsanalysen*. Hamburg: Buske. S. 159–274.

Kammerer, Patrick; Müller, Margrit; Tanner, Jakob; Woitek, Ulrich (2013): *Historical Statistics of Switzerland Online. Ausländer nach Heimatländern und -kontinenten 1850–1990*. Unter: http://www.fsw.uzh.ch/hstat/hsso/sylkgenerator.php?datei=B.21Ausl.Hmt.1850-1990.slk&filename=B.21Ausl.Hmt.1850-1990.slk&chapter=b/ (7.3.2018).

Kaplan, Bernhard H.; Cassel, John C.; Gore, Susan (1977): Social support and health. In: *Medical Care* 15 (5). S. 45–58.

Kaptijn, Astrid (2011): Die katholische [sic] Migrantengemeinden. Staatskirchenrechtliche Ausblicke und das Kirchenrecht. In: *Schweizerische Kirchenzeitung*. 2011 (44). S. 699–702.

Karagannis, Evangelos (2006): «Wartendes Israel und Israel am Ziel». Leid und Wunder von Pfingstgemeinden afrikanischer Migranten in Deutschland. In: Bergunder, Michael; Haustein, Jörg (Hrsg.): *Migration und Identität. Pfingstlich-charismatische Migrationsgemeinden in Deutschland.* Frankfurt a. M.: Lembeck. S. 83–106.

Karmel OCD (Hrsg., 2018): *Gott nur genügt*. Unter: https://www.karmelocd.de/geschichte-und-spiritualitaet/gott-nur-genuegt.html (27.8.2019).

Kassebaum, Ulf B. (2004): *Interpersonales Vertrauen. Entwicklung eines Inventars zur Erfassung spezifischer Aspekte des Konstrukts. Dissertation, eingereicht bei der Universität Hamburg*. Unter: http://ediss.sub.uni-hamburg.de/volltexte/2004/2125/pdf/Dissertation.pdf (16.10.2018).

Katechismus der katholischen Kirche KKK (1993). München et al.: Paulusverlag et al.

KathBern (Hrsg., o. J.): *Misiónes calólicas de lengua española*. Unter: http://www.kathbern.ch/pfarreien-seelsorge/anderssprachige-gemeinschaften/misiones-catolicas-de-lengua-espanola/bern-ostermundigen/ (19.5.2017).

Kaweh, Silvia (2006): *Integration oder Segregation? Religiöse Werte in muslimischen Printmedien*. Nordhausen: Bautz-Verlag.

Kerckem, Klaartje Van; Putte, Bart Van de; Stevens, Peter (2013): On Becoming «Too Belgian»: A Comparative Study of Ethnic Conformity Pressure through the City-as-Context Approach. In: *City & Community*. 12 (4). S. 335–360.

Kessler, Tobias (2011): *Pastorale Herausforderungen der katholischen Kirche angesichts interner, multikultureller Vielfalt*. Referat im Rahmen der Migratio-Tagung zum Thema «multikulturelle Pfarrei/Pastoralraum, Chancen und Grenzen». Gehalten im September 2011 in Bern.

Khan, Aqeel; Husain Akbar (2010): Social Support as a Moderator of Positive Psychological Strengths and Subjective Well-Being. In: *Psychological Reports*. 106 (2). S. 534–538.

Kim, Young Y. (2005): An Integrative Theory of Communication and Cross-Cultural Adaptation. In: Gudykunst, William B. (Hrsg.): *Theorizing about intercultural communication*. Thousand Oaks: Sage. S. 375–400.

Kirkcaldy, Bruce; Wittig, Ulla; Furnham, Adrian; Merbach, Merbach; Siefen, Rainer-Georg (2006): Migration und Gesundheit. Psychosoziale Determinanten. In: *Bundesgesundheitsblatt – Gesundheitsforschung – Gesundheitsschutz*. 49 (9). S. 873–883.

Kirmayer, Laurence J.; Narasiah, Lavanya; Munoz, Marie; Rashid, Meb; Ryder, Andrew G.; Guzder, Jaswant; Hassan, Ghayda; Rousseau, Cécile; Pottie, Kevin (2011): Common mental health problems in immigrants and refugees: general approach in primary care. In: *Canadian Medical Association Journal*. 18 (12). S. 959–967.

Klinkhammer, Gritt (2004): Einführung: Religion – Migration – Integration. In: Beauftragte der Bundesregierung für Migration, Flüchtlinge und Integration (Hrsg.): *Religion – Migration – Integration in Wissenschaft, Politik und Gesellschaft*. Dokumentation der Fachtagung am 22. April 2004. S. 12–15. Unter: http://www.remid.de/pdf/religion-migration-integration-2004.pdf (30.10.2013).

Knoblauch, Hubert (2003): *Qualitative Religionsforschung. Religionsethnographie in der eigenen Gesellschaft*. Paderborn; München: Verlag F. Schöningh.

Knoblauch, Hubert (2009): *Populäre Religion. Auf dem Weg in eine spirituelle Gesellschaft*. Frankfurt a. M.: Campus.

Kobasa, Suzanne C. (1979): Stressful life events, personality, and health: An inquiry into hardiness. In: *Journal of Personality and Social Psychology*. 37 (1). S. 1–11.

Kobyliński, Andrzej (2015): Die globale Pentekostalisierung des Christentums und ihre ethischen Konsequenzen. In: *Forum Katholische Theologie*. 31 (3). S. 198–214.

Köck, Peter; Ott, Hans (1997): *Wörterbuch für Erziehung und Unterricht*. Donauwörth: Auer Verlag.

Kosch, Daniel (2010): *«Der Fremde, der sich bei euch aufhält, soll euch wie ein Einheimischer gelten» (Lev 19,34) – Denkanstösse zur Situation und Zukunft der Migrantenseelsorge*. Referat im Rahmen der Tagung zur Migrantenseelsorge im Kanton Solothurn. Gehalten am 13. November 2010. Unter: http://www.rkz.ch/upload/20101118094550.pdf (14.2.2014).

Kosch, Daniel (2018): *Kirchensteuern juristischer Personen*. Generalsekretär der Römisch-katholischen Zentralkonferenz, Zürich. E-Mail an simon.foppa@spi-sg.ch (13.4.2018).

Krause, Neal (2006): Religious doubt and psychological well-being: a longitudinal investigation. In: *Review of Religious Research*. 47 (3). S. 287–302.

Krause, Neal (2015): Religious Doubt, Helping Others, and Psychological Well-Being. In: *Journal of Religion and Health*. 54 (2). S. 754–758.

Krause, Neal; Ingersoll-Dayton, Berit; Ellison, Christopher G.; Wulff, Keith M. (1999): Aging, Religious Doubt, and Psychological Well-Being. In: *The Gerontological Society of America*. 39 (5). S. 525–533.

Kuo, Ben C. H. (2014): Coping, acculturation, and psychological adaptation among migrants: a theoretical and empirical review and synthesis of the literature. In: *Health Psychology and Behavioral Medicine*. 2 (1). S. 16–33.

Laireiter, Anton (1993): Begriffe und Methoden der Netzwerk- und Unterstützungsforschung. In: Laireiter, Anton (Hrsg.): *Soziales Netzwerk und soziale Unterstützung. Konzepte, Methoden und Befunde*. Bern et al.: Hans Huber. S. 15–44.

Laireiter, Anton-Rupert (2006): Soziale Unterstützung. In: Bierhof, Hans-Werner; Frey, Dieter (Hrsg.): *Handbuch der Sozialpsychologie und Kommunikationspsychologie*. Göttingen et al.: Hogrefe.

Laireiter, Anton-Rupert (2009): Soziales Netzwerk und soziale Unterstützung. In: Lenz, Karl; Nestmann, Frank (Hrsg.): *Handbuch persönliche Beziehungen*. Weinheim; München: Juventa Verlag. S. 75–99.

Lakey, Brian; Orehek, Edward; Hain, Kate L.; VanVleet, Meredith (2010): Enacted support's links to negative affect and perceived support are more consistent with theory when social influences are isolated from trait influences. In: *Personality and Social Psychology Bulletin*. 36 (1). S. 132–142.

Lamera, Pier Paolo (2017). Mündliche Mitteilung per Telefon am 17.5.2017. Leiter der Missione Cattolica Italiana, Glarus.

Lamnek, Siegfried (2005): *Qualitative Sozialforschung*: Lehrbuch. Weinheim: Beltz Verlag.

Latinobarómetro LB (Hrsg., 2015a): *Latinobarómetro Análisis de datos. Religión*. Unter: http://www.latinobarometro.org/latOnline.jsp (3.5.2018).

Latinobarómetro LB (Hrsg., 2015b): *Latinobarómetro Análisis de datos. Compromiso religioso*. Unter: http://www.latinobarometro.org/latOnline.jsp (3.5.2018).

Lauder, William; Mummery, Kerry; Jones, Martyn; Caperchione, Cristina (2006): Comparison of health behaviours in lonely and non-lonely populations. In: *Psychology, Health and Medicine*. 11 (2). S. 233–245.

Lauria, Federico; Preissmann, Delphine; Clément, Fabrice (2016): Self-deception as affective coping. An empirical perspective on philosophical issues. In: *Consciousness and Cognition*. 41. S. 119–134.

Lauser, Andrea; Weissköppel, Cordula (2008): Die neue Aufmerksamkeit für Religion in der Migrations- und Transnationalismusforschung. Ein Plädoyer für die ethnografische Mikro- und Kontextanalyse. In: Lauser, Andrea; Weissköppel, Cordula (Hrsg.): *Migration und religiöse Dynamik*. Bielefeld: Transcript. S. 7–32.

Lazarus, Richard S. (1990): Stress und Stressbewältigung – ein Paradigma. In: Filipp, Sigrun-Heide (Hrsg.): *Kritische Lebensereignisse*. München: Psychologie Verlags Union. S. 198–232.

Lazarus, Richard S. (1993): From psychological stress to the emotions: A history of changing outlooks. In: *Annual Review of Psychology*. 44. S. 1–22.

Lazarus, Richard S. (1999): *Stress and Emotion. A new Synthesis*. London: Free Association Books.

Lazarus, Richard S.; Folkman, Susan (1984): *Stress, Appraisal, and Coping*. New York: Springer.

Lazarus, Richard S.; Launier, Raymond (1981): Stressbezogene Transaktionen zwischen Person und Umwelt. In: Nitsch, Jürgen R. (Hrsg.): *Stress. Theorien, Untersuchungen, Massnahmen*. Bern et al.: Hans Huber. S. 213–259.

Lee, Gary R.; Netzer, Julie K.; Coward, Raymond T. (1995): Depression among older parents: The role of intergenerational exchange. In: *Journal of Marriage and the Family*. 57 (3). S. 823–833.

Lehmann, Karsten (2004): Migration und die dadurch bedingten religiösen Pluralisierungsprozesse. In: Beauftragte der Bundesregierung für Migration, Flüchtlinge und Integration (Hrsg.): *Religion – Migration – Integration in Wissenschaft, Politik und Gesellschaft*. Dokumentation der Fachtagung am 22. April 2004. S. 31–46. Unter: http://www.remid.de/pdf/religion-migration-integration-2004.pdf (30.10.2013).

Lehmann, Karsten (2008): *Individuelle Spiritualität und politische Positionierung – Religionswissenschaftliche Überlegungen zum Verhältnis von Religion und Integration*. Unter: http://d-nb.info/104195526X/34 (11.12.2014).

Lehmann, Karsten (2009): Christliche Migrantengemeinden in Basel und Leipzig. In: Hase, Thomas; Graul, Johannes; Neef, Katharina; Zimmermann, Judith (Hrsg.): *Mauss, Buddhismus, Devianz*. Festschrift für Heinz Mürmel zum 65. Geburtstag. Marburg: Diagonal-Verlag. S. 309–329.

Leitner, Hartman (2000): Wie man ein neuer Mensch wird, oder: Die Logik der Bekehrung. In: Hoerning, Erika M. (Hrsg.): *Biographische Sozialisation*. Stuttgart: Lucius & Lucius. S. 61–86.

Lepore, Stephen J.; Glaser, Debra B.; Roberts, Katherine J. (2008): On the positive relation between received social support and negative affect: A test of the triage and self-esteem threat models in women with breast cancer. In: *Psycho-Oncology*. 17 (12). S. 1210–1215.

Li, Bin; Ma, Hongyu; Guo, Yongyu; Xu, Fuming; Yu, Feng; Zhou, Zongkui (2014): Positive psychological capital: a new approach to social support and subjective well-being. In: *Social Behavior and Personality*: An International Journal. 42 (1). S. 135–144.

Lindemann, Anaïd; Stolz, Jörg (2016): La pluralisation, la sécularisation et le religieux dans les débats publics. In: *Terra Cognita*. 2016 (28). S. 20–24.

Liou, Chih-ling; Shenk, Dena (2016): A Case Study of Exploring Older Chinese Immigrants' Social Support within a Chinese Church Community in the United States. In: *Journal of Cross-Cultural Gerontology*. 31 (3). S. 293–309.

Lojewski, Julia; Harth, Volker; Mache, Stefanie (2017): Stressoren für Schwangere am Arbeitsplatz. Bewältigung und mögliche Folgen. In: *Zentralblatt für Arbeitsmedizin, Arbeitsschutz und Ergonomie*. 67 (1). S. 40–43.

Longchamp, Claude; Aebersold, Monia; Rousselot, Bianca; Ratelband-Pally, Silvia (2005): *Sans Papiers in der Schweiz – Arbeitsmarkt, nicht Asylpolitik ist entscheidend*. Bern: GFS. Unter: https://www.sem.admin.ch/dam/data/sem/internationales/illegale-migration/sans_papiers/ber-sanspapiers-2005-d.pdf (2.8.2018).

Lübke, Ricarda (2016): Optimismus. In: Frey, Dieter (Hrsg.): *Psychologie der Werte*. Berlin/Heidelberg: Springer. S. 138–147.

Lüdde, Johanna (2011): *Die Funktionen der Konversion chinesischer Studierender in Deutschland zum Christentum (protestantischer Prägung) am Beispiel einer chinesischen christlichen Gemeinde in einer deutschen Großstadt*. Dissertation, eingereicht bei der Fakultät für Geschichte, Kunst- und Orientwissenschaften der Universität Leipzig. Unter: http://www.qucosa.de/fileadmin/data/qucosa/documents/14720/L%C3%BCdde,Dissertation%20ohne%20Lebenslauf.pdf (17.1.2018).

Lüdde, Johanna (2013): Nur eine Coping-Strategie unter vielen: Die Konversion chinesischer Studierender in Deutschland zum Christentum evangelikaler Prägung. In: *Zeitschrift für Religionswissenschaft*. 21 (2). S. 145–176.

Ludwig-Maximilians-Universität München Katholisch-Theologische Fakultät LMUM KTF (Hrsg., o. J.): *Theologie der Religionen*. Unter: http://www.kaththeol.uni-muenchen.de/lehrstuehle/fundamental_theol/personen/ijjas/materialien/pruefungs tutorium/religionstheologie.pdf (29.11.2017).

Lugo, Luis; Stencel, Sandra; Green, John; Shah, Tomothy S.; Grim, Brian J.; Smith, Gregory; Ruby, Robert; Pond, Allison (2006): *Spirit and Power. A 10-Country Survey of Pentecostals. Washington: The Pew Forum on Religion and Public Life*. Unter: http://www.pewforum.org/files/2006/10/pentecostals-08.pdf (12.7.2017).

Mahnig, Hans (2000): «L'intégration institutionnelle des Musulmans en Suisse: l'exemple de Bâle-Ville, Berne, Genève, Neuchâtel et Zurich». In: *TANGRAM*. 2000.(8). S. 102–111.

Marla-Küsters, Sandhya (2015): *Diaspora-Religiosität im Generationenverlauf. Die zweite Generation srilankisch-tamilischer Hindus in NRW*. Würzburg: Ergon Verlag.

Mars, Amanda (2013): Spain becomes net recipient of remittances for first time in a decade. In: *El País*. Erschienen am 2.10.2013. Unter: https://elpais.com/elpais/2013/10/02/inenglish/1380714090_856524.html (11.9.2017).

Masci, David (2014): *Why has Pentecostalism grown so dramatically in Latin America?* Unter: http://www.pewresearch.org/fact-tank/2014/11/14/why-has-pentecostalism-grown-so-dramatically-in-latin-america/ (6.7.2017).

Maslow, Abraham H. (1954): *Motivation and personality.* New York: Harper.

Mason, John W. (1971): A re-evaluation of the concept «non-specificity» in stress theory. In: *Journal of Psychiatric Research.* 8 (3). S. 323–333.

Massey, Douglas S.; Espinoza Higgins, Monica (2011): The Effect of Immigration on Religious Belief and Practice: A Theologizing or Alienating Experience? In: *Social Science Research.* 40 (5). S. 1371–1389.

Masuda, Minoru; Holmes, Thomas H. (1978): Life events: Perceptions and frequencies. In: *Psychosomatic Medicine.* 40 (3). S. 236–261.

Mattson, Marifran; Hall, Jennifer Gibb (2011): *Health as Communication Nexus: A Service Learning Approach.* Dubuque: Kendall Hunt.

Meissner, Jochen; Mücke, Ulrich; Weber, Klaus (2008): *Schwarzes Amerika: Eine Geschichte der Sklaverei.* München: Beck.

MEOS (Hrsg., o. J.): *Angebote.* Unter: https://meos.ch/de/was-wir-tun/angebote (6.4.2018).

Metz-Göckel, Hellmuth (2017): Bedürfnis. In: Wirtz, Markus A. (Hrsg.): *Dorsch Lexikon der Psychologie.* Unter: https://portal.hogrefe.com/dorsch/beduerfnis/ (15.11.2017).

Meuser, Michael; Nagel, Ulrike (1991): ExpertInneninterviews – vielfach erprobt, wenig bedacht. Ein Beitrag zur Methodendiskussion. In: Garz, Detlef; Kraimer, Klaus (Hrsg.): *Qualitativ-empirische Sozialforschung. Konzepte, Methoden, Analysen.* Opladen: Westdeutscher Verlag. S. 441–471.

Mey, Günter; Mruck, Katja (2009): Methodologie und Methodik der Grounded Theory. In: Kempf, Wilhelm; Kiefer, Markus (Hrsg.): *Forschungsmethoden der Psychologie: Zwischen naturwissenschaftlichem Experiment und sozialwissenschaftlicher Hermeneutik.* Berlin: Regner. S. 100–152.

Migratio (Hrsg., 2006): *Direktorium, Rechte und Pflichten des Seelsorgers für Anderssprachige.* Unter: http://www.migratio.ch/de/dokumente/richtlinien-zur-anders sprachigen-seelsorge/direktorium (8.7.2014).

Migratio (Hrsg., 2007): *Entscheidungshilfe. Für die Errichtung, Zusammenlegung oder Aufhebung von Missionen für Anderssprachige in der Schweiz.* Unter: http://www.migratio.ch/de/dokumente/richtlinien-zur-anderssprachigen-seelsorge/entscheidungshilfe (22.7.2016).

Migratio (Hrsg., 2011a): *Handreichung. Gründung und Führung von Pastoralräten für Anderssprachige Gemeinschaften (Missionen) in der Schweiz.* Unter: http://www.migratio.ch/de/dokumente/richtlinien-zur-anderssprachigen-seelsorge/handreichung (22.7.2016).

Migratio (Hrsg., 2011b): *Überblick der anderssprachigen Seelsorge.* Unter: http://www.migratio.ch/de/stand-2011/ueberblick (28.7.2012).

Migratio (Hrsg., 2016): *Überblick der anderssprachigen Seelsorge.* Unter: http://www.migratio.ch/var/sbk/storage/images/media/images/zusammenstellung-missionen-vom-201605192/124794-1-ger-DE/zusammenstellung-missionen-vom-20160519_large.png (5.4.2018).

Migratio (Hrsg., 2018): *Überblick der anderssprachigen Seelsorge.* Unter: http://www.migratio.ch/var/sbk/storage/images/media/images/zusammenstellung-missionen-vom-201605192/124794-1-ger-DE/zusammenstellung-missionen-vom-20160519_large.png (3.11.2018).

Milner, Allison; Krnjacki, Lauren; Butterworth, Peter; LaMontagne, Anthony D. (2016): The role of social support in protecting mental health when employed and unemployed: A longitudinal fixed-effects analysis using 12 annual waves of the HILDA cohort. In: *Social Science & Medicine.* 153. S. 20–26.

Misión Católica de Lengua Española de Basilea MCEB (Hrsg., o. J.): *Horario de misas.* Unter: http://www.mision-basel.ch/ (19.5.2017).

Misión Católica de Lengua Española del Jura y Moutier MCLEJM (Hrsg., o. J.): *Misión Católica de Lengua Española del Jura y Moutier.* Unter: https://www.facebook.com/misespdel/ (19.5.2017).

Misión Católica de Lengua Española en el cantón de Vaud MCLECV (Hrsg., 2017): En nuestras comunidades. In: *El dia del Señor.* Nr. 113. Unter: http://www.cath-vd.ch/wp-content/uploads/2015/06/EL-DIA-DEL-SEÑOR-N.-113-DOMINGOS-30-DE-ABRIL-Y-7-DE-MAYO-2017-DOMINGOS-3o-Y-4o-DE-PASCUA-CICLO-A.pdf (19.5.2017).

Misión Católica de Lengua Española en el Cantón de Zürich MCLECZ (Hrsg., 2017): Horario de Misas. In: *Hoja Informativa.* 5 (5). S. 16.

Misión Católica de Lengua Española en el Cantón de Zürich MCLECZ (Hrsg., 2016): Horario de Misas. In: *Hoja Informativa.* 4 (8). S. 16.

Misión Católica de Lengua Española en el Cantón de Zürich MCLECZ (Hrsg., o. J. a): *Calendario de actividades.* Unter: http://claretianos.ch/nueva/calendario-de-actividades/ (24.4.2017).

Misión Católica de Lengua Española en el Cantón de Zürich MCLECZ (Hrsg., o. J. b): *Grupos.* Unter: http://claretianos.ch/nueva/calendario-de-actividades/ (24.4.2017).

Misión Católica de Lengua Española St. Gallen MCLESG (Hrsg., o. J.): *Iglesias y lugares.* Unter: http://www.mision-espanola-sg.ch/eucaristia---comunion.html (19.5.2017).

Misión Católica Lucerna MCL (Hrsg., o. J.): *Eucaristía: lugares y horarios.* Unter: http://misioncatolicalucerna.ch/ (19.5.2017).

Mission für Spanischsprachige – Römisch-Katholische Kirche im Aargau MSRKK (Hrsg., o. J.): *Misas.* Unter: http://ag.mcle.ch/misas-en-espanol/ (19.5.2017).

Mmagu, Ndubueze Fabian (2008): Migrationskirchen – ein Theologumenon im Zeichen der Globalisierung: Kirche auf dem Prüfstand des Zeitgeistes. Ekklesiologisch-soterische Erfahrungen in der «African Catholic Community Vienna». In: *Salzburger theologische Zeitschrift.* 12 (2). S. 212–229.

Mohler, Nicola (2016): *Zwischen Mission und Nächstenliebe.* Unter: http://reformiert.info/artikel/hintergrund/zwischen-mission-und-n%C3%A4chstenliebe (20.8.2018).

Morlok, Michael; Meier, Harald; Oswald, Andrea; Efionayi-Mäder, Denise; Ruedin, Didier; Bader, Dina; Wanner, Philippe (2015): *Sans-Papiers in der Schweiz 2015.* Schlussbericht zuhanden des Staatsekretariats für Migration (SEM). Unter: https://www.sem.admin.ch/dam/data/sem/internationales/illegale-migration/sans_papiers/ber-sanspapiers-2015-d.pdf (27.7.2017).

Mundo Gospel (Hrsg., 2018): *Guía de iglesias.* http://www.mundogospel.ch/es/directorio (16.4.2018).

Mundo Gospel (Hrsg., 2014): *Mundo Gospel. Revista cristiana multicultural para Suiza.* Zürich: o.V.

Murken, Sebastian (2009): *Neue religiöse Bewegungen aus religionspsychologischer Perspektive.* Marburg: Diagonal-Verlag.

Murken, Sebastian; Namini, Sussan (2004a): Selbst gewählte Mitgliedschaft in religiösen Gemeinschaften: Ein Versuch der Lebensbewältigung? In: Zwingmann, Christian; Moosbrugger, Helfried (Hrsg.): *Religiosität: Messverfahren und Studien zu Gesundheit und Lebensbewältigung. Neue Beiträge zur Religionspsychologie.* Münster: Waxmann. S. 299–316.

Murken, Sebastian; Namini, Sussan (2004b): Psychosoziale Konflikte im Prozess des selbst gewählten Beitritts zu neuen religiösen Gemeinschaften. In: *Zeitschrift für Religionswissenschaft.* 12. S. 141–187.

Murray, Henry A. (1938): *Explorations in personality.* New York: Oxford University Press.

Nabi, Robin L.; Prestin, Abby; So, Jiyeon (2013): Facebook Friends with (Health) Benefits? Exploring Social Network Site Use and Perceptions of Social Support, Stress, and Well-Being. In: *Cyberpsychology, Behavior, and Social Networking.* 16 (10). S. 1–7.

Nagel, Alexander-Kenneth (2013): Diesseits der Parallelgesellschaft. Religion und Migration in relationaler Perspektive. In: Nagel, Alexander-Kenneth (Hrsg.): *Diesseits der Parallelgesellschaft.* Bielefeld: Transcript. S. 11–35.

Neser, Simone (2016): Vertrauen. In: Frey, Dieter (Hrsg.): *Psychologie der Werte.* Berlin; Heidelberg: Springer. S. 255–268.

Nestmann, Frank (1988): *Die alltäglichen Helfer. Theorien sozialer Unterstützung und eine Untersuchung alltäglicher Helfer aus vier Dienstleistungsberufen.* Berlin: Walter de Gruyter.

Nestmann, Frank (2009): Netzwerkintervention und soziale Unterstützungsförderung. In: Lenz, Karl; Nestmann, Frank (Hrsg.): *Handbuch persönliche Beziehungen.* Weinheim; München: Juventa Verlag. S. 955–977.

Neue Zürcher Zeitung NZZ (Hrsg., 2004): *Nicht nur Schlepper strafbar.* Unter: https://www.nzz.ch/article9OAIG-1.268740 (5.11.2018).

Nguyen, Ann W.; Chatters, Linda M.; Taylor, Robert J.; Mouzon, Dawne M. (2016a): Social Support from Family and Friends and Subjective Well-Being of Older African Americans. In: *Journal of Happiness Studies.* 17 (3). S. 959–979.

Nguyen, Ann W.; Taylor, Robert J.; Chatters, Linda M. (2016b): Church-Based Social Support Among Caribbean Blacks in the United States. In: *Review of Religious Research.* 58 (3). S. 385–406.

Nicolle, Antoinette; Symmonds, M.; Dolan, R. (2011): Optimistic biases in observational learning of value. In: *Cognition.* 119 (3). S. 394–402.

Nohl, Arnd-Michael; Schittenhelm, Karin; Schmidtke, Oliver; Weiss, Anja (2006): Kulturelles Kapital in der Migration – ein Mehrebenenansatz zur empirisch-rekonstruktiven Analyse der Arbeitsmarktintegration hochqualifizierter MigrantInnen. In: *Forum Qualitative Sozialforschung.* 7 (3). Art. 14. Unter: http://www.qualitative-research.net/index.php/fqs/article/download/142/312 (11.12.2014).

Noor, Noraini M.; Shaker, Muhamad Nabil (2017): Perceived workplace discrimination, coping and psychological distress among unskilled Indonesian migrant workers in Malaysia. In: *International Journal of Intercultural Relations.* 57. S. 19–29.

Nostra Aetate (1965): *Erklärung über das Verhältnis der Kirche zu den nichtchristlichen Religionen.* Unter: http://www.vatican.va/archive/hist_councils/ii_vatican_council/documents/vat-ii_decl_19651028_nostra-aetate_ge.html (29.11.2017).

Observatorio del Pluralismo Religioso en España OPRE (Hrsg., 2017): *Explotación directorio diciembre 2017.* Unter: https://issuu.com/observatorioreligion/docs/explotaci__n_directorio_diciembre_2_4c7b839c15b97e (13.6.2018).

Odem, Mary (2004): Our lady of Guadalupe in the New South: Latino immigrants and the politics of integration in the Catholic church. In: *Journal of American Ethnic History.* 24 (1). S. 26–57.

Odermatt, Alois (2003): *Bericht an die römisch-katholische Zentralkommission des Kantons Zürich.* Zum Postulat des Synodenbüros «Situationsanalyse Fremdsprachigenseelsorgen». Unter: http://www.zh.kath.ch/organisation/synode/sitzungen/2003/02/03A2.pdf/at_download/file (8.7.2014).

Olbermann, Elke (2003): *Soziale Netzwerke, Alter und Migration: Theoretische und empirische Explorationen zur sozialen Unterstützung älterer Migranten.* Dissertation, eingereicht beim Fachbereich 14 der Universität Dortmund. Unter: https://d-nb.info/96804350x/34 (29.5.2018).

Päpstlicher Rat der Seelsorge für die Menschen unterwegs PPSMu (Hrsg., 2004): *Instruktion. Erga migrantes caritas Christi.* Unter: http://www.vatican.va/roman_curia/pontifical_councils/migrants/documents/rc_pc_migrants_doc_20040514_erga-migrantes-caritas-christi_ge.html (2.7.2014).

Pargament, Kenneth I. (1997): *The Psychology of Religion and Coping.* New York; London: The Guilford Press.

Parmantier, Elisabeth (2011): *Die Herausforderung von Migrantenkirchen für Mission und Ökumene. Eine evangelische Perspektive in Westeuropa.* Referat im Rahmen des Sommerseminars des Instituts für Ökumenische Forschung 2011. Unter: http://strasbourginstitute.org/wp-content/uploads/2012/10/Parmentier-Summer-Seminar-2011.pdf (4.1.2015).

Parroquia Católica de Lengua Española de Ginebra PCLEG (Hrsg., o. J.): *Horarios de misas.* Unter: http://www.pcle.ch/contacto.php (19.5.2017).

Pérez-Agote, Alfonso (2010): Religious Change in Spain. In: *Social Compass*. 57 (2). S. 224–234.

Pew Research Center PRC (Hrsg., 2006): *Overview: Pentecostalism in Latin America*. Unter: http://www.pewforum.org/2006/10/05/overview-pentecostalism-in-latin-america/ (5.7.2017).

Pew Research Center PRC (Hrsg., 2014): *Religion in Latin America. Widespread Change in a Historically Catholic Region*. Unter: http://www.pewforum.org/2014/11/13/religion-in-latin-america/ (5.3.2015).

Pew Research Center PRC (Hrsg., 2018): *Being Christian in Western Europe*. Unter: http://assets.pewresearch.org/wp-content/uploads/sites/11/2018/05/24143010/Being-Christian-in-Western-Europe-FOR-WEB1.pdf (7.6.2018).

Pietschmann, Horst (2007): Spanien und Portugal. In: Bade, Klaus J.; Emmer, Peter C.; Lucassen, Leo; Oltmer, Jochen (Hrsg.): *Migration in Europa. Vom 17. Jahrhundert bis zur Gegenwart*. Paderborn: Ferdinand Schöningh. S. 220–242.

Piguet, Etienne (2006): *Einwanderungsland Schweiz. Fünf Jahrzehnte halb geöffnete Grenzen*. Bern: Haupt Verlag.

Piguet, Etienne; Losa, Stefano (2002): *Travailleurs de l'ombre? Demande de main-d'oeuvre du domaine de l'asile et ampleur de l'emploi d'étrangers non déclarés en Suisse*. Zürich: Seismo.

Polak, Regina (2015): «Wir sind keine Indianer». Pastoraltheologische Reflexionen zu den Erfahrungen einer katholischen Migrationsgemeinde in Wien. In: *International journal of practical theology*. 19 (1). S. 81–121.

Pollak-Eltz, Angelina (1997): El pentecostalismo en Venezuela. In: *ITER. Revista de teología*. 1997 (8). S. 116–136.

Porto Tapiquén, Carlos Efraín; Orogénesis Soluciones Geográficas OSG (2015): *The Americas Shapefiles*. Porlamar, Venezuela. Unter: https://tapiquen-sig.jimdo.com/english-version/free-downloads/americas/ (4.6.2018).

Pries, Ludger (2010): Soziologie der Migration. In: Kneer, Georg; Schroer, Markus (Hrsg.): *Handbuch Spezielle Soziologien*. Wiesbaden: VS Verlag für Sozialwissenschaften. S. 475–490.

Projekt Resgate (Hrsg., o. J.): *Über uns*. Unter: https://www.projektresgate.ch/ch/about.html (2.6.2016).

Protestante Digital PD (Hrsg., 2018): *Por primera vez en España los evangélicos superan los 4.000 lugares de culto*. Unter: http://protestantedigital.com/espana/43886/Por_primera_vez_en_Espana_los_evangelicos_superan_los_4000_lugares_de_culto (13.6.2018).

Przyborski, Aglaia; Wohlrab-Sahr, Monika (2008): *Qualitative Sozialforschung. Ein Arbeitsbuch*. Oldenburg: Wissenschaftsverlag.

Putnam, Robert D. (1995): Bowling alone: America's declining social capital. In: *Journal of Democracy*. 6 (1). S. 65–78.

Putnam, Robert D. (2001): *Social Capital: Measurement and Consequences*. Unter: http://www1.oecd.org/edu/innovation-education/1825848.pdf (5.5.2014).

Raub, Werner (2010): Rational Choice. In: Stegbauer, Christian; Häussling, Roger (Hrsg.): *Handbuch Netzwerkforschung.* Wiesbaden: VS Verlag für Sozialwissenschaften. S. 266–279.

Red de Multiplicación RDM (Hrsg., 2017): *Red de Multiplicación.* Unter: http://www.reddemultiplicacion.com/quienes-somos/quienes-somos (27.2.2017).

Reinhold, Gerd (1997): *Soziologie Lexikon.* Wien: Oldenbourg.

Reinhold, Gerd (Hrsg., 1997): *Soziologie-Lexikon.* München et al.: Oldenbourg.

Reiser, Karl M. (2009): Echo aus der Community. Entwicklung und Dynamik von MigrantInnenvereinen in Wien. In: Six-Hohenbalken, Maria; Tosic, Jelena (Hrsg.): *Anthropologie der Migration. Theoretische Grundlagen und interdisziplinäre Aspekte.* Wien: Facultas. S. 343–359.

Reiss, Katharina; Vermeer, Hans J. (1991): *Grundlegung einer allgemeinen Translationstheorie.* Tübingen: Niemeyer.

REMAR (Hrsg., o. J.): *Willkommen bei REMAR.* Unter: http://remar.ch/about-us/ (2.6.2016).

Römisch-Katholische Zentralkonferenz der Schweiz RKZ (Hrsg., 2014): *Kirchensteuern für juristische Personen: Stand in den Kantonen.* Unter: http://www.rkz.ch/nc/details/kirchensteuern-fuer-juristische-personen-stand-in-den-kantonen/ (16.5.2016).

Rosenberg, Morris J. (1965): *Society and the adolescent self-image.* Princeton: Princeton University Press.

Rosenthal, Gabriele (2002): Biographische Forschung. In: Schaeffer, Doris; Müller-Mundt, Gabriele (Hrsg.): *Qualitative Gesundheits- und Pflegeforschung.* Bern et al.: Hans Huber Verlag. S. 133–147.

Röthlisberger, Simon (2016): Migrationsgemeinden als Potential für Integration und als Herausforderung. In: Albisser, Judith; Bünker, Arnd (Hrsg.): *Kirchen in Bewegung.* St. Gallen: Edition SPI. S. 205–211.

Röthlisberger, Simon; Wüthrich, Matthias D. (2009): *Neue Migrationskirchen in der Schweiz.* Bern: Verlag Schweizerischer Evangelischer Kirchenbund SEK.

Rüegg, Christoph (2002): *Die privatrechtlich organisierten Religionsgemeinschaften in der Schweiz. Eine Bestandesaufnahme und juristische Analyse.* Freiburg i. Ü.: Universitätsverlag Freiburg Schweiz.

Ruppel, Sebastian; Mey, Günter (2015): Grounded Theory Methodology – Narrativity Revisited. In: *Integrative Psychological and Behavioral Science.* 2015(49). S. 174–186.

Rutter, Michael (1987): Psychosocial resilience and protective mechanism. In: *American Journal of Orthopsychiatry.* 57 (3). S. 316–331.

Salla, Julie; Michel, Grégory (2014): Parental sport over-involvement and anxiety among youth tennis athletes. In: *Science & Sports.* 29 (Suppl.). S. 40.

Sarason, Barbara R.; Sarason, Irwin G.; Gurung, Regan A. R. (2001): Close personal relationships and health outcomes: a key to the role of social support. In: Sarason, Barbara; Duck, Steve (Hrsg.): *Personal Relationships: Implications for Clinical and Community Psychology.* Chichester: Wiley. S. 15–41.

Scheier, Michael F., & Carver, Charles S. (1985): Optimism, coping, and health: Assessment and implications of generalized outcome expectations. In: *Health Psychology*. 4 (3). S. 219–247.

Scheier, Michael F.; Carver, Charles S. (1987): Dispositional optimism and physical well-being: The influence of generalized outcome expectancies. In: *Journal of Personality*. 55. S. 169–210.

Schmitt, Susanna (2008): Die spanische Mission in Bern in den 1960er und 1970er Jahren und ihre Bedeutung für die spanischen Migranten. In: *Schweizerische Zeitschrift für Religions- und Kulturgeschichte*. 102. S. 173–188.

Schneuwly Purdie, Mallory (2011): *Peut-on intégrer l'islam et les musulmans en Suisse?* Charmey: Les Editions de l'Hèbe.

Schönstatt (Hrsg., o. J.) *Wir erklären Schönstatt mit ein paar Zeilen ...* Unter: http://schoenstatt.ch/ueber-uns/?doing_wp_cron=1538486583.894068956375122 0703125 (2.10.2018).

Schulman, Peter (1995): Explanatory style and achievement in school and work. In: McClellan Buchanan, Gregory & Seligman Martin E. P. (Hrsg.): *Explanatory style*. Hillsdale, New York: Erlbaum. S. 150–171.

Schütz, Alfred (1972): Der Fremde. In: Schütz, Alfred (Hrsg.): *Gesammelte Aufsätze*. Den Haag: Martinus Nijhoff. S. 53–69.

Schütz, Astrid (2017): Selbstwert. In: Wirtz, Markus Antonius (Hrsg.): *Dorsch – Lexikon der Psychologie*. Unter: https://portal.hogrefe.com/dorsch/selbstwert/ (25.10.2017).

Schütze, Fritz (1983): Biographieforschung und narratives Interview. In: *Neue Praxis*. 13 (3). S. 283–293.

Schütze, Fritz (1987): *Das narrative Interview in Interaktionsfeldstudien: erzähltheoretische Grundlagen*. Studienbrief der Fernuniversität Hagen. Teil I. Merkmale von Alltagserzählungen und was wir mit ihrer Hilfe erkennen können. Hagen.

Schwarzer, Ralf (2000): *Stress, Angst und Handlungsregulation*. Stuttgart: Kohlhammer.

Schwarzer, Ralf; Jerusalem, Matthias (2002): Das Konzept der Selbstwirksamkeit. In: Jerusalem, Matthias; Hopf, Diether (Hrsg.): *Selbstwirksamkeit und Motivationsprozesse in Bildungsinstitutionen*. Weinheim; Basel: Beltz. S. 28–53.

Schwarzer, Ralf; Leppin, Anja (1989): *Sozialer Rückhalt und Gesundheit. Eine Meta-Analyse*. Göttingen et al.: Verlag für Psychologie.

Schweer, Martin K. W. (2004): Vertrauen und soziale Unterstützung in der pädagogischen Beziehung. In: *Bildung und Erziehung*. 57 (3). S. 279–288.

Schweizer Bischofskonferenz SBK (Hrsg., 1996): *Zur derzeitigen Situation der Fremdsprachigenseelsorge in der Schweiz. Stellungnahme und Empfehlungen der Schweizer Bischofskonferenz*. Freiburg. Unter: http://www.migratio.ch/de/dokumente/erlasse-der-bischofskonferenz/stellungnahme-und-empfehlungen-der-schweizer-bischofskonferenz (19.7.2013).

Schweizer Radio und Fernsehen SRF (2015): *Einheit in der Vielfalt? Katholische Migranten*. Radiobeitrag in der Sendung Perspektiven vom 12.4.2015. Unter: https://www.srf.ch/sendungen/perspektiven/einheit-in-der-vielfalt-katholische-migranten (15.12.17).

Schweizerische Evangelische Allianz SEA (Hrsg., 2017): *Unser Netzwerk*. Unter: http://each.ch/wer-wir-sind/unser-netzwerk/ (7.4.2017).

Schweizerischer Nationalfonds SNF (Hrsg., 2007): *Religionen in der Schweiz. Porträt des Nationalen Forschungsprogramms NFP 58 Religionsgemeinschaften, Staat und Gesellschaft*. Unter: http://www.snf.ch/SiteCollectionDocuments/nfp/nfp58/NFP58_Programmporträt.pdf (3.10.2018).

Schweizerischer Nationalfonds SNF (Hrsg., o. J.): *NFP 58 «Religionsgemeinschaften, Staat und Gesellschaft»*. Unter: http://www.snf.ch/de/fokusForschung/nationale-forschungsprogramme/nfp58-religionsgemeinsschaften-staat-gesellschaft/Seiten/default.aspx (3.10.2018).

Schweizerisches Pastoralsoziologisches Institut SPI (Hrsg., 2015): *Verzeichnis christlicher Migrationsgemeinden in der Schweiz*. Unter: https://spi-sg.ch/wp-content/uploads/2015/11/verzeichnis-christliche-migrationsgemeinden-2015_deutsch.pdf (16.4.2018).

Schwingel, Markus (2000): *Pierre Bourdieu zur Einführung*. Hamburg: Junius.

Selye, Hans (1946): The general adaptation syndrome and the diseases of adaptation. In: *Journal of Clinical Endocrinology*. 6 (2). S. 117–230.

Selye, Hans (1981): Geschichte und Grundzüge des Stresskonzepts. In: Nitsch, Jürgen R. (Hrsg.): *Stress. Theorien, Untersuchungen, Massnahmen*. Bern: Verlag Hans Huber. S. 163–212.

Sen, Amartya (1993): Capability and Well-Being. In: Nussbaum, Marta; Sen, Amartya (Hrsg.): *The Quality of Life*. Oxford: Clarendon Press. S. 30–53.

Siedlecki, Karen L.; Salthouse, Timothy A.; Oishi, Shigehiro; Sheena, Jeswani (2014): The Relationship Between Social Support and Subjective Well-Being Across Age. In: *Social Indicators Research*. 117 (2). S. 561–576.

Simon, Benjamin (2003): *Afrikanische Kirchen in Deutschland*. Frankfurt: Lembeck.

Sims, Jocelyn; Romero, Jessie (2013): *Latin American Debt Crisis of the 1980s*. Unter: https://www.federalreservehistory.org/essays/latin_american_debt_crisis (26.7.2017).

Six-Hohenbalken, Maria (2009): Religionen in Bewegung. In: Six-Hohenbalken, Maria; Tosic, Jelena (Hrsg.): *Anthropologie der Migration. Theoretische Grundlagen und interdisziplinäre Aspekte*. Wien: Facultas. S. 247–263.

Smith Timothy L. (1978): Religion and Ethnicity in America. In: *American Historical Review*. 83 (5). S. 1155–1185.

Staatssekretariat für Migration SEM (Hrsg., 2017): *Migrationsbericht 2016*. Bern-Wabern: SEM.

Statistisches Amt des Kantons Zürich SAKZ (Hrsg., 2016): Wohnbevölkerung in den Gemeinden des Kantons Zürich nach Konfession, 2015. Unter: http://www.statistik.zh.ch/internet/justiz_inneres/statistik/de/daten/daten_bevoelkerung_soziales/konfession/_jcr_content/contentPar/downloadlist/downloaditems/681_1454581832665.spooler.download.1461576929483.xlsx/Bev2015_Konfession_GemZH_KE.xlsx (9.1.2017).

Stegbauer, Christian (2010): Reziprozität. In: Stegbauer, Christian; Häussling, Roger (Hrsg.): *Handbuch Netzwerkforschung.* Wiesbaden: VS Verlag für Sozialwissenschaften. S. 113–122.

Stolz, Jörg (2011): Das Forschungsprogramm der erklärenden Religionssoziologie. Von rational choice zu «sozialen Mechanismen». In: Liedhegener, Antonius; Tunger-Zanetti, Andreas; Wirz, Stephan (Hrsg.): *Religion – Wirtschaft – Politik. Forschungszugänge zu einem aktuellen transdisziplinären Feld.* Zürich: Pano Verlag. S. 61–82.

Stolz, Jörg; Könemann, Judith; Schneuwly Purdie, Mallory; Engelberger, Thomas; Krüggeler, Michael (2014): *Religion und Spiritualität in der Ich-Gesellschaft. Vier Gestalten des (Un-)Glaubens.* Zürich: Theologischer Verlag Zürich.

Strasser, Hermann; Voswinkel, Stephan (1997): Vertrauen im gesellschaftlichen Wandel. In: Schweer, Martin K. W. (Hrsg.): *Interpersonales Vertrauen: Theorien und empirische Befunde.* Opladen: Westdeutscher Verlag. S. 217–236.

Strauss, Anselm; Corbin, Juliet (1996): *Grounded Theory: Grundlagen qualitativer Sozialforschung.* Weinheim: Betz Psychologische Verlags Union.

Strom, Jonathan (2012): Pietist Conversion Narratives and Confessional Identity. In: Luebke, David M.; Poley, Jared; Ryan, Daniel C.; Warren Sabean, David (Hrsg.): *Conversion and the Politics of Religion in Early Modern Germany.* New York: Berghan Books. S. 135–152.

Suder, Piotr (2015): Die zivilgesellschaftlichen Potentiale von Moscheevereinen. In: Nagel, Alexander-Kenneth (Hrsg.): *Religiöse Netzwerke. Die zivilgesellschaftlichen Potentiale religiöser Migrantengemeinden.* Bielefeld: Transcript. S. 165–190.

Szabo, Agnes; Ward, Colleen; Jose, Paul E. (2015): Uprooting Stress, Coping, and Anxiety: A Longitudinal Study of International Students. In: *International Journal of Stress Management.* 23 (2). S. 190–208.

Taché, Jean; Selye, Hans (1978): On stress and coping mechanisms. In: Spielberger, Charles D.; Sarason, Irwin G. (Hrsg.): *Stress and anxiety.* Washington et al.: Hemisphere. S. 3–24.

Tagesanzeiger (Hrsg., 2012): *Evangelikale missionieren bei Asylsuchenden.* Unter: https://www.tagesanzeiger.ch/schweiz/Evangelikale-missionieren-bei-Asylsuchenden/story/31092251 (20.8.2018).

Tassello, Giovanni G. (2010): *Theologie und Migration. Einige Überlegungen.* Referat im Rahmen der Jahrestagung 2010 der Ausländerseelsorge. Gehalten am 26.–28. Januar 2010 in Kevelaer. Unter: http://www.cserpe.org/wp-content/uploads/2014/05/Kevelaer-Deutsch.pdf (13.3.2015).

Telefono de la Esperanza (Hrsg., o. J.): *Quienes somos?* Unter: http://telefonodelaesperanza.org/zurich (14.2.2016).

Thränhardt, Dietrich (2005): Spanische Einwanderer schaffen Bildungskapital: Selbsthilfe-Netzwerke und Integrationserfolg in Europa. In: Weiss, Karin; Thränhardt, Dietrich (Hrsg.): *Selbsthilfe. Wie Migranten Netzwerke knüpfen und soziales Kapital schaffen.* Freiburg im Breisgau: Lambertus. S. 93–111.

Thränhardt, Dietrich (2007): Spanische Arbeitswanderer in West-, Mittel- und Nordeuropa seit dem Ende des Zweiten Weltkrieges. In: Bade, Klaus J.; Emmer, Peter

C.; Lucassen, Leo; Oltmer, Jochen (Hrsg.): *Migration in Europa. Vom 17. Jahrhundert bis zur Gegenwart.* Paderborn: Ferdinand Schöningh. S. 992–997.

Tong, Yuehua; Song, Shanggui (2004): A Study on General Self-Efficacy and Subjective Well-Being of Low SES-College Students in a Chinese University. In: *College Student Journal.* 38 (4). S. 637–642.

Tränhardt, Dietrich; Winterhagen, Jenni (2012): Der Einfluss der katholischen Migrantengemeinden auf die Integration südeuropäischer Einwanderergruppen in Deutschland. In: Oltmer, Jochen; Kreienbrink, Axel; Sanz Díaz, Carlos (Hrsg.): *Das «Gastarbeiter»-System. Arbeitsmigration und ihre Folgen in der Bundesrepublik Deutschland und Westeuropa.* München: Oldenburg. S. 199–215.

Überparteiliches Komitee gegen Masseneinwanderung ÜKGM (Hrsg., 2013): *Argumentarium. Volksinitiative «gegen Masseneinwanderung».* Unter: http://www.masseneinwanderung.ch/assets/downloads/argumentarium-lang-d.pdf (13.6.2014).

Udris, Ivars (2001): Stress. In: Wenninger, Gerd (Hrsg.): *Lexikon der Psychologie.* Heidelberg: Spektrum Akademischer Verlag. S. 258–261.

Ukah, Asonzeh (2009): Reverse Mission or Asylum Christianity? A Nigerian Church in Europe. In: Falola, Toyin; Agwuele, Augustine (Hrsg.): *Africans and the Politics of Popular Culture.* Rochester: University of Rochester Press. S. 104–132.

Ulmer, Bernd (1988): Konversionserzählungen als rekonstruktive Gattung. Erzählerische Mittel und Strategien bei der Rekonstruktion eines Bekehrungserlebnisses. In: *Zeitschrift für Soziologie.* 17 (1). S. 19–33.

United Nations UN (Hrsg., 2017): *Total international migrant stock.* Unter: http://www.un.org/en/development/desa/population/migration/data/estimates2/data/UN_MigrantStockTotal_2017.xlsx (3.10.2018).

Uzuh, John (2015): Kein Schubladendenken. Migrationskirchen sehen Reformation als gemeinsames Fundament. In: *Jahrbuch Mission 2015.* Reformation global. Hamburg: Missionshilfe Verlag. S. 57–60.

Varandas, Luis (2009): *Migrantenpastoral. Das Phänomen der Migration und die damit verbundene Herausforderung für die Pastoral. Fokussiert auf Gebiete des Bistums Chur.* Masterarbeit, eingereicht an der Theologischen Hochschule Chur im Fach Pastoraltheologie.

Veiel, Hans O. F.; Ihle, Wolfgang (1993): Das Copingkonzept und das Unterstützungskonzept: Ein Strukturvergleich. In: Laireiter; Anton (Hrsg.): *Soziales Netzwerk und soziale Unterstützung. Konzepte, Methoden und Befunde.* Bern et al.: Hans Huber.

Verband Evangelischer Freikirchen VFG (Hrsg., 2016): *Was ist eine Freikirche.* Unter: https://freikirchen.ch/ (3.4.2018).

Vonderach, Gerd (1997): Geschichtenhermeneutik. In: Hitzler, Ronald; Honer Anne (Hrsg.): *Sozialwissenschaftliche Hermeneutik. Eine Einführung.* Wiesbaden: Springer Fachmedien. S. 165–189.

Voswinkel, Stephan; Kontos, Maria (2010). Ungenutzte Kompetenzen. Probleme und Chancen der Beschäftigung hochqualifizierter Migrantinnen und Migranten. In: *Sozialwissenschaften und Berufspraxis.* 33 (2). S. 212–241.

Vuilleumier, Marc (2007): Schweiz. In: Bade, Klaus J.; Emmer, Peter C.; Lucassen, Leo; Oltmer, Jochen (Hrsg.): *Migration in Europa. Vom 17. Jahrhundert bis zur Gegenwart.* Paderborn: Ferdinand Schöningh. S. 189–193.

Währisch-Oblau (2005): Migrationskirchen in Deutschland. Überlegungen zur strukturierten Beschreibung eines komplexen Phänomens. In: *Zeitschrift für Mission.* 31 (2–3). S. 19–39.

Währisch-Oblau, Claudia (2003): Mission und Migration(skirchen). In: Dahling-Sander, Christoph; Schultze, Andrea; Werner, Dietrich; Wrogemann, Henning (Hrsg.): *Leitfaden Ökumenische Missionstheologie.* Gütersloh: Kaiser, Gütersloher Verlagshaus. S. 363–383.

Währisch-Oblau, Claudia (2006): Die Spezifik pentekostal-charismatischer Migrationsgemeinden in Deutschland und ihr Verhältnis zu den «etablierten» Kirchen. In: Bergunder, Michael; Haustein, Jörg (Hrsg.): *Migration und Identität. Pfingstlich-charismatische Migrationsgemeinden in Deutschland.* Frankfurt a. M.: Lembeck. S. 10–39.

Währisch-Oblau, Claudia (2009): *The missionary self-perception of pentecostal/charismatic church leaders from the global south in europe. Bringing back the Gospel.* Leiden; Boston: Brill.

Waldenfels, Hans (Hrsg., 1987): *Lexikon der Religionen: Phänomene, Geschichten, Ideen.* Freiburg i.B. et al.: Herder.

Waldinger, Robert (2015): *What makes a good life? Lessons from a study on happiness.* Referat im Rahmen des TEDxBeaconStreet. Gehalten im November 2015. Unter: https://www.ted.com/talks/robert_waldinger_what_makes_a_good_life_lessons_from_the_longest_study_on_happiness/transcript?language=en (5.9.2017).

Weber, Max (1988): Die Wirtschaftsethik der Weltreligionen. Das antike Judentum. In: Weber, Max: *Gesammelte Aufsätze zur Religionssoziologie.* Tübingen: UTB. S. 1–442.

Weibel, Rolf (2009): *System mit Schwächen. Die Beziehungen von Kirche und Staat in der Schweiz.* In: Herder-Korrespondenz. 63 (6). S. 312–318.

Weiss, Karin (2005): Wie Migranten Netzwerke knüpfen und soziales Kapital schaffen. In: Bundesnetzwerk Bürgerschaftliches Engagement (Hrsg.): *Herausforderungen an die Einwanderungsgesellschaft. Anfragen an zivilgesellschaftliche Akteure.* Dokumentation zur Fachtagung am 28. und 29.10.2005 in Hannover. S. 46–64. Unter: http://www.b-b-e.de/fileadmin/inhalte/themen_materialien/pg5_material/bbe_dokumentation_migration.pdf (7.1.2015).

Weiss, Karin; Thränhardt, Dietrich (2005): Selbsthilfe, Netzwerke und soziales Kapital in der pluralistischen Gesellschaft. In: Weiss, Karin; Thränhardt, Dietrich (Hrsg.): *Selbsthilfe. Wie Migranten Netzwerke knüpfen und soziales Kapital schaffen.* Freiburg i. B.: Lambertus. S. 8–44.

Weiß, Sabrina (2017): *Migrantengemeinden im Wandel. Eine Fallstudie zu koreanischen Gemeinden in Nordrhein-Westfalen.* Boston: Transcript Verlag.

Wettich, Thorsten (2015): Die zivilgesellschaftlichen Potentiale der yezidischen Community. In: Nagel, Alexander-Kenneth (Hrsg.): *Religiöse Netzwerke. Die zivilgesellschaftlichen Potentiale religiöser Migrantengemeinden.* Bielefeld: Transcript. S. 147–163.

Wikipedia (Hrsg., o. J.): *Religious debates over the Harry Potter series*. Unter: https://en.wikipedia.org/wiki/Religious_debates_over_the_Harry_Potter_series (12.10.2018).

Wilkening, Karin (1978): *Konformität unter Gruppendruck: eine vergleichende experimentelle Untersuchung*. Weinheim; Basel: Beltz Verlag.

Williams, Raymond B. (1988): *Religions of Immigrants from India and Pakistan: New Threads in the American Tapestry*. Cambridge: Cambridge University Press.

Winter, Urs C. (2006): *«Wohin soll ich mich wenden in meiner Not?»: Die Rolle der Religiosität bei der Bewältigung kritischer Lebensereignisse sowie Impulse für eine pastorale Krisenintervention – eine pastoralpsychologische Studie*. Berlin: dissertation.de.

Winterhagen, Jenni (2013): *Transnationaler Katholizismus. Die kroatischen Migrantengemeinden zwischen nationalem Engagement und funktionaler Integration in Deutschland*. Münster: LIT Verlag.

Wiswede, Günter (1976): *Soziologie konformen Verhaltens*. Stuttgart: Kohlhammer.

Wolf, Ann-Kathrin (2015): Die zivilgesellschaftlichen Potentiale von thailändisch-buddhistischen Zentren. In: Nagel, Alexander-Kenneth (Hrsg.): *Religiöse Netzwerke. Die zivilgesellschaftlichen Potentiale religiöser Migrantengemeinden*. Bielefeld: Transcript. S. 59–76.

Wong, Sabrina T.; Yoo, Grace J.; Stewart, Anita L. (2005): Examining the Types of Social Support and the Actual Sources of Support in Older Chinese and Korean Immigrants. In: *The international Journal of Aging and Human Development*. 61 (2). S. 105–121.

Wong-McDonald, Ana; Gorsuch, Richard L. (2000): Surrender to God: an additional coping style? In: *Journal of Psychology and Theology*. 28 (2). S. 149–161.

Xi, Juan (2014): Migration, Stress, and Health. In: Cockerham, William C., Dingwall, Robert, Quah, Stella R. (Hrsg.): *The Wiley Blackwell Encyclopedia of Health, Illness, Behavior, and Society*. Chichester: Wiley Blackwell. S. 1654–1656.

Zniva, Richard; Pauli, Paul; Schulz Stefan M. (2017): Overprotective social support leads to increased cardiovascular and subjective stress reactivity. In: *Biological Psychology*. 123. S. 226–234.

Detailliertes Inhaltsverzeichnis